Steuern 2024 · Dr. Frank Berghaus

Steuern 2024

Übersichten
Tabellen
Werte

Dr. Frank Berghaus

11. Auflage

Haufe Group

Freiburg · München · Stuttgart

Inhaltsübersicht

Vorwort

Sehr geehrte Leserinnen und Leser,

Sie halten mit „Steuern 2024“ die elfte Ausgabe unserer Sammlung steuerrechtlicher Informationen für Ihre Westentasche in den Händen.

Durch den Schnell-Zugriff auf Übersichten, Tabellen und Werte wird „Steuern 2024“ in Ihrer Kanzlei sicher schnell zu einer perfekten Ergänzung der „Haufe Steuer Office“-Datenbanken. Der Autor hat besonders darauf geachtet, dass die für Ihre tägliche Beratung wichtigen Themen abgebildet sind. Daher eignet sich dieses Taschenbuch auch hervorragend als zuverlässiger Begleiter bei Mandantengesprächen.

Wir freuen uns, wenn „Steuern 2024“ ein unentbehrlicher praktischer Helfer in Ihrem Berufsalltag wird.

Mit freundlichen Grüßen

Andreas Dersch

Benutzerhinweise

Die Zielsetzung dieses Werkes ist es, Beratern mit Schwerpunkt im Steuerrecht, Ihren Mitarbeitern und Mandanten die häufig benötigten Informationen leicht auffindbar und praxisgerecht aufzubereiten.

Die folgenden Informationen sind unter dem Aspekt der Praxisnähe und der gebotenen Kurzform erstellt und erheben deshalb nicht den Anspruch auf Vollständigkeit. Aus diesem Grundgedanken ist zur umfassenden Lösung von Sach- und Rechtsfragen die zusätzliche Anwendung einschlägiger Gesetze, Verordnungen, Richtlinien, Erlasse und der Rechtsprechung erforderlich. Die Ausführungen beziehen sich grundsätzlich auf anzuwendendes deutsches Recht. Durchgängig wird aus Vereinfachungsgründen der maskuline Geschlechtsausdruck verwendet. Soweit dies zweckmäßig erscheint, wird in diesem ‚Praxisleitfaden' auf einschlägige, weiterführende Quellen verwiesen. Zu diesen Quellen gehören neben den Rechtsquellen auch Hinweise auf Richtlinien und Erlasse sowie – und soweit nützlich – auf Datenbankinhalte und Quellen des Internets.

Am Anfang dieses Tabellenbuches werden besonders häufig genutzte Informationen für den täglichen Gebrauch dargestellt. Es wurden nur ausgewählte Hinweise zur Corona-Pandemie aufgenommen.

Bitte beachten Sie, dass der Inhalt dem aktuellen Rechts- und Kenntnisstand zum Redaktionsschluss (Dezember 2023) entspricht. Der Vermittlungsausschuss beschäftigt sich erst nach dem 31.12.2023 mit dem „Wachstumschangengesetz"; hier sind Änderungen in 2024 zu erwarten, die Rückwirkung für 2023 enthalten könnten. Einige ausgewählte möglichen Veränderungen sind in diesem Werk erwähnt und mit „geplant" oder „planmäßig" bezeichnet. Schon deshalb, aber auch wegen der vereinfachten Skizzierung von Regelungen und Lösungen, muss für den Inhalt der Haftungsausschluss erklärt werden.

Viel Erfolg!

Ihr

Dr. Frank Berghaus, Steuerberater
FBIStR, Dipl.-Betriebswirt (FH), LL.M.

1 Steuerliche Kurzinformationen

Inhalt

1.1 ABC der Freibeträge, -grenzen und Höchstbeträge

Freibetrag = Abzug vom steuerlichen Einkommen

Freigrenze = Bei Überschreitung entfällt diese vollständig; kein Freibetrag

Pauschbetrag = Abzug ohne (höheren) Nachweis

Höchstbetrag = Maximal abzugsfähig; Nachweis erforderlich

		EUR
Abfindung an Arbeitnehmer		
Die Freibeträge für Abfindungen sind ab 1.1.2006 gestrichen worden, es gelten allerdings Übergangsregelungen bis zum 31.12.2007. Ab 2006 voll steuerpflichtig jedoch besonderer Steuersatz sowie die Anwendung der sog. Fünftelregelung gem. § 34 EStG i. V. m. § 24 Abs. 1 EStG. In der Sozialversicherung besteht allerdings Beitragsfreiheit (vgl. Haufe Steuer Office Gold online, HI1562143).		0
Altersentlastungsbetrag § 24a EStG		
Für Einkünfte die nicht Renten- oder Versorgungsbezüge sind. Absenkung des Freibetrages v. 2005–2040 v. 40 % auf 0 % (Änderung durch Wachstumschangengesetz ab 2024 geplant).		
	2019 = 17,6 % max.	836
	2020 = 16,0 % max.	760
	2021 = 15,2 % max.	722
	2022 = 14,4 % max.	684
	2023 = 13,6 % max.	646
	2024 = 12,8 % max.	608
Altersvorsorge (Riester) §§ 10a, 79 ff. EStG (Zielgruppe Arbeitnehmer) Kennzeichen eines Vertrages zur Erlangung einer Riester-Rente ist, dass der Vertrag die Voraussetzungen für die staatliche Förderung erfüllt (vgl. Haufe Steuer Office Gold online, HI5244022).		
Grundzulage (Gutschrift auf Vertrag § 84 EStG) (bis 2017 = 154)		175
Kinderzulage (Gutschrift auf Vertrag § 85 EStG)		
• für jedes bis zum 31.12.2007 geborene Kind		185
• für jedes ab dem 1.1.2008 geborene Kind		300
Günstigerprüfung von Amts wegen, evtl. Sonderausgabenabzug für jeden unmittelbar Zulagenberechtigten, oder		2.100
sofern bei Ehegatten einer unmittelbar und der Andere nur mittelbar zulagenberechtigt ist		2.160
(Achtung: Modifizierung für Kindererziehungszeiten durch das JStG 2022)		
Arbeitnehmer-Pauschbetrag (Werbungskostenpauschbetrag) § 9a Nr. 1a EStG		
Werbungskostenpauschale/Abzugsbetrag	seit 2011	1.000
	ab 2022	1.200
	ab 2023	1.230

	EUR
Arbeitszimmer, häuslich §§ 4 Abs. 5 S. 1 Nr. 6b u. c, 9 Abs. 5 S. 1 EStG	
Wenn Mittelpunkt der gesamten betrieblichen oder beruflichen Tätigkeit voller Abzug, ansonsten begrenzt auf:	1.250
Ab 2023 monats- und personenbezogene Pauschale für Mittelpunktfälle (jährlich) Homeofficepauschale:	1.260
Seit 2020 täglich 5 EUR, max. (d. h. 120 Tage x 5 EUR = 600 EUR)	600
Ab 2023 täglich 6 EUR, max. (d. h. 210 Tage x 6 EUR = 1.260)	1.260
Behinderten-Pauschbetrag § 33b Abs. 3 EStG	
• Je nach Grad der Behinderung	384–2.840
• Bei behinderten Menschen, die blind oder hilflos sind, Erhöhung des PB auf	7.400
Berufsausbildung (eigene) Höchstbetrag § 10 Abs. 1 Nr. 7 EStG	
Seit 2012	6.000
Hier empfiehlt es sich, die lfd. Rechtsprechung bzgl. der Zuordnung der Kosten der Berufsausbildung zu Werbungskosten oder Sonderausgaben zu beachten.	
Betreuungsfreibetrag § 32 Abs. 6 EStG	
Anspruch auf Kindergeld der Eltern muss gegeben sein.	1.464
Verdoppelung des Freibetrages bei Zusammenveranlagung oder verstorbenen Ehegatten, Pflegekind u. a.	2.928
Betriebsausgabenpauschalen	
Siehe Journalisten, Künstler, Lehrtätigkeit, Schriftsteller und Übungsleiter	
Betriebsveranstaltungen (seit 2015 Freibetrag) § 19 Abs. 1 Satz 1 Nr. 1a EStG; BMF, Schreiben v. 14.10.2015; siehe hierzu auch: Haufe Steuer Office Gold online, HI1564299.	
Für max. 2 Betriebsveranstaltungen jährlich	
(Ehe-/Lebenspartner und Kinder werden einbezogen) bis 2023	110
geplant ab 2024	150
Corona Sonderzahlungen § 3 Nr. 11a EStG	
Bonuszahlungen an Beschäftigte, die zusätzlich zum Arbeitslohn in Form von Zuschüssen und Sachbezügen gewährte Beihilfen und Unterstützungen gezahlt werden, sind vom 01.03.2020 bis 31.03.2022 steuer- und sozialversicherungsfrei.	1.500
Einkunftsgrenze für die Berücksichtigung als Kind (Freigrenze)	
Anpassung der Einkunftsgrenzen ab 2010 an den jeweiligen Grundfreibetrag bis 2011	8.004
Nach der ab 2012 geltenden Neufassung durch das Steuervereinfachungsgesetz 2011 wird ein volljähriges Kind zwischen 18 und 25 Jahren unabhängig von seinen Einkünften und Bezügen berücksichtigt.	
Entlastungsbetrag für Alleinerziehende (Freibetrag) § 24b EStG	
ab 2015:	1.908
ab 2020:	4.008

		EUR
ab 2023:		4.260
und für jedes zusätzliche Kind jährlich:		240
Fahrtkosten siehe Kilometergeld und Reisekosten		
Freibetrag zur Abgeltung des Sonderbedarfs § 33a Abs. 2 EStG Für *auswärtig* untergebrachte Kinder über 18. Lebensjahr		
ab 2012:	ohne Abzug der eigenen Einkünfte des Kindes	924
ab 2023:	ohne Abzug der eigenen Einkünfte des Kindes	1.200
Geburtshilfe entfallen seit 2006		0
Geringwertige Wirtschaftsgüter (Freigrenze) § 6 Abs. 2 und 2a EStG (vgl. Haufe Steuer Office Gold online, Geiermann, HI1634655)		
Ab 2010:	Max. Anschaffungskosten ohne USt = sofort abzugsfähig	bis 150
	Anschaffungskosten ohne USt = sofort abzugsfähig aber Pflicht zur Führung eines Verzeichnisses, oder	151–410
	Wahlrecht Sammelposten, s. o. ohne USt	151–1.000
Ab 2018:	Max. Anschaffungskosten ohne USt = sofort abzugsfähig ohne Verzeichnis.	251–800
	Anschaffungskosten ohne USt = sofort abzugsfähig aber Pflicht zur Führung eines Verzeichnisses, oder Wahlrecht Sammelposten, s. o. ohne USt	251–1.000
Ab 2024 (geplant):	Max. Anschaffungskosten ohne USt = sofort abzugsfähig ohne Verzeichnis.	251–1.000
	Anschaffungskosten ohne USt = sofort abzugsfähig aber Pflicht zur Führung eines Verzeichnisses, oder Wahlrecht Sammelposten, s. o. ohne USt	251–5.000
Die Regelung der GWG (bis 410 EUR) blieb für sog. Überschusseinkünfte (Arbeitnehmer, Kapitalvermögen, Vermietung) für 2017 weiterhin bestehen. Ab 2018 gilt die Erhöhung einheitlich für alle Einkünfte, d. h. für Wirtschaftsgüter bis zum Bruttopreis von 952 EUR (planmäßig ab 2024 bis zum Bruttopreis von 1.190,00 EUR)		
Geschenke an Geschäftsfreunde (Freigrenze) § 4 Abs. 5 Nr. 1 EStG		
Max. Aufwendungen pro Jahr und Empfänger (betriebsfremde Personen)	bis 2023	35
	geplant ab 2024	50
Gesundheitsfürsorge § 3 Nr. 34 EStG (betriebliche)		
Anforderungen gem. §§ 20 und 20b SGB V müssen erfüllt sein		600
Grundfreibetrag (Freibetrag) § 32a Abs. 1 u. 5 EStG Einzelveranlagung:		
	2020	9.408
	2021	9.744
	2022	9.984
	2023	10.908
	2024	11.604

		EUR
Zusammenveranlagung:		
	2020	18.816
	2021	19.488
	2022	19.968
	2023	21.816
	2024	23.208
Hinterbliebene § 33b Abs. 4 EStG		
Pauschalbetrag als außergewöhnliche Belastungen		370
Inflationsausgleichsprämie (IAP) für Arbeitnehmer § 3 Abs. 1 Nr. 11c EStG		
für den Zeitraum 26.10.2022 bis 31.12.2024 in Form von Zuschüssen und Sachbezügen zur Abmilderung der gestiegenen Verbrauchspreise bis zu		3.000
Journalisten siehe Schriftsteller		
Kapitalvermögen §§ 20 Abs. 9 EStG		
Sparerfreibetrag je Steuerpflichtiger	seit 2009 ledig	801
	ab 2023	1.000
	seit 2009 verheiratet	1.602
	ab 2023	2.000
Beachte: Ab 2009 gilt die Abgeltungsteuer, ab 2015 Änderungen bei dem Kirchensteuereinbehalt.		
Kilometergeld (Pauschbetrag) § 9 Abs. 1 Nr. 4 EStG		
Aber: Dienstreisen siehe Reisekosten		
Für Wege zwischen Wohnung und Arbeitsstätte		0,30
• Für 2021: Erhöhung ab dem 21. km auf 0,35 EUR		
• Für 2022 bis 2026: Erhöung ab dem 21. km auf 0,38 EUR		
jährlich höchstens ... in bestimmten Fällen		4.500
(ggf. Antrag auf Mobilitätsprämie i. S. d. §§ 101 ff. EStG)		
Kinderbetreuungskosten (siehe Kapitel 4.8.5, S. 103)		
Kinderfreibetrag (Freibetrag) § 32 Abs. 6 EStG	ab 2019	2.490
	ab 2020	2.586
	ab 2021	2.730
	ab 2022	2.810
	ab 2023	3.012
	ab 2024	3.192
Zuzüglich Betreuungsfreibetrag je Elternteil		1.464
Verdoppelung des Freibetrages bei Zusammenveranlagung;		
Gewährung anstatt Kindergeld (Günstigerprüfung von Amts wegen)		

			EUR
Kindergeld (Auszahlung) § 66 EStG			
Einkunftsgrenze abgeschafft ab 2013, rückwirkende Zahlung seit 1.1.2018 nur noch 6 Monate!			
	1. + 2. Kind	ab 7/2019	mtl. 204
		ab 2021	mtl. 219
		ab 2023	mtl. 250
	3. Kind	ab 7/2019	mtl. 225
		ab 2021	mtl. 225
		ab 2023	mtl. 250
	ab 4. Kind	ab 7/2019	mtl. 250
		ab 2021	mtl. 250
Sofort- und Kinderzuschlag für niedrige Haushaltseinkommen und Kinderbonus 2022 beachten. Ab 2025 wird das Kindergeld planmäßig durch die Kindergrundsicherung ersetzt.			
Künstler – Nebentätigkeit – (Pauschbetrag) H 18.2 EStH			
Betriebsausgabenpauschale bei nebenberuflicher Selbstständigkeit 25 % der Betriebseinnahmen, maximal			614
Ab 2023 lt. BMF v. 6.4.2023 (Az. IV C 6 – S 2246/20/10002:001)			900
Lehrtätigkeit – Nebentätigkeit – (Pauschalbetrag) siehe Künstler			
Nebenberufliche Tätigkeit § 3 Nr. 26a EStG			
Steuerfreier Höchstbetrag für Einnahmen aus nebenberuflichen Tätigkeiten im Dienst oder Auftrag einer inl. jurist. Person des öffentlichen Rechts oder einer Einrichtung zur Förderung gemeinnütziger, mildtätiger und kirchlicher Zwecke			
		2013–2020	720
		ab 2021	840
Pauschalentschädigung aus öffentlichen Kassen § 3 Nr. 12 EStG, R 3.12 LStR			
Pauschalentschädigung für hauptamtlich und ehrenamtlich tätige Personen im Monat voll steuerfrei oder max.			250
Pauschalentschädigung bei gelegentlich ehrenamtlichen Pers. 1/3 der gewährten Aufwandsentschädigung, mind. 250 EUR oder pauschal pro Tag			8
Pensionsfonds, -kassen oder Direktversicherungen § 3 Nr. 63 EStG			
Steuerfreiheit für Beiträge des Arbeitgebers bis zu 4 % der Beitragsbemessungsgrenze in der gesetzl. Rentenversicherung;			
Zusätzlicher Höchstbetrag für Versorgungszusagen ab 2005 in Höhe von			1.800
Pflegepauschale (Pauschbetrag) § 33b Abs. 6 EStG			
Bis 2020			924
Ab 2021			
• bei Pflegegrad 2			600
• bei Pflegegrad 3			1.100
• bei Pflegegrad 4 oder 5 oder hilflos			1.800

	EUR
Rabattfreibetrag § 8 Abs. 3 EStG	
Zuwendung an Arbeitnehmer nach Abschlag i. H. v. 4 % vom Endpreis am Abgabeort	1.080
Reisekosten (Freibetrag/Pauschale)	
Fahrtkosten je gefahrenen Kilometer gem. R 9.5 LStR (Dienst-/Geschäftsreisen)	
• Pkw, § 9 Abs. 1 Nr. 4a EStG	0,30
• Motorrad (auch Motorroller/Moped/Mofa)	0,20
• Moped/Mofa/Fahrrad, sowie Mitnahme weiterer Personen, seit 2014 entfallen	0
Übernachtungspauschale im Inland (bis 2007 20 EUR, ab 2008 entfallen)	0
Verpflegungspauschalen im Inland gem. § 4 (5) EStG	
(Auslandspauschalen/-Freibeträge siehe Kapitel 4.22.7, S. 214)	
1.1.2014 bis 31.12.2019	
• Abwesenheit > 8 Stunden und An-/Abreisetag	12
• Mehrtägige Reisen, nicht An-/Abreisetag, je Tag	24
ab 1.1.2020	
• Abwesenheit > 8 Stunden und An-/Abreisetag	14
• Mehrtägige Reisen, nicht An-/Abreisetag, je Tag	28
ab 1.1.2024 geplant	
• Abwesenheit > 8 Stunden und An-/Abreisetag	16
• Mehrtägige Reisen, nicht An-/Abreisetag, je Tag	32
Sachbezüge (Freigrenze mtl.) gem. § 8 Abs. 2 EStG bis zum 31.12.2021	44
ab 2022	50
Schriftsteller/Journalisten (Pauschbetrag) H 18.2 EStH	
Betriebsausgabenpauschale	
• bei nebenberuflicher Selbstständigkeit – 25 % der Einnahmen max.	614
ab 1.1.2023	900
• bei hauptberuflicher Selbstständigkeit – 30 % der Einnahmen max.	2.455
ab 1.1.2023	3.600
Sonderausgaben (Pauschbetrag) je Stpfl. § 10c EStG	36
Sonstige Einkünfte	
Private Veräußerungsgeschäfte (Freigrenze) § 23 (3) EStG	
(früher Spekulationsgewinn) wenn weniger als	600
ab 1.1.2023 oder später geplant	1.000
Renten, Unterhalt, wiederkehrende Bezüge i. S. d. § 22 Nr. 1, 1a, 5 EStG (Pauschbetrag)	102
Gelegentliche Vermittlung/Vermietung bewegl. Gegenstände (Freigrenze) gem. § 22 Nr. 3 EStG wenn Einkünfte weniger als	256
Steuerberatungskosten	
Nicht mehr als Sonderausgabe zu berücksichtigen, aber ggf. Ansatz als Werbungskosten bzw. Betriebsausgaben.	

		EUR
Übungsleiter (Höchstbetrag) § 3 Nr. 26 EStG bei nebenberuflicher Selbstständigkeit, Aufwandsentschädigung steuerfrei max.	ab 2013	2.400
	ab 2021	3.000
Unterhalt an den geschiedenen Ehegatten (Höchstbetrag) § 10 Abs. 1a Nr. 1 EStG Zustimmung des Ehegatten ist erforderlich, max. Aufwendungen		13.805
Unterhalt an gesetzl. unterhaltsberechtigte Person (Höchstbetrag) § 33a Abs. 1 EStG Max. Aufwendungen unter Berücksichtigung der Einkünfte des Empfängers in Höhe des Grundfreibetrags zur Einkommensteuer		
	2019	9.168
	2020	9.408
	2021	9.744
	2022	9.984
	2023	10.908
	2024	11.604
Veräußerungsfreibetrag (Betriebsveräußerungen) § 16 Abs. 4 EStG wenn Veräußerer mind. 55 Jahre alt oder dauernd berufsunfähig, Kürzung des Freibetrags um den 136.000 EUR übersteigenden Gewinn, einmalig im Leben zu gewähren		45.000
Veräußerungsfreibetrag (Anteile an Kapitalgesellschaften) § 17 Abs. 3 EStG Ermäßigung des Freibetrages in Höhe des den 36.100 EUR übersteigenden Gewinns bei einer Beteiligung größer 1 %		9.060

1.2 Geschäfts- und Firmenwagen

1.2.1 Allgemeines

Unternehmer, die das betriebliche Kraftfahrzeug (Geschäftswagen) auch privat nutzen, müssen diesen privaten Nutzungsanteil als Privatentnahme behandeln. Arbeitnehmer, die Kraftfahrzeuge auch zu privaten Zwecken nutzen dürfen (Firmenwagen), haben den Wert der Nutzung als sog. geldwerten Vorteil als Arbeitslohn zu versteuern.

Unterschieden wird der Anteil der geschäftlichen/beruflichen und privaten Nutzung. Dabei sind als betrieblich veranlasst anzusehen Fahrten,

- die in einem tatsächlichen und wirtschaftlichen Zusammenhang mit dem Betrieb stehen (Kundenfahrten, Warenlieferungen etc.);
  die Arbeitnehmer mit dem Firmenwagen tätigen;
- zwischen Wohnung und Betrieb, sowie
- Familienheimfahrten im Rahmen einer doppelten Haushaltsführung.

Die Beweislast für den Umfang der betrieblichen Nutzung liegt beim Steuerzahler.

Für die Zugehörigkeit zum Betriebsvermögen gilt, außer bei Kapitalgesellschaften und Firmenwagen der Mitarbeiter:

- **Geschäftliche Nutzung unter 10 %**
  Wenn die betriebliche Nutzung des Geschäftswagens weniger als 10 % beträgt, dann ist das Fahrzeug dem steuerlichen Privatvermögen zuzurechnen. Die betrieblichen Fahrten können durch Anwendung des Kilometersatzes von 30 Cent als Betriebsausgabe abgezogen werden. Alternativ kann für die betrieblich gefahrenen Strecken auch der individuelle Kostensatz des Fahrzeuges je gefahrenen Kilometer angewandt werden. Dies setzt jedoch voraus, dass die entsprechenden Kosten des Fahrzeugs ermittelt wurden und die Kilometerleistung des Jahres nachgewiesen wird (z. B. durch Fahrtenbuch oder andere geeignete Aufzeichnungen).
  Nachfolgende Regelungen gelten dann nicht!
- **Betriebliche bzw. berufliche Nutzung zwischen 10 % und 50 %**
  Hier kann der Unternehmer wählen, ob er das Fahrzeug zum steuerlichen Betriebsvermögen erklären möchte (gewillkürtes Betriebsvermögen). Wird das Fahrzeug nicht zum Betriebsvermögen erklärt, treten die Rechtsfolgen wie bei einer Nutzung unter 10 % ein.
- **Überwiegend betriebliche bzw. berufliche Nutzung (über 50 %)**
  Das Fahrzeug gehört zum steuerlichen Betriebsvermögen (notwendigem Betriebsvermögen).

1.2.2 Absetzbare Kosten

Sämtliche Aufwendungen für Geschäfts- oder Firmenfahrzeuge (gewillkürtes oder notwendiges Betriebsvermögen) sind steuerlich als Betriebsausgabe abzugsfähig. Hierzu gehören insbesondere:

- Abschreibung (Verteilung des Aufwandes für die Anschaffung auf 6 Jahre Nutzungsdauer);
- Kraftfahrzeugsteuer;
- Kraftfahrzeugversicherung;
- Reparaturen des Kraftfahrzeuges;
- Kosten für Kraftstoff;
- Kosten für Autowäsche und Pflege;
- etc.

1.2.3 Berechnung des privaten Nutzungsanteils

Bei Geschäfts- oder Firmenwagen, die zu mehr als 50 % betrieblich genutzt werden, besteht die Möglichkeit, den Privatanteil pauschal nach der sog. 1%-Methode zu versteuern. Hier beträgt der Nutzungsanteil je Monat 1 % vom Bruttolistenneupreis zzgl. USt. Zur Bemessungsgrundlage gehört der inländische Listenpreis im Zeitpunkt der Erstzulassung zzgl. der Kosten für Sonderausstattung und Umsatzsteuer. Der Wert eines Autotelefons einschließlich Freisprecheinrichtung mit Bluetoothschnittstelle, sowie der Wert eines weiteren Satzes Winterreifen auf Felgen bleiben jedoch außer Ansatz. Tatsächliche Preisminderungen vom Listenpreis (Rabatte, reimportierte Fahrzeuge etc.) mindern die Bemessungsgrundlage nicht. Überführungs- und Zulassungskosten sind abzuziehen. Die Bemessungsgrundlage wird auf volle 100 EUR abgerundet.

Beispiel

Kaufpreis Pkw 30.000 EUR, Listenpreis Inland 35.000 EUR, enthaltene Sonderausstattung 3.000 EUR (Klimaanlage 1.800 EUR, Sitzheizung 200 EUR, Telefon 1.000 EUR) Unternehmerische Nutzung 90 %.

Bemessungsgrundlage:	
Bruttolistenneupreis	35.000,00 EUR
– Autotelefon und Freisprecheinrichtung	1.000,00 EUR
Bemessungsgrundlage (abgerundet auf volle 100 EUR)	34.000,00 EUR
Nutzungswert 1 % x 12 Monate = 12 %	4.080,00 EUR
zzgl. Umsatzsteuer	

(obwohl die Bemessungsgrundlage schon incl. USt berechnet wurde, für Unternehmer wird auf 80 % der Bemessungsgrundlage USt aufgeschlagen, bei Arbeitnehmern ist die Umsatzsteuer bereits enthalten).

Der Steuerpflichtige hat jedoch ein Wahlrecht, ein Fahrtenbuch zu führen und die tatsächliche private Nutzung nachzuweisen. Die entsprechend angefallenen Kosten werden dann hinsichtlich des privaten Nutzungsanteils berechnet. Die Wahl muss für das

Wirtschaftsjahr einheitlich getroffen werden (Ausnahme: Unterjähriger Fahrzeugwechsel). Hierbei sind die Anforderungen an ein Fahrtenbuch extrem streng!

Gelingt es dem Steuerpflichtigen nicht, den Nutzungsanteil von über 50 % darzulegen oder glaubhaft zu machen, so ist der private Nutzungswert ggf. zu schätzen, die Anwendung der 1%-Regelung scheidet jedenfalls aus. Geeignet als Nachweise können sein: Typischerweise und überwiegend ganz offensichtlich betriebliche Nutzung, bestimmte Berufsgruppen, Kilometerabrechnungen, Eintragungen in Terminkalender und all das möglicherweise auch nur über einen repräsentativen Zeitraum von in der Regel 3 Monaten.

Für Fahrten zwischen Wohnung und Betrieb werden zusätzlich zur 1%-Regel noch 0,03 % der Bemessungsgrundlage (vgl. oben) mit dem Entfernungskilometer und Anzahl der Monate multipliziert. Die Pendlerpauschale kann jedoch in Abzug gebracht werden (0,30 EUR je km – ab 2021 ab dem 21. km 0,35 EUR und ab 2022 ab dem 21. km 0,38 EUR; ggf. Antrag auf Mobilitätsprämie i. S. d. §§ 101 ff. EStG).

Für Familienheimfahrten bei doppelter Haushaltsführung werden zusätzlich zur 1%-Regel noch 0,002 % der Bemessungsgrundlage (vgl. oben) mit dem Entfernungskilometer und Anzahl der Heimfahrten multipliziert.

1.2.4 Ausgewählte Besonderheiten

- **Fahrzeugüberlassung an Arbeitnehmer bei gelegentlicher privater Nutzung:** Wird das Fahrzeug für den Arbeitsweg genutzt, erhöht sich der zu versteuernde Nutzungsanteil um 0,03 % der Bemessungsgrundlage (vgl. oben). Das gilt unabhängig von Urlaub, Krankheit und nur gelegentlicher Nutzung. Die Finanzverwaltung wendet jedoch die abweichende Rechtsprechung des BFH hierzu nicht an.
- **Zuzahlung des Arbeitnehmers:** Leistet der Arbeitnehmer Zuzahlungen zum Firmenwagen, so mindert das den geldwerten Vorteil mit steuer- und sozialversicherungsmindernder Wirkung.
- **Nutzungsverbot:** Darf der Arbeitnehmer das Fahrzeug nur geschäftlich nutzen, entfällt die Versteuerung des geldwerten Vorteils nur dann, wenn die Einhaltung des Nutzungsverbots durch geeignete Maßnahmen oder Unterlagen nachgewiesen wird.
- **Mehrere Fahrzeuge im Betriebsvermögen:** Grundsätzlich ist es unerheblich, ob ein Kfz von mehreren Personen oder mehrere Kfz von einer Person genutzt werden. Nutzen mehrere Personen ein Kfz, ist eine Aufteilung des sog. 1 % auf diese Personen denkbar. Nutzt eine Person mehrere Kfz, so ist das sog. 1 % grds. für jedes Fahrzeug anzuwenden. Die Auffassung der Finanzverwaltung ändert sich hier häufiger.
- **Kostendeckelung:** Insbesondere bei Gebrauchtfahrzeugen und abgeschriebenen Fahrzeugen kann es sein, dass der pauschale Korrekturwert (1%-Regelung) für die private Nutzung höher ausfällt als die tatsächlich entstandenen Fahrzeugkosten. In diesem Fall ist der Wert der privaten Nutzungsentnahme auf die Summe der Fahrzeugkosten (dieses Fahrzeuges) beschränkt.

- **Firmenwagen mit Fahrer:**
  Fährt der Steuerpflichtige nicht selbst auf Privatfahrten, Fahrten zwischen Wohnung und Betrieb oder auf Familienheimfahrten, so ist der Nutzungswert pauschal um 50 % zu erhöhen. Gelegentliche Nutzung des Fahrers löst einen Zuschlag von 25 % oder 40 % aus.
- **Nutzung von Elektro- und Hybridelektrofahrzeugen:**
  Besonderheiten bestehen bei der Ermittlung des Bruttoinlandsneupreises wegen Abzug des Batteriesystems im pauschalen Verfahren gem. BMF, v. 5.6.2014, IV C 6 – S 2177/13/10002.
  Minderungswert z. B. bei in 2021 (2022) zugelassenen Kfz mindestens 100 EUR (2022 = 50 EUR)/kWh Batteriekapazität, höchstens 6.000 EUR (2022 = 5.500 EUR).
  oder:
  - Für Anschaffungen ab 1.1.2019 bis 31.12.2021 sind die Anschaffungskosten nur zur Hälfte zu berücksichtigen. Bei extern aufladbaren Hybridelektrofahrzeugen muss das Fahrzeug die Voraussetzungen des § 3 Abs. 2 Nr. 1 o. 2 des Elektromobilitätsgesetzes erfüllen (Kohlendioxidemission max. 50 g je km oder Reichweite elektrisch mind. 40 km).
  - Für Anschaffungen zwischen 1.1.2022 bis 31.12.2024 sind die Anschaffungskosten nur zur hälfte zu berücksichtigen, wenn die Kohlendioxidemission maximal 50 Gramm pro Kilometer oder die Reichweite des Fahrzeuges unter ausschließlicher Nutzung des elektrischen Antriebs mindestens 60 Kilometer beträgt.
  - Für Anschaffungen zwischen 1.1.2025 bis 31.12.2030 sind die Anschaffungskosten nur zur hälfte zu berücksichtigen, wenn die Kohlendioxidemission maximal 50 Gramm pro Kilomotor oder die Reichweite des Fahrzeuges unter ausschließlicher Nutzung des elektrischen Antriebs mindestens 80 Kilometer beträgt.
  - Für Anschaffungen zwischen 1.1.2019 bis 31.12.2030 für bestimmte Fahrzeuge sind die Anschaffungskosten nur zur ein viertel zu berücksichtigen, wenn das Fahzeuge keine Kohlendioxidemission hat und der Bruttolistenpreis unter 40.000 EUR liegt (Änderung ab 1.7.2020 auf 60.000 EUR; ab 1.1.2024 planmäßig auf 70.000 EUR. Die Änderung gilt für reine Elektrofahrzeuge, deren Bruttolistenpreis höchstens 60.000 EUR bzw. 70.000 EUR beträgt und die im Zeitraum 1.1.2020 bzw. 1.1.2024 bis 31.12.2030 angeschafft oder geleast werden).
- **Laden des Firmenwagens – Pauschalen:**
  - Besteht die Lademöglichkeit im Betrieb, können 30 EUR für Elektroautos und Hybridelektrofahrzeuge 15 EUR pauschal steuer und sozialversicherungsfrei gezahlt werden.
  - Besteht die Lademöglichkeit im Betrieb nicht, können 70 EUR für Elektroautos und Hybridelektrofahrzeuge 35 EUR pauschal steuer und sozialversicherungsfrei gezahlt werden.

Arbeitshilfe:

		Pauschale Steuer 15 % oder LSt-pflichtig
Privatfahrten:		
Bruttoinlandslistenneupreis	....	
– Autotelefon, Freisprecheinrichtung, Bluetooth – Winterreifen auf Felge – Überführungs- und Zulassungskosten – Pauschalabzug für Elektro- oder Hybridfahrzeuge	....	
= Bemessungsgrundlage (BMG) (abgerundet auf volle 100 EUR) bzw. bei Elektro-/Hybridfahrzeugen ab 2019 der modifizierten BMG × 1, 0,5 oder 0,25 % je Nutzungsmonat – gezahltes Nutzungsentgelt des Arbeitnehmers	....	
= Anzurechnender geldwerter Vorteil	....	.... (LSt)
Fahrten zwischen Wohnung und Arbeitsstätte:		
.... BMG x 0,03 % x .... km	....	
(Alternativ nach BMF v. 1.4.2011: Tatsächliche Fahrten, max. 180 jährlich x 0,002 x .... BMG)	.... (alternativ)	
– gezahltes Nutzungsentgelt des Arbeitnehmers	....	
= Anzurechnender geldwerter Vorteil – Davon pauschal besteuert mit 15 % (.......... Fahrten x 0,30* EUR x .... km)	....	.... 15 %
= Verbleibender geldwerter Vorteil LSt-pflichtig	....	.... LSt
Familienheimfahrten doppelte Haushaltsführung:		
.... BMG x 0,002 % x .... km	....	.... LSt
* Ab 2021 Erhöhung ab dem 21. km auf 0,35 EUR, Ab 2022 bis 2026 Erhöung ab dem 21. km auf 0,38 EUR		

Ausgewählte Fundstellen:

§§ 1 Abs. 1 und 5, 6 Abs. 1 Nr. 4 Satz 2 und 3, 8 Abs. 2, 40 EStG
Richtlinie 4.2, 4.7, 4.12 und 8.1 EStR 2008, Hinweis 8.1 LStH
BMF, v. 1.4.2011, IV C 5 – S 2234/08/10010
BMF, v. 5.6.2014, IV C 6 – S 2177/13/10002 (Elektr./Hybride)
BMF, v. 4.4.2018, IV C 5 – S 2334/18/10001

1.3 Altersvorsorge/Staatliche Förderung

	Riester-Rente, zusätzl. kapitalgedeckte Altersversicherung, staatlich geförderte Altersversorgung	**Rürup-Rente, private Basisrente, staatlich geförderte Altersversorgung**	**Eichel-Rente, Betriebsrentenvertrag, betriebliche Altersversorgung**
bevorzugter Personenkreis	• alle RV-pflichtigen Arbeitnehmer • Beamte • Arbeitslose bei Arbeitslosengeld 1 • Arbeitnehmer in Elternzeit	• Freiberufler • Selbstständige • Besserverdienende • Beamte • geeignet für Personen, die nicht in die gesetzliche RV einzahlen	Arbeitnehmer
staatl. Förderung durch	Zulagen in EUR Grundförderung 2004/2005 76,00 2006/2007 114,00 ab 2008 154,00 ab 2018 175,00 Kinderzulage 2004/2005 92,00 2006/2007 138,00 ab 2008 185,00 für ab dem 1.1.2008 geborene Kinder 300,00 Günstigerprüfung, max. Sonderausgabenabzug 2022 2.100,00 bzw. 2.160,00 Berufseinsteigerbonus einmalig 200,00	nur steuerliche Abzugsmöglichkeit Neu ab 2021: 92 % (2020 = 90 %) der Einzahlung absetzbar, max. wegen Koppelung an die Beitragsbemessungsgrenze der Rentenversicherung i. H. v. 25.787 EUR (2020 = 25.046 EUR)	steuerliche Förderung Beiträge werden durch Gehaltsumwandlungen geleistet. Der Arbeitgeber führt einen Teil des nicht versteuerten Bruttolohns in die Betriebsrente ab. Der Arbeitgeber ist verpflichtet, seinem Arbeitnehmer eine solche Betriebsrente anzubieten. Bis 2008 – SV-frei Ab 2005 zusätzl. steuerfreie Einzahlung bis zu 1.800,00 EUR möglich ABER – SV-pflichtig
Pfändbarkeit	unpfändbar während der Ansparzeit	unpfändbar während der Ansparzeit	unpfändbar während der Ansparzeit
Einzahlungshöhe	Mindestbeträge 4 % vom SV Brutto des VJ, mind. 60 EUR p.a.	flexibel – freie Vereinbarung Einmalzahlung und/ oder feste Monatsbeiträge	maximal Einzahlung 4 % der Rentenbeitragsbemessungsgrenze

	Riester-Rente, zusätzl. kapitalgedeckte Altersversicherung, staatlich geförderte Altersversorgung	**Rürup-Rente, private Basisrente, staatlich geförderte Altersversorgung**	**Eichel-Rente, Betriebsrentenvertrag, betriebliche Altersversorgung**
Rentenauszahlung	Für Verträge, die bis zum 31.12.2011 geschlossen wurden ab dem 60. Lebensjahr, ansonsten ab dem 62. Lebensjahr; dann steuerpflichtig	Für Verträge, die bis zum 31.12.2011 geschlossen wurden ab dem 60. Lebensjahr, ansonsten ab dem 62. Lebensjahr; dann steuerpflichtig	Lebenslange Rente
Kapitalwahlrecht	• Bei Renteneintritt besteht die Möglichkeit, sich einen Einmalbetrag i. H. v. 30 % der fälligen Leistung auszahlen zu lassen. • Während der Ansparphase bis zu 75 % auszahlbar für Erwerb selbst genutzter Immobilien	Nein	Ja
Vererbung	• Bei Tod in der Ansparphase kann der Vertrag auf den Ehepartner übertragen werden. • Wird der Vertrag vom Erben aufgelöst, ist die Förderung zurückzuzahlen.	Grundsätzlich nicht vererbbar **Ausnahme:** Bei Tod des Sparers wird das übrige Guthaben als mtl. Rente an Kinder oder Ehegatten ausgezahlt. Zusatzvers. Hinterbliebenenschutz	

1.4 Werbungskosten der Arbeitnehmer

	EUR
Werbungskosten-Pauschbetrag	
(für gesamte Werbungskosten, kein weiterer Ansatz von Einzelkosten möglich)	1.000,00
ab 2022	1.200,00
ab 2023	1.230,00
Pauschalen, sonstige	
Arbeitsmaterial pauschal	110,00
Kontoführungsgebühren pauschal	16,00
Fahrtkosten	
für Wege zwischen Wohnung und Arbeitsstätte unabhängig von der Art des Fahrzeuges **je Entfernungskilometer**	0,30
• Für 2021 ab dem 21. km 0,35 EUR	
• Für 2022 bis 2026 ab dem 21. km 0,38 EUR	
(ggf. Antrag auf Mobilitätsprämie i. S. d. §§ 101 ff. EStG)	
Reisekosten (R 9.4 LStR)	
Auswärtstätigkeit	
a) Fahrtkosten für mit eigenem Fahrzeug gefahrene betrieblich veranlasste Fahrten (sofern nicht vom Arbeitgeber erstattet)	
• Pkw	0,30
• Motorrad/Motorroller/Moped/Mofa	0,20
je gefahrener Kilometer	
b) Verpflegungsmehraufwendungen ab 1.1.2020 je Tag im Inland	
• Abwesenheit > 8 Stunden und An-/Abreisetag mehrtätiger Reisen	14,00
• Mehrtätige Reisen, nicht jedoch An-/Abreisetag, je Tag	28,00
Verpflegungsmehraufwendungen ab 1.1.2024 geplant je Tag im Inland	
• Abwesenheit > 8 Stunden und An-/Abreisetag mehrtätiger Reisen	16,00
• Mehrtätige Reisen, nicht jedoch An-/Abreisetag, je Tag	32,00
c) Pauschale bei Übernachtung im Inland (bis 2007 20,00 EUR, ab 2008 nur noch Einzelnachweis)	0,00
d) Übernachtungskosten	
Ansatz tatsächlicher Kosten	
Sollten sich die Kosten für Verpflegung nicht aus dem Gesamtpreis ermitteln lassen, so ist dieser wie folgt zu kürzen:	
• um 20 % für Frühstück (Inland 5,60 EUR)	
• um je 40 % für Mittag und Abendessen (des maßgebenden Pauschbetrages für Verpflegungsmehraufwand am Unterkunftsort).	
e) Reisenebenkosten und alle tatsächlichen Aufwendungen z. B. für	
• Beförderung und Aufbewahrung von Gepäck	
• Ferngespräche und Schriftverkehr beruflichen Inhalts mit dem AG oder dessen Gesprächspartner	
• Straßenbenutzung und Parkplatz sowie Schadensersatz infolge von Verkehrsunfällen, wenn die jeweils damit verbundenen Fahrtkosten als Reisekosten anzusehen sind.	

	EUR
Kosten der doppelten Haushaltsführung	
• Fahrtkosten	
1 wöchentliche Heimfahrt, je Entfernungskilometer	0,30
• Für 2021 ab dem 21. km 0,35 EUR	
• Für 2022 bis 2026 ab dem 21. km 0,38 EUR	
(ggf. Antrag auf Mobilitätsprämie i. S. d. §§ 101 ff. EStG)	
• Telefonkosten (1 wöchentliches Ferngespräch von 15 Minuten Dauer)	
• Verpflegungsmehraufwendungen (für die ersten drei Monate der Abwesenheit vom Mittelpunktswohnort) s. o.	
• Aufwendungen für die Zweitwohnung	
• Umzugskosten (soweit nachgewiesen, keine Pauschale)	

Umzugskostenpauschale (Ansatz tatsächlicher Aufwendungen ist möglich)
Voraussetzung ist, dass sich die Wegezeiten für Fahrten Wohnung-Arbeitsstätte täglich um mindestens eine Stunde verkürzen.

	ledig	**verheiratet**	**weitere Person**
ab 1.4.2019	811,00 EUR	1.622,00 EUR	357,00 EUR
ab 1.3.2020	820,00 EUR	1.639,00 EUR	361,00 EUR
ab 1.6.2020	860,00 EUR	1.433,00 EUR	573,00 EUR
ab 1.4.2021	870,00 EUR	1.450,00 EUR	580,00 EUR
ab 1.4.2022	886,00 EUR	1.476,00 EUR*	590,00 EUR
ab 1.3.2024	964,00 EUR	1.607,00 EUR	643,00 EUR

* Nach der Neuregelung werden Ehegatten und Lebenspartner genauso wie Kinder behandelt (weitere Personen).

Werbungskosten, sonstige
Folgende Aufwendungen können ebenfalls als Werbungskosten berücksichtigt werden, sofern sie der beruflichen Nutzung unterliegen:

- Abschreibungen für Anlagegüter
- Arbeitskleidung (typische Berufskleidung)
- Arbeitsmittel
- Arbeitszimmer, häusliches
  (sofern dieses den Mittelpunkt der gesamten beruflichen Tätigkeit bildet)
  Homeofficepauschale vom 1.1.2020 an (§ 4 Abs. 5 Nr. 6c EStG).
  Liegt kein häusliches Arbeitszimmer vor oder wird auf einen Abzug der Aufwendungen für ein häusliches Arbeitszimmer verzichtet, kann für jeden Kalendertag, an dem die betriebliche oder berufliche Tätigkeit ausschließlich in der häuslichen Wohnung ausgeübt wird, für seine gesamte betriebliche und berufliche Betätigung einen Betrag von 6,00 EUR (bis 2022: 5,00 EUR) abziehen, höchstens jedoch 1.260,00 EUR (bis 2022: 600,00 EUR) im Kalenderjahr; also für max. 210 Tage jährlich.
- Beiträge an Berufsverbände (Gewerkschaften)
- Bewerbungskosten
- Fachliteratur
- Fortbildungskosten
- Telekommunikationskosten

1.5 Abschreibungstabelle

Allgemeine Vorbemerkungen zu den amtlichen AfA-Tabellen

Die in diesen Tabellen für die einzelnen Anlagegüter angegebene betriebsgewöhnliche Nutzungsdauer (ND) beruht auf Erfahrungen der steuerlichen Betriebsprüfung. Die Fachverbände der Wirtschaft wurden vor der Aufstellung der AfA-Tabellen angehört.

1. Die in den AfA-Tabellen angegebene ND ist mit Ausnahme der Angaben in der AfA-Tabelle für die allgemein verwendbaren Anlagegüter branchengebunden. Sind Anlagegüter sowohl in der AfA-Tabelle für die allgemein verwendbaren Anlagegüter als auch in einer branchengebundenen AfA-Tabelle aufgeführt, gilt für die branchenzugehörigen Steuerpflichtigen der Wert der Branchentabelle.
2. Die in den AfA-Tabellen angegebene ND dient als Anhaltspunkt für die Beurteilung der Angemessenheit der steuerlichen Absetzungen für Abnutzung (AfA). Sie orientiert sich an der tatsächlichen ND eines unter üblichen Bedingungen arbeitenden Betriebs.
   Eine glaubhaft gemachte kürzere ND kann den AfA zugrunde gelegt werden.
3. Sind abweichende Verhältnisse und Bedingungen, wie z. B. Nutzung in mehr als einer Schicht, Einfluss von Nässe, Säuren usw., die in einem Wirtschaftszweig üblich sind, bereits bei der Ermittlung der ND berücksichtigt, so ist dies in den Vorbemerkungen der jeweiligen AfA-Tabelle angegeben.
4. Der aufgrund der angegebenen ND zu errechnende lineare AfA-Satz kann bei ganzjähriger Nutzung von schichtabhängigen Anlagegütern in Doppelschicht um 25 v. H. und in Drei- oder Vierfachschicht um 50 v. H. erhöht werden, soweit dies bei der Festlegung der ND nicht schon berücksichtigt worden ist. Für unbewegliche Anlagegüter kommen Mehrschichtzuschläge nicht in Betracht.
5. Durch die Aufnahme eines Anlagegutes in die AfA-Tabellen ist nicht über seine Zugehörigkeit zu den Betriebsvorrichtungen, Gebäuden oder baulichen Einzelbestandteilen entschieden. Die Abgrenzung richtet sich nach den Verhältnissen des Einzelfalles; vgl. die einkommensteuerrechtlichen Regelungen bzw. die Richtlinien für die Abgrenzung der Betriebsvorrichtungen vom Grundvermögen.
6. Die Begriffe „Leichtbauweise" und „massiv" werden wie folgt definiert:
   Leichtbauweise:
   Bauausführung im Fachwerk oder Rahmenbau mit einfachen Wänden z. B. aus Holz, Blech, Faserzement o. Ä., Dächer nicht massiv (Papp-, Blech- oder Wellfaserzementausführung)
   Massiv:
   Gemauerte Wände aus Ziegelwerk oder Beton, massive Betonfertigteile, Skelettbau, Dächer aus Zementdielen oder Betonfertigteilen, Ziegeldächer.
7.
   a) Die überarbeiteten AfA-Tabellen sind erstmals auf abnutzbare Anlagegüter anzuwenden, die nach dem in der jeweiligen AfA-Tabelle genannten Datum (Tabellenabschluss) angeschafft oder hergestellt werden.
   b) Geht eine Verlustzuweisungsgesellschaft (§ 2b EStG) nach ihrem eigenen Betriebskonzept von einer erheblich längeren ND eines Wirtschaftsguts aus als in

den amtlichen AfA-Tabellen angegeben und beruht ihre Betriebsführung überwiegend auf diesem Umstand, wird die in ihrem Betriebskonzept zugrunde gelegte ND angewandt.

Anlagegüter alphabetisch	Nutzungsdauer i. J.	Fundstelle
Abfüllanlagen	10	5.22
Abgasmessgeräte (für Kfz)	8	3.3.2
Abgasmessgeräte (sonstige)	8	3.3.2
Abkantmaschinen	13	5.27
Abrichtmaschinen	13	5.1
Abscheider, Fett-	5	6.7
Abscheider, Magnet-	6	6.8
Abscheider, Nass-	5	6.9
Abspielgeräte, Video-	7	6.14.4
Abzugsvorrichtungen	14	3.10.5
Adressiermaschinen	8	6.14.1
Akkumulatoren	10	3.1.3
Aktenvernichter	8	6.14.13
Alarmanlagen	11	3.10.6
Anhänger	11	4.2.6
Anleimmaschinen	13	5.27
Anspitzmaschinen	13	5.27
Antennenmasten	10	6.13.5
Arbeitsbühnen, mobil	11	3.4.4.2
Arbeitsbühnen, stationär	15	3.4.4.1
Arbeitszelte	6	6.12
Ätzmaschinen	13	5.27
Audiogeräte	7	6.14 4
Aufbauten, Wechsel	11	4.2.6
Aufbereitungsanlagen, Wasser-	12	3.1.10
Auflieger	11	4.2.6
Aufzüge, mobil	11	3.4.4.2
Aufzüge, stationär	15	3.4.4.1
Außenbeleuchtung	19	2.4
Automaten, Geldspiel-	4	7.5.1
Automaten, Getränke-	7	7.4.1
Automaten, Leergut-	7	7.4.1
Automaten, Musik-	8	7.5.2
Automaten, Passbild-	5	7.4.4

Anlagegüter alphabetisch	Nutzungsdauer i. J.	Fundstelle
Automaten, Unterhaltungs- (Video-)	6	7.5.3
Automaten, Visitenkarten-	5	7.4.5
Automaten, Waren-	5	7.4.2
Automaten, Zigaretten-	8	7.4.3
Autotelefone	5	6.13.2.2
Autowaschanlagen	10	3.10.4
Autowaschstraßen	10	3.10.4
Bahnen, Hänge-	14	3.4.1
Bahnen, Rollen	14	3.4.1
Bahnkörper (nach gesetzl. Vorschriften)	33	3.4.2.1
Bahnkörper (sonstige)	15	3.4.2.2
Ballone, Heißluft-	5	4.3.3
Bänder, Förder-	14	3.4.1
Bänder, Platten-	14	3.4.1
Bänder, Transport-	14	3.4.1
Banderoliermaschinen	8	5.26
Baracken	16	1.5
Barkassen	20	4.4.1
Baubuden	8	1.6
Baucontainer	10	3.6
Bautrocknungsgeräte	5	7.2.11
Bauwagen	12	4.2.10
Beleuchtung, Straßen- bzw. Außen-	19	2.4
Belüftungsgeräte (mobil)	10	6.6
Bepflanzungen in Gebäuden	10	6.18
Beschallungsanlagen	9	6.14.5
Beschichtungsmaschinen	13	5.27
Betonkleinmischer	6	7.1
Betonmauer	17	2.3.2

Anlagegüter alphabetisch	Nutzungsdauer i. J.	Fundstelle
Betriebsfunkanlagen	11	6.13.4
Biegemaschinen	13	5.2
Bierzelte	8	1.7
Bildschirme (bis 31.12.2020 3 J.)	1	6.14.3.2
Blockheizkraftwerke	10	3.1.4
Bohnermaschinen	8	7.2.1
Bohrhämmer	7	5.4
Bohrmaschinen, mobil	8	5.3.2
Bohrmaschinen, stationär	16	5.3.1
Brennstofftanks	25	3.10.3
Brücken, Schilder-	10	2.5
Brücken, Straßen- (Holz)	15	2.2.2
Brücken, Straßen- (Stahl und Beton)	33	2.2.1
Brücken, Wege- (Holz)	15	2.2.2
Brücken, Wege- (Stahl und Beton)	33	2.2.1
Brückenwaagen	20	3.10.1
Brunnen	20	2.7.1
Buden, Bau-	8	1.6
Buden, Verkaufs-	8	6.17
Bühnen, Arbeits- (mobil)	11	3.4.4.2
Bühnen, Arbeits- (stationär)	15	3.4.4.1
Bühnen, Hebe- (mobil)	11	3.4.4.2
Bühnen, Hebe- (stationär)	15	3.4.4.1
Bulldog	12	4.2.4
Bürocontainer	10	3.6
Büromöbel	13	6.15
Bürstmaschinen	10	5.5
Cassettenrecorder	7	6.14.4
CD-Player	7	6.14.4
Computer, Personal- (bis 31.12.2020 3 J.)	1	6.14.3.2
Container, Bau-	10	3.6
Container, Büro-	10	3.6
Transport-	10	3.6
Container, Wohn-	10	3.6

Anlagegüter alphabetisch	Nutzungsdauer i. J.	Fundstelle
Dampferzeugung	15	3.1.1
Dampfhochdruck-Reiniger	8	7.2.4
Dampfkessel	15	3.1.1
Dampfmaschinen	15	3.1.1
Dampfturbinen	19	3.1.2
Desinfektionsgeräte	10	7.2.2
Drahtzaun	17	2.3.2
Drainagen (aus Beton oder Mauerwerk)	33	2.7.2.1
Drainagen (aus Ton oder Kunststoff)	13	2.7.2.2
Drehbänke	16	5.6
Drehflügler	19	4.3.2
Drehscheiben (nach gesetzlichen Vorschriften)	33	3.4.2.1
Drehscheiben (sonstige)	15	3.4.2.2
Drucker (bis 31.12.2020 3 J.)	1	6.14.3.2
Druckkessel	15	3.1.9
Druckluftanlagen	12	3.1.13
Druckmaschinen	13	5.27
EC-Kartenleser	8	6.14.14
Elektrokarren	8	4.5
Elevatoren	14	3.4.1
Eloxiermaschinen	13	5.27
Emissionsmessgeräte	8	3.3.2
Emissionsmessgeräte (für Kfz)	8	3.3.2
Emissionsmessgeräte (sonstige)	8	3.3.2
Entfettungsmaschinen	13	5.27
Entfeuchtungsgeräte, Bau-	5	7.2.11
Entgratmaschinen	13	5.27
Enthärtungsanlagen, Wasser-	12	3.1.11
Entlüftungsgerät (mobil)	10	6.6
Entstaubungsvorrichtungen	14	3.10.5
Erodiermaschinen	13	5.27

Anlagegüter alphabetisch	Nutzungsdauer i. J.	Fundstelle
Etikettiermaschinen	13	5.27
Fahnenmasten	10	7.6
Fahrbahnen (in Kies, Schotter, Schlacken)	9	2.1.2
Fahrbahnen (mit Packlage)	19	2.1.1
Fahrräder	7	4.2.2
Fahrzeuge, Feuerwehr	10	4.2.8.1
Fahrzeuge, Krankentransport-	6	4.2.8.2
Fahrzeuge, Rettungs-	6	4.2.8.2
Falzmaschinen	13	5.27
Färbmaschinen	13	5.27
Faschinen	20	2.6
Faxgeräte	6	6.13.3
Feilmaschinen	13	5.27
Fernschreiber	6	6.13.3
Fernseher	7	6.14.4
Fernsprech-nebenstellenanlagen	10	6.13.1
Fettabscheider	5	6.7
Feuerwehrfahrzeuge	10	4.2.8.1
Filmgeräte	7	6.14.4
Fleischwaagen	11	6.19.6
Flipper	5	7.5.4
Flugzeuge unter 20 t höchstzulässigem Fluggewicht	21	4.3.1
Folienschweißgeräte	13	5.23
Förderbänder	14	3.4.1
Förderschnecken	14	3.4.1
Fotogeräte	7	6.14.4
Frankiermaschinen	8	6.14.1
Fräsmaschinen, Mobil	8	5.7.2
Fräsmaschinen, stationär	15	5.7.1
Funkanlagen	11	6.13.4
Funkenerosions-maschinen	7	5.8
Funktelefon	5	6.13.2.2
Galvanisiermaschinen	13	5.27

Anlagegüter alphabetisch	Nutzungsdauer i. J.	Fundstelle
Gaststätteneinbauten	8	3.7
Gebläse, Heißluft-(mobil)	11	6.10
Gebläse, Kaltluft-(mobil)	11	6.10
Gebläse, Sandstrahl-	9	5.16
Geldprüfgeräte	7	6.14.12
Geldsortiergeräte	7	6.14.12
Geldspielgeräte (Spielgeräte mit Gewinnmöglichkeit)	4	7.5.1
Geldwechselgeräte	7	6.14.12
Geldzählgeräte	7	6.14.12
Gelenkwagen-Waggons	25	4.1
Gemüsewagen	11	6.19.6
Generatoren, Strom-	19	3.1.2
Gerüste, mobil	11	3.4.4.2
Gerüste, stationär	15	3.4.4.1
Geschirrspülmaschinen	7	7.2.3
Getränkeautomaten	7	7.4.1
Gießmaschinen	13	5.27
Gläserspülmaschinen	7	7.2.3
Gleichrichter	19	3.1.2
Gleisanlagen (nach gesetzlichen Vorschriften)	33	3.4.2.1
Gleisanlagen (sonstige)	15	3.4.2.2
Golfplätze	20	2.9
Graviermaschinen	13	5.27
Großrechner	7	6.14.3.1
Grünanlagen	15	2.8
Hallen in Leichtbauweise	14	1.1
Hallen, Kühl-	20	1.4
Hallen, Squash-	20	1.2
Hallen, Tennis-	20	1.2
Hallen, Tragluft-	10	1.3
Handy	5	6.13.2.2
Hängebahnen	14	3.4.1
Härtemaschinen	13	5.27
Häuser, Pumpen-	20	1.8
Hebebühnen, mobil	11	3.4.4.2
Hebebühnen, stationär	15	3.4.4.1
Heftmaschinen	13	5.27
Heißluftanlagen	14	3.1.8

Anlagegüter alphabetisch	Nutzungsdauer i. J.	Fundstelle
Heißluftballone	5	4.3.3
Heißluftgebläse (mobil)	11	6.10
Heizgeräte, Raum- (mobil)	9	6.11
Hobelmaschinen, mobil	9	5.9.2
Hobelmaschinen, stationär	16	5.9.1
Hochdruckreiniger	8	7.2.4
Hochgeschwindigkeits-Züge	25	4.1
Hochregallager	15	3.5
Hofbefestigungen (in Kies, Schotter, Schlacken)	9	2.1.2
Hofbefestigungen (mit Packlage)	19	2.1.1
Holzzaun	5	2.3.1
Hublifte, mobil	11	3.4.4.2
Hublifte, stationär	15	3.4.4.1
Hubschrauber	19	4.3.2
Hubwagen	8	4.5
Industriestaubsauger	7	7.2.5
Kabinen, Toiletten-	9	7.11
Kälteanlagen	14	3.1.8
Kaltluftgebläse (mobil)	11	6.10
Kameras	7	6.14.4
Karren, Elektro-	8	4.5
Kartenleser (EC-, Kredit-)	8	6.14.14
Kassen, Registrier-	6	6.14.7
Kassettenrecorder	7	6.14.4
Kehrmaschinen	9	7.2.6
Kessel einschl. Druckkessel	15	3.1.9
Kessel, Druck-	15	3.1.9
Kessel, Druckwasser-	15	3.1.9
Kessel, Wasser-	15	3.1.9
Kesselwagen	25	4.1
Kipper	9	4.2.3
Kläranlagen mit Zu- und Ableitung	20	2.7.3
Kleintraktoren	8	4.2.5
Klimageräte (mobil)	11	6.5

Anlagegüter alphabetisch	Nutzungsdauer i. J.	Fundstelle
Kombiwagen	6	4.2.1
Kommunikationsendgeräte, allgemein	8	6.13.2.1
Kompressoren	14	3.1.8
Kopiergeräte	7	6.14.10
Kraftwagen, Personen-	6	4.2.1
Kraft-Wärmekopplungsanlagen (Blockheizkraftwerke)	10	3.1.4
Krananlagen (ortsfest o. a. Schienen)	21	3.4.3.1
Krananlagen (sonstige)	14	3.4.3.2
Krankentransportfahrzeuge	6	4.2.8.2
Kreditkartenleser	8	6.14.14
Kühleinrichtungen	8	6.4
Kühlhallen	20	1.4
Kühlschränke	10	7.7
Kunstwerke (ohne Werke anerkannter Künstler)	15	6.19.5
Kuvertiermaschinen	8	6.14.1
Laboreinrichtungen	14	6.1
Laborgeräte	13	7.8
Lackiermaschinen	13	5.27
Ladeaggregate	19	3.1.2
Ladeneinbauten	8	3.7
Ladeneinrichtungen	8	6.2
Laderampen	25	1.11
Lager, Hochregal-	15	3.5
Lagereinrichtungen	14	6.1
Laptops (bis 31.12.2020 3 J.)	1	6.14.3.2
Lastkraftwagen	9	4.2.3
Lautsprecher	7	6.14.4
Leergutautomaten	7	7.4.1
Leichtbauhallen	14	1.1
Leinwände	8	6.14.6
Leser, Karten-	8	6.14.14
Lichtreklame	9	3.8
Lifte, Hub-, mobil	11	3.4.4.2
Lifte, Hub-, stationär	15	3.4.4.1
Lkw	9	4.2.3

Anlagegüter alphabetisch	Nutzungsdauer i. J.	Fundstelle
Lokomotiven	25	4.1
Loren	25	4.1
Löschwasserteiche	20	2.7.4
Lötgeräte	13	5.20
Luftschiffe	8	4.3.4
Magnetabscheider	6	6.8
Materialprüfgeräte	10	3.3.3
Messeinrichtungen (allgemein)	18	3.3.1
Messestände	6	6.3
Messgeräte, Abgas-	8	3.3.2
Messgeräte, Emissions- (für Kfz)	8	3.3.2
Messgeräte, Emissions- (sonstige)	8	3.3.2
Mikroskope	13	7.8
Mikrowellengeräte	8	7.9
Mischer, Betonklein-	6	7.1
Mobilfunkendgeräte	5	6.13.2.2
Monitore	7	6.14.4
Motorräder	7	4.2.2
Motorroller	7	4.2.2
Musikautomaten	8	7.5.2
Nassabscheider	5	6.9
Nebenstellenanlagen	10	6.13.1
Nietmaschinen	13	5.27
Notebooks (bis 31.12.2020 3 J.)	1	6.14.3.2
Notstromaggregate	19	3.1.2
Obstwaagen	11	6.19.6
Omnibusse	9	4.2.7
Orientierungssysteme	10	2.5
Overhead-Projektoren	8	6.13.6
Paginiermaschinen	8	6.14.2
Panzerschränke	23	6.19.2
Parkplätze (in Kies, Schotter, Schlacken)	9	2.1.2
Parkplätze (mit Packlage)	19	2.1.1
Passbildautomaten	5	7.4.4

Anlagegüter alphabetisch	Nutzungsdauer i. J.	Fundstelle
Peripheriegeräte (Drucker, Scanner, Bildschirme u. Ä.) (bis 31.12.2020 3 J.)	1	6.14.3.2
Personal Computer (bis 31.12.2020 3 J.)	1	6.14.3.2
Personenkraftwagen	6	4.2.1
Photovoltaikanlagen	20	3.1.6
Plattenbänder	14	3.4.1
Poliermaschinen, mobil	5	5.10.2
Poliermaschinen, stationär	13	5.10.1
Pontons	30	4.4.2
Portalwaschanlagen	10	3.10.4
Präsentationsgeräte	8	6.14.6
Präzisionswaagen	13	7.8
Pressen	14	5.11
Presslufthämmer	7	5.4
Projektoren, Overhead-	8	6.14.6
Prüfgeräte, Geld-	7	6.14.12
Pumpenhäuser	20	1.8
Räder, Fahr-	7	4.2.2
Räder, Motor-	7	4.2.2
Radios	7	6.14.4
Rampen, Lade-	25	1.11
Rasenmäher	9	7.10
Räumgeräte	9	7.2.7
Raumheizgeräte (mobil)	9	6.11
Recorder	7	6.14.4
Regeleinrichtungen (allgemein)	18	3.3.1
Registrierkassen	6	6.14.7
Reinigungsanlagen, Wasser-	11	3.1.12
Reinigungsgeräte, Fahrbar	9	7.2.6
Reinigungsgeräte, Teppich-	7	7.2.9
Reiseomnibusse	9	4.2.7
Reißwölfe (Aktenvernichter)	8	6.14.13
Rettungsfahrzeuge	6	4.2.8.2
Rohrpostanlagen	10	6.19.7

Anlagegüter alphabetisch	Nutzungsdauer i. J.	Fundstelle
Rollenbahnen	14	3.4.1
Roller, Motor-	7	4.2.2
Rückgewinnungs-Anlagen	10	3.2
Rüttelplatten	11	5.13
Sägen aller Art, mobil	8	5.14.2
Sägen aller Art, stationär	14	5.14.1
Sandstrahlgebläse	9	5.16
Sattelschlepper	9	4.2.3
Scanner (bis 31.12.2020 3 J.)	1	6.14.3.2
Schalthäuser	20	1.8
Schaufensteranlagen	8	3.7
Schaukästen	9	3.9
Scheren, mobil	8	5.18.2
Scheren, stationär	13	5.18.1
Schienenfahrzeuge	25	4.1
Schilderbrücken	10	2.5
Schleifmaschinen, Mobil	8	5.17.2
Schleifmaschinen, stationär	15	5.17.1
Schlepper	12	4.2.4
Schlepper, Sattel-	9	4.2.3
Schnecken, Förder-	14	3.4.1
Schneidemaschinen, mobil	8	5.18.2
Schneidemaschinen, stationär	13	5.18.1
Schornsteine (aus Mauerwerk o. Beton)	33	1.10.1
Schornsteine (aus Metall)	10	1.10.2
Schränke, Kühl-	10	7.7
Schränke, Panzer-	23	6.19.2
Schränke, Stahl-	14	6.19.1
Schredder	6	5.19
Schreibmaschinen	9	6.14.8
Schuppen	16	1.5
Schweißgeräte	13	5.20
Schweißgeräte, Folien-	13	5.23

Anlagegüter alphabetisch	Nutzungsdauer i. J.	Fundstelle
Segelyachten	20	4.4.3
Signalanlagen (nach gesetzlichen Vorschriften)	33	3.4.2.1
Signalanlagen (sonstige)	15	3.4.2.2
Silobauten (Beton)	33	1.9.1
Silobauten (Kunststoff)	17	1.9.3
Silobauten (Stahl)	25	1.9.2
Solaranlagen	10	3.1.7
Sonstige Unterhaltungsautomaten (z. B. Flipper)	5	7.5.4
Sortiergeräte, Geld-	7	6.14.12
Speicher, Wasser-	20	2.7.5
Speisewasseraufbereitungsanlagen	12	3.1.11
Spezialwagen	25	4.1
Sprinkleranlagen	20	3.10.7
Spritzgussmaschinen	13	5.21
Spülmaschinen, Geschirr-	7	7.2.3
Squashhallen	20	1.2
Stahlschränke	14	6.19.1
Stahlspundwände	20	2.6
Stampfer	11	5.13
Stände, Verkaufs-	8	6.17
Stanzen	14	5.11
Stapler	8	4.5
Staubsauger, Industrie-	7	7.2.5
Stauchmaschinen	10	5.12
Stempelmaschinen	8	5.25
Sterilisatoren	10	7.2.8
Straßenbeleuchtung	19	2.4
Straßenbrücken (Holz)	15	2.2.2
Straßenbrücken (Stahl und Beton)	33	2.2.1
Stromerzeugung	19	3.1.2
Stromgeneratoren	19	3.1.2
Stromumformer	19	3.1.2
Tankanlagen, Treib- und Schmierstoff-	14	3.10.2
Tanks, Brennstoff-	25	3.10.3

Anlagegüter alphabetisch	Nutzungsdauer i. J.	Fundstelle
Teiche, Löschwasser-	20	2.7.4
Telefone, Auto-	5	6.13.2.2
Tennishallen	20	1.2
Teppiche, hochwertige (ab 500 /qm)	15	6.19.4.2
Teppiche, normale	8	6.19.4.1
Teppichreinigungsgeräte (transportabel)	7	7.2.9
Textendeinrichtungen	6	6.13.3
Theken, Verkaufs-	10	6.16
Toilettenkabinen	9	7.11
Toilettenwagen	9	7.11
Trafostationshäuser	20	1.8
Traglufthallen	10	1.3
Traktoren	12	4.2.4
Traktoren, Klein-	8	4.2.5
Transportbänder	14	3.4.1
Transportcontainer	10	3.6
Trennmaschinen, mobil	7	5.15.2
Trennmaschinen, stationär	10	5.15.1
Tresoranlagen	25	6.19.3
Tresore	23	6.19.2
Trockner, Wäsche-	8	7.3
Trocknungsgeräte, Bau-	5	7.2.11
Überwachungsanlagen	11	3.10.6
Ultraschallgeräte (nicht medizinisch)	10	3.3.4
Unterhaltungsautomaten, Musik-	8	7.5.2
Unterhaltungsautomaten, sonstige (z. B. Flipper)	5	7.5.4
Unterhaltungsautomaten, Video-	6	7.5.3
Ventilatoren	14	3.1.8
Verkaufsbuden	8	6.17
Verkaufsstände	8	6.17
Verkaufstheken	10	6.16
Vermessungsgeräte, elektronisch	8	3.3.5.1

Anlagegüter alphabetisch	Nutzungsdauer i. J.	Fundstelle
Vermessungsgeräte, mechanisch	12	3.3.5.2
Verpackungsmaschinen	13	5.23
Verstärker	7	6.14.4
Vervielfältigungsgeräte	7	6.14.10
Videoautomaten	6	7.5.3
Videogeräte	7	6.14.4
Visitenkartenautomaten	5	7.4.5
Vitrinen	9	3.9
Waagen (Obst-, Gemüse-, Fleisch- u. Ä.)	11	6.19.6
Waagen, Brücken-	20	3.10.1
Waagen, Präzisions-	13	7.8
Wagen, Bau-	12	4.2.10
Wagen, Hub-	8	4.5
Wagen, Kessel-	25	4.1
Wagen, Kombi-	6	4.2.1
Wagen, Lastkraft-	9	4.2.3
Wagen, Personenkraft-	6	4.2.1
Wagen, Spezial-	25	4.1
Wagen, Toiletten-	9	7.11
Wagen, Wohn-	8	4.2.9
Waggons	25	4.1
Warenautomaten	5	7.4.2
Wärmetauscher	15	3.1.14
Waschanlagen, Portal-	10	3.10.4
Wäschetrockner	8	7.3
Waschmaschinen	10	7.2.10
Waschstraßen, Auto-	10	3.10.4
Wasseraufbereitungs-Anlagen	12	3.1.10
Wasserenthärtungs-Anlagen	12	3.1.11
Wasserhochdruck-Reiniger	8	7.2.4
Wasserreinigungsanlagen	11	3.1.12
Wasserspeicher	20	2.7.5
Wechselaufbauten	11	4.2.6
Wechselgeräte, Geld-	7	6.14.12
Wegebrücken (Holz)	15	2.2.2

Anlagegüter alphabetisch	Nutzungsdauer i. J.	Fundstelle
Wegebrücken (Stahl und Beton)	33	2.2.1
Weichen (nach gesetzlichen Vorschriften)	33	3.4.2.1
Weichen (sonstige)	15	3.4.2.2
Werkstatteinrichtungen	14	6.1
Winden, mobil	11	3.4.4.2
Winden, stationär	15	3.4.4.1
Windkraftanlagen	16	3.1.5
Wohncontainer	10	3.6
Wohnmobile	8	4.2.9
Wohnwagen	8	4.2.9
Workstations (bis 31.12.2020 3 J.)	1	6.14.3.2
Yachten, Segel-	20	4.4.3
Zählgeräte, Geld-	7	6.14.12

Anlagegüter alphabetisch	Nutzungsdauer i. J.	Fundstelle
Zapfanlagen, Treib- und Schmierstoff-	14	3.10.2
Zeichengeräte, elektronisch	8	6.14.9.1
Zeichengeräte, mechanisch	14	6.14.9.2
Zeiterfassungsgeräte	8	6.14.11
Zelte, Arbeits-	6	6.12
Zelte, Bier-	8	1.7
Zentrifugen	10	7.12
Ziegelmauer	17	2.3.2
Zigarettenautomaten	8	7.4.3
Züge, Hochgeschwindigkeits-	25	4.1
Zusammentragmaschinen	12	5.24

Wichtig: Die Finanzverwaltung hat die steuerlich zugrunde legende Nutzungsdauer von Computern und Software verkürzt. Anstatt bisher drei Jahre gilt für Gewinnermittlung für Wirtschaftsjahre, die nach dem 31.12.2020 enden, eine Nutzungsdauer von einem Jahr. Damit kommt es quasi zu einer Sofortabschreibung der betroffenen Wirtschaftsgüter. Zudem kann in dem nach dem 31.12.2020 endenen Wirtschaftsjahr der Restbuchwert von bereits zuvor angeschafften bzw. hergestellten Wirtschaftsgütern des Betriebsvermögens vollends abgeschrieben werden. Die Regeln gelten ab dem VZ 2021 auch für Wirtschaftsgüter des Privatvermögens (BMF Schreiben v. 26.2.2021, IV C 3 – S 2190/21/10002 :013).

1.6 Erbschaft-/Schenkungsteuer

Der Erbschaft- bzw. Schenkungsteuer unterliegen Erwerbe von Todes wegen, Zuwendungen unter Lebenden, Zweckzuwendungen sowie alle 30 Jahre das Vermögen bestimmter Stiftungen und Vereine.

Die Bewertung des Vermögens erfolgt nach den Vorschriften des Erbschaftsteuer- und Schenkungsteuergesetzes sowie des Bewertungsgesetzes.

1. Steuerklassen nach § 15 ErbStG

- **Steuerklasse I**
  - Ehegatte und Lebenspartner
  - Kinder, Stiefkinder, nichteheliche Kinder und Adoptivkinder
  - Abkömmlinge der unter 2. genannten Personen (Kindeskinder)
  - die Eltern und Voreltern bei Erwerb von Todes wegen
- **Steuerklasse II**
  - Eltern und Voreltern, soweit sie nicht zur Steuerklasse I gehören
  - Geschwister, Abkömmlinge ersten Grades von Geschwistern, Stiefeltern, Schwiegerkinder, Schwiegereltern, geschiedener Ehegatte, Lebenspartner einer aufgehobenen Lebenspartnerschaft
- **Steuerklasse III**
  alle übrigen Erwerber und die Zweckzuwendungen

2. Freibeträge nach § 16 ErbStG

	ab VAZ 2009
Ehegatte	500.000 EUR
Eingetragener Lebenspartner	500.000 EUR
Kinder (inkl. Kinder verstorbener Kinder)	400.000 EUR
Kinder der Kinder (lebend)	200.000 EUR
Übrige Personen der Steuerklasse I	100.000 EUR
Personen der Steuerklasse II	20.000 EUR
Personen der Steuerklasse III	20.000 EUR

Diese Freibeträge können mehrfach (im Abstand von je 10 Jahren) in Anspruch genommen werden. Bei mehreren Erblassern, Schenkern, Erben und Beschenkten vervielfachen sich die Freibeträge entsprechend.

3. Steuersätze § 19 ErbStG

Wert des Erwerbs bis ...	Prozentsatz der Steuerklasse		
	Steuerklasse I	Steuerklasse II	Steuerklasse III
75.000 EUR	7	15	30
300.000 EUR	11	20	30
600.000 EUR	15	25	30
6.000.000 EUR	19	30	30
13.000.000 EUR	23	35	50
26.000.000 EUR	27	40	50
ab 26.000.000 EUR	30	43	50

4. Versorgungsfreibeträge

§ 17 ErbStG sieht neben den persönlichen Freibeträgen nach § 16 zusätzlich Versorgungsfreibeträge für Ehegatten und Kinder vor.

	Freibetrag
Ehegatte/eingetragener Lebenspartner	256.000 EUR
Kinder bei einem Alter bis 5 Jahren	52.000 EUR
Kinder bei einem Alter von 5 bis 10 Jahren	41.000 EUR
Kinder bei einem Alter von 10 bis 15 Jahren	30.700 EUR
Kinder bei einem Alter von 15 bis 20 Jahren	20.500 EUR
Kinder bei einem Alter von 20 bis 27 Jahren	10.300 EUR

Der Versorgungsfreibetrag wird nur im Erbfall gewährt.

Dieser Freibetrag wird gemindert:

1. beim Ehegatten, wenn der Ehegatte als Versorgung eine Rente aus der gesetzlichen Sozialversicherung bzw. eine Beamtenpension erhält. Die Kürzung erfolgt in Höhe des Kapitalwertes der Versorgungsbezüge.
2. bei Kindern, wenn diese ebenfalls eine steuerfreie anderweitige Versorgungsleistung erhalten. Die Bewertung erfolgt nach den Vorschriften des Bewertungsgesetzes.

5. Sonstige Steuerbefreiungen nach § 13 ErbStG (Auswahl)

	Freibetrag
Hausrat/Kleidung/Wäsche für Personen der Steuerklassen I	41.000 EUR
Hausrat/Kleidung/Wäsche/andere bewegliche Gegenstände für Personen der Steuerklassen II und III	12.000 EUR
andere bewegliche Gegenstände für Personen der Steuerklasse I	12.000 EUR

Diese Befreiungen gelten nicht für Wertpapiere, Zahlungsmittel, Betriebsvermögen, Münzen, Edelsteine, Perlen, Edelmetalle etc.

	Freibetrag
Zuwendung unter Lebenden, mit der ein Ehegatte dem anderen Ehegatten das Eigentum am zu Wohnzwecken selbstgenutzten Haus (bzw. Eigentumswohnung) im Inland verschafft (gilt auch für eingetragene Lebenspartner)	100 %
Zuwendungen an Religionsgemeinschaften des öffentlichen Rechts	100 %

6. Steuerbefreiung für Betriebsvermögen nach §§ 13a, 13b ErbStG

(ab VAZ 2009 bzw. 2016)

Wegen der umfangreichen Regelungen wird an dieser Stelle auf die Darstellung für betriebliches Vermögen weitgehend verzichtet.

Der Erwerb von begünstigtem Vermögen wird abhängig vom insgesamt erworbenen Vermögen entlastet. Zu begünstigten Vermögen zählen i. d. R. Betriebsvermögen, land- und forstwirtschaftlichem Vermögen sowie Anteile an Kapitalgesellschaften bei denen der Erblasser zu mehr als 25 % unmittelbar am Nennkapital der Gesellschaft beteiligt war (Produktivvermögen). Die Steuerentlastungen gelten nur für Erwerbe von Todes wegen, soweit dabei vom Erblasser stammendes begünstigtes Produktivvermögen erworben wird.

Regelverschonung bis 26 Mio. EUR mit Wertabschlag von 85 % und einen Freibetrag von 150.000,00 EUR der zu 50 % des diesen Wert übersteigenden Vermögens abschmilzt. Der Wertabschlag hat in § 13a Abs. 3 ErbStG allerdings umfangreiche Bedingungen.

Auf Antrag ist auch eine Optionsverschonung bis zu 100 % möglich (§ 13a Abs. 10 ErbStG).

Eine Stundung mit jährlichen Tilgungen über 7 Jahre ist für begünstigtes Produktivvermögen möglich (§ 28 Abs. 1 ErbStG).

1.7 Steuern International

1.7.1 Abzugsteuern i. S. d. §§ 50, 50a EStG

Seit 2014 sind die Vergütungen für z. B. künstlerische, sportliche, artistische und unterhaltende Darbietungen, Rechteüberlassungen und Aufsichtsrattätigkeiten an beschränkt Steuerpflichtige beim Bundeszentralamt für Steuern (BZSt) anzumelden. Die Steuer entsteht in dem Zeitpunkt, in dem die Vergütung dem Leistungserbringer zufließt (§ 50a Abs. 5 Satz 1 EStG). Der Schuldner der Vergütung hat auf Rechnung des Gläubigers den Steuerabzug vorzunehmen. Die in einem Kalendervierteljahr einbehaltenen Steuern sind bis zum zehnten Tag des folgenden Monats elektronisch anzumelden und an das BZSt abzuführen (vgl. BMF-Schreiben v. 25.11.2010, IV C 3 – S 2303/09/10002). Genutzt werden können die Portale https://www.elster.de/bportal/start oder https://www.elster.de/eportal/start.

Die Steuer beträgt (§ 50a Abs. 2 u. 3 EStG)

- 15 % oder 30 % der Einnahmen zzgl. SolZ (Bruttoabzug) oder
- 30 % der nach Abzug von Betriebsausgaben oder Werbungskosten verbleibenden Einnahmen (Nettoabzug) bei natürlichen Personen oder Personengesellschaften, anderenfalls 15 % der geminderten Einnahmen.

Die Steuer wird nicht erhoben (Mindestregelung nach § 50a Abs. 2 Satz 3 EStG), wenn die Einnahmen je Darbietung 250,00 EUR nicht übersteigen (gilt jedoch nur für § 50a Abs. 1 Nr. 1 EStG).

Zunächst sind DBA außer Betracht zu lassen. Soweit aber im DBA geregelt ist, dass diese Einkünfte nicht oder nur nach einem niedrigeren Steuersatz besteuert werden, kann volle oder teilweise Entlastung nach § 50d EStG beantragt werden (Erstattungsantrag oder Freistellungsbescheinigung, § 50d Abs. 1 u. 2 EStG).

1.7.2 Umsatzsteuer – One-Stop-Shop (OSS)

Seit dem 1.1.2015 liegt der Leistungsort bei Telekommunikations-, Rundfunk- und Fernseh- sowie sonstigen auf elektronischem Weg erbrachten Dienstleistungen an Nichtunternehmer in dem Staat, in dem der Leistungsempfänger ansässig ist oder seinen Wohnsitz oder gewöhnlichen Aufenthaltsort hat (zum Steuersatz des Mitgliedstaates). Seit dem 1.7.2021 wurde das Verfahren erheblich erweitert und kann fortan auch für Fernverkäufe und Lieferungen über eine elektronische Schnittstelle in der EU (§ 18j UStG).

Achtung: Das Verfahren kann nur angewendet werden, wenn keine Betriebsstätte die Ansässigkeit begründet.

§ 18i UStG grenzt den Anwendungsbereich des OSS-Verfahrens für nicht in der EU ansässige Unternehmer nicht mehr nur auf elektronische Dienstleistungen ein. Er umfasst alle sonstigen Leistungen nach § 3a Abs. 1 UStG an Nichtsteuerpflichtige im Gemeinschaftsgebiet i. S. d. § 3a Abs. 5 Satz 1 UStG. Das bedeutet, dass auch

Dienstleistungen am Verbrauchsort (Ansässigkeit des nichtsteuerpflichtigen Empfängers) besteuert werden und mittels des OSS-Verfahrens erklärt werden können. Im Einzelnen kann es sich nur um Leistungen nach

§ 3a Abs. 3 Nr. 1 bis 4 UStG (grundstücksbezogene Leistungen, kurzfristige Vermietung von Beförderungsmitteln, Veranstaltungs- und Bildungsleistungen, Arbeiten an beweglichen körperlichen Gegenständen und deren Begutachtung, Restaurationsleistungen, Vermittlungsleistungen)

§ 3b UStG (Beförderungsleistungen und damit zusammenhängende Nebenleistungen)

§ 3e UStG (Lieferungen und Restaurationsleistungen an Bord eines Schiffes, in einem Luftfahrzeug oder in der Eisenbahn) handeln.

Versender können entweder bereits bei einer Überschreitung der Lieferschwelle von 10.000 EUR im Kalenderjahr ihre Umsätze im Ankunftsland versteuern, oder die Möglichkeit die ausländischen Umsatzsteuern im Rahmen des OSS-Verfahrens (sog. EU-Regelung) dort zu entrichten. Infolgedessen müssen sich Unternehmer dem Grunde nach entweder in den Mitgliedstaaten, in denen sie die genannten Leistungen ausführen, umsatzsteuerlich registrieren und dort ihren Melde- und Erklärungspflichten nachkommen oder die Vereinfachungsmöglichkeit durch die Sonderregelung „One-Stop-Shop“ in Anspruch nehmen. Das One-Stop-Shop-Verfahren ermöglicht es den in Deutschland ansässigen Unternehmern, ihre in den übrigen Mitgliedstaaten der europäischen Union (EU) ausgeführten Umsätze, die unter die Sonderregelung fallen, in einer besonderen zusammengefassten Steuererklärung zu erklären, wenn es in den Ländern keine umsatzsteuerliche Betriebsstätte der Unternehmer gibt (Abschn. 3a.1. Abs. 3 UStAE). Der Zugang und die Anmeldung erfolgen über das BZSt Online-Portal.

Die Steuererklärungsfristen (nach Anmeldung ggf. 0-Meldungen) sind für das

- I. Kalendervierteljahr bis zum 30. April,
- II. Kalendervierteljahr bis zum 31. Juli,
- III. Kalendervierteljahr bis zum 31. Oktober,
- IV. Kalendervierteljahr bis zum 31. Januar des Folgejahres.

Weitere Informationen auf www.bzst.de und im BMF-Schreiben v. 1.4.2021, Umsatzsteuer, Umsetzung der zweiten Stufe des Mehrwertsteuer-Digitalpakets zum 1.4.2021 bzw. 1.7.2021, III C 3 – S 7340/19/10003 :022.

Die Zahlungen sind auf folgendes Konto zu leisten:

Zahlungsempfänger: Bundeskasse Trier Sonderkonto EU/UST
Bankname: Deutsche Bundesbank Filiale Saarbrücken
BIC Code: MARKDEF1590
IBAN: DE81 5900 0000 0059 0010 20

1.7.3 Vorsteuervergütungsverfahren

Das Vorsteuervergütungsverfahren gibt Unternehmern die Möglichkeit, sich die in einem anderen Staat durch ein dort ansässiges Unternehmen in Rechnung gestellten Umsatzsteuerbeträge erstatten zu lassen (§§ 18 Abs. 9 u. 18g UStG). Das Bundeszentralamt für Steuern (BZSt) ist zuständig für EU-Staaten (§ 5 Abs. 1 Nr. 8 FVG). Für die Vergütung von Vorsteuern, die in einem Drittland gezahlt wurden, ist seit dem 1.7.2016 der Antrag ausschließlich auf elektronischem Weg über das Online-Portal des Bundeszentralamtes für Steuern (BZSt) eingereicht werden. Die dort einsehbare aktuelle Präferenzliste der EU-Staaten regelt individuelle Einzelheiten.

Der Antrag ist bis zum 30.9. des auf das Jahr der Inrechnungstellung folgenden Kalenderjahrs zu stellen. Der Vergütungsbetrag muss mindestens 50 EUR betragen. Der Unternehmer kann auch einen Antrag für einen Zeitraum von mindestens 3 Monaten stellen, wenn der Vergütungsbetrag mindestens 400 EUR beträgt. Die Anträge auf Erstattung von Umsatzsteuer bei einem anderen EU-Staat sind ausschließlich über das elektronische Portal (BOP) einzureichen. Das Formular für die Erstattung ausländischer Umsatzsteuer ist im BZStOnline-Portal (BOP) zu finden (https://www.elsteronline.de/bportal).

Präferenzliste der EU-Mitgliedstaaten (Teil 1)

		Warenbeschreibung durch Subcodes[2] erforderlich (Art. 9.2)[3]	Elekt. Kopien der Originalrechnungen erforderlich (Art. 10)[3]	Grenzwerte (Art. 10)[3] in nationaler Währung	Geschäftsbeschreibung durch NACE-Code erforderlich (Art. 11)[3]
Belgien	**BE**	Ja	Bei Überschreiten der Grenzwerte 250 Euro und 1.000 Euro	250 Euro und 1.000 Euro	Ja
Bulgarien	**BG**	Ja	Nein (werden eventuell angefordert gem. Art. 20)		Ja
Dänemark	**DK**	Ja	Nein		Ja
Estland	**EE**	Ja	Bei Überschreiten der Grenzwerte Art. 10	250 Euro und 1.000 Euro	Ja
Finnland	**FI**	Ja	Wenn steuerpflichtiger Betrag der Rechnung oder Einfuhrbeleg 1.000 Euro übersteigt	1.000 Euro	Ja
Frankreich	**FR**	Ja (zusätzlich zu den Angaben gem. Art. 8)	Bei Überschreiten der Grenzwerte Art. 10	250 Euro und 1.000 Euro	Ja
Griechenland	**EL**	Ja	Bei Überschreiten der Grenzwerte Art. 10	250 Euro und 1.000 Euro	Ja
Großbritannien	**GB**	Ja	Bei Überschreiten der Grenzwerte Art. 10	200 £ und 750 £	Ja
Irland	**IE**	Ja	Bei Überschreiten der Grenzwerte Art. 10	250 Euro und 1.000 Euro	Ja
Italien	**IT**	Ja	Ja (bei Antragstellung ab dem 16.02.2017)		Ja
Kroatien	**HR**	Ja	Nein (werden eventuell angefordert gem. Art. 20)		Ja
Lettland	**LV**	Ja	Bei Überschreiten der Grenzwerte Art. 10	175,70 LVL und 702,80 LVL	Ja
Litauen	**LT**	Ja	Bei Überschreiten der Grenzwerte Art. 10	250 Euro und 1.000 Euro	Ja
Luxemburg	**LU**	Nein	Nein		Ja
Malta	**MT**	Ja	Bei Überschreiten der Grenzwerte Art. 10	250 Euro und 1.000 Euro	Ja
Niederlande	**NL**	Ja	Nein		Ja
Österreich	**AT**	Ja	Nein; (werden evtl. im Zusammenhang mit Risikoanalyse und Art. 20 angefordert)		Ja
Polen	**PL**	Ja	Bei Überschreiten der Grenzwerte Art. 10	250 Euro und 1.000 Euro	Ja
Portugal	**PT**	Ja	Nein		Ja

		Warenbeschreibung durch Subcodes[2] erforderlich (Art. 9.2)[3]	Elekt. Kopien der Originalrechnungen erforderlich (Art. 10)[3]	Grenzwerte (Art. 10)[3] in nationaler Währung	Geschäftsbeschreibung durch NACE-Code erforderlich (Art. 11)[3]
Rumänien	**RO**	Ja	Bei Überschreiten der Grenzwerte Art. 10	1.057,05 RON und 4.228,20 RON	Ja
Schweden	**SE**	Ja	Nein		Ja
Slowakei	**SK**	Ja	Bei Überschreiten der Grenzwerte Art. 10	250 Euro und 1.000 Euro	Ja
Slowenien	**SI**	Ja	Nein		Ja
Spanien	**ES**	Ja	Bei Überschreiten der Grenzwerte Art. 10	250 Euro und 1.000 Euro	Ja
Tschechien	**CZ**	Nein	Bei Überschreiten der Grenzwerte Art. 10	250 Euro und 1.000 Euro	Ja
Ungarn	**HU**	Ja	Bei Überschreiten der Grenzwerte Art. 10	63.000 HUF und 300.000 HUF	Nein
Zypern	**CY**	Nein	Bei Überschreiten der Grenzwerte Art. 10	250 Euro und 1.000 Euro	Ja

Präferenzliste der EU-Mitgliedstaaten (Teil 2)

		Akzeptierte Sprachen (Art. 12)[3]	Einschränkungen beim Vergütungszeitraum (Art. 16)[3]	Voraussetzung für Vertretung durch Dritte	Zahlung an Dritte	Korrekturen/ Änderungen
Belgien	**BE**	1.Französisch 2.Niederländi. 3.Deutsch 4.Englisch		Mit Vollmacht	Ja, mit Vollmacht	Ja[1]
Bulgarien	**BG**	1.Bulgarisch 2.Englisch		Schriftliche Vollmacht muss persönlich der Steuerbehörde vorgelegt werden	Nein	Ja[1]
Dänemark	**DK**	1.Dänisch 2.Englisch 3.Deutsch	Nicht mehr als 1 Kalenderjahr und nicht weniger als 3 Kalendermonate	Mit Vollmacht	Ja, mit Vollmacht	Ja[1]
Estland	**EE**	1.Estnisch 2.Englisch	Nicht mehr als 1 Kalenderjahr und nicht weniger als 3 Kalendermonate	Mit Vollmacht	Ja, mit Vollmacht	Ja[1]
Finnland	**FI**	1.Finnisch 2.Schwedisch 3.Englisch	Nicht mehr als 1 Kalenderjahr und nicht weniger als 3 Kalendermonate	Mit Vollmacht	Ja, auf Bitte des Steuerpflichtigen	Ja[1]

		Akzeptierte Sprachen (Art. 12)[3]	Einschränkungen beim Vergütungszeitraum (Art. 16)[3]	Voraussetzung für Vertretung durch Dritte	Zahlung an Dritte	Korrekturen/ Änderungen
Frankreich	**FR**	1.Französisch 2.Englisch	Nicht mehr als 1 Kalenderjahr und nicht weniger als 3 Kalendermonate oder Rest des Jahres (z. B. 01.11.–31.12.)	Mit Vollmacht	Ja, auf Bitte des Steuerpflichtigen mit Vollmacht und nur auf Euro-Konto	Nein
Griechenland	**EL**	1.Griechisch 2.Englisch 3.Französisch		Mit Vollmacht	Ja, auf Bitte des Steuerpflichtigen (beglaubigte Vollmacht mit Apostille)	Ja[1]
Großbritannien	**GB**	1.Englisch	Nicht mehr als 1 Kalenderjahr und nicht weniger als 3 Kalendermonate	Mit schriftlicher Vollmacht	Ja, auf Bitte des Steuerpflichtigen; nur auf ein Euro-Konto	Ja[1]
Irland	**IE**	1.Englisch 2.Irisch		Mit schriftlicher Vollmacht	Ja mit Vollmacht	Ja[1]
Italien	**IT**	1.Italienisch 2.Englisch 3.Französisch	Nur Quartalsanträge (01.01.–31.03.; 01.04.–30.06.; 01.07.–30.09.; 01.10.–31.12.) oder jährlich (01.01.–31.12.)	Mit Vollmacht; der Dritte muss im Erstattungsstaat registriert sein	Nein	Nein
Kroatien	**HR**	1.Kroatisch 2.Englisch	Nicht mehr als 1 Kalenderjahr und nicht weniger als 3 Kalendermonate oder Rest des Jahres (z. B. 01.11.–31.12.)	Mit Vollmacht	Ja, auf Bitte des Steuerpflichtigen	Ja[1]
Lettland	**LV**	1.Lettisch 2.Englisch		Mit Vollmacht	Ja, auf Bitte des Steuerpflichtigen	Ja[1]
Litauen	**LT**	1.Litauisch 2.Englisch	Nicht mehr als 1 Kalenderjahr und nicht weniger als 3 Kalendermonate	Mit Vollmacht; der Dritte muss im Erstattungsstaat registriert sein	Ja, auf Bitte des Steuerpflichtigen	Ja[1]
Luxemburg	**LU**	1.Französisch 2.Deutsch 3.Englisch		Mit schriftlicher Vollmacht	Ja, auf Bitte des Steuerpflichtigen	Nein

		Akzeptierte Sprachen (Art. 12)[3]	Einschränkungen beim Vergütungszeitraum (Art. 16)[3]	Voraussetzung für Vertretung durch Dritte	Zahlung an Dritte	Korrekturen/ Änderungen
Malta	**MT**	1.Maltesisch 2.Englisch	Nicht mehr als 1 Kalenderjahr und nicht weniger als 3 Kalendermonate	Mit schriftlicher Vollmacht	Ja, bei Vorlage der Original-Vollmacht	Ja[1]
Niederlande	**NL**	1.Niederländ. 2.Englisch 3.Deutsch		Mit Vollmacht	Ja, mit Vollmacht	Ja[1]
Österreich	**AT**	1.Deutsch 2.Englisch (nur für Bemerkungen gem. Art.9(1)10)	Mehrere aufeinander folgende Quartale in einem Antrag möglich	Mit Vollmacht	Ja, mit Vollmacht	Ja[1]
Polen	**PL**	1.Polnisch	Nicht mehr als 1 Kalenderjahr und nicht weniger als 3 Kalendermonate oder Rest des Jahres (z .B. 01.11.–31.12.)	Mit schriftlicher Vollmacht	Nein	Ja[1]
Portugal	**PT**	1.Portugiesis. 2.Englisch		Mit Vollmacht	Ja, mit Vollmacht	Ja[1]
Rumänien	**RO**	1.Rumänisch		Mit Vollmacht	Ja, mit Vollmacht	Ja[1]
Schweden	**SE**	1.Schwedisch 2.Englisch 3.Deutsch		Mit schriftlicher Vollmacht	Ja, wenn Daten von Antragsteller geliefert	Ja[1]
Slowakei	**SK**	1.Slowakisch	Nicht mehr als 1 Kalenderjahr und nicht weniger als 3 Kalendermonate	Mit Vollmacht	Ja, auf Bitte des Steuerpflichtigen	Ja[1]
Slowenien	**SI**	1.Slowenisch 2.Englisch	Nur Quartalsanträge (01.01-31.03; 01.04.–30.06.; 01.07.–30.09.; 01.10.–31.12.) oder jährlich (01.01.–31.12.)	Mit Vollmacht	Ja, mit Vollmacht	Ja[1]
Spanien	**ES**	1.Spanisch 2.Englisch (nur für Bemerkungen gem. Art.9)	Nur Quartalsanträge (01.01.–31.03.; 01.04.–30.06.; 01.07.–30.09.; 01.10.–31.12.) oder jährlich (01.01.–31.12.)	Mit schriftlicher Vollmacht	Ja, mit Vollmacht	Ja[1]

		Akzeptierte Sprachen (Art. 12)[3]	Einschränkungen beim Vergütungszeitraum (Art. 16)[3]	Voraussetzung für Vertretung durch Dritte	Zahlung an Dritte	Korrekturen/ Änderungen
Tschechien	**CZ**	1.Tschechisch		Mit Vollmacht	Ja, wenn Daten von Antragsteller geliefert	Ja[1]
Ungarn	**HU**	1.Ungarisch 2.Englisch	Nicht mehr als 1 Kalenderjahr und nicht weniger als 3 Kalendermonate oder Rest des Jahres (z. B. 01.11.–31.12.)	Mit Vollmacht; (wenn Dritter spezielle Qualifikation hat)	Nein	Ja[1]
Zypern	**CY**	1.Griechisch 2.Englisch 3.Türkisch		Mit schriftlicher Vollmacht	Ja, auf Bitte des Steuerpflichtigen	Ja[1]

1. Bitte beachten Sie, dass die Anforderungen an die Form und den Inhalt von Korrektur- / Änderungsanträgen in den einzelnen Mitgliedstaaten variieren und Korrekturen und Änderungen z.T. nur unter bestimmten Voraussetzungen akzeptiert werden. Zur Vermeidung einer Abweisung des gestellten Antrages empfiehlt das BZSt, sich vor der Stellung des Antrages beim Mitgliedstaat der Erstattung genau über die Anforderungen und Voraussetzungen zu erkundigen. Sofern die im Antragsformular vorhandenen Anlagepositionen nicht ausreichen sollten, erkundigen Sie sich bitte beim Mitgliedstaat der Erstattung, ob die Einreichung mehrerer Anträge für denselben Vergütungszeitraum möglich ist.

2. In dem Erstattungsantrag muss die Art der erworbenen Gegenstände und Dienstleistungen nach folgenden Kennziffern (Codes – Kategorien) aufgeschlüsselt werden:
   1 = Kraftstoff;
   2 = Vermietung von Beförderungsmitteln;
   3 = Ausgaben für Transportmittel (andere als unter Kennziffer 1 oder 2 beschriebene Gegenstände und Dienstleistungen);
   4 = Maut und Straßenbenutzungsgebühren;
   5 = Fahrtkosten wie Taxikosten, Kosten für die Benutzung öffentlicher Verkehrsmittel;
   6 = Beherbergung;
   7 = Speisen, Getränke und Restaurantdienstleistungen;
   8 = Eintrittsgelder für Messen und Ausstellungen;
   9 = Luxusausgaben, Ausgaben für Vergnügungen und Repräsentationsaufwendungen;
   10 = Sonstiges.

   Durch die Subcodes (Unterkategorien) werden die o. g. Kennziffern weiter aufgeschlüsselt. Bitte beachten Sie, dass die Subcodes von der Mehrheit der Erstattungsstaaten gefordert werden; fehlende Subcodes können zu einer Ablehnung des Antrages führen. Die Aufschlüsselung der Unterkategorien können Sie der Verordnung Nr. 1174/2009 der Kommission entnehmen.

3. Informationen zu den angegebenen **Artikeln** können der EU-Richtlinie zur Erstattung der Mehrwertsteuer entnommen werden.

Stand: 22.03.2017 (weiterhin aktuell)

1.7.4 Ertragsteuern in anderen Staaten

Eine durchgreifende Harmonisierung der Ertragsteuern im Raum der EU, EWR und NAFTA ist derzeit nicht vorgesehen. Einen ersten Überblick über die in den verschiedenen Staaten geltenden Ertragsteuerbelastungen für Privatpersonen und Unternehmen geben die folgenden Tabellen.

➤ **Übersicht Eingangs- und Spitzensteuersätze der Einkommensteuer**

(incl. der Zuschläge des Zentralstaats sowie vergleichbare Steuern regionaler und lokaler Gebietskörperschaften für Erwerbseinkommen eines Alleinstehenden)

Die Ordnung erfolgte nach dem Spitzensteuersatz für das Jahr 2022.

Staaten	Einkommensteuersätze in %	
	Eingangssatz	Spitzensatz
Russland	13	13
Ungarn	15	15
Tschechien	15	23
Slowakei	19	25
Indien	10	34,6
Mexiko	1,92	35
Türkei	15	35
Polen	12	36
Norwegen	23,7	39,4
Schweiz (Zürich)	5,13	39,84
China	3	45
Vereinigtes Königreich	20	45
Italien	25,28	45,28
Luxemburg	8,56	45,78
Spanien	19	47
Deutschland	14	47,48
Irland	20,5	48
Niederlande	37,07	49,5
Finnland	26,00	51,25
USA (New York)	17,08	51,78
Dänemark	37,08	52,07
Schweden	52,24	52,24
Portugal	14,5	53
Belgien (Brüssel)	26,75	53,5
Kanada (Ontario)	20,05	53,53
Griechenland	9	54
Österreich	20	55
Frankreich	19,8	55,52
Japan	15,1	55,95

Hinweis: Das Bundesministerium der Finanzen publiziert jährlich eine Broschüre ‚Die wichtigsten Steuern im internationalen Vergleich'. Sie ist aktuell für das Jahr 2022 abrufbar unter: www.bundesfinanzministerium.de.

➤ Übersicht Unternehmensteuersätze für Kapitalgesellschaften

(inkl. der Zuschläge des Zentralstaats sowie vergleichbare Steuern regionaler und lokaler Gebietskörperschaften, jedoch ohne Sondersteuer- und Eingangssätze)

Die Ordnung erfolgte nach dem Unternehmensteuersatz für das Jahr 2022.

Staaten	Unternehmensteuern in %	
	Körperschaftsteuer Zentralstaat	Steuersatz gesamt
Ungarn	9	10,82
Irland	12,5	12,5
Vereinigtes Königreich	19	19
Polen	19	19
Tschechien	19	19
Schweiz (Zürich)	8,5	19,2
Finnland	20	20
Russland	20	20
Schweden	20,6	20,6
Slowakei	21	21
Dänemark	22	22
Norwegen	22	22
Griechenland	22	22
Portugal (Lissabon)	21	22,5
Luxemburg	18,19	24,94
Türkei	25	25
China	25	25
Österreich	25	25
Spanien	25	25
Belgien	25	25
Frankreich	25	25
Niederlande	25,8	25,8
USA (New York)	21	26,14
Kanada (Ontario)	15	26,5
Italien	24	27,9
Deutschland	15,83	29,94
Mexiko	30	30
Japan	23,2	30,42

1.8 Nutzung von betrieblichen Fahrrädern

Die Überlassung von Fahrrädern, Pedelecs und E-Bikes an Arbeitnehmer erfolgt entweder durch Kostenübernahme des Arbeitgebers oder durch echte Barlohnumwandlung. Die Finanzverwaltung geht davon aus, dass im Regelfall die Nutzungsüberlassung Bestandteil der arbeitsvertraglichen Entlohnung ist. Somit stellt die Überlassung von (Elektro-)Fahrrädern zur privaten Nutzung Arbeitslohn, also einen geldwerten Vorteil dar. Unterschieden werden:

- **Fahrrädern, die keine Kraftfahrzeuge darstellen (ohne Motor, E-Bikes bis 25 km/h):**
  Ab 1.1.2019 bis zum 31.12.2030 sind geldwerte Vorteile aus der Überlassung steuerfrei gestellt (keine Anrechnung auf die 50-Euro-Freigrenze für Sachbezüge oder auf die Entfernungspauschale) wenn es sich nicht um eine Gehaltsumwandlung handelt.
  Für Zeiten vor dem 1.1.2019 und nach dem 31.12.2030 gilt für die Ermittlung der privaten Nutzung eines Dienstfahrrads die sog. 1%-Regel analog der bei Kraftfahrzeugen (Pkw).
- **Fahrräder, die Kraftfahrzeuge darstellen (> 25 km/h, versicherungspflichtig):**
  Zur lohnsteuerliche Behandlung der Überlassung ist es verkehrsrechtlich als Kraftfahrzeug einzuordnen. Es gilt die sog. 1%-Regel analog der bei Kraftfahrzeugen (Pkw) incl. der 0,03 % für Fahrten zwischen Wohnung und erster Tätigkeitsstätte. Für Elektrofahrräder, die nach dem 31.12.2018 und vor dem 1.1.2022 angeschafft werden, ist dabei nur die Hälfte des o. g. Listenpreises für die 1%-Regel anzusetzen. Für die 0,03%-Regel für Fahrten zwischen Wohnung und erster Tätigkeitsstätte jedoch 100% des Bruttolistenneupreises.

Späterer Erwerb des (Elektro-) Fahrrades durch den Arbeitnehmer

Bei Erwerb ist zu prüfen, ob das Rad zu einem geringeren Preis als den um übliche Preisnachlässe geminderten üblichen Endpreis am Abgabeort (§ 8 Abs. 2 S. 1 EStG) erworben wird. Ist dies der Fall, muss der Differenzbetrag als Arbeitslohn (bei Leasing als Arbeitslohn von dritter Seite) versteuert werden. Bei einer Übereignung nach 36 Monaten Nutzungsdauer wird von der Finanzverwaltung als Wert 40 % der auf volle 100 EUR abgerundeten unverbindlichen Preisempfehlung des Herstellers/Händlers im Zeitpunkt der Inbetriebnahme einschließlich Umsatzsteuer akzeptiert.

Umsatzsteuerliche Folge

Umsatzsteuerlich stellt die Fahrzeugüberlassung stets eine entgeltliche sonstige Leistung dar. Die Umsatzsteuerpflicht besteht also stets nach der 1%-Regel/ 0,03% Regel (kein hälftiger Ansatz des Bruttolistenpreises). Der Betrag ist brutto zu sehen, also die Umsatzsteuer herauszurechnen.

Seit dem Veranlagungszeitraum 2020 besteht die Möglichkeit zur Pauschalierung der Lohnsteuer nach § 40 Abs. 2 Satz 1 EStG für den Fall, dass einem Arbeitnehmer zusätzlich zum Arbeitslohn unentgeltlich oder verbilligt ein betriebliches Fahrrad übereignet wird.

Quellen: §§ 8 und 3 Nr. 37 EStG

2 Für Unternehmensgründer und -erwerber

Inhalt

Auch mit einer vielversprechenden Idee, der Bereitschaft mehr als andere zu arbeiten und die verbundenen Risiken zu tragen ist der Weg in die Selbstständigkeit kein leichter Entschluss. Mit dem Wissen, dass ein großer Teil aller Gründer in den ersten fünf Jahren aufgibt, ist eine sorgfältige Beratung, Planung, Durchführung und Kontrolle des Vorhabens ein wesentlicher Aspekt für die Erfolgsaussichten.

2.1 Wahl der Rechtsform

Die Wahl einer für den Gründer oder Erwerber geeigneten Rechtsform ist unter verschiedenen Aspekten zu treffen. Nachfolgend sollen einige ausgewählte -Aspekte Unterschiede aufzeigen. Auf seltene oder komplexe Rechtsformen (z. B. GmbH & Co. KG, europäische Gesellschaft SE, Vereine, Genossenschaften) soll hier nicht weiter eingegangen werden, weil sie überwiegend einer umfassenderen Beratung bedürfen.

2.1.1 Einzel-Gewerbetreibende (§§ 13, 15 EStG)

Einzelunternehmer eröffnen alleine und als natürliche Person einen gewerblichen Betrieb oder nehmen eine freiberufliche oder andere selbstständige Tätigkeit auf.

Merkmale:

- Anmeldung zum **Handelsregister** ist erforderlich, bei sog. Istkaufmann gem. § 1 HGB (Vorliegen eines in kaufmännischer Weise eingerichteten Geschäftsbetriebs) oder freiwillig als sog. Kannkaufmann, Zusatzbezeichnung im Geschäftsverkehr „e. K." (Anmeldung erfolgt durch Notar).
- Bei Gewerbebetrieb und Land- und Forstwirtschaft ist die Anmeldung der Betriebseröffnung schriftlich bei der **Gemeinde** auf dem amtlich vorgeschriebenen Vordruck (Gewerbeanmeldung nach § 14 GewO oder § 55c GewO) zu stellen. Folgende Unterlagen sind bei der Gewerbeanmeldung erforderlich: **Personalausweis** oder Reisepass zur Überprüfung der Personalien; bei Bevollmächtigung eine schriftliche Vollmacht sowie die Ausweise des Vollmachtgebers und des Bevollmächtigten; ein **Registerauszug bei einer im Handelsregister eingetragenen Firma,** sowie die **Anmeldegebühr** von rd. 20 EUR–60 EUR.
- Anmeldung der Tätigkeit ist dem **Finanzamt** anzuzeigen. Zuständig ist das Betriebsstättenfinanzamt (Betriebssitz/Leitungssitz ist entscheidend).
- **Gewinnermittlung** in der Regel durch Betriebsvermögensvergleich, gegebenenfalls durch Einnahmenüberschussrechnung.
- **Unternehmerlohn** ist nicht als Betriebsausgabe abziehbar.
- **Persönliche Haftung** des Unternehmers (Unternehmer haftet mit seinem gesamten Vermögen).
- **Gewerbesteuer:** Freibetrag von 24.500 EUR.
- **Einkommensteuer:** Die tarifliche ESt wird um das 4-fache (bis 2019 das 3,8-fache) des festgesetzten GewSt-Messbetrags, beschränkt auf die tatsächlich zu zahlende GewSt, ermäßigt.
- **Umsatzsteuer:** Betriebsinhaber ist der Unternehmer.

2.1.2 Freiberufler (§ 18 EStG)

Der Freiberufler ist dem Einzelgewerbetreibenden im Grundsatz gleichgestellt, jedoch

- keine Handelsregistereintragung.
- keine Anmeldung bei der Gemeinde erforderlich (GewO).
- keine Gewerbesteuerpflicht, keine Anrechnung bei der ESt.
- Anmeldung zur Betriebseröffnung ist hier innerhalb eines Monats dem Finanzamt unmittelbar mitzuteilen. Es genügt grds. eine formlose Anmeldung.

2.1.3 Personengesellschaft

Die Personengesellschaft ist quasi ein Einzelunternehmen mit mehreren beteiligten Personen. Gesellschaftsformen sind insb. GbR, OHG und KG.

Merkmale:

- **Gesellschaftsvertrag** grds. formfrei, aber Schriftform empfohlen.
- Anmeldung zum **Handelsregister** bei OHG und KG durch vertretungsberechtigte Personen und notariell erforderlich.
- Bei Gewerbebetrieb und Land- und Forstwirtschaft ist die Anmeldung der Betriebseröffnung schriftlich bei der **Gemeinde** auf dem amtlich vorgeschriebenen Vordruck (Gewerbeanmeldung nach § 14 GewO oder § 55c GewO) zu stellen. Folgende Unterlagen sind bei der Gewerbeanmeldung erforderlich: **Personalausweis** oder Reisepass zur Überprüfung der Personalien; bei Bevollmächtigung eine schriftliche Vollmacht sowie die Ausweise des Vollmachtgebers und des Bevollmächtigten; ein **Registerauszug bei einer im Handelsregister eingetragenen Firma oder notarielle Gründungsurkunde,** sowie die **Anmeldegebühr** von rd. 20 EUR–60 EUR.
- **Gewinnermittlung** in der Regel durch Betriebsvermögensvergleich, gegebenenfalls durch Einnahmenüberschussrechnung.
- **Unternehmerlohn** nicht als Betriebsausgabe abziehbar.
- **Persönliche Haftung** der Mitunternehmer (Ausnahme Kommanditisten der KG).
- **Gewerbesteuer:** GewSt-pflichtig, Freibetrag von 24.500 EUR für den Betrieb, nicht je Mitunternehmer.
- **Einkommensteuer:** PersGes ist selbst nicht steuerpflichtig, der Gewinn/Verlust wird durch eine gesonderte und einheitliche Feststellung auf die einzelnen Gesellschafter verteilt (§ 180 ff. AO).
- **Umsatzsteuer:** PersGes ist der Unternehmer, nicht die Mitunternehmer.

2.1.4 Gründung einer Kapitalgesellschaft

Kapitalgesellschaften wie z. B. GmbH und AG sind juristische Personen mit einer eigenen Steuerpflicht (§ 1 KStG).

Merkmale:

- **Gesellschaftsvertrag** durch notarielle Beurkundung.
- **Anmeldung zum Handelsregister** durch vertretungsberechtigtes Organ erforderlich, seit 2017 erweiterte Angaben zu Treuhandverhältnissen notwendig (Mitwirkung des Notars).
- Anmeldung der Betriebseröffnung schriftlich bei der **Gemeinde** auf dem amtlich vorgeschriebenen Vordruck erforderlich (Gewerbeanmeldung nach § 14 GewO oder § 55c GewO) zu stellen. Folgende Unterlagen sind bei der Gewerbeanmeldung erforderlich: **Personalausweis** oder Reisepass zur Überprüfung der Personalien; bei Bevollmächtigung eine schriftliche Vollmacht sowie die Ausweise des Vollmachtgebers und des Bevollmächtigten; ein **Registerauszug bei einer im Handelsregister eingetragenen Firma oder notarielle Gründungsurkunde,** sowie die **Anmeldegebühr** von rd. 20 EUR–60 EUR.
- **Gewinnermittlung:** Zwingend durch Betriebsvermögensvergleich, keine Einnahmenüberschussrechnung zulässig.
- **Unternehmerlohn/Gehalt:** Als Betriebsausgabe abziehbar.
- **Haftung:** Die Gesellschaft haftet mit ihrem Vermögen, ausnahmsweise auch der gesetzliche Vertreter (Geschäftsführer/Vorstand).
- **Körperschaftsteuer:** Die Gesellschaft selbst unterliegt mit ihrem Einkommen der Körperschaftsteuer gem. § 1 KStG (15 %).
- **Gewerbesteuer:** I. d. R. GewSt-pflichtig, kein Freibetrag.
- **Einkommensteuer:** (Nur) die Gewinnausschüttungen unterliegen grundsätzlich der Abgeltungsteuer; bei Anteilseignern, die zu mind. 1 % beteiligt und beruflich für die KapGes tätig sind, werden stattdessen auf Antrag 60 % der Gewinnausschüttung im Rahmen der persönlichen Einkommensteuerveranlagung versteuert.
- **Umsatzsteuer:** KapGes ist der Unternehmer.

2.2 Rechtsformen im Kurzvergleich

Rechtsform	Kapital/Mindest-einzahlung	Gründerzahl	Haftung	Entscheidungs-befugnis/Vertretung	Formalitäten/ Kosten	Eintragung in das HR	Gesellschaftsvertrag/ Formvorschriften
Einzelunternehmen (Nichtkaufleute/ Kleingewerbe-treibende)	kein festes Kapital/keine Mindesteinlage vorgeschrieben	1	Unbeschränkt mit Geschäfts- und Privatvermögen	Alleinentscheidung des Inhabers	Gewerbeanmeldung Gering	Nein	
Einzelkaufleute (Kaufmann)	kein festes Kapital/keine Mindesteinlage vorgeschrieben	1	Unbeschränkt mit Geschäfts- und Privatvermögen	Alleinentscheidung des Inhabers Bestellung von Prokuristen möglich	Gewerbeanmeldung und Anmeldung zur Eintragung in das Handelsregister Relativ gering	Ja	
GbR Gesellschaft bürgerlichen Rechts (Nichtkaufleute/ Kleingewerbe-treibende)	kein festes Kapital/keine Mindesteinlage vorgeschrieben	mindestens 2	Gesellschaft und Gesellschafter (auch mit Privatvermögen) für Gesellschaftsschulden Gesamtschuldnerische Haftung	Gemeinsame Geschäfts-führung und Vertretung durch alle Gesellschafter, sofern im Gesellschafts-vertrag nichts anderes geregelt ist	Gewerbeanmeldung Gering	Nein	Schriftlicher Gesellschafts-vertrag nicht zwingend erforderlich, aber zu empfehlen
OHG Offene Handelsgesell-schaft (Kaufmann)	kein festes Kapital/keine Mindesteinlage vorgeschrieben	mindestens 2	Gesellschaft und Gesellschafter (auch mit Privatvermögen) für Gesellschaftsschulden Gesamtschuldnerische Haftung	Gemeinsame Geschäfts-führung und Vertretung durch alle Gesellschafter, sofern im Gesellschafts-vertrag nichts anderes geregelt ist Bestellung von Prokuristen möglich	Gewerbeanmeldung und Anmeldung zur Eintragung in das Handelsregister Relativ gering	Ja	Schriftlicher Gesellschafts-vertrag nicht zwingend erforderlich, aber zu empfehlen

Rechtsform	Kapital/Mindesteinzahlung	Gründerzahl	Haftung	Entscheidungsbefugnis/Vertretung	Formalitäten/Kosten	Eintragung in das HR	Gesellschaftsvertrag/Formvorschriften
KG Kommanditgesellschaft (Kaufmann)	Kein festes Kapital/keine Mindesteinlage vorgeschrieben, jedoch Kommanditeinlagen für Kommanditisten (Höhe beliebig)	mindestens 2	Komplementäre (persönlich haftende Gesellschafter) unbeschränkt, Kommanditisten in Höhe der Einlage (Haftungsbeschränkung tritt in der Regel erst nach Eintragung im Handelsregister ein)	Weitgehend persönlich haftende Gesellschafter, in besonderen Fällen Beteiligung der Kommanditisten erforderlich Bestellung von Prokuristen möglich	Gewerbeanmeldung und Anmeldung zur Eintragung in das Handelsregister Relativ gering	Ja	Schriftlicher Gesellschaftsvertrag nicht zwingend erforderlich, aber zu empfehlen
GmbH Gesellschaft mit beschränkter Haftung (Kaufmann)	Mindeststammkapital: 25.000 EUR Mindesteinzahlung bei Gründung: 12.500 EUR	mindestens 1	Nur mit Gesellschaftsvermögen (Haftungsbeschränkung tritt erst nach Eintragung in das Handelsregister ein) ggf. persönliche Haftung des Geschäftsführers	Geschäftsführer Geschäftspolitik: Gesellschafterversammlung, sofern vorhanden Aufsichtsrat Bestellung von Prokuristen möglich	Gewerbeanmeldung und Anmeldung zur Eintragung in das Handelsregister, insgesamt umfang-reiche Formalitäten Hohe Gründungskosten	Ja	Schriftlicher Gesellschaftsvertrag zwingend erforderlich. Mindestinhalt gesetzlich geregelt Notarielle Beurkundung erforderlich
UG Unternehmer-Gesellschaft (Kaufmann)	Mindeststammkapital: 1 EUR	mindestens 1	Nur mit Gesellschaftsvermögen (Haftungsbeschränkung tritt erst nach Eintragung in das Handelsregister ein) ggf. persönliche Haftung des Geschäftsführers	Geschäftsführer Geschäftspolitik: Gesellschafterversammlung, sofern vorhanden Aufsichtsrat Bestellung von Prokuristen möglich	Gewerbeanmeldung und Anmeldung zur Eintragung in das Handelsregister, insgesamt umfangreiche Formalitäten Hohe Gründungskosten Erleichterung möglich durch Verwendung des notariellen Musterprotokolls	Ja	Schriftlicher Gesellschaftsvertrag zwingend erforderlich Mindestinhalt gesetzlich geregelt Notarielle Beurkundung erforderlich Notarielles Musterprotokoll kann genutzt werden

3 Finanzierungsformen

Inhalt

3.1 Finanzierungsformen für Unternehmer

Grundsätzlich kommen für Unternehmer u. a. folgende Finanzierungsformen in Betracht:

- **Darlehen** (langfristige Kredite zu banküblichen Konditionen bzw. zinsverbilligte Darlehen aus öffentlichen Programmen);
- **Kontokorrentkredite** (kurzfristige Kredite zur Deckung der laufenden Betriebsausgaben);
- **Leasingfinanzierung;**
- **Lieferantenkredite**.

Folgende Unterlagen werden üblicherweise zur Kapitalbeschaffung benötigt:

- Lebenslauf, Zeugnisse, Qualifikation;
- Vermögensaufstellung (Eigenkapital, Sicherheiten);
- Investitionsplanung, Kapitalbedarfsermittlung;
- Ermittlung der Planentnahmen für private Zwecke;
- Rentabilitätsplanung und Liquiditätsplanung für mindestens 3 Jahre;
- Geschäftsprospekt o. Ä.;
- Beschreibung des Absatzproduktes bzw. Dienstleistung;
- Standortskizze und Skizze der Räumlichkeiten;
- Verträge (Miet-/Pachtvertrag, Leasingvertrag, Gesellschaftsvertrag, Kaufvertrag oder Übernahmevertrag, etc.);
- Handelsregisterauszug;
- Unbedenklichkeitsbescheinigungen (Finanzamt, Krankenkasse, Berufsgenossenschaft);
- Versicherungen (Betriebsversicherungen, Kranken-, Unfall-, Rentenversicherung, Erwerbsminderungsversicherung).

3.2 Staatliche Fördermaßnahmen

Voraussetzung für staatliche Darlehensförderung sind persönliche Zuverlässigkeit, fachliche Eignung und ein erfolgversprechendes Unternehmenskonzept. Außerdem muss der Eigenkapitalanteil den Vermögens- und voraussichtlichen Ertragsverhältnissen entsprechen.

Grundsätzlich steht eine Vielzahl von Fördermitteln zur Auswahl. Die Bedingungen sind unterschiedlich; das ausgewählte finanzierende Kreditinstitut berät i. d. R. hinsichtlich der Auswahl geeigneter Fördermittel.

Folgende Punkte sollten bei einer öffentlichen Darlehensförderung erledigt bzw. geprüft werden:

- Der Unternehmer hat einen Antrag auf öffentliche Förderung über ein Kreditinstitut seiner Wahl zu stellen.
- Der Unternehmer muss den Förderantrag **vor** „Vorhabensbeginn" stellen, eine Nachfinanzierung ist ausgeschlossen. Vorhabensbeginn ist der Zeitpunkt, an dem der Unternehmer erstmals wesentliche Investitionen und finanzielle Engagements tätigt. Die Inanspruchnahme der Beratung ist noch nicht Beginn.
- Vollexistenz: Förderziel ist die selbstständige (tätige) Vollexistenz. Es muss die realistische Chance bestehen, die persönliche Lebensgrundlage durch das Unternehmen dauerhaft zu sichern.
- Die Übernahme eines bestehenden Betriebes ist ebenfalls eine Existenzgründung. Förderbar ist die tätige Beteiligung an einem Unternehmen, nicht allerdings die Beteiligung als Kommanditist, stiller Gesellschafter und als Gesellschafter einer GmbH ohne Geschäftsführerbefugnis.
- Gefördert werden bei einem Unternehmen die Investitionen einschließlich eines Waren- und Materiallagers.

Soweit eine Existenzgründung aus Arbeitslosigkeit oder Hartz IV-Mittelbezug geplant ist, sollte der Anspruch auf Übergangsgeld o. Ä. geprüft werden, bevor mit dem Vorhaben begonnen wird.

4 Einkommensteuer

Inhalt

4.1 Grundlagen

Die Einkommensteuer ist eine Gemeinschaftssteuer; ihr Aufkommen steht gem. Art. 5, 106 Abs. 3 GG dem Bund und den Ländern gemeinsam zu. Die Länder sind verpflichtet, ihren Gemeinden einen Anteil am Steueraufkommen zuzuweisen. Die Einkommensteuer ist eine typische Personensteuer, weil sie an der wirtschaftlichen Leistungsfähigkeit natürlicher Personen anknüpft und die individuellen persönlichen Verhältnisse dieser Person im Rahmen der Besteuerung berücksichtigt.

4.2 Persönliche Steuerpflicht

Bei der persönlichen Steuerpflicht ist zwischen unbeschränkter und beschränkter Steuerpflicht zu unterscheiden.

4.2.1 Unbeschränkte Steuerpflicht (Regelfall)

Gem. § 1 Abs. 1 Satz 1 EStG sind unbeschränkt einkommensteuerpflichtig (Merkmale müssen kumulativ erfüllt sein)

- natürliche Personen,
- die im Inland

einen Wohnsitz (§ 8 AO) oder gewöhnlichen Aufenthalt (§ 9 AO) haben. Durch das StÄndG 2015 wurde der Festlandsbegriff in § 1 Abs. 1 S. 2 EStG erweitert.

Gesetzestext (Auszug) § 1 Abs. 1 EStG

> *(1) [1]Natürliche Personen, die im Inland einen Wohnsitz oder ihren gewöhnlichen Aufenthalt haben, sind unbeschränkt einkommensteuerpflichtig. [2]Zum Inland im Sinne dieses Gesetzes gehört auch der der Bundesrepublik Deutschland zustehende Anteil ...*

4.2.2 Erweiterte unbeschränkte Steuerpflicht

Gem. § 1 Abs. 2 Satz 1 EStG sind erweitert unbeschränkt steuerpflichtig (Merkmale müssen kumulativ erfüllt sein)

- deutsche Staatsangehörige,
- ohne Wohnsitz oder gewöhnlichen Aufenthalt im Inland,
- die zu einer inländischen juristischen Person des öffentlichen Rechts im Dienstverhältnis stehen und
- dafür Arbeitslohn aus einer inländischen öffentlichen Kasse beziehen,
- die in dem Staat, in dem sie einen Wohnsitz oder ihren gewöhnlichen Aufenthalt haben, mit ihrem Einkommen nur in einem der beschränkten Einkommensteuerpflicht vergleichbaren Umfang besteuert werden.

Dies trifft insbesondere für solche Stpfl. zu, die von der Bundesrepublik Deutschland ins Ausland entsandt wurden und die diplomatischen oder konsularischen Status haben, sowie für Auslandskorrespondenten der öffentlichen Fernsehanstalten.

Eingeschlossen in diese erweiterte unbeschränkte Steuerpflicht sind auch die zum Haushalt des Stpfl. gehörenden Angehörigen gem. § 15 AO, die entweder die deutsche Staatsangehörigkeit besitzen oder keine Einkünfte bzw. nur solche Einkünfte erzielen, die ausschließlich im Inland der Einkommensteuer unterliegen.

Gesetzestext (Auszug) § 1 Abs. 2 EStG

(2) [1]Unbeschränkt einkommensteuerpflichtig sind auch deutsche Staatsangehörige, die

1. *im Inland weder einen Wohnsitz noch ihren gewöhnlichen Aufenthalt haben und*
2. *zu einer inländischen juristischen Person des öffentlichen Rechts in einem Dienstverhältnis stehen und dafür Arbeitslohn aus einer inländischen öffentlichen Kasse beziehen,*

sowie zu ihrem Haushalt gehörende Angehörige, die die deutsche Staatsangehörigkeit besitzen oder keine Einkünfte oder nur Einkünfte beziehen, die ausschließlich im Inland einkommensteuerpflichtig sind. [2]Dies gilt nur für natürliche Personen, die in dem Staat, in dem sie ihren Wohnsitz oder ihren gewöhnlichen Aufenthalt haben, lediglich in einem der beschränkten Einkommensteuerpflicht ähnlichen Umfang zu einer Steuer vom Einkommen herangezogen werden.

4.2.3 Fiktive unbeschränkte Einkommensteuerpflicht

Gem. § 1 Abs. 3 Satz 1 EStG werden folgende Personen als unbeschränkt einkommensteuerpflichtig behandelt (Voraussetzungen müssen kumulativ erfüllt sein):

- natürliche Personen, unabhängig von deren Staatsbürgerschaft,
- ohne Wohnsitz oder gewöhnlichen Aufenthalt im Inland,
- die inländische Einkünfte nach § 49 EStG erzielen und
- die jährlich einen personenbezogenen Antrag stellen.

Voraussetzung ist, dass

- diese Personen ihr Einkommen zu mind. 90 % im Inland beziehen oder
- die nicht der deutschen Einkommensteuer unterliegenden Einkünfte den Grundfreibetrag des EStG nicht übersteigen.

Rechtsfolgen: Die fiktive unbeschränkte Steuerpflicht ist auf inländische Einkünfte nach § 49 EStG beschränkt (kein Welteinkommensprinzip).

Beachte: Sog. isolierende Betrachtungsweise, doppelter Progressionsvorbehalt, sowie Verdopplung der Wesentlichkeitsgrenze nach BFH, v. 1.10.2014, I R 18/13.

Zusammenveranlagung bei Erfüllung der Voraussetzungen der §§ 1a, 26 Abs. 1 EStG ist möglich. Geltendmachung von bestimmten Begünstigungsregelungen wie z. B. alle Werbungskostenpauschbeträge nach § 9a EStG usw. sind denkbar.

Gesetzestext (Auszug) § 1 Abs. 3 EStG

(3) [1]Auf Antrag werden auch natürliche Personen als unbeschränkt einkommensteuerpflichtig behandelt, die im Inland weder einen Wohnsitz noch ihren gewöhnlichen Aufenthalt haben, soweit sie inländische Einkünfte im Sinne des § 49 haben. [2]Dies gilt nur, wenn ihre Einkünfte im Kalenderjahr mindestens zu 90 Prozent der deutschen Einkommensteuer unterliegen oder die nicht der deutschen Einkommensteuer unterliegenden Einkünfte den Grundfreibetrag nach § 32a Absatz 1 Satz 2 Nummer 1 nicht übersteigen; dieser Betrag ist zu kürzen, soweit es nach den Verhältnissen im Wohnsitzstaat des Steuerpflichtigen notwendig und angemessen ist. [3]Inländische Einkünfte, die nach einem Abkommen zur Vermeidung der Doppelbesteuerung nur der Höhe nach beschränkt besteuert werden dürfen, gelten hierbei als nicht der deutschen Einkommensteuer unterliegend. [4]Unberücksichtigt bleiben bei der Ermittlung der Einkünfte nach Satz 2 nicht der deutschen Einkommensteuer unterliegende Einkünfte, die im Ausland nicht besteuert werden, soweit vergleichbare Einkünfte im Inland steuerfrei sind. [5]Weitere Voraussetzung ist, dass die Höhe der nicht der deutschen Einkommensteuer unterliegenden Einkünfte durch eine Bescheinigung der zuständigen ausländischen Steuerbehörde nachgewiesen wird. [6]Der Steuerabzug nach § 50a ist ungeachtet der Sätze 1 bis 4 vorzunehmen.

4.2.4 Beschränkte Steuerpflicht

Gem. § 1 Abs. 4 EStG sind folgende Personen beschränkt einkommensteuerpflichtig (Voraussetzungen müssen kumulativ erfüllt sein):

- natürliche Personen, unabhängig von deren Staatsbürgerschaft, ohne Wohnsitz oder gewöhnlichen Aufenthalt im Inland,
- die inländische Einkünfte nach § 49 EStG erzielen.

Rechtsfolge: Die beschränkte Steuerpflicht erstreckt sich nur auf inländische Einkünfte gem. § 49 EStG. Die isolierende Betrachtungsweise ist zu beachten.

Gesetzestext (Auszug) § 1 Abs. 4 EStG

(4) Natürliche Personen, die im Inland weder einen Wohnsitz noch ihren gewöhnlichen Aufenthalt haben, sind vorbehaltlich der Absätze 2 und 3 und des § 1a beschränkt einkommensteuerpflichtig, wenn sie inländische Einkünfte im Sinne des § 49 haben.

4.2.5 Erweiterte beschränkte Steuerpflicht

Vereinfacht ausgedrückt postuliert § 2 AStG die 10-jährige weitere Besteuerung von bestimmten Einkünften für den Fall der Wohnsitzverlegung in ein Niedrigsteuerland. Zu weiteren Voraussetzungen und Folgen vgl. § 2 AStG und einschlägige Kommentierungen.

4.3 Ermittlung des zu versteuernden Einkommens

Das zu versteuernde Einkommen ermittelt sich gem. § 2 Abs. 1 bis 5 EStG wie folgt:

Gewinneinkünfte (§ 2 Abs. 2 Nr. 1 EStG):	
	Einkünfte aus Land- und Forstwirtschaft (§ 13 EStG)
+	Einkünfte aus Gewerbebetrieb (§ 15 EStG)
+	Einkünfte aus selbstständiger Arbeit (§ 18 EStG)
Überschusseinkünfte (§ 2 Abs. 2 Nr. 2 EStG):	
	Einkünfte aus nichtselbstständiger Arbeit (§ 19 EStG)
+	Einkünfte aus Kapitalvermögen (§ 20 EStG)
+	Einkünfte aus Vermietung und Verpachtung (§ 21 EStG)
+	Sonstige Einkünfte (§ 22 EStG)
=	Summe der Einkünfte
–	Altersentlastungsbetrag (§ 24a EStG)
–	Entlastungsbetrag für Alleinerziehende (§ 24b EStG)
–	Freibetrag für Land- und Forstwirte (§ 13 Abs. 3 EStG)
+	Hinzurechnungsbetrag (§ 52 Abs. 3 S. 5 EStG u. § 8 Abs. 5 S. 2 AIG)
=	Gesamtbetrag der Einkünfte (§ 2 Abs. 3 EStG)
–	Verlustabzug (§ 10d EStG)
–	Sonderausgaben (§§ 10, 10b, 10c EStG)
–	außergewöhnliche Belastungen (§§ 33 – 33b EStG)
+	Erstattungsüberhänge (§ 10 Abs. 4b S. 3 EStG)
+	zuzurechnendes Einkommen gem. § 15 Abs. 1 AStG
=	Einkommen (§ 2 Abs. 4 EStG)
–	Kinderfreibeträge nach § 32 Abs. 6 EStG (sofern die gebotene steuerliche Freistellung durch das Kindergeld nicht in vollem Umfang bewirkt wird)
–	Härteausgleich nach § 46 Abs. 3 EStG, § 46 Abs. 5 EStG i. V. m. § 70 EStDV
=	zu versteuerndes Einkommen (§ 2 Abs. 5 EStG)

Auf das zu versteuernde Einkommen wird der Steuertarif angewendet.

4.4 Einkunftsarten

4.4.1 Gewinnermittlungszeitraum

Bei Land- und Forstwirten und bei Gewerbetreibenden ist der Gewinn nach dem Wirtschaftsjahr zu ermitteln (§ 4a EStG, § 8b EStDV). Wirtschaftsjahr ist

- bei **Land- und Forstwirten** grundsätzlich der Zeitraum vom 1. Juli bis zum 30. Juni, wenn es aus wirtschaftlichen Gründen erforderlich ist, kann auch ein anderer Zeitraum bestimmt werden.
  Achtung: Futterbauanteil größer als 80 % 1. Mai bis 30. April, reine Forstwirtschaft 1. Oktober bis 30. September, reiner Weinbau 1. September bis 31. August (§ 8c EStDV).
- bei **Gewerbetreibenden** grundsätzlich das Kalenderjahr, die **Umstellung** auf einen vom Kalenderjahr abweichenden Zeitraum ist steuerlich nur wirksam, wenn sie im Einvernehmen mit dem Finanzamt vorgenommen wird.

Gem. § 8b Satz 1 EStDV umfasst das Wirtschaftsjahr grundsätzlich einen Zeitraum von 12 Monaten. Es beträgt aber dann weniger als 12 Monate, wenn z. B. ein Betrieb eröffnet, erworben, aufgegeben oder veräußert wird (§ 8b Satz 2 Nr. 1 EStDV). Es handelt sich dann um ein sog. Rumpfwirtschaftsjahr.

Gesetzestext § 4a EStG (Auszug)

(1) [1]Bei Land- und Forstwirten und bei Gewerbetreibenden ist der Gewinn nach dem Wirtschaftsjahr zu ermitteln. [2]Wirtschaftsjahr ist

1. *bei Land- und Forstwirten der Zeitraum vom 1. Juli bis zum 30. Juni. [2]Durch Rechtsverordnung kann für einzelne Gruppen von Land- und Forstwirten ein anderer Zeitraum bestimmt werden, wenn das aus wirtschaftlichen Gründen erforderlich ist;*
2. *bei Gewerbetreibenden, deren Firma im Handelsregister eingetragen ist, der Zeitraum, für den sie regelmäßig Abschlüsse machen. [2]Die Umstellung des Wirtschaftsjahres auf einen vom Kalenderjahr abweichenden Zeitraum ist steuerlich nur wirksam, wenn sie im Einvernehmen mit dem Finanzamt vorgenommen wird;*
3. *bei anderen Gewerbetreibenden das Kalenderjahr. [2]Sind sie gleichzeitig buchführende Land- und Forstwirte, so können sie mit Zustimmung des Finanzamts den nach Nummer 1 maßgebenden Zeitraum als Wirtschaftsjahr für den Gewerbebetrieb bestimmen, wenn sie für den Gewerbebetrieb Bücher führen und für diesen Zeitraum regelmäßig Abschlüsse machen.*

(2) Bei Land- und Forstwirten und bei Gewerbetreibenden, deren Wirtschaftsjahr vom Kalenderjahr abweicht, ist der Gewinn aus Land- und Forstwirtschaft oder aus Gewerbebetrieb bei der Ermittlung des Einkommens in folgender Weise zu berücksichtigen:

1. *Bei Land- und Forstwirten ist der Gewinn des Wirtschaftsjahres auf das Kalenderjahr, in dem das Wirtschaftsjahr beginnt, und auf das Kalenderjahr, in*

dem das Wirtschaftsjahr endet, entsprechend dem zeitlichen Anteil aufzuteilen. [2]Bei der Aufteilung sind Veräußerungsgewinne im Sinne des § 14 auszuscheiden und dem Gewinn des Kalenderjahres hinzuzurechnen, in dem sie entstanden sind;

2. *bei Gewerbetreibenden gilt der Gewinn des Wirtschaftsjahres als in dem Kalenderjahr bezogen, in dem das Wirtschaftsjahr endet.*

4.4.2 Gewinnermittlungsarten

➤ **Betriebsvermögensvergleich nach § 4 Abs. 1 EStG**

Der Betriebsvermögensvergleich ist der Regelfall, der Stpfl. kann hierzu jederzeit optieren. Folgende Steuerpflichtige **müssen** den Gewinn nach § 4 Abs. 1 EStG (i. V. m. § 5 EStG) ermitteln:

- wer nach anderen Gesetzen als den Steuergesetzen Bücher und Aufzeichnungen zu führen hat (§ 140 AO mit Hinweis auf HGB) **oder**
- deren Umsatz (geplant für WJ nach dem 31.12.2023 beginnend) 800.000 EUR (bis 2023 600.000 EUR) überschreitet (§ 141 Abs. 1 Nr. 1 AO) **oder**
- deren Gewinn aus Gewerbebetrieb mehr als (geplant für WJ nach dem 31.12.2023 beginnend) 80.000 EUR (bis 2023 60.000 EUR) beträgt (§ 41 Abs. 1 Nr. 4 AO) **oder**
- deren Gewinn aus Land- und Forstwirtschaft mehr als (geplant für WJ nach dem 31.12.2023 beginnend) 80.000 EUR (bis 2023 60.000 EUR) beträgt (§ 141 Abs. 1 Nr. 5 AO) **oder**
- deren selbstbewirtschaftete land- und forstwirtschaftliche Flächen einem Wirtschaftswert (§ 46 BewG) von mehr als 25.000 EUR haben (§ 141 Abs. 1 Nr. 3 AO) **oder**
- wer freiwillig Bücher führt (Wahlrecht).

Ein Betriebsvermögensvergleich bedeutet u. a.:

- laufende zeitnahe Buchführung;
- jährliche Bestandsaufnahme (Inventur);
- Aufstellung einer jährlichen Vermögensübersicht (Bestandsverzeichnis, Inventar);
- Bilanz mit Gewinn- und Verlustrechnung (Erfassung von Forderungen, Verbindlichkeiten, Rückstellungen, Rechnungsabgrenzungen usw.).

Gesetzestext (Auszug) § 4 Abs. 1 EStG

[1]Gewinn ist der Unterschiedsbetrag zwischen dem Betriebsvermögen am Schluss des Wirtschaftsjahres und dem Betriebsvermögen am Schluss des vorangegangenen Wirtschaftsjahres, vermehrt um den Wert der Entnahmen und vermindert um den Wert der Einlagen. [2]Entnahmen sind alle Wirtschaftsgüter (Barentnahmen, Waren, Erzeugnisse, Nutzungen und Leistungen), die der Steuerpflichtige dem Betrieb für sich, für seinen Haushalt oder für andere betriebsfremde Zwecke im Laufe des Wirtschaftsjahres entnommen hat. [3]Einer Entnahme für betriebsfremde Zwecke steht der Ausschluss oder die Beschränkung des Besteuerungsrechts der Bundesrepublik Deutschland hinsichtlich des Gewinns aus der Veräußerung oder der Nutzung eines Wirtschaftsguts gleich: dies gilt auf Antrag auch in den Fällen,

in denen die Beschränkung des Besteuerungsrechtes der Bundesrepublik Deutschland hinsichtlich des Gewinns aus der Veräußerung eines Wirtschaftsguts eintfällt und in einem anderen Staat eine Besteuerung auf Grund des Ausschlusses oder der Beschränkung des Besteuerungsrechtes dieses Staates hinsichtlich des Gewinns aus der Veräußerung des Wirtschaftsguts erfolgt. [4]Ein Ausschluss oder eine Beschränkung des Besteuerungsrechts hinsichtlich des Gewinns aus der Veräußerung eines Wirtschaftsguts liegt insbesondere vor, wenn ein bisher einer inländischen Betriebsstätte des Steuerpflichtigen zuzuordnendes Wirtschaftsgut einer ausländischen Betriebsstätte zuzuordnen ist. [5]Satz 3 gilt nicht für Anteile an einer Europäischen Gesellschaft oder Europäischen Genossenschaft in den Fällen

1. *einer Sitzverlegung der Europäischen Gesellschaft nach Artikel 8 der Verordnung (EG) Nr. 2157/2001 des Rates vom 8. Oktober 2001 über das Statut der Europäischen Gesellschaft (SE) (ABl. EG Nr. L 294 S. 1), zuletzt geändert durch die Verordnung (EG) Nr. 885/2004 des Rates vom 26. April 2004 (ABl. EU Nr. L 168 S. 1), und*
2. *einer Sitzverlegung der Europäischen Genossenschaft nach Artikel 7 der Verordnung (EG) Nr. 1435/2003 des Rates vom 22. Juli 2003 über das Statut der Europäischen Genossenschaft (SCE) (ABl. EU Nr. L 207 S. 1).*

[6]Ein Wirtschaftsgut wird nicht dadurch entnommen, dass der Steuerpflichtige zur Gewinnermittlung nach § 13a übergeht. [7]Eine Änderung der Nutzung eines Wirtschaftsguts, die bei Gewinnermittlung nach Satz 1 keine Entnahme ist, ist auch bei Gewinnermittlung nach § 13a keine Entnahme. [8]Einlagen sind alle Wirtschaftsgüter (Bareinzahlungen und sonstige Wirtschaftsgüter), die der Steuerpflichtige dem Betrieb im Laufe des Wirtschaftsjahres zugeführt hat; einer Einlage steht die Begründung des Besteuerungsrechts der Bundesrepublik Deutschland hinsichtlich des Gewinns aus der Veräußerung eines Wirtschaftsguts gleich. In den Fällen des Satzes 3 zweiter Halbsatz gilt das Wirtschaftsgut als unmittelbar nach der Entnahme wieder eingelegt. [9]Bei der Ermittlung des Gewinns sind die Vorschriften über die Betriebsausgaben, über die Bewertung und über die Absetzung für Abnutzung oder Substanzverringerung zu befolgen.

➤ **Einnahmenüberschussrechnung nach § 4 Abs. 3 EStG**

Folgende Steuerpflichtige dürfen den Gewinn nach § 4 Abs. 3 EStG ermitteln:

- Umsatz kleiner als (geplant) 800.000 EUR, bis 31.12.2023 600.000 EUR (§ 141 Abs. 1 Nr. 1 AO) und
- Gewinn aus Gewerbebetrieb kleiner als (geplant) 80.000 EUR, bis 31.12.2023 60.000 EUR (§ 141 Abs. 1 Nr. 4 AO) und
- Gewinn aus Land- und Forstwirtschaft kleiner als (geplant) 80.000 EUR, bis 31.12.2023 60.000 EUR (§ 141 Abs. 1 Nr. 5 AO) und
- selbstbewirtschaftete land- und forstwirtschaftliche Flächen mit einem Wirtschaftswert (§ 46 BewG) kleiner 25.000 EUR (§ 141 Abs. 1 Nr. 3 AO) und
- wenn nicht freiwillig Bücher geführt werden.

Bei der Einnahmenüberschussrechnung sind die handelsrechtlichen Rechnungslegungsvorschriften (Grundsätze ordnungsgemäßer Buchführung – GOB) zu beachten.

Gesetzestext (Auszug) § 4 Abs. 3 EStG

(3) [1]Steuerpflichtige, die nicht auf Grund gesetzlicher Vorschriften verpflichtet sind, Bücher zu führen und regelmäßig Abschlüsse zu machen, und die auch keine Bücher führen und keine Abschlüsse machen, können als Gewinn den Überschuss der Betriebseinnahmen über die Betriebsausgaben ansetzen. [2]Hierbei scheiden Betriebseinnahmen und Betriebsausgaben aus, die im Namen und für Rechnung eines anderen vereinnahmt und verausgabt werden (durchlaufende Posten). [3]Die Vorschriften über die Bewertungsfreiheit für geringwertige Wirtschaftsgüter (§ 6 Absatz 2), die Bildung eines Sammelpostens (§ 6 Absatz 2a) und über die Absetzung für Abnutzung oder Substanzverringerung sind zu befolgen. [4]Die Anschaffungs- oder Herstellungskosten für nicht abnutzbare Wirtschaftsgüter des Anlagevermögens, für Anteile an Kapitalgesellschaften, für Wertpapiere und vergleichbare nicht verbriefte Forderungen und Rechte, für Grund und Boden sowie Gebäude des Umlaufvermögens sind erst im Zeitpunkt des Zuflusses des Veräußerungserlöses oder bei Entnahme im Zeitpunkt der Entnahme als Betriebsausgaben zu berücksichtigen. [5]Die Wirtschaftsgüter des Anlagevermögens und Wirtschaftsgüter des Umlaufvermögens im Sinne des Satzes 4 sind unter Angabe des Tages der Anschaffung oder Herstellung und der Anschaffungs- oder Herstellungskosten oder des an deren Stelle getretenen Werts in besondere, laufend zu führende Verzeichnisse aufzunehmen.

4.4.3 Einkünfte aus Land- und Forstwirtschaft, §§ 13, 13a EStG

Einkünfte aus Land- und Forstwirtschaft sind:

- Einkünfte aus dem Betrieb von Landwirtschaft, Forstwirtschaft, Weinbau, Gartenbau, Baumschulen und aus allen Betrieben, die Pflanzen und Pflanzenteile mit Hilfe der Naturkräfte gewinnen (§ 13 Abs. 1 Nr. 1 EStG);
- Einkünfte aus Binnenfischerei, Teichwirtschaft, Fischzucht für Binnenfischerei, Imkerei, Wanderschäferei, Saatzucht (§ 13 Abs. 1 Nr. 2 EStG);
- Einkünfte aus Jagd, wenn die Jagd mit dem Betrieb der Land- und Forstwirtschaft zusammenhängt (§ 13 Abs. 1 Nr. 3 EStG);
- Einkünfte aus Hauberg-, Wald-, Forst- und Laubgenossenschaft und ähnlichen Realgemeinden i. S. v. § 3 Abs. 2 KStG (§ 13 Abs. 1 Nr. 4 EStG);
- Einkünfte aus einem land- und forstwirtschaftlichen Nebenbetrieb nach § 13 Abs. 2 Nr. 1 EStG (Vgl. R 15.5 Abs. 3 bis 12 EStR);
- die Produktionsaufgaberente nach § 13 Abs. 2 Nr. 3 EStG;
- Veräußerungsgewinne nach § 14 EStG;

Freibetrag allgemein: § 13 Abs. 3 EStG i. H. v. 900 EUR (verheiratet 1.800 EUR). Der Freibetrag wird nur gewährt, wenn die Summe der Einkünfte 30.700 EUR (verheiratet 61.400 EUR) nicht übersteigt.

Freibetrag bei Veräußerung des Betriebs: Der Freibetrag wird nach § 14 EStG i. V. m. § 16 Abs. 3 Satz 4 und 5 EStG ermittelt (vgl. § 14a EStG). Dieser ist anzuwenden falls

- der Veräußerungsgewinn innerhalb von 12 Monaten zur Abfindung weichender Erben zu verwenden ist und
- das Einkommen des Steuerpflichtigen, ohne den Veräußerungsgewinn im Veranlagungszeitraum oder im vorangegangenen Veranlagungszeitraum, 18.000 EUR nicht überstiegen hat (verheiratet 36.000 EUR).

Besondere Gewinnermittlung nach Durchschnittssätzen ist möglich: Der Gewinn ist nach § 13a EStG pauschal, d. h. ohne weitere Nachweise, nach den bewirtschafteten Flächen zu ermitteln, wenn

- keine Buchführungspflicht besteht und
- die selbst erwirtschaftete Fläche der landwirtschaftlichen Nutzung ohne Sonderkulturen am 15. Mai 20 Hektar nicht überschreiten und
- die Tierbestände insgesamt 50 Vieheinheiten nicht übersteigen und
- der Wert der selbst bewirtschafteten Sondernutzungen nicht mehr als die in der Anlage 1a zu § 13a genannten Grenzen beträgt.

Gewinnermittlungszeitraum:

Der regelmäßige Gewinnermittlungszeitraum ist bei Land- und Forstwirten der Zeitraum vom 1. Juli bis zum 30. Juni (§ 4a Abs. 1 Nr. 1 EStG).

Achtung: Futterbauanteil größer als 80 % 1. Mai bis 30. April, reine Forstwirtschaft 1. Oktober bis 30. September, reiner Weinbau 1. September bis 31. August (§ 8c EStDV).

4.4.4 Einkünfte aus Gewerbebetrieb, § 15 EStG

Einkünfte aus Gewerbebetrieb sind:

- Einkünfte aus gewerblichen Unternehmen (§ 15 Abs. 1 Nr. 1 EStG);
- Gewinnanteile der Gesellschafter von Personengesellschaften (§ 15 Abs. 1 Nr. 2 und Abs. 3 Nr. 1 EStG);
- Gewinnanteile der persönlich haftenden Gesellschaft einer KGaA (§ 15 Abs. 1 Nr. 3 EStG);
- Einkünfte einer gewerblich geprägten Personengesellschaft (§ 15 Abs. 3 Nr. 2 EStG);
- Veräußerungsgewinne nach § 16 EStG bei Veräußerung von
  - einem ganzen Betrieb,
  - einem Teilbetrieb,
  - einem Mitunternehmeranteil,
  - eines Anteils eines persönlich haftenden Gesellschafters einer KGaA und eines Anteils hiervon und
  - Aufgabe des Gewerbebetriebs.

  Für diese Veräußerungsgewinne wird ein Freibetrag i. H. v. 45.000 EUR gewährt (§ 16 Abs. 4 EStG). Voraussetzung für den Freibetrag:
  - der Steuerpflichtige hat das 55. Lebensjahr vollendet oder

  - er ist dauernd berufsunfähig und
  - dieser Freibetrag wurde im Leben des Stpfl. noch nie genutzt (er wird nur einmal im Leben gewährt, daher ist gut abzuwägen);

  Allerdings ermäßigt sich der Freibetrag um den Betrag, um den der Veräußerungsgewinn 136.000 EUR übersteigt.
- Veräußerungsgewinne aus der Veräußerung von wesentlichen Beteiligungen (mind. 1 %) an Kapitalgesellschaften nach § 17 EStG (Beteiligungsveräußerung). Voraussetzung: Der Veräußerer war innerhalb der letzten 5 Jahre zu mind. 1 % mittelbar oder unmittelbar beteiligt.

  Für diesen Veräußerungsgewinn wird ein Freibetrag i. H. v. 9.060 EUR gewährt (§ 17 Abs. 3 EStG). Der Freibetrag ermäßigt sich jedoch um den Betrag, um den der Veräußerungsgewinn 36.100 EUR übersteigt. Ein Veräußerungsverlust aus Anteilsveräußerung ist nicht zu berücksichtigen, soweit er auf Anteile entfällt,
  - die der Stpfl. innerhalb der letzten 5 Jahre unentgeltlich erworben hat und soweit der Rechtsvorgänger den Veräußerungsverlust nicht geltend machen konnte;
  - die entgeltlich erworben wurden, aber nicht innerhalb der letzten 5 Jahre zu einer Beteiligung gehörten. Dies gilt nicht für innerhalb der letzten 5 Jahre erworbene Anteile, die zur Begründung einer wesentlichen Beteiligung geführt haben oder die nach Begründung einer wesentlichen Beteiligung erworben worden sind.

Prüfungsliste bei Einkünften aus Gewerbebetrieb:

- **Positive Merkmale:**
  - Selbstständigkeit (R 15.1 EStR),
  - Nachhaltigkeit (R 15.2 EStR),
  - Gewinnerzielungsabsicht (R 15.3 EStR),
  - Beteiligung am allgemeinen wirtschaftlichen Verkehr (H 15.4 EStH).
- **Negative Merkmale:**
  - keine Einkünfte aus Land- und Forstwirtschaft,
  - keine Einkünfte aus selbstständiger Arbeit.

4.4.5 Einkünfte aus selbstständiger Arbeit, § 18 EStG

Zu den Einkünften aus selbstständiger Arbeit gehören insbesondere folgende Tätigkeiten:

Einkünfte aus freiberuflicher Tätigkeit (§ 18 Abs. 1 Nr. 1 EStG).

Dazu gehören folgende Gruppen:

- Qualifizierte Tätigkeiten, nämlich die selbstständig ausgeübte wissenschaftliche, künstlerische, schriftstellerische, unterrichtende oder erzieherische Tätigkeit,
- Tätigkeiten der im Gesetz näher aufgeführten sog. Katalogberufe: z. B. Ärzte, Rechtsanwälte, Ingenieure, Architekten, Wirtschaftsprüfer, Steuerberater, Heilpraktiker, Journalisten, Dolmetscher und Übersetzer,
- ähnliche Berufe, z. B. Hebammen, Heilmasseure, EDV-Berater (nur im Bereich der Systemtechnik), Kfz-Sachverständige,
- Einkünfte aus sonstiger selbstständiger Tätigkeit (§ 18 Abs. 1 Nr. 3 EStG): z. B. Testamentsvollstrecker, Vermögensverwalter und Aufsichtsratsmitglieder.

Betriebsausgaben, Pauschbeträge

Das Finanzamt hat die Möglichkeit, bei nicht ordnungsgemäßen Aufzeichnungen die Betriebsausgaben zu schätzen. Die Schätzungsdeterminanten sind dabei ggf. nur Anhaltspunkt, ein Anspruch des Stpfl. auf Gewährung besteht deshalb grds. nicht.

Schriftstellerische, künstlerische und wissenschaftliche Tätigkeit, sowie Lehr-, Vortrags- und Prüfungstätigkeit bei **Nebenberuflichkeit** (nicht mehr als 1/3 der Normalarbeitszeit, LStR 3.26 Abs. 2): Pauschalierung der Betriebsausgaben mit 25 % vom Umsatz, max. 614,00 EUR jährlich (Höchstbetrag gilt für alle Tätigkeiten nur einmal).

Schriftstellerische und journalistische Tätigkeit im **Hauptberuf**: Pauschalierung der Betriebsausgaben mit 30 % vom Umsatz, max. 2.455,00 EUR jährlich.

Übungsleiter, Ausbilder, Betreuer, nebenberufliche künstlerische Tätigkeiten oder nebenberufliche Pflege alter, kranker oder behinderter Menschen und Erzieher bei **Nebenberuflichkeit**: Keine Ausgabenpauschale, aber Aufwandsentschädigung seit 2021 bis 3.000 EUR (2013–2020 bis 2.400 EUR) jährlich steuerfrei (§ 3 Nr. 26 EStG). Wegen der stfr. Pauschale von 840,00 EUR (bis 2020 720,00 EUR) jährlich für bestimmte nebenberufliche Tätigkeiten für eine juristische Person des öffentlichen Rechts und für gemeinnützige, kirchliche und mildtätige Einrichtungen vgl. § 3 Nr. 26a EStG).

Gesetzestext (Auszug) § 18 EStG

(1) Einkünfte aus selbständiger Arbeit sind

1. *Einkünfte aus freiberuflicher Tätigkeit [2]Zu der freiberuflichen Tätigkeit gehören die selbständig ausgeübte wissenschaftliche, künstlerische, schriftstellerische, unterrichtende oder erzieherische Tätigkeit, die selbständige Berufstätigkeit der Ärzte, Zahnärzte, Tierärzte, Rechtsanwälte, Notare, Patentanwälte, Vermessungsingenieure, Ingenieure, Architekten, Handelschemiker, Wirtschaftsprüfer, Steuerberater, beratenden Volks- und Betriebswirte, vereidigten Buchprüfer, Steuerbevollmächtigten, Heilpraktiker, Dentisten, Krankengymnasten, Journalisten, Bildberichterstatter, Dolmetscher, Übersetzer, Lotsen und ähnlicher Berufe. [3]Ein Angehöriger eines freien Berufs im Sinne der Sätze 1 und 2 ist auch dann freiberuflich tätig, wenn er sich der Mithilfe fachlich vorgebildeter Arbeitskräfte bedient; Voraussetzung ist, dass er aufgrund eigener Fachkenntnisse leitend und eigenverantwortlich tätig wird. [4]Eine Vertretung im Fall vorübergehender Verhinderung steht der Annahme einer leitenden und eigenverantwortlichen Tätigkeit nicht entgegen;*
2. *Einkünfte der Einnehmer einer staatlichen Lotterie, wenn sie nicht Einkünfte aus Gewerbebetrieb sind;*
3. *Einkünfte aus sonstiger selbständiger Arbeit, z. B. Vergütungen für die Vollstreckung von Testamenten, für Vermögensverwaltung und für die Tätigkeit als Aufsichtsratsmitglied;*
4. *Einkünfte, die ein Beteiligter an einer vermögensverwaltenden Gesellschaft oder Gemeinschaft, deren Zweck im Erwerb, Halten und in der Veräußerung*

von Anteilen an Kapitalgesellschaften besteht, als Vergütung für Leistungen zur Förderung des Gesellschafts- oder Gemeinschaftszwecks erzielt, wenn der Anspruch auf die Vergütung unter der Voraussetzung eingeräumt worden ist, dass die Gesellschafter oder Gemeinschafter ihr eingezahltes Kapital vollständig zurückerhalten haben; § 15 Absatz 3 ist nicht anzuwenden.

(2) Einkünfte nach Absatz 1 sind auch dann steuerpflichtig, wenn es sich nur um eine vorübergehende Tätigkeit handelt.

(3) [1]Zu den Einkünften aus selbständiger Arbeit gehört auch der Gewinn, der bei der Veräußerung des Vermögens oder eines selbständigen Teils des Vermögens oder eines Anteils am Vermögen erzielt wird, das der selbständigen Arbeit dient. [2]§ 16 Absatz 1 Satz 1 Nummer 1 und 2 und Absatz 1 Satz 2 sowie Absatz 2 bis 4 gilt entsprechend.

(4) [1]§ 13 Absatz 5 gilt entsprechend, sofern das Grundstück im Veranlagungszeitraum 1986 zu einem der selbständigen Arbeit dienenden Betriebsvermögen gehört hat. [2]§ 15 Absatz 1 Satz 1 Nummer 2, Absatz 1a, Absatz 2 Satz 2 und 3, §§ 15a und 15b sind entsprechend anzuwenden.

4.4.6 Einkünfte aus nichtselbstständiger Arbeit, § 19 EStG

Einkünfte aus nichtselbstständiger Arbeit sind vor allem typische Arbeitnehmereinkünfte. Eckpunkte:

- **Werbungskostenpauschbetrag** (für die gesamten Werbungskosten, kein weiterer Ansatz von Einzelkosten möglich):
  seit 2022 = 1.200 EUR, ab 2023 = 1.230 EUR;
- **Werbungskostenpauschbetrag bei Versorgungsbezügen** nach § 19 Abs. 2 EStG (für die gesamten Werbungskosten, kein weiterer Ansatz von Einzelkosten möglich): **102 EUR;**
- **Einzelnachweis oder Ansatz sonstiger Pauschalen:**
  - Arbeitsmittel pauschal: 110 EUR;
  - Kontoführungsgebühren pauschal: 16 EUR;
  - Fahrtkosten für Wege zwischen Wohnung und Arbeitsstätte als Entfernungspauschale, unabhängig von der Art des benutzten Verkehrsmittels: 0,30 EUR je Entfernungskilometer und Fahrt
    - für 2021 ab dem 21. km 0,35 EUR;
    - für 2022 bis 2026 ab dem 21. km 0,38 EUR;

    ggf. Antrag auf Mobilitätsprämie i. S. d. §§ 101 ff. EStG.

Werbungskosten:

Die folgenden beispielhaften Aufwendungen können als Werbungskosten berücksichtigt werden, wenn sie beruflich veranlasst waren:

- Abschreibung für Anlagegüter;
- Arbeitskleidung;
- Arbeitsmittel;
- Arbeitszimmer, häusliches;
- Beiträge an Berufsverbände;

- Bewerbungskosten;
- Fachliteratur;
- Fortbildungskosten;
- Homeoffficepauschale (ab 2020)
- Telekommunikationskosten;
- Umzugskosten.

Gesetzestext (Auszug) § 19 EStG

(1) [1]Zu den Einkünften aus nichtselbständiger Arbeit gehören

1. Gehälter, Löhne, Gratifikationen, Tantiemen und andere Bezüge und Vorteile für eine Beschäftigung im öffentlichen oder privaten Dienst;

1a. [1]Zuwendungen des Arbeitgebers an seinen Arbeitnehmer und dessen Begleitpersonen anlässlich von Veranstaltungen auf betrieblicher Ebene mit gesellschaftlichem Charakter (Betriebsveranstaltung). [2]Zuwendungen im Sinne des Satzes 1 sind alle Aufwendungen des Arbeitgebers einschließlich Umsatzsteuer unabhängig davon, ob sie einzelnen Arbeitnehmern individuell zurechenbar sind oder ob es sich um einen rechnerischen Anteil an den Kosten der Betriebsveranstaltung handelt, die der Arbeitgeber gegenüber Dritten für den äußeren Rahmen der Betriebsveranstaltung aufwendet. [3]Soweit solche Zuwendungen den Betrag von 110 Euro je Betriebsveranstaltung und teilnehmenden Arbeitnehmer nicht übersteigen, gehören sie nicht zu den Einkünften aus nichtselbständiger Arbeit, wenn die Teilnahme an der Betriebsveranstaltung allen Angehörigen des Betriebs oder eines Betriebsteils offensteht. [4]Satz 3 gilt für bis zu zwei Betriebsveranstaltungen jährlich. [5]Die Zuwendungen im Sinne des Satzes 1 sind abweichend von § 8 Absatz 2 mit den anteilig auf den Arbeitnehmer und dessen Begleitpersonen entfallenden Aufwendungen des Arbeitgebers im Sinne des Satzes 2 anzusetzen;

2. Wartegelder, Ruhegelder, Witwen- und Waisengelder und andere Bezüge und Vorteile aus früheren Dienstleistungen, auch soweit sie von Arbeitgebern ausgleichspflichtiger Personen an ausgleichsberechtigte Personen infolge einer nach § 10 oder § 14 des Versorgungsausgleichsgesetzes durchgeführten Teilung geleistet werden;

3. [1]laufende Beiträge und laufende Zuwendungen des Arbeitgebers aus einem bestehenden Dienstverhältnis an einen Pensionsfonds, eine Pensionskasse oder für eine Direktversicherung für eine betriebliche Altersversorgung. [2]Zu den Einkünften aus nichtselbständiger Arbeit gehören auch Sonderzahlungen, die der Arbeitgeber neben den laufenden Beiträgen und Zuwendungen an eine solche Versorgungseinrichtung leistet, mit Ausnahme der Zahlungen des Arbeitgebers

a) zur erstmaligen Bereitstellung der Kapitalausstattung zur Erfüllung der Solvabilitätsanforderungen nach den §§ 89, 213, 234g oder 238 des Versicherungsaufsichtsgesetzes,

b) zur Wiederherstellung einer angemessenen Kapitalausstattung nach unvorhersehbaren Verlusten oder zur Finanzierung der Verstärkung der

Rechnungsgrundlagen auf Grund einer unvorhersehbaren und nicht nur vorübergehenden Änderung der Verhältnisse, wobei die Sonderzahlungen nicht zu einer Absenkung des laufenden Beitrags führen oder durch die Absenkung des laufenden Beitrags Sonderzahlungen ausgelöst werden dürfen,

c) in der Rentenbezugszeit nach § 236 Absatz 2 des Versicherungsaufsichtsgesetzes oder

d) in Form von Sanierungsgeldern;

Sonderzahlungen des Arbeitgebers sind insbesondere Zahlungen an eine Pensionskasse anlässlich

a) seines Ausscheidens aus einer nicht im Wege der Kapitaldeckung finanzierten betrieblichen Altersversorgung oder

b) des Wechsels von einer nicht im Wege der Kapitaldeckung zu einer anderen nicht im Wege der Kapitaldeckung finanzierten betrieblichen Altersversorgung.

[3]Von Sonderzahlungen im Sinne des Satzes 2 zweiter Halbsatz Buchstabe b ist bei laufenden und wiederkehrenden Zahlungen entsprechend dem periodischen Bedarf nur auszugehen, soweit die Bemessung der Zahlungsverpflichtungen des Arbeitgebers in das Versorgungssystem nach dem Wechsel die Bemessung der Zahlungsverpflichtung zum Zeitpunkt des Wechsels übersteigt. [4]Sanierungsgelder sind Sonderzahlungen des Arbeitgebers an eine Pensionskasse anlässlich der Systemumstellung einer nicht im Wege der Kapitaldeckung finanzierten betrieblichen Altersversorgung auf der Finanzierungs- oder Leistungsseite, die der Finanzierung der zum Zeitpunkt der Umstellung bestehenden Versorgungsverpflichtungen oder Versorgungsanwartschaften dienen; bei laufenden und wiederkehrenden Zahlungen entsprechend dem periodischen Bedarf ist nur von Sanierungsgeldern auszugehen, soweit die Bemessung der Zahlungsverpflichtungen des Arbeitgebers in das Versorgungssystem nach der Systemumstellung die Bemessung der Zahlungsverpflichtung zum Zeitpunkt der Systemumstellung übersteigt.

[2]Es ist gleichgültig, ob es sich um laufende oder um einmalige Bezüge handelt und ob ein Rechtsanspruch auf sie besteht.

(2) [1]Von Versorgungsbezügen bleiben ein nach einem Prozentsatz ermittelter, auf einen Höchstbetrag begrenzter Betrag (Versorgungsfreibetrag) und ein Zuschlag zum Versorgungsfreibetrag steuerfrei. [2]Versorgungsbezüge sind

1. das Ruhegehalt, Witwen- oder Waisengeld, der Unterhaltsbeitrag oder ein gleichartiger Bezug

a) auf Grund beamtenrechtlicher oder entsprechender gesetzlicher Vorschriften,

b) nach beamtenrechtlichen Grundsätzen von Körperschaften, Anstalten oder Stiftungen des öffentlichen Rechts oder öffentlich-rechtlichen Verbänden von Körperschaften oder

2. *in anderen Fällen Bezüge und Vorteile aus früheren Dienstleistungen wegen Erreichens einer Altersgrenze, verminderter Erwerbsfähigkeit oder Hinterbliebenenbezüge; Bezüge wegen Erreichens einer Altersgrenze gelten erst dann als Versorgungsbezüge, wenn der Steuerpflichtige das 63. Lebensjahr oder, wenn er schwerbehindert ist, das 60. Lebensjahr vollendet hat.*

[3]Der maßgebende Prozentsatz, der Höchstbetrag des Versorgungsfreibetrags und der Zuschlag zum Versorgungsfreibetrag sind der nachstehenden Tabelle zu entnehmen:

Jahr des Versorgungsbeginns	***Versorgungsfreibetrag***		***Zuschlag zum Versorgungsfreibetrag in EUR***
	in % der Versorgungsbezüge	***Höchstbetrag in EUR***	
bis 2005	*40,0*	*3.000*	*900*
ab 2006	*38,4*	*2.880*	*864*
2007	*36,8*	*2.760*	*828*
2008	*35,2*	*2.640*	*792*
2009	*33,6*	*2.520*	*756*
2010	*32,0*	*2.400*	*720*
2011	*30,4*	*2.280*	*684*
2012	*28,8*	*2.160*	*648*
2013	*27,2*	*2.040*	*612*
2014	*25,6*	*1.920*	*576*
2015	*24,0*	*1.800*	*540*
2016	*22,4*	*1.680*	*504*
2017	*20,8*	*1.560*	*468*
2018	*19,2*	*1.440*	*432*
2019	*17,6*	*1.320*	*396*
2020	*16,0*	*1.200*	*360*
2021	*15,2*	*1.140*	*342*
2022	*14,4*	*1.080*	*324*
2023	*13,6*	*1.020*	*306*
2024	*12,8*	*960*	*288*
2025	*12,0*	*900*	*270*
2026	*11,2*	*840*	*252*

Jahr des Versorgungsbeginns	Versorgungsfreibetrag		Zuschlag zum Versorgungsfreibetrag in EUR
	in % der Versorgungsbezüge	Höchstbetrag in EUR	
2027	10,4	780	234
2028	9,6	720	216
2029	8,8	660	198
2030	8,0	600	180
2031	7,2	540	162
2032	6,4	480	144
2033	5,6	420	126
2034	4,8	360	108
2035	4,0	300	90
2036	3,2	240	72
2037	2,4	180	54
2038	1,6	120	36
2039	0,8	60	18
2040	0,0	0	0

[4]Bemessungsgrundlage für den Versorgungsfreibetrag ist

a) bei Versorgungsbeginn vor 2005

das Zwölffache des Versorgungsbezugs für Januar 2005,

b) bei Versorgungsbeginn ab 2005

das Zwölffache des Versorgungsbezugs für den ersten vollen Monat,

jeweils zuzüglich voraussichtlicher Sonderzahlungen im Kalenderjahr, auf die zu diesem Zeitpunkt ein Rechtsanspruch besteht. [5]Der Zuschlag zum Versorgungsfreibetrag darf nur bis zur Höhe der um den Versorgungsfreibetrag geminderten Bemessungsgrundlage berücksichtigt werden. [6]Bei mehreren Versorgungsbezügen mit unterschiedlichem Bezugsbeginn bestimmen sich der insgesamt berücksichtigungsfähige Höchstbetrag des Versorgungsfreibetrags und der Zuschlag zum Versorgungsfreibetrag nach dem Jahr des Beginns des ersten Versorgungsbezugs. [7]Folgt ein Hinterbliebenenbezug einem Versorgungsbezug, bestimmen sich der Prozentsatz, der Höchstbetrag des Versorgungsfreibetrags und der Zuschlag zum Versorgungsfreibetrag für den Hinterbliebenenbezug nach dem Jahr des Beginns des Versorgungsbezugs. [8]Der nach den Sätzen 3 bis 7 berechnete Versorgungsfreibetrag und Zuschlag zum Versorgungsfreibetrag gelten für die gesamte Laufzeit des Versorgungsbezugs. [9]Regelmäßige Anpassungen des Versorgungsbezugs führen nicht zu einer Neuberechnung. [10]Abweichend hiervon sind der Versorgungsfreibetrag und der Zuschlag zum Versorgungsfreibetrag neu zu berechnen, wenn sich der Versorgungsbezug wegen Anwendung von Anrechnungs-, Ruhens-, Erhöhungs- oder Kürzungsregelungen erhöht oder vermindert. [11]In diesen Fällen sind die Sätze 3 bis 7 mit dem geänderten Versorgungsbezug als Bemessungsgrundlage im Sinne des Satzes 4 anzuwenden; im Kalenderjahr der Änderung sind der höchste Versorgungsfreibetrag und Zuschlag zum Versorgungsfreibetrag maßgebend. [12]Für jeden vollen Kalendermonat, für den keine Versorgungsbezüge gezahlt werden, ermäßigen sich der Versorgungsfreibetrag und der Zuschlag zum Versorgungsfreibetrag in diesem Kalenderjahr um je ein Zwölftel.

(3) [1]Die Energiepreispauschale nach dem Versorgungsrechtlichen Energiepreispauschalen-Gewährungsgesetz oder vergleichbare Leistungen zum Ausgleich gestiegener Energiepreise nach Landesrecht sind als Einnahmen nach Absatz 2 zu berücksichtigen. [2]Sie gelten nicht als Sonderzahlung im Sinne von Absatz 2 Satz 4, jedoch als regelmäßige Anpassung des Versorgungsbezugs im Sinne von Absatz 2 Satz 9. [3]Im Lohnsteuerabzugsverfahren sind die Energiepreispauschale und vergleichbare Leistungen bei der Berechnung einer Vorsorgepauschale nach § 39b Absatz 2 Satz 5 Nummer 3 Buchstabe b und c nicht zu berücksichtigen. [4]In den Fällen des Satzes 1 sind die §§ 3 und 24a nicht anzuwenden.

4.4.7 Einkünfte aus Kapitalvermögen, § 20 EStG

Einkünfte aus Kapitalvermögen sind der Überschuss der Einnahmen über den Sparerpauschbetrag (§ 2 Abs. 2 Satz 2 EStG).

Eckpunkte:

Sparerpauschbetrag: 1.000 EUR/2.000 EUR (bis 2022: 801 EUR/1.602 EUR) (Einzel- bzw. zusammenveranlagte Ehegatten).

Für einen ersten Überblick siehe Abb. 1.

Die **Kapitaleinkünfte von Privatanlegern** unterliegen grundsätzlich einem einheitlichen **Abgeltungsteuersatz von 25 %** (§ 32d Abs. 1 EStG i. V. m. § 43a Abs. 1 Nr. 1 EStG). Die Abgeltungswirkung tritt nicht ein, wenn

- die Kapitalerträge zu Einkünften aus Land- und Forstwirtschaft, Gewerbebetrieb, selbstständiger Arbeit oder Vermietung und Verpachtung gehören oder
- Ausnahmetatbestände gem. § 32d Abs. 2 EStG vorliegen, wie z. B.
  - Einkünfte im Zusammenhang mit Darlehen und stillen Beteiligungen (§ 20 Abs. 1 Nr. 4 und Nr. 7 sowie Abs. 2 Satz 1 Nr. 4 und Nr. 7 EStG),
  - Gläubiger und Schuldner **nahestehende Personen** sind und die Aufwendungen beim Schuldner Betriebsausgaben oder Werbungskosten darstellen und § 20 Abs. 9 Satz 1 Halbsatz 2 EStG keine Anwendung findet oder
- **Lebens- und Rentenversicherungen** i. S. v. § 20 Abs. 1 Nr. 6 Satz 2 EStG vorliegen, die nur zur Hälfte zu besteuern sind oder
- Kapitalerträge nach § 20 Abs. 1 Nr. 1 und 2 EStG vorliegen, wenn der Stpfl. unmittelbar mind. zu 25 % an der KapGes beteiligt oder mind. zu 1 % beteiligt und beruflich für die KapGes tätig ist oder

- durch Erteilung eines Freistellungsauftrages gem. § 44a Abs. 1 Nr. 1 EStG oder durch Vorlage einer Nichtveranlagungsbescheinigung gem. § 44a Abs. 1 Nr. 2 EStG vom Kapitalertragsteuerabzug Abstand genommen werden kann.

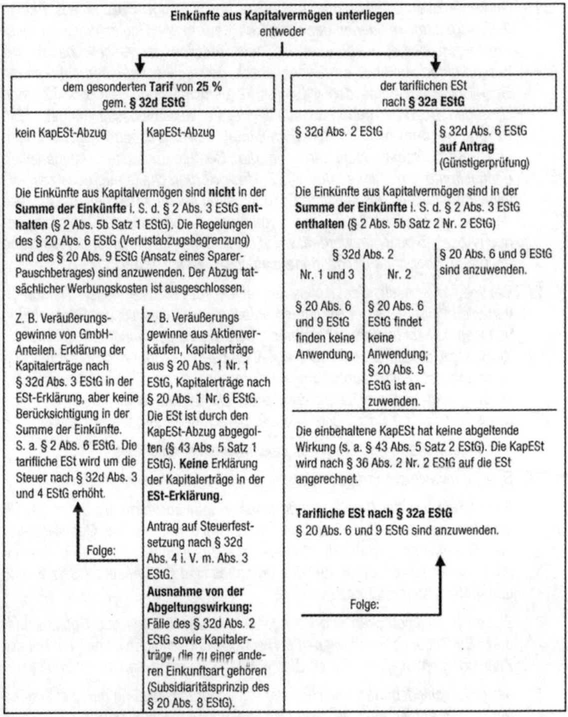

Abb. 1: Einkünfte aus Kapitalvermögen

Verlustverrechnung

Gem. § 20 Abs. 6 EStG dürfen Verluste aus Kapitalvermögen nicht mit Einkünften aus anderen Einkunftsarten ausgeglichen und auch nicht nach § 10d EStG abgezogen werden. Nicht ausgeglichene Verluste mindern gem. § 10d Abs. 4 EStG die Einkünfte aus Kapitalvermögen in den folgenden Jahren.

Die steuerabgegoltenen Kapitalerträge werden bei der Einkommensteuerveranlagung grds. nicht weiter berücksichtigt.

Gesetzestext (Auszug) § 20 EStG

(1) Zu den Einkünften aus Kapitalvermögen gehören

1. *Gewinnanteile (Dividenden), Ausbeuten und sonstige Bezüge aus Aktien, Genussrechten, mit denen das Recht am Gewinn und Liquidationserlös einer Kapitalgesellschaft verbunden ist, aus Anteilen an Gesellschaften mit beschränkter Haftung, an Genossenschaften sowie an einer optierenden Gesellschaft im Sinne des § 1a des Körperschaftsteuergesetzes. [2]Zu den sonstigen Bezügen gehören auch verdeckte Gewinnausschüttungen. [3]Die Bezüge gehören nicht zu den Einnahmen, soweit sie aus Ausschüttungen einer Körperschaft stammen, für die Beträge aus dem steuerlichen Einlagekonto im Sinne des § 27 des Körperschaftsteuergesetzes als verwendet gelten. [4]Als sonstige Bezüge gelten auch Einnahmen, die anstelle der Bezüge im Sinne des Satzes 1 von einem anderen als dem Anteilseigner nach Absatz 5 bezogen werden, wenn die Aktien mit Dividendenberechtigung erworben, aber ohne Dividendenanspruch geliefert werden;*
2. *Bezüge, die nach der Auflösung einer Körperschaft oder Personenvereinigung im Sinne der Nummer 1 anfallen und die nicht in der Rückzahlung von Nennkapital bestehen; Nummer 1 Satz 3 gilt entsprechend. [2]Gleiches gilt für Bezüge, die auf Grund einer Kapitalherabsetzung oder nach der Auflösung einer unbeschränkt steuerpflichtigen Körperschaft oder Personenvereinigung im Sinne der Nummer 1 anfallen und die als Gewinnausschüttung im Sinne des § 28 Absatz 2 Satz 2 und 4 des Körperschaftsteuergesetzes gelten;*
3. *Investmenterträge nach § 16 des Investmentsteuergesetzes;*

3a. *Spezial-Investmenterträge nach § 34 des Investmentsteuergesetzes;*

4. *Einnahmen aus der Beteiligung an einem Handelsgewerbe als stiller Gesellschafter und aus partiarischen Darlehen, es sei denn, dass der Gesellschafter oder Darlehensgeber als Mitunternehmer anzusehen ist. [2]Auf Anteile des stillen Gesellschafters am Verlust des Betriebes sind § 15 Absatz 4 Satz 6 bis 8 und § 15a sinngemäß anzuwenden;*
5. *Zinsen aus Hypotheken und Grundschulden und Renten aus Rentenschulden. [2]Bei Tilgungshypotheken und Tilgungsgrundschulden ist nur der Teil der Zahlungen anzusetzen, der als Zins auf den jeweiligen Kapitalrest entfällt;*
6. *der Unterschiedsbetrag zwischen der Versicherungsleistung und der Summe der auf sie entrichteten Beiträge (Erträge) im Erlebensfall oder bei Rückkauf des Vertrags bei Rentenversicherungen mit Kapitalwahlrecht, soweit nicht die lebenslange Rentenzahlung gewählt und erbracht wird, und bei Kapitalversicherungen mit Sparanteil, wenn der Vertrag nach dem 31. Dezember 2004 abgeschlossen worden ist. [2]Wird die Versicherungsleistung nach Vollendung des 60. Lebensjahres des Steuerpflichtigen und nach Ablauf von zwölf Jahren seit dem Vertragsabschluss ausgezahlt, ist die Hälfte des Unterschiedsbetrags anzusetzen. [3]Bei entgeltlichem Erwerb des Anspruchs auf die Versicherungsleistung treten die Anschaffungskosten an die Stelle der vor dem Erwerb*

entrichteten Beiträge. [4]Die Sätze 1 bis 3 sind auf Erträge aus fondsgebundenen Lebensversicherungen, auf Erträge im Erlebensfall bei Rentenversicherungen ohne Kapitalwahlrecht, soweit keine lebenslange Rentenzahlung vereinbart und erbracht wird, und auf Erträge bei Rückkauf des Vertrages bei Rentenversicherungen ohne Kapitalwahlrecht entsprechend anzuwenden. [5]Ist in einem Versicherungsvertrag eine gesonderte Verwaltung von speziell für diesen Vertrag zusammengestellten Kapitalanlagen vereinbart, die nicht auf öffentlich vertriebene Investmentfondsanteile oder Anlagen, die die Entwicklung eines veröffentlichten Indexes abbilden, beschränkt ist, und kann der wirtschaftlich Berechtigte unmittelbar oder mittelbar über die Veräußerung der Vermögensgegenstände und die Wiederanlage der Erlöse bestimmen (vermögensverwaltender Versicherungsvertrag), sind die dem Versicherungsunternehmen zufließenden Erträge dem wirtschaftlich Berechtigten aus dem Versicherungsvertrag zuzurechnen; Sätze 1 bis 4 sind nicht anzuwenden. [6]Satz 2 ist nicht anzuwenden, wenn

a) in einem Kapitallebensversicherungsvertrag mit vereinbarter laufender Beitragszahlung in mindestens gleichbleibender Höhe bis zum Zeitpunkt des Erlebensfalls die vereinbarte Leistung bei Eintritt des versicherten Risikos weniger als 50 Prozent der Summe der für die gesamte Vertragsdauer zu zahlenden Beiträge beträgt und

b) bei einem Kapitallebensversicherungsvertrag die vereinbarte Leistung bei Eintritt des versicherten Risikos das Deckungskapital oder den Zeitwert der Versicherung spätestens fünf Jahre nach Vertragsabschluss nicht um mindestens 10 Prozent des Deckungskapitals, des Zeitwerts oder der Summe der gezahlten Beiträge übersteigt. [2]Dieser Prozentsatz darf bis zum Ende der Vertragslaufzeit in jährlich gleichen Schritten auf Null sinken.

[7]Hat der Steuerpflichtige Ansprüche aus einem von einer anderen Person abgeschlossenen Vertrag entgeltlich erworben, gehört zu den Einkünften aus Kapitalvermögen auch der Unterschiedsbetrag zwischen der Versicherungsleistung bei Eintritt eines versicherten Risikos und den Aufwendungen für den Erwerb und Erhalt des Versicherungsanspruches; insoweit findet Satz 2 keine Anwendung. [8]Satz 7 gilt nicht, wenn die versicherte Person den Versicherungsanspruch von einem Dritten erwirbt oder aus anderen Rechtsverhältnissen entstandene Abfindungs- und Ausgleichsansprüche arbeitsrechtlicher, erbrechtlicher oder familienrechtlicher Art durch Übertragung von Ansprüchen aus Versicherungsverträgen erfüllt werden. [9]Bei fondsgebundenen Lebensversicherungen sind 15 Prozent des Unterschiedsbetrages steuerfrei oder dürfen nicht bei der Ermittlung der Einkünfte abgezogen werden, soweit der Unterschiedsbetrag aus Investmenterträgen stammt;

7. Erträge aus sonstigen Kapitalforderungen jeder Art, wenn die Rückzahlung des Kapitalvermögens oder ein Entgelt für die Überlassung des Kapitalvermögens zur Nutzung zugesagt oder geleistet worden ist, auch wenn die Höhe der Rückzahlung oder des Entgelts von einem ungewissen Ereignis abhängt.

[2]Dies gilt unabhängig von der Bezeichnung und der zivilrechtlichen Ausgestaltung der Kapitalanlage. [3]Erstattungszinsen im Sinne des § 233a der Abgabenordnung sind Erträge im Sinne des Satzes 1;

8. *Diskontbeträge von Wechseln und Anweisungen einschließlich der Schatzwechsel;*

9. *Einnahmen aus Leistungen einer nicht von der Körperschaftsteuer befreiten Körperschaft, Personenvereinigung oder Vermögensmasse im Sinne des § 1 Absatz 1 Nummer 3 bis 5 des Körperschaftsteuergesetzes, die Gewinnausschüttungen im Sinne der Nummer 1 wirtschaftlich vergleichbar sind, soweit sie nicht bereits zu den Einnahmen im Sinne der Nummer 1 gehören; Nummer 1 Satz 2, 3 und Nummer 2 gelten entsprechend. [2]Satz 1 ist auf Leistungen von vergleichbaren Körperschaften, Personenvereinigungen oder Vermögensmassen, die weder Sitz noch Geschäftsleitung im Inland haben, entsprechend anzuwenden;*

10. *a) Leistungen eines nicht von der Körperschaftsteuer befreiten Betriebs gewerblicher Art im Sinne des § 4 des Körperschaftsteuergesetzes mit eigener Rechtspersönlichkeit, die zu mit Gewinnausschüttungen im Sinne der Nummer 1 Satz 1 wirtschaftlich vergleichbaren Einnahmen führen; Nummer 1 Satz 2, 3 und Nummer 2 gelten entsprechend;*

    b) der nicht den Rücklagen zugeführte Gewinn und verdeckte Gewinnausschüttungen eines nicht von der Körperschaftsteuer befreiten Betriebs gewerblicher Art im Sinne des § 4 des Körperschaftsteuergesetzes ohne eigene Rechtspersönlichkeit, der den Gewinn durch Betriebsvermögensvergleich ermittelt oder Umsätze einschließlich der steuerfreien Umsätze, ausgenommen die Umsätze nach § 4 Nummer 8 bis 10 des Umsatzsteuergesetzes, von mehr als 350 000 Euro im Kalenderjahr oder einen Gewinn von mehr als 30 000 Euro im Wirtschaftsjahr hat, sowie der Gewinn im Sinne des § 22 Absatz 4 des Umwandlungssteuergesetzes. [2]Die Auflösung der Rücklagen zu Zwecken außerhalb des Betriebs gewerblicher Art führt zu einem Gewinn im Sinne des Satzes 1; in Fällen der Einbringung nach dem Sechsten und des Formwechsels nach dem Achten Teil des Umwandlungssteuergesetzes gelten die Rücklagen als aufgelöst. [3]Bei dem Geschäft der Veranstaltung von Werbesendungen der inländischen öffentlich-rechtlichen Rundfunkanstalten gelten drei Viertel des Einkommens im Sinne des § 8 Absatz 1 Satz 3 des Körperschaftsteuergesetzes als Gewinn im Sinne des Satzes 1. [4]Die Sätze 1 und 2 sind bei wirtschaftlichen Geschäftsbetrieben der von der Körperschaftsteuer befreiten Körperschaften, Personenvereinigungen oder Vermögensmassen entsprechend anzuwenden. [5]Nummer 1 Satz 3 gilt entsprechend. [6]Satz 1 in der am 12. Dezember 2006 geltenden Fassung ist für Anteile, die einbringungsgeboren im Sinne des § 21 des Umwandlungssteuergesetzes in der am 12. Dezember 2006 geltenden Fassung sind, weiter anzuwenden;

11. Stillhalterprämien, die für die Einräumung von Optionen vereinnahmt werden; schließt der Stillhalter ein Glattstellungsgeschäft ab, mindern sich die Einnahmen aus den Stillhalterprämien um die im Glattstellungsgeschäft gezahlten Prämien.

(2) [1]Zu den Einkünften aus Kapitalvermögen gehören auch

1. der Gewinn aus der Veräußerung von Anteilen an einer Körperschaft im Sinne des Absatzes 1 Nummer 1. [2]Anteile an einer Körperschaft sind auch Genussrechte im Sinne des Absatzes 1 Nummer 1, den Anteilen im Sinne des Absatzes 1 Nummer 1 ähnliche Beteiligungen und Anwartschaften auf Anteile im Sinne des Absatzes 1 Nummer 1;

2. der Gewinn aus der Veräußerung

   a) von Dividendenscheinen und sonstigen Ansprüchen durch den Inhaber des Stammrechts, wenn die dazugehörigen Aktien oder sonstigen Anteile nicht mitveräußert werden. [2]Soweit eine Besteuerung nach Satz 1 erfolgt ist, tritt diese insoweit an die Stelle der Besteuerung nach Absatz 1;

   b) von Zinsscheinen und Zinsforderungen durch den Inhaber oder ehemaligen Inhaber der Schuldverschreibung, wenn die dazugehörigen Schuldverschreibungen nicht mitveräußert werden. [2]Entsprechendes gilt für die Einlösung von Zinsscheinen und Zinsforderungen durch den ehemaligen Inhaber der Schuldverschreibung.

   [2]Satz 1 gilt sinngemäß für die Einnahmen aus der Abtretung von Dividenden- oder Zinsansprüchen oder sonstigen Ansprüchen im Sinne des Satzes 1, wenn die dazugehörigen Anteilsrechte oder Schuldverschreibungen nicht in einzelnen Wertpapieren verbrieft sind. [3]Satz 2 gilt auch bei der Abtretung von Zinsansprüchen aus Schuldbuchforderungen, die in ein öffentliches Schuldbuch eingetragen sind;

3. der Gewinn

   a) bei Termingeschäften, durch die der Steuerpflichtige einen Differenzausgleich oder einen durch den Wert einer veränderlichen Bezugsgröße bestimmten Geldbetrag oder Vorteil erlangt;

   b) aus der Veräußerung eines als Termingeschäft ausgestalteten Finanzinstruments;

4. der Gewinn aus der Veräußerung von Wirtschaftsgütern, die Erträge im Sinne des Absatzes 1 Nummer 4 erzielen;

5. der Gewinn aus der Übertragung von Rechten im Sinne des Absatzes 1 Nummer 5;

6. der Gewinn aus der Veräußerung von Ansprüchen auf eine Versicherungsleistung im Sinne des Absatzes 1 Nummer 6. [2]Das Versicherungsunternehmen hat nach Kenntniserlangung von einer Veräußerung unverzüglich Mitteilung an das für den Steuerpflichtigen zuständige Finanzamt zu machen und auf Verlangen des Steuerpflichtigen eine Bescheinigung über die Höhe der entrichteten Beiträge im Zeitpunkt der Veräußerung zu erteilen;

7. der Gewinn aus der Veräußerung von sonstigen Kapitalforderungen jeder Art im Sinne des Absatzes 1 Nummer 7;

8. der Gewinn aus der Übertragung oder Aufgabe einer die Einnahmen im Sinne des Absatzes 1 Nummer 9 vermittelnden Rechtsposition.

²Als Veräußerung im Sinne des Satzes 1 gilt auch die Einlösung, Rückzahlung, Abtretung oder verdeckte Einlage in eine Kapitalgesellschaft; in den Fällen von Satz 1 Nummer 4 gilt auch die Vereinnahmung eines Auseinandersetzungsguthabens als Veräußerung. ³Die Anschaffung oder Veräußerung einer unmittelbaren oder mittelbaren Beteiligung an einer Personengesellschaft gilt als Anschaffung oder Veräußerung der anteiligen Wirtschaftsgüter. ⁴Wird ein Zinsschein oder eine Zinsforderung vom Stammrecht abgetrennt, gilt dies als Veräußerung der Schuldverschreibung und als Anschaffung der durch die Trennung entstandenen Wirtschaftsgüter. ⁵Eine Trennung gilt als vollzogen, wenn dem Inhaber der Schuldverschreibung die Wertpapierkennnummern für die durch die Trennung entstandenen Wirtschaftsgüter zugehen.

(3) Zu den Einkünften aus Kapitalvermögen gehören auch besondere Entgelte oder Vorteile, die neben den in den Absätzen 1 und 2 bezeichneten Einnahmen oder an deren Stelle gewährt werden.

(3a) ¹Korrekturen im Sinne des § 43a Absatz 3 Satz 7 sind erst zu dem dort genannten Zeitpunkt zu berücksichtigen. ²Weist der Steuerpflichtige durch eine Bescheinigung der auszahlenden Stelle nach, dass sie die Korrektur nicht vorgenommen hat und auch nicht vornehmen wird, kann der Steuerpflichtige die Korrektur nach § 32d Absatz 4 und 6 geltend machen.

(4) ¹Gewinn im Sinne des Absatzes 2 ist der Unterschied zwischen den Einnahmen aus der Veräußerung nach Abzug der Aufwendungen, die im unmittelbaren sachlichen Zusammenhang mit dem Veräußerungsgeschäft stehen, und den Anschaffungskosten; bei nicht in Euro getätigten Geschäften sind die Einnahmen im Zeitpunkt der Veräußerung und die Anschaffungskosten im Zeitpunkt der Anschaffung in Euro umzurechnen. ²In den Fällen der verdeckten Einlage tritt an die Stelle der Einnahmen aus der Veräußerung der Wirtschaftsgüter ihr gemeiner Wert; der Gewinn ist für das Kalenderjahr der verdeckten Einlage anzusetzen. ³Ist ein Wirtschaftsgut im Sinne des Absatzes 2 in das Privatvermögen durch Entnahme oder Betriebsaufgabe überführt worden, tritt an die Stelle der Anschaffungskosten der nach § 6 Absatz 1 Nummer 4 oder § 16 Absatz 3 angesetzte Wert. ⁴In den Fällen des Absatzes 2 Satz 1 Nummer 6 gelten die entrichteten Beiträge im Sinne des Absatzes 1 Nummer 6 Satz 1 als Anschaffungskosten; ist ein entgeltlicher Erwerb vorausgegangen, gelten auch die nach dem Erwerb entrichteten Beiträge als Anschaffungskosten. ⁵Gewinn bei einem Termingeschäft ist der Differenzausgleich oder der durch den Wert einer veränderlichen Bezugsgröße bestimmte Geldbetrag oder Vorteil abzüglich der Aufwendungen, die im unmittelbaren sachlichen Zusammenhang mit dem Termingeschäft stehen. ⁶Bei unentgeltlichem Erwerb sind dem Einzelrechtsnachfolger für Zwecke dieser Vorschrift die Anschaffung, die Überführung des Wirtschaftsguts in das Privatvermögen, der Erwerb eines Rechts aus Termingeschäften oder die Beiträge im Sinne des Absatzes 1 Nummer 6 Satz 1

durch den Rechtsvorgänger zuzurechnen. [7]Bei vertretbaren Wertpapieren, die einem Verwahrer zur Sammelverwahrung im Sinne des § 5 des Depotgesetzes in der Fassung der Bekanntmachung vom 11. Januar 1995 (BGBl. I S. 34), das zuletzt durch Artikel 4 des Gesetzes vom 5. April 2004 (BGBl. I S. 502) geändert worden ist, in der jeweils geltenden Fassung anvertraut worden sind, ist zu unterstellen, dass die zuerst angeschafften Wertpapiere zuerst veräußert wurden. [8]Ist ein Zinsschein oder eine Zinsforderung vom Stammrecht abgetrennt worden, gilt als Veräußerungserlös der Schuldverschreibung deren gemeiner Wert zum Zeitpunkt der Trennung. [9]Für die Ermittlung der Anschaffungskosten ist der Wert nach Satz 8 entsprechend dem gemeinen Wert der neuen Wirtschaftsgüter aufzuteilen.

(4a) [1]Werden Anteile an einer Körperschaft, Vermögensmasse oder Personenvereinigung gegen Anteile an einer anderen Körperschaft, Vermögensmasse oder Personenvereinigung getauscht und wird der Tausch auf Grund gesellschaftsrechtlicher Maßnahmen vollzogen, die von den beteiligten Unternehmen ausgehen, treten abweichend von Absatz 2 Satz 1 und den §§ 13 und 21 des Umwandlungssteuergesetzes die übernommenen Anteile steuerlich an die Stelle der bisherigen Anteile, wenn das Recht der Bundesrepublik Deutschland hinsichtlich der Besteuerung des Gewinns aus der Veräußerung der erhaltenen Anteile nicht ausgeschlossen oder beschränkt ist oder die Mitgliedstaaten der Europäischen Union bei einer Verschmelzung Artikel 8 der Richtlinie 2009/133/EG des Rates vom 19. Oktober 2009 über das gemeinsame Steuersystem für Fusionen, Spaltungen, Abspaltungen, die Einbringung von Unternehmensteilen und den Austausch von Anteilen, die Gesellschaften verschiedener Mitgliedstaaten betreffen, sowie für die Verlegung des Sitzes einer Europäischen Gesellschaft oder einer Europäischen Genossenschaft von einem Mitgliedstaat in einen anderen Mitgliedstaat (ABl. L 310 vom 25.11.2009, S. 34) in der jeweils geltenden Fassung anzuwenden haben; in diesem Fall ist der Gewinn aus einer späteren Veräußerung der erworbenen Anteile ungeachtet der Bestimmungen eines Abkommens zur Vermeidung der Doppelbesteuerung in der gleichen Art und Weise zu besteuern, wie die Veräußerung der Anteile an der übertragenden Körperschaft zu besteuern wäre, und § 15 Absatz 1a Satz 2 entsprechend anzuwenden. [2]Erhält der Steuerpflichtige in den Fällen des Satzes 1 zusätzlich zu den Anteilen eine Gegenleistung, gilt diese als Ertrag im Sinne des Absatzes 1 Nummer 1. [3]Besitzt bei sonstigen Kapitalforderungen im Sinne des Absatzes 1 Nummer 7 der Inhaber das Recht, bei Fälligkeit anstelle der Zahlung eines Geldbetrags vom Emittenten die Lieferung von Wertpapieren im Sinne des Absatzes 1 Nummer 1 zu verlangen oder besitzt der Emittent das Recht, bei Fälligkeit dem Inhaber anstelle der Zahlung eines Geldbetrags solche Wertpapiere anzudienen und macht der Inhaber der Forderung oder der Emittent von diesem Recht Gebrauch, ist abweichend von Absatz 4 Satz 1 das Entgelt für den Erwerb der Forderung als Veräußerungspreis der Forderung und als Anschaffungskosten der erhaltenen Wertpapiere anzusetzen; Satz 2 gilt entsprechend. [4]Werden Bezugsrechte veräußert oder ausgeübt, die nach § 186 des Aktiengesetzes, § 55 des Gesetzes betreffend die Gesellschaften mit beschränkter Haftung oder eines vergleichbaren ausländischen Rechts einen Anspruch auf Abschluss eines Zeichnungsvertrags begründen, wird der Teil der An-

schaffungskosten der Altanteile, der auf das Bezugsrecht entfällt, bei der Ermittlung des Gewinns nach Absatz 4 Satz 1 mit 0 Euro angesetzt. [5]Werden einem Steuerpflichtigen von einer Körperschaft, Personenvereinigung oder Vermögensmasse, die weder Geschäftsleitung noch Sitz im Inland hat, Anteile zugeteilt, ohne dass der Steuerpflichtige eine Gegenleistung zu erbringen hat, sind sowohl der Ertrag als auch die Anschaffungskosten der erhaltenen Anteile mit 0 Euro anzusetzen, wenn die Voraussetzungen der Sätze 3, 4 und 7 nicht vorliegen; die Anschaffungskosten der die Zuteilung begründenden Anteile bleiben unverändert. [6]Soweit es auf die steuerliche Wirksamkeit einer Kapitalmaßnahme im Sinne der vorstehenden Sätze 1 bis 5 ankommt, ist auf den Zeitpunkt der Einbuchung in das Depot des Steuerpflichtigen abzustellen. [7]Geht Vermögen einer Körperschaft durch Abspaltung auf andere Körperschaften über, gelten abweichend von Satz 5 und § 15 des Umwandlungssteuergesetzes die Sätze 1 und 2 entsprechend.

(5) [1]Einkünfte aus Kapitalvermögen im Sinne des Absatzes 1 Nummer 1 und 2 erzielt der Anteilseigner. [2]Anteilseigner ist derjenige, dem nach § 39 der Abgabenordnung die Anteile an dem Kapitalvermögen im Sinne des Absatzes 1 Nummer 1 im Zeitpunkt des Gewinnverteilungsbeschlusses zuzurechnen sind. 3Sind einem Nießbraucher oder Pfandgläubiger die Einnahmen im Sinne des Absatzes 1 Nummer 1 oder 2 zuzurechnen, gilt er als Anteilseigner.

(6) [1]Verluste aus Kapitalvermögen dürfen nicht mit Einkünften aus anderen Einkunftsarten ausgeglichen werden; sie dürfen auch nicht nach § 10d abgezogen werden. [2]Die Verluste mindern jedoch die Einkünfte, die der Steuerpflichtige in den folgenden Veranlagungszeiträumen aus Kapitalvermögen erzielt. [3]§ 10d Absatz 4 ist sinngemäß anzuwenden; im Fall von zusammenveranlagten Ehegatten erfolgt ein gemeinsamer Verlustausgleich vor der Verlustfeststellung. [4]Verluste aus Kapitalvermögen im Sinne des Absatzes 2 Satz 1 Nummer 1 Satz 1, die aus der Veräußerung von Aktien entstehen, dürfen nur mit Gewinnen aus Kapitalvermögen im Sinne des Absatzes 2 Satz 1 Nummer 1 Satz 1, die aus der Veräußerung von Aktien entstehen, ausgeglichen werden; die Sätze 2 und 3 gelten sinngemäß. [5]Verluste aus Kapitalvermögen im Sinne des Absatzes 2 Satz 1 Nummer 3 dürfen nur in Höhe von 20 000 Euro mit Gewinnen im Sinne des Absatzes 2 Satz 1 Nummer 3 und mit Einkünften im Sinne des § 20 Absatz 1 Nummer 11 ausgeglichen werden; die Sätze 2 und 3 gelten sinngemäß mit der Maßgabe, dass nicht verrechnete Verluste je Folgejahr nur bis zur Höhe von 20 000 Euro mit Gewinnen im Sinne des Absatzes 2 Satz 1 Nummer 3 und mit Einkünften im Sinne des § 20 Absatz 1 Nummer 11 verrechnet werden dürfen. [6]Verluste aus Kapitalvermögen aus der ganzen oder teilweisen Uneinbringlichkeit einer Kapitalforderung, aus der Ausbuchung wertloser Wirtschaftsgüter im Sinne des Absatzes 1, aus der Übertragung wertloser Wirtschaftsgüter im Sinne des Absatzes 1 auf einen Dritten oder aus einem sonstigen Ausfall von Wirtschaftsgütern im Sinne des Absatzes 1 dürfen nur in Höhe von 20 000 Euro mit Einkünften aus Kapitalvermögen ausgeglichen werden; die Sätze 2 und 3 gelten sinngemäß mit der Maßgabe, dass nicht verrechnete Verluste je Folgejahr nur bis zur Höhe von 20 000 Euro mit Einkünften aus Kapitalvermögen verrechnet werden dürfen. [7]Verluste aus Kapitalvermögen, die der Kapitalertragsteuer unterliegen, dürfen nur verrechnet werden oder mindern die

Einkünfte, die der Steuerpflichtige in den folgenden Veranlagungszeiträumen aus Kapitalvermögen erzielt, wenn eine Bescheinigung im Sinne des § 43a Absatz 3 Satz 4 vorliegt.

(7) [1]§ 15b ist sinngemäß anzuwenden. [2]Ein vorgefertigtes Konzept im Sinne des § 15b Absatz 2 Satz 2 liegt auch vor, wenn die positiven Einkünfte nicht der tariflichen Einkommensteuer unterliegen.

(8) [1]Soweit Einkünfte der in den Absätzen 1, 2 und 3 bezeichneten Art zu den Einkünften aus Land- und Forstwirtschaft, aus Gewerbebetrieb, aus selbständiger Arbeit oder aus Vermietung und Verpachtung gehören, sind sie diesen Einkünften zuzurechnen. [2]Absatz 4a findet insoweit keine Anwendung.

(9) [1]Bei der Ermittlung der Einkünfte aus Kapitalvermögen ist als Werbungskosten ein Betrag von 1.000 Euro abzuziehen (Sparer-Pauschbetrag); der Abzug der tatsächlichen Werbungskosten ist ausgeschlossen. [2]Ehegatten, die zusammen veranlagt werden, wird ein gemeinsamer Sparer-Pauschbetrag von 2.000 Euro gewährt. [3]Der gemeinsame Sparer-Pauschbetrag ist bei der Einkunftsermittlung bei jedem Ehegatten je zur Hälfte abzuziehen; sind die Kapitalerträge eines Ehegatten niedriger als 1.000 Euro, so ist der anteilige Sparer-Pauschbetrag insoweit, als er die Kapitalerträge dieses Ehegatten übersteigt, bei dem anderen Ehegatten abzuziehen. [4]Der Sparer-Pauschbetrag und der gemeinsame Sparer-Pauschbetrag dürfen nicht höher sein als die nach Maßgabe des Absatzes 6 verrechneten Kapitalerträge.

4.4.8 Einkünfte aus Vermietung und Verpachtung, § 21 EStG

Zu den Einnahmen aus Vermietung und Verpachtung gehören sämtliche Güter in Geldwert, die dem Steuerpflichtigen im Rahmen der Nutzungsüberlassung zufließen.

Dazu gehören u. a.:

- Mieteinnahmen (Wohnungen, Garagen, Werbeflächen etc.),
- Umlagen (Heizung, Wasser, Müll, Strom, Straßenreinigung etc.).

Zu den Werbungskosten gehören alle Aufwendungen zum Erwerb, zur Sicherung und Erhaltung der Mieteinnahmen (§ 9 Abs. 1 Satz 1 EStG).

Dazu gehören grundsätzlich alle Aufwendungen, die mit der Vermietung in einem Zusammenhang stehen, dies sind z. B.:

- Schuldzinsen (Zins, Disagio, Kosten);
- Erhaltungsaufwendungen (Reparaturen);
- Grundsteuer;
- Straßenreinigung;
- Müllabfuhr;
- Wasserversorgung;
- Entwässerung;
- Heizkosten;
- Strom;

- Schornsteinfeger;
- Versicherungen;
- Hauswart;
- Treppenreinigung;
- Fahrstuhlkosten;
- Abschreibungen (Gebäude, Umzäunung, Garage etc.); Sonderabschreibung für Mietwohnungsbau (§ 7b EStG).

Ab dem VZ 2024 ist eine Steuerfreigrenze geplant; Einnahmen bis zu 1.000 EUR werden von der Steuer befreit (§ 3 Nr. 73 EStG).

Gesetzestext (Auszug) § 21 EStG

(1) [1]Einkünfte aus Vermietung und Verpachtung sind

1. *Einkünfte aus Vermietung und Verpachtung von unbeweglichem Vermögen, insbesondere von Grundstücken, Gebäuden, Gebäudeteilen, Schiffen, die in ein Schiffsregister eingetragen sind, und Rechten, die den Vorschriften des bürgerlichen Rechts über Grundstücke unterliegen (z. B. Erbbaurecht, Mineralgewinnungsrecht);*
2. *Einkünfte aus Vermietung und Verpachtung von Sachinbegriffen, insbesondere von beweglichem Betriebsvermögen;*
3. *Einkünfte aus zeitlich begrenzter Überlassung von Rechten, insbesondere von schriftstellerischen, künstlerischen und gewerblichen Urheberrechten, von gewerblichen Erfahrungen und von Gerechtigkeiten und Gefällen;*
4. *Einkünfte aus der Veräußerung von Miet- und Pachtzinsforderungen, auch dann, wenn die Einkünfte im Veräußerungspreis von Grundstücken enthalten sind und die Miet- oder Pachtzinsen sich auf einen Zeitraum beziehen, in dem der Veräußerer noch Besitzer war.*

[2]§§ 15a und 15b sind sinngemäß anzuwenden.

(2) [1]Beträgt das Entgelt für die Überlassung einer Wohnung zu Wohnzwecken weniger als 50 Prozent der ortsüblichen Marktmiete, so ist die Nutzungsüberlassung in einen entgeltlichen und einen unentgeltlichen Teil aufzuteilen. [2]Beträgt das Entgelt bei auf Dauer angelegter Wohnungsvermietung mindestens 66 Prozent der ortsüblichen Miete, gilt die Wohnungsvermietung als entgeltlich.

(3) Einkünfte der in den Absätzen 1 und 2 bezeichneten Art sind Einkünften aus anderen Einkunftsarten zuzurechnen, soweit sie zu diesen gehören.

4.4.9 Sonstige Einkünfte, § 22 EStG

Zu den sonstigen Einkünften gehören nur die Einkünfte, die im § 22 EStG im Einzelnen aufgeführt sind. Zu diesen Einkünften gehören:

- Leistungen aus wiederkehrenden Bezügen (§ 22 Nr. 1 EStG);
- Einkünfte aus Unterhaltsleistungen (§ 22 Nr. 1a EStG);
- Einkünfte aus Versorgungsleistungen (§ 22 Nr. 1b EStG);

- Einkünfte aus Leistungen aufgrund eines schuldrechtlichen Versorgungsausgleichs (§ 22 Nr. 1c EStG);
- Einkünfte aus privaten Veräußerungsgeschäften (§ 22 Nr. 2 EStG);
- Einkünfte aus Leistungen (§ 22 Nr. 3 EStG);
- Einkünfte aus Abgeordnetenbezügen, Entschädigungen, Amtszulagen, Übergangsgelder, Sterbegelder (§ 22 Nr. 4 EStG);
- Leistungen aus Altersvorsorgeverträgen i. S. d. § 82 EStG, Pensionsfonds, Pensionskassen und Direktversicherungen (§ 22 Nr. 5 EStG).
- Energiepreispauschale nach dem Rentenbeziehende-Energiepreispauschalengesetz.

Werbungskostenpauschbetrag (für gesamte Werbungskosten, kein weiterer Ansatz von Einzelkosten möglich): **102 EUR.**

Freigrenze bei Einkünften aus Leistungen nach § 22 Nr. 3 EStG (z. B. gelegentliche Vermittlung oder Vermietung beweglicher Gegenstände): **Weniger als 256 EUR jährlich** (bei Überschreiten der Grenze sind auch die ‚ersten' 255,99 EUR stpfl.).

Freigrenze bei Einkünften aus sämtlichen privaten Veräußerungsgeschäften (§ 23 Abs. 3 Satz 5 EStG): **Weniger als 600 EUR jährlich** (ab 2024 geplant 1.000 EUR) (bei Überschreiten der Grenze sind auch die ‚ersten' 599,99 EUR stpfl.).

4.4.10 Leistungen aus wiederkehrenden Bezügen

➤ **Renten aus der Basisversorgung (§ 22 Nr. 1 Satz 3 Buchst. a Doppelbuchst. aa EStG)**

- gesetzlichen Rentenversicherung;
- landwirtschaftlichen Alterskasse;
- berufsständischen Versorgungseinrichtungen;
- privaten Leibrentenversicherungen i. S. d. § 10 Abs. 1 Nr. 2b EStG.

Der Ertragsanteil richtet sich nach dem Jahr des Rentenbeginns und ergibt sich aus folgender Tabelle:

Beginn	Besteuerungsanteil in %	Beginn	Besteuerungsanteil in %
bis 2005	50	2023	83
ab 2006	52	2024	84
2007	54	2025	85
2008	56	2026	86
2009	58	2027	87
2010	60	2028	88
2011	62	2029	89
2012	64	2030	90
2013	66	2031	91
2014	68	2032	92
2015	70	2033	93
2016	72	2034	94

Beginn	Besteuerungsanteil in %	Beginn	Besteuerungsanteil in %
2017	74	2035	95
2018	76	2036	96
2019	78	2037	97
2020	80	2038	98
2021	81	2039	99
2022	82	2040	100
2023	83 (Änderung geplant)	2058 (Änderung geplant)	100

➤ **Renten aus Kapitalanlageprodukten (§ 22 Nr. 1 Satz 3 Buchst. a Doppelbuchst. bb EStG)**

Nach dem 31.12.2004 neu abgeschlossene Kapitallebensversicherungen sind in Höhe der Auszahlungsdifferenz steuerpflichtig. Wird das Kapital jedoch nach der Vollendung des 60. Lebensjahres (bei Versicherungsabschluss nach dem 31.12.2011 des 62. Lebensjahres) und nach einer Laufzeit von mind. 12 Jahren ausgezahlt, sind nur 50 % der Erträge steuerpflichtig. Wird eine Rente gezahlt, ist nur der Ertragsanteil steuerpflichtig. Hierunter fallen

- Renten aus allen alten privaten Rentenversicherungen (abgeschlossen vor dem 1.1.2005);
- aus neuen Lebensversicherungen, die keine Basisversorgung darstellen;
- Veräußerungsleibrenten;
- Versorgungsleibrenten.

Der Ertragsanteil in % ergibt sich aus folgender Tabelle:

Bei Beginn der Rente vollendetes Lebensjahr des Rentenberechtigten					
	%		%		%
0 bis 1	59	38	39	64	19
2 bis 3	58	39 bis 40	38	65 bis 66	18
4 bis 5	57	41	37	67	17
6 bis 8	56	42	36	68	16
9 bis 10	55	43 bis 44	35	69 bis 70	15
11 bis 12	54	45	34	71	14
13 bis 14	53	46 bis 47	33	72 bis 73	13
15 bis 16	52	48	32	74	12
17 bis 18	51	49	31	75	11
19 bis 20	50	50	30	76 bis 77	10
21 bis 22	49	51 bis 52	29	78 bis 79	9
23 bis 24	48	53	28	80	8
25 bis 26	47	54	27	81 bis 82	7
27	46	55 bis 56	26	83 bis 84	6
28 bis 29	45	57	25	85 bis 87	5
30 bis 31	44	58	24	88 bis 91	4

Bei Beginn der Rente vollendetes Lebensjahr des Rentenberechtigten					
	%		%		%
32	43	59	23	92 bis 93	3
33 bis 34	42	60 bis 61	22	94 bis 96	2
35	41	62	21	ab 97	1
36 bis 37	40	63	20		

➤ Einkünfte aus Unterhaltsleistungen

Unterhaltsleistungen nach § 10 Abs. 1a Nr. 1 EStG werden nach § 22 Nr. 1a EStG besteuert, soweit sie vom Geber als Sonderausgaben abgezogen werden können (Zustimmungserfordernis). Der **Höchstbetrag beträgt 13.805 EUR jährlich.**

Achtung: Wenn die Unterhaltsleistungen vom Geber nicht als Sonderausgaben abgezogen werden (können), ist zu prüfen, ob eine Leibrente vorliegt. Bei Unterhaltsverträgen zwischen geschiedenen Ehepaaren nur, wenn u. U. auf die Änderungsmöglichkeit nach § 323 ZPO ausdrücklich verzichtet wurde.

➤ Einkünfte aus Versorgungsleistungen

Seit 2008 werden Einkünfte aus Versorgungsleistungen gem. § 22 Nr. 1b EStG voll besteuert, soweit beim Zahlungsverpflichteten die Voraussetzungen für den Sonderausgabenabzug gem. § 10 Abs. 1 Nr. 1a EStG erfüllt sind.

➤ Einkünfte aus Leistungen aufgrund eines schuldrechtlichen Versorgungsausgleichs

Ebenfalls seit 2008 werden Einkünfte aus Ausgleichszahlungen gem. § 22 Nr. 1c EStG in dem Umfang besteuert, soweit beim Ausgleichsverpflichteten die Voraussetzungen für den Sonderausgabenabzug gem. § 10 Abs. 1 Nr. 1b EStG erfüllt sind.

➤ Einkünfte aus privaten Veräußerungsgeschäften

Private Veräußerungsgeschäfte gem. § 22 Nr. 2 i. V. m. § 23 EStG sind:

- **Veräußerungsgeschäfte bei Grundstücken,** grundstücksgleichen Rechten und Gebäuden innerhalb von **10 Jahren zwischen Anschaffung und Veräußerung.** Hierbei sind Außenanlagen und Gebäudeteile, die selbstständige unbewegliche Wirtschaftsgüter sind (§ 23 Abs. 1 Nr. 1 EStG), ggf. getrennt zu betrachten. Für die Berechnung der Veräußerungsfrist kommt es bei Anschaffung und Veräußerung von Grundstücken auf den Zeitpunkt des Abschlusses des schuldrechtlichen Verpflichtungsgeschäftes (Notarielles Vertragsdatum) an. Eigentumswohnungen und im Teileigentum stehende Räume sind mit einzubeziehen, soweit sie innerhalb dieser 10 Jahre errichtet, ausgebaut oder erweitert wurden. (§ 23 Abs. 1 Nr. 1 EStG);
- Veräußerungsgeschäfte bei anderen Wirtschaftsgütern (wichtige Ausnahme: Gegenstände des täglichen Gebrauchs = Eigennutzung), bei denen der Zeitraum zwischen Anschaffung und Veräußerung nicht mehr als ein Jahr beträgt (Achtung: Die Frist verlängert sich auf 10 Jahre, wenn es sich um Wirtschaftsgüter handelt, aus

deren Nutzung als Einkunftsquelle zumindest in einem Jahr Einkünfte erzielt werden; § 23 Abs. 1 Nr. 2 EStG);

- die **Überführung** eines Wirtschaftsgutes in das Privatvermögen des Steuerpflichtigen durch Entnahme oder Betriebsaufgabe (§ 23 Abs. 1 Satz 2 EStG);
- die **Einlage** eines Wirtschaftsguts in das Betriebsvermögen, wenn die Veräußerung aus dem Betriebsvermögen innerhalb eines Zeitraums von zehn Jahren seit Anschaffung des Wirtschaftsguts erfolgte (§ 23 Abs. 1 Satz 5 Nr. 1 EStG);
- verdeckte Einlage in eine Kapitalgesellschaft (§ 23 Abs. 1 Satz 5 Nr. 2 EStG).

Subsidiaritätsprinzip: Es gilt ein grundsätzlicher Vorrang der Besteuerung in anderen Einkunftsarten (§ 23 Abs. 2 EStG).

Berechnung des privaten Veräußerungsgewinns (§ 23 Abs. 3 Sätze 1 bis 4 EStG)

	Veräußerungspreis
–	Anschaffungskosten/Herstellungskosten (inkl. Nebenkosten)
+	Abschreibungen
+	erhöhte Abschreibungen und Sonderabschreibungen
–	Veräußerungskosten
=	Gewinn bzw. Verlust

➤ Einkünfte aus Leistungen

Für das Vorliegen einer Leistung nach § 22 Nr. 3 EStG kommt es darauf an, ob die Gegenleistung (das Entgelt) durch das Verhalten des Steuerpflichtigen ausgelöst wurde.

Einnahmen aus Leistungen nach § 22 Nr. 3 EStG sind u. a. (H 22.6 EStH):

- einmalige Bürgschaftsprovision;
- Entgelt für die Einräumung eines Vorkaufsrechts;
- Entgelt für die regelmäßige Mitnahme eines Arbeitskollegen auf der Fahrt zwischen Wohnung und Arbeit;
- eine Provision, die als Entgelt für eine Vermittlungstätigkeit entgegengenommen wird;
- Entgelt für die Vermietung von beweglichen Wirtschaftsgütern;
- Zahlungen und Aufwandsentschädigungen an Schiedsrichter und ihre Assistenten.

➤ Einkünfte aus Abgeordnetenbezügen, Entschädigungen, Amtszulagen, Übergangsgeldern, Sterbegeldern

Nicht unter § 22 Nr. 4 EStG, sondern unter § 18 Abs. 1 Nr. 3 EStG fallen ehrenamtliche Stadtrats-, Gemeinderats- und Kreistagsmitglieder (Aufwandsentschädigungen). Nach § 22 Nr. 4 EStG sind die Grundentschädigungen der Bundestagsabgeordneten, Landtagsabgeordneten und Abgeordneten des europäischen Parlaments zu versteuern.

Des Weiteren sind nach § 22 Nr. 4 EStG zu versteuern:

- Zuschüsse zur Kranken- und Pflegeversicherung (beachte aber Steuerbefreiungen des § 3 Nr. 11 u. 62 EStG);
- Übergangsgelder;
- Sterbegelder;
- Altersentschädigungen;
- Versorgungsabfindungen;
- Überlassung eines Dienstwagens für private Fahrten;
- Aufwandsentschädigungen.

➤ **Leistungen aus Altersvorsorgeaufwendungen**

Leistungen aus den Altersvorsorgeaufwendungen nach § 82 EStG sowie aus Pensionsfonds, Pensionskassen und Direktversicherungen (§ 22 Nr. 5 EStG) gehören zu den sonstigen Einkünften. Der Umfang der Besteuerung richtet sich danach, ob und inwieweit die Beträge in der Ansparphase steuerfrei gestellt waren.

4.5 Altersentlastungsbetrag

Persönliche **Voraussetzung** für die Gewährung des Altersentlastungsbetrages ist, dass der Steuerpflichtige vor Beginn des Kalenderjahres, in dem er sein Einkommen bezogen hat, das **64. Lebensjahr vollendet** hat (§ 24a Satz 3 EStG). Die Bemessungsgrundlage für den Altersentlastungsbetrag errechnet sich wie folgt:

	Arbeitslohn (außer Versorgungsbezüge nach § 19 Abs. 2 EStG)
+	positive Summe der Einkünfte (außer aus nichtselbstständiger Arbeit, Leib-, Berufsunfähigkeits-, Erwerbsminderungs- und Hinterbliebenenrenten sowie Leistungen aus Altersvorsorgeverträgen)
=	Bemessungsgrundlage.

Der Altersentlastungsbetrag sinkt jährlich, sowohl hinsichtlich des prozentualen Ansatzes der Einkünfte als auch bezogen auf die absolute Höhe, gleichmäßig. Ab 2023 soll der anzuwendene Prozentsatz nicht mehr jährlich um 0,8 %, sondern planmäßig um 0,4 % sinken.

Ab dem Jahr 2040 sollte dieser Freibetrag ersatzlos entfallen, durch die Anpassung der Prozentsätze verschiebt sich das Ende auf 2058. Das ist wie folgt dargestellt.

Das auf die Vollendung des 64. Lebensjahres folgende Kalenderjahr	Altersentlastungsbetrag	
	in % der Einkünfte	Höchstbetrag in EUR
2005	40,0	1.900
2006	38,4	1.824
2007	36,8	1.748
2008	35,2	1.672
2009	33,6	1.596
2010	32,0	1.520
2011	30,4	1.444
2012	28,8	1.368
2013	27,2	1.292
2014	25,6	1.216
2015	24,0	1.140
2016	22,4	1.064
2017	20,8	988
2018	19,2	912
2019	17,6	836
2020	16,0	760
2021	15,2	722
2022	14,4	684
2023	14,0	665
2024	13,6	646
2025	13,2	627
2026	12,8	608

Das auf die Vollendung des 64. Lebensjahres folgende Kalenderjahr	Altersentlastungsbetrag	
	in % der Einkünfte	Höchstbetrag in EUR
2027	12,4	589
2028	12	570
2029	11,6	551
2030	11,2	532
2031	10,8	513
2032	10,4	494
2033	10	475
2034	9,6	456
2035	9,2	437
2036	8,8	418
2037	8,4	399
2038	8	380
2039	7,6	361
2040	7,2	342
2041	6,8	323
2042	6,4	304
2043	6	285
2044	5,6	266
2045	5,2	247
2046	4,8	228
2047	4,4	209
2048	4	190
2049	3,6	171
2050	3,2	152
2051	2,8	133
2052	2,4	114
2053	2	95
2054	1,6	76
2055	1,2	57
2056	0,8	38
2057	0,4	19
2058	0	0

4.6 Entlastungsbetrag für Alleinerziehende

Wenn folgende Voraussetzungen erfüllt sind, erhält ein **Alleinerziehender** einen Entlastungsbetrag nach § 24b EStG i. H. v. **4.260 EUR (2022: 4.008 EUR)** und für jedes weitere Kind je 240 EUR jährlich (ggf. anteilig für jeden Monat zu kürzen, in dem die Voraussetzungen nicht vorgelegen haben).

- **mindestens ein haushaltsangehöriges Kind** (Zugehörigkeit des Kindes zum Haushalt ist unwiderlegbar anzunehmen, wenn das Kind in der Wohnung des alleinstehenden Steuerpflichtigen gemeldet ist, vgl. BFH v. 5.2.2015, Az. III R 9/13) und
- für das Kind steht dem Alleinerziehenden **Kindergeld oder ein Freibetrag nach § 32 Abs. 6 EStG** zu.

Alleinerziehend ist nach § 24b Abs. 2 Satz 1 EStG ein Steuerpflichtiger, der

- nicht die Voraussetzungen für die Anwendung des Splitting-Verfahrens nach § 26 Abs. 1 EStG i. V. m. § 26b EStG erfüllt oder
- verwitwet ist

und

- keine Haushaltsgemeinschaft mit einer anderen volljährigen Person bildet, es sei denn
  - für diese Person steht ihnen Kindergeld oder ein Freibetrag nach § 32 Abs. 6 EStG zu;
  - es handelt sich um ein Kind nach § 63 Abs. 1 Satz 1 EStG, das einen Grundwehrdienst oder Zivildienst leistet oder eine Tätigkeit als Entwicklungshelfer ausübt.

Gesetzestext (Auszug) § 24b EStG

§ 24b EStG Entlastungsbetrag für Alleinerziehende

(1) [1]Allein stehende Steuerpflichtige können einen Entlastungsbetrag von der Summe der Einkünfte abziehen, wenn zu ihrem Haushalt mindestens ein Kind gehört, für das ihnen ein Freibetrag nach § 32 Absatz 6 oder Kindergeld zusteht. [2]Die Zugehörigkeit zum Haushalt ist anzunehmen, wenn das Kind in der Wohnung des allein stehenden Steuerpflichtigen gemeldet ist. [3]Ist das Kind bei mehreren Steuerpflichtigen gemeldet, steht der Entlastungsbetrag nach Satz 1 demjenigen Alleinstehenden zu, der die Voraussetzungen auf Auszahlung des Kindergeldes nach § 64 Absatz 2 Satz 1 erfüllt oder erfüllen würde in Fällen, in denen nur ein Anspruch auf einen Freibetrag nach § 32 Absatz 6 besteht. [4]Voraussetzung für die Berücksichtigung ist die Identifizierung des Kindes durch die an dieses Kind vergebene Identifikationsnummer (§ 139b der Abgabenordnung). [5]Ist das Kind nicht nach einem Steuergesetz steuerpflichtig (§ 139a Absatz 2 der Abgabenordnung), ist es in anderer geeigneter Weise zu identifizieren. [6]Die nachträgliche Vergabe der Identifikationsnummer wirkt auf Monate zurück, in denen die Voraussetzungen der Sätze 1 bis 3 vorliegen.

(2) [1]Gehört zum Haushalt des allein stehenden Steuerpflichtigen ein Kind im Sinne des Absatzes 1, beträgt der Entlastungsbetrag im Kalenderjahr 4.260 Euro. [2]Für jedes weitere Kind im Sinne des Absatzes 1 erhöht sich der Betrag nach Satz 1 um 240 Euro je weiterem Kind. [3]

(3) [1]Allein stehend im Sinne des Absatzes 1 sind Steuerpflichtige, die nicht die Voraussetzungen für die Anwendung des Splitting-Verfahrens (§ 26 Absatz 1) erfüllen oder verwitwet sind und keine Haushaltsgemeinschaft mit einer anderen volljährigen Person bilden, es sei denn, für diese steht ihnen ein Freibetrag nach § 32 Absatz 6 oder Kindergeld zu oder es handelt sich um ein Kind im Sinne des § 63 Absatz 1 Satz 1, das einen Dienst nach § 32 Absatz 5 Satz 1 Nummer 1 und 2 leistet oder eine Tätigkeit nach § 32 Absatz 5 Satz 1 Nummer 3 ausübt. [2]Ist die andere Person mit Haupt- oder Nebenwohnsitz in der Wohnung des Steuerpflichtigen gemeldet, wird vermutet, dass sie mit dem Steuerpflichtigen gemeinsam wirtschaftet (Haushaltsgemeinschaft). [3]Diese Vermutung ist widerlegbar, es sei denn, der Steuerpflichtige und die andere Person leben in einer eheähnlichen oder lebenspartnerschaftsähnlichen Gemeinschaft.

(4) Für jeden vollen Kalendermonat, in dem die Voraussetzungen des Absatzes 1 nicht vorgelegen haben, ermäßigt sich der Entlastungsbetrag nach Absatz 2 um ein Zwölftel.

4.7 Verlustabzug nach § 10d EStG

Nach § 2 Abs. 3 EStG werden zunächst die negativen Einkünfte mit den positiven Einkünften im Veranlagungsjahr saldiert, es sei denn, es greifen ausdrückliche Verbote (Gewerbliche Tierzucht, § 15 Abs. 4 EStG, Verluste aus Kapitalvermögen, § 20 Abs. 6 EStG, Verluste aus Leistungen, § 22 Nr. 3 Satz 3 EStG, Private Veräußerungsverluste § 23 Abs. 3 Satz 7 EStG). Überwiegen diese negativen Einkünfte insgesamt, so beträgt die Summe der Einkünfte 0 EUR. Der nicht ausgeglichene Verlust kann nach § 10d EStG nach dem Gesamtbetrag der Einkünfte zurück- oder vorgetragen werden.

4.7.1 Verlustrücktrag

Der nicht ausgeglichene Verlust (s. o.) aus dem Entstehungsjahr kann nach § 10d Abs. 1 Satz 1 EStG **bis zu 10 Mio. EUR (bei Zusammenveranlagung bis zu 20 Mio. EUR)** vom Gesamtbetrag der Einkünfte des vorrangig vorangegangenen Jahres abgezogen werden. Auf Antrag kann ganz oder teilweise auf den Verlustrücktrag verzichtet werden (§ 10d Abs. 1 Satz 5 EStG). Die Ausweitung der Höhe nach gilt seit 2020.

4.7.2 Verlustvortrag

Soweit kein Verlustrücktrag erfolgte (ganz oder teilweise), können die nicht ausgeglichenen Verluste in den folgenden Veranlagungszeiträumen bis zu einem Gesamtbetrag der Einkünfte i. H. v. **1 Mio. EUR unbeschränkt und darüber hinaus bis zu 60 % (für die VZ 2024 bis 2027 planmäßige Erhöhung auf 80 %)** des 1 Mio. EUR übersteigenden Gesamtbetrags der Einkünfte abgezogen werden.

4.7.3 Verlustfeststellung

Nach § 10d Abs. 4 EStG ist der am Schluss eines Veranlagungszeitraums verbleibende Verlustvortrag gesondert festzustellen. Es ergeht ein gesonderter Bescheid.

Gesetzestext (Auszug) § 10d EStG

§ 10d Verlustabzug

(1) [1]Negative Einkünfte, die bei der Ermittlung des Gesamtbetrags der Einkünfte nicht ausgeglichen werden, sind bis zu einem Betrag von 10 000 000 Euro, bei Ehegatten, die nach den §§ 26, 26b zusammenveranlagt werden, bis zu einem Betrag von 20 000 000 Euro vom Gesamtbetrag der Einkünfte des unmittelbar vorangegangenen Veranlagungszeitraums vorrangig vor Sonderausgaben, außergewöhnlichen Belastungen und sonstigen Abzugsbeträgen abzuziehen (Verlustrücktrag). [2]Soweit ein Ausgleich der negativen Einkünfte nach Satz 1 nicht möglich ist, sind diese vom Gesamtbetrag der Einkünfte des zweiten dem Veranlagungszeitraum vorangegangenen Veranlagungszeitraums vorrangig vor Sonderausgaben, außergewöhnlichen Belastungen und sonstigen Abzugsbeträgen abzuziehen. [3]Dabei wird der Gesamtbetrag der Einkünfte des unmittelbar vorangegangenen Veranlagungszeitraums und des zweiten dem Veranlagungszeitraum

vorangegangenen Veranlagungszeitraums um die Begünstigungsbeträge nach § 34a Absatz 3 Satz 1 gemindert. [4]Ist für den unmittelbar vorangegangenen Veranlagungszeitraum oder den zweiten dem Veranlagungszeitraum vorangegangenen Veranlagungszeitraum bereits ein Steuerbescheid erlassen worden, so ist er insoweit zu ändern, als der Verlustrücktrag zu gewähren oder zu berichtigen ist. [5]Das gilt auch dann, wenn der Steuerbescheid unanfechtbar geworden ist; die Festsetzungsfrist endet insoweit nicht, bevor die Festsetzungsfrist für den Veranlagungszeitraum abgelaufen ist, in dem die negativen Einkünfte nicht ausgeglichen werden. [6]Auf Antrag des Steuerpflichtigen ist von der Anwendung des Verlustrücktrags nach den Sätzen 1 und 2 insgesamt abzusehen.

(2) [1]Nicht ausgeglichene negative Einkünfte, die nicht nach Absatz 1 abgezogen worden sind, sind in den folgenden Veranlagungszeiträumen bis zu einem Gesamtbetrag der Einkünfte von 1 Million Euro unbeschränkt, darüber hinaus bis zu 60 Prozent des 1 Million Euro übersteigenden Gesamtbetrags der Einkünfte vorrangig vor Sonderausgaben, außergewöhnlichen Belastungen und sonstigen Abzugsbeträgen abzuziehen (Verlustvortrag). [2]Bei Ehegatten, die nach den §§ 26, 26b zusammenveranlagt werden, tritt an die Stelle des Betrags von 1 Million Euro ein Betrag von 2 Millionen Euro. [3]Der Abzug ist nur insoweit zulässig, als die Verluste nicht nach Absatz 1 abgezogen worden sind und in den vorangegangenen Veranlagungszeiträumen nicht nach Satz 1 und 2 abgezogen werden konnten.

(3) (weggefallen)

(4) [1]Der am Schluss eines Veranlagungszeitraums verbleibende Verlustvortrag ist gesondert festzustellen. [2]Verbleibender Verlustvortrag sind die bei der Ermittlung des Gesamtbetrags der Einkünfte nicht ausgeglichenen negativen Einkünfte, vermindert um die nach Absatz 1 abgezogenen und die nach Absatz 2 abziehbaren Beträge und vermehrt um den auf den Schluss des vorangegangenen Veranlagungszeitraums festgestellten verbleibenden Verlustvortrag. [3]Zuständig für die Feststellung ist das für die Besteuerung zuständige Finanzamt. [4]Bei der Feststellung des verbleibenden Verlustvortrags sind die Besteuerungsgrundlagen so zu berücksichtigen, wie sie den Steuerfestsetzungen des Veranlagungszeitraums, auf dessen Schluss der verbleibende Verlustvortrag festgestellt wird, und des Veranlagungszeitraums, in dem ein Verlustrücktrag vorgenommen werden kann, zu Grunde gelegt worden sind; § 171 Absatz 10, § 175 Absatz 1 Satz 1 Nummer 1 und § 351 Absatz 2 der Abgabenordnung sowie § 42 der Finanzgerichtsordnung gelten entsprechend. [5]Die Besteuerungsgrundlagen dürfen bei der Feststellung nur insoweit abweichend von Satz 4 berücksichtigt werden, wie die Aufhebung, Änderung oder Berichtigung der Steuerbescheide ausschließlich mangels Auswirkung auf die Höhe der festzusetzenden Steuer unterbleibt. [6]Die Feststellungsfrist endet nicht, bevor die Festsetzungsfrist für den Veranlagungszeitraum abgelaufen ist, auf dessen Schluss der verbleibende Verlustvortrag gesondert festzustellen ist; § 181 Absatz 5 der Abgabenordnung ist nur anzuwenden, wenn die zuständige Finanzbehörde die Feststellung des Verlustvortrags pflichtwidrig unterlassen hat.

4.8 Sonderausgaben

4.8.1 Vorsorgeaufwendungen

➤ **Altersvorsorgeaufwendungen**

Als Altersvorsorgeaufwendungen nach § 10 Abs. 3 EStG sind gem. § 10 Abs. 1 EStG abziehbar:

- Nr. 2a): Beiträge zur gesetzlichen Rentenversicherung oder zur landwirtschaftlichen Alterskasse bzw. für berufsständischen Versorgungseinrichtungen inkl. steuerfreier Arbeitgeberanteil nach § 3 Nr. 62 EStG,
- Nr. 2b): Leibrenten-Versicherungsverträgen inkl. steuerfreier Arbeitgeberanteil nach § 3 Nr. 62 EStG, die folgende Voraussetzungen erfüllen:
  – Aufbau einer eigenen kapitalgedeckten Altersversorgung,
  – lebenslange Leibrente an den Steuerpflichtigen frühestens ab Vollendung des 62. Lebensjahrs (bis 31.12.2011: 60. Lebensjahr),
  – Vertrag sieht höchstens noch ergänzende Absicherung durch Berufsunfähigkeits-, Erwerbsminderungs- oder Hinterbliebenenrente vor,
  – Ansprüche sind weder vererblich, übertragbar, beleihbar oder kapitalisierbar, noch besteht Anspruch auf andere Auszahlungen.

Die Altersvorsorgeaufwendungen sind gem. § 10 Abs. 3 Satz 1 EStG bis zu einem **Höchstbetrag** der Einzahlung absetzbar. Seit 2015 ist die Höchstgrenze an die Beitragsbemessungsgrenze der Rentenversicherung gekoppelt. Für 2022 sind daher absetzbar 25.639 EUR, ab 2024 erhöht sich der Betrag auf 27.565 EUR. Bei zusammenveranlagten **Ehegatten oder Lebenspartnern verdoppelt sich der Betrag**. Die Abzugsfähigkeit steigert sich jährlich um 2 %, ab dem Jahr 2023 sind dann 100 % abziehbar (vorgezogen durch JStG 2022). Der von den **Arbeitnehmern** gezahlte Rentenversicherungsbeitrag ist in **2016 zu 64 % abziehbar,** jährliche Steigerung 4 %, ab 2023 (vorgezogen durch JStG 2022) sind auch hier 100 % als Arbeitnehmer-Altersvorsorgeaufwendungen abziehbar.

➤ **Sonstige Vorsorgeaufwendungen**

Sonstige Vorsorgeaufwendungen sind insgesamt bis zu 2.800 EUR abziehbar.

Der Höchstbetrag beträgt nur 1.900 EUR bei Steuerpflichtigen

- mit Anspruch auf vollständige oder teilweise Erstattung oder
- Übernahme von Krankheitskosten oder
- für die KV-Leistungen i. S. d. § 3 Nr. 9 und Nr. 14 sowie Nr. 57 oder 62 EStG erbracht werden.

Sonstige Vorsorgeaufwendungen sind:

- Nr. 3 Buchst. a: **Beiträge zu Krankenversicherungen** (zur Basisabsicherung), wenn sich aus den Beiträgen ein Anspruch auf Krankengeld ergeben kann, ist der jeweilige Beitrag um 4 % zu kürzen;
- Nr. 3 Buchst. b: **Beiträge zu Pflegeversicherungen**;

- Nr. 3 Buchst. b Satz 2: **Beiträge zur Krankenversicherung/Pflegeversicherung im Rahmen der Unterhaltspflicht** für ein **Kind**, für das man Anspruch auf Kindergeld oder Kinderfreibetrag hat.

Diese Basiskranken- und Pflegeversicherungsbeiträge sind in voller Höhe abziehbar (BGBl I 2009, S. 1959).

- Nr. 3a: Beiträge zu Kranken- und Pflegeversicherungen, soweit nicht bei § 10 Abs. 1 Nr. 3 EStG berücksichtigt
- Beiträge zu Versicherungen ohne Sparanteil, also z. B. bei
  - Arbeitslosenversicherung;
  - Erwerbs- und Berufsunfähigkeitsversicherungen (soweit sie nicht unter Nr. 2b fallen);
  - Unfall- und Haftpflichtversicherungen;
  - Risikolebensversicherungen mit Leistungen nur im Todesfall.

Beiträge zu Lebensversicherungsverträgen i. S. d. § 10 Abs. 1 Nr. 2b Doppelbuchst. bb bis Doppelbuchst. dd EStG von 2004, Altverträge bis 2004 ohne Kapitalwahlrecht und **Neuverträge ab 2005 sind zu 100 % abziehbar,** Altverträge **bis 2004 mit Kapitalwahlrecht sind zu 88 % abziehbar.**

➤ **Günstigerprüfung**

Bis zum Kalenderjahr 2019 ist nach § 10 Abs. 4a EStG eine Günstigerprüfung durchzuführen. Hierfür werden die abziehbaren Vorsorgeaufwendungen nach § 10 Abs. 3 EStG (gesetzliche Rentenversicherung und geförderte private Rentenversicherungen nach § 10 Abs. 1 Nr. 2 Buchst. a bzw. b EStG) und Abs. 4 (siehe oben) mit den nach der Rechtslage 2004 abziehbaren Vorsorgeaufwendungen nach § 10 Abs. 1 Nr. 2, 3 und 3a EStG in der aktuellen Fassung verglichen. Vgl. BMF, v. 19.8.2013, IV C 3 – S 2221/12/10010 :004. Nach dem bis zum 31.12.2004 geltenden Recht sind folgende Beträge zu unterscheiden (Einzelveranlagung/Zusammenveranlagung):

- **Vorwegabzug: Für 2017 900 EUR, für 2018 600 EUR und 2019 300 EUR.** Der Vorwegabzug ist um 16 % der Summe der Einnahmen aus nichtselbstständiger Arbeit nach § 19 EStG zu kürzen.
- **Grundhöchstbetrag: 1.334 EUR/2.668 EUR**
- **Hälftiger Höchstbetrag: 667 EUR/1.334 EUR**
- **Pflegeversicherungs-Zusatzbetrag: 184 EUR/368 EUR** für Beiträge zu einer zusätzlichen freiwilligen Pflegeversicherung bei Geburtsjahrgängen ab 1958.

4.8.2 Unterhaltszahlungen, § 10 Abs. 1a Nr. 1 EStG

Unterhaltszahlungen an den geschiedenen oder dauernd getrennt lebenden unbeschränkt steuerpflichtigen Ehegatten sind **bis zu 13.805 EUR** im VAZ als Sonderausgaben abzugsfähig, sofern der Geber dies mit **Zustimmung des Empfängers beantragt.** Andernfalls erfolgt die Regelung nach § 33a Abs. 1 EStG. Bei Unterhaltszahlung an **mehrere Empfänger** sind jeweils bis zu 13.805 EUR abziehbar (R 10.2 Abs. 3 EStR).

Der Höchstbetrag erhöht sich in dem jeweiligen VAZ um die aufgewendeten Beiträge zur Kranken- und Pflegeversicherung des geschiedenen oder dauernd getrennt lebenden, unbeschränkt einkommensteuerpflichtigen Ehegatten. Der Antrag kann jeweils nur für ein Kalenderjahr gestellt werden und nicht zurückgenommen werden.

Voraussetzung ist nunmehr die Angabe der Identifikationsnummer (§ 139b AO) der unterhaltenden Person. Bei Weigerung der unterhaltenden Person besteht für den Stpfl. ein Auskunftsrecht (§ 10 Abs. 1a Nr. 1 Satz 6 EStG).

Gesetzestext (Auszug) § 10 Abs. 1a EStG

(1a) [1]Sonderausgaben sind auch die folgenden Aufwendungen:

1. Unterhaltsleistungen an den geschiedenen oder dauernd getrennt lebenden unbeschränkt einkommensteuerpflichtigen Ehegatten, wenn der Geber dies mit Zustimmung des Empfängers beantragt, bis zu 13 805 Euro im Kalenderjahr. [2]Der Höchstbetrag nach Satz 1 erhöht sich um den Betrag der im jeweiligen Veranlagungszeitraum nach Absatz 1 Nummer 3 für die Absicherung des geschiedenen oder dauernd getrennt lebenden unbeschränkt einkommensteuerpflichtigen Ehegatten aufgewandten Beiträge. [3]Der Antrag kann jeweils nur für ein Kalenderjahr gestellt und nicht zurückgenommen werden. [4]Die Zustimmung ist mit Ausnahme der nach § 894 der Zivilprozessordnung als erteilt geltenden bis auf Widerruf wirksam. [5]Der Widerruf ist vor Beginn des Kalenderjahres, für das die Zustimmung erstmals nicht gelten soll, gegenüber dem Finanzamt zu erklären. [6]Die Sätze 1 bis 5 gelten für Fälle der Nichtigkeit oder der Aufhebung der Ehe entsprechend. [...]

4.8.3 Versorgungsleistungen (Renten und dauernde Lasten), § 10 Abs. 1a Nr. 2 EStG

Renten und dauernde Lasten, die auf vereinbarten Vermögensübertragungen beruhen, werden einheitlich unter dem Begriff Versorgungsleistungen zusammengefasst. Als Sonderausgaben sind folgende Versorgungsleistungen abziehbar:

- auf besonderen Verpflichtungsgründen beruhende, lebenslange und wiederkehrende Versorgungsleistungen, die nicht mit Einkünften in wirtschaftlichem Zusammenhang stehen und die bei einer Veranlagung außer Betracht bleiben, wenn der Empfänger unbeschränkt einkommensteuerpflichtig ist. Dies gilt nach § 10 Abs. 1a Nr. 2 EStG nur für Versorgungsleistungen im Zusammenhang mit
  - der Übertragung eines Mitunternehmeranteils an einer Personengesellschaft, die eine Tätigkeit nach §§ 13, 15 Abs. 1 Satz 1 Nr. 1 oder 18 Abs. 1 ausübt,
  - der Übertragung eines Betriebs oder Teilbetriebs,
  - der Übertragung von mind. 50 % des Anteils an einer GmbH, wenn der Übergeber als Geschäftsführer tätig war und der Übernehmer diese Tätigkeit nach der Übertragung übernimmt.
  - der Übertragung des Wohnteils eines Betriebs der Land- und Forstwirtschaft.
- Außerdem sind Leistungen aufgrund eines schuldrechtlichen Versorgungsausgleichs in dem Umfang als Sonderausgaben nach § 10 Abs. 1a EStG abziehbar, wie sie beim Verpflichteten der Besteuerung unterliegen.

- Bei Leibrenten kann nur der Ertragsanteil nach § 22 Nr. 1 Satz 3a Doppelbuchst. bb EStG abgezogen werden.

Gesetzestext (Auszug) § 10 EStG

(1a) Sonderausgaben sind auch die folgenden Aufwendungen: [...]

2. auf besonderen Verpflichtungsgründen beruhende, lebenslange und wiederkehrende Versorgungsleistungen, die nicht mit Einkünften in wirtschaftlichem Zusammenhang stehen, die bei der Veranlagung außer Betracht bleiben, wenn der Empfänger unbeschränkt einkommensteuerpflichtig ist.

2Dies gilt nur für

a) Versorgungsleistungen im Zusammenhang mit der Übertragung eines Mitunternehmeranteils an einer Personengesellschaft, die eine Tätigkeit im Sinne der §§ 13, 15 Absatz 1 Satz 1 Nummer 1 oder des § 18 Absatz 1 ausübt,

b) Versorgungsleistungen im Zusammenhang mit der Übertragung eines Betriebs oder Teilbetriebs, sowie

c) Versorgungsleistungen im Zusammenhang mit der Übertragung eines mindestens 50 Prozent betragenden Anteils an einer Gesellschaft mit beschränkter Haftung, wenn der Übergeber als Geschäftsführer tätig war und der Übernehmer diese Tätigkeit nach der Übertragung übernimmt.

3Satz 2 gilt auch für den Teil der Versorgungsleistungen, der auf den Wohnteil eines Betriebs der Land- und Forstwirtschaft entfällt. Voraussetzung für den Abzug der Aufwendungen ist die Angabe der erteilten Identifikationsnummer (§ 139b der Abgabenordnung) des Empfängers in der Steuererklärung des Leistenden; Nummer 1 Satz 8 und 9 gilt entsprechend;

4.8.4 Kirchensteuer, § 10 Abs. 1 Nr. 4 EStG

Die geschuldete und bezahlte Kirchensteuer ist als Sonderausgabe abzugsfähig.

Dies gilt jedoch nicht für die auf Abgeltungs- bzw. Kapitalertragsteuer erhobene Kirchensteuer, da diese bereits im Steuersatz nach § 32d Abs. 1 EStG berücksichtigt ist.

Gesetzestext (Auszug) § 10 EStG

(1) Sonderausgaben sind die folgenden Aufwendungen, wenn sie weder Betriebsausgaben noch Werbungskosten sind oder wie Betriebsausgaben oder Werbungskosten behandelt werden: [...]

4. gezahlte Kirchensteuer; dies gilt nicht, soweit die Kirchensteuer als Zuschlag zur Kapitalertragsteuer oder als Zuschlag auf die nach dem gesonderten Tarif des § 32d Absatz 1 ermittelte Einkommensteuer gezahlt wurde; [...].

4.8.5 Kinderbetreuungskosten, § 10 Abs. 1 Nr. 5 EStG

Als Werbungskosten nach § 9c EStG oder Sonderausgaben waren Kinderbetreuungskosten nur bis zum Jahr 2011 absetzbar. Ab 2012 entfällt die Unterscheidung in erwerbsbedingte und nicht erwerbsbedingte Kinderbetreuungskosten.

Unter folgenden Voraussetzungen sind zwei Drittel der Aufwendungen, höchstens 4.000 EUR je Kind, gem. § 10 Abs. 1 Nr. 5 EStG **nur noch als Sonderausgaben** abzugsfähig:

- Für **Dienstleistungen zur Betreuung** eines Kindes;
- **Haushaltszugehörigkeit** des Kindes;
- das Kind ist **berücksichtigungsfähig gem. § 32 Abs. 1 EStG**;
- das Kind hat das **14. Lebensjahr noch nicht vollendet**
- oder das Kind ist wegen einer vor Vollendung des 25. Lebensjahres eingetretenen körperlichen, geistigen oder seelischen **Behinderung** außerstande, sich selbst zu unterhalten;
- **die Aufwendungen müssen durch eine Rechnung belegt und durch Zahlung auf das Konto des Leistungserbringers erfolgt sein (keine Barzahlung)**.

Folgende Dienstleistungen werden **begünstigt:**

- die **Unterbringung von Kindern in Kindergärten,** Kindertagesstätten, sowie bei Tagesmüttern, Wochenmüttern und in Ganztagespflegestellen;
- die **Beschäftigung von Kinderpflegern oder Erziehern**;
- die **Beschäftigung von Hilfen im Haushalt**, soweit sie ein Kind betreuen;
- die **Beaufsichtigung des Kindes bei Erledigung seiner häuslichen Schulaufgaben**;
- **nachmittägliche Betreuung durch schulische oder ähnliche Einrichtungen**;
- **Betreuung** durch **Babysitter oder ‚Tagesmutter'**;
- **Betreuung** durch ein **Au-pair**.

Nicht begünstigt sind folgende Dienstleistungen:

- Aufwendungen für **Unterricht** (z. B. Schulgeld, Nachhilfe oder Fremdsprachenunterricht);
- Aufwendungen für die **Verpflegung** des Kindes;
- Aufwendungen für die **Vermittlung besonderer Fähigkeiten** (z. B. Musikunterricht, Computerkurse, Sportvereine oder andere Freizeitbeschäftigungen);
- Aufwendungen für eine Nachmittagsbetreuung in der Schule, soweit Anteile auf Nachhilfe, bestimmte Kurse oder auf Verpflegung entfallen. Die Entgeltanteile der Beiträge müssen entsprechend aufgeschlüsselt sein, damit ein Abzug möglich ist.

Gesetzestext (Auszug) § 10 EStG

(1) Sonderausgaben sind die folgenden Aufwendungen, wenn sie weder Betriebsausgaben noch Werbungskosten sind oder wie Betriebsausgaben oder Werbungskosten behandelt werden: [...]

5. zwei Drittel der Aufwendungen, höchstens 4 000 Euro je Kind, für Dienstleistungen zur Betreuung eines zum Haushalt des Steuerpflichtigen gehörenden Kindes im Sinne des § 32 Absatz 1, welches das 14. Lebensjahr noch nicht vollendet hat oder wegen einer vor Vollendung des 25. Lebensjahres eingetretenen körperlichen, geistigen oder seelischen Behinderung außerstande ist, sich selbst zu unterhalten. [2]Dies gilt nicht für Aufwendungen für Unterricht, die Vermittlung besonderer Fähigkeiten sowie für sportliche und andere Freizeitbetätigungen. [3]Ist das zu betreuende Kind nicht nach § 1 Absatz 1 oder Absatz 2 unbeschränkt einkommensteuerpflichtig, ist der in Satz 1 genannte Betrag zu kürzen, soweit es nach den Verhältnissen im Wohnsitzstaat des Kindes notwendig und angemessen ist. [4]Voraussetzung für den Abzug der Aufwendungen nach Satz 1 ist, dass der Steuerpflichtige für die Aufwendungen eine Rechnung erhalten hat und die Zahlung auf das Konto des Erbringers der Leistung erfolgt ist; [...].

4.8.6 Berufsausbildung/Erststudium, § 10 Abs. 1 Nr. 7 EStG

Aufwendungen für die eigene Berufsausbildung sowie das Erststudium (nicht im Rahmen eines Dienstverhältnisses) sind **bis zu 6.000 EUR im Kalenderjahr** als Sonderausgaben abzugsfähig. Für Ehegatten zählt der Höchstbetrag für jeden. Zu den Aufwendungen gehören unter anderem auch eine auswärtige Unterbringung, Verpflegungsmehraufwendungen, Fahrtkosten, Arbeitszimmer und die doppelte Haushaltsführung.

Gesetzestext (Auszug) § 10 EStG

(1) Sonderausgaben sind die folgenden Aufwendungen, wenn sie weder Betriebsausgaben noch Werbungskosten sind oder wie Betriebsausgaben oder Werbungskosten behandelt werden: [...]

7. *Aufwendungen für die eigene Berufsausbildung bis zu 6 000 Euro im Kalenderjahr. [2]Bei Ehegatten, die die Voraussetzungen des § 26 Absatz 1 Satz 1 erfüllen, gilt Satz 1 für jeden Ehegatten. [3]Zu den Aufwendungen im Sinne des Satzes 1 gehören auch Aufwendungen für eine auswärtige Unterbringung. [4]§ 4 Absatz 5 Satz 1 Nummer 6b und 6c sowie § 9 Absatz 1 Satz 3 Nummer 4 und 5, Absatz 2, 4 Satz 8 und Absatz 4a sind bei der Ermittlung der Aufwendungen anzuwenden.*

4.8.7 Schulgeld, § 10 Abs. 1 Nr. 9 EStG

Nach § 10 Abs. 1 Nr. 9 EStG sind **30 % des Entgelts, höchstens 5.000 EUR für ein Kind,** für das der Stpfl. einen Kinderfreibetrag oder Kindergeld erhält, für dessen Besuch einer genehmigten Ersatz- oder allgemeinbildenden Ergänzungsschule (mit Ausnahme der Beherbergungs-, Betreuungs- und Verpflegungskosten u. Studiengebühren) als Sonderausgaben abzugsfähig.

Gesetzestext (Auszug) § 10 EStG

(1) Sonderausgaben sind die folgenden Aufwendungen, wenn sie weder Betriebsausgaben noch Werbungskosten sind oder wie Betriebsausgaben oder Werbungskosten behandelt werden: [...]

9. *30 Prozent des Entgelts, höchstens 5 000 Euro, das der Steuerpflichtige für ein Kind, für das er Anspruch auf einen Freibetrag nach § 32 Absatz 6 oder auf Kindergeld hat, für dessen Besuch einer Schule in freier Trägerschaft oder*

einer überwiegend privat finanzierten Schule entrichtet, mit Ausnahme des Entgelts für Beherbergung, Betreuung und Verpflegung. [2]Voraussetzung ist, dass die Schule in einem Mitgliedstaat der europäischen Union oder in einem Staat belegen ist, auf den das Abkommen über den europäischen Wirtschaftsraum Anwendung findet, und die Schule zu einem von dem zuständigen inländischen Ministerium eines Landes, von der Kultusministerkonferenz der Länder oder von einer inländischen Zeugnisanerkennungsstelle anerkannten oder einem inländischen Abschluss an einer öffentlichen Schule als gleichwertig anerkannten allgemein bildenden oder berufsbildenden Schul-, Jahrgangs- oder Berufsabschluss führt. [3]Der Besuch einer anderen Einrichtung, die auf einen Schul-, Jahrgangs- oder Berufsabschluss im Sinne des Satzes 2 ordnungsgemäß vorbereitet, steht einem Schulbesuch im Sinne des Satzes 1 gleich. [4]Der Besuch einer Deutschen Schule im Ausland steht dem Besuch einer solchen Schule gleich, unabhängig von ihrer Belegenheit. [5]Der Höchstbetrag nach Satz 1 wird für jedes Kind, bei dem die Voraussetzungen vorliegen, je Elternpaar nur einmal gewährt.

4.8.8 Zuwendungen (Spenden und Mitgliedsbeiträge), § 10b EStG

Spenden und Mitgliedsbeiträge können insgesamt **bis zu**

- **20 % des Gesamtbetrags der Einkünfte oder**
- **4 ‰ der Summe der gesamten Umsätze und der im Kalenderjahr aufgewendeten Löhne und Gehälter**

als Sonderausgaben abgezogen werden. Soweit Zuwendungen im Veranlagungszeitraum wegen Überschreitens der Grenzen nicht abgezogen werden können, werden sie uneingeschränkt vorgetragen (§ 10b Abs. 1 Satz 9 und 10 EStG).

Begünstigte Spenden und Mitgliedsbeiträge sind nach § 10b Abs. 1 Satz 1 EStG Zuwendungen zur Förderung von mildtätigen, kirchlichen, religiösen, wissenschaftlichen und gemeinnützigen Zwecken (§§ 52 bis 54 AO). Mitgliedsbeiträge an Kulturfördervereine sind abziehbar, wenn aufgrund der Satzung der Körperschaft oder deren tatsächlicher Geschäftsführung den Mitgliedern Vergünstigungen gewährt werden (z. B. verbilligtes Eintrittsgeld, Veranstaltungen für Mitglieder). Es darf sich allerdings bei den Mitgliedsbeiträgen nicht um Mitgliedsbeiträge für kulturelle Betätigungen handeln, die in erster Linie der Freizeitgestaltung dienen.

Demnach sind nach § 10b Abs. 1 Satz 8 EStG folgende **Mitgliedsbeiträge** an Körperschaften **nicht abziehbar,** die

- den Sport,
- kulturelle Betätigungen, die in erster Linie der Freizeitgestaltung dienen,
- die Heimatpflege und Heimatkunde,
- die Förderung der Tierzucht, der Pflanzenzucht, der Kleingärtnerei, des Karnevals, der Fastnacht, des Faschings, der Soldaten- und Reservistenbetreuung, des Amateurfunkens, des Modellflugs und des Hundesports oder
- sonstigen Zwecken nach § 52 Abs. 2 Satz 2 AO gemeinnützig erklärt

fördern. Spenden jedoch sind bei Anerkennung der Gemeinnützigkeit stets abzugsfähig.

Nach § 50 EStDV sind für die Abzugsfähigkeit der Zuwendungen zwei **Zuwendungsnachweise** möglich:

- die **amtliche Zuwendungsbestätigung**;
- der **Bareinzahlungsbeleg oder die Buchungsbestätigung** eines Kreditinstituts. Diese ist allein jedoch nur ausreichend, wenn
  - die Zuwendung 200 EUR nicht übersteigt und an bestimmte Empfänger gezahlt wird, oder
  - die Zuwendung zur Hilfe in Katastrophenfällen auf ein eingerichtetes Sonderkonto eingezahlt worden ist.

Beiträge und Spenden an politische Parteien sind nach § 10b Abs. 2 EStG abziehbar, wenn die Partei bei Zufluss der Zuwendung als politische Partei i. S. d. PartG anzusehen ist (R 10b.2 EStR). Anlage 5 der EStR enthält ein Muster der Spendenbestätigung. Allerdings können nach § 10b Abs. 2 EStG die Beiträge und Spenden an politische Parteien (bis maximal **1.650 EUR bzw. 3.300 EUR bei Zusammenveranlagung)** nur insoweit als Sonderausgaben abgezogen werden, als für die nicht eine **Steuerermäßigung nach § 34g EStG gewährt** worden ist. Vorzugsweise wird demnach die Steuerermäßigung nach § 34g EStG i. H. v. 50 % der Ausgaben gewährt. Der maximale Abzug von der Steuer beträgt demnach 825 EUR, bei Zusammenveranlagung 1.650 EUR.

Gesetzestext (Auszug) §§ 10b, 34g EStG

§ 10b Steuerbegünstigte Zwecke

(1) [1]Zuwendungen (Spenden und Mitgliedsbeiträge) zur Förderung steuerbegünstigter Zwecke im Sinne der §§ 52 bis 54 der Abgabenordnung können insgesamt bis zu

1. *20 Prozent des Gesamtbetrags der Einkünfte oder*
2. *4 Promille der Summe der gesamten Umsätze und der im Kalenderjahr aufgewendeten Löhne und Gehälter*

als Sonderausgaben abgezogen werden. [2]Voraussetzung für den Abzug ist, dass diese Zuwendungen

1. *an eine juristische Person des öffentlichen Rechts oder an eine öffentliche Dienststelle, die in einem Mitgliedstaat der Europäischen Union oder in einem Staat belegen ist, auf den das Abkommen über den Europäischen Wirtschaftsraum (EWR-Abkommen) Anwendung findet, oder*
2. *an eine nach § 5 Absatz 1 Nummer 9 des Körperschaftsteuergesetzes steuerbefreite Körperschaft, Personenvereinigung oder Vermögensmasse oder*
3. *an eine Körperschaft, Personenvereinigung oder Vermögensmasse, die in einem Mitgliedstaat der Europäischen Union oder in einem Staat belegen ist, auf den das Abkommen über den Europäischen Wirtschaftsraum (EWR-Ab-*

kommen) Anwendung findet, und die nach § 5 Absatz 1 Nummer 9 des Körperschaftsteuergesetzes in Verbindung mit § 5 Absatz 2 Nummer 2 zweiter Halbsatz des Körperschaftsteuergesetzes steuerbefreit wäre, wenn sie inländische Einkünfte erzielen würde,

geleistet werden. [3]Für nicht im Inland ansässige Zuwendungsempfänger nach Satz 2 ist weitere Voraussetzung, dass durch diese Staaten Amtshilfe und Unterstützung bei der Beitreibung geleistet werden. [4]Amtshilfe ist der Auskunftsaustausch im Sinne oder entsprechend der Amtshilferichtlinie gemäß § 2 Absatz 2 des EU-Amtshilfegesetzes. [5]Beitreibung ist die gegenseitige Unterstützung bei der Beitreibung von Forderungen im Sinne oder entsprechend der Beitreibungsrichtlinie einschließlich der in diesem Zusammenhang anzuwendenden Durchführungsbestimmungen in den für den jeweiligen Veranlagungszeitraum geltenden Fassungen oder eines entsprechenden Nachfolgerechtsaktes. [6]Werden die steuerbegünstigten Zwecke des Zuwendungsempfängers im Sinne von Satz 2 Nummer 1 nur im Ausland verwirklicht, ist für den Sonderausgabenabzug Voraussetzung, dass natürliche Personen, die ihren Wohnsitz oder ihren gewöhnlichen Aufenthalt im Geltungsbereich dieses Gesetzes haben, gefördert werden oder dass die Tätigkeit dieses Zuwendungsempfängers neben der Verwirklichung der steuerbegünstigten Zwecke auch zum Ansehen der Bundesrepublik Deutschland beitragen kann. [7]Abziehbar sind auch Mitgliedsbeiträge an Körperschaften, die Kunst und Kultur gemäß § 52 Absatz 2 Satz 1 Nummer 5 der Abgabenordnung fördern, soweit es sich nicht um Mitgliedsbeiträge nach Satz 8 Nummer 2 handelt, auch wenn den Mitgliedern Vergünstigungen gewährt werden. [8]Nicht abziehbar sind Mitgliedsbeiträge an Körperschaften,

1. *die den Sport (§ 52 Absatz 2 Satz 1 Nummer 21 der Abgabenordnung),*
2. *die kulturelle Betätigungen, die in erster Linie der Freizeitgestaltung dienen,*
3. *die Heimatpflege und Heimatkunde (§ 52 Absatz 2 Satz 1 Nummer 22 der Abgabenordnung)*
4. *die Zwecke im Sinne des § 52 Absatz 2 Satz 1 Nummer 23 der Abgabenordnung*

fördern oder

5. *deren Zweck nach § 52 Absatz 2 Satz 2 der Abgabenordnung für gemeinnützig erklärt worden ist, weil deren Zweck die Allgemeinheit auf materiellem, geistigem oder sittlichem Gebiet entsprechend einem Zweck nach den Nummern 1 bis 4 fördert.*

[9]Abziehbare Zuwendungen, die die Höchstbeträge nach Satz 1 überschreiten oder die den um die Beträge nach § 10 Absatz 3 und 4, § 10c und § 10d verminderten Gesamtbetrag der Einkünfte übersteigen, sind im Rahmen der Höchstbeträge in den folgenden Veranlagungszeiträumen als Sonderausgaben abzuziehen. [10]§ 10d Absatz 4 gilt entsprechend.

(1a) [1]Spenden zur Förderung steuerbegünstigter Zwecke im Sinne der §§ 52 bis 54 der Abgabenordnung in das zu erhaltende Vermögen (Vermögensstock) einer Stiftung, welche die Voraussetzungen des Absatzes 1 Satz 2 bis 6 erfüllt, können

auf Antrag des Steuerpflichtigen im Veranlagungszeitraum der Zuwendung und in den folgenden neun Veranlagungszeiträumen bis zu einem Gesamtbetrag von 1 Million Euro, bei Ehegatten, die nach den §§ 26, 26b zusammen veranlagt werden, bis zu einem Gesamtbetrag von 2 Millionen Euro, zusätzlich zu den Höchstbeträgen nach Absatz 1 Satz 1 abgezogen werden. [2]Nicht abzugsfähig nach Satz 1 sind Spenden in das verbrauchbare Vermögen einer Stiftung. [3]Der besondere Abzugsbetrag nach Satz 1 bezieht sich auf den gesamten Zehnjahreszeitraum und kann der Höhe nach innerhalb dieses Zeitraums nur einmal in Anspruch genommen werden. [4]§ 10d Absatz 4 gilt entsprechend.

(2) [1]Zuwendungen an politische Parteien im Sinne des § 2 des Parteiengesetzes sind, sofern die jeweilige Partei nicht gemäß § 18 Absatz 7 des Parteiengesetzes von der staatlichen Teilfinanzierung ausgeschlossen ist, bis zur Höhe von insgesamt 1 650 Euro und im Fall der Zusammenveranlagung von Ehegatten bis zur Höhe von insgesamt 3 300 Euro im Kalenderjahr abzugsfähig. [2]Sie können nur insoweit als Sonderausgaben abgezogen werden, als für sie nicht eine Steuerermäßigung nach § 34g gewährt worden ist.

(3) [1]Als Zuwendung im Sinne dieser Vorschrift gilt auch die Zuwendung von Wirtschaftsgütern mit Ausnahme von Nutzungen und Leistungen. [2]Ist das Wirtschaftsgut unmittelbar vor seiner Zuwendung einem Betriebsvermögen entnommen worden, so bemisst sich die Zuwendungshöhe nach dem Wert, der bei der Entnahme angesetzt wurde und nach der Umsatzsteuer, die auf die Entnahme entfällt. [3]Ansonsten bestimmt sich die Höhe der Zuwendung nach dem gemeinen Wert des zugewendeten Wirtschaftsguts, wenn dessen Veräußerung im Zeitpunkt der Zuwendung keinen Besteuerungstatbestand erfüllen würde. [4]In allen übrigen Fällen dürfen bei der Ermittlung der Zuwendungshöhe die fortgeführten Anschaffungs- oder Herstellungskosten nur überschritten werden, soweit eine Gewinnrealisierung stattgefunden hat. [5]Aufwendungen zugunsten einer Körperschaft, die zum Empfang steuerlich abziehbarer Zuwendungen berechtigt ist, können nur abgezogen werden, wenn ein Anspruch auf die Erstattung der Aufwendungen durch Vertrag oder Satzung eingeräumt und auf die Erstattung verzichtet worden ist. [6]Der Anspruch darf nicht unter der Bedingung des Verzichts eingeräumt worden sein.

(4) [1]Der Steuerpflichtige darf auf die Richtigkeit der Bestätigung über Spenden und Mitgliedsbeiträge vertrauen, es sei denn, dass er die Bestätigung durch unlautere Mittel oder falsche Angaben erwirkt hat oder dass ihm die Unrichtigkeit der Bestätigung bekannt oder infolge grober Fahrlässigkeit nicht bekannt war. [2]Wer vorsätzlich oder grob fahrlässig eine unrichtige Bestätigung ausstellt oder veranlasst, dass Zuwendungen nicht zu den in der Bestätigung angegebenen steuerbegünstigten Zwecken verwendet werden, haftet für die entgangene Steuer. [3]Diese ist mit 30 Prozent des zugewendeten Betrags anzusetzen. [4]In den Fällen des Satzes 2 zweite Alternative (Veranlasserhaftung) ist vorrangig der Zuwendungsempfänger in Anspruch zu nehmen; die in diesen Fällen für den Zuwendungsempfänger handelnden natürlichen Personen sind nur in Anspruch zu nehmen, wenn die entgangene Steuer nicht nach § 47 der Abgabenordnung erloschen ist und Vollstreckungsmaßnahmen gegen den Zuwendungsempfänger nicht erfolgreich sind. [5]Die Festsetzungsfrist für Haftungsansprüche nach Satz 2 läuft nicht ab, solange die

Festsetzungsfrist für von dem Empfänger der Zuwendung geschuldete Körperschaftsteuer für den Veranlagungszeitraum nicht abgelaufen ist, in dem die unrichtige Bestätigung ausgestellt worden ist oder veranlasst wurde, dass die Zuwendung nicht zu den in der Bestätigung angegebenen steuerbegünstigten Zwecken verwendet worden ist; § 191 Absatz 5 der Abgabenordnung ist nicht anzuwenden.

§ 34g EStG

[1]Die tarifliche Einkommensteuer, vermindert um die sonstigen Steuerermäßigungen mit Ausnahme des § 34f Absatz 3, ermäßigt sich bei Zuwendungen an

1. *politische Parteien im Sinne des § 2 des Parteiengesetzes, sofern die jeweilige Partei nicht gemäß § 18 Absatz 7 des Parteiengesetzes von der staatlichen Teilfinanzierung ausgeschlossen ist, und*
2. *Vereine ohne Parteicharakter, wenn*

   a) der Zweck des Vereins ausschließlich darauf gerichtet ist, durch Teilnahme mit eigenen Wahlvorschlägen an Wahlen auf Bundes-, Landes- oder Kommunalebene bei der politischen Willensbildung mitzuwirken, und

   b) der Verein auf Bundes-, Landes- oder Kommunalebene bei der jeweils letzten Wahl wenigstens ein Mandat errungen oder der zuständigen Wahlbehörde oder dem zuständigen Wahlorgan angezeigt hat, dass er mit eigenen Wahlvorschlägen auf Bundes-, Landes- oder Kommunalebene an der jeweils nächsten Wahl teilnehmen will.

   [2]Nimmt der Verein an der jeweils nächsten Wahl nicht teil, wird die Ermäßigung nur für die bis zum Wahltag an ihn geleisteten Beiträge und Spenden gewährt. [3]Die Ermäßigung für Beiträge und Spenden an den Verein wird erst wieder gewährt, wenn er sich mit eigenen Wahlvorschlägen an einer Wahl beteiligt hat. [4]Die Ermäßigung wird in diesem Fall nur für Beiträge und Spenden gewährt, die nach Beginn des Jahres, in dem die Wahl stattfindet, geleistet werden.

[2]Die Ermäßigung beträgt 50 Prozent der Ausgaben, höchstens jeweils 825 Euro für Ausgaben nach den Nummern 1 und 2, im Fall der Zusammenveranlagung von Ehegatten höchstens jeweils 1 650 Euro. [3]§ 10b Absatz 3 und 4 gilt entsprechend.

4.9 Außergewöhnliche Belastung

Sofern einem Steuerpflichtigen zwangsläufig größere Aufwendungen als der überwiegenden Mehrzahl der Stpfl. entstehen, wie z. B. durch Krankheitskosten, Unfallkosten, Kosten der Ehescheidung, Kosten bei Sterbefällen (wenn kein Erbvermögen vorhanden ist), kann der Steuerpflichtige diese Kosten als außergewöhnliche Belastungen geltend machen. Die Gründe für die Ausgaben müssen nach der im Gesetz selbst vorgenommenen Definition für die Zwangsläufigkeit rechtlicher, tatsächlicher oder sittlicher Art sein. Absetzbar ist nur der Teil der Aufwendungen, der die zumutbare Eigenbelastung übersteigt. Diese betragen gestaffelt nach den persönlichen Lebensverhältnissen 1 bis 7 % des Gesamtbetrags der Einkünfte. Zu den Nachweispflichten vgl. § 64 EStDV.

Zumutbare Belastung

Gesamtbetrag der Einkünfte	**bis 15.340 EUR**	**bis 51.130 EUR**	**über 51.130 EUR**
1. bei Stpfl., die keine Kinder haben u. bei denen die ESt zu berechnen ist			
a) nach § 32a Abs. 1 EStG	5 %	6 %	7 %
b) nach § 32a Abs. 5 oder 6 EStG (Splittingverfahren)	4 %	5 %	6 %
2. bei Steuerpflichtigen mit			
a) 1 Kind oder 2 Kindern	2 %	3 %	4 %
b) 3 oder mehr Kindern	1 %	1 %	2 %

Durch das Steuervereinfachungsgesetz 2011 entfällt durch Aufhebung des § 2 Abs. 5b Satz 2 Nr. 2 EStG die Einbeziehung der der Abgeltungsteuer unterliegenden Einkünfte in die Ermittlung der zumutbaren Belastung.

Beispiel:

Bisher: Arbeitslohn 40.000 EUR, ledig, keine Kinder = zumutbare Eigenbelastung: 2.340 EUR (40.000 EUR – 1.000 EUR Werbungskosten = Gesamtbetrag der Einkünfte x 6 %).

Durch BFH-Urteil vom 19.1.2017 (VI R 75/14, Haufe Steuer Office Gold online HI10490223) gilt das **Stufenmodell:**

1. Stufe: 15.340 EUR x 2 % = 306,80 EUR

2. Stufe: 51.130 EUR – 15.340 EUR = 35.790 EUR

für das Einkommen 39.000 EUR – 15.340 EUR = 23.660 EUR;

23.660 EUR x 3 % = 709,80 EUR

zumutbare Belastung (gerundet): 1.016,00 EUR

Gesetzestext (Auszug) § 33 EStG

§ 33 Außergewöhnliche Belastungen

(1) [1]Erwachsen einem Steuerpflichtigen zwangsläufig größere Aufwendungen als der überwiegenden Mehrzahl der Steuerpflichtigen gleicher Einkommensverhältnisse, gleicher Vermögensverhältnisse und gleichen Familienstands (außergewöhnliche Belastung), so wird auf Antrag die Einkommensteuer dadurch ermäßigt, dass der Teil der Aufwendungen, der die dem Steuerpflichtigen zumutbare Belastung (Absatz 3) übersteigt, vom Gesamtbetrag der Einkünfte abgezogen wird.

(2) [1]Aufwendungen erwachsen dem Steuerpflichtigen zwangsläufig, wenn er sich ihnen aus rechtlichen, tatsächlichen oder sittlichen Gründen nicht entziehen kann und soweit die Aufwendungen den Umständen nach notwendig sind und einen angemessenen Betrag nicht übersteigen. [2]Aufwendungen, die zu den Betriebsausgaben, Werbungskosten oder Sonderausgaben gehören, bleiben dabei außer Betracht; das gilt für Aufwendungen im Sinne des § 10 Absatz 1 Nummer 7 und 9 nur insoweit, als sie als Sonderausgaben abgezogen werden können. [3]Aufwendungen, die durch Diätverpflegung entstehen, können nicht als außergewöhnliche Belastung berücksichtigt werden. [4]Aufwendungen für die Führung eines Rechtsstreits (Prozesskosten) sind vom Abzug ausgeschlossen, es sei denn, es handelt sich um Aufwendungen ohne die der Steuerpflichtige Gefahr liefe, seine Existenzgrundlage zu verlieren und seine lebensnotwendigen Bedürfnisse in dem üblichen Rahmen nicht mehr befriedigen zu können.

(2a) [1]Abweichend von Absatz 1 wird für Aufwendungen für durch eine Behinderung veranlasste Fahrten nur eine Pauschale gewährt (behinderungsbedingte Fahrtkostenpauschale). [2]Die Pauschale erhalten:

1. *Menschen mit einem Grad der Behinderung von mindestens 80 oder mit einem Grad der Behinderung von mindestens 70 und dem Merkzeichen „G“,*
2. *Menschen mit dem Merkzeichen „aG“, mit dem Merkzeichen „Bl“, mit dem Merkzeichen „TBl“ oder mit dem Merkzeichen „H“.*

[3]Bei Erfüllung der Anspruchsvoraussetzungen nach Satz 2 Nummer 1 beträgt die Pauschale 900 Euro. [4]Bei Erfüllung der Anspruchsvoraussetzungen nach Satz 2 Nummer 2 beträgt die Pauschale 4 500 Euro. [5]In diesem Fall kann die Pauschale nach Satz 3 nicht zusätzlich in Anspruch genommen werden. [6]Über die Fahrtkostenpauschale nach Satz 1 hinaus sind keine weiteren behinderungsbedingten Fahrtkosten als außergewöhnliche Belastung nach Absatz 1 berücksichtigungsfähig. [7]Die Pauschale ist bei der Ermittlung des Teils der Aufwendungen im Sinne des Absatzes 1, der die zumutbare Belastung übersteigt, einzubeziehen. [8]Sie kann auch gewährt werden, wenn ein Behinderten-Pauschbetrag nach § 33b Absatz 5 übertragen wurde. [9]§ 33b Absatz 5 ist entsprechend anzuwenden.

(3) [1]Die zumutbare Belastung beträgt [...].

[2]Als Kinder des Steuerpflichtigen zählen die, für die er Anspruch auf einen Freibetrag nach § 32 Abs. 6 oder auf Kindergeld hat.

(4) Die Bundesregierung wird ermächtigt, durch Rechtsverordnung mit Zustimmung des Bundesrates die Einzelheiten des Nachweises von Aufwendungen nach Absatz 1 und der Anspruchsvoraussetzung nach Absatz 2a zu bestimmen.

Der Umfang der abzugsfähigen Ausgaben ist beträchtlich.

4.9.1 Unterhaltsaufwendungen, § 33a EStG

Unterhaltsaufwendungen für eine dem Stpfl. oder seinem Ehegatten gegenüber gesetzlich unterhaltsberechtigte Person sind gem. § 33a Abs. 1 EStG als außergewöhnliche Belastung abzugsfähig. Gesetzlich unterhaltsberechtigt sind Personen, denen gegenüber der Stpfl. nach dem Zivilrecht (§ 1602 BGB) unterhaltsverpflichtet ist. Dies sind gem. § 1601 BGB u. a. Verwandte in gerader Linie (Kinder, Enkel, Eltern). Unterhaltsberechtigt ist gem. § 1602 Abs. 1 BGB allerdings nur, wer außer Stande ist, sich selbst zu unterhalten. Insgesamt können Stpfl. in Höhe des Grundfreibetrages von 11.604 EUR (2023 10.908 EUR, 2022 10.347 EUR) für jede unterhaltsberechtigte Person im Kalenderjahr vom Gesamtbetrag der Einkünfte abgezogen werden. Dieser Betrag erhöht sich um die für die unterhaltene Person aufgewendeten Beträge für die Kranken- und Pflegeversicherung, soweit diese nicht nach § 10 Abs. 1 EStG anzusetzen sind (Erhöhungsbetrag).

Liegen bei der unterhaltenen Person Einkünfte und Bezüge von mehr als 624 EUR im Kalenderjahr vor, vermindert sich der obige Höchstbetrag und Erhöhungsbetrag entsprechend.

Voraussetzung ist, dass weder der Stpfl. noch eine andere Person Anspruch auf Kinderfreibetrag oder Kindergeld für die unterhaltene Person hat. Für jeden Kalendermonat, in dem die Verhältnisse nicht vorgelegen haben, ermäßigen sich die Beträge um je ein Zwölftel. Zur Abgeltung des Sonderbedarfs (Berufsausbildung auswärig untergebracht) kann ein Freibetrag von 1.200 EUR (2022 = 924 EUR) abgezogen werden.

Gesetzestext (Auszug) § 33a EStG

§ 33a Außergewöhnliche Belastung in besonderen Fällen

(1) [1]Erwachsen einem Steuerpflichtigen Aufwendungen für den Unterhalt und eine etwaige Berufsausbildung einer dem Steuerpflichtigen oder seinem Ehegatten gegenüber gesetzlich unterhaltsberechtigten Person, so wird auf Antrag die Einkommensteuer dadurch ermäßigt, dass die Aufwendungen bis zur Höhe des Grundfreibetrags nach § 32a Absatz 1 Satz 2 Nummer 1 im Kalenderjahr vom Gesamtbetrag der Einkünfte abgezogen werden. [2]Der Höchstbetrag nach Satz 1 erhöht sich um den Betrag der im jeweiligen Veranlagungszeitraum nach § 10 Absatz 1 Nummer 3 für die Absicherung der unterhaltsberechtigten Person aufgewandten Beiträge; dies gilt nicht für Kranken- und Pflegeversicherungsbeiträge, die bereits nach § 10 Absatz 1 Nummer 3 Satz 1 anzusetzen sind. [3]Der gesetzlich unterhaltsberechtigten Person gleichgestellt ist eine Person, wenn bei ihr zum Unterhalt bestimmte inländische öffentliche Mittel mit Rücksicht auf die Unterhaltsleistungen des Steuerpflichtigen gekürzt werden. [4]Voraussetzung ist, dass weder der Steuerpflichtige noch eine andere Person Anspruch auf einen

Freibetrag nach § 32 Absatz 6 oder auf Kindergeld für die unterhaltene Person hat und die unterhaltene Person kein oder nur ein geringes Vermögen besitzt; ein angemessenes Hausgrundstück im Sinne von § 90 Absatz 2 Nummer 8 des Zwölften Buches Sozialgesetzbuch bleibt unberücksichtigt. [5]Hat die unterhaltene Person andere Einkünfte oder Bezüge, so vermindert sich die Summe der nach Satz 1 und Satz 2 ermittelten Beträge um den Betrag, um den diese Einkünfte und Bezüge den Betrag von 624 Euro im Kalenderjahr übersteigen, sowie um die von der unterhaltenen Person als Ausbildungshilfe aus öffentlichen Mitteln oder von Förderungseinrichtungen, die hierfür öffentliche Mittel erhalten, bezogenen Zuschüsse; zu den Bezügen gehören auch steuerfreie Gewinne nach den §§ 14, 16 Absatz 4, § 17 Absatz 3 und § 18 Absatz 3, die nach § 19 Absatz 2 steuerfrei bleibenden Einkünfte sowie Sonderabschreibungen und erhöhte Absetzungen, soweit sie die höchstmöglichen Absetzungen für Abnutzung nach § 7 übersteigen. [6]Ist die unterhaltene Person nicht unbeschränkt einkommensteuerpflichtig, so können die Aufwendungen nur abgezogen werden, soweit sie nach den Verhältnissen des Wohnsitzstaates der unterhaltenen Person notwendig und angemessen sind, höchstens jedoch der Betrag, der sich nach den Sätzen 1 bis 5 ergibt; ob der Steuerpflichtige zum Unterhalt gesetzlich verpflichtet ist, ist nach inländischen Maßstäben zu beurteilen. [7]Werden die Aufwendungen für eine unterhaltene Person von mehreren Steuerpflichtigen getragen, so wird bei jedem der Teil des sich hiernach ergebenden Betrags abgezogen, der seinem Anteil am Gesamtbetrag der Leistungen entspricht. [8]Nicht auf Euro lautende Beträge sind entsprechend dem für Ende September des Jahres vor dem Veranlagungszeitraum von der Europäischen Zentralbank bekannt gegebenen Referenzkurs umzurechnen. [9]Voraussetzung für den Abzug der Aufwendungen ist die Angabe der erteilten Identifikationsnummer (§ 139b der Abgabenordnung) der unterhaltenen Person in der Steuererklärung des Unterhaltsleistenden, wenn die unterhaltene Person der unbeschränkten oder beschränkten Steuerpflicht unterliegt. [10]Die unterhaltene Person ist für diese Zwecke verpflichtet, dem Unterhaltsleistenden ihre erteilte Identifikationsnummer (§ 139b der Abgabenordnung) mitzuteilen. [11]Kommt die unterhaltene Person dieser Verpflichtung nicht nach, ist der Unterhaltsleistende berechtigt, bei der für ihn zuständigen Finanzbehörde die Identifikationsnummer der unterhaltenen Person zu erfragen.

4.9.2 Ausbildungsfreibetrag, § 33a Abs. 2 EStG

Für Kinder über 18 Jahre bei auswärtiger Unterbringung 1.200 EUR (bis 2022: 924 EUR).

Voraussetzungen:

- Kind muss **volljährig** sein,
- sich in **Berufsausbildung** befinden,
- **auswärts untergebracht** sein und
- **es muss Anspruch auf Kindergeld oder Kinderfreibetrag** bestehen.

Einkünfte und Bezüge des Kindes werden seit 2012 nicht mehr angerechnet. Mit dem Freibetrag sind sämtliche Aufwendungen für die Ausbildung abgegolten. Für jeden

Kalendermonat, in dem die Verhältnisse nicht vorgelegen haben, ermäßigen sich die Beträge um je ein Zwölftel und ist auf einen vollen Euro-Betrag aufzurunden.

Für Schulgelder nach § 10 Abs. 1 Nr. 9 EStG kommt ein zusätzlicher Sonderausgabenabzug in Betracht. Krankheitskosten können neben dem Ausbildungsfreibetrag nach § 33 EStG als allgemeine außergewöhnliche Belastungen abgezogen werden.

Bei ausländischen Einkünften der Kinder gilt Folgendes:

(Berücksichtigung ausländischer Verhältnisse vgl. BMF-Schreiben v. 11.11.2020, BStBl I 2020, S. 1212, IV C 8 – S 2285/19/10001 :002 – 2020/1145114, ab 1.1.2024: BMF-Schreiben v. 18.12.2023, IV D 5 – S 2285/19/100001 :004)

Die Beträge des § 1 Abs. 3 Satz 2, des § 10 Abs. 1 Nr. 5 Satz 3, des § 32 Abs. 6 Satz 4, des § 33a Abs. 1 Satz 6 und Abs. 2 Satz 2 EStG sind ab dem Veranlagungszeitraum 2021 wie folgt anzusetzen:

1. In voller Höhe

Amerikanische Jungferninseln
Andorra
Australien
Bahamas (bis 2023)
Belgien
Bermuda
Britische Jungferninseln
Brunei Darussalam (bis 2023)
Dänemark
Färöer
Finnland
Frankreich
Gibraltar
Grönland
Guam
Hongkong
Insel Man
Irland
Island
Israel
Italien
Japan
Kaimaninseln
Kanada
Kanalinseln
Katar
Korea, Republik
Kuwait
Liechtenstein
Luxemburg
Macau
Malta (ab 2024)
Monaco
Neukaledonien
Neuseeland
Niederlande
Norwegen
Österreich
Palästinensische Gebiete
San Marino
Schweden
Schweiz
Singapur
Spanien (bis 2023)
Taiwan
Vatikanstadt
Vereinigte Arabische Emirate
Vereinigte Staaten
Vereinigtes Königreich

2. mit 3/4

Antigua und Barbuda
Aruba
Bahamas (ab 2024)
Bahrain
Barbados
Brunei Darussalam (ab 2024)
Chile (bis 2023)
Cookinseln
Curaçao
Estland
Französisch-Polynesien
Griechenland
Kroatien
Lettland
Litauen
Nauru (ab 2024)
Malta (bis 2023)
Nördliche Marianen
Oman
Palau (bis 2023)
Panama
Polen
Portugal
Puerto Rico
Saudi-Arabien
Seychellen (bis 2023)
Slowakei
Slowenien
Spanien (ab 2024)
St. Kitts und Nevis
St. Martin (französischer Teil)
St. Martin (niederländischer Teil)
Trinidad und Tobago
Tschechien
Turks- und Caicosinseln
Ungarn
Uruguay
Zypern

3. mit 1/2

Albanien
Amerikanisch-Samoa
Äquatorialguinea (bis 2023)
Argentinien
Armenien (ab 2024)
Aserbaidschan (ab 2024)
Belize (ab 2024)
Bosnien und Herzegowina
Botsuana
Brasilien
Bulgarien
Chile (ab 2024)
China
Costa Rica
Dominica
Dominikanische Republik
Ecuador
Fidschi (bis 2023)
Gabun
Georgien (ab 2024)
Grenada
Guatemala (ab 2024)
Guyana
Irak (bis 2023)
Iran, Islamische Republik (bis 2023)
Jamaika
Kasachstan
Kolumbien
Kosovo (ab 2024)
Kuba
Libanon (bis 2023)
Libyen
Malaysia
Malediven
Marshallinseln
Mauritius
Mexiko
Moldau, Republik (ab 2024)
Montenegro
Namibia (bis 2023)
Nauru (bis 2023)
Niue
Nordmazedonien
Palau (ab 2024)
Paraguay
Peru
Rumänien

Russische Föderation
Serbien
Seychellen (ab 2024)
St. Lucia
St. Vincent und die Grenadinen
Südafrika
Suriname (bis 2023)
Thailand
Türkei
Turkmenistan
Tuvalu
Venezuela, Bolivarische Republik (bis 2023)
Weißrussland/Belarus

4. mit 1/4

Afghanistan
Ägypten
Algerien
Angola
Äquatorialguinea (ab 2024)
Armenien (bis 2023)
Aserbaidschan (bis 2023)
Äthiopien
Bangladesch
Belize (bis 2023)
Benin
Bhutan
Bolivien, plurinationaler Staat
Burkina Faso
Burundi
Cabo Verde
Côte d'Ivoire/ Elfenbeinküste
Dschibuti
El Salvador
Eritrea
Eswatini
Fidschi (ab 2024)
Gambia
Georgien (bis 2023)
Ghana
Guatemala (bis 2023)
Guinea
Guinea-Bissau
Haiti
Honduras
Indien
Indonesien
Irak (ab 2024)
Iran, Islamische Republik (ab 2024)
Jemen
Jordanien
Kambodscha
Kamerun
Kenia
Kirgisistan
Kiribati
Komoren
Kongo
Kongo, Demokratische Republik
Korea, Demokratische Volksrepublik
Kosovo (bis 2023)
Laos, Demokratische Volksrepublik
Lesotho
Libanon (ab 2024)
Liberia
Madagaskar
Malawi
Mali
Marokko (einschl. Westsahara)
Mauretanien
Mikronesien, Föderierte Staaten von
Moldau, Republik (bis 2023)
Mongolei
Mosambik
Myanmar
Namibia (ab 2024)
Nepal
Nicaragua
Niger
Nigeria
Pakistan
Papua-Neuguinea
Philippinen

Ruanda
Salomonen
Sambia
Samoa
São Tomé und Principe
Senegal
Sierra Leone
Simbabwe
Somalia
Sri Lanka
Sudan
Südsudan
Suriname (ab 2024)
Syrien, Arabische Republik
Tadschikistan
Tansania, Vereinigte Republik
Timor-Leste
Togo
Tonga
Tschad
Tunesien
Uganda
Ukraine
Usbekistan
Vanuatu
Venezuela, Bolivarische Republik (ab 2024)
Vietnam
Zentralafrikanische Republik

4.9.3 Behinderten-Pauschbetrag, § 33b EStG

Wegen der Aufwendungen für die Hilfe bei gewöhnlichen und regelmäßig wiederkehrenden Verrichtungen des täglichen Lebens, für die Pflege sowie für einen erhöhten Wäschebedarf können behinderte Menschen anstelle der Steuerermäßigung nach § 33 EStG einen Pauschbetrag (Behinderten-Pauschbetrag nach § 33b Abs. 3 EStG) in Anspruch nehmen. Das Wahlrecht ist für jeden Veranlagungszeitraum einheitlich auszuüben. Die selbst getragenen Aufwendungen für häusliche Intensiv- und Behandlungspflege sind neben dem Behindertenpauschbetrag nach § 33 EStG abzugsfähig (FinMin Schleswig-Holstein, Erlass v. 29.10.2014, VI 3012 – S 2284 – 107). Wird die Behinderung mit Rückwirkung festgestellt, ist eine Änderung des Steuerbescheides nach § 175 AO möglich (vgl. AEAO zu § 175 AO, 1.1).

Der Pauschbetrag richtet sich nach dem dauernden Grad der Behinderung und wird gewährt bei einem Grad der Behinderung von

Mind. 20 % ab VZ 2021	384 EUR
Mind. 30 % (bis VZ 2020 25 und 30 % = 310 EUR)	620 EUR
Mind. 40 % (bis VZ 2020 35 und 40 % = 430 EUR)	860 EUR
Mind. 50 % (bis VZ 2020 45 und 50 % = 570 EUR)	1.140 EUR
Mind. 60 % (bis VZ 2020 55 und 60 % = 720 EUR)	1.440 EUR
Mind. 70 % (bis VZ 2020 65 und 70 % = 890 EUR)	1.780 EUR
Mind. 80 % (bis VZ 2020 75 und 80 % = 1.060 EUR)	2.120 EUR
Mind. 90 % (bis VZ 2020 85 und 90 % = 1.230 EUR)	2.460 EUR
100 % (bis VZ 2020 95 und 100 % = 1.420 EUR)	2.840 EUR
Blinde u. hilflose behinderte Menschen (bis VZ 2020 = 3.700 EUR)	7.400 EUR

Im Falle der Ehegattenzusammenveranlagung Behinderter steht der Pauschbetrag ggf. zweimal zu. Steht der Pauschbetrag einem Kind zu, für das der Stpfl. Anspruch auf einen Freibetrag oder Kindergeld hat, so kann der Pauschbetrag **auf Antrag** auf den Stpfl. übertragen werden. Alle übrigen behinderungsbedingten Aufwendungen können als außergewöhnliche Belastung gem. § 33 EStG geltend gemacht werden.

Den **Hinterbliebenen-Pauschbetrag** nach § 33b Abs. 4 EStG i. H. v. **370 EUR** erhalten auf Antrag Personen, denen laufende Hinterbliebenenbezüge bewilligt worden sind. Die Übertragung des Pauschbetrages ist wie beim Behindertenpauschbetrag möglich.

Gesetzestext (Auszug) § 33b EStG

§ 33b Pauschbeträge für behinderte Menschen, Hinterbliebene und Pflegepersonen

(1) [1]Wegen der Aufwendungen für die Hilfe bei den gewöhnlichen und regelmäßig wiederkehrenden Verrichtungen des täglichen Lebens, für die Pflege sowie für einen erhöhten Wäschebedarf können Menschen mit Behinderungen unter den Voraussetzungen des Absatzes 2 anstelle einer Steuerermäßigung nach § 33 einen Pauschbetrag nach Absatz 3 geltend machen (Behinderten-Pauschbetrag). [2]Das Wahlrecht kann für die genannten Aufwendungen im jeweiligen Veranlagungszeitraum nur einheitlich ausgeübt werden.

(2) Einen Pauschbetrag erhalten Menschen, deren Grad der Behinderung auf mindestens 20 festgestellt ist, sowie Menschen, die hilflos im Sinne des Absatzes 3 Satz 4 sind.

(3) [1]Die Höhe des Pauschbetrags nach Satz 2 richtet sich nach dem dauernden Grad der Behinderung. [2]Als Pauschbetrag werden gewährt bei einem Grad der Behinderung von mindestens:

20	*384 Euro,*
30	*620 Euro,*
40	*860 Euro,*
50	*1 140 Euro,*
60	*1 440 Euro,*
70	*1 780 Euro,*
80	*2 120 Euro,*
90	*2 460 Euro,*
100	*2 840 Euro.*

[3]Menschen, die hilflos im Sinne des Satzes 4 sind, Blinde und Taubblinde erhalten einen Pauschbetrag von 7.400 Euro; in diesem Fall kann der Pauschbetrag nach Satz 2 nicht zusätzlich in Anspruch genommen werden. [4]Hilflos ist eine Person, wenn sie für eine Reihe von häufig und regelmäßig wiederkehrenden Verrichtungen zur Sicherung ihrer persönlichen Existenz im Ablauf eines jeden Tages fremder Hilfe dauernd bedarf. [5]Diese Voraussetzungen sind auch erfüllt, wenn die Hilfe

in Form einer Überwachung oder einer Anleitung zu den in Satz 4 genannten Verrichtungen erforderlich ist oder wenn die Hilfe zwar nicht dauernd geleistet werden muss, jedoch eine ständige Bereitschaft zur Hilfeleistung erforderlich ist.

(4) [1]Personen, denen laufende Hinterbliebenenbezüge bewilligt worden sind, erhalten auf Antrag einen Pauschbetrag von 370 Euro (Hinterbliebenen-Pauschbetrag), wenn die Hinterbliebenenbezüge geleistet werden

1. *nach dem Bundesversorgungsgesetz oder einem anderen Gesetz, das die Vorschriften des Bundesversorgungsgesetzes über Hinterbliebenenbezüge für entsprechend anwendbar erklärt, oder*
2. *nach den Vorschriften über die gesetzliche Unfallversicherung oder*
3. *nach den beamtenrechtlichen Vorschriften an Hinterbliebene eines an den Folgen eines Dienstunfalls verstorbenen Beamten oder*
4. *nach den Vorschriften des Bundesentschädigungsgesetzes über die Entschädigung für Schäden an Leben, Körper oder Gesundheit.*

[2]Der Pauschbetrag wird auch dann gewährt, wenn das Recht auf die Bezüge ruht oder der Anspruch auf die Bezüge durch Zahlung eines Kapitals abgefunden worden ist.

(5) [1]Steht der Behinderten-Pauschbetrag oder der Hinterbliebenen-Pauschbetrag einem Kind zu, für das der Steuerpflichtige Anspruch auf einen Freibetrag nach § 32 Absatz 6 oder auf Kindergeld hat, so wird der Pauschbetrag auf Antrag auf den Steuerpflichtigen übertragen, wenn ihn das Kind nicht in Anspruch nimmt. [2]Dabei ist der Pauschbetrag grundsätzlich auf beide Elternteile je zur Hälfte aufzuteilen, es sei denn, der Kinderfreibetrag wurde auf den anderen Elternteil übertragen. [3]Auf gemeinsamen Antrag der Eltern ist eine andere Aufteilung möglich. [4]In diesen Fällen besteht für Aufwendungen, für die der Behinderten-Pauschbetrag gilt, kein Anspruch auf eine Steuerermäßigung nach § 33. [5]Voraussetzung für die Übertragung nach Satz 1 ist die Angabe der erteilten Identifikationsnummer (§ 139b der Abgabenordnung) des Kindes in der Einkommensteuererklärung des Steuerpflichtigen.

(6) [1]Wegen der außergewöhnlichen Belastungen, die einem Steuerpflichtigen durch die Pflege einer Person erwachsen, kann er anstelle einer Steuerermäßigung nach § 33 einen Pauschbetrag geltend machen (Pflege-Pauschbetrag), wenn er dafür keine Einnahmen im Kalenderjahr erhält und der Steuerpflichtige die Pflege entweder in seiner Wohnung oder in der Wohnung des Pflegebedürftigen persönlich durchführt und diese Wohnung in einem Mitgliedstaat der Europäischen Union oder in einem Staat gelegen ist, auf den das Abkommen über den Europäischen Wirtschaftsraum anzuwenden ist. [2]Zu den Einnahmen nach Satz 1 zählt unabhängig von der Verwendung nicht das von den Eltern eines Kindes mit Behinderungen für dieses Kind empfangene Pflegegeld. [3]Als Pflege-Pauschbetrag wird gewährt:

1. *bei Pflegegrad 2 — 600 Euro,*
2. *bei Pflegegrad 3 — 1 100 Euro,*

3. bei Pflegegrad 4 oder 5 1 800 Euro.

[4]Ein Pflege-Pauschbetrag nach Satz 3 Nummer 3 wird auch gewährt, wenn die gepflegte Person hilflos im Sinne des § 33b Absatz 3 Satz 4 ist. [5]Bei erstmaliger Feststellung, Änderung oder Wegfall des Pflegegrads im Laufe des Kalenderjahres ist der Pflege-Pauschbetrag nach dem höchsten Grad zu gewähren, der im Kalenderjahr festgestellt war. [6]Gleiches gilt, wenn die Person die Voraussetzungen nach Satz 4 erfüllt. [7]Sind die Voraussetzungen nach Satz 4 erfüllt, kann der Pauschbetrag nach Satz 3 Nummer 1 und 2 nicht zusätzlich in Anspruch genommen werden. [8]Voraussetzung für die Gewährung des Pflege-Pauschbetrags ist die Angabe der erteilten Identifikationsnummer (§ 139b der Abgabenordnung) der gepflegten Person in der Einkommensteuererklärung des Steuerpflichtigen. [9]Wird ein Pflegebedürftiger von mehreren Steuerpflichtigen im Veranlagungszeitraum gepflegt, wird der Pflege-Pauschbetrag nach der Zahl der Pflegepersonen, bei denen die Voraussetzungen der Sätze 1 bis 4 vorliegen, geteilt.

(7) Die Bundesregierung wird ermächtigt, durch Rechtsverordnung mit Zustimmung des Bundesrates zu bestimmen, wie nachzuweisen ist, dass die Voraussetzungen für die Inanspruchnahme der Pauschbeträge vorliegen.

(8) Die Vorschrift des § 33b Absatz 6 ist ab Ende des Kalenderjahres 2026 zu evaluieren.

4.10 Freibeträge für Kinder

Der **Kinderfreibetrag beträgt (jährlich) 3.192 EUR/6.384EUR** (2023 3.012 EUR, 2022 2.810 EUR), der **Betreuungsfreibetrag 1.464 EUR/2.928 EUR (2020 1.320 EUR)** (§ 32 Abs. 6 Satz 1 EStG). Für jeden Kalendermonat, in dem die Voraussetzungen für einen Freibetrag nicht vorliegen, ermäßigen sich die dort genannten Beträge um ein Zwölftel.

Voraussetzungen:

- Kinder i. S. d. § 32 Abs. 1 bis Abs. 5 EStG;
- Eltern sind unbeschränkt steuerpflichtig.

Unter folgenden Bedingungen verdoppeln sich die Freibeträge:

- bei Zusammenveranlagung der Ehegatten;
- wenn der andere Elternteil verstorben oder nicht unbeschränkt einkommensteuerpflichtig ist;
- der Aufenthalt des anderen Elternteils nicht zu ermitteln ist;
- der Vater des Kindes amtlich nicht feststellbar ist;
- wenn der Stpfl. allein das Kind angenommen hat oder das Kind nur zu ihm in einem Pflegekindschaftsverhältnis steht.

Auf **Antrag** eines Elternteils kann der Kinderfreibetrag gem. § 32 Abs. 6 Satz 6 EStG **auf den anderen Elternteil übertragen** werden, wenn dieser, nicht jedoch der andere Elternteil, **seiner Unterhaltspflicht gegenüber dem Kind für das Kalenderjahr im Wesentlichen nachkommt (75%-Grenze).**

Gesetzestext (Auszug) § 32 EStG

§ 32 Kinder, Freibeträge für Kinder

(1) Kinder sind

1. *im ersten Grad mit dem Steuerpflichtigen verwandte Kinder,*
2. *Pflegekinder (Personen, mit denen der Steuerpflichtige durch ein familienähnliches, auf längere Dauer berechnetes Band verbunden ist, sofern er sie nicht zu Erwerbszwecken in seinen Haushalt aufgenommen hat und das Obhuts- und Pflegeverhältnis zu den Eltern nicht mehr besteht).*

(2) [1]Besteht bei einem angenommenen Kind das Kindschaftsverhältnis zu den leiblichen Eltern weiter, ist es vorrangig als angenommenes Kind zu berücksichtigen. [2]Ist ein im ersten Grad mit dem Steuerpflichtigen verwandtes Kind zugleich ein Pflegekind, ist es vorrangig als Pflegekind zu berücksichtigen.

(3) Ein Kind wird in dem Kalendermonat, in dem es lebend geboren wurde, und in jedem folgenden Kalendermonat, zu dessen Beginn es das 18. Lebensjahr noch nicht vollendet hat, berücksichtigt.

(4) [1]Ein Kind, das das 18. Lebensjahr vollendet hat, wird berücksichtigt, wenn es

1. *noch nicht das 21. Lebensjahr vollendet hat, nicht in einem Beschäftigungsverhältnis steht und bei einer Agentur für Arbeit im Inland als Arbeitsuchender gemeldet ist oder*
2. *noch nicht das 25. Lebensjahr vollendet hat und*

   a) für einen Beruf ausgebildet wird oder

   b) sich in einer Übergangszeit von höchstens vier Monaten befindet, die zwischen zwei Ausbildungsabschnitten oder zwischen einem Ausbildungsabschnitt und der Ableistung des gesetzlichen Wehr- oder Zivildienstes, einer vom Wehr- oder Zivildienst befreienden Tätigkeit als Entwicklungshelfer oder als Dienstleistender im Ausland nach § 14b des Zivildienstgesetzes oder der Ableistung des freiwilligen Wehrdienstes nach § 58b des Soldatengesetzes oder der Ableistung eines freiwilligen Dienstes im Sinne des Buchstaben d liegt, oder

   c) eine Berufsausbildung mangels Ausbildungsplatzes nicht beginnen oder fortsetzen kann oder

   d) einen der folgenden freiwilligen Dienste leistet:

   aa) ein freiwilliges soziales Jahr im Sinne des Jugendfreiwilligendienstegesetzes,

   bb) ein freiwilliges ökologisches Jahr im Sinne des Jugendfreiwilligendienstegesetzes,

   cc) einen Bundesfreiwilligendienst im Sinne des Bundesfreiwilligendienstgesetzes,

   dd) eine Freiwilligentätigkeit im Rahmen des Europäischen Solidaritätskorps im Sinne der Verordnung (EU) 888/2021 des Europäischen Parlaments und des Rates vom 20. Mai 2021 zur Aufstellung des Programms für das Europäische Solidaritätskorps und zur Aufhebung der Verordnungen (EU) 2018/1475 und (EU) Nr. 375/2014 (ABl. L 202 vom 8.6.2021, S. 32),

ee) einen anderen Dienst im Ausland im Sinne von § 5 des Bundesfreiwilligendienstgesetzes,

ff) einen entwicklungspolitischen Freiwilligendienst „weltwärts“ im Sinne der Förderleitlinie des Bundesministeriums für wirtschaftliche Zusammenarbeit und Entwicklung vom 1. Januar 2016,

gg) einen Freiwilligendienst aller Generationen im Sinne von § 2 Absatz 1a des Siebten Buches Sozialgesetzbuch oder

hh) einen Internationalen Jugendfreiwilligendienst im Sinne der Richtlinie des Bundesministeriums für Familie, Senioren, Frauen und Jugend vom 4. Januar 2021 (GMBl S. 77) oder

3. *wegen körperlicher, geistiger oder seelischer Behinderung außerstande ist, sich selbst zu unterhalten; Voraussetzung ist, dass die Behinderung vor Vollendung des 25. Lebensjahres eingetreten ist.*

[2]Nach Abschluss einer erstmaligen Berufsausbildung oder eines Erststudiums wird ein Kind in den Fällen des Satzes 1 Nummer 2 nur berücksichtigt, wenn das Kind keiner Erwerbstätigkeit nachgeht. [3]Eine Erwerbstätigkeit mit bis zu 20 Stunden regelmäßiger wöchentlicher Arbeitszeit, ein Ausbildungsdienstverhältnis oder ein geringfügiges Beschäftigungsverhältnis im Sinne der §§ 8 und 8a des Vierten Buches Sozialgesetzbuch sind unschädlich.

(5) [1]In den Fällen des Absatzes 4 Satz 1 Nummer 1 oder Nummer 2 Buchstabe a und b wird ein Kind, das

1. *den gesetzlichen Grundwehrdienst oder Zivildienst geleistet hat, oder*
2. *sich anstelle des gesetzlichen Grundwehrdienstes freiwillig für die Dauer von nicht mehr als drei Jahren zum Wehrdienst verpflichtet hat, oder*
3. *eine vom gesetzlichen Grundwehrdienst oder Zivildienst befreiende Tätigkeit als Entwicklungshelfer im Sinne des § 1 Absatz 1 des Entwicklungshelfergesetzes ausgeübt hat,*

für einen der Dauer dieser Dienste oder der Tätigkeit entsprechenden Zeitraum, höchstens für die Dauer des inländischen gesetzlichen Grundwehrdienstes oder bei anerkannten Kriegsdienstverweigerern für die Dauer des inländischen gesetzlichen Zivildienstes über das 21. oder 25. Lebensjahr hinaus berücksichtigt. [2]Wird der gesetzliche Grundwehrdienst oder Zivildienst in einem Mitgliedstaat der Europäischen Union oder einem Staat, auf den das Abkommen über den Europäischen Wirtschaftsraum Anwendung findet, geleistet, so ist die Dauer dieses Dienstes maßgebend. [3]Absatz 4 Satz 2 und 3 gilt entsprechend.

(6) [1]Bei der Veranlagung zur Einkommensteuer wird für jedes zu berücksichtigende Kind des Steuerpflichtigen ein Freibetrag von 3 192 Euro für das sächliche Existenzminimum des Kindes (Kinderfreibetrag) sowie ein Freibetrag von

1 464 Euro für den Betreuungs- und Erziehungs- oder Ausbildungsbedarf des Kindes vom Einkommen abgezogen. [2]Bei Ehegatten, die nach den §§ 26, 26b zusammen zur Einkommensteuer veranlagt werden, verdoppeln sich die Beträge nach Satz 1, wenn das Kind zu beiden Ehegatten in einem Kindschaftsverhältnis steht. [3]Die Beträge nach Satz 2 stehen dem Steuerpflichtigen auch dann zu, wenn

1. *der andere Elternteil verstorben oder nicht unbeschränkt einkommensteuerpflichtig ist oder*
2. *der Steuerpflichtige allein das Kind angenommen hat oder das Kind nur zu ihm in einem Pflegekindschaftsverhältnis steht.*

[4]Für ein nicht nach § 1 Absatz 1 oder 2 unbeschränkt einkommensteuerpflichtiges Kind können die Beträge nach den Sätzen 1 bis 3 nur abgezogen werden, soweit sie nach den Verhältnissen seines Wohnsitzstaates notwendig und angemessen sind. [5]Für jeden Kalendermonat, in dem die Voraussetzungen für einen Freibetrag nach den Sätzen 1 bis 4 nicht vorliegen, ermäßigen sich die dort genannten Beträge um ein Zwölftel. [6]Abweichend von Satz 1 wird bei einem unbeschränkt einkommensteuerpflichtigen Elternpaar, bei dem die Voraussetzungen des § 26 Absatz 1 Satz 1 nicht vorliegen, auf Antrag eines Elternteils der dem anderen Elternteil zustehende Kinderfreibetrag auf ihn übertragen, wenn er, nicht jedoch der andere Elternteil, seiner Unterhaltspflicht gegenüber dem Kind für das Kalenderjahr im Wesentlichen nachkommt oder der andere Elternteil mangels Leistungsfähigkeit nicht unterhaltspflichtig ist; die Übertragung des Kinderfreibetrags führ stets auch zur Übertragung des Freibetrags für den Betreuungs- und Erziehungs- oder Ausbildungsbedarf. [7]Eine Übertragung nach Satz 6 scheidet für Zeiträume aus, für die Unterhaltsleistungen nach dem Unterhaltsvorschussgesetz gezahlt werden. [8]Bei minderjährigen Kindern wird der dem Elternteil, in dessen Wohnung das Kind nicht gemeldet ist, zustehende Freibetrag für den Betreuungs- und Erziehungs- oder Ausbildungsbedarf auf Antrag des anderen Elternteils auf diesen übertragen, wenn bei dem Elternpaar die Voraussetzungen des § 26 Absatz 1 Satz 1 nicht vorliegen. [9]Eine Übertragung nach Satz 8 scheidet aus, wenn der Übertragung widersprochen wird, weil der Elternteil, bei dem das Kind nicht gemeldet ist, Kinderbetreuungskosten trägt oder das Kind regelmäßig in einem nicht unwesentlichen Umfang betreut. [10]Die den Eltern nach den Sätzen 1 bis 9 zustehenden Freibeträge können auf Antrag auch auf einen Stiefelternteil oder Großelternteil übertragen werden, wenn dieser das Kind in seinen Haushalt aufgenommen hat oder dieser einer Unterhaltspflicht gegenüber dem Kind unterliegt. [11]Die Übertragung nach Satz 10 kann auch mit Zustimmung des berechtigten Elternteils erfolgen, die nur für künftige Kalenderjahre widerrufen werden kann. [12]Voraussetzung für die Berücksichtigung des Kinderfreibetrags sowie des Freibetrags für den Betreuungs- und Erziehungs- oder Ausbildungsbedarf des Kindes ist die Identifizierung des Kindes durch die an dieses Kind vergebene Identifikationsnummer (§ 139b der Abgabenordnung). [13]Ist das Kind nicht nach einem Steuergesetz steuerpflichtig (§ 139a Absatz 2 der Abgabenordnung), ist es in anderer geeigneter Weise zu identifizieren. [14]Die nachträgliche Identifizierung oder nachträgliche Vergabe der Identifikationsnummer wirkt auf Monate zurück, in denen die übrigen Voraussetzungen für die Gewährung des Kinderfreibetrags sowie des Freibetrags

für den Betreuungs- und Erziehungs- oder Ausbildungsbedarf des Kindes vorliegen.

4.11 Ermittlung der festzusetzenden Einkommensteuer

Die **festzusetzende Einkommensteuer** ist wie folgt zu ermitteln (R 2 Abs. 2 EStR):

	Steuerbetrag nach Grund- oder Splittingtabelle auf das zu versteuernde Einkommen (§ 2 Abs. 5 EStG) entweder a) nach §§ 32a Abs. 1, 5, 50 Abs. 1 S. 2 EStG **oder** b) nach dem bei Anwendung des Progressionsvorbehalts (§ 32b EStG) oder der Steuersatzbegrenzung sich ergebenden Steuersatz
+	Steuer aufgrund Berechnung nach den §§ 34, 34b EStG
+	Steuer aufgrund der Berechnung nach § 34a Abs. 1 und Abs. 4–6 EStG
=	tarifliche Einkommensteuer (§ 32a Abs. 1 und Abs. 5 EStG)
–	Minderungsbetrag nach Punkt 11 Ziffer 2 des Schlussprotokolls zu Artikel 23 DBA Belgien in der durch Artikel 2 des Zusatzabkommens vom 5.11.2002 geänderten Fassung (BGBl II 2003, S. 1615)
–	ausländische Steuern nach § 34c Abs. 1 und 6 EStG, § 12 AStG
–	Steuerermäßigung nach § 35 EStG
–	Steuerermäßigung für Stpfl. mit Kindern bei Inanspruchnahme erhöhter Absetzungen für Wohngebäude oder der Steuerbegünstigungen für eigengenutztes Wohneigentum (§ 34f Abs. 1 und 2 EStG)
–	Steuerermäßigung bei Zuwendungen an politische Parteien und unabhängige Wählervereinigungen (§ 34g EStG)
–	Steuerermäßigung nach § 34f Abs. 3 EStG
–	Steuerermäßigung nach § 35a EStG
–	Ermäßigung bei Belastung mit Erbschaftsteuer (§ 35b EStG)
+	Steuer auf Grund Berechnung nach § 32d Abs. 3 und 4 EStG
+	Steuern nach § 34c Abs. 5 EStG
+	Nachsteuer nach § 10 Abs. 5 EStG i. V. m. § 30 EStDV
+	Zuschlag nach § 3 Abs. 4 Satz 2 Forstschäden-Ausgleichsgesetz
+	Anspruch auf Zulage für Altersvorsorge nach § 10a Abs. 2 EStG
+	Anspruch auf Kindergeld oder vergleichbare Leistungen, soweit in den Fällen des § 31 EStG das Einkommen um Freibeträge für Kinder gemindert wurde
=	**festzusetzende Einkommensteuer (§ 2 Abs. 6 EStG).**

4.12 Einkommensteuertarif

4.12.1 Tarifaufbau, § 32a EStG

Tarif für 2024 und 2021 zum Vergleich

	2024	2021 zum Vergleich
Grundfreibetrag	11.604 EUR	9.744 EUR
bei Anwendung der Splittingtabelle	23.208 EUR	19.488 EUR
Progressionszone	14–42 %	14–42 %
Grenzsteuersatz ab zvE	42 %	42 %
• Grundtabelle	66.761 EUR	57.918 EUR
• Splittingtabelle	133.522 EUR	115.836 EUR
Grenzsteuersatz ab zvE	45 %	45 %
• Grundtabelle	277.826 EUR	274.613 EUR
• Splittingtabelle	555.652 EUR	549.226 EUR

Historische Entwicklung der Grundfreibeträge/Steuersätze seit 2004:

Jahr	Grundfreibetrag	Einstiegs-steuersatz %	Spitzen-steuersatz %	ab
2006	7.664,00 EUR	15,00	42,00	52.152,00 EUR
2007	7.664,00 EUR	15,00	42,00*	52.152,00 EUR
2008	7.664,00 EUR	15,00	42,00*	52.152,00 EUR
2009	7.834,00 EUR	14,00	42,00*	52.552,00 EUR
2010	8.004,00 EUR	14,00	42,00*	52.882,00 EUR
2011	8.004,00 EUR	14,00	42,00*	52.882,00 EUR
2012	8.004,00 EUR	14,00	42,00*	52.882,00 EUR
2013	8.130,00 EUR	14,00	42,00*	52.882,00 EUR
2014	8.354,00 EUR	14,00	42,00*	52.882,00 EUR
2015	8.472,00 EUR	14,00	42,00*	52.882,00 EUR
2016	8.653,00 EUR	14,00	42,00*	53.666,00 EUR
2017	8.820,00 EUR	14,00	42,00*	54.058,00 EUR
2018	9.000,00 EUR	14,00	42,00*	54.950,00 EUR
2019	9.168,00 EUR	14,00	42,00*	55.961,00 EUR
2020	9.408,00 EUR	14,00	42,00*	57.052,00 EUR
2021	9.744,00 EUR	14,00	42,00*	57.919,00 EUR
2022	9.984,00 EUR	14,00	42,00*	58.597,00 EUR
2023	10.908,00 EUR	14,00	42,00*	62.810,00 EUR
2024	11.604,00 EUR	14,00	42,00*	66.761,00 EUR

* Der zusätzliche Steuersatz von 3 % wird nicht auf das gesamte zu versteuernde Einkommen, sondern nur auf den 277.826 EUR bzw. 555.652 EUR (in den Vorjahren geringer) übersteigenden Teil des zu versteuernden Einkommen erhoben.

4.12.2 Einkommensteuergrundtabelle 2023

Zu versteuerndes Einkommen EUR	ESt EUR	Solidaritäts-zuschlag EUR	ESt mit Solidaritäts-zuschlag EUR	Steuer-belastung %	Grenz-steuer-belastung %
10.000,00	0,00	0,00	0,00	0,00	0,00
11.000,00	12,00	0,00	12,00	0,11	14,18
12.000,00	164,00	0,00	164,00	1,37	16,14
13.000,00	335,00	0,00	335,00	2,58	18,10
14.000,00	526,00	0,00	526,00	3,76	20,06
15.000,00	736,00	0,00	736,00	4,91	22,01
16.000,00	966,00	0,00	966,00	6,04	23,97
17.000,00	1.208,00	0,00	1.208,00	7,11	24,36
18.000,00	1.453,00	0,00	1.453,00	8,07	24,74
19.000,00	1.703,00	0,00	1.703,00	8,96	25,13
20.000,00	1.956,00	0,00	1.956,00	9,78	25,51
21.000,00	2.213,00	0,00	2.213,00	10,54	25,90
22.000,00	2.474,00	0,00	2.474,00	11,25	26,28
23.000,00	2.739,00	0,00	2.739,00	11,91	26,67
24.000,00	3.007,00	0,00	3.007,00	12,53	27,05
25.000,00	3.280,00	0,00	3.280,00	13,12	27,44
26.000,00	3.556,00	0,00	3.556,00	13,68	27,82
27.000,00	3.836,00	0,00	3.836,00	14,21	28,21
28.000,00	4.120,00	0,00	4.120,00	14,71	28,59
29.000,00	4.408,00	0,00	4.408,00	15,20	28,98
30.000,00	4.700,00	0,00	4.700,00	15,67	29,36
31.000,00	4.995,00	0,00	4.995,00	16,11	29,75
32.000,00	5.295,00	0,00	5.295,00	16,55	30,13
33.000,00	5.598,00	0,00	5.598,00	16,96	30,52
34.000,00	5.905,00	0,00	5.905,00	17,37	30,90
35.000,00	6.216,00	0,00	6.216,00	17,76	31,29
36.000,00	6.531,00	0,00	6.531,00	18,14	31,67
37.000,00	6.840,00	0,00	6.849,00	18,51	32,06
38.000,00	7.172,00	0,00	7.172,00	18,87	32,44
39.000,00	7.498,00	0,00	7.498,00	19,23	32,83
40.000,00	7.828,00	0,00	7.828,00	19,57	33,21
41.000,00	8.163,00	0,00	8.163,00	19,91	33,60
42.000,00	8.500,00	0,00	8.500,00	20,24	33,99
43.000,00	8.842,00	0,00	8.842,00	20,56	34,37
44.000,00	9.188,00	0,00	9.188,00	20,88	34,76
45.000,00	9.537,00	0,00	9.537,00	21,19	35,14
46.000,00	9.891,00	0,00	9.891,00	21,50	35,53

Zu versteuerndes Einkommen EUR	ESt EUR	Solidaritäts-zuschlag EUR	ESt mit Solidaritäts-zuschlag EUR	Steuer-belastung %	Grenz-steuer-belastung %
47.000,00	10.248,00	0,00	10.248,00	21,80	35,91
48.000,00	10.609,00	0,00	10.609,00	22,10	36,30
49.000,00	10.974,00	0,00	10.974,00	22,40	36,68
50.000,00	11.343,00	0,00	11.343,00	22,69	37,07
51.000,00	11.715,00	0,00	11.715,00	22,97	37,45
52.000,00	12.092,00	0,00	12.092,00	23,25	37,84
53.000,00	12.472,00	0,00	12.472,00	23,53	38,22
54.000,00	12.856,00	0,00	12.856,00	23,81	38,61
55.000,00	13.244,00	0,00	13.244,00	24,08	38,99
56.000,00	13.636,00	0,00	13.636,00	24,35	39,38
57.000,00	14.032,00	0,00	14.032,00	24,62	39,76
58.000,00	14.431,00	0,00	14.431,00	24,88	40,15
59.000,00	14.835,00	0,00	14.835,00	25,14	40,53
60.000,00	15.242,00	0,00	15.242,00	25,40	40,92
61.000,00	15.653,00	0,00	15.653,00	25,66	41,30
62.000,00	16.068,00	0,00	16.068,00	25,92	41,69
63.000,00	16.487,00	0,00	16.487,00	26,17	42,00
64.000,00	16.907,00	0,00	16.907,00	26,42	42,00
65.000,00	17.327,00	0,00	17.327,00	26,66	42,00
66.000,00	17.747,00	24,27	17.771,27	26,93	44,31
67.000,00	18.107,00	74,25	18.241,25	27,23	44,31
68.000,00	18.587,00	124,23	18.711,23	27,52	44,31
69.000,00	19.007,00	174,21	19.181,21	27,80	44,31
70.000,00	19.427,00	224,19	19.651,19	28,07	44,31
71.000,00	19.847,00	274,17	20.121,17	28,34	44,31
72.000,00	20.267,00	324,15	20.591,15	28,60	44,31
73.000,00	20.687,00	374,13	21.061,13	28,85	44,31
74.000,00	21.107,00	424,11	21.531,11	29,10	44,31
75.000,00	21.527,00	474,09	22.001,09	29,33	44,31
76.000,00	21.947,00	524,07	22.471,07	29,57	44,31
77.000,00	22.367,00	574,05	22.941,05	29,79	44,31
78.000,00	22.787,00	624,03	23.411,03	30,01	44,31
79.000,00	23.207,00	674,01	23.881,01	30,23	44,31
80.000,00	23.627,00	723,99	24.350,99	30,44	44,31

Ohne Berücksichtigung der Kirchensteuer. Solidaritätszuschlag ohne Berücksichtigung von Kindern.

Eine ausführliche Darstellung ist in Kapitel 22.1 „Grundtabelle Einkommensteuer 2023“ zu finden (siehe S. 482).

4.12.3 Einkommensteuersplittingtabelle 2023

Zu versteuerndes Einkommen EUR	ESt EUR	Solidaritäts-zuschlag EUR	ESt mit Solidaritäts-zuschlag EUR	Steuer-belastung %	Grenz-steuer-belastung %
20.000,00	0,00	0,00	0,00	0,00	0,00
22.000,00	24,00	0,00	24,00	0,11	14,18
24.000,00	328,00	0,00	328,00	1,37	16,14
26.000,00	670,00	0,00	670,00	2,58	18,10
28.000,00	1.052,00	0,00	1.052,00	3,76	20,06
30.000,00	1.472,00	0,00	1.472,00	4,91	22,01
32.000,00	1.932,00	0,00	1.932,00	6,04	23,97
34.000,00	2.416,00	0,00	2.416,00	7,11	24,36
36.000,00	2.906,00	0,00	2.906,00	8,07	24,74
38.000,00	3.406,00	0,00	3.406,00	8,96	25,13
40.000,00	3.912,00	0,00	3.912,00	9,78	25,51
42.000,00	4.426,00	0,00	4.426,00	10,54	25,90
44.000,00	4.948,00	0,00	4.948,00	11,25	26,28
46.000,00	5.478,00	0,00	5.478,00	11,91	26,67
48.000,00	6.014,00	0,00	6.014,00	12,53	27,05
50.000,00	6.560,00	0,00	6.560,00	13,12	27,44
52.000,00	7.112,00	0,00	7.112,00	13,68	27,82
54.000,00	7.672,00	0,00	7.672,00	14,21	28,21
56.000,00	8.240,00	0,00	8.240,00	14,71	28,59
58.000,00	8.816,00	0,00	8.816,00	15,20	28,98
60.000,00	9.400,00	0,00	9.400,00	15,67	29,36
62.000,00	9.990,00	0,00	9.990,00	16,11	29,75
64.000,00	10.590,00	0,00	10.590,00	16,55	30,13
66.000,00	11.196,00	0,00	11.196,00	16,96	30,52
68.000,00	11.810,00	0,00	11.810,00	17,37	30,90
70.000,00	12.432,00	0,00	12.432,00	17,76	31,29
72.000,00	13.062,00	0,00	13.062,00	18,14	31,67
74.000,00	13.698,00	0,00	13.698,00	18,51	32,06
76.000,00	14.344,00	0,00	14.344,00	10,07	32,44
78.000,00	14.996,00	0,00	14.996,00	19,23	32,83
80.000,00	15.656,00	0,00	15.656,00	19,57	33,21
82.000,00	16.326,00	0,00	16.326,00	19,91	33,60
84.000,00	17.000,00	0,00	17.000,00	20,24	33,99
86.000,00	17.684,00	0,00	17.684,00	20,56	34,37
88.000,00	18.376,00	0,00	18.376,00	20,88	34,76
90.000,00	19.074,00	0,00	19.074,00	21,19	35,14
92.000,00	19.782,00	0,00	19.782,00	21,50	35,53
94.000,00	20.496,00	0,00	20.496,00	21,80	35,91

Zu versteuerndes Einkommen EUR	ESt EUR	Solidaritäts-zuschlag EUR	ESt mit Solidaritäts-zuschlag EUR	Steuer-belastung %	Grenz-steuer-belastung %
96.000,00	21.218,00	0,00	21.218,00	22,10	36,30
98.000,00	21.948,00	0,00	21.948,00	22,40	36,68
100.000,00	22.686,00	0,00	22.686,00	22,69	37,07
102.000,00	23.430,00	0,00	23.430,00	22,97	37,45
104.000,00	24.184,00	0,00	24.184,00	23,25	37,84
106.000,00	24.944,00	0,00	24.944,00	23,53	38,22
108.000,00	25.712,00	0,00	25.712,00	23,81	38,61
110.000,00	26.488,00	0,00	26.488,00	24,08	38,99
112.000,00	27.272,00	0,00	27.272,00	24,35	39,38
114.000,00	28.064,00	0,00	28.064,00	24,62	39,76
116.000,00	28.862,00	0,00	28.862,00	24,88	40,15
118.000,00	29.670,00	0,00	29.670,00	25,14	40,53
120.000,00	30.484,00	0,00	30.484,00	25,40	40,92
122.000,00	31.306,00	0,00	31.306,00	25,66	41,30
124.000,00	32.136,00	0,00	32.136,00	25,92	41,69
126.000,00	32.974,00	0,00	32.974,00	26,17	42,00
128.000,00	33.814,00	0,00	33.814,00	26,42	42,00
130.000,00	34.654,00	0,00	34.654,00	26,66	42,00
132.000,00	35.494,00	48,54	35.542,54	26,93	44,31
134.000,00	36.334,00	148,50	36.482,50	27,23	44,31
136.000,00	37.174,00	248,46	37.422,46	27,52	44,31
138.000,00	38.014,00	348,42	38.362,42	27,80	44,31
140.000,00	38.854,00	448,38	39.302,38	28,07	44,31
142.000,00	39.694,00	548,34	40.242,34	28,34	44,31
144.000,00	40.534,00	648,30	41.182,30	28,60	44,31
146.000,00	41.374,00	748,26	42.122,26	28,85	44,31
148.000,00	42.214,00	848,22	43.062,22	29,10	44,31
150.000,00	43.054,00	948,18	44.002,18	29,33	44,31
152.000,00	43.894,00	1.048,14	44.942,14	29,57	44,31
154.000,00	44.734,00	1.148,10	45.882,10	29,79	44,31
156.000,00	45.574,00	1.248,06	46.822,06	30,01	44,31
158.000,00	46.414,00	1.348,02	47.762,02	30,23	44,31
160.000,00	47.254,00	1.447,98	48.701,98	30,44	44,31

Ohne Berücksichtigung der Kirchensteuer. Solidaritätszuschlag ohne Berücksichtigung von Kindern.

Eine ausführlichere Darstellung ist in Kapitel 22.2 „Splittingtabelle Einkommensteuer 2023“ zu finden (siehe S. 532).

4.13 Progressionsvorbehalt, § 32b EStG

Unter Progressionsvorbehalt nach § 32b Abs. 1 Nr. 1 EStG fallen:

- Altersübergangsgeld;
- **Arbeitslosengeld** (inkl. Teilarbeitslosengeld);
- Arbeitslosenhilfe;
- **Aufstockungsbeträge oder Zuschläge gem. § 3 Nr. 28 EStG nach dem ATzG**;
- Eingliederungshilfe nach dem AFG;
- Einkünfte, die nach einem Abkommen zur Vermeidung der Doppelbesteuerun steuerfrei sind;
- Einkünfte, die nach einem sonstigen zweischenstaatlichen Übereinkommen unter dem Vorbehalt der Einbeziehung der Berechnung der Einkommensteuer steuerfrei sind;
- **Elterngeld**;
- Entschädigung nach dem Infektionsschutzgesetz;
- **Insolvenzgeld** gem. § 188 SGB III;
- **Krankengeld** (§ 32b Abs. 1 Nr. 1b EStG; nicht von privaten Kassen);
- **Kurzarbeitergeld**;
- Leistungen an nichtselbständige nach § 6 des Unterhaltssicherungsgesetzes (Nr. 1h);
- Leistungen gem. § 10 SGB III (Lebensunterhalt);
- **Mutterschaftsgeld**;
- **steuerfreie Anpassungsgelder**;
- Übergangsgeld nach AFG, BVersorgG sowie bei der Renten- und Unfallversicherung;
- Unterhaltsgeld aus Europäischen Sozialfonds;
- Versorgungskrankengeld (BVersorgG);
- Vorruhestandsleistungen (Nr. 1i);
- Winterausfallgeld;
- Zuschläge und
- Zuschüsse (§ 421j SGB III).

Nicht dem Progressionsvorbehalt unterliegen folgende Leistungen:

- Arbeitslosengeld II (Hartz IV; R 32b Abs. 1 Satz 3 EStR 2005);
- Erziehungsgeld;
- Existenzgründerzuschuss und Überbrückungsgeld;
- HIV-Hilfeleistungen;
- Krankengeld einer privaten Krankenversicherung (R 32b Abs. 1 Satz 3 EStR);
- Leistungen der gesetzlichen Krankenkasse für eine Ersatzkraft im Rahmen der Haushaltshilfe an nahe Angehörige (§ 38 Abs. 4 Satz 2 SGB V);
- Überbrückungsbeihilfe (Eingliederungshilfe);
- Wintergeld;
- Wohngeld;
- Zusatzentgelt für Ein-Euro-Jobs (DStZ 2005, S. 89).

Gesetzestext (Auszug) § 32b EStG

§ 32b Progressionsvorbehalt

(1) [1]Hat ein zeitweise oder während des gesamten Veranlagungszeitraums unbeschränkt Steuerpflichtiger oder ein beschränkt Steuerpflichtiger, auf den § 50 Absatz 2 Satz 2 Nummer 4 Anwendung findet,

1. *a) Arbeitslosengeld, Teilarbeitslosengeld, Zuschüsse zum Arbeitsentgelt, Kurzarbeitergeld, Insolvenzgeld, Übergangsgeld nach dem Dritten Buch Sozialgesetzbuch; Insolvenzgeld, das nach § 170 Absatz 1 des Dritten -Buches Sozialgesetzbuch einem Dritten zusteht, ist dem Arbeitnehmer zuzurechnen,*

   b) Krankengeld, Mutterschaftsgeld, Verletztengeld, Übergangsgeld oder vergleichbare Lohnersatzleistungen nach dem Fünften, Sechsten oder Siebten Buch Sozialgesetzbuch, der Reichsversicherungsordnung, dem Gesetz über die Krankenversicherung der Landwirte oder dem Zweiten Gesetz über die Krankenversicherung der Landwirte,

   c) Mutterschaftsgeld, Zuschuss zum Mutterschaftsgeld, die Sonderunterstützung nach dem Mutterschutzgesetz sowie den Zuschuss bei Beschäftigungsverboten für die Zeit vor oder nach einer Entbindung sowie für den Entbindungstag während einer Elternzeit nach beamtenrechtlichen Vorschriften,

   d) Arbeitslosenbeihilfe nach dem Soldatenversorgungsgesetz,

   e) Entschädigungen für Verdienstausfall nach dem Infektionsschutzgesetz vom 20.Juli 2000 (BGBl. I S. 1045),

   f) Versorgungskrankengeld oder Übergangsgeld nach dem Bundesversorgungsgesetz,

   g) nach § 3 Nummer 28 steuerfreie Aufstockungsbeträge oder Zuschläge sowie nach § 3 Nummer 28a steuerfreie Zuschüsse,

   h) Leistungen an Arbeitnehmerinnen und Arbeitnehmer nach § 5 des Unterhaltssicherungsgesetzes,

   i) nach § 3 Nummer 60 steuerfreie Anpassungsgelder,

   j) Elterngeld nach dem Bundeselterngeld- und Elternzeitgesetz,

   k) nach § 3 Nummer 2 Buchstabe e steuerfreie Leistungen, wenn vergleichbare Leistungen inländischer öffentlicher Kassen nach den Buchstaben a bis j dem Progressionsvorbehalt unterfallen, oder

2. *ausländische Einkünfte, die im Veranlagungszeitraum nicht der deutschen Einkommensteuer unterlegen haben; dies gilt nur für Fälle der zeitweisen unbeschränkten Steuerpflicht einschließlich der in § 2 Absatz 7 Satz 3 geregelten Fälle; ausgenommen sind Einkünfte, die nach einem sonstigen zwischenstaatlichen Übereinkommen im Sinne der Nummer 4 steuerfrei sind und die nach diesem Übereinkommen nicht unter dem Vorbehalt der Einbeziehung bei der Berechnung der Einkommensteuer stehen,*

3. Einkünfte, die nach einem Abkommen zur Vermeidung der Doppelbesteuerung steuerfrei sind,

4. Einkünfte, die nach einem sonstigen zwischenstaatlichen Übereinkommen unter dem Vorbehalt der Einbeziehung bei der Berechnung der Einkommensteuer steuerfrei sind,

5. Einkünfte, die bei Anwendung von § 1 Absatz 3 oder § 1a oder § 50 Absatz 2 Satz 2 Nummer 4 im Veranlagungszeitraum bei der Ermittlung des zu versteuernden Einkommens unberücksichtigt bleiben, weil sie nicht der deutschen Einkommensteuer oder einem Steuerabzug unterliegen; ausgenommen sind Einkünfte, die nach einem sonstigen zwischenstaatlichen Übereinkommen im Sinne der Nummer 4 steuerfrei sind und die nach diesem Übereinkommen nicht unter dem Vorbehalt der Einbeziehung bei der Berechnung der Einkommensteuer stehen,

bezogen, so ist auf das nach § 32a Absatz 1 zu versteuernde Einkommen ein besonderer Steuersatz anzuwenden. [2]Satz 1 Nummer 3 gilt nicht für Einkünfte

1. aus einer anderen als in einem Drittstaat belegenen land- und forstwirtschaftlichen Betriebsstätte,

2. aus einer anderen als in einem Drittstaat belegenen gewerblichen Betriebsstätte, die nicht die Voraussetzungen des § 2a Absatz 2 Satz 1 erfüllt,

3. aus der Vermietung oder der Verpachtung von unbeweglichem Vermögen oder von Sachinbegriffen, wenn diese in einem anderen Staat als in einem Drittstaat belegen sind, oder

4. aus der entgeltlichen Überlassung von Schiffen, sofern diese ausschließlich oder fast ausschließlich in einem anderen als einem Drittstaat eingesetzt worden sind, es sei denn, es handelt sich um Handelsschiffe, die

a) von einem Vercharterer ausgerüstet überlassen oder

b) an in einem anderen als in einem Drittstaat ansässige Ausrüster, die die Voraussetzungen des § 510 Absatz 1 des Handelsgesetzbuchs erfüllen, überlassen oder

c) insgesamt nur vorübergehend an in einem Drittstaat ansässige Ausrüster, die die Voraussetzungen des § 510 Absatz 1 des Handelsgesetzbuchs erfüllen, überlassen

worden sind, oder

5. aus dem Ansatz des niedrigeren Teilwerts oder der Übertragung eines zu einem Betriebsvermögen gehörenden Wirtschaftsguts im Sinne der Nummern 3 und 4.

[3]§ 2a Absatz 2a und § 15b sind sinngemäß anzuwenden.

(1a) Als unmittelbar von einem unbeschränkt Steuerpflichtigen bezogene ausländische Einkünfte im Sinne des Absatzes 1 Nummer 3 gelten auch die ausländischen Einkünfte, die eine Organgesellschaft im Sinne des § 14 oder des § 17 des

Körperschaftsteuergesetzes bezogen hat und die nach einem Abkommen zur Vermeidung der Doppelbesteuerung steuerfrei sind, in dem Verhältnis, in dem dem unbeschränkt Steuerpflichtigen das Einkommen der Organgesellschaft bezogen auf das gesamte Einkommen der Organgesellschaft im Veranlagungszeitraum zugerechnet wird.

(2) [1]Der besondere Steuersatz nach Absatz 1 ist der Steuersatz, der sich ergibt, wenn bei der Berechnung der Einkommensteuer das nach § 32a Absatz 1 zu versteuernde Einkommen vermehrt oder vermindert wird um

1. *im Fall des Absatzes 1 Nummer 1 die Summe der Leistungen nach Abzug des Arbeitnehmer-Pauschbetrags (§ 9a Satz 1 Nummer 1), soweit er nicht bei der Ermittlung der Einkünfte aus nichtselbständiger Arbeit abziehbar ist;*
2. *im Fall des Absatzes 1 Nummer 2 bis 5 die dort bezeichneten Einkünfte, wobei die darin enthaltenen außerordentlichen Einkünfte mit einem Fünftel zu berücksichtigen sind. [2]Bei der Ermittlung der Einkünfte im Fall des Absatzes 1 Nummer 2 bis 5*

   a) ist der Arbeitnehmer-Pauschbetrag (§ 9a Satz 1 Nummer 1 Buchstabe a) abzuziehen, soweit er nicht bei der Ermittlung der Einkünfte aus nichtselbständiger Arbeit abziehbar ist;

   b) sind Werbungskosten nur insoweit abzuziehen, als sie zusammen mit den bei der Ermittlung der Einkünfte aus nichtselbständiger Arbeit abziehbaren Werbungskosten den Arbeitnehmer-Pauschbetrag (§ 9a Satz 1 Nummer 1 Buchstabe a) übersteigen;

   c) sind bei Gewinnermittlung nach § 4 Absatz 3 die Anschaffungs- oder Herstellungskosten für Wirtschaftsgüter des Umlaufvermögens im Zeitpunkt des Zuflusses des Veräußerungserlöses oder bei Entnahme im Zeitpunkt der Entnahme als Betriebsausgaben zu berücksichtigen. [2]§ 4 Absatz 3 Satz 5 gilt entsprechend.

…

4.14 Steuerermäßigung bei gewerblichen Einkünften

Um die GewSt-Zahllast von Gewerbetreibenden zu kompensieren, gewährt § 35 EStG für die von einem Gewerbetreibenden zu tragende GewSt-Belastung eine Steuerermäßigung bei einer ESt i. H. d. 4-fachen (bis VZ 2019 das 3,8-fache) des GewSt-Messbetrags. Den Höchstbetrag bildet die tatsächlich zu zahlende GewSt des Unternehmens (§ 35 Abs. 1 Satz 5 EStG, BMF, Schreiben v. 15.5.2002, IV A 5 – S 2296 a – 16/02).

Beispiel:

Bei einem GewSt-Messbetrag von 600 EUR beträgt die Steuerermäßigung 2.400 EUR (600 EUR x 4,0). Bei einem Hebesatz von 350 % beträgt die tatsächlich zu zahlende GewSt 2.100 EUR. Der Steuerermäßigungsbetrag beträgt maximal 2.100 EUR.

Bei Mitunternehmergesellschaften erfolgt die Feststellung der Anteile am Gewerbesteuermessbetrag und Anteile an der Gewerbesteuer im Rahmen der gesonderten Feststellung des Gewinns durch das zuständige Finanzamt (§ 35 Abs. 2 bis 4 EStG).

4.15 Haushaltsnahe Beschäftigung (Minijob), § 35a Abs. 1 EStG

Der Höchstbetrag für die Förderung der geringfügigen Beschäftigung im Rahmen eines haushaltsnahen Beschäftigungsverhältnisses nach § 35a Abs. 1 EStG beträgt **20 % der Aufwendungen, maximal 510 EUR (jährlich)**.

Begünstigt sind Tätigkeiten wie Einkaufen, Reinigen, Kochen, Putzarbeiten, Waschen usw., häusliche Krankenpflege, Betreuung von pflegebedürftigen Personen sowie Gartenarbeiten. **Nicht begünstigt** sind Tätigkeiten als Nachhilfe- oder Musiklehrer, Chauffeur, Sekretärin oder Gesellschaftsdame. Tagesmutter nur wenn die Betreuung im Haushalt des Auftraggebers erfolgt. Vgl. BMF-Schreiben vom 9.11.2016, BStBl I 2016, S. 1213.

Nach § 35a EStG werden nur Beschäftigungsverhältnisse subsumiert, die in einem Privathaushalt innerhalb der EU/EWR ausgeübt bzw. erbracht werden (§ 35a Abs. 4 Satz 1 EStG). Die Begleitung von Kindern, kranken, alten oder pflegebedürftigen Personen bei Einkäufen und Arztbesuchen sowie Botengänge usw. sind nur dann begünstigt, wenn sie zu den Nebenpflichten im Haushalt.

Seit dem Jahr 2015 sind Arbeitgeber verpflichtet einen gesetzlichen Mindestlohn zu zahlen. Der Mindestlohn ist seit der Einführung bereits mehrfach erhöht worden. Der gesetzliche Mindestlohn beträgt:

Jahr		**EUR**
2015		8,50
2016		8,60
2017		8,84
2018		8,84
2019		9,19
2020		9,35
2021	1. Halbjahr	9,50
	2. Halbjahr	9,60
2022	1. Halbjahr	9,82
	2. Halbjahr	10,45
	seit 1.10.2022	12,00
2023		12,00
2024		12,41
2025		12,82

Der gesezliche Mindestlohn gilt auch für geringfügig Beschäftigte, unabhängig davon, ob eine Beschäftigung im gewerblichen Bereich oder Privathaushalt ausgeübt wird.

Gesetzestext (Auszug) § 35a EStG

§ 35a Steuerermäßigung bei Aufwendungen für haushaltsnahe Beschäftigungsverhältnisse, haushaltsnahe Dienstleistungen und Handwerkerleistungen

(1) Für haushaltsnahe Beschäftigungsverhältnisse, bei denen es sich um eine geringfügige Beschäftigung im Sinne des § 8a des Vierten Buches Sozialgesetzbuch handelt, ermäßigt sich die tarifliche Einkommensteuer, vermindert um die sonstigen Steuerermäßigungen, auf Antrag um 20 Prozent, höchstens 510 Euro, der Aufwendungen des Steuerpflichtigen.

[...]

(4) [1]Die Steuerermäßigung nach den Absätzen 1 bis 3 kann nur in Anspruch genommen werden, wenn das Beschäftigungsverhältnis, die Dienstleistung oder die Handwerkerleistung in einem in der Europäischen Union oder dem Europäischen Wirtschaftsraum liegenden Haushalt des Steuerpflichtigen oder – bei Pflege- und Betreuungsleistungen – der gepflegten oder betreuten Person ausgeübt oder erbracht wird. [2]In den Fällen des Absatzes 2 Satz 2 zweiter Halbsatz ist Voraussetzung, dass das Heim oder der Ort der dauernden Pflege in der Europäischen Union oder dem Europäischen Wirtschaftsraum liegt.

(5) [1]Die Steuerermäßigungen nach den Absätzen 1 bis 3 können nur in Anspruch genommen werden, soweit die Aufwendungen nicht Betriebsausgaben oder Werbungskosten darstellen und soweit sie nicht als Sonderausgaben oder außergewöhnliche Belastungen berücksichtigt worden sind; für Aufwendungen, die dem Grunde nach unter § 10 Absatz 1 Nummer 5 fallen, ist eine Inanspruchnahme ebenfalls ausgeschlossen. [2]Der Abzug von der tariflichen Einkommensteuer nach den Absätzen 2 und 3 gilt nur für Arbeitskosten. [3]Voraussetzung für die Inanspruchnahme der Steuerermäßigung für haushaltsnahe Dienstleistungen nach Absatz 2 oder für Handwerkerleistungen nach Absatz 3 ist, dass der Steuerpflichtige für die Aufwendungen eine Rechnung erhalten hat und die Zahlung auf das Konto des Erbringers der Leistung erfolgt ist. [4]Leben zwei Alleinstehende in einem Haushalt zusammen, können sie die Höchstbeträge nach den Absätzen 1 bis 3 insgesamt jeweils nur einmal in Anspruch nehmen.

4.16 Haushaltsnahe Dienstleistungen, § 35a Abs. 2 EStG

Die Höchstbeträge zur Förderung anderer haushaltsnahen sozialversicherungspflichtigen Beschäftigungsverhältnisse und von haushaltsnahen Dienstleistungen sind nach § 35a Abs. 2 EStG einheitlich auf **20 % der Aufwendungen, höchstens 4.000 EUR** begrenzt.

Zu den haushaltsnahen Dienstleistungen gehören nur Tätigkeiten, die nicht zu den handwerklichen Leistungen i. S. d. § 35a Abs. 3 EStG gehören, vgl. Anlage 1 des BMF-Schreiben vom 9.11.2016, BStBl I 2016, S. 1213; ergänzend BMF vom 1.9.2021, BStBl I 2021, S. 1494, beispielsweise:

- selbstständige Gärtner (z. B. Rasenmähen oder Heckenschneiden);
- die Pflege von Angehörigen (z. B. Inanspruchnahme eines Pflegedienstes);
- selbstständige Fensterputzer;
- Reinigungsleistungen durch Dienstleistungsagenturen;
- Kinderbetreuungen im eigenen Haushalt, wenn ein Abzug der Aufwendungen als Betriebsausgaben, Werbungskosten oder Sonderausgaben dem Grunde nach nicht möglich ist;
- privat veranlasste Umzugsleistungen;
- Hand- und Fußpflege nur, soweit sie zu den Pflege- und Betreuungsleistungen gehören, wenn sie im Leistungskatalog der Pflegeversicherung aufgeführt sind und soweit der Behinderten-Pauschbetrag nicht geltend gemacht wird;
- Friseurleistungen nur, soweit sie zu den Pflege- und Betreuungsleistungen gehören und sie im Leistungskatalog der Pflegeversicherung aufgeführt sind und soweit der Behinderten-Pauschbetrag nicht geltend gemacht wird;
- Kosmetikleistungen nur, soweit sie zu den Pflege- und Betreuungsleistungen gehören, wenn sie im Leistungskatalog der Pflegeversicherung aufgeführt sind und soweit der Behinderten Pauschbetrag nicht geltend gemacht wird;
- Straßenreinigung auf privaten Grundstücken und Gehweg, sowie Winterdienst.

Gesetzestext (Auszug) § 35a EStG

> ***§ 35a Steuerermäßigung bei Aufwendungen für haushaltsnahe Beschäftigungsverhältnisse, haushaltsnahe Dienstleistungen und Handwerkerleistungen***
>
> *(2) [1]Für andere als in Absatz 1 aufgeführte haushaltsnahe Beschäftigungsverhältnisse oder für die Inanspruchnahme von haushaltsnahen Dienstleistungen, die nicht Dienstleistungen nach Absatz 3 sind, ermäßigt sich die tarifliche Einkommensteuer, vermindert um die sonstigen Steuerermäßigungen, auf Antrag um 20 Prozent, höchstens 4 000 Euro, der Aufwendungen des Steuerpflichtigen. [2]Die Steuerermäßigung kann auch in Anspruch genommen werden für die Inanspruchnahme von Pflege- und Betreuungsleistungen sowie für Aufwendungen, die einem Steuerpflichtigen wegen der Unterbringung in einem Heim oder zur dauernden Pflege erwachsen, soweit darin Kosten für Dienstleistungen enthalten sind, die mit denen einer Hilfe im Haushalt vergleichbar sind.*

4.17 Handwerkerleistungen, § 35a Abs. 3 EStG

Die Höchstbeträge für Handwerkerleistungen werden in § 35a Abs. 3 EStG einheitlich auf 20 % der Aufwendungen, höchstens 1.200 EUR festgelegt. Zu den Handwerkerleistungen gehören alle handwerklichen Tätigkeiten für Renovierungs-, Erhaltungs- und Modernisierungsmaßnahmen, die in einem Haushalt des Steuerpflichtigen liegen, unabhängig davon, ob es sich um regelmäßig vorzunehmende Renovierungsarbeiten oder kleine Ausbesserungsarbeiten handelt, die gewöhnlich durch Mitglieder des privaten Haushalts erledigt werden, oder um Erhaltungs- und Modernisierungsmaßnahmen, die im Regelfall nur von Fachkräften durchgeführt werden. Zu den handwerklichen Tätigkeiten zählen u. a. (Anlage 1 des BMF-Schreiben vom 9.11.2016, BStBl I 2016, S. 1213; ergänzend BMF-Schreiben vom 1.9.2021, BStBl I, S. 1494):

- Abflussrohrreinigung;
- Arbeiten am Dach, an der Fassade, an Garagen, o. Ä.;
- Arbeiten an Innen- und Außenwänden;
- Arbeitskosten für das Aufstellen eines Baugerüstes (jedoch ohne Miete und Materialkosten);
- Gebühren für den Schornsteinfeger oder für die Kontrolle von Blitzschutzanlagen;
- Hausanschlüsse (z. B. Kabel für Strom, Fernsehen);
- Klavierstimmer;
- Maßnahmen der Gartengestaltung;
- Modernisierung des Badezimmers;
- Modernisierung oder Austausch der Einbauküche;
- Pflasterarbeiten auf dem Wohngrundstück;
- Reinigung der Dachrinnen;
- Reparatur oder Austausch von Bodenbelägen (z. B. Teppichboden, Parkett, Fliesen);
- Reparatur oder Austausch von Fenstern und Türen;
- Reparatur und Wartung von Gegenständen im Haushalt des Stpfl. (z. B. Waschmaschine, Geschirrspüler, Herd, Fernseher, PC o. Ä., die in der Hausratversicherung mitversichert werden können);
- Reparatur, Wartung oder Austausch von Heizungsanlagen, Elektro-, Gas- und Wasserinstallationen;
- Streichen/Lackieren von Türen, Fenstern (innen und außen), Wandschränken, Heizkörpern und -rohren;
- Wartung von Feuerlöschern.

Begünstigt können auch sein: Handwerkliche Tätigkeiten im Rahmen einer Neubaumaßnahme. Als Neubaumaßnahme gelten alle Maßnahmen, die im Zusammenhang mit einer Nutz- oder Wohnflächenschaffung bzw. -erweiterung anfallen. Ebenfalls nicht begünstigt sind Aufwendungen, bei denen eine Gutachtertätigkeit im Vordergrund steht sowie Verwaltergebühren für den Hausverwalter einer Wohnungseigentümergemeinschaft. Auch sind die nach dem CO_2-Gebäude-Sanierungsprogramm der KfW-Förderbank geförderten Maßnahmen nicht als handwerkliche Tätigkeiten absetzbar.

Gesetzestext (Auszug) § 35a EStG

§ 35a Steuerermäßigung bei Aufwendungen für haushaltsnahe Beschäftigungsverhältnisse, haushaltsnahe Dienstleistungen und Handwerkerleistungen

(3) Für die Inanspruchnahme von Handwerkerleistungen für Renovierungs-, Erhaltungs- und Modernisierungsmaßnahmen ermäßigt sich die tarifliche Einkommensteuer, vermindert um die sonstigen Steuerermäßigungen, auf Antrag um 20 Prozent der Aufwendungen des Steuerpflichtigen, höchstens jedoch um 1 200 Euro. Dies gilt nicht für öffentlich geförderte Maßnahmen, für die zinsverbilligte Darlehen oder steuerfreie Zuschüsse in Anspruch genommen werden.

4.18 Tabellarische Übersicht zu haushaltsnahen Sachverhalten

(§ 35a EStG, BMF-Schreiben vom 9.11.2016, BStBl I 2016, S. 1213, ergänzend BMF-Schreiben vom 1.9.2021, BStBl I, S. 1494)

Maßnahme	begünstigt	nicht begünstigt	Haushaltsnahe Dienstleistung	Handwerker-leistung
Abfallmanagement („Vorsortierung")	Kosten der Maßnahme innerhalb des Haushalts	Kosten der Maßnahmen außerhalb des Haushalts	X	
Abflussrohrreinigung	X			X
Ablesedienste und Abrechnung bei Verbrauchszählern (Strom, Gas, Wasser, Heizung usw.)		X		
Abriss eines baufälligen Gebäudes mit anschließendem Neubau		X		
Abwasserentsorgung	Kosten der Maßnahme (Wartung und Reinigung) innerhalb des Haushalts	Kosten der Maßnahmen außerhalb des Haushalts		X
Arbeiten				
1. am Dach	X			X
2. an Bodenbelägen	X			X
3. an der Fassade	X			X
4. an Garagen	X			X
5. an Innen- und Außenwänden	X			X
6. an Zu- und Ableitungen	X			X
Architektenleistung		X		
Asbestsanierung	X			X
Aufstellen eines Baugerüstes	Arbeitskosten	Kosten • der Miete und • des Materials		X
Aufzugnotruf		X		

Maßnahme	begünstigt	nicht begünstigt	Haushaltsnahe Dienstleistung	Handwerker-leistung
Außenanlagen, Errichtung von ~, wie z. B. Wege, Zäune	Arbeitskosten der Maßnahmen innerhalb des Haushalts	• Kosten der Maßnahmen außerhalb des Haushalts oder • im Rahmen einer Neubaumaßnahme (Rdnr. 21) und • Materialkosten		X
Austausch oder Modernisierung 1. der Einbauküche	X (Rdnr. 39)	• Kosten der Maßnahmen außerhalb des Haushalts und • Materialkosten		X
2. von Bodenbelägen (z. B. Teppichboden, Parkett, Fliesen)	X (Rdnr. 39)			X
3. von Fenstern und Türen	X (Rdnr. 39)			X
Beprobung des Trinkwassers	X			X
Bereitschaft der Erbringung einer ansonsten begünstigten Leistung im Bedarfsfall	als Nebenleistung einer ansonsten begünstigten Hauptleistung	nur Bereitschaft	Abgrenzung im Einzelfall	Abgrenzung im Einzelfall
Brandschadensanierung	soweit nicht Versicherungsleistung	soweit Versicherungsleistung		X
Carport, Terrassenüberdachung	Arbeitskosten	• Materialkosten sowie • Kosten der Errichtung im Rahmen einer Neubaumaßnahme (Rdnr. 21)		X
Chauffeur		X		

Maßnahme	begünstigt	nicht begünstigt	Haushaltsnahe Dienstleistung	Handwerker-leistung
Dachgeschoss-ausbau	Arbeitskosten	• Materialkosten sowie • Kosten der Errichtung im Rahmen einer Neubaumaß-nahme (Rdnr. 21)		X
Dachrinnenreinigung	X			X
Datenverbindungen	s. Haus-anschlüsse	s. Haus-anschlüsse		X
Deichabgaben		X		
Dichtheitsprüfung von Abwasser-anlagen	X			X
Elektroanlagen	Wartung und Reparatur			X
Energiepass		X (Rdnr. 20)		
Entsorgungsleistung	als Nebenleistung (z. B. Bauschutt, Fliesenabfuhr bei Neuverfliesung eines Bades, Grünschnitt-abfuhr bei Gartenpflege)	als Hauptleistung	Abgrenzung im Einzelfall	Abgrenzung im Einzelfall
Erhaltungs-maßnahmen	Arbeitskosten der Maßnahmen innerhalb des Haushalts	• Kosten der Maßnahmen außerhalb des Haushalts so-wie • Materialkosten		X
Erstellung oder Hilfe bei der Erstellung der Steuererklärung		X		
Essen auf Rädern		X		
Fäkalienabfuhr		X		
Fahrstuhlkosten	Kosten der • Wartung und • Reparatur	Betriebskosten		X

Maßnahme	**begünstigt**	**nicht begünstigt**	**Haushaltsnahe Dienstleistung**	**Handwerker-leistung**
Fertiggaragen	Arbeitskosten	• Kosten der Errichtung im Rahmen einer Neubaumaßnahme (Rdnr. 21) sowie • Materialkosten		X
Feuerlöscher	Kosten der Wartung			X
Feuerstättenschau – s. auch Schornsteinfeger	X			X
Finanzierungs-gutachten			X (Rdnr. 20)	
Fitnesstrainer		X		
Friseurleistungen	nur soweit sie zu den Pflege- und Betreuungsleistungen gehören, wenn sie im Leistungskatalog der Pflegeversicherung aufgeführt sind (und der Behinderten-Pauschbetrag nicht geltend gemacht wird; s. Rdnr. 12, 13, 32, 33)	alle anderen Friseurleistungen	X	
Fußbodenheizung	Kosten der • Wartung, • Spülung, • Reparatur, • nachträglicher Einbau	Materialkosten		X
Gartengestaltung	Arbeitskosten	• Kosten der erstmaligen Anlage im Rahmen einer Neubaumaßnahme (Rdnr. 21) sowie • Materialkosten		X

Maßnahme	**begünstigt**	**nicht begünstigt**	**Haushaltsnahe Dienstleistung**	**Handwerkerleistung**
Gartenpflegearbeiten (z. B. Rasen mähen, Hecken schneiden)	Kosten der Maßnahmen innerhalb des Haushalts einschließlich Grünschnittentsorgung als Nebenleistung	Kosten der Maßnahmen außerhalb des Haushalts	X	
Gärtner	Kosten der Maßnahmen innerhalb des Haushalts	Kosten der Maßnahmen außerhalb des Haushalts	Abgrenzung im Einzelfall	Abgrenzung im Einzelfall
Gemeinschaftsmaschinen bei Mietern (z. B. Waschmaschine, Trockner)	Kosten der Reparatur und der Wartung	Miete		X
Gewerbeabfallentsorgung		X		
Graffitibeseitigung	X			X
Gutachtertätigkeiten	Abgrenzung im Einzelfall (Rdnr. 20)	Abgrenzung im Einzelfall (Rdnr. 20)		X
Hand- und Fußpflege	nur soweit sie zu den Pflege- und Betreuungsleistungen gehören, wenn sie im Leistungskatalog der Pflegeversicherung aufgeführt sind (und der Behinderten-Pauschbetrag nicht geltend gemacht wird; s. Rdnr. 12, 13, 32, 33)	alle anderen Kosten	X	

Maßnahme	begünstigt	nicht begünstigt	Haushaltsnahe Dienstleistung	Handwerker-leistung
Hausanschlüsse an Ver- und Entsorgungsnetze (Rdnr. 22)	z. B. Arbeitskosten für den Anschluss an das Trink- und Abwassernetz, der stromführenden Leitungen im Haus oder für das Ermöglichen der Nutzung des Fernsehens und des Internets sowie der Kosten der Weiterführung der Anschlüsse, jeweils innerhalb des Haushalts	Kosten der erstmaligen Anschlüsse im Rahmen einer Neubaumaßnahme (Rdnr. 21) und die Kosten der Maßnahmen außerhalb des Haushalts sowie Materialkosten		X
Hausarbeiten, wie Reinigen, Fenster putzen, Bügeln usw. (Rdnr. 5)	X		X	
Haushaltsauflösung		X		
Hauslehrer		X		
Hausmeister, Hauswart	X		X	
Hausnotrufsystem	Kosten innerhalb des sog. „Betreuten Wohnens" im Rahmen einer Seniorenwohneinrichtung	Kosten für Hausnotrufsysteme außerhalb des sog. „Betreuten Wohnens" im Rahmen einer Seniorenwohneinrichtung; auch lediglich Kontakt zu 24 Std. Notrufzentrale (BFH)	X	
Hausreinigung	X		X	
Hausschwammbeseitigung	X			X
Hausverwalterkosten oder -gebühren		X		

Maßnahme	begünstigt	nicht begünstigt	Haushaltsnahe Dienstleistung	Handwerker-leistung
Heizkosten:				
1. Verbrauch		X		
2. Gerätemiete für Zähler		X		
3. Garantiewartungs-gebühren	X			X
4. Heizungswartung und Reparatur	X			X
5. Austausch der Zähler nach dem Eichgesetz	X			X
6. Schornsteinfeger	X			X
7. Kosten des Ablesedienstes		X		
8. Kosten der Abrechnung an sich		X		
Hilfe im Haushalt (Rdnr. 14–16) – s. Hausarbeiten				
Insektenschutzgitter	Kosten der Montage und Reparatur	Materialkosten		X
Kamin-Einbau	Arbeitskosten	• Kosten der Errichtung im Rahmen einer Neubaumaßnahme (Rdnr. 21) sowie • Materialkosten		X
Kaminkehrer – s. Schornsteinfeger				
Kellerausbau	Arbeitskosten	• Kosten der Errichtung im Rahmen einer Neubaumaßnahme (Rdnr. 21) sowie • Materialkosten		X
Kellerschacht-abdeckungen	Kosten der • Montage und • Reparatur	Materialkosten		X
Kfz. s. Reparatur		X		

Maßnahme	begünstigt	nicht begünstigt	Haushaltsnahe Dienstleistung	Handwerker-leistung
Kinderbetreuungs-kosten	soweit sie nicht unter § 10 Abs. 1 Nummer 5 EStG fallen und für eine Leistung im Haushalt des Steuerpflichtigen anfallen	im Sinne von § 10 Abs. 1 Nummer 5 EStG (Rdnr. 34)	X	
Klavierstimmer	X			X
Kleidungs- und Wäschepflege und -reinigung	Kosten der Maßnahme innerhalb des Haushalts	Kosten der Maßnahmen außerhalb des Haushalts (Rdnr. 39)	X	
Kontrollmaßnahmen des TÜV, z. B. für den Fahrstuhl oder den Treppenlift	X (Rdnr. 20)			X
Kosmetikleistungen	nur soweit sie zu den Pflege- und Betreuungsleis-tungen gehören, wenn sie im Leis-tungskatalog der Pflegeversiche-rung aufgeführt sind (und der Behinderten-Pauschbetrag nicht geltend ge-macht wird; s. Rdnr. 12, 13, 32, 33)	alle anderen	X	
Laubentfernung	Kosten der Maßnahmen innerhalb des Haushalts	Kosten der Maßnahmen außerhalb des Haushalts	X	
Legionellenprüfung	X (Rdnr. 20)			X
Leibwächter		X		
Makler		X		

Maßnahme	begünstigt	nicht begünstigt	Haushaltsnahe Dienstleistung	Handwerkerleistung
Material und sonstige im Zusammenhang mit der Leistung gelieferte Waren einschließlich darauf entfallende Umsatzsteuer		z. B. Farbe, Fliesen, Pflastersteine, Mörtel, Sand, Tapeten, Teppichboden und andere Fußbodenbeläge, Waren, Stützstrümpfe usw. (Rdnr. 39)		
Mauerwerksanierung	X			X
Miete von Verbrauchszählern (Strom, Gas, Wasser, Heizung usw.)		X		
Modernisierungsmaßnahmen (z. B. Erneuerung des Badezimmer oder der Küche)	X (Rdnr. 39)	• Kosten der Maßnahmen außerhalb des Haushalts sowie • Materialkosten		X
Montageleistung z. B. beim Erwerb neuer Möbel	X			X
Müllabfuhr (Entsorgung steht im Vordergrund)		X		
Müllentsorgungsanlage (Müllschlucker)	Kosten der • Wartung und • Reparatur			X
Müllschränke	Kosten der • Anlieferung und • Aufstellen	Materialkosten		X
Nebenpflichten der Haushaltshilfe, wie kleine Botengänge oder Begleitung von Kindern, kranken, alten oder Pflegebedürftigen Personen bei Einkäufen oder zum Arztbesuch	X		X	
Neubaumaßnahmen		X Rdnr. 21		

Maßnahme	begünstigt	nicht begünstigt	Haushaltsnahe Dienstleistung	Handwerker-leistung
Notbereitschaft/ Notfalldienste	soweit es sich um eine nicht gesondert berechnete Nebenleistung z. B. im Rahmen eines Wartungs-vertrages handelt	alle anderen reinen Bereitschafts-dienste	X	
Öffentlich-rechtlicher Erschießungsbeitrag		X		
Öffentlich-rechtlicher Straßenausbau-beitrag/-rückbau-beitrag		X		
Pflasterarbeiten	Kosten der Maßnahmen innerhalb des Haushalts	• Materialkosten sowie • alle Maßnahmen außerhalb des Haushalts		X
Pflegebett		X		
Pflege der Außenanlagen	innerhalb des Haushalts	Kosten der Maßnahmen außerhalb des Haushalts	X	
Pilzbekämpfung	X			X
Prüfdienste/ Prüfleistung (z. B. bei Aufzügen)	X (Rdnr. 20)			X
Rechtsberatung		X		
Reinigung des Haushalts	X		X	

Maßnahme	begünstigt	nicht begünstigt	Haushaltsnahe Dienstleistung	Handwerker-leistung
Reparatur, Wartung und Pflege				
1. von Bodenbelägen (z. B. Teppichboden, Parkett, Fliesen)	X		Pflege	Reparatur und Wartung
2. von Fenstern und Türen (innen und außen)	X (Rdnr. 39)		Pflege	Reparatur und Wartung
3. von Gegenständen im Haushalt des Steuerpflichtigen (z. B. Waschmaschine, Geschirrspüler, Herd, Fernseher, Personal Computer und andere)	soweit es sich um Gegenstände handelt, die in der Hausratversicherung mitversichert werden können (Rdnr. 39)	Kosten der Maßnahmen außerhalb des Haushalts	Pflege im Haushalt	Reparatur und Wartung im Haushalt
4. von Heizungsanlagen, Elektro-, Gas-, und Wasserinstallationen	Kosten der Maßnahmen innerhalb des Haushalts	Kosten der Maßnahmen außerhalb des Haushalts		X
5. von Kraftfahrzeugen (einschl. TÜV-Gebühren)		X		
6. von Wandschränken	X			X
Schadensfeststellung, Ursachenfeststellung (z. B. bei Wasserschaden, Rohrbruch usw.)	X			X
Schadstoffsanierung	X			X
Schädlings- und Ungezieferbekämpfung	X		Abgrenzung im Einzelfall	Abgrenzung im Einzelfall
Schornsteinfeger	X			X

Maßnahme	begünstigt	nicht begünstigt	Haushaltsnahe Dienstleistung	Handwerkerleistung
Sekretär; hierunter fallen auch Dienstleistungen in Form von Büroarbeiten (z. B. Ablageorganisation, Erledigung von Behördengängen, Stellen von Anträgen bei Versicherungen und Banken usw.)		X		
Sperrmüllabfuhr		X		
Statiker		X		
Straßenreinigung[1] – Fahrbahn – Gehweg	 X	 X	 X	
Tagesmutter bei Betreuung im Haushalt des Steuerpflichtigen	soweit es sich bei den Aufwendungen nicht um Kinderbetreuungskosten (Rdnr. 34) handelt	Kinderbetreuungskosten (Rdnr. 34)	X	
Taubenabwehr	X		Abgrenzung im Einzelfall	Abgrenzung im Einzelfall
Technische Prüfdienste (z. B. bei Aufzügen)	X (Rdnr. 20)			X
Terrassenüberdachung	Arbeitskosten	• Kosten der Errichtung im Rahmen einer Neubaumaßnahme (Rdnr. 21) sowie • Materialkosten		X
Tierbetreuungs-, oder -pflegekosten	Kosten der Maßnahmen innerhalb des Haushalts (z. B. Fellpflege, Ausführen, Reinigungsarbeiten)	Kosten der Maßnahmen außerhalb des Haushalts, z. B. Tierpension	X	
Trockeneisreinigung	X			X

1 BMF v. 1.9.2021, IV C 8 – S 2296-b/21/10002 :001.

Maßnahme	begünstigt	nicht begünstigt	Haushaltsnahe Dienstleistung	Handwerker-leistung
Trockenlegung von Mauerwerk	Kosten der Maßnahmen innerhalb des Haushalts (Arbeiten mit Maschinen vor Ort)	Kosten, die durch die ausschließliche Maschinen-anmietung entstehen		X
Überprüfung von Anlagen (z. B. Gebühr für den Schornsteinfeger oder für die Kontrolle von Blitzschutz-anlagen)	X (Rdnr. 20)			X
Umzäunung, Stützmauer o. Ä.	Arbeitskosten für Maßnahmen innerhalb des Haushalts	• Kosten der Maßnahmen außerhalb des Haushalts oder • Kosten der Errichtung im Rahmen einer Neubaumaß-nahme (Rdnr. 21) sowie • Materialkosten		X
Umzugsdienst-leistungen	für Privatpersonen (Rdnr. 3, 31)		Abgrenzung im Einzelfall	Abgrenzung im Einzelfall
Verarbeitung von Verbrauchsgütern im Haushalt des Steuerpflichtigen	X		X	
Verbrauchsmittel, wie z. B. Schmier-, Reinigungs- oder Spülmittel sowie Streugut	X		als Neben-leistung (Rdnr. 39), Abgrenzung im Einzelfall	als Neben-leistung (Rdnr. 39), Abgrenzung im Einzelfall
Verwaltergebühr		X		
Wachdienst	Kosten der Maßnahmen innerhalb des Haushalts	Kosten der Maßnahmen außerhalb des Haushalts	X	
Wärmedämmmaß-nahmen	X			X

Maßnahme	begünstigt	nicht begünstigt	Haushaltsnahe Dienstleistung	Handwerker-leistung
Wartung:				
1. Aufzug	X			X
2. Heizung und Öltankanlagen (einschließlich Tankreinigung)	X			X
3. Feuerlöscher	X			X
4. CO_2-Warngeräte	X			X
5. Pumpen	X			X
6. Abwasser-Rückstau-Sicherungen	X			X
Wasserschaden-sanierung	X	soweit Versicherungs-leistung		X
Wasserversorgung	Kosten der Wartung und Reparatur			X
Wertermittlung		X (Rdnr. 20)		
Winterdienst[2]				
– Fahrbahn		X		
– Gehweg	X		X	
Zubereitung von Mahlzeiten im Haushalt des Steuerpflichtigen	X		X	

Quelle: Modifizierte und aktualisierte Anlage 1 zu BMF v. 9.11.2016, IV C 8 – S 2296-b/07/10003 :008 zu § 35a EStG
Anmerkung: Alle in der Tabelle ausgewiesenen Rdnr. beziehen sich auf dieses BMF-Schreiben.

2 BMF v. 1.9. 2021, IV C 8 – S 2296-b/21/10002 :001.

4.19 Steuerfreie Einnahmen, §§ 3, 3a, 3b, 3c EStG

Folgend sollen die in der Praxis häufiger vorkommenden Steuerbefreiungen beispielhaft aufgezeigt werden. § 3c EStG ist dabei hinsichtlich des beschränkten Abzugs von Werbungskosten oder Betriebsausgaben im Zusammenhang mit steuerfreien Einnahmen zu beachten. Steuerfrei sind u. a.:

- Leistungen aus einer Krankenversicherung, Pflegeversicherung oder der gesetzlichen Unfallversicherung (§ 3 Nr. 1a EStG);
- Mutterschaftsgeld (§ 3 Nr. 1d EStG);
- Arbeitslosengeld, Insolvenzgeld, Unterhaltsgeld, Gründungszuschuss, Existenzgründungszuschuss, Eingliederungshilfe (§ 3 Nr. 2a und b EStG);
- Mehraufwendungen für Ein-Euro-Jobs (1 EUR/2 EUR pro Stunde), (§ 3 Nr. 2d EStG);
- Vergütung für die Betreuung Behinderter, wenn Leistungen von Sozialversicherungsträgern bzw. ähnliche Leistungen (§ 3 Nr. 10 EStG);
- Beihilfen in Notfällen sind in bestimmten Fällen steuerfrei bis zu 600 EUR, ggf. auch höher (§ 3 Nr. 11 EStG, 3.11 LStR);
- Werbungskostenersatz durch den Arbeitgeber beschränkt auf:
  - Reisekosten;
  - Umzugskosten;
  - Mehraufwendungen bei doppelter Haushaltsführung;
  - beruflich veranlasste Mehraufwendungen (§ 3 Nr. 16 EStG);
- Einnahmen aus nebenberuflichen Tätigkeiten als Übungsleiter, Ausbilder, Erzieher, Betreuer oder vergleichbaren nebenberuflichen Tätigkeiten bis zur Höhe von insgesamt 3.000 EUR (bis 2020 = 2.400 EUR) jährlich (§ 3 Nr. 26 EStG);
- Grundpflege bzw. hauswirtschaftliche Versorgung ist bis zur Höhe des Pflegegeldes nach § 37 SGB XI steuerfrei, wenn die Leistungen von Angehörigen des Pflegebedürftigen erbracht werden;
- Gesundheitsförderung als Leistung des Arbeitgebers ist bis 600 EUR (bis VZ 2019 500 EUR) je Kalenderjahr steuerfrei, wenn zusätzlich zum Arbeitslohn für die Gesundheit des Arbeitnehmers, aber keine Übernahme von Mitgliedsbeiträgen in Sportvereinen und Fitnessstudios (§ 3 Nr. 34 EStG);
- Fahrtkostenersatz in Höhe der nachgewiesenen Kosten, ansonsten pauschal pro gefahrenen km für Pkw 0,30 EUR (für 2021 ab dem 21. km 0,35 EUR; für 2022 bis 2026 ab dem 21. km 0,38 EUR), Motorrad/Motorroller/Moped/Mofa 0,20 EUR;
- Kinderbetreuungskosten bei Übernahme durch den Arbeitgeber für nicht schulpflichtige Kinder in Kindergärten oder ähnliche Einrichtungen (§ 3 Nr. 33 EStG, 3.33 LStR);
- Kundenbindungsprogrammen (z. B. Miles and more), soweit diese 1.080 EUR nicht übersteigen;
- Aufmerksamkeiten bis zu einem Wert von 60 EUR sind als Arbeitslohn nicht steuerpflichtig (3.28 LStR);
- Fehlgeldentschädigungen bis zu 16 EUR monatlich (19.3 LStR);
- Trinkgeld ohne Rechtsanspruch unbegrenzt (§ 3 Nr. 51 EStG);

- Vorteile aus der privaten Nutzung von Telekommunikationsgeräten und PC;
- Direktversicherung ab dem 1.1.2005: Beiträge können bis zu 4 % der BMG in der gesetzlichen Rentenversicherung West (BBG 2012: 4 % von 67.200 EUR = 2.688 EUR) steuerfrei in eine Direktversicherung eingebracht werden. Für Neuzusagen erhöht sich der steuerfreie Höchstbetrag um 1.800 EUR. (§ 3 Nr. 63 EStG), vgl. Pensionskasse § 3 Nr. 56 EStG;
- Aufstockungsbeiträge zur Rentenversicherung nach Altersteilzeitgesetz (3.28 LStR);
- Auslandszuschläge (Kaufkraftzuschläge), vgl. BMF v. 4.1.2011, BStBl I 2011, S. 83 (§ 3 Nr. 64 EStG), ab 1.1.2024 vgl. BMF v. 4.1.2024;
- Erziehungsgeld (§ 3 Nr. 67 EStG);
- Zuschläge für Sonntags-, Feiertags- oder Nachtarbeit (§ 3b EStG) für einen maximalen Stundenlohn von 50 EUR:
  - Sonntage bis 50 %;
  - Gesetzliche Feiertage bis 125 %;
  - Am 31.12. (ab 14 Uhr) bis 125 %;
  - Am 24.12. (ab 14 Uhr) bis 150 %;
  - Weihnachtstage 25.12., 26.12. und 1.5. bis 150 %;
  - Nachtarbeit von 20 Uhr bis 6 Uhr bis 25 %, jedoch bei Arbeitsaufnahme vor 0 Uhr für die Zeit von 0 Uhr bis 4 Uhr bis 40 %;
- **zinsverbilligtes Arbeitgeberdarlehen** bei Beachtung der Freigrenze von 2.600 EUR zum Ende des Lohnzahlungszeitraums (i. d. R. monatlich), vgl. BMF-Schreiben v. 1.10.2008 (BStBl I 2008, S. 892);
- **u. v. m.**

Gesetzestext (Auszug) §§ 3, 3a, 3b, 3c EStG

§ 3 EStG

Steuerfrei sind

1. a) Leistungen aus einer Krankenversicherung, aus einer Pflegeversicherung und aus der gesetzlichen Unfallversicherung,

b) Sachleistungen und Kinderzuschüsse aus den gesetzlichen Rentenversicherungen einschließlich der Sachleistungen nach dem Gesetz über die Alterssicherung der Landwirte,

c) Übergangsgeld nach dem Sechsten Buch Sozialgesetzbuch und Geldleistungen nach den §§ 10, 36 bis 39 des Gesetzes über die Alterssicherung der Landwirte,

d) das Mutterschaftsgeld nach dem Mutterschutzgesetz, der Reichsversicherungsordnung und dem Gesetz über die Krankenversicherung der Landwirte, die Sonderunterstützung für im Familienhaushalt beschäftigte Frauen, der Zuschuss zum Mutterschaftsgeld nach dem Mutterschutzgesetz sowie der Zuschuss bei Beschäftigungsverboten für die Zeit vor oder nach einer Entbindung sowie für den Entbindungstag während einer Elternzeit nach beamtenrechtlichen Vorschriften;

2. *a) das Arbeitslosengeld, das Teilarbeitslosengeld, das Kurzarbeitergeld, der Zuschuss zum Arbeitsentgelt, das Übergangsgeld, der Gründungszuschuss nach dem Dritten Buch Sozialgesetzbuch sowie die übrigen Leistungen nach dem Dritten Buch Sozialgesetzbuch und den entsprechenden Programmen des Bundes und der Länder, soweit sie Arbeitnehmern oder Arbeitsuchenden oder zur Förderung der Aus- oder Weiterbildung oder Existenzgründung der Empfänger gewährt werden,*

   b) das Insolvenzgeld, Leistungen auf Grund der in § 169 und § 175 Absatz 2 des Dritten Buches Sozialgesetzbuch genannten Ansprüche sowie Zahlungen des Arbeitgebers an einen Sozialleistungsträger auf Grund des gesetzlichen Forderungsübergangs nach § 115 Absatz 1 des Zehnten Buches Sozialgesetzbuch, wenn ein Insolvenzereignis nach § 165 Absatz 1 Satz 2 auch in Verbindung mit Satz 3 des Dritten Buches Sozialgesetzbuch vorliegt,

   c) die Arbeitslosenbeihilfe nach dem Soldatenversorgungsgesetz,

   d) Leistungen zur Sicherung des Lebensunterhalts und zur Eingliederung in Arbeit nach dem Zweiten Buch Sozialgesetzbuch,

   e) mit den in den Nummern 1 bis 2 Buchstabe d und Nummer 67 Buchstabe b genannten Leistungen vergleichbare Leistungen ausländischer Rechtsträger, die ihren Sitz in einem Mitgliedstaat der Europäischen Union, in einem Staat, auf den das Abkommen über den Europäischen Wirtschaftsraum Anwendung findet oder in der Schweiz haben;

3. *a) Rentenabfindungen nach § 107 des Sechsten Buches Sozialgesetzbuch, nach § 21 des Beamtenversorgungsgesetzes, nach § 9 Absatz 1 Nummer 3 des Altersgeldgesetzes oder entsprechendem Landesrecht und nach § 43 des Soldatenversorgungsgesetzes in Verbindung mit § 21 des Beamtenversorgungsgesetzes,*

   b) Beitragserstattungen an den Versicherten nach den §§ 210 und 286d des Sechsten Buches Sozialgesetzbuch sowie nach den §§ 204, 205 und 207 des Sechsten Buches Sozialgesetzbuch, Beitragserstattungen nach den §§ 75 und 117 des Gesetzes über die Alterssicherung der Landwirte und nach § 26 des Vierten Buches Sozialgesetzbuch,

   c) Leistungen aus berufsständischen Versorgungseinrichtungen, die den Leistungen nach den Buchstaben a und b entsprechen,

   d) Kapitalabfindungen und Ausgleichszahlungen nach § 48 des Beamtenversorgungsgesetzes oder entsprechendem Landesrecht und nach den §§ 28 bis 35 und 38 des Soldatenversorgungsgesetzes;

4. *bei Angehörigen der Bundeswehr, der Bundespolizei, der Zollverwaltung, der Bereitschaftspolizei der Länder, der Vollzugspolizei und der Berufsfeuerwehr der Länder und Gemeinden und bei Vollzugsbeamten der Kriminalpolizei des Bundes, der Länder und Gemeinden*

   a) der Geldwert der ihnen aus Dienstbeständen überlassenen Dienstkleidung,

b) Einkleidungsbeihilfen und Abnutzungsentschädigungen für die Dienstkleidung der zum Tragen oder Bereithalten von Dienstkleidung Verpflichteten und für dienstlich notwendige Kleidungsstücke der Vollzugsbeamten der Kriminalpolizei sowie der Angehörigen der Zollverwaltung,

c) im Einsatz gewährte Verpflegung oder Verpflegungszuschüsse,

d) der Geldwert der auf Grund gesetzlicher Vorschriften gewährten Heilfürsorge;

5. a) die Geld- und Sachbezüge, die Wehrpflichtige während des Wehrdienstes nach § 4 des Wehrpflichtgesetzes erhalten,

   b) die Geld- und Sachbezüge, die Zivildienstleistende nach § 35 des Zivildienstgesetzes erhalten,

   c) die Heilfürsorge, die Soldaten nach § 16 des Wehrsoldgesetzes und Zivildienstleistende nach § 35 des Zivildienstgesetzes erhalten,

   d) das an Personen, die einen in § 32 Absatz 4 Satz 1 Nummer 2 Buchstabe d genannten Freiwilligendienst leisten, gezahlte Taschengeld oder eine vergleichbare Geldleistung,

   e) Leistungen nach § 5 des Wehrsoldgesetzes;

6. Bezüge, die auf Grund gesetzlicher Vorschriften aus öffentlichen Mitteln versorgungshalber an Wehrdienstbeschädigte, im Freiwilligen Wehrdienst Beschädigte, Zivildienstbeschädigte und im Bundesfreiwilligendienst Beschädigte oder ihre Hinterbliebenen, Kriegsbeschädigte, Kriegshinterbliebene und ihnen gleichgestellte Personen gezahlt werden, soweit es sich nicht um Bezüge handelt, die auf Grund der Dienstzeit gewährt werden. [2]Gleichgestellte im Sinne des Satzes 1 sind auch Personen, die Anspruch auf Leistungen nach dem Bundesversorgungsgesetz oder auf Unfallfürsorgeleistungen nach dem Soldatenversorgungsgesetz, Beamtenversorgungsgesetz oder vergleichbarem Landesrecht haben;

7. Ausgleichsleistungen nach dem Lastenausgleichsgesetz, Leistungen nach dem Flüchtlingshilfegesetz, dem Bundesvertriebenengesetz, dem Reparationsschädengesetz, dem Vertriebenenzuwendungsgesetz, dem NS-Verfolgtenentschädigungsgesetz sowie Leistungen nach dem Entschädigungsgesetz und nach dem Ausgleichsleistungsgesetz, soweit sie nicht Kapitalerträge im Sinne des § 20 Absatz 1 Nummer 7 und Absatz 2 sind;

8. Geldrenten, Kapitalentschädigungen und Leistungen im Heilverfahren, die auf Grund gesetzlicher Vorschriften zur Wiedergutmachung nationalsozialistischen Unrechts gewährt werden. [2]Die Steuerpflicht von Bezügen aus einem aus Wiedergutmachungsgründen neu begründeten oder wieder begründeten Dienstverhältnis sowie von Bezügen aus einem früheren Dienstverhältnis, die aus Wiedergutmachungsgründen neu gewährt oder wieder gewährt werden, bleibt unberührt;

8a. Renten wegen Alters und Renten wegen verminderter Erwerbsfähigkeit aus der gesetzlichen Rentenversicherung, die an Verfolgte im Sinne des § 1 des

Bundesentschädigungsgesetzes gezahlt werden, wenn rentenrechtliche Zeiten auf Grund der Verfolgung in der Rente enthalten sind. [2]Renten wegen Todes aus der gesetzlichen Rentenversicherung, wenn der verstorbene Versicherte Verfolgter im Sinne des § 1 des Bundesentschädigungsgesetzes war und wenn rentenrechtliche Zeiten auf Grund der Verfolgung in dieser Rente enthalten sind;

9. *Erstattungen nach § 23 Absatz 2 Satz 1 Nummer 3 und 4 sowie nach § 39 Absatz 4 Satz 2 des Achten Buches Sozialgesetzbuch;*

10. *Einnahmen einer Gastfamilie für die Aufnahme eines Menschen mit Behinderungen oder von Behinderung bedrohten Menschen nach § 2 Absatz 1 des Neunten Buches Sozialgesetzbuch zur Pflege, Betreuung, Unterbringung und Verpflegung, die auf Leistungen eines Leistungsträgers nach dem Sozialgesetzbuch beruhen. [2]Für Einnahmen im Sinne des Satzes 1, die nicht auf Leistungen eines Leistungsträgers nach dem Sozialgesetzbuch beruhen, gilt Entsprechendes bis zur Höhe der Leistungen nach dem Zwölften Buch Sozialgesetzbuch. [3]Überschreiten die auf Grund der in Satz 1 bezeichneten Tätigkeit bezogenen Einnahmen der Gastfamilie den steuerfreien Betrag, dürfen die mit der Tätigkeit in unmittelbarem wirtschaftlichen Zusammenhang stehenden Ausgaben abweichend von § 3c nur insoweit als Betriebsausgaben abgezogen werden, als sie den Betrag der steuerfreien Einnahmen übersteigen;*

11. *Bezüge aus öffentlichen Mitteln oder aus Mitteln einer öffentlichen Stiftung, die wegen Hilfsbedürftigkeit oder als Beihilfe zu dem Zweck bewilligt werden, die Erziehung oder Ausbildung, die Wissenschaft oder Kunst unmittelbar zu fördern. [2]Darunter fallen nicht Kinderzuschläge und Kinderbeihilfen, die auf Grund der Besoldungsgesetze, besonderer Tarife oder ähnlicher Vorschriften gewährt werden. [3]Voraussetzung für die Steuerfreiheit ist, dass der Empfänger mit den Bezügen nicht zu einer bestimmten wissenschaftlichen oder künstlerischen Gegenleistung oder zu einer bestimmten Arbeitnehmertätigkeit verpflichtet wird. [4]Den Bezügen aus öffentlichen Mitteln wegen Hilfsbedürftigkeit gleichgestellt sind Beitragsermäßigungen und Prämienrückzahlungen eines Trägers der gesetzlichen Krankenversicherung für nicht in Anspruch genommene Beihilfeleistungen;*

11a. *zusätzlich zum ohnehin geschuldeten Arbeitslohn vom Arbeitgeber in der Zeit vom 1. März 2020 bis zum 30. Juni 2021 auf Grund der Corona-Krise an seine Arbeitnehmer in Form von Zuschüssen und Sachbezügen gewährte Beihilfen und Unterstützungen bis zu einem Betrag von 1 500 Euro;*

11b. *[1]zusätzlich zum ohnehin geschuldeten Arbeitslohn vom Arbeitgeber in der Zeit vom 18. November 2021 bis zum 31. Dezember 2022 an seine Arbeitnehmer zur Anerkennung besonderer Leistungen während der Corona-Krise gewährte Leistungen bis zu einem Betrag von 4 500 Euro. [2]Voraussetzung für die Steuerbefreiung ist, dass die Arbeitnehmer in Einrichtungen im Sinne des § 23 Absatz 3 Satz 1 Nummer 1 bis 4, 8, 11 oder Nummer 12 des Infektionsschutz-*

gesetzes oder § 36 Absatz 1 Nummer 2 oder Nummer 7 des Infektionsschutzgesetzes tätig sind; maßgeblich ist jeweils die am 22. Juni 2022 gültige Fassung des Infektionsschutzgesetzes. [3]Die Steuerbefreiung gilt entsprechend für Personen, die in den in Satz 2 genannten Einrichtungen im Rahmen einer Arbeitnehmerüberlassung oder im Rahmen eines Werk- oder Dienstleistungsvertrags eingesetzt werden. [4]Nummer 11a findet auf die Leistungen im Sinne der Sätze 1 bis 3 keine Anwendung. [5]Abweichend von Satz 1 gilt die Steuerbefreiung für Leistungen nach § 150c des Elften Buches Sozialgesetzbuch in der Fassung des Gesetzes zur Stärkung des Schutzes der Bevölkerung und insbesondere vulnerabler Personengruppen vor COVID-19 vom 16. September 2022 (BGBl. I S. 1454) auch dann, wenn sie in der Zeit bis zum 31. Mai 2023 gewährt werden;

11c. zusätzlich zum ohnehin geschuldeten Arbeitslohn vom Arbeitgeber in der Zeit vom 26. Oktober 2022 bis zum 31. Dezember 2024 in Form von Zuschüssen und Sachbezügen gewährte Leistungen zur Abmilderung der gestiegenen Verbraucherpreise bis zu einem Betrag von 3 000 Euro;

12. aus einer Bundeskasse oder Landeskasse gezahlte Bezüge, die zum einen

a) in einem Bundesgesetz oder Landesgesetz,

b) auf Grundlage einer bundesgesetzlichen oder landesgesetzlichen Ermächtigung beruhenden Bestimmung oder

c) von der Bundesregierung oder einer Landesregierung

als Aufwandsentschädigung festgesetzt sind und die zum anderen jeweils auch als Aufwandsentschädigung im Haushaltsplan ausgewiesen werden. [2]Das Gleiche gilt für andere Bezüge, die als Aufwandsentschädigung aus öffentlichen Kassen an öffentliche Dienste leistende Personen gezahlt werden, soweit nicht festgestellt wird, dass sie für Verdienstausfall oder Zeitverlust gewährt werden oder den Aufwand, der dem Empfänger erwächst, offenbar übersteigen;

13. die aus öffentlichen Kassen gezahlten Reisekostenvergütungen, Umzugskostenvergütungen und Trennungsgelder. [2]Die als Reisekostenvergütungen gezahlten Vergütungen für Verpflegung sind nur insoweit steuerfrei, als sie die Pauschbeträge nach § 9 Absatz 4a nicht übersteigen; Trennungsgelder sind nur insoweit steuerfrei, als sie die nach § 9 Absatz 1 Satz 3 Nummer 5 und Absatz 4a abziehbaren Aufwendungen nicht übersteigen;

14. Zuschüsse eines Trägers der gesetzlichen Rentenversicherung zu den Aufwendungen eines Rentners für seine Krankenversicherung und von dem gesetzlichen Rentenversicherungsträger getragene Anteile (§ 249a des Fünften Buches Sozialgesetzbuch) an den Beiträgen für die gesetzliche Krankenversicherung;

15. Zuschüsse des Arbeitgebers, die zusätzlich zum ohnehin geschuldeten Arbeitslohn zu den Aufwendungen des Arbeitnehmers für Fahrten mit öffentlichen Verkehrsmitteln im Linienverkehr (ohne Luftverkehr) zwischen Wohnung und erster Tätigkeitsstätte und nach § 9 Absatz 1 Satz 3 Nummer 4a Satz 3 sowie für Fahrten im öffentlichen Personennahverkehr gezahlt werden. [2]Das Gleiche gilt für die unentgeltliche oder verbilligte Nutzung öffentlicher Verkehrsmittel im Linienverkehr (ohne Luftverkehr) für Fahrten zwischen Wohnung und erster Tätigkeitsstätte und nach § 9 Absatz 1 Satz 3 Nummer 4a Satz 3 sowie für Fahrten im öffentlichen Personennahverkehr, die der Arbeitnehmer auf Grund seines Dienstverhältnisses zusätzlich zum ohnehin geschuldeten Arbeitslohn in Anspruch nehmen kann. [3]Die nach den Sätzen 1 und 2 steuerfreien Leistungen mindern den nach § 9 Absatz 1 Satz 3 Nummer 4 Satz 2 abziehbaren Betrag;

16. die Vergütungen, die Arbeitnehmer außerhalb des öffentlichen Dienstes von ihrem Arbeitgeber zur Erstattung von Reisekosten, Umzugskosten oder Mehraufwendungen bei doppelter Haushaltsführung erhalten, soweit sie die nach § 9 als Werbungskosten abziehbaren Aufwendungen nicht übersteigen;

17. Zuschüsse zum Beitrag nach § 32 des Gesetzes über die Alterssicherung der Landwirte;

18. das Aufgeld für ein an die Bank für Vertriebene und Geschädigte (Lastenausgleichsbank) zugunsten des Ausgleichsfonds (§ 5 des Lastenausgleichsgesetzes) gegebenes Darlehen, wenn das Darlehen nach § 7f des Gesetzes in der Fassung der Bekanntmachung vom 15. September 1953 (BGBl. I S. 1355) im Jahr der Hingabe als Betriebsausgabe abzugsfähig war;

19. Weiterbildungsleistungen des Arbeitgebers oder auf dessen Veranlassung von einem Dritten

    a) für Maßnahmen nach § 82 Absatz 1 und 2 des Dritten Buches Sozialgesetzbuch oder

    b) die der Verbesserung der Beschäftigungsfähigkeit des Arbeitnehmers dienen. [2]Steuerfrei sind auch Beratungsleistungen des Arbeitgebers oder auf dessen Veranlassung von einem Dritten zur beruflichen Neuorientierung bei Beendigung des Dienstverhältnisses. [3]Die Leistungen im Sinne der Sätze 1 und 2 dürfen keinen überwiegenden Belohnungscharakter haben;

20. die aus öffentlichen Mitteln des Bundespräsidenten aus sittlichen oder sozialen Gründen gewährten Zuwendungen an besonders verdiente Personen oder ihre Hinterbliebenen;

21. (weggefallen)

22. (weggefallen)

23. Leistungen nach

    a) dem Häftlingshilfegesetz,

    b) dem Strafrechtlichen Rehabilitierungsgesetz,

    c) dem Verwaltungsrechtlichen Rehabilitierungsgesetz,

    d) dem Beruflichen Rehabilitierungsgesetz

e) dem Gesetz zur strafrechtlichen Rehabilitierung der nach dem 8. Mai 1945 wegen einvernehmlicher homosexueller Handlungen verurteilten Personen und

f) dem Gesetz zur Rehabilitierung der wegen einvernehmlicher homosexueller Handlungen, wegen ihrer homosexuellen Orientierung oder wegen ihrer geschlechtlichen Identität dienstrechtlich benachteiligten Soldatinnen und Soldaten;

24. *Leistungen, die auf Grund des Bundeskindergeldgesetzes gewährt werden;*

25. *Entschädigungen nach dem Infektionsschutzgesetz vom 20. Juli 2000 (BGBl. I S. 1045);*

26. *Einnahmen aus nebenberuflichen Tätigkeiten als Übungsleiter, Ausbilder, Erzieher, Betreuer oder vergleichbaren nebenberuflichen Tätigkeiten, aus nebenberuflichen künstlerischen Tätigkeiten oder der nebenberuflichen Pflege alter, kranker Menschen oder Menschen mit Behinderungen im Dienst oder im Auftrag einer juristischen Person des öffentlichen Rechts, die in einem Mitgliedstaat der Europäischen Union, in einem Staat, auf den das Abkommen über den Europäischen Wirtschaftsraum Anwendung findet, oder in der Schweiz belegen ist, oder einer unter § 5 Absatz 1 Nummer 9 des Körperschaftsteuergesetzes fallenden Einrichtung zur Förderung gemeinnütziger, mildtätiger und kirchlicher Zwecke (§§ 52 bis 54 der Abgabenordnung) bis zur Höhe von insgesamt 3 000 Euro im Jahr. [2]Überschreiten die Einnahmen für die in Satz 1 bezeichneten Tätigkeiten den steuerfreien Betrag, dürfen die mit den nebenberuflichen Tätigkeiten in unmittelbarem wirtschaftlichen Zusammenhang stehenden Ausgaben abweichend von § 3c nur insoweit als Betriebsausgaben oder Werbungskosten abgezogen werden, als sie den Betrag der steuerfreien Einnahmen übersteigen;*

26a. *Einnahmen aus nebenberuflichen Tätigkeiten im Dienst oder Auftrag einer juristischen Person des öffentlichen Rechts, die in einem Mitgliedstaat der Europäischen Union, in einem Staat, auf den das Abkommen über den Europäischen Wirtschaftsraum Anwendung findet, oder in der Schweiz belegen ist, oder einer unter § 5 Absatz 1 Nummer 9 des Körperschaftsteuergesetzes fallenden Einrichtung zur Förderung gemeinnütziger, mildtätiger und kirchlicher Zwecke (§§ 52 bis 54 der Abgabenordnung) bis zur Höhe von insgesamt 840 Euro im Jahr. [2]Die Steuerbefreiung ist ausgeschlossen, wenn für die Einnahmen aus der Tätigkeit – ganz oder teilweise – eine Steuerbefreiung nach § 3 Nummer 12, 26 oder 26b gewährt wird. [3]Überschreiten die Einnahmen für die in Satz 1 bezeichneten Tätigkeiten den steuerfreien Betrag, dürfen die mit den nebenberuflichen Tätigkeiten in unmittelbarem wirtschaftlichen Zusammenhang stehenden Ausgaben abweichend von § 3c nur insoweit als Betriebsausgaben oder Werbungskosten abgezogen werden, als sie den Betrag der steuerfreien Einnahmen übersteigen;*

26b. *Aufwandspauschalen nach § 1878 des Bürgerlichen Gesetzbuchs, soweit sie zusammen mit den steuerfreien Einnahmen im Sinne der Nummer 26 den*

Freibetrag nach Nummer 26 Satz 1 nicht überschreiten. [2]Nummer 26 Satz 2 gilt entsprechend;

27. der Grundbetrag der Produktionsaufgaberente und das Ausgleichsgeld nach dem Gesetz zur Förderung der Einstellung der landwirtschaftlichen Erwerbstätigkeit bis zum Höchstbetrag von 18 407 Euro;

28. die Aufstockungsbeträge im Sinne des § 3 Absatz 1 Nummer 1 Buchstabe a sowie die Beiträge und Aufwendungen im Sinne des § 3 Absatz 1 Nummer 1 Buchstabe b und des § 4 Absatz 2 des Altersteilzeitgesetzes, die Zuschläge, die versicherungsfrei Beschäftigte im Sinne des § 27 Absatz 1 Nummer 1 bis 3 des Dritten Buches Sozialgesetzbuch zur Aufstockung der Bezüge bei Altersteilzeit nach beamtenrechtlichen Vorschriften oder Grundsätzen erhalten sowie die Zahlungen des Arbeitgebers zur Übernahme der Beiträge im Sinne des § 187a des Sechsten Buches Sozialgesetzbuch, soweit sie 50 Prozent der Beiträge nicht übersteigen;

28a. Zuschüsse des Arbeitgebers zum Kurzarbeitergeld und Saison-Kurzarbeitergeld, soweit sie zusammen mit dem Kurzarbeitergeld 80 Prozent des Unterschiedsbetrags zwischen dem Soll-Entgelt und dem Ist-Entgelt nach § 106 des Dritten Buches Sozialgesetzbuch nicht übersteigen und sie für Lohnzahlungszeiträume, die nach dem 29. Februar 2020 beginnen und vor dem 1. Juli 2022 enden, geleistet werden;

29. das Gehalt und die Bezüge,

    a) die die diplomatischen Vertreter ausländischer Staaten, die ihnen zugewiesenen Beamten und die in ihren Diensten stehenden Personen erhalten. [2]Dies gilt nicht für deutsche Staatsangehörige oder für im Inland ständig ansässige Personen;

    b) der Berufskonsuln, der Konsulatsangehörigen und ihres Personals, soweit sie Angehörige des Entsendestaates sind. [2]Dies gilt nicht für Personen, die im Inland ständig ansässig sind oder außerhalb ihres Amtes oder Dienstes einen Beruf, ein Gewerbe oder eine andere gewinnbringende Tätigkeit ausüben;

30. Entschädigungen für die betriebliche Benutzung von Werkzeugen eines Arbeitnehmers (Werkzeuggeld), soweit sie die entsprechenden Aufwendungen des Arbeitnehmers nicht offensichtlich übersteigen;

31. die typische Berufskleidung, die der Arbeitgeber seinem Arbeitnehmer unentgeltlich oder verbilligt überlässt; dasselbe gilt für eine Barablösung eines nicht nur einzelvertraglichen Anspruchs auf Gestellung von typischer Berufskleidung, wenn die Barablösung betrieblich veranlasst ist und die entsprechenden Aufwendungen des Arbeitnehmers nicht offensichtlich übersteigt;

32. die unentgeltliche oder verbilligte Sammelbeförderung eines Arbeitnehmers zwischen Wohnung und erster Tätigkeitsstätte sowie bei Fahrten nach § 9 Absatz 1 Satz 3 Nummer 4a Satz 3 mit einem vom Arbeitgeber gestellten Beförderungsmittel, soweit die Sammelbeförderung für den betrieblichen Einsatz des Arbeitnehmers notwendig ist;

33. zusätzlich zum ohnehin geschuldeten Arbeitslohn erbrachte Leistungen des Arbeitgebers zur Unterbringung und Betreuung von nicht schulpflichtigen Kindern der Arbeitnehmer in Kindergärten oder vergleichbaren Einrichtungen;

34. zusätzlich zum ohnehin geschuldeten Arbeitslohn erbrachte Leistungen des Arbeitgebers zur Verhinderung und Verminderung von Krankheitsrisiken und zur Förderung der Gesundheit in Betrieben, die hinsichtlich Qualität, Zweckbindung, Zielgerichtetheit und Zertifizierung den Anforderungen der §§ 20 und 20b des Fünften Buches Sozialgesetzbuch genügen, soweit sie 600 Euro im Kalenderjahr nicht übersteigen;

34a. zusätzlich zum ohnehin geschuldeten Arbeitslohn erbrachte Leistungen des Arbeitgebers

a) an ein Dienstleistungsunternehmen, das den Arbeitnehmer hinsichtlich der Betreuung von Kindern oder pflegebedürftigen Angehörigen berät oder hierfür Betreuungspersonen vermittelt sowie

b) zur kurzfristigen Betreuung von Kindern im Sinne des § 32 Absatz 1, die das 14. Lebensjahr noch nicht vollendet haben oder die wegen einer vor Vollendung des 25. Lebensjahres eingetretenen körperlichen, geistigen oder seelischen Behinderung außerstande sind, sich selbst zu unterhalten oder pflegebedürftigen Angehörigen des Arbeitnehmers, wenn die Betreuung aus zwingenden und beruflich veranlassten Gründen notwendig ist, auch wenn sie im privaten Haushalt des Arbeitnehmers stattfindet, soweit die Leistungen 600 Euro im Kalenderjahr nicht übersteigen;

35. die Einnahmen der bei der Deutsche Post AG, Deutsche Postbank AG oder Deutsche Telekom AG beschäftigten Beamten, soweit die Einnahmen ohne Neuordnung des Postwesens und der Telekommunikation nach den Nummern 11 bis 13 und 64 steuerfrei wären;

36. Einnahmen für Leistungen zu körperbezogenen Pflegemaßnahmen, pflegerischen Betreuungsmaßnahmen oder Hilfen bei der Haushaltsführung bis zur Höhe des Pflegegeldes nach § 37 des Elften Buches Sozialgesetzbuch, mindestens aber bis zur Höhe des Entlastungsbetrages nach § 45b Absatz 1 Satz 1 des Elften Buches Sozialgesetzbuch, wenn diese Leistungen von Angehörigen des Pflegebedürftigen oder von anderen Personen, die damit eine sittliche Pflicht im Sinne des § 33 Absatz 2 gegenüber dem Pflegebedürftigen erfüllen, erbracht werden. [2]Entsprechendes gilt, wenn der Pflegebedürftige vergleichbare Leistungen aus privaten Versicherungsverträgen nach den Vorgaben des Elften Buches Sozialgesetzbuch oder nach den Beihilfevorschriften für häusliche Pflege erhält;

37. zusätzlich zum ohnehin geschuldeten Arbeitslohn vom Arbeitgeber gewährte Vorteile für die Überlassung eines betrieblichen Fahrrads, das kein Kraftfahrzeug im Sinne des § 6 Absatz 1 Nummer 4 Satz 2 ist;

38. Sachprämien, die der Steuerpflichtige für die persönliche Inanspruchnahme von Dienstleistungen von Unternehmen unentgeltlich erhält, die diese zum

Zwecke der Kundenbindung im allgemeinen Geschäftsverkehr in einem jedermann zugänglichen planmäßigen Verfahren gewähren, soweit der Wert der Prämien 1 080 Euro im Kalenderjahr nicht übersteigt;

39. der Vorteil des Arbeitnehmers im Rahmen eines gegenwärtigen Dienstverhältnisses aus der unentgeltlichen oder verbilligten Überlassung von Vermögensbeteiligungen im Sinne des § 2 Absatz 1 Nummer 1 Buchstabe a, b und f bis l und Absatz 2 bis 5 des Fünften Vermögensbildungsgesetzes in der Fassung der Bekanntmachung vom 4. März 1994 (BGBl. I S. 406), zuletzt geändert durch Artikel 2 des Gesetzes vom 7. März 2009 (BGBl. I S. 451), in der jeweils geltenden Fassung, am Unternehmen des Arbeitgebers, soweit der Vorteil insgesamt 1 440 Euro im Kalenderjahr nicht übersteigt. [2]Voraussetzung für die Steuerfreiheit ist, dass die Beteiligung mindestens allen Arbeitnehmern offensteht, die im Zeitpunkt der Bekanntgabe des Angebots ein Jahr oder länger ununterbrochen in einem gegenwärtigen Dienstverhältnis zum Unternehmen stehen. [3]Als Unternehmen des Arbeitgebers im Sinne des Satzes 1 gilt auch ein Unternehmen im Sinne des § 18 des Aktiengesetzes. [4]Als Wert der Vermögensbeteiligung ist der gemeine Wert anzusetzen;

40. 40 Prozent

a) der Betriebsvermögensmehrungen oder Einnahmen aus der Veräußerung oder der Entnahme von Anteilen an Körperschaften, Personenvereinigungen und Vermögensmassen, deren Leistungen beim Empfänger zu Einnahmen im Sinne des § 20 Absatz 1 Nummer 1 und 9 gehören, oder an einer Organgesellschaft im Sinne des § 14 oder § 17 des Körperschaftsteuergesetzes, oder aus deren Auflösung oder Herabsetzung von deren Nennkapital oder aus dem Ansatz eines solchen Wirtschaftsguts mit dem Wert, der sich nach § 6 Absatz 1 Nummer 2 Satz 3 ergibt, soweit sie zu den Einkünften aus Land- und Forstwirtschaft, aus Gewerbebetrieb oder aus selbständiger Arbeit gehören. [2]Dies gilt nicht, soweit der Ansatz des niedrigeren Teilwerts in vollem Umfang zu einer Gewinnminderung geführt hat und soweit diese Gewinnminderung nicht durch Ansatz eines Werts, der sich nach § 6 Absatz 1 Nummer 2 Satz 3 ergibt, ausgeglichen worden ist. [3]Satz 1 gilt außer für Betriebsvermögensmehrungen aus dem Ansatz mit dem Wert, der sich nach § 6 Absatz 1 Nummer 2 Satz 3 ergibt, ebenfalls nicht, soweit Abzüge nach § 6b oder ähnliche Abzüge voll steuerwirksam vorgenommen worden sind,

b) des Veräußerungspreises im Sinne des § 16 Absatz 2, soweit er auf die Veräußerung von Anteilen an Körperschaften, Personenvereinigungen und Vermögensmassen entfällt, deren Leistungen beim Empfänger zu Einnahmen im Sinne des § 20 Absatz 1 Nummer 1 und 9 gehören, oder an einer Organgesellschaft im Sinne des § 14 oder § 17 des Körperschaftsteuergesetzes. [2]Satz 1 ist in den Fällen des § 16 Absatz 3 entsprechend anzuwenden. [3]Buchstabe a Satz 3 gilt entsprechend,

c) des Veräußerungspreises oder des gemeinen Werts im Sinne des § 17 Absatz 2. [2]Satz 1 ist in den Fällen des § 17 Absatz 4 entsprechend anzuwenden,

d) der Bezüge im Sinne des § 20 Absatz 1 Nummer 1 und der Einnahmen im Sinne des § 20 Absatz 1 Nummer 9. [2]Dies gilt nur, soweit sie das Einkommen der leistenden Körperschaft nicht gemindert haben. [3]Sofern die Bezüge in einem anderen Staat auf Grund einer vom deutschen Recht abweichenden steuerlichen Zurechnung einer anderen Person zugerechnet werden, gilt Satz 1 nur, soweit das Einkommen der anderen Person oder ihr nahestehender Personen nicht niedriger ist als bei einer dem deutschen Recht entsprechenden Zurechnung. [4]Satz 1 Buchstabe d Satz 2 gilt nicht, soweit eine verdeckte Gewinnausschüttung das Einkommen einer dem Steuerpflichtigen nahe stehenden Person erhöht hat und § 32a des Körperschaftsteuergesetzes auf die Veranlagung dieser nahe stehenden Person keine Anwendung findet,

e) der Bezüge im Sinne des § 20 Absatz 1 Nummer 2,

f) der besonderen Entgelte oder Vorteile im Sinne des § 20 Absatz 3, die neben den in § 20 Absatz 1 Nummer 1 und Absatz 2 Satz 1 Nummer 2 Buchstabe a bezeichneten Einnahmen oder an deren Stelle gewährt werden,

g) des Gewinns aus der Veräußerung von Dividendenscheinen und sonstigen Ansprüchen im Sinne des § 20 Absatz 2 Satz 1 Nummer 2 Buchstabe a,

h) des Gewinns aus der Abtretung von Dividendenansprüchen oder sonstigen Ansprüchen im Sinne des § 20 Absatz 2 Satz 1 Nummer 2 Buchstabe a in Verbindung mit § 20 Absatz 2 Satz 2,

i) der Bezüge im Sinne des § 22 Nummer 1 Satz 2, soweit diese von einer nicht von der Körperschaftsteuer befreiten Körperschaft, Personenvereinigung oder Vermögensmasse stammen.

[2]Dies gilt für Satz 1 Buchstabe d bis h nur in Verbindung mit § 20 Absatz 8. [3]Satz 1 Buchstabe a, b und d bis h ist nicht anzuwenden auf Anteile, die bei Kreditinstituten und Finanzdienstleistungsinstituten dem Handelsbestand im Sinne des § 340e Absatz 3 des Handelsgesetzbuchs zuzuordnen sind; Gleiches gilt für Anteile, die bei Finanzunternehmen im Sinne des Kreditwesengesetzes, an denen Kreditinstitute oder Finanzdienstleistungsinstitute unmittelbar oder mittelbar zu mehr als 50 Prozent beteiligt sind, zum Zeitpunkt des Zugangs zum Betriebsvermögen als Umlaufvermögen auszuweisen sind. [4]Satz 1 ist nicht anzuwenden bei Anteilen an Unterstützungskassen;

40a. 40 Prozent der Vergütungen im Sinne des § 18 Absatz 1 Nummer 4;

41. (weggefallen)

42. die Zuwendungen, die auf Grund des Fulbright-Abkommens gezahlt werden;

43. der Ehrensold für Künstler sowie Zuwendungen aus Mitteln der Deutschen Künstlerhilfe, wenn es sich um Bezüge aus öffentlichen Mitteln handelt, die wegen der Bedürftigkeit des Künstlers gezahlt werden;

44. Stipendien, die aus öffentlichen Mitteln oder von zwischenstaatlichen oder überstaatlichen Einrichtungen, denen die Bundesrepublik Deutschland als

Mitglied angehört, zur Förderung der Forschung oder zur Förderung der wissenschaftlichen oder künstlerischen Ausbildung oder Fortbildung gewährt werden. [2]Das Gleiche gilt für Stipendien, die zu den in Satz 1 bezeichneten Zwecken von einer Einrichtung, die von einer Körperschaft des öffentlichen Rechts errichtet ist oder verwaltet wird, oder von einer Körperschaft, Personenvereinigung oder Vermögensmasse im Sinne des § 5 Absatz 1 Nummer 9 des Körperschaftsteuergesetzes gegeben werden. [3]Voraussetzung für die Steuerfreiheit ist, dass

a) die Stipendien einen für die Erfüllung der Forschungsaufgabe oder für die Bestreitung des Lebensunterhalts und die Deckung des Ausbildungsbedarfs erforderlichen Betrag nicht übersteigen und nach den von dem Geber erlassenen Richtlinien vergeben werden,

b) der Empfänger im Zusammenhang mit dem Stipendium nicht zu einer bestimmten wissenschaftlichen oder künstlerischen Gegenleistung oder zu einer bestimmten Arbeitnehmertätigkeit verpflichtet ist;

45. die Vorteile des Arbeitnehmers aus der privaten Nutzung von betrieblichen Datenverarbeitungsgeräten und Telekommunikationsgeräten sowie deren Zubehör, aus zur privaten Nutzung überlassenen System- und Anwendungsprogrammen, die der Arbeitgeber auch in seinem Betrieb einsetzt, und aus den im Zusammenhang mit diesen Zuwendungen erbrachten Dienstleistungen. [2]Satz 1 gilt entsprechend für Steuerpflichtige, denen die Vorteile im Rahmen einer Tätigkeit zugewendet werden, für die sie eine Aufwandsentschädigung im Sinne des § 3 Nummer 12 erhalten;

46. zusätzlich zum ohnehin geschuldeten Arbeitslohn vom Arbeitgeber gewährte Vorteile für das elektrische Aufladen eines Elektrofahrzeugs oder Hybridelektrofahrzeugs im Sinne des § 6 Absatz 1 Nummer 4 Satz 2 zweiter Halbsatz an einer ortsfesten betrieblichen Einrichtung des Arbeitgebers oder eines verbundenen Unternehmens (§ 15 des Aktiengesetzes) und für die zur privaten Nutzung überlassene betriebliche Ladevorrichtung;

47. Leistungen nach § 14a Absatz 4 und § 14b des Arbeitsplatzschutzgesetzes;

48. Leistungen nach dem Unterhaltssicherungsgesetz mit Ausnahme der Leistungen nach § 6 des Unterhaltssicherungsgesetzes;

49. (weggefallen)

50. die Beträge, die der Arbeitnehmer vom Arbeitgeber erhält, um sie für ihn auszugeben (durchlaufende Gelder), und die Beträge, durch die Auslagen des Arbeitnehmers für den Arbeitgeber ersetzt werden (Auslagenersatz);

51. Trinkgelder, die anlässlich einer Arbeitsleistung dem Arbeitnehmer von Dritten freiwillig und ohne dass ein Rechtsanspruch auf sie besteht, zusätzlich zu dem Betrag gegeben werden, der für diese Arbeitsleistung zu zahlen ist;

52. (weggefallen)

53. die Übertragung von Wertguthaben nach § 7f Absatz 1 Satz 1 Nummer 2 des Vierten Buches Sozialgesetzbuch auf die Deutsche Rentenversicherung

Bund. [2]Die Leistungen aus dem Wertguthaben durch die Deutsche Rentenversicherung Bund gehören zu den Einkünften aus nichtselbständiger Arbeit im Sinne des § 19. [3]Von ihnen ist Lohnsteuer einzubehalten;

54. *Zinsen aus Entschädigungsansprüchen für deutsche Auslandsbonds im Sinne der §§ 52 bis 54 des Bereinigungsgesetzes für deutsche Auslandsbonds in der im Bundesgesetzblatt Teil III, Gliederungsnummer -4139-2, veröffentlichten bereinigten Fassung, soweit sich die Entschädigungsansprüche gegen den Bund oder die Länder richten. [2]Das Gleiche gilt für die Zinsen aus Schuldverschreibungen und Schuldbuchforderungen, die nach den §§ 9, 10 und 14 des Gesetzes zur näheren Regelung der Entschädigungsansprüche für Auslandsbonds in der im Bundesgesetzblatt Teil III, Gliederungsnummer 4139-3, veröffentlichten bereinigten Fassung vom Bund oder von den Ländern für Entschädigungsansprüche erteilt oder eingetragen werden;*

55. *der in den Fällen des § 4 Absatz 2 Nummer 2 und Absatz 3 des Betriebsrentengesetzes vom 19. Dezember 1974 (BGBl. I S. 3610), das zuletzt durch Artikel 8 des Gesetzes vom 5. Juli 2004 (BGBl. I S. 1427) geändert worden ist, in der jeweils geltenden Fassung geleistete Übertragungswert nach § 4 Absatz 5 des Betriebsrentengesetzes, wenn die betriebliche Altersversorgung beim ehemaligen und neuen Arbeitgeber über einen Pensionsfonds, eine Pensionskasse oder ein Unternehmen der Lebensversicherung durchgeführt wird; dies gilt auch, wenn eine Versorgungsanwartschaft aus einer betrieblichen Altersversorgung auf Grund vertraglicher Vereinbarung ohne Fristerfordernis unverfallbar ist. [2]Satz 1 gilt auch, wenn der Übertragungswert vom ehemaligen Arbeitgeber oder von einer Unterstützungskasse an den neuen Arbeitgeber oder eine andere Unterstützungskasse geleistet wird. [3]Die Leistungen des neuen Arbeitgebers, der Unterstützungskasse, des Pensionsfonds, der Pensionskasse oder des Unternehmens der Lebensversicherung auf Grund des Betrags nach Satz 1 und 2 gehören zu den Einkünften, zu denen die Leistungen gehören würden, wenn die Übertragung nach § 4 Absatz 2 Nummer 2 und Absatz 3 des Betriebsrentengesetzes nicht stattgefunden hätte;*

55a. *die nach § 10 des Versorgungsausgleichsgesetzes vom 3. April 2009 (BGBl. I S. 700) in der jeweils geltenden Fassung (interne Teilung) durchgeführte Übertragung von Anrechten für die ausgleichsberechtigte Person zu Lasten von Anrechten der ausgleichspflichtigen Person. [2]Die Leistungen aus diesen Anrechten gehören bei der ausgleichsberechtigten Person zu den Einkünften, zu denen die Leistungen bei der ausgleichspflichtigen Person gehören würden, wenn die interne Teilung nicht stattgefunden hätte;*

55b. *der nach § 14 des Versorgungsausgleichsgesetzes (externe Teilung) geleistete Ausgleichswert zur Begründung von Anrechten für die ausgleichsberechtigte Person zu Lasten von Anrechten der ausgleichspflichtigen Person, soweit Leistungen aus diesen Anrechten zu steuerpflichtigen Einkünften nach den §§ 19, 20 und 22 führen würden. [2]Satz 1 gilt nicht, soweit Leistungen, die auf dem begründeten Anrecht beruhen, bei der ausgleichsberechtigten Person zu Einkünften nach § 20 Absatz 1 Nummer 6 oder § 22 Nummer 1 Satz 3*

Buchstabe a Doppelbuchstabe bb führen würden. [3]Der Versorgungsträger der ausgleichspflichtigen Person hat den Versorgungsträger der ausgleichsberechtigten Person über die für die Besteuerung der Leistungen erforderlichen Grundlagen zu informieren. [4]Dies gilt nicht, wenn der Versorgungsträger der ausgleichsberechtigten Person die Grundlagen bereits kennt oder aus den bei ihm vorhandenen Daten feststellen kann und dieser Umstand dem Versorgungsträger der ausgleichspflichtigen Person mitgeteilt worden ist;

55c. Übertragungen von Altersvorsorgevermögen im Sinne des § 92 auf einen anderen auf den Namen des Steuerpflichtigen lautenden Altersvorsorgevertrag (§ 1 Absatz 1 Satz 1 Nummer 10 Buchstabe b des Altersvorsorgeverträge-Zertifizierungsgesetzes), soweit die Leistungen zu steuerpflichtigen Einkünften nach § 22 Nummer 5 führen würden. [2]Dies gilt entsprechend

a) wenn Anwartschaften aus einer betrieblichen Altersversorgung, die über einen Pensionsfonds, eine Pensionskasse oder ein Unternehmen der Lebensversicherung (Direktversicherung) durchgeführt wird, lediglich auf einen anderen Träger einer betrieblichen Altersversorgung in Form eines Pensionsfonds, einer Pensionskasse oder eines Unternehmens der Lebensversicherung (Direktversicherung) übertragen werden, soweit keine Zahlungen unmittelbar an den Arbeitnehmer erfolgen,

b) wenn Anwartschaften der betrieblichen Altersversorgung abgefunden werden, soweit das Altersvorsorgevermögen zugunsten eines auf den Namen des Steuerpflichtigen lautenden Altersvorsorgevertrages geleistet wird,

c) wenn im Fall des Todes des Steuerpflichtigen das Altersvorsorgevermögen auf einen auf den Namen des Ehegatten lautenden Altersvorsorgevertrag übertragen wird, wenn die Ehegatten im Zeitpunkt des Todes des Zulageberechtigten nicht dauernd getrennt gelebt haben (§ 26 Absatz 1) und ihren Wohnsitz oder gewöhnlichen Aufenthalt in einem Mitgliedstaat der Europäischen Union oder einem Staat hatten, auf den das Abkommen über den Europäischen Wirtschaftsraum anwendbar ist; dies gilt auch, wenn die Ehegatten ihren vor dem Zeitpunkt, ab dem das Vereinigte Königreich Großbritannien und Nordirland nicht mehr Mitgliedstaat der Europäischen Union ist und auch nicht wie ein solcher zu behandeln ist, begründeten Wohnsitz oder gewöhnlichen Aufenthalt im Vereinigten Königreich Großbritannien und Nordirland hatten und der Vertrag vor dem 23. Juni 2016 abgeschlossen worden ist,

55d. Übertragungen von Anrechten aus einem nach § 5a Altersvorsorgeverträge-Zertifizierungsgesetz zertifizierten Vertrag auf einen anderen auf den Namen des Steuerpflichtigen lautenden nach § 5a Altersvorsorgeverträge-Zertifizierungsgesetz zertifizierten Vertrag;

55e. die auf Grund eines Abkommens mit einer zwischen- oder überstaatlichen Einrichtung übertragenen Werte von Anrechten auf Altersversorgung, soweit diese zur Begründung von Anrechten auf Altersversorgung bei einer zwischen- oder überstaatlichen Einrichtung dienen. [2]Die Leistungen auf Grund des Betrags nach Satz 1 gehören zu den Einkünften, zu denen die Leistungen gehören, die die übernehmende Versorgungseinrichtung im Übrigen erbringt;

56. *Zuwendungen des Arbeitgebers nach § 19 Absatz 1 Satz 1 Nummer 3 Satz 1 aus dem ersten Dienstverhältnis an eine Pensionskasse zum Aufbau einer nicht kapitalgedeckten betrieblichen Altersversorgung, bei der eine Auszahlung der zugesagten Alters-, Invaliditäts- oder Hinterbliebenenversorgung entsprechend § 82 Absatz 2 Satz 2 vorgesehen ist, soweit diese Zuwendungen im Kalenderjahr 2 Prozent der Beitragsbemessungsgrenze in der allgemeinen Rentenversicherung nicht übersteigen. [2]Der in Satz 1 genannte Höchstbetrag erhöht sich ab 1. Januar 2020 auf 3 Prozent und ab 1. Januar 2025 auf 4 Prozent der Beitragsbemessungsgrenze in der allgemeinen Rentenversicherung. [3]Die Beträge nach den Sätzen 1 und 2 sind jeweils um die nach § 3 Nummer 63 Satz 1, 3 oder Satz 4 steuerfreien Beträge zu mindern;*

57. *die Beträge, die die Künstlersozialkasse zugunsten des nach dem Künstlersozialversicherungsgesetz Versicherten aus dem Aufkommen von Künstlersozialabgabe und Bundeszuschuss an einen Träger der Sozialversicherung oder an den Versicherten zahlt;*

58. *das Wohngeld nach dem Wohngeldgesetz, die sonstigen Leistungen aus öffentlichen Haushalten oder Zweckvermögen zur Senkung der Miete oder Belastung im Sinne des § 11 Absatz 2 Nummer 4 des Wohngeldgesetzes sowie öffentliche Zuschüsse zur Deckung laufender Aufwendungen und Zinsvorteile bei Darlehen, die aus öffentlichen Haushalten gewährt werden, für eine zu eigenen Wohnzwecken genutzte Wohnung im eigenen Haus oder eine zu eigenen Wohnzwecken genutzte Eigentumswohnung, soweit die Zuschüsse und Zinsvorteile die Vorteile aus einer entsprechenden Förderung mit öffentlichen Mitteln nach dem Zweiten Wohnungsbaugesetz, dem Wohnraumförderungsgesetz oder einem Landesgesetz zur Wohnraumförderung nicht überschreiten, der Zuschuss für die Wohneigentumsbildung in innerstädtischen Altbauquartieren nach den Regelungen zum Stadtumbau Ost in den Verwaltungsvereinbarungen über die Gewährung von Finanzhilfen des Bundes an die Länder nach Artikel 104a Absatz 4 des Grundgesetzes zur Förderung städtebaulicher Maßnahmen;*

59. *die Zusatzförderung nach § 88e des Zweiten Wohnungsbaugesetzes und nach § 51f des Wohnungsbaugesetzes für das Saarland und Geldleistungen, die ein Mieter zum Zwecke der Wohnkostenentlastung nach dem Wohnraumförderungsgesetz oder einem Landesgesetz zur Wohnraumförderung erhält, soweit die Einkünfte dem Mieter zuzurechnen sind, und die Vorteile aus einer mietweisen Wohnungsüberlassung im Zusammenhang mit einem Arbeitsverhältnis, soweit sie die Vorteile aus einer entsprechenden Förderung nach dem Zweiten Wohnungsbaugesetz, nach dem Wohnraumförderungsgesetz oder einem Landesgesetz zur Wohnraumförderung nicht überschreiten;*

60. *das Anpassungsgeld für Arbeitnehmer der Braunkohlekraftwerke und -tagebaue sowie Steinkohlekraftwerke, die aus Anlass einer Stilllegungsmaßnahme ihren Arbeitsplatz verloren haben;*

61. Leistungen nach § 4 Absatz 1 Nummer 2, § 7 Absatz 3, §§ 9, 10 Absatz 1, §§ 13, 15 des Entwicklungshelfer-Gesetzes;

62. Ausgaben des Arbeitgebers für die Zukunftssicherung des Arbeitnehmers, soweit der Arbeitgeber dazu nach sozialversicherungsrechtlichen oder anderen gesetzlichen Vorschriften oder nach einer auf gesetzlicher Ermächtigung beruhenden Bestimmung verpflichtet ist, und es sich nicht um Zuwendungen oder Beiträge des Arbeitgebers nach den Nummern 56, 63 und 63a handelt. [2]Den Ausgaben des Arbeitgebers für die Zukunftssicherung, die auf Grund gesetzlicher Verpflichtung geleistet werden, werden gleichgestellt Zuschüsse des Arbeitgebers zu den Aufwendungen des Arbeitnehmers

    a) für eine Lebensversicherung,

    b) für die freiwillige Versicherung in der gesetzlichen Rentenversicherung,

    c) für eine öffentlich-rechtliche Versicherungs- oder Versorgungseinrichtung seiner Berufsgruppe,

    wenn der Arbeitnehmer von der Versicherungspflicht in der gesetzlichen Rentenversicherung befreit worden ist. [3]Die Zuschüsse sind nur insoweit steuerfrei, als sie insgesamt bei Befreiung von der Versicherungspflicht in der allgemeinen Rentenversicherung die Hälfte und bei Befreiung von der Versicherungspflicht in der knappschaftlichen Rentenversicherung zwei Drittel der Gesamtaufwendungen des Arbeitnehmers nicht übersteigen und nicht höher sind als der Betrag, der als Arbeitgeberanteil bei Versicherungspflicht in der allgemeinen Rentenversicherung oder in der knappschaftlichen Rentenversicherung zu zahlen wäre;

63. Beiträge des Arbeitgebers aus dem ersten Dienstverhältnis an einen Pensionsfonds, eine Pensionskasse oder für eine Direktversicherung zum Aufbau einer kapitalgedeckten betrieblichen Altersversorgung, bei der eine Auszahlung der zugesagten Alters-, Invaliditäts- oder Hinterbliebenenversorgungsleistungen entsprechend § 82 Absatz 2 Satz 2 vorgesehen ist, soweit die Beiträge im Kalenderjahr 8 Prozent der Beitragsbemessungsgrenze in der allgemeinen Rentenversicherung nicht übersteigen. [2]Dies gilt nicht, soweit der Arbeitnehmer nach § 1a Absatz 3 des Betriebsrentengesetzes verlangt hat, dass die Voraussetzungen für eine Förderung nach § 10a oder Abschnitt XI erfüllt werden. [3]Aus Anlass der Beendigung des Dienstverhältnisses geleistete Beiträge im Sinne des Satzes 1 sind steuerfrei, soweit sie 4 Prozent der Beitragsbemessungsgrenze in der allgemeinen Rentenversicherung, vervielfältigt mit der Anzahl der Kalenderjahre, in denen das Dienstverhältnis des Arbeitnehmers zu dem Arbeitgeber bestanden hat, höchstens jedoch zehn Kalenderjahre, nicht übersteigen. [4]Beiträge im Sinne des Satzes 1, die für Kalenderjahre nachgezahlt werden, in denen das erste Dienstverhältnis ruhte und vom Arbeitgeber im Inland kein steuerpflichtiger Arbeitslohn bezogen wurde, sind steuerfrei, soweit sie 8 Prozent der Beitragsbemessungsgrenze in der allgemeinen Rentenversicherung, vervielfältigt mit der Anzahl dieser Kalenderjahre, höchstens jedoch zehn Kalenderjahre, nicht übersteigen.

63a Sicherungsbeiträge des Arbeitgebers nach § 23 Absatz 1 des Betriebsrentengesetzes, soweit sie nicht unmittelbar dem einzelnen Arbeitnehmer gutgeschrieben oder zugerechnet werden;

64. bei Arbeitnehmern, die zu einer inländischen juristischen Person des öffentlichen Rechts in einem Dienstverhältnis stehen und dafür Arbeitslohn aus einer inländischen öffentlichen Kasse beziehen, die Bezüge für eine Tätigkeit im Ausland insoweit, als sie den Arbeitslohn übersteigen, der dem Arbeitnehmer bei einer gleichwertigen Tätigkeit am Ort der zahlenden öffentlichen Kasse zustehen würde. [2]Satz 1 gilt auch, wenn das Dienstverhältnis zu einer anderen Person besteht, die den Arbeitslohn entsprechend den im Sinne des Satzes 1 geltenden Vorschriften ermittelt, der Arbeitslohn aus einer öffentlichen Kasse gezahlt wird und ganz oder im Wesentlichen aus öffentlichen Mitteln aufgebracht wird. [3]Bei anderen für einen begrenzten Zeitraum in das Ausland entsandten Arbeitnehmern, die dort einen Wohnsitz oder gewöhnlichen Aufenthalt haben, ist der ihnen von einem inländischen Arbeitgeber gewährte Kaufkraftausgleich steuerfrei, soweit er den für vergleichbare Auslandsdienstbezüge nach § 55 des Bundesbesoldungsgesetzes zulässigen Betrag nicht übersteigt;

65. a) Beiträge des Trägers der Insolvenzsicherung (§ 14 des Betriebsrentengesetzes) zugunsten eines Versorgungsberechtigten und seiner Hinterbliebenen an ein Unternehmen der Lebensversicherung zur Ablösung von Verpflichtungen, die der Träger der Insolvenzsicherung im Sicherungsfall gegenüber dem Versorgungsberechtigten und seinen Hinterbliebenen hat,

b) Leistungen zur Übernahme von Versorgungsleistungen oder unverfallbaren Versorgungsanwartschaften durch eine Pensionskasse oder ein Unternehmen der Lebensversicherung in den in § 4 Abs. 4 des Betriebsrentengesetzes bezeichneten Fällen.

c) der Erwerb von Ansprüchen durch den Arbeitnehmer gegenüber einem Dritten im Fall der Eröffnung des Insolvenzverfahrens oder in den Fällen des § 7 Absatz 1 Satz 4 des Betriebsrentengesetzes, soweit der Dritte neben dem Arbeitgeber für die Erfüllung von Ansprüchen auf Grund bestehender Versorgungsverpflichtungen oder Versorgungsanwartschaften gegenüber dem Arbeitnehmer und dessen Hinterbliebenen einsteht; dies gilt entsprechend, wenn der Dritte für Wertguthaben aus einer Vereinbarung über die Altersteilzeit nach dem Altersteilzeitgesetz vom 23. Juli 1996 (BGBl. I S. 1078), zuletzt geändert durch Artikel 234 der Verordnung vom 31. Oktober 2006 (BGBl. I S. 2407), in der jeweils geltenden Fassung oder auf Grund von Wertguthaben aus einem Arbeitszeitkonto in den im ersten Halbsatz genannten Fällen für den Arbeitgeber einsteht und

d) der Erwerb von Ansprüchen durch den Arbeitnehmer im Zusammenhang mit dem Eintritt in die Versicherung nach § 8 Absatz 2 des Betriebsrentengesetzes.

[2]In den Fällen nach Buchstabe a, b und c gehören die Leistungen der Pensionskasse, des Unternehmens der Lebensversicherung oder des Dritten zu

den Einkünften, zu denen jene Leistungen gehören würden, die ohne Eintritt eines Falles nach Buchstabe a, b und c zu erbringen wären. [3]Soweit sie zu den Einkünften aus nichtselbständiger Arbeit im Sinne des § 19 gehören, ist von ihnen Lohnsteuer einzubehalten. [4]Für die Erhebung der Lohnsteuer gelten die Pensionskasse, das Unternehmen der Lebensversicherung oder der Dritte als Arbeitgeber und der Leistungsempfänger als Arbeitnehmer. [5]Im Fall des Buchstaben d gehören die Versorgungsleistungen des Unternehmens der Lebensversicherung oder der Pensionskasse, soweit sie auf Beiträgen beruhen, die bis zum Eintritt des Arbeitnehmers in die Versicherung geleistet wurden, zu den sonstigen Einkünften im Sinne des § 22 Nummer 5 Satz 1; soweit der Arbeitnehmer in den Fällen des § 8 Absatz 2 des Betriebsrentengesetzes die Versicherung mit eigenen Beiträgen fortgesetzt hat, sind die auf diesen Beiträgen beruhenden Versorgungsleistungen sonstige Einkünfte im Sinne des § 22 Nummer 5 Satz 1 oder Satz 2;

66. *Leistungen eines Arbeitgebers oder einer Unterstützungskasse an einen Pensionsfonds zur Übernahme bestehender Versorgungsverpflichtungen oder Versorgungsanwartschaften durch den Pensionsfonds, wenn ein Antrag nach § 4d Absatz 3 oder § 4e Absatz 3 gestellt worden ist;*

67. *a) das Erziehungsgeld nach dem Bundeserziehungsgeldgesetz und vergleichbare Leistungen der Länder,*

    b) das Elterngeld nach dem Bundeselterngeld- und Elternzeitgesetz und vergleichbare Leistungen der Länder,

    c) Leistungen für Kindererziehung an Mütter der Geburtsjahrgänge vor 1921 nach den §§ 294 bis 299 des Sechsten Buches Sozialgesetzbuch sowie

    d) Zuschläge, die nach den §§ 50a bis 50e des Beamtenversorgungsgesetzes oder nach den §§ 70 bis 74 des Soldatenversorgungsgesetzes oder nach vergleichbaren Regelungen der Länder für ein vor dem 1. Januar 2015 geborenes Kind oder für eine vor dem 1. Januar 2015 begonnene Zeit der Pflege einer pflegebedürftigen Person zu gewähren sind; im Falle des Zusammentreffens von Zeiten für mehrere Kinder nach § 50b des Beamtenversorgungsgesetzes oder § 71 des Soldatenversorgungsgesetzes oder nach vergleichbaren Regelungen der Länder gilt dies, wenn eines der Kinder vor dem 1. Januar 2015 geboren ist;

68. *die Hilfen nach dem Gesetz über die Hilfe für durch Anti-D-Immunprophylaxe mit dem Hepatitis-C-Virus infizierte Personen vom 2. August 2000 (BGBl. I S. 1270);*

69. *die von der Stiftung „Humanitäre Hilfe für durch Blutprodukte HIV-infizierte Personen" nach dem HIV-Hilfegesetz vom 24. Juli 1995 (BGBl. I S. 972) gewährten Leistungen;*

70. *die Hälfte*

    a) der Betriebsvermögensmehrungen oder Einnahmen aus der Veräußerung von Grund und Boden und Gebäuden, die am 1. Januar 2007 mindestens fünf

Jahre zum Anlagevermögen eines inländischen Betriebsvermögens des Steuerpflichtigen gehören, wenn diese auf Grund eines nach dem 31. Dezember 2006 und vor dem 1. Januar 2010 rechtswirksam abgeschlossenen obligatorischen Vertrages an eine REIT-Aktiengesellschaft oder einen Vor-REIT veräußert werden,

b) der Betriebsvermögensmehrungen, die auf Grund der Eintragung eines Steuerpflichtigen in das Handelsregister als REIT-Aktiengesellschaft im Sinne des REIT-Gesetzes vom 28. Mai 2007 (BGBl. I S. 914) durch Anwendung des § 13 Absatz 1 und 3 Satz 1 des Körperschaftsteuergesetzes auf Grund und Boden und Gebäude entstehen, wenn diese Wirtschaftsgüter vor dem 1. Januar 2005 angeschafft oder hergestellt wurden, und die Schlussbilanz im Sinne des § 13 Absatz 1 und 3 des Körperschaftsteuergesetzes auf einen Zeitpunkt vor dem 1. Januar 2010 aufzustellen ist.

[2]Satz 1 ist nicht anzuwenden,

a) wenn der Steuerpflichtige den Betrieb veräußert oder aufgibt und der Veräußerungsgewinn nach § 34 besteuert wird,

b) soweit der Steuerpflichtige von den Regelungen der §§ 6b und 6c Gebrauch macht,

c) soweit der Ansatz des niedrigeren Teilwerts in vollem Umfang zu einer Gewinnminderung geführt hat und soweit diese Gewinnminderung nicht durch den Ansatz eines Werts, der sich nach § 6 Absatz 1 Nummer. 1 Satz 4 ergibt, ausgeglichen worden ist,

d) wenn im Fall des Satzes 1 Buchstabe a der Buchwert zuzüglich der Veräußerungskosten den Veräußerungserlös oder im Fall des Satzes 1 Buchstabe b der Buchwert den Teilwert übersteigt. [2]Ermittelt der Steuerpflichtige den Gewinn nach § 4 Absatz 3, treten an die Stelle des Buchwerts die Anschaffungs- oder Herstellungskosten verringert um die vorgenommenen Absetzungen für Abnutzung oder Substanzverringerung,

e) soweit vom Steuerpflichtigen in der Vergangenheit Abzüge bei den Anschaffungs- oder Herstellungskosten von Wirtschaftsgütern im Sinne des Satzes 1 nach § 6b oder ähnliche Abzüge voll steuerwirksam vorgenommen worden sind,

f) wenn es sich um eine Übertragung im Zusammenhang mit Rechtsvorgängen handelt, die dem Umwandlungssteuergesetz unterliegen und die Übertragung zu einem Wert unterhalb des gemeinen Werts erfolgt.

[3]Die Steuerbefreiung entfällt rückwirkend, wenn

a) innerhalb eines Zeitraums von vier Jahren seit dem Vertragsschluss im Sinne des Satzes 1 Buchstabe a der Erwerber oder innerhalb eines Zeitraums von vier Jahren nach dem Stichtag der Schlussbilanz im Sinne des Satzes 1 Buchstabe b die REIT-Aktiengesellschaft den Grund und Boden oder das Gebäude veräußert,

b) der Vor-REIT oder ein anderer Vor-REIT als sein Gesamtrechtsnachfolger den Status als Vor-REIT gemäß § 10 Absatz 3 Satz 1 des REIT-Gesetzes verliert,

c) die REIT-Aktiengesellschaft innerhalb eines Zeitraums von vier Jahren seit dem Vertragsschluss im Sinne des Satzes 1 Buchstabe a oder nach dem Stichtag der Schlussbilanz im Sinne des Satzes 1 Buchstabe b in keinem Veranlagungszeitraum die Voraussetzungen für die Steuerbefreiung erfüllt,

d) die Steuerbefreiung der REIT-Aktiengesellschaft innerhalb eines Zeitraums von vier Jahren seit dem Vertragsschluss im Sinne des Satzes 1 Buchstabe a oder nach dem Stichtag der Schlussbilanz im Sinne des Satzes 1 Buchstabe b endet,

e) das Bundeszentralamt für Steuern dem Erwerber im Sinne des Satzes 1 Buchstabe a den Status als Vor-REIT im Sinne des § 2 Satz 4 des REIT-Gesetzes vom 28. Mai 2007 (BGBl. I S. 914) bestandskräftig aberkannt hat.

[4]Die Steuerbefreiung entfällt auch rückwirkend, wenn die Wirtschaftsgüter im Sinne des Satzes 1 Buchstabe a vom Erwerber an den Veräußerer oder eine ihm nahe stehende Person im Sinne des § 1 Absatz 2 des Außensteuergesetzes überlassen werden und der Veräußerer oder eine ihm nahe stehende Person im Sinne des § 1 Absatz 2 des Außensteuergesetzes nach Ablauf einer Frist von zwei Jahren seit Eintragung des Erwerbers als REIT-Aktiengesellschaft in das Handelsregister an dieser mittelbar oder unmittelbar zu mehr als 50 Prozent beteiligt ist. [5]Der Grundstückserwerber haftet für die sich aus dem rückwirkenden Wegfall der Steuerbefreiung ergebenden Steuern;

71. der aus einer öffentlichen Kasse gezahlte Zuschuss

a) für den Erwerb eines Anteils an einer Kapitalgesellschaft oder einer eingetragenen Genossenschaft in Höhe von bis zu 25 Prozent der Anschaffungskosten, höchstens jedoch 100 000 Euro. Voraussetzung ist, dass

aa) der Anteil an der Kapitalgesellschaft oder der eingetragenen Genossenschaft länger als drei Jahre gehalten wird,

bb) die Kapitalgesellschaft oder die eingetragene Genossenschaft, deren Anteil erworben wird,

aaa) nicht älter ist als sieben Jahre, wobei das Datum der Eintragung der Gesellschaft in das Handelsregister oder in das Genossenschaftsregister maßgeblich ist,

bbb) weniger als 50 Mitarbeiter (Vollzeitäquivalente) hat,

ccc) einen Jahresumsatz oder eine Jahresbilanzsumme von höchstens 10 Millionen Euro hat und

ddd) nicht an einem regulierten Markt notiert ist und keine solche Notierung vorbereitet,

cc) der Zuschussempfänger das 18. Lebensjahr vollendet hat oder eine GmbH oder Unternehmergesellschaft ist, bei der mindestens ein Gesellschafter das 18. Lebensjahr vollendet hat und

dd) für den Erwerb des Anteils kein Fremdkapital eingesetzt wird. Wird der Anteil von einer GmbH oder Unternehmergesellschaft im Sinne von Doppelbuchstabe cc erworben, gehören auch solche Darlehen zum Fremdkapital, die der GmbH oder Unternehmergesellschaft von ihren Anteilseignern gewährt werden und die von der GmbH oder Unternehmergesellschaft zum Erwerb des Anteils eingesetzt werden.

b) anlässlich der Veräußerung eines Anteils an einer Kapitalgesellschaft oder an einer eingetragenen Genossenschaft im Sinne von Buchstabe a in Höhe von 25 Prozent des Veräußerungsgewinns, wenn

aa) der Veräußerer eine natürliche Person ist,

bb) bei Erwerb des veräußerten Anteils bereits ein Zuschuss im Sinne von Buchstabe a gezahlt und nicht zurückgefordert wurde,

cc) der veräußerte Anteil frühestens drei Jahre (Mindesthaltedauer) und spätestens zehn Jahre (Höchsthaltedauer) nach Anteilserwerb veräußert wurde,

dd) der Veräußerungsgewinn nach Satz 2 mindestens 2.000 Euro beträgt und

ee) der Zuschuss auf 25 Prozent der Anschaffungskosten begrenzt ist.

Veräußerungsgewinn im Sinne von Satz 1 ist der Betrag, um den der Veräußerungspreis die Anschaffungskosten einschließlich eines gezahlten Agios übersteigt. Erwerbsneben- und Veräußerungskosten sind nicht zu berücksichtigen.

72. [1]die Einnahmen und Entnahmen im Zusammenhang mit dem Betrieb

a) von auf, an oder in Einfamilienhäusern (einschließlich Nebengebäuden) oder nicht Wohnzwecken dienenden Gebäuden vorhandenen Photovoltaikanlagen mit einer installierten Bruttoleistung laut Marktstammdatenregister von bis zu 30 kW (peak) und

b) von auf, an oder in sonstigen Gebäuden vorhandenen Photovoltaikanlagen mit einer installierten Bruttoleistung laut Marktstammdatenregister von bis zu 15 kW (peak) je Wohn- oder Gewerbeeinheit,

insgesamt höchstens 100 kW (peak) pro Steuerpflichtigen oder Mitunternehmerschaft. [2]Werden Einkünfte nach § 2 Absatz 1 Satz 1 Nummer 2 erzielt und sind die aus dieser Tätigkeit erzielten Einnahmen insgesamt steuerfrei nach Satz 1, ist kein Gewinn zu ermitteln. [3]In den Fällen des Satzes 2 ist § 15 Absatz 3 Nummer 1 nicht anzuwenden.

§ 3a EStG Sanierungserträge

(1) [1]Betriebsvermögensmehrungen oder Betriebseinnahmen aus einem Schuldenerlass zum Zwecke einer unternehmensbezogenen Sanierung im Sinne des Absatzes 2 (Sanierungsertrag) sind steuerfrei. [2]Sind Betriebsvermögensmehrungen

oder Betriebseinnahmen aus einem Schuldenerlass nach Satz 1 steuerfrei, sind steuerliche Wahlrechte in dem Jahr, in dem ein Sanierungsertrag erzielt wird (Sanierungsjahr) und im Folgejahr im zu sanierenden Unternehmen gewinnmindernd auszuüben. [3]Insbesondere ist der niedrigere Teilwert, der nach § 6 Absatz 1 Nummer 1 Satz 2 und Nummer 2 Satz 2 angesetzt werden kann, im Sanierungsjahr und im Folgejahr anzusetzen.

(2) Eine unternehmensbezogene Sanierung liegt vor, wenn der Steuerpflichtige für den Zeitpunkt des Schuldenerlasses die Sanierungsbedürftigkeit und die Sanierungsfähigkeit des Unternehmens, die Sanierungseignung des betrieblich begründeten Schuldenerlasses und die Sanierungsabsicht der Gläubiger nachweist.

(3) [1]Nicht abziehbare Beträge im Sinne des § 3c Absatz 4, die in Veranlagungszeiträumen vor dem Sanierungsjahr und im Sanierungsjahr anzusetzen sind, mindern den Sanierungsertrag. [2]Dieser Betrag mindert nacheinander

1. *den auf Grund einer Verpflichtungsübertragung im Sinne des § 4f Absatz 1 Satz 1 in den dem Wirtschaftsjahr der Übertragung nachfolgenden 14 Jahren verteilt abziehbaren Aufwand des zu sanierenden Unternehmens, es sei denn, der Aufwand ist gemäß § 4f Absatz 1 Satz 7 auf einen Rechtsnachfolger übergegangen, der die Verpflichtung übernommen hat und insoweit der Regelung des § 5 Absatz 7 unterliegt. [2]Entsprechendes gilt in Fällen des § 4f Absatz 2;*
2. *den nach § 15a ausgleichsfähigen oder verrechenbaren Verlust des Unternehmers (Mitunternehmers) des zu sanierenden Unternehmens des Sanierungsjahrs;*
3. *den zum Ende des dem Sanierungsjahr vorangegangenen Wirtschaftsjahrs nach § 15a festgestellten verrechenbaren Verlust des Unternehmers (Mitunternehmers) des zu sanierenden Unternehmens;*
4. *den nach § 15b ausgleichsfähigen oder verrechenbaren Verlust derselben Einkunftsquelle des Unternehmers (Mitunternehmers) des Sanierungsjahrs; bei der Verlustermittlung bleibt der Sanierungsertrag unberücksichtigt;*
5. *den zum Ende des dem Sanierungsjahr vorangegangenen Jahrs nach § 15b festgestellten verrechenbaren Verlust derselben Einkunftsquelle des Unternehmers (Mitunternehmers);*
6. *den nach § 15 Absatz 4 ausgleichsfähigen oder nicht abziehbaren Verlust des zu sanierendon Unternehmens des Sanierungsjahrs;*
7. *den zum Ende des dem Sanierungsjahr vorangegangenen Jahrs nach § 15 Absatz 4 festgestellten in Verbindung mit § 10d Absatz 4 verbleibenden Verlustvortrag, soweit er auf das zu sanierende Unternehmen entfällt;*
8. *den Verlust des Sanierungsjahrs des zu sanierenden Unternehmens;*
9. *den ausgleichsfähigen Verlust aus allen Einkunftsarten des Veranlagungszeitraums, in dem das Sanierungsjahr endet;*
10. *im Sanierungsjahr ungeachtet des § 10d Absatz 2 den nach § 10d Absatz 4 zum Ende des Vorjahrs gesondert festgestellten Verlustvortrag;*

11. in der nachfolgenden Reihenfolge den zum Ende des Vorjahrs festgestellten und den im Sanierungsjahr entstehenden verrechenbaren Verlust oder die negativen Einkünfte

a) nach § 15a,

b) nach § 15b anderer Einkunftsquellen,

c) nach § 15 Absatz 4 anderer Betriebe und Mitunternehmeranteile,

d) nach § 2a,

e) nach § 2b,

f) nach § 23 Absatz 3 Satz 7 und 8,

g) nach sonstigen Vorschriften;

12. ungeachtet der Beträge des § 10d Absatz 1 Satz 1 die negativen Einkünfte nach § 10d Absatz 1 Satz 1 des Folgejahrs und die negativen Einkünfte nach § 10d Absatz 1 Satz 2 des zweiten Folgejahres. [2]Ein Verlustrücktrag nach § 10d Absatz 1 Satz 1 und 2 ist nur möglich, soweit die Beträge nach § 10d Absatz 1 Satz 1 und 2 durch den verbleibenden Sanierungsertrag im Sinne des Satzes 4 nicht überschritten werden;

13. den zum Ende des Vorjahrs festgestellten und den im Sanierungsjahr entstehenden

a) Zinsvortrag nach § 4h Absatz 1 Satz 5,

b) [1]EBITDA-Vortrag nach § 4h Absatz 1 Satz 3. [2]Die Minderung des EBITDA-Vortrags des Sanierungsjahrs und der EBITDA-Vorträge aus vorangegangenen Wirtschaftsjahren erfolgt in ihrer zeitlichen Reihenfolge

[3]Übersteigt der geminderte Sanierungsertrag nach Satz 1 die nach Satz 2 mindernden Beträge, mindern sich insoweit nach Maßgabe des Satzes 2 auch der verteilt abziehbare Aufwand, Verluste, negative Einkünfte, Zinsvorträge oder EBITDA-Vorträge einer dem Steuerpflichtigen nahestehenden Person, wenn diese die erlassenen Schulden innerhalb eines Zeitraums von fünf Jahren vor dem Schuldenerlass auf das zu sanierende Unternehmen übertragen hat und soweit der entsprechende verteilt abziehbare Aufwand, die Verluste, negativen Einkünfte, Zinsvorträge oder EBITDA-Vorträge zum Ablauf des Wirtschaftsjahrs der Übertragung bereits entstanden waren. [4]Der sich nach den Sätzen 2 und 3 ergebende Betrag ist der verbleibende Sanierungsertrag. [5]Die nach den Sätzen 2 und 3 mindernden Beträge bleiben endgültig außer Ansatz und nehmen an den entsprechenden Feststellungen der verrechenbaren Verluste, verbleibenden Verlustvorträge und sonstigen Feststellungen nicht teil.

(3a) Bei Zusammenveranlagung sind auch die laufenden Beträge und Verlustvorträge des anderen Ehegatten einzubeziehen.

(4) [1]Sind Einkünfte aus Land- und Forstwirtschaft, Gewerbebetrieb oder selbständiger Arbeit nach § 180 Absatz 1 Satz 1 Nummer 2 Buchstabe a oder b der Abgabenordnung gesondert festzustellen, ist auch die Höhe des Sanierungsertrags nach Absatz 1 Satz 1 sowie die Höhe der nach Absatz 3 Satz 2 Nummer 1 bis 6

und 13 mindernden Beträge gesondert festzustellen. [2]Zuständig für die gesonderte Feststellung nach Satz 1 ist das Finanzamt, das für die gesonderte Feststellung nach § 180 Absatz 1 Satz 1 Nummer 2 der Abgabenordnung zuständig ist. [3]Wurden verrechenbare Verluste und Verlustvorträge ohne Berücksichtigung des Absatzes 3 Satz 2 bereits festgestellt oder ändern sich die nach Absatz 3 Satz 2 mindernden Beträge, ist der entsprechende Feststellungsbescheid insoweit zu ändern. [4]Das gilt auch dann, wenn der Feststellungsbescheid bereits bestandskräftig geworden ist; die Feststellungsfrist endet insoweit nicht, bevor die Festsetzungsfrist des Einkommensteuerbescheids oder Körperschaftsteuerbescheids für das Sanierungsjahr abgelaufen ist.

(5) [1]Erträge aus einer nach den §§ 286 ff. der Insolvenzordnung erteilten Restschuldbefreiung, einem Schuldenerlass auf Grund eines außergerichtlichen Schuldenbereinigungsplans zur Vermeidung eines Verbraucherinsolvenzverfahrens nach den §§ 304 ff. der Insolvenzordnung oder auf Grund eines Schuldenbereinigungsplans, dem in einem Verbraucherinsolvenzverfahren zugestimmt wurde oder wenn diese Zustimmung durch das Gericht ersetzt wurde, sind, soweit es sich um Betriebsvermögensmehrungen oder Betriebseinnahmen handelt, ebenfalls steuerfrei, auch wenn die Voraussetzungen einer unternehmensbezogenen Sanierung im Sinne des Absatzes 2 nicht vorliegen. [2]Absatz 3 gilt entsprechend.

§ 3b EStG Steuerfreiheit von Zuschlägen für Sonntags-, Feiertags- oder Nachtarbeit

(1) Steuerfrei sind Zuschläge, die für tatsächlich geleistete Sonntags-, Feiertags- oder Nachtarbeit neben dem Grundlohn gezahlt werden, soweit sie

1. *für Nachtarbeit 25 Prozent,*
2. *vorbehaltlich der Nummern 3 und 4 für Sonntagsarbeit 50 Prozent,*
3. *vorbehaltlich der Nummer 4 für Arbeit am 31. Dezember ab 14 Uhr und an den gesetzlichen Feiertagen 125 Prozent,*
4. *für Arbeit am 24. Dezember ab 14 Uhr, am 25. und 26. Dezember sowie am 1. Mai 150 Prozent*

des Grundlohns nicht übersteigen.

(2) [1]Grundlohn ist der laufende Arbeitslohn, der dem Arbeitnehmer bei der für ihn maßgebenden regelmäßigen Arbeitszeit für den jeweiligen Lohnzahlungszeitraum zusteht; er ist in einen Stundenlohn umzurechnen und mit höchstens 50 Euro anzusetzen. [2]Nachtarbeit ist die Arbeit in der Zeit von 20 Uhr bis 6 Uhr. [3]Sonntagsarbeit und Feiertagsarbeit ist die Arbeit in der Zeit von 0 Uhr bis 24 Uhr des jeweiligen Tages. [4]Die gesetzlichen Feiertage werden durch die am Ort der Arbeitsstätte geltenden Vorschriften bestimmt.

(3) Wenn die Nachtarbeit vor 0 Uhr aufgenommen wird, gilt abweichend von den Absätzen 1 und 2 Folgendes:

1. Für Nachtarbeit in der Zeit von 0 Uhr bis 4 Uhr erhöht sich der Zuschlagssatz auf 40 Prozent,

2. als Sonntagsarbeit und Feiertagsarbeit gilt auch die Arbeit in der Zeit von 0 Uhr bis 4 Uhr des auf den Sonntag oder Feiertag folgenden Tages.

§ 3c EStG Anteilige Abzüge

(1) Ausgaben dürfen, soweit sie mit steuerfreien Einnahmen in unmittelbarem wirtschaftlichen Zusammenhang stehen, nicht als Betriebsausgaben oder Werbungskosten abgezogen werden; Absatz 2 bleibt unberührt.

(2) [1]Betriebsvermögensminderungen, Betriebsausgaben, Veräußerungskosten oder Werbungskosten, die mit den dem § 3 Nummer 40 zugrunde liegenden Betriebsvermögensmehrungen oder Einnahmen oder mit Vergütungen nach § 3 Nummer 40a in wirtschaftlichem Zusammenhang stehen, dürfen unabhängig davon, in welchem Veranlagungszeitraum die Betriebsvermögensmehrungen oder Einnahmen anfallen, bei der Ermittlung der Einkünfte nur zu 60 Prozent abgezogen werden; Entsprechendes gilt, wenn bei der Ermittlung der Einkünfte der Wert des Betriebsvermögens oder des Anteils am Betriebsvermögen oder die Anschaffungs- oder Herstellungskosten oder der an deren Stelle tretende Wert mindernd zu berücksichtigen sind. [2]Satz 1 ist auch für Betriebsvermögensminderungen oder Betriebsausgaben im Zusammenhang mit einer Darlehensforderung oder aus der Inanspruchnahme von Sicherheiten anzuwenden, die für ein Darlehen hingegeben wurden, wenn das Darlehen oder die Sicherheit von einem Steuerpflichtigen gewährt wird, der zu mehr als einem Viertel unmittelbar oder mittelbar am Grund- oder Stammkapital der Körperschaft, der das Darlehen gewährt wurde, beteiligt ist oder war. [3]Satz 2 ist insoweit nicht anzuwenden, als nachgewiesen wird, dass auch ein fremder Dritter das Darlehen bei sonst gleichen Umständen gewährt oder noch nicht zurückgefordert hätte; dabei sind nur die eigenen Sicherungsmittel der Körperschaft zu berücksichtigen. [4]Die Sätze 2 und 3 gelten entsprechend für Forderungen aus Rechtshandlungen, die einer Darlehensgewährung wirtschaftlich vergleichbar sind. [5]Gewinne aus dem Ansatz des nach § 6 Absatz 1 Nummer 2 Satz 3 maßgeblichen Werts bleiben bei der Ermittlung der Einkünfte außer Ansatz, soweit auf die vorangegangene Teilwertabschreibung Satz 2 angewendet worden ist. [6]Satz 1 ist außerdem ungeachtet eines wirtschaftlichen Zusammenhangs mit den dem § 3 Nummer 40 zugrunde liegenden Betriebsvermögensmehrungen oder Einnahmen oder mit Vergütungen nach § 3 Nummer 40a auch auf Betriebsvermögensminderungen, Betriebsausgaben oder Veräußerungskosten eines Gesellschafters einer Körperschaft anzuwenden, soweit diese mit einer im Gesellschaftsverhältnis veranlassten unentgeltlichen Überlassung von Wirtschaftsgütern an diese Körperschaft oder bei einer teilentgeltlichen Überlassung von Wirtschaftsgütern mit dem unentgeltlichen Teil in Zusammenhang stehen und der Steuerpflichtige zu mehr als einem Viertel unmittelbar oder mittelbar am Grund- oder Stammkapital dieser Körperschaft beteiligt ist oder war. [7]Für die Anwendung des Satzes 1 ist die Absicht zur Erzielung von Betriebsvermögensmehrungen oder Einnahmen im Sinne des § 3 Nummer 40 oder von Vergütungen im Sinne des § 3 Nummer 40a ausreichend. [8]Satz 1 gilt

auch für Wertminderungen des Anteils an einer Organgesellschaft, die nicht auf Gewinnausschüttungen zurückzuführen sind. [9]§ 8b Absatz 10 des Körperschaftsteuergesetzes gilt sinngemäß.

(3) Betriebsvermögensminderungen, Betriebsausgaben oder Veräußerungskosten, die mit den Betriebsvermögensmehrungen oder Einnahmen im Sinne des § 3 Nummer 70 in wirtschaftlichem Zusammenhang stehen, dürfen unabhängig davon, in welchem Veranlagungszeitraum die Betriebsvermögensmehrungen oder Einnahmen anfallen, nur zur Hälfte abgezogen werden.

(4) [1]Betriebsvermögensminderungen oder Betriebsausgaben, die mit einem steuerfreien Sanierungsertrag im Sinne des § 3a in unmittelbarem wirtschaftlichem Zusammenhang stehen, dürfen unabhängig davon, in welchem Veranlagungszeitraum der Sanierungsertrag entsteht, nicht abgezogen werden. [2]Satz 1 gilt nicht, soweit Betriebsvermögensminderungen oder Betriebsausgaben zur Erhöhung von Verlustvorträgen geführt haben, die nach Maßgabe der in § 3a Absatz 3 getroffenen Regelungen entfallen. [3]Zu den Betriebsvermögensminderungen oder Betriebsausgaben im Sinne des Satzes 1 gehören auch Aufwendungen im Zusammenhang mit einem Besserungsschein und vergleichbare Aufwendungen. [4]Satz 1 gilt für Betriebsvermögensminderungen oder Betriebsausgaben, die nach dem Sanierungsjahr entstehen, nur insoweit, als noch ein verbleibender Sanierungsertrag im Sinne von § 3a Absatz 3 Satz 4 vorhanden ist. [5]Wurden Betriebsvermögensminderungen oder Betriebsausgaben im Sinne des Satzes 1 bereits bei einer Steuerfestsetzung oder einer gesonderten Feststellung nach § 180 Absatz 1 Satz 1 der Abgabenordnung gewinnmindernd berücksichtigt, ist der entsprechende Steuer- oder Feststellungsbescheid insoweit zu ändern. [6]Das gilt auch dann, wenn der Steuer- oder Feststellungsbescheid bereits bestandskräftig geworden ist; die Festsetzungsfrist endet insoweit nicht, bevor die Festsetzungsfrist für das Sanierungsjahr abgelaufen ist.

4.20 Pauschalierungsmöglichkeiten der Einkommensteuer

Eine Besonderheit stellt die Pauschalierungsmöglichkeit der Einkommen- bzw. Lohnsteuer dar. Nur für bestimmte nachfolgende Fälle sieht der Gesetzgeber die Pauschalierung vor:

4.20.1 Kundenbindungsprogramme, § 37a EStG

Unternehmen können auf Antrag für den steuerpflichtigen Teil der Sachprämien aus Kundenbindungsprogrammen pauschal erheben, der nicht steuerfrei ist (bspw. Miles and more).

Der Pauschalsteuersatz beträgt 2,25 %. Bemessungsgrundlage sind die gesamten Prämien, die den im Inland ansässigen Steuerpflichtigen zufließen.

Das Unternehmen ist verpflichtet, die Kunden von der Steuerübernahme zu unterrichten (§ 37a Abs. 2 EStG).

Gesetzestext (Auszug) § 37a EStG

> ***§ 37a Pauschalierung der Einkommensteuer durch Dritte***
>
> *(1) [1]Das Finanzamt kann auf Antrag zulassen, dass das Unternehmen, das Sachprämien im Sinne des § 3 Nummer 38 gewährt, die Einkommensteuer für den Teil der Prämien, der nicht steuerfrei ist, pauschal erhebt. [2]Bemessungsgrundlage der pauschalen Einkommensteuer ist der gesamte Wert der Prämien, die den im Inland ansässigen Steuerpflichtigen zufließen. [3]Der Pauschsteuersatz beträgt 2,25 Prozent.*
>
> *(2) [1]Auf die pauschale Einkommensteuer ist § 40 Absatz 3 sinngemäß anzuwenden. [2]Das Unternehmen hat die Prämienempfänger von der Steuerübernahme zu unterrichten.*
>
> *(3) [1]Über den Antrag entscheidet das Betriebsstättenfinanzamt des Unternehmens (§ 41a Absatz 1 Satz 1 Nummer 1). [2]Hat das Unternehmen mehrere Betriebsstättenfinanzämter, so ist das Finanzamt der Betriebsstätte zuständig, in der die für die pauschale Besteuerung maßgebenden Prämien ermittelt werden. [3]Die Genehmigung zur Pauschalierung wird mit Wirkung für die Zukunft erteilt und kann zeitlich befristet werden; sie erstreckt sich auf alle im Geltungszeitraum ausgeschütteten Prämien.*
>
> *(4) Die pauschale Einkommensteuer gilt als Lohnsteuer und ist von dem Unternehmen in der Lohnsteuer-Anmeldung der Betriebsstätte im Sinne des Absatzes 3 anzumelden und spätestens am zehnten Tag nach Ablauf des für die Betriebsstätte maßgebenden Lohnsteuer-Anmeldungszeitraums an das Betriebsstättenfinanzamt abzuführen.*

4.20.2 Sachzuwendungen, § 37b EStG

Sachzuwendungen an Arbeitnehmern und Geschäftspartnern können gem. § 37b EStG auf Antrag mit einem Pauschalsteuersatz von 30 % (zzgl. SolZ und KiSt) einheitlich für ein Wirtschaftsjahr abgegolten werden. Die Unternehmen sind auch hier verpflichtet, den Empfänger hierüber zu unterrichten. Beim Empfänger selbst werden die Zuwendungen weder bei der Einkommensteuer noch bei der Gewerbesteuer erfasst, eine Anrechnung bei der ESt ist nicht möglich (§ 37b Abs. 3 EStG). Die Pauschalsteuer ist als pauschale LSt abzuführen (§ 37b Abs. 4 EStG). § 37b Abs. 1 EStG regelt das Pauschalierungswahlrecht für betrieblich veranlasste Sachzuwendungen oder Geschenke nach § 4 Abs. 5 Satz 1 Nr. 1 EStG an Nichtarbeitnehmer des Steuerpflichtigen. § 37 Abs. 2 EStG regelt das Pauschalierungswahlrecht für betrieblich veranlasste Sachzuwendungen an eigene Arbeitnehmer, wenn diese zusätzlich zum geschuldeten Lohn erbracht werden. Die Pauschalierung ist allerdings gem. § 37a Abs. 1 und § 40 Abs. 2 EStG nicht auf Sondertatbestände wie Firmenwagen, Rabattgewährung, Sachbezugswerte, Durchschnittsbewertung anwendbar. Ebenfalls nicht anwendbar ist die Pauschalierung, wenn die Sachzuwendungen mit dem betriebsindividuellen Pauschalsteuersatz nach § 40 Abs. 1 EStG besteuert wurden.

Gesetzestext (Auszug) § 37b EStG

§ 37b Pauschalierung der Einkommensteuer bei Sachzuwendungen

(1) [1]Steuerpflichtige können die Einkommensteuer einheitlich für alle innerhalb eines Wirtschaftsjahres gewährten

1. *betrieblich veranlassten Zuwendungen, die zusätzlich zur ohnehin vereinbarten Leistung oder Gegenleistung erbracht werden, und*
2. *Geschenke im Sinne des § 4 Absatz 5 Satz 1 Nummer 1,*

die nicht in Geld bestehen, mit einem Pauschsteuersatz von 30 Prozent erheben. [2]Bemessungsgrundlage der pauschalen Einkommensteuer sind die Aufwendungen des Steuerpflichtigen einschließlich Umsatzsteuer; bei Zuwendungen an Arbeitnehmer verbundener Unternehmen ist Bemessungsgrundlage mindestens der sich nach § 8 Absatz 3 Satz 1 ergebende Wert. [3]Die Pauschalierung ist ausgeschlossen,

1. *soweit die Aufwendungen je Empfänger und Wirtschaftsjahr oder*
2. *wenn die Aufwendungen für die einzelne Zuwendung*

den Betrag von 10 000 Euro übersteigen.

(2) [1]Absatz 1 gilt auch für betrieblich veranlasste Zuwendungen an Arbeitnehmer des Steuerpflichtigen, soweit sie nicht in Geld bestehen und zusätzlich zum ohnehin geschuldeten Arbeitslohn erbracht werden. [2]In den Fällen des § 8 Absatz 2 Satz 2 bis 10, Absatz 3, § 40 Absatz 2 sowie in Fällen, in denen Vermögensbeteiligungen überlassen werden, ist Absatz 1 nicht anzuwenden; Entsprechendes gilt, soweit die Zuwendungen nach § 40 Absatz 1 pauschaliert worden sind. [3]§ 37a Absatz 1 bleibt unberührt.

(3) [1]Die pauschal besteuerten Sachzuwendungen bleiben bei der Ermittlung der Einkünfte des Empfängers außer Ansatz. [2]Auf die pauschale Einkommensteuer ist § 40 Absatz 3 sinngemäß anzuwenden. [3]Der Steuerpflichtige hat den Empfänger von der Steuerübernahme zu unterrichten.

(4) [1]Die pauschale Einkommensteuer gilt als Lohnsteuer und ist von dem die Sachzuwendung gewährenden Steuerpflichtigen in der Lohnsteuer-Anmeldung der Betriebsstätte nach § 41 Absatz 2 anzumelden und spätestens am zehnten Tag nach Ablauf des für die Betriebsstätte maßgebenden Lohnsteuer-Anmeldungszeitraums an das Betriebsstättenfinanzamt abzuführen. [2]Hat der Steuerpflichtige mehrere Betriebsstätten im Sinne des Satzes 1, so ist das Finanzamt der Betriebsstätte zuständig, in der die für die pauschale Besteuerung maßgebenden Sachbezüge ermittelt werden.

4.20.3 Pauschalierung der LSt bei sonstigen Bezügen nach besonderen Sätzen, § 40 Abs. 1 EStG

Eine Pauschalierung der Lohnsteuer ist bei sonstigen Bezügen von mindestens 20 Arbeitnehmern (ggf. auch wenn weniger, 40.1 LStR), aber Höchstbetrag je Arbeitnehmer 1.000 EUR, nach besonderem Steuersatz möglich.

Gesetzestext (Auszug) § 40 Abs. 1 EStG

§ 40 Pauschalierung der Lohnsteuer in besonderen Fällen

(1) [1]Das Betriebsstättenfinanzamt (§ 41a Absatz 1 Satz 1 Nummer 1) kann auf Antrag des Arbeitgebers zulassen, dass die Lohnsteuer mit einem unter Berücksichtigung der Vorschriften des § 38a zu ermittelnden Pauschsteuersatz erhoben wird, soweit

1. *von dem Arbeitgeber sonstige Bezüge in einer größeren Zahl von Fällen gewährt werden oder*
2. *in einer größeren Zahl von Fällen Lohnsteuer nachzuerheben ist, weil der Arbeitgeber die Lohnsteuer nicht vorschriftsmäßig einbehalten hat.*

[2]Bei der Ermittlung des Pauschsteuersatzes ist zu berücksichtigen, dass die in Absatz 3 vorgeschriebene Übernahme der pauschalen Lohnsteuer durch den Arbeitgeber für den Arbeitnehmer eine in Geldeswert bestehende Einnahme im Sinne des § 8 Absatz 1 darstellt (Nettosteuersatz). [3]Die Pauschalierung ist in den Fällen des Satzes 1 Nummer 1 ausgeschlossen, soweit der Arbeitgeber einem Arbeitnehmer sonstige Bezüge von mehr als 1 000 Euro im Kalenderjahr gewährt. [4]Der Arbeitgeber hat dem Antrag eine Berechnung beizufügen, aus der sich der durchschnittliche Steuersatz unter Zugrundelegung der durchschnittlichen Jahresarbeitslöhne und der durchschnittlichen Jahreslohnsteuer in jeder Steuerklasse für diejenigen Arbeitnehmer ergibt, denen die Bezüge gewährt werden sollen oder gewährt worden sind.

4.20.4 Pauschalierung der LSt bei sonstigen Bezügen mit einem festen Satz, § 40 Abs. 2 EStG

Die Pauschalsätze von 25 % bzw. 15 % ergeben sich einfach lesbar aus dem Gesetz selbst. Zu beachten ist, dass auch hier keine Anrechnung auf die Jahreslohnsteuer des Arbeitnehmers erfolgen kann.

Gesetzestext (Auszug) § 40 Abs. 2 u. 3 EStG

§ 40 Pauschalierung der Lohnsteuer in besonderen Fällen

(2) [1]Abweichend von Absatz 1 kann der Arbeitgeber die Lohnsteuer mit einem Pauschsteuersatz von 25 Prozent erheben, soweit er

1. arbeitstäglich Mahlzeiten im Betrieb an die Arbeitnehmer unentgeltlich oder verbilligt abgibt oder Barzuschüsse an ein anderes Unternehmen leistet, das arbeitstäglich Mahlzeiten an die Arbeitnehmer unentgeltlich oder verbilligt abgibt. [2]Voraussetzung ist, dass die Mahlzeiten nicht als Lohnbestandteile vereinbart sind,

1a. oder auf seine Veranlassung ein Dritter den Arbeitnehmern anlässlich einer beruflichen Tätigkeit außerhalb seiner Wohnung und ersten Tätigkeitsstätte Mahlzeiten zur Verfügung stellt, die nach § 8 Absatz 2 Satz 8 und 9 mit dem Sachbezugswert anzusetzen sind,

2. Arbeitslohn aus Anlass von Betriebsveranstaltungen zahlt,

3. Erholungsbeihilfen gewährt, wenn diese zusammen mit Erholungsbeihilfen, die in demselben Kalenderjahr früher gewährt worden sind, 156 Euro für den Arbeitnehmer, 104 Euro für dessen Ehegatten und 52 Euro für jedes Kind nicht übersteigen und der Arbeitgeber sicherstellt, dass die Beihilfen zu Erholungszwecken verwendet werden,

4. Vergütungen für Verpflegungsmehraufwendungen anlässlich einer Tätigkeit im Sinne des § 9 Absatz 4a Satz 2 oder Satz 4 zahlt, soweit die Vergütungen die nach § 9 Absatz 4a Satz 3, 5 und 6 zustehenden Pauschalen um nicht mehr als 100 Prozent übersteigen,

5. den Arbeitnehmern zusätzlich zum ohnehin geschuldeten Arbeitslohn unentgeltlich oder verbilligt Datenverarbeitungsgeräte übereignet; das gilt auch für Zubehör und Internetzugang [2]Das Gleiche gilt für Zuschüsse des Arbeitgebers, die zusätzlich zum ohnehin geschuldeten Arbeitslohn zu den Aufwendungen des Arbeitnehmers für die Internetnutzung gezahlt werden,

6. den Arbeitnehmern zusätzlich zum ohnehin geschuldeten Arbeitslohn unentgeltlich oder verbilligt die Ladevorrichtung für Elektrofahrzeuge oder Hybridelektrofahrzeuge im Sinne des § 6 Absatz 1 Nummer 4 Satz 2 zweiter Halbsatz übereignet. [2]Das Gleiche gilt für Zuschüsse des Arbeitgebers, die zusätzlich zum ohnehin geschuldeten Arbeitslohn zu den Aufwendungen des Arbeitnehmers für den Erwerb und die Nutzung dieser Ladevorrichtung gezahlt werden,

7. den Arbeitnehmern zusätzlich zum ohnehin geschuldeten Arbeitslohn unentgeltlich oder verbilligt ein betriebliches Fahrrad, das kein Kraftfahrzeug im Sinne des § 6 Absatz 1 Nummer 4 Satz 2 ist, übereignet.

[2]Der Arbeitgeber kann die Lohnsteuer mit folgenden Pauschsteuersätzen erheben:

1. mit einem Pauschsteuersatz von 15 Prozent für die nicht nach § 3 Nummer 15 steuerfreien

   a) Sachbezüge in Form einer unentgeltlichen oder verbilligten Beförderung eines Arbeitnehmers zwischen Wohnung und erster Tätigkeitsstätte sowie Fahrten nach § 9 Absatz 1 Satz 3 Nummer 4a Satz 3 oder

   b) Zuschüsse zu den Aufwendungen des Arbeitnehmers für Fahrten zwischen Wohnung und erster Tätigkeitsstätte oder Fahrten nach § 9 Absatz 1 Satz 3 Nummer 4a Satz 3, die zusätzlich zum ohnehin geschuldeten Arbeitslohn geleistet werden,

soweit die Bezüge den Betrag nicht übersteigen, den der Arbeitnehmer nach § 9 Absatz 1 Satz 3 Nummer 4 und Absatz 2 als Werbungskosten geltend machen könnte, wenn die Bezüge nicht pauschal besteuert würden; diese pauschal besteuerten Bezüge mindern die nach § 9 Absatz 1 Satz 3 Nummer 4 Satz 2 und Absatz 2 abziehbaren Werbungskosten oder

2. mit einem Pauschsteuersatz von 25 Prozent anstelle der Steuerfreiheit nach § 3 Nummer 15 einheitlich für alle dort genannten Bezüge eines Kalenderjahres, auch wenn die Bezüge dem Arbeitnehmer nicht zusätzlich zum ohnehin geschuldeten Arbeitslohn gewährt werden; für diese pauschal besteuerten Bezüge unterbleibt eine Minderung der nach § 9 Absatz 1 Satz 3 Nummer 4 Satz 2 und Absatz 2 abziehbaren Werbungskosten oder

3. mit einem Pauschsteuersatz von 25 Prozent für die Freifahrtberechtigungen, die Soldaten nach § 30 Absatz 6 des Soldatengesetzes erhalten; für diese pauschal besteuerten Bezüge unterbleibt eine Minderung der nach § 9 Absatz 1 Satz 3 Nummer 4 Satz 2 sowie Nummer 5 Satz 6 abziehbaren Werbungskosten.

[3]Die nach Satz 2 pauschalbesteuerten Bezüge bleiben bei der Anwendung des § 40a Absatz 1 bis 4 außer Ansatz. [4]Bemessungsgrundlage der pauschalen Lohnsteuer sind in den Fällen des Satzes 2 Nummer 2 und 3 die Aufwendungen des Arbeitgebers einschließlich Umsatzsteuer.

(3) [1]Der Arbeitgeber hat die pauschale Lohnsteuer zu übernehmen. [2]Er ist Schuldner der pauschalen Lohnsteuer; auf den Arbeitnehmer abgewälzte pauschale Lohnsteuer gilt als zugeflossener Arbeitslohn und mindert nicht die Bemessungsgrundlage. [3]Der pauschal besteuerte Arbeitslohn und die pauschale Lohnsteuer bleiben bei einer Veranlagung zur Einkommensteuer und beim Lohnsteuer-Jahresausgleich außer Ansatz. [4]Die pauschale Lohnsteuer ist weder auf die Einkommensteuer noch auf die Jahreslohnsteuer anzurechnen.

4.20.5 Pauschalierung bei bestimmten Zukunftssicherungsleistungen, § 40b EStG

Zuwendungen an Pensionskassen und Beiträge an Direktversicherungen können mit 20 % der Zuwendung, maximal 1.752 EUR pauschal versteuert werden.

Für **Sonderzahlungen** des Arbeitgebers an Zusatzversorgungskassen i. S. v. § 19 Abs. 1 Satz 2 Nr. 3 EStG beträgt der Pauschalsteuersatz **15 %.**

Für **Gruppenunfallversicherungen** können maximal **jährlich 100 EUR** (ohne Versicherungssteuer) stpfl. Durchschnitt je Arbeitnehmer und Jahr mit **20 %** pauschal versteuert werden.

Gesetzestext (Auszug) § 40b EStG

§ 40b Pauschalierung der Lohnsteuer bei bestimmten Zukunftssicherungsleistungen

(1) Der Arbeitgeber kann die Lohnsteuer von den Zuwendungen zum Aufbau einer nicht kapitalgedeckten betrieblichen Altersversorgung an eine Pensionskasse mit einem Pauschsteuersatz von 20 Prozent der Zuwendungen erheben.

(2) [1]Absatz 1 gilt nicht, soweit die zu besteuernden Zuwendungen des Arbeitgebers für den Arbeitnehmer 1 752 Euro im Kalenderjahr übersteigen oder nicht aus seinem ersten Dienstverhältnis bezogen werden. [2]Sind mehrere Arbeitnehmer gemeinsam in der Pensionskasse versichert, so gilt als Zuwendung für den einzelnen Arbeitnehmer der Teilbetrag, der sich bei einer Aufteilung der gesamten Zuwendungen durch die Zahl der begünstigten Arbeitnehmer ergibt, wenn dieser Teilbetrag 1 752 Euro nicht übersteigt; hierbei sind Arbeitnehmer, für die Zuwendungen von mehr als 2 148 Euro im Kalenderjahr geleistet werden, nicht einzubeziehen. [3]Für Zuwendungen, die der Arbeitgeber für den Arbeitnehmer aus Anlass der Beendigung des Dienstverhältnisses erbracht hat, vervielfältigt sich der Betrag von 1 752 Euro mit der Anzahl der Kalenderjahre, in denen das Dienstverhältnis des Arbeitnehmers zu dem Arbeitgeber bestanden hat; in diesem Fall ist Satz 2 nicht anzuwenden. [4]Der vervielfältigte Betrag vermindert sich um die nach Absatz 1 pauschal besteuerten Zuwendungen, die der Arbeitgeber in dem Kalenderjahr, in dem das Dienstverhältnis beendet wird, und in den sechs vorangegangenen Kalenderjahren erbracht hat.

(3) Von den Beiträgen für eine Unfallversicherung des Arbeitnehmers kann der Arbeitgeber die Lohnsteuer mit einem Pauschsteuersatz von 20 Prozent der Beiträge erheben, wenn mehrere Arbeitnehmer gemeinsam in einem Unfallversicherungsvertrag versichert sind und der Teilbetrag, der sich bei einer Aufteilung der gesamten Beiträge nach Abzug der Versicherungsteuer durch die Zahl der begünstigten Arbeitnehmer ergibt, 100 Euro im Kalenderjahr nicht übersteigt.

(4) In den Fällen des § 19 Absatz 1 Satz 1 Nummer 3 Satz 2 hat der Arbeitgeber die Lohnsteuer mit einem Pauschsteuersatz in Höhe von 15 Prozent der Sonderzahlungen zu erheben.

(5) [1]§ 40 Absatz 3 ist anzuwenden. [2]Die Anwendung des § 40 Absatz 1 Satz 1 Nummer 1 auf Bezüge im Sinne des Absatzes 1, des Absatzes 3 und des Absatzes 4 ist ausgeschlossen.

4.20.6 Pauschaler Steuerabzug beschränkt Steuerpflichtiger, § 49 ff. EStG

Für beschränkt Steuerpflichtige gelten Sondervorschriften. Hier findet unter Anwendung von § 50a EStG ein pauschaler Steuerabzug statt.

Gesetzestext (Auszug) § 50a EStG

§ 50a Steuerabzug bei beschränkt Steuerpflichtigen

(1) Die Einkommensteuer wird bei beschränkt Steuerpflichtigen im Wege des Steuerabzugs erhoben

1. *bei Einkünften, die durch im Inland ausgeübte künstlerische, sportliche, artistische, unterhaltende oder ähnliche Darbietungen erzielt werden, einschließlich der Einkünfte aus anderen mit diesen Leistungen zusammenhängenden Leistungen, unabhängig davon, wem die Einkünfte zufließen (§ 49 Absatz 1 Nummer 2 bis 4 und 9), es sei denn, es handelt sich um Einkünfte aus nichtselbständiger Arbeit, die bereits dem Steuerabzug vom Arbeitslohn nach § 38 Absatz 1 Satz 1 Nummer 1 unterliegen,*
2. *bei Einkünften aus der inländischen Verwertung von Darbietungen im Sinne der Nummer 1 (§ 49 Absatz 1 Nummer 2 bis 4 und 6),*
3. *bei Einkünften, die aus Vergütungen für die Überlassung der Nutzung oder des Rechts auf Nutzung von Rechten, insbesondere von Urheberrechten und gewerblichen Schutzrechten, von gewerblichen, technischen, wissenschaftlichen und ähnlichen Erfahrungen, Kenntnissen und Fertigkeiten, zum Beispiel Plänen, Mustern und Verfahren, herrühren, sowie bei Einkünften, die aus der Verschaffung der Gelegenheit erzielt werden, einen Berufssportler über einen begrenzten Zeitraum vertraglich zu verpflichten (§ 49 Absatz 1 Nummer 2, 3, 6 und 9),*
4. *bei Einkünften, die Mitgliedern des Aufsichtsrats, Verwaltungsrats oder anderen mit der Überwachung der Geschäftsführung von Körperschaften, Personenvereinigungen und Vermögensmassen im Sinne des § 1 des Körperschaftsteuergesetzes beauftragten Personen sowie von anderen inländischen Personenvereinigungen des privaten und öffentlichen Rechts, bei denen die Gesellschafter nicht als Unternehmer (Mitunternehmer) anzusehen sind, für die Überwachung der Geschäftsführung gewährt werden (§ 49 Absatz 1 Nummer 3).*

(2) [1]Der Steuerabzug beträgt 15 Prozent, in den Fällen des Absatzes 1 Nummer 4 beträgt er 30 Prozent der gesamten Einnahmen. [2]Vom Schuldner der Vergütung ersetzte oder übernommene Reisekosten gehören nur insoweit zu den Einnahmen, als die Fahrt- und Übernachtungsauslagen die tatsächlichen Kosten und die Vergütungen für Verpflegungsmehraufwand die Pauschbeträge nach § 4 Absatz 5

Satz 1 Nummer 5 übersteigen. [3]Bei Einkünften im Sinne des Absatzes 1 Nummer 1 wird ein Steuerabzug nicht erhoben, wenn die Einnahmen je Darbietung 250 Euro nicht übersteigen.

(3) [1]Der Schuldner der Vergütung kann von den Einnahmen in den Fällen des Absatzes 1 Nummer 1, 2 und 4 mit ihnen in unmittelbarem wirtschaftlichem Zusammenhang stehende Betriebsausgaben oder Werbungskosten abziehen, die ihm ein beschränkt Steuerpflichtiger in einer für das Bundeszentralamt für Steuern nachprüfbaren Form nachgewiesen hat oder die vom Schuldner der Vergütung übernommen worden sind. [2]Das gilt nur, wenn der beschränkt Steuerpflichtige Staatsangehöriger eines Mitgliedstaats der Europäischen Union oder eines anderen Staates ist, auf den das Abkommen über den Europäischen Wirtschaftsraum Anwendung findet, und im Hoheitsgebiet eines dieser Staaten seinen Wohnsitz oder gewöhnlichen Aufenthalt hat. [3]Es gilt entsprechend bei einer beschränkt steuerpflichtigen Körperschaft, Personenvereinigung oder Vermögensmasse im Sinne des § 32 Absatz 4 des Körperschaftsteuergesetzes. [4]In diesen Fällen beträgt der Steuerabzug von den nach Abzug der Betriebsausgaben oder Werbungskosten verbleibenden Einnahmen (Nettoeinnahmen), wenn

1. *Gläubiger der Vergütung eine natürliche Person ist, 30 Prozent,*
2. *Gläubiger der Vergütung eine Körperschaft, Personenvereinigung oder Vermögensmasse ist, 15 Prozent.*

4.21 Außerordentliche Einkünfte

Zur Vermeidung einer durch außerordentliche Einkünfte herrührenden starken Progression ermöglicht § 34 EStG die sog. **Fünftel-Regelung.** Die für die ermittelten Einkünfte anzusetzende Einkommensteuer beträgt das Fünffache des Unterschiedsbetrags zwischen der Einkommensteuer für das um diese Einkünfte verminderte zu versteuernde Einkommen (verbleibendes zu versteuerndes Einkommen) und der Einkommensteuer für das verbleibende zu versteuernde Einkommen zuzüglich eines Fünftels dieser Einkünfte. Ist das verbleibende zu versteuernde Einkommen negativ und das zu versteuernde Einkommen positiv, so beträgt die Einkommensteuer das Fünffache der auf ein Fünftel des zu versteuernden Einkommens entfallenden Einkommensteuer. Der **Mindeststeuersatz beträgt jedoch 14 %. Außerordenliche Einkünfte stellen keine eigene Einkunftsart dar, sie müssen unter eine Einkunftsart des § 2 Abs. 1 EStG fallen.**

Außerordentliche Einkünfte sind:

- Veräußerungsgewinne; ausgenommen sind die Veräuerungsgewinne, die gemäß § 3 Nr. 40 EStG teilweise steuerfrei sind;
- Entschädigungen
  - als Ersatz für entgangene oder eingehende Gewinne;
  - für die Änderung des Arbeitsverhältnisses;
  - für das Ausscheiden eines Mitunternehmers als Geschäftsführer der Komplementär-GmbH;
  - für die Aufgabe oder Nichtausübung einer Tätigkeit und für die Aufgabe einer Gewinnbeteiligung;
  - als Ausgleichszahlung an Handelsvertreter;
- Nutzungsvergütung und Zinsen, soweit sie für einen Zeitraum von mehr als drei Jahren nachgezahlt werden;
- Vergütung für mehrjährige Tätigkeiten;
- Einkünfte aus außerordentlichen Holznutzungen.

Gesetzestext (Auszug) § 34 EStG

§ 34 Außerordentliche Einkünfte

(1) [1]Sind in dem zu versteuernden Einkommen außerordentliche Einkünfte enthalten, so ist die auf alle im Veranlagungszeitraum bezogenen außerordentlichen Einkünfte entfallende Einkommensteuer nach den Sätzen 2 bis 4 zu berechnen. [2]Die für die außerordentlichen Einkünfte anzusetzende Einkommensteuer beträgt das Fünffache des Unterschiedsbetrags zwischen der Einkommensteuer für das um diese Einkünfte verminderte zu versteuernde Einkommen (verbleibendes zu versteuerndes Einkommen) und der Einkommensteuer für das verbleibende zu versteuernde Einkommen zuzüglich eines Fünftels dieser Einkünfte. [3]Ist das verbleibende zu versteuernde Einkommen negativ und das zu versteuernde Einkommen positiv, so beträgt die Einkommensteuer das Fünffache der auf ein Fünftel des zu versteuernden Einkommens entfallenden Einkommensteuer. [4]Die Sätze 1 bis 3 gelten nicht für außerordentliche Einkünfte im

Sinne des Absatzes 2 Nummer 1, wenn der Steuerpflichtige auf diese Einkünfte ganz oder teilweise § 6b oder § 6c anwendet.

(2) Als außerordentliche Einkünfte kommen nur in Betracht:

1. *Veräußerungsgewinne im Sinne der §§ 14, 14a Absatz 1, der §§ 16 und 18 Absatz 3 mit Ausnahme des steuerpflichtigen Teils der Veräußerungsgewinne, die nach § 3 Nummer 40 Buchstabe b in Verbindung mit § 3c Absatz 2 teilweise steuerbefreit sind;*
2. *Entschädigungen im Sinne des § 24 Nummer 1;*
3. *Nutzungsvergütungen und Zinsen im Sinne des § 24 Nummer 3, soweit sie für einen Zeitraum von mehr als drei Jahren nachgezahlt werden;*
4. *Vergütungen für mehrjährige Tätigkeiten; mehrjährig ist eine Tätigkeit, soweit sie sich über mindestens zwei Veranlagungszeiträume erstreckt und einen Zeitraum von mehr als zwölf Monaten umfasst.*

(3) [1]Sind in dem zu versteuernden Einkommen außerordentliche Einkünfte im Sinne des Absatzes 2 Nummer 1 enthalten, so kann auf Antrag abweichend von Absatz 1 die auf den Teil dieser außerordentlichen Einkünfte, der den Betrag von insgesamt 5 Millionen Euro nicht übersteigt, entfallende Einkommensteuer nach einem ermäßigten Steuersatz bemessen werden, wenn der Steuerpflichtige das 55. Lebensjahr vollendet hat oder wenn er im sozialversicherungsrechtlichen Sinne dauernd berufsunfähig ist. [2]Der ermäßigte Steuersatz beträgt 56 Prozent des durchschnittlichen Steuersatzes, der sich ergäbe, wenn die tarifliche Einkommensteuer nach dem gesamten zu versteuernden Einkommen zuzüglich der dem Progressionsvorbehalt unterliegenden Einkünfte zu bemessen wäre, mindestens jedoch 14 Prozent. [3]Auf das um die in Satz 1 genannten Einkünfte verminderte zu versteuernde Einkommen (verbleibendes zu versteuerndes Einkommen) sind vorbehaltlich des Absatzes 1 die allgemeinen Tarifvorschriften anzuwenden. [4]Die Ermäßigung nach den Sätzen 1 bis 3 kann der Steuerpflichtige nur einmal im Leben in Anspruch nehmen. [5]Erzielt der Steuerpflichtige in einem Veranlagungszeitraum mehr als einen Veräußerungs- oder Aufgabegewinn im Sinne des Satzes 1, kann er die Ermäßigung nach den Sätzen 1 bis 3 nur für einen Veräußerungs- oder Aufgabegewinn beantragen. [6]Absatz 1 Satz 4 ist entsprechend anzuwenden.

4.22 Einzelfragen

Einige der häufig auftretenden Einzelfragen zu bestimmten steuerlichen Sachverhalten sollen im Folgenden kurz dargestellt werden.

4.22.1 Eigenverbrauch/unentgeltliche Wertabgaben

Bundesministerium der Finanzen, Schreiben v. 21.12.2022, IV A 8 - S 1547/19/10001 :004

Pauschbeträge für unentgeltliche Wertabgaben (Sachentnahmen) für das Kalenderjahr 2023

Vorbemerkungen

1. *Die Pauschbeträge für unentgeltliche Wertabgaben werden auf der Grundlage der vom Statistischen Bundesamt ermittelten Aufwendungen privater Haushalte für Nahrungsmittel und Getränke festgesetzt.*
2. *Sie beruhen auf Erfahrungswerten und bieten dem Steuerpflichtigen die Möglichkeit, die Warenentnahmen monatlich pauschal zu verbuchen. Sie entbinden ihn damit von der Aufzeichnung einer Vielzahl von Einzelentnahmen (§ 148 Satz 1 Abgabenordnung).*
3. *Diese Regelung dient der Vereinfachung und lässt keine Zu- und Abschläge zur Anpassung an die individuellen Verhältnisse (z. B. individuelle persönliche Ess- oder Trinkgewohnheiten, Krankheit oder Urlaub) zu. Werden Betriebe jedoch nachweislich auf Grund einer landesrechtlichen Verordnung, einer kommunalen Allgemeinverfügung oder einer behördlichen Anweisung vollständig wegen der Corona-Pandemie geschlossen, kann in diesen Fällen ein zeitantoiliger Ansatz der Pauschbeträge erfolgen.*
4. *Der jeweilige Pauschbetrag stellt einen Jahreswert für eine Person dar. Für Kinder bis zum vollendeten 2. Lebensjahr entfällt der Ansatz eines Pauschbetrages. Bis zum vollendeten 12. Lebensjahr ist die Hälfte des jeweiligen Wertes anzusetzen. Tabakwaren sind in den Pauschbeträgen nicht enthalten. Soweit diese entnommen werden, sind die Pauschbeträge entsprechend zu erhöhen (Schätzung).*
5. *Die pauschalen Werte berücksichtigen im jeweiligen Gewerbezweig das allgemein übliche Warensortiment für Nahrungsmittel und Getränke. Unentgeltliche Wertabgaben, die weder Nahrungsmittel noch Getränke (z. B. Tabakwaren, Bekleidungsstücke, Elektrogeräte, Sonderposten) sind, müssen einzeln aufgezeichnet werden.*
6. *Bei gemischten Betrieben (Fleischerei/Metzgerei oder Bäckerei mit Lebensmittelangebot oder Gaststätten) ist nur der jeweils höhere Pauschbetrag der entsprechenden Gewerbeklasse anzusetzen.*

Pauschbeträge für unentgeltliche Wertabgaben (Sachentnahmen) 2023:

Gewerbezweig	Jahreswert für eine Person ohne Umsatzsteuer 1. Januar bis 31. Dezember 2023 (2022)		
	ermäßigter Steuersatz EUR	voller Steuersatz EUR	insgesamt EUR
Bäckerei	1.537 (1.394)	197 (268)	1.734 (1.662)
Fleischerei, Metzgerei	1.368 (1.240)	522 (537)	1.890 (1.777)
Gast- und Speisewirtschaften			
a) mit Abgabe von kalten Speisen	1.678 (1.521)	579 (588)	2.257 (2.109)
b) mit Abgabe von kalten und warmen Speisen	2.919 (2.646)	762 (755)	3.681 (3.401)
Getränkeeinzelhandel	113 (103)	254 (294)	367 (397)
Café und Konditorei	1.481 (1.342)	550 (550)	2.031 (1.892)
Milch, Milcherzeugnisse, Fettwaren und Eier (Eh.)	663 (601)	0 (90)	663 (691)
Nahrungs- und Genussmittel (Eh.)	1.284 (1.163)	339 (588)	1.623 (1.751)
Obst, Gemüse, Südfrüchte und Kartoffeln (Eh.)	353 (320)	156 (218)	509 (538)

4.22.2 Geschäfts- oder Firmenwagen

Der Firmenwagen wird Angestellten oder der Geschäftsleitung zur Nutzung überlassen. Soweit diese Personen den Firmenwagen nicht nur für geschäftliche oder berufliche Zwecke verwenden (Private Nutzung), muss die private Nutzung des Firmenwagens gem. § 6 Abs. 1 Nr. 4 EStG als geldwerter Vorteil versteuert werden.

Eine private Mitnutzung dürfte zumeist unterstellt werden. Nur durch geeignete Unterlagen (Fahrtenbuch, Aufschreibungen) oder bei Vorliegen bestimmter Voraussetzungen (Werkstattwagen mit Einbauten, keine Eignung für Privatfahrten, Auto- und Schlüsselabgabe nach Dienstschluss) kann die private Mitnutzung widerlegt werden.

Die Bewertung des geldwerten Vorteils kann nach der sog. 1%-Methode, oder durch ein Fahrtenbuch erfolgen.

➤ **Ein-Prozent-Regelung**

Voraussetzung für die Nutzung der „1%-Methode" ist, dass das zum Betriebsvermögen gehörende Kraftfahrzeug zu **mehr als 50 % betrieblich genutzt** wird (Betriebsfahrten inkl. Fahrten zwischen Wohnung und Arbeit); dies gilt auch für gemietete oder geleaste Kfz (§ 6 Abs. 1 Nr. 4 EStG).

- Für Anschaffungen zwischen 1.1.2022 bis 31.12.2024 sind die Anschaffungskosten nur zur Hälfte zu berücksichtigen, wenn die Kohlendioxidemission maximal

50 Gramm pro Kilometer oder die Reichweite des Fahrzeuges unter ausschließlicher Nutzung des elektrischen Antriebs mindestens 60 Kilometer beträgt.

- Für Anschaffungen zwischen 1.1.2025 bis 31.12.2030 sind die Anschaffungskosten nur zur hälfte zu berücksichtigen, wenn die Kohlendioxidemission maximal 50 Gramm pro Kilometer oder die Reichweite des Fahrzeuges unter ausschließlicher Nutzung des elektrischen Antriebs mindestens 80 Kilometer beträgt.
- Für Anschaffungen zwischen 1.1.2019 bis 31.12.2030 für bestimmte Fahrzeuge sind die Anschaffungskosten nur zur ein viertel zu berücksichtigen, wenn das Fahrzeug keine Kohlendioxidemission hat und der Bruttolistenpreis unter 40.000 EUR liegt (Änderung ab 1.7.2020 auf 60.000 EUR; ab 1.1.2024 planmäßig auf 70.000 EUR. Die Änderung gilt für reine Elektrofahrzeuge, deren Bruttolistenpreis höchstens 60.000 EUR bzw. 70.000 EUR beträgt und die im Zeitraum 1.1.2020 bzw. 1.1.2024 bis 31.12.2030 angeschafft oder geleast werden).

Kurzberechnung

Brutto-Inlands-Listenpreis des Fahrzeuges (im Zeitpunkt der Erstzulassung einschl. der Kosten für Sonderausstattungen und einschl. der Umsatzsteuer) – Kosten für nur betrieblich nutzbare Sonderausstattung (z. B. Doppelpedale bei Fahrschulen) – Nicht zum Listenpreis gehörend: Überführungskosten Kosten für den Kfz-Brief Zulassungskosten Kosten für das Autotelefon/Freisprecheinrichtung/Winterreifen
= Zwischensumme (bei Elektrofahrzeugen 50 %) Zwischensumme auf volle 100 EUR abzurunden davon 1 % pro Monat + 0,03 % pro km Entfernung zur Arbeit
= geldwerter Vorteil – pauschal versteuerte Fahrtkosten – private Kostenbeteiligung des Fahrers zu den Anschaffungskosten (keine laufenden Kosten wie z. B. Tanken)
= zu versteuernder geldwerter Vorteil (ohne Fahrergestellung) Zu versteuernder geldwerter Vorteil (ohne Fahrergestellung) + ggf. zu erhöhen bei Fahrergestellung nach BMF v. 28.5.1996 (BStBl I 1996, S. 654 und v. 15.7.2014, IV C 5 – S 2334/13/10003 zum BFH, Urteil v. 15.5.2013, VI R 44/11, BStBl II 2014, S. 589)
= zu versteuernder geldwerter Vorteil

Erhöhung bei Fahrergestellung		
Fahrten Wohnung – Arbeitsstätte		um 50 %
Privatfahrten	• bei überwiegender Selbststeuerung	um 25 %
	• bei häufiger Selbststeuerung	um 40 %
	• wenn überwiegend mit Fahrer	um 50 %
Familienheimfahrten		um 50 %

➤ Fahrtenbuch

Durch das Führen eines Fahrtenbuches und Nachweis beim Finanzamt kann der tatsächliche Anteil der privaten Nutzung schlüssig nachgewiesen werden (§ 6 Abs. 1 Nr. 4 Satz 3 EStG). Hier wird somit ein individuell berechneter geldwerter Vorteil auf Basis des tatsächlichen Anteils der privaten Nutzung ermittelt. Dies führt häufig zu einem geringeren geldwerten Vorteil als bei der pauschalen Besteuerung.

Ein Fahrtenbuch, das vom Finanzamt als Beweismittel anerkannt werden soll, muss bestimmte Mindestbedingungen erfüllen:

- Die Aufzeichnungen müssen **zeitnah und fortlaufend** vorgenommen werden (täglich);
- zur Verhinderung von Manipulationen ist eine **geschlossene Form der Aufzeichnung** erforderlich (keine Einzelzettel etc.)
- **Änderungen, Streichungen oder Ergänzungen müssen erkennbar sein;**
- Ausdrucke aus Tabellenkalkulationsprogrammen sind i. d. R. nicht ordnungsgemäß;
- zwingend bei beruflichen Reisen sind die Angaben: **Datum, Reiseziel, aufgesuchter Kunde/Geschäftspartner bzw. Gegenstand der dienstlichen Verrichtung sowie bei Abschluss der Fahrt der erreichte Gesamtkilometerstand und zwar je Fahrt;**
- ein **Verweis auf andere Unterlagen ist unzulässig.** Die Angaben sind im Fahrtenbuch selbst erforderlich (mit Einschränkungen, vgl. BFH v. 1.3.2012, VI R 33/10);
- **Umwegfahrten sind gesondert auszuweisen** (auch wenn sie verkehrsbedingt, beispielsweise Umleitung oder Stau, waren);
- **Fahrtenbücher in elektronischer Form** werden nur anerkannt, wenn gewährleistet ist, dass nachträgliche Änderungen ausgeschlossen sind oder dokumentiert werden (Protokoll). Regelmäßiges Problem: Nachtrag von Kunde bzw. Geschäftspartner, Zweck der Fahrt am PC nicht ausreichend da meist nicht zeitnah.

Literaturhinweise:

- Gesetzliche Regelung: § 8 Abs. 2 Sätze 2, 3 EStG i. V. m. § 6 Abs. 1 Nr. 4 Satz 2 EStG (1-%-Regelung), sowie § 8 Abs. 2 Satz 4 EStG (Fahrtenbuchmethode).
- Die Finanzverwaltung hat in R 8.1 Abs. 9 LStR zur Überlassung von Dienstwagen an Arbeitnehmer ausführlich Stellung genommen. Ausführungen zum elektronischen Fahrtenbuch, zur Berechnung der Gesamtkosten und der Anrechnung von Nutzungsentgelten ergeben sich aus BMF v. 3.3.2022, (BStBl I 2022, S. 232). Zur Überlassung von Elektro- und Hybridelektrofahrzeugen als Dienstwagen siehe BMF v. 5.11.2021, (BStBl I 2021, S. 2205); zur steuerfreien Überlassung von Ladestrom und Ladestationen siehe BMF v. 29.9.2020, (BStBl II 2020, S. 972).
- Zur Umsatzsteuer BMF v. 2.1.2012 (BStBl 2012 I, S. 60), v. 2.1.2014 (BStBl I 2014, S. 119) und BMF v. 5.6.2014, IV D 2 – S 7300/07/10002 :001. Zur Elektro- und Hybridfahrzeugen BMF v. 7.2.2022, III C 2 – S 7300/19/10004 :001.
- Sozialversicherungspflicht aus § 14 Abs. 1 SGB IV, § 3 SVEV.

***BMF-Schreiben zu betrieblichen Kfz v. 18.11.2009*[3]**

Ertragsteuerliche Erfassung der Nutzung eines betrieblichen Kraftfahrzeugs zu Privatfahrten, zu Fahrten zwischen Wohnung und Betriebsstätte sowie zu Familienheimfahrten nach § 4 Absatz 5 Satz 1 Nummer 6 und § 6 Absatz 1 Nummer 4 Satz 1 bis 3 EStG; Berücksichtigung der Änderungen durch das Gesetz zur Eindämmung missbräuchlicher Steuergestaltungen vom 28. April 2006 (BStBl. I S. 353) und des Gesetzes zur Fortführung der Gesetzeslage 2006 bei der Entfernungspauschale vom 20. April 2009 (BGBl. I S. 774, BStBl I S. 536)

Bezug: BMF-Schreiben vom 21. Januar 2002 (BStBl I S. 148), 27. August 2004 (BStBl I S. 864) und vom 7. Juli 2006 (BStBl I S. 446)

IV C 6 – S 2177/07/10004

2009/0725394

[...]

Im Einvernehmen mit den obersten Finanzbehörden der Länder gilt für die ertragsteuerliche Erfassung der Nutzung eines betrieblichen Kraftfahrzeugs zu Privatfahrten, zu Fahrten zwischen Wohnung und Betriebsstätte sowie zu Familienheimfahrten nach § 4 Absatz 5 Satz 1 Nummer 6 und § 6 Absatz 1 Nummer 4 Satz 1 bis 3 EStG Folgendes:

I. Anwendungsbereich des § 4 Absatz 5 Satz 1 Nummer 6 und des § 6 Absatz 1 Nummer 4 Satz 2 bis 3 EStG

1. Betriebliche Nutzung eines Kraftfahrzeugs

1 *Die Zuordnung von Kraftfahrzeugen zu einem Betriebsvermögen richtet sich nach allgemeinen Grundsätzen (R 4.2 Absatz 1 EStR 2008). Zur betrieblichen Nutzung zählt auch die auf Wege zwischen Wohnung und Betriebsstätte und Familienheimfahrten entfallende Nutzung gemäß § 4 Absatz 5 Satz 1 Nummer 6 EStG.*

Der private Nutzungsanteil eines zum Betriebsvermögen gehörenden Kraftfahrzeugs ist nach § 6 Absatz 1 Nummer 4 Satz 2 EStG mit 1 Prozent des inländischen Listenpreises zu bewerten, wenn dieses zu mehr als 50 Prozent betrieblich genutzt wird. Dies gilt auch für gemietete oder geleaste Kraftfahrzeuge. Kraftfahrzeuge i. S. dieser Regelung sind Kraftfahrzeuge, die typischerweise nicht nur vereinzelt und gelegentlich für private Zwecke genutzt werden (BFH-Urteil vom 13. Februar 2003, BStBl II S. 472). Hierzu zählen beispielsweise auch Geländekraftfahrzeuge, wobei die kraftfahrzeugsteuerrechtliche Einordnung vor der Neuregelung in § 2 Absatz 2a KraftStG zum 1. Mai 2005 unerheblich ist. Keine Kraftfahrzeuge i. d. S. sind Zugmaschinen oder Lastkraftwagen, die kraftfahrzeugsteuerrechtlich „andere Kraftfahrzeuge" sind.

---

3 Weitere Anwendung bestätigt durch BMF (BStBl. I, 2023, S. 406).

2 *Die bloße Behauptung, das Kraftfahrzeug werde nicht für Privatfahrten genutzt oder Privatfahrten würden ausschließlich mit anderen Kraftfahrzeugen durchgeführt, reicht nicht aus, um von dem Ansatz eines privaten Nutzungsanteils abzusehen (BFH-Urteil vom 13. Februar 2003, BStBl II S. 472). Vielmehr trifft den Steuerpflichtigen die objektive Beweislast, wenn ein nach der Lebenserfahrung untypischer Sachverhalt, wie z. B. die ausschließlich betriebliche Nutzung des einzigen betrieblichen Kraftfahrzeugs eines Unternehmers, der Besteuerung zugrunde gelegt werden soll.*

3 *Die Anwendung von § 4 Absatz 5 Satz 1 Nummer 6 EStG setzt voraus, dass ein Kraftfahrzeug für Fahrten zwischen Wohnung und Betriebsstätte oder für Familienheimfahrten genutzt wird. Die Zugehörigkeit des Kraftfahrzeugs zum Betriebsvermögen des Steuerpflichtigen ist hierbei nicht erforderlich. Für ein Kraftfahrzeug im Privatvermögen des Steuerpflichtigen werden im Ergebnis nur Aufwendungen in Höhe der Entfernungspauschale i. S. d. § 9 Absatz 1 Satz 3 Nummer 4 und Nummer 5 Satz 1 bis 6 EStG zum Abzug zugelassen. Die Regelung des § 9 Absatz 2 EStG ist entsprechend anzuwenden.*

2. Nachweis der betrieblichen Nutzung i. S. d. § 6 Absatz 1 Nummer 4 Satz 2 EStG

4 *Der Umfang der betrieblichen Nutzung ist vom Steuerpflichtigen darzulegen und glaubhaft zu machen. Dies kann in jeder geeigneten Form erfolgen. Auch die Eintragungen in Terminkalendern, die Abrechnung gefahrener Kilometer gegenüber den Auftraggebern, Reisekostenaufstellungen sowie andere Abrechnungsunterlagen können zur Glaubhaftmachung geeignet sein. Sind entsprechende Unterlagen nicht vorhanden, kann die überwiegende betriebliche Nutzung durch formlose Aufzeichnungen über einen repräsentativen zusammenhängenden Zeitraum (i. d. R. 3 Monate) glaubhaft gemacht werden. Dabei reichen Angaben über die betrieblich veranlassten Fahrten (jeweiliger Anlass und die jeweils zurückgelegte Strecke) und die Kilometerstände zu Beginn und Ende des Aufzeichnungszeitraumes aus.*

5 *Auf einen Nachweis der betrieblichen Nutzung kann verzichtet werden, wenn sich bereits aus Art und Umfang der Tätigkeit des Steuerpflichtigen ergibt, dass das Kraftfahrzeug zu mehr als 50 Prozent betrieblich genutzt wird. Dies kann in der Regel bei Steuerpflichtigen angenommen werden, die ihr Kraftfahrzeug für eine durch ihren Betrieb oder Beruf bedingte typische Reisetätigkeit benutzen oder die zur Ausübung ihrer räumlich ausgedehnten Tätigkeit auf die ständige Benutzung des Kraftfahrzeugs angewiesen sind (z. B. bei Taxiunternehmern, Handelsvertretern, Handwerkern der Bau- und Baunebengewerbe, Landtierärzten). Diese Vermutung gilt, wenn ein Steuerpflichtiger mehrere Kraftfahrzeuge im Betriebsvermögen hält, nur für das Kraftfahrzeug mit der höchsten Jahreskilometerleistung. Für die weiteren Kraftfahrzeuge gelten die allgemeinen Grundsätze. Die Vermutungsregelung ist nicht anzuwenden, sobald für ein weiteres Kraftfahrzeug der Nachweis über die überwiegende betriebliche Nutzung erbracht wird.*

6 *Keines weiteren Nachweises bedarf es, wenn die Fahrten zwischen Wohnung und Betriebsstätte und die Familienheimfahrten mehr als 50 Prozent der Jahreskilometerleistung des Kraftfahrzeugs ausmachen.*

7 *Hat der Steuerpflichtige den betrieblichen Nutzungsumfang des Kraft-fahrzeugs einmal dargelegt, so ist – wenn sich keine wesentlichen Veränderungen in Art oder Umfang der Tätigkeit oder bei den Fahrten zwischen Wohnung und Betriebsstätte ergeben – auch für die folgenden Veranlagungszeiträume von diesem Nutzungsumfang auszugehen. Ein Wechsel der Kraftfahrzeugklasse kann im Einzelfall Anlass für eine erneute Prüfung des Nutzungsumfangs sein. Die im Rahmen einer rechtmäßigen Außenprüfung erlangten Kenntnisse bestimmter betrieblicher Verhältnisse des Steuerpflichtigen in den Jahren des Prüfungszeitraumes lassen Schlussfolgerungen auf die tatsächlichen Gegebenheiten in den Jahren vor oder nach dem Prüfungszeitraum zu (BFH-Urteil vom 28. August 1987, BStBl II 1988 S. 2).*

3. Methodenwahl

8 *Wird das Kraftfahrzeug zu mehr als 50 Prozent betrieblich genutzt, kann der Steuerpflichtige die Wahl zwischen der Besteuerung nach § 6 Absatz 1 Nummer 4 Satz 2 EStG (1 %-Regelung) oder nach § 6 Absatz 1 Nummer 4 Satz 3 EStG (Fahrtenbuchmethode, Randnummer 21 bis 30) durch Einreichen der Steuererklärung beim Finanzamt vornehmen; die Methodenwahl muss für das Wirtschaftsjahr einheitlich getroffen werden. Im Fall des Kraftfahrzeugwechsels (vgl. Randnummer 9) ist auch während eines Wirtschaftsjahres der Übergang zu einer anderen Ermittlungsmethode zulässig. Das Wahlrecht kann bis zur Bestandskraft der Steuerfestsetzung ausgeübt oder geändert werden.*

4. Kraftfahrzeugwechsel

9 *Wird das auch privat genutzte Kraftfahrzeug im laufenden Wirtschaftsjahr ausgewechselt, z. B. bei Veräußerung des bisher genutzten und Erwerb eines neuen Kraftfahrzeugs, ist der Ermittlung der pauschalen Wertansätze im Monat des Kraftfahrzeugwechsels der inländische Listenpreis des Kraftfahrzeugs zugrunde zu legen, das der Steuerpflichtige nach der Anzahl der Tage überwiegend genutzt hat.*

II. Pauschale Ermittlung des privaten Nutzungswerts

1. Listenpreis

10 *Für den pauschalen Nutzungswert ist der inländische Listenpreis des Kraftfahrzeugs im Zeitpunkt seiner Erstzulassung zuzüglich der Kosten für Sonderausstattung (z. B. Navigationsgerät, BFH-Urteil vom 16. Februar 2005, BStBl II S. 563) einschließlich der Umsatzsteuer (BFH-Urteil vom 6. März 2003, BStBl II S. 704) maßgebend. Das gilt auch für reimportierte Kraftfahrzeuge. Soweit das reimportierte Kraftfahrzeug mit zusätzlicher Sonderausstattung versehen ist, die sich im inländischen Listenpreis nicht niedergeschlagen hat, ist der Wert der Sonderausstattung, der sich aus der Preisliste des Herstellers ergibt, zusätzlich zu berücksichtigen. Soweit das reimportierte Kraftfahrzeug geringwertiger ausgestattet ist, ist der Wert der „Minderausstattung" anhand des inländischen Listenpreises eines vergleichbaren inländischen Kraftfahrzeugs angemessen zu berücksichtigen. Kosten für nur betrieblich nutzbare Sonderausstattung, wie z. B. der zweite Pedalsatz eines Fahrschulkraftfahrzeugs, sind nicht anzusetzen. Für Kraftfahrzeuge, für die der inländische Listenpreis nicht ermittelt werden kann, ist dieser zu schätzen. Der*

Listenpreis ist auf volle Hundert Euro abzurunden. Für Veranlagungszeiträume ab 2002 ist der Listenpreis für vor dem 1. Januar 2002 angeschaffte oder hergestellte Kraftfahrzeuge zunächst in Euro umzurechnen und danach auf volle Hundert Euro abzurunden.

11 *Zeitpunkt der Erstzulassung ist der Tag, an dem das Kraftfahrzeug das erste Mal zum Straßenverkehr zugelassen worden ist. Das gilt auch für gebraucht erworbene Kraftfahrzeuge. Zeitpunkt der Erstzulassung des Kraftfahrzeugs ist nicht der Zeitpunkt der Erstzulassung des Kraftfahrzeugtyps, sondern des jeweiligen individuellen Kraftfahrzeugs. Bei inländischen Kraftfahrzeugen ergibt sich das Datum aus den Zulassungspapieren. Macht der Steuerpflichtige geltend, dass für ein importiertes oder ein reimportiertes Kraftfahrzeug ein anderes Datum maßgebend sei, trifft ihn die objektive Beweislast.*

2. Nutzung mehrerer Kraftfahrzeuge und Nutzung durch mehrere Nutzungsberechtigte

a) Einzelunternehmen

[Anmerkung des Autors: Die Rn. 12 wurde durch BMF-Schreiben v. 15.11.2012 geändert]

12 *Gehören gleichzeitig mehrere Kraftfahrzeuge zum Betriebsvermögen, so ist der pauschale Nutzungswert grundsätzlich für jedes Kraftfahrzeug anzusetzen, das vom Steuerpflichtigen oder zu seiner Privatsphäre gehörenden Personen für Privatfahrten genutzt wird (vgl. Randnummer 2). Kann der Steuerpflichtige dagegen glaubhaft machen, dass bestimmte betriebliche Kraftfahrzeuge ausschließlich betrieblich genutzt werden, weil sie für eine private Nutzung nicht geeignet sind (z. B. bei sog. Werkstattwagen – BFH-Urteil vom 18. Dezember 2008 – VI R 34/07 – BStBl II S. 381) oder diese ausschließlich eigenen Arbeitnehmern zur Nutzung überlassen werden, ist für diese Kraftfahrzeuge kein pauschaler Nutzungswert zu ermitteln. Dies gilt entsprechend für Kraftfahrzeuge, die nach der betrieblichen Nutzungszuweisung nicht zur privaten Nutzung zur Verfügung stehen. Hierzu können z. B. Vorführwagen eines Kraftfahrzeughändlers, zur Vermietung bestimmte Kraftfahrzeuge oder Kraftfahrzeuge von Steuerpflichtigen, die ihre Tätigkeit nicht in einer festen örtlichen Einrichtung ausüben oder die ihre Leistungen nur durch den Einsatz eines Kraftfahrzeugs erbringen können, gehören. Gibt der Steuerpflichtige in derartigen Fällen in seiner Gewinnermittlung durch den Ansatz einer Nutzungsentnahme an, dass von ihm das Kraftfahrzeug mit dem höchsten Listenpreis auch privat genutzt wird, ist diesen Angaben aus Vereinfachungsgründen zu folgen und für weitere Kraftfahrzeuge kein zusätzlicher pauschaler Nutzungswert anzusetzen. Für die private Nutzung von betrieblichen Kraftfahrzeugen durch zur Privatsphäre des Steuerpflichtigen gehörende Personen gilt dies entsprechend, wenn je Person das Kraftfahrzeug mit dem nächsthöchsten Listenpreis berücksichtigt wird. Wird ein Kraftfahrzeug gemeinsam vom Steuerpflichtigen und einem oder mehreren Arbeitnehmern genutzt, so ist bei pauschaler Nutzungswertermittlung für Privatfahrten der Nutzungswert von 1 Prozent des Listenpreises entsprechend der Zahl der Nutzungsberechtigten aufzuteilen. Es gilt die widerlegbare Vermutung, dass für*

Fahrten zwischen Wohnung und Betriebsstätte und für Familienheimfahrten das Kraftfahrzeug mit dem höchsten Listenpreis genutzt wird.

Beispiel 1:

Zum Betriebsvermögen des Versicherungsmaklers C gehören fünf Kraftfahrzeuge, von denen vier von C, seiner Ehefrau und dem erwachsenen Sohn auch zu Privatfahrten genutzt werden; von C auch für Fahrten zwischen Wohnung und Betriebsstätte. Ein Kraftfahrzeug wird ausschließlich einem Angestellten auch zur privaten Nutzung überlassen; der Nutzungsvorteil wird bei diesem lohnversteuert. Die betriebliche Nutzung der Kraftfahrzeuge beträgt jeweils mehr als 50 Prozent. Es befindet sich kein weiteres Kraftfahrzeug im Privatvermögen. Die private Nutzungsentnahme nach § 6 Absatz 1 Nummer 4 Satz 2 EStG ist für vier Kraftfahrzeuge anzusetzen, und zwar mit jeweils 1 Prozent des Listenpreises. Zusätzlich ist für Fahrten zwischen Wohnung und Betriebsstätte der Betriebsausgabenabzug zu kürzen. Dabei ist der höchste Listenpreis zugrunde zu legen.

Beispiel 2:

Zum Betriebsvermögen eines Architekturbüros gehören sechs Kraftfahrzeuge, die jeweils vom Betriebsinhaber, seiner Ehefrau und den Angestellten/freien Mitarbeitern genutzt werden. Der Steuerpflichtige erklärt glaubhaft eine Nutzungsentnahme für die zwei von ihm und seiner Ehefrau auch privat genutzten Kraftfahrzeuge mit den höchsten Listenpreisen. Die übrigen Kraftfahrzeuge werden den Angestellten/freien Mitarbeitern nicht zur privaten Nutzung überlassen; sie werden im Rahmen ihrer Tätigkeit genutzt, um die Bauprojekte zu betreuen und zu überwachen. Eine Nutzungswertbesteuerung der vier weiteren Kraftfahrzeuge ist nicht vorzunehmen. Weist der Steuerpflichtige dem betrieblichen Kraftfahrzeug eine bestimmte Funktion im Betrieb zu und erklärt er zudem durch den Ansatz einer Nutzungsentnahme für zwei andere Fahrzeuge, dass er und die zu seiner Privatsphäre gehörenden Personen jenes Kraftfahrzeug nicht privat nutzen, so soll dieser Erklärung grundsätzlich gefolgt werden. Die reine Möglichkeit der privaten Nutzung der den Mitarbeitern zur Betreuung und Überwachung von Bauprojekten zugeordneten Kraftfahrzeuge (z. B. am Wochenende) führt nicht zum Ansatz einer weiteren Nutzungsentnahme.

b) Personengesellschaft

13 Befinden sich Kraftfahrzeuge im Betriebsvermögen einer Personengesellschaft, ist ein pauschaler Nutzungswert für den Gesellschafter anzusetzen, dem die Nutzung des Kraftfahrzeugs zuzurechnen ist. Randnummer 12 ist entsprechend anzuwenden.

Beispiel 3:

Der IJK-OHG gehören die Gesellschafter I, J und K an. Es befinden sich 4 Kraftfahrzeuge im Betriebsvermögen. Die Gesellschafter I und K sind alleinstehend. Niemand aus ihrer Privatsphäre nutzt die betrieblichen Kraftfahrzeuge. Der Gesellschafter J ist verheiratet. Seine Ehefrau nutzt ein betriebliches Kraftfahrzeug auch zu Privatfahrten. Die betriebliche Nutzung der Kraftfahrzeuge beträgt jeweils mehr als 50 Prozent. Die Bruttolistenpreise der Kraftfahrzeuge betragen 80.000 EUR,

65.000 EUR, 50.000 EUR und 40.000 EUR. I nutzt das 80.000 EUR-Kraftfahrzeug, J das 50.000 EUR-Kraftfahrzeug, K das 65.000 EUR-Kraftfahrzeug und Frau J das 40.000 EUR-Kraftfahrzeug. Die private Nutzungsentnahme ist monatlich für den Gesellschafter I mit 1 Prozent von 80.000 EUR, für den Gesellschafter K mit 1 Prozent von 65.000 EUR und für den Gesellschafter J mit 1 Prozent von 50.000 EUR zuzüglich 1 Prozent von 40.000 EUR anzusetzen.

3. Nur gelegentliche Nutzung des Kraftfahrzeugs

14 *Der pauschale Nutzungswert und die nicht abziehbaren Betriebsausgaben sind auch dann mit den Monatswerten zu ermitteln, wenn das Kraftfahrzeug nur gelegentlich zu Privatfahrten oder zu Fahrten zwischen Wohnung und Betriebsstätte genutzt wird.*

15 *Die Monatswerte sind nicht anzusetzen für volle Kalendermonate, in denen eine private Nutzung oder eine Nutzung zu Fahrten zwischen Wohnung und Betriebsstätte ausgeschlossen ist.*

16 *Hat ein Steuerpflichtiger mehrere Betriebsstätten in unterschiedlicher Entfernung von der Wohnung, kann bei der pauschalen Berechnung der nicht abziehbaren Betriebsausgaben nach § 4 Absatz 5 Satz 1 Nummer 6 EStG die Entfernung zur näher gelegenen Betriebsstätte zugrunde gelegt werden. Die Fahrten zur weiter entfernt gelegenen Betriebsstätte sind zusätzlich mit 0,002 Prozent des inländischen Listenpreises i. S. d. § 6 Absatz 1 Nummer 4 Satz 2 EStG für jeden weiteren Entfernungskilometer (Differenz zwischen den Entfernungen der Wohnung zur jeweiligen Betriebsstätte) anzusetzen.*

Beispiel 4:

Der Unternehmer A wohnt in A-Stadt und hat dort eine Betriebsstätte (Entfernung zur Wohnung 30 km). Eine zweite Betriebsstätte unterhält er in B-Stadt (Entfernung zur Wohnung 100 km). A fahrt zwischen Wohnung und Betriebsstätte mit dem Betriebs-Kraftfahrzeug (Bruttolistenpreis: 22.500 EUR). Er ist an 40 Tagen von der Wohnung zur Betriebsstätte in B-Stadt gefahren, an den anderen Tagen zur Betriebsstätte in A-Stadt (insgesamt an 178 Tagen). Die nicht abziehbaren Betriebsausgaben sind wie folgt zu ermitteln:

a)	*22.500 EUR x 0,03% x 30 km x 12 Monate =*	*2.430,00 EUR*	
	./. 178 Tage x 30 km x 0,30 EUR =	*1.602,00 EUR*	
			828,00 EUR
b)	*22.500 EUR x 0,002% x 70 (100 ./. 30) km x 40 Tage =*	*1.260,00 EUR*	
	./. 40 Tage x 100 km x 0,30 EUR =	*1.200,00 EUR*	
			60,00 EUR
			888,00 EUR

4. Nutzung im Rahmen unterschiedlicher Einkunftsarten

17 *Nutzt der Steuerpflichtige das betriebliche Kraftfahrzeug auch im Rahmen anderer Einkunftsarten, sind die auf diese außerbetriebliche, aber nicht private Nutzung entfallenden Aufwendungen grundsätzlich nicht mit dem nach § 6 Absatz 1 Nummer 4 Satz 2 EStG (1 %-Regelung) ermittelten Betrag abgegolten (BFH-Urteil vom 26. April 2006, BStBl II 2007 S. 445). Es bestehen keine Bedenken, diese Entnahme mangels anderer Anhaltspunkte mit 0,001 % des inländischen Listenpreises des Kraftfahrzeugs je gefahrenem Kilometer zu bewerten; dieser Entnahmewert stellt vorbehaltlich bestehender Abzugsbeschränkungen die im Rahmen der anderen Einkunftsart abziehbaren Betriebsausgaben oder Werbungskosten dar. Aus Vereinfachungsgründen wird einkommensteuerrechtlich auf den Ansatz einer zusätzlichen Entnahme verzichtet, soweit die Aufwendungen bei der anderen Einkunftsart keinen Abzugsbeschränkungen unterliegen und dort nicht abgezogen werden.*

5. Begrenzung der pauschalen Wertansätze (sog. Kostendeckelung)

18 *Der pauschale Nutzungswert nach § 6 Absatz 1 Nummer 4 Satz 2 EStG sowie die nicht abziehbaren Betriebsausgaben für Fahrten zwischen Wohnung und Betriebsstätte und Familienheimfahrten nach § 4 Absatz 5 Satz 1 Nummer 6 EStG können die für das genutzte Kraftfahrzeug insgesamt tatsächlich entstandenen Aufwendungen übersteigen. Wird das im Einzelfall nachgewiesen, so sind diese Beträge höchstens mit den Gesamtkosten des Kraftfahrzeugs anzusetzen. Bei mehreren privat genutzten Kraftfahrzeugen können die zusammengefassten pauschal ermittelten Wertansätze auf die nachgewiesenen tatsächlichen Gesamtaufwendungen dieser Kraftfahrzeuge begrenzt werden; eine fahrzeugbezogene „Kostendeckelung" ist zulässig.*

19 *Wird neben dem pauschalen Nutzungswert nach § 6 Absatz 1 Nummer 4 Satz 2 EStG eine Entnahme aufgrund der Nutzung des Kraftfahrzeugs zur Erzielung anderer Einkunftsarten erfasst, ist auch dieser Betrag den tatsächlichen Aufwendungen gegenüberzustellen (vgl. Randnummer 17).*

20 *Bei Anwendung der Kostendeckelung müssen dem Steuerpflichtigen als abziehbare Aufwendungen mindestens die nach § 4 Absatz 5 Satz 1 Nummer 6 Satz 2, § 9 Absatz 1 Satz 3 Nummer 4 und Nummer 5 EStG ermittelten Beträge (Entfernungspauschalen) verbleiben.*

Beispiel 5:

Für ein zu mehr als 50 Prozent für betriebliche Zwecke genutztes Kraftfahrzeug (Bruttolistenpreis 35.600 EUR) sind im Wirtschaftsjahr 7.400 EUR Gesamtkosten angefallen. Das Kraftfahrzeug wurde an 200 Tagen für Fahrten zwischen Wohnung und Betriebsstätte (Entfernung 27 Kilometer) genutzt. Ein Fahrtenbuch wurde nicht geführt.

1. pauschaler Wertansatz nach § 4 Absatz 5 Satz 1 Nummer 6 EStG:

35.600 EUR x 0,03% x 27 km x 12 Monate	=	*3.460,32 EUR*

2. privater Nutzungsanteil nach § 6 Absatz 1 Nummer 4 Satz 2 EStG:

35.600 EUR x 1 % x 12 Monate	=	*4.272,00 EUR*

3. Prüfung der Kostendeckelung:

Gesamtaufwendungen	*7.400,00 EUR*
Pauschale Wertansätze (Summe aus 1. und 2.)	*7.732,32 EUR*
Höchstbetrag der pauschalen Wertansätze	*7.400,00 EUR*

Die pauschalen Wertansätze übersteigen die entstandenen Gesamtkosten. Es liegt ein Fall der Kostendeckelung vor. Der pauschale Wertansatz für die Fahrten zwischen Wohnung und Betriebsstätte nach § 4 Absatz 5 Satz 1 Nummer 6 EStG und der private Nutzungsanteil nach § 6 Absatz 1 Nummer 4 Satz 2 EStG sind auf die Höhe der Gesamtaufwendungen von 7.400 EUR beschränkt. Die Entfernungspauschale nach § 4 Absatz 5 Satz 1 Nummer 6 i. V. m. § 9 Absatz 1 Satz 3 Nummer 4 EStG i. H. v. 1.620,00 EUR (200 Tage x 27 km x 0,30 EUR) ist zu berücksichtigen.

III. Ermittlung des tatsächlichen privaten Nutzungswerts

1. Führung eines Fahrtenbuches

21 *Ein Fahrtenbuch soll die Zuordnung von Fahrten zur betrieblichen und beruflichen Sphäre ermöglichen und darstellen. Es muss laufend geführt werden.*

22 *Werden mehrere betriebliche Kraftfahrzeuge vom Unternehmer oder von zu seiner Privatsphäre gehörenden Personen zu Privatfahrten, zu Fahrten zwischen Wohnung und Betriebsstätte oder zu Familienheimfahrten genutzt, ist diese Nutzung für jedes der Kraftfahrzeuge, das zu mehr als 50 Prozent betrieblich genutzt wird, entweder pauschal im Wege der Listenpreisregelung oder aber konkret anhand der Fahrtenbuchmethode zu ermitteln (BFH-Urteil vom 3. August 2000, BStBl II 2001 S. 332). Gehören dabei gleichzeitig mehrere Kraftfahrzeuge zum Betriebsvermögen, und wird nicht für jedes dieser Kraftfahrzeuge ein Fahrtenbuch im Sinne des § 6 Absatz 1 Nummer 4 Satz 3 EStG geführt, ist für diejenigen Kraftfahrzeuge, für die kein Fahrtenbuch geführt wird, und die für Privatfahrten, für Fahrten zwischen Wohnung und Betriebsstätte oder für Familienheimfahrten genutzt werden, § 6 Absatz 1 Nummer 4 Satz 2 EStG (1 %-Regelung) und § 4 Absatz 5 Satz 1 Nummer 6 EStG (pauschale Ermittlung der nicht abziehbaren Betriebsausgaben) anzuwenden. Die Rn. 12 und 13 gelten entsprechend.*

Beispiel 6:

Zum Betriebsvermögen des Unternehmers C gehören 5 Kraftfahrzeuge, die von C, seiner Ehefrau und dem erwachsenen Sohn auch zu Privatfahrten genutzt werden. Die betriebliche Nutzung der Kraftfahrzeuge beträgt jeweils mehr als 50 Prozent. Es befindet sich kein weiteres Kraftfahrzeug im Privatvermögen. Für ein

Kraftfahrzeug wird ein Fahrtenbuch geführt. Die (pauschale) private Nutzungsentnahme für die vier weiteren auch privat genutzten Kraftfahrzeuge ist nach § 6 Absatz 1 Nummer 4 Satz 2 EStG mit jeweils 1 Prozent des Listenpreises anzusetzen. Für das Kraftfahrzeug, für das ein Fahrtenbuch geführt wird, ist die Nutzungsentnahme mit den tatsächlich auf die private Nutzung entfallenden Aufwendungen anzusetzen.

2. Elektronisches Fahrtenbuch

23 *Ein elektronisches Fahrtenbuch ist anzuerkennen, wenn sich daraus die-selben Erkenntnisse wie aus einem manuell geführten Fahrtenbuch gewinnen lassen. Beim Ausdrucken von elektronischen Aufzeichnungen müssen nachträgliche Veränderungen der aufgezeichneten Angaben technisch ausgeschlossen, zumindest aber dokumentiert werden (BFH-Urteil vom 16. November 2005, BStBl II 2006 S. 410).*

3. Anforderungen an ein Fahrtenbuch

24 *Ein Fahrtenbuch muss zeitnah und in geschlossener Form geführt werden. Es muss die Fahrten einschließlich des an ihrem Ende erreichten Gesamtkilometerstandes vollständig und in ihrem fortlaufenden Zusammenhang wiedergeben (BFH-Urteil vom 9. November 2005, BStBl II 2006 S. 408). Das Fahrtenbuch muss mindestens folgende Angaben enthalten (vgl. R 8.1 Absatz 9 Nummer 2 Satz 3 LStR 2008): Datum und Kilometerstand zu Beginn und Ende jeder einzelnen betrieblich/beruflich veranlassten Fahrt, Reiseziel, Reisezweck und aufgesuchte Geschäftspartner. Wird ein Umweg gefahren, ist dieser aufzuzeichnen. Auf einzelne dieser Angaben kann verzichtet werden, soweit wegen der besonderen Umstände im Einzelfall die betriebliche/berufliche Veranlassung der Fahrten und der Umfang der Privatfahrten ausreichend dargelegt sind und Überprüfungsmöglichkeiten nicht beeinträchtigt werden. So sind z. B. folgende berufsspezifisch be-dingte Erleichterungen möglich:*

25 *Handelsvertreter, Kurierdienstfahrer, Automatenlieferanten und andere Steuerpflichtige, die regelmäßig aus betrieblichen/beruflichen Gründen große Strecken mit mehreren unterschiedlichen Reisezielen zurücklegen. Zu Reisezweck, Reiseziel und aufgesuchtem Geschäftspartner ist anzugeben, welche Kunden an welchem Ort besucht wurden. Angaben zu den Entfernungen zwischen den verschiedenen Orten sind nur bei größerer Differenz zwischen direkter Entfernung und tatsächlich gefahrenen Kilometern erforderlich.*

26 *Taxifahrer, Fahrlehrer*

Bei Fahrten eines Taxifahrers im sog. Pflichtfahrgebiet ist es in Bezug auf Reisezweck, Reiseziel und aufgesuchtem Geschäftspartner ausreichend, täglich zu Beginn und Ende der Gesamtheit dieser Fahrten den Kilometerstand anzugeben mit der Angabe „Taxifahrten im Pflichtfahrgebiet“ o. Ä. Wurden Fahrten durchgeführt, die über dieses Gebiet hinausgehen, kann auf die genaue Angabe des Reiseziels nicht verzichtet werden.

27 *Für Fahrlehrer ist es ausreichend, in Bezug auf Reisezweck, Reiseziel und aufgesuchten Geschäftspartner „Lehrfahrten“, „Fahrschulfahrten“ o. ä. anzugeben.*

28 *Werden regelmäßig dieselben Kunden aufgesucht, wie z. B. bei Lieferverkehr, und werden die Kunden mit Name und (Liefer-)Adresse in einem Kundenverzeichnis unter einer Nummer geführt, unter der sie später identifiziert werden können, bestehen keine Bedenken, als Erleichterung für die Führung eines Fahrtenbuches zu Reiseziel, Reisezweck und aufgesuchtem Geschäftspartner jeweils zu Beginn und Ende der Lieferfahrten Datum und Kilometerstand sowie die Nummern der aufgesuchten Geschäftspartner aufzuzeichnen. Das Kundenverzeichnis ist dem Fahrtenbuch beizufügen.*

29 *Für die Aufzeichnung von Privatfahrten genügen jeweils Kilometerangaben; für Fahrten zwischen Wohnung und Betriebsstätte genügt jeweils ein kurzer Vermerk im Fahrtenbuch.*

4. Nichtanerkennung eines Fahrtenbuches

30 *Wird die Ordnungsmäßigkeit der Führung eines Fahrtenbuches von der Finanzverwaltung z. B. anlässlich einer Betriebsprüfung nicht anerkannt, ist der private Nutzungsanteil nach § 6 Absatz 1 Nummer 4 Satz 2 EStG zu bewerten, wenn die betriebliche Nutzung mehr als 50 Prozent beträgt. Für Fahrten zwischen Wohnung und Betriebsstätte sowie für Familienheim-fahrten ist die Ermittlung der nicht abziehbaren Betriebsausgaben nach § 4 Absatz 5 Satz 1 Nummer 6 EStG vorzunehmen.*

5. Ermittlung des privaten Nutzungsanteils bei Ausschluss der 1-%-Regelung

31 *Beträgt der Umfang der betrieblichen Nutzung 10 bis 50 Prozent, darf der private Nutzungsanteil nicht gemäß § 6 Absatz 1 Nummer 4 Satz 2 EStG (1 %-Regelung) bewertet werden. Der private Nutzungsanteil ist als Entnahme gemäß § 6 Absatz 1 Nummer 4 Satz 1 EStG mit den auf die private Nutzung entfallenden tatsächlichen Selbstkosten (vgl. Randnummer 32) zu bewerten. Für Fahrten zwischen Wohnung und Betriebsstätte und Familienheimfahrten sind die nicht abziehbaren Betriebsausgaben nach § 4 Absatz 5 Satz 1 Nummer 6 Satz 3 2. Alternative EStG zu ermitteln.*

IV. Gesamtaufwendungen für das Kraftfahrzeug

32 *Zu den Gesamtaufwendungen für das Kraftfahrzeug (Gesamtkosten) gehören Kosten, die unmittelbar dem Halten und dem Betrieb des Kraftfahrzeugs zu dienen bestimmt sind und im Zusammenhang mit seiner Nutzung zwangsläufig anfallen (BFH-Urteil vom 14. September 2005, BStBl II 2006 S. 72). Zu den Gesamtkosten gehören nicht die Sonderabschreibungen (BFH-Urteil vom 25. März 1988, BStBl II S. 655). Außergewöhnliche Kraftfahrzeugkosten sind dagegen vorab der beruflichen oder privaten Nutzung zuzurechnen. Aufwendungen, die ausschließlich der privaten Nutzung zuzurechnen sind, sind vorab als Entnahme zu behandeln (z. B. Mautgebühren auf einer privaten Urlaubsreise – BFH-Urteil vom 14. September 2005, BStBl II 2006 S. 72). Bei der Ermittlung des privaten Nutzungsanteils nach § 6 Absatz 1 Nummer 4 Satz 3 EStG sind die verbleibenden Kraftfahrzeugaufwendungen anhand des Fahrtenbuches anteilig der privaten Nutzung, der Nutzung für*

Fahrten zwischen Wohnung und Betriebsstätte oder für Familienheimfahrten zuzurechnen.

V. Fahrten zwischen Wohnung und Betriebsstätte

1. Mehrfache Fahrten zwischen Wohnung und Betriebsstätte

33 *Werden täglich mehrere Fahrten zwischen Wohnung und Betriebsstätte zurückgelegt, so vervielfacht sich der pauschale Hinzurechnungsbetrag nach § 4 Absatz 5 Satz 1 Nummer 6 EStG nicht. Für die Ermittlung des betrieblichen Nutzungsumfangs sind auch die Mehrfachfahrten zu berücksichtigen.*

2. Abziehbare Aufwendungen bei behinderten Menschen für Fahrten zwischen Wohnung und Betriebsstätte sowie Familienheimfahrten

34 *Behinderte Menschen, deren Grad der Behinderung mindestens 70 beträgt, sowie behinderte Menschen, deren Grad der Behinderung weniger als 70, aber mindestens 50 beträgt und die in ihrer Bewegungsfähigkeit im Straßenverkehr erheblich beeinträchtigt sind, können ihre tatsächlichen Kosten für die Benutzung eines eigenen oder zur Nutzung überlassenen Kraftfahrzeuges für Fahrten zwischen Wohnung und Betriebsstätte sowie für Familienheimfahrten als Betriebsausgaben abziehen. Dabei ist der Gewinn nicht um Aufwendungen in Höhe des in § 4 Absatz 5 Satz 1 Nummer 6 EStG jeweils genannten positiven Unterschiedsbetrags zu erhöhen.*

VI. Umsatzsteuerliche Beurteilung

35 *Zur Frage des Vorsteuerabzugs und der Umsatzbesteuerung bei unternehmerisch genutzten Kraftfahrzeugen vgl. BMF-Schreiben vom 27. August 2004 (BStBl I S. 864). Ist die Anwendung der 1 %-Regelung gem. § 6 Absatz 1 Nummer 4 Satz 2 EStG ausgeschlossen, weil das Kraftfahrzeug zu weniger als 50 Prozent betrieblich genutzt wird, und wird der nicht unternehmerische Nutzungsanteil nicht durch ein ordnungsgemäßes Fahrtenbuch nachgewiesen, ist dieser Nutzungsanteil im Wege der Schätzung zu ermitteln, wobei der Umsatzbesteuerung grundsätzlich der für ertragsteuerliche Zwecke ermittelte private Nutzungsanteil zugrunde zu legen ist.*

VII. Zeitliche Anwendung

36 *Dieses Schreiben ersetzt die BMF-Schreiben vom 21. Januar 2002 (BStBl I S. 148) und vom 7. Juli 2006 (BStBl I S. 446) und ist in allen offenen Fällen anzuwenden. Randnummer 12 ist erstmals auf Wirtschaftsjahre anzuwenden, die nach dem 31. Dezember 2009 beginnen. Randnummer 17 ist erstmals ab dem Veranlagungszeitraum 2007 anzuwenden; wird der Gewinn nach einem vom Kalenderjahr abweichenden Wirtschaftsjahr ermittelt, ist Randnummer 17 erstmals ab 1. Januar 2007 anzuwenden.*

4.22.3 Bewirtungskosten

Bei den Bewirtungskosten ist nach dem Empfänger und Anlass zu unterscheiden. Die Erstellung von sog. Eigenbelegen ist grds. zulässig.

➤ **Betrieblich veranlasste Bewirtung für Arbeitnehmer**

Die angemessene und übliche Bewirtung von Mitarbeitern des Betriebes ist steuerlich vollumfänglich abzugsfähig. Es findet keine pauschale Kürzung wie bei Bewirtung von Geschäftsfreunden statt. Art und Umfang der Bewirtung sollten dokumentiert sein. Das gilt sowohl für Bewirtungen im Betrieb als auch bei externer Bewirtung, z. B. im Rahmen von ‚Geschäftsessen'. Im Vordergrund darf jedoch nicht die Beköstigung stehen, sondern beispielsweise die Fortbildungsveranstaltung, der Besprechungsinhalt usw. Ansonsten handelt es sich um die Gestellung von Mahlzeiten die als geldwerter Vorteil versteuert werden müssen, vgl. hierzu weiter unten.

➤ **Betrieblich veranlasste Bewirtungen bei Geschäftsfreunden**

Von den betrieblich veranlassten Bewirtungskosten kann der Steuerpflichtige 70 % der Kosten (bei 100 % Vorsteuerabzugsberechtigung) abziehen, wenn die Anforderungen an den ordnungsgemäßen Bewirtungsbeleg erfüllt werden:

- Angabe von Ort,
- Tag,
- Teilnehmer (einschließlich Bewirtenden),
- Anlass der Bewirtung und
- Unterschrift und Höhe der Aufwendungen.

Für die **Vorsteuerabzugsberechtigung** sind zudem vollständige Rechnungsangaben, insbesondere Nettobetrag, USt-Satz und -Betrag, Steuernummer und bei Rechnungen über 250 EUR auch Anschrift des bewirtenden Unternehmens, Rechnungsnummer etc. erforderlich.

Weitere Voraussetzungen für den Betriebsausgabenabzug sind:

- Angemessenheit und
- die Bewirtung muss im Vordergrund stehen.

➤ **Essensmarken, verbilligte Mahlzeiten an Arbeitnehmer, § 8 Abs. 2 Satz 1 EStG**

Mahlzeiten (einschließlich Getränke) im Betrieb sind regelmäßig mit den **amtlichen Sachbezugswerten** (Täglich, Mittag-/Abendessen, 2022: 3,57 EUR, 2023: 3,80 EUR, 2024: 4,13 EUR; Frühstück 2022: 1,87 EUR, 2023: 2,00 EUR, 2024; 2,17 EUR) zu bewerten. Der **geldwerte Vorteil** ist der Unterschiedsbetrag zwischen Sachbezugswert und Zuzahlung des Arbeitnehmers.

Bei Ausgabe von **Essensgutscheinen** und **Restaurantschecks** ist grundsätzlich der Sachbezugswert als Wert der Mahlzeit anzusetzen. Ist der Wert der **Essensmarke** niedriger als der errechnete geldwerte Vorteil, ist ihr Wert stets als Arbeitslohn anzusetzen.

Erhalten Arbeitnehmer Mahlzeiten, die sonst hauptsächlich Kunden angeboten werden (z. B. Restaurants), findet der **Rabattfreibetrag** Anwendung. Der Wert der Mahlzeiten ist dann nicht mit dem amtlichen Sachbezugswert, sondern mit dem um 4 % geminderten Endpreis abzüglich des Rabattfreibetrags anzusetzen.

Der geldwerte Vorteil aus der Mahlzeitengestellung **kann** vom Arbeitgeber mit **25 % pauschal** versteuert werden, nicht jedoch bei Anwendung des Rabattfreibetrags.

Gibt der Arbeitgeber unterschiedliche Mahlzeiten zu unterschiedlichen Preisen verbilligt oder unentgeltlich an seine Arbeitnehmer ab und macht er von der Möglichkeit der Lohnsteuerpauschalierung Gebrauch, kann der geldwerte Vorteil mit dem **Durchschnittswert** der Pauschalbesteuerung zugrunde gelegt werden.

Im Ergebnis können im Jahr 2024 Essensgutscheine je Arbeitnehmer bis zu einem Betrag von 10,43 EUR je Arbeitstag ausgegeben werden, und es ist nur der Sachbezugswert in Höhe von 6,30 EUR zu versteuern. Der übersteigende Betrag ist steuer- und sozialabgabenfrei. Der Arbeitgeber hat zur Sicherstellung, dass nur eine Essensmarke pro Tag und Arbeitnehmer in Zahlung genommen wird, jeden Abwesenheitstag in Folge von Auswärtstätigkeit, Krankheit oder Urlaub festzustellen.

Literaturhinweis:

- R 8.1 Abs. 7 u. 8 LStR; BMF, Schreiben v. 25.11.2020 u. 7.12.2023
- § 2 SvEV, die nachfolgend abgedruckt ist.

Gesetzestext (Auszug modifiziert) § 2 SvEV 2024

§ 2 Verpflegung, Unterkunft und Wohnung als Sachbezug

(1) Der Wert der als Sachbezug zur Verfügung gestellten Verpflegung wird auf monatlich 313 Euro festgesetzt. Dieser Wert setzt sich zusammen aus dem Wert für

1. *Frühstück von 65 Euro,*
2. *Mittagessen von 124 Euro und*
3. *Abendessen von 124 Euro.*

(2) Für Verpflegung, die nicht nur dem Beschäftigten, sondern auch seinen nicht bei demselben Arbeitgeber beschäftigten Familienangehörigen zur Verfügung gestellt wird, erhöhen sich die nach Absatz 1 anzusetzenden Werte je Familienangehörigen,

1. *der das 18. Lebensjahr vollendet hat, um 100 Prozent,*
2. *der das 14., aber noch nicht das 18. Lebensjahr vollendet hat, um 80 Prozent,*
3. *der das 7., aber noch nicht das 14. Lebensjahr vollendet hat, um 40 Prozent und*
4. *der das 7. Lebensjahr noch nicht vollendet hat, um 30 Prozent.*

Bei der Berechnung des Wertes ist das Lebensalter des Familienangehörigen im ersten Entgeltabrechnungszeitraum des Kalenderjahres maßgebend. Sind Ehegatten bei demselben Arbeitgeber beschäftigt, sind die Erhöhungswerte nach Satz 1 für Verpflegung der Kinder beiden Ehegatten je zur Hälfte zuzurechnen.

(3) Der Wert einer als Sachbezug zur Verfügung gestellten Unterkunft wird auf monatlich 265 Euro festgesetzt. Der Wert der Unterkunft nach Satz 1 vermindert sich

1. *bei Aufnahme des Beschäftigten in den Haushalt des Arbeitgebers oder bei Unterbringung in einer Gemeinschaftsunterkunft um 15 Prozent,*
2. *für Jugendliche bis zur Vollendung des 18. Lebensjahres und Auszubildende um 15 Prozent und*
3. *bei der Belegung*
   - *a) mit zwei Beschäftigten um 40 Prozent,*
   - *b) mit drei Beschäftigten um 50 Prozent und*
   - *c) mit mehr als drei Beschäftigten um 60 Prozent.*

Ist es nach Lage des einzelnen Falles unbillig, den Wert einer Unterkunft nach Satz 1 zu bestimmen, kann die Unterkunft mit dem ortsüblichen Mietpreis bewertet werden; Absatz 4 Satz 2 gilt entsprechend.

(4) Für eine als Sachbezug zur Verfügung gestellte Wohnung ist als Wert der ortsübliche Mietpreis unter Berücksichtigung der sich aus der Lage der Wohnung zum Betrieb ergebenden Beeinträchtigungen sowie unter entsprechender Anwendung des § 8 Absatz 2 Satz 12 des Einkommensteuergesetzes anzusetzen. Ist im Einzelfall die Feststellung des ortsüblichen Mietpreises mit außergewöhnlichen Schwierigkeiten verbunden, kann die Wohnung mit 4,66 Euro je Quadratmeter monatlich, bei einfacher Ausstattung (ohne Sammelheizung oder ohne Bad oder Dusche) mit 3,81 Euro je Quadratmeter monatlich bewertet werden. Bestehen gesetzliche Mietpreisbeschränkungen, sind die durch diese Beschränkungen festgelegten Mietpreise als Werte anzusetzen. Dies gilt auch für die vertraglichen Mietpreisbeschränkungen im sozialen Wohnungsbau, die nach den jeweiligen Förderrichtlinien des Landes für den betreffenden Förderjahrgang sowie für die mit Wohnungsfürsorgemitteln aus öffentlichen Haushalten geförderten Wohnungen vorgesehen sind. Für Energie, Wasser und sonstige Nebenkosten ist der übliche Preis am Abgabeort anzusetzen.

(5) Werden Verpflegung, Unterkunft oder Wohnung verbilligt als Sachbezug zur Verfügung gestellt, ist der Unterschiedsbetrag zwischen dem vereinbarten Preis und dem Wert, der sich bei freiem Bezug nach den Absätzen 1 bis 4 ergeben würde, dem Arbeitsentgelt zuzurechnen.

(6) Bei der Berechnung des Wertes für kürzere Zeiträume als einen Monat ist für jeden Tag ein Dreißigstel der Werte nach den Absätzen 1 bis 5 zugrunde zu legen. Die Prozentsätze der Absätze 2 und 3 sind auf den Tageswert nach Satz 1 anzuwenden. Die Berechnungen werden jeweils auf 2 Dezimalstellen durchgeführt; die

zweite Dezimalstelle wird um 1 erhöht, wenn sich in der dritten Dezimalstelle eine der Zahlen 5 bis 9 ergibt.

4.22.4 Häusliches Arbeitszimmer, § 4 Abs. 5 Nr. 6b EStG

Die Aufwendungen für ein häusliches Arbeitszimmer, sowie die Kosten der Ausstattung (nicht zu verwechseln mit Arbeitsmitteln wie Computer, Drucker etc.) dürfen grundsätzlich nicht als Betriebsausgaben oder Werbungskosten abgezogen werden. Bildet allerdings das häusliche **Arbeitszimmer den Mittelpunkt der gesamten betrieblichen und beruflichen Betätigung**, dürfen die Aufwendungen in voller Höhe steuerlich berücksichtigt werden (§ 4 Abs. 5 Satz 1 Nr. 6b Satz 3 Halbsatz 2 EStG).

Steht allerdings ‚nur' für die betriebliche oder berufliche Tätigkeit **kein anderer Arbeitsplatz zur Verfügung**, sind die Aufwendungen **bis zur Höhe von 1.260 EUR** jährlich als Betriebsausgaben oder Werbungskosten abziehbar (§ 4 Abs. 5 Satz 1 Nr. 6b EStG). Alternativ kann seit 2023 auch die Jahrespauschale von 1.260 EUR angesetzt werden.

Das häusliche Arbeitszimmer ist ein Raum, der seiner Lage, Funktion und Ausstattung nach in die häusliche Sphäre des Stpfl. eingebunden ist. Externe Arbeitszimmer fallen demnach nicht unter die Abzugsbeschränkung. Das Arbeitszimmer dient vorwiegend der Erledigung

- gedanklicher Arbeit;
- schriftstellerischer Tätigkeit oder
- verwaltungstechnischer bzw. organisatorischer Funktion.

Es muss sichergestellt sein, dass eine private Nutzung als Wohnraum so gut wie ausgeschlossen ist; eine untergeordnete private Mitbenutzung von weniger als 10 % ist unschädlich (§ 12 EStG).

Jahressteuergesetz 2022 (2020): § 4 Abs. 5 Satz 1 Nr. 6b EStG

Liegt kein häusliches Arbeitszimmer vor oder wird auf einen Abzug der Aufwendungen für ein häusliches Arbeitszimmer verzichtet, kann der Steuerpflichtige für jeden Kalendertag, an dem er seine betriebliche oder berufliche Tätigkeit ausschließlich in der häuslichen Wohnung ausübt und keine außerhalb der häuslichen Wohnung belegene Betätigungsstätte aufsucht, für seine gesamte betriebliche und berufliche Betätigung einen Betrag von 6 EUR (5 EUR) abziehen, höchstens 1.260 EUR (600 EUR) im Wirtschafts- oder Kalenderjahr. Die Homeofficpauschale wird in die Werbungskostenpauschale eingerechnet und nicht zusätzlich gewährt.

Die Tagespauschale nach § 4 Abs. 5 Satz 1 Nr. 6c EStG kann nicht geltend gemacht werden, wenn Kosten für § 4 Abs. 5 Satz 1 Nr. 6a oder 6b EStG geltend gemacht werden.

Gesetzestext (Auszug) § 4 Abs. 5 Satz 1 Nr. 6b und 6c EStG

§ 4 Gewinnbegriff im Allgemeinen

6b. Aufwendungen für ein häusliches Arbeitszimmer sowie die Kosten der Ausstattung. [2]Dies gilt nicht, wenn das Arbeitszimmer den Mittelpunkt der gesamten betrieblichen und beruflichen Betätigung bildet. [3]Anstelle der Aufwendungen kann pauschal ein Betrag von 1 260 Euro (Jahrespauschale) für das Wirtschafts- oder Kalenderjahr abgezogen werden. [4]Für jeden vollen Kalendermonat, in dem die Voraussetzungen nach Satz 2 nicht vorliegen, ermäßigt sich der Betrag von 1 260 Euro um ein Zwölftel;

6c. für jeden Kalendertag, an dem die betriebliche oder berufliche Tätigkeit überwiegend in der häuslichen Wohnung ausgeübt und keine außerhalb der häuslichen Wohnung belegene erste Tätigkeitsstätte aufgesucht wird, kann für die gesamte betriebliche und berufliche Betätigung ein Betrag von 6 Euro (Tagespauschale), höchstens 1 260 Euro im Wirtschafts- oder Kalenderjahr, abgezogen werden. [2]Steht für die betriebliche oder berufliche Tätigkeit dauerhaft kein anderer Arbeitsplatz zur Verfügung, ist ein Abzug der Tagespauschale zulässig, auch wenn die Tätigkeit am selben Kalendertag auswärts oder an der ersten Tätigkeitsstätte ausgeübt wird. [3]Der Abzug der Tagespauschale ist nicht zulässig, soweit für die Wohnung Unterkunftskosten im Rahmen der Nummer 6a oder des § 9 Absatz 1 Satz 3 Nummer 5 abgezogen werden können oder soweit ein Abzug nach Nummer 6b vorgenommen wird;

4.22.5 Geschenke oder Werbeträger, betrieblich veranlasst

Es ist zu unterscheiden hinsichtlich des Empfängers des Geschenkes. Auf die Möglichkeit der Erstellung eines sog. Eigenbeleges wird hingewiesen.

➤ Geschenke an Geschäftsfreunde, § 4 Abs. 5 Nr. 1 EStG

Steuerlich abziehbar sind Geschenke an Geschäftsfreunde, wenn sie betrieblich veranlasst sind und die Anschaffungs- oder Herstellungskosten **je Empfänger im Wirtschaftsjahr planmäßig 50 EUR** (bis 2023 35 EUR) (netto, d. h. ohne abziehbare VSt) nicht übersteigen. Ist die Umsatzsteuer auf die Anschaffungs- oder Herstellungskosten nicht abzugsfähig, ist sie bei dem Grenzwert von 50 EUR (35 EUR) mit zu berücksichtigen. Ebenso gehören die Kosten der Kennzeichnung als Werbeträger o. Ä. zu den Anschaffungskosten. **Sofern dieser Betrag überschritten wird, entfällt der Abzug als Betriebsausgabe wie auch der Vorsteuerabzug in voller Höhe** (§ 15 Abs. 1a UStG).

Gesetzestext (Auszug) § 4 Abs. 5 Satz 1 Nr. 1 EStG

§ 4 Gewinnbegriff im Allgemeinen

1. Aufwendungen für Geschenke an Personen, die nicht Arbeitnehmer des Steuerpflichtigen sind. [2]Satz 1 gilt nicht, wenn die Anschaffungs- oder Herstellungskosten der dem Empfänger im Wirtschaftsjahr zugewendeten Gegenstände insgesamt 35 Euro nicht übersteigen;

➤ **Geschenke an Arbeitnehmer**

Steuerlich stets und in voller Höhe abziehbar sind Sachgeschenke an Arbeitnehmer. Bis zu einem Wert von **60 EUR brutto** (z. B. Blumen, Genussmittel oder Buch) sind diese für den Arbeitnehmer **steuerfrei,** wenn sie dem Arbeitnehmer oder seinen Angehörigen aus **Anlass eines besonderen persönlichen Ereignisses** zugewendet werden.

Für Zuwendungen an Arbeitnehmer im Rahmen einer **Betriebsveranstaltung gilt: Aufwendungen an einzelne Arbeitnehmer bis zu einem Wert von planmäßig 150 EUR (bis 2023 110 EUR) brutto je Veranstaltung** sind als Betriebsausgabe abzugsfähig (Aufwand incl. der Begleitperson). Begrenzung auf zwei Betriebsveranstaltungen im Kalenderjahr, ab der dritten besteht i. d. R. Lohnsteuerpflicht.

Geldzuwendungen gehören bei Arbeitnehmern immer zum Arbeitslohn. Dies gilt auch für Sachgeschenke über 60 EUR brutto.

Kein steuerpflichtiger Sachbezug liegt vor, wenn die Sachbezugsfreigrenze von 50 EUR monatlich (bis 31.12.2021 44 EUR) für sämtliche Sachzuwendungen nicht überschritten wird (vgl. § 4 Abs. 5 Nr. 1 EStG, R 4.10 Abs. 2–4 EStR sowie § 8 Abs. 2 S. 11 EStG).

4.22.6 Telekommunikationsaufwendungen (Telefon/Internet)

Die Aufwendungen für **Telekommunikation** (Telefon und Internet, Anschluss, Telefonanlage etc.) **können entsprechend dem beruflichen Anteil der Verbindungsentgelte steuerfrei ersetzt werden.** Es besteht eine Nachweispflicht für einen repräsentativen Zeitraum von drei Monaten. Es dürfte auch zulässig sein, die Einzelgespräche (auch eingehende Telefonate) für drei Monate aufzuzeichnen und entsprechend dem beruflichen Anteil die Gesamtkosten aufzuteilen. Zulässig ist, die Kosten des repräsentativen Zeitraums von drei Monaten für den Rest des VAZ zugrunde zu legen.

Ansonsten gilt: Beruflich veranlasste Telekommunikationsaufwendungen können mit **20 % des Rechnungsbetrags, max. 20 EUR pro Monat** ersetzt, oder als Werbungskosten des Arbeitnehmers angesetzt werden. Abzugrenzen ist hiervon die private Nutzung von Telefon und Internet des Arbeitnehmers für im Eigentum des Arbeitgebers stehende Einrichtungen. Diese sind steuerfrei (vgl. § 3 Nr. 45 EStG, R 3.45 LStR, 3.45 LStH).

Allerdings ist i. d. R. für die private Nutzung USt zu berechnen.

4.22.7 Reisekosten

Mit dem Gesetz zur Änderung und Vereinfachung der Unternehmensbesteuerung und des steuerlichen Reisekostenrechts **mit Wirkung ab VAZ 2014** wurde der Begriff „regelmäßige Arbeitsstätte" durch den Begriff „erste Tätigkeitsstätte" ersetzt. Die erste Tätigkeitsstätte ist die ortsfeste betriebliche Einrichtung des Arbeitgebers, eines verbundenen Unternehmens oder eines Dritten, dem der Arbeitnehmer dauerhaft zugeordnet ist. Der Arbeitnehmer soll unbefristet für die Dauer des Dienstverhältnisses oder über einen Zeitraum von 48 Monaten hinaus an der ersten Tätigkeitsstätte tätig werden. Die Zuordnung richtet sich nach der dienst- und arbeitsrechtlichen Festlegung bzw. nach Absprachen und Weisungen. Fehlt es an einer solchen Festlegung, ist erste Tätigkeitsstätte diejenige, an der der Arbeitnehmer

- typischerweise arbeitstäglich oder
- je Arbeitswoche zwei volle Arbeitstage oder
  mindestens ein Drittel seiner vereinbarten regelmäßigen Arbeitszeit tätig werden soll.
- Liegen die Voraussetzungen für mehrere Tätigkeitsstätten vor, ist die erste Tätigkeitsstätte diejenige, die
- der Arbeitnehmer bestimmt oder
- der Wohnung am nächsten liegt, wenn die Bestimmung fehlt bzw. nicht eindeutig ist.

Reisekosten sind:

- Fahrtkosten (LStR 9.5);
- Verpflegungsmehraufwendungen (LStR 9.6);
- Übernachtungskosten (LStR 9.7);
- Reisenebenkosten (LStR 9.8).

Die Reisekosten sind durch geeignete Unterlagen, wie beispielsweise Fahrtenbuch, Tankquittungen, Hotelrechnungen, Schriftverkehr o. Ä. nachzuweisen bzw. glaubhaft zu machen.

Erledigt der Arbeitnehmer im Zusammenhang mit der beruflich veranlassten Auswärtstätigkeit auch in einem mehr als geringfügigen Umfang private Angelegenheiten, sind die beruflich veranlassten von den privat veranlassten Aufwendungen zu trennen. Wenn die Trennung auch durch Schätzungen nicht möglich ist, können die gesamten Aufwendungen nicht abgezogen werden (§ 12 EStG). Vgl. BMF, Schreiben v. 24.10.2014, IV C 5 – S 2353/14/10002, BStBl I 2014, S. 1412.

➤ Fahrtkosten

Fahrtkostenpauschalen für betrieblich veranlasste Fahrten mit dem eigenen Fahrzeug **je gefahrenen Kilometer:**

Pkw		0,30 EUR
	für 2021 ab dem 21. km	0,35 EUR
	2022 bis 2026 ab dem 21. km	0,38 EUR
Motorrad/Motorroller/Moped/Mofa		0,20 EUR

Ansonsten sind die tatsächlichen Aufwendungen für das Beförderungsmittel (Bahn, Taxi, Flugzeug, privater Pkw usw.) nachzuweisen.

Zusätzlich zu den o. g. Kilometersätzen sind außergewöhnliche Kosten, wie z. B. Unfall oder Diebstahl während einer Dienstfahrt unter Anrechnung von Schadenersatzleistungen abzugsfähig (9.5 LStR).

➤ Verpflegungsmehraufwendungen (Inland)

Für die üblicherweise entstehenden Mehraufwendungen für Verpflegung auf Geschäfts- oder Dienstreisen sind folgende Pauschalen als Werbungskosten oder Betriebsausgabe abzugsfähig:

Seit 1.1.2024 (geplant), bislang 14 bzw. 28 EUR

Abwesenheit:	eintägige Reise 8 Std. oder weniger		0 EUR
Abwesenheit:	eintägige Reise mehr als 8 Std.		15 EUR
Abwesenheit:	Reise über 2 Tage ohne Übernachtung, insgesamt mehr als 8 Std.		15 EUR
Abwesenheit:	mehrtägige Reise	Anreise ohne Zeitvorgaben	15 EUR
		Abreise ohne Zeitvorgaben	15 EUR
Abwesenheit:	von 24 Std. bei mehrtägigen Reisen (Tage, die nicht An- oder Abreisetag sind)		30 EUR

Tagesprinzip

Die Pauschalen gelten je Kalendertag und sind hinsichtlich der **Abwesenheitszeiten nur für die Zeit von 0 bis 24 Uhr** zu betrachten. Jedoch für **nach 16 Uhr begonnene Reisen, die vor 8 Uhr des nachfolgenden Kalendertages** beendet werden, ist die Gesamtabwesenheitsdauer unter Anwendung der Pauschale dem Tag der überwiegenden Abwesenheit zuzurechnen.

Dreimonatsfrist

Bei derselben **Auswärtstätigkeit** beschränkt sich der **Abzug der Verpflegungsmehraufwendungen** auf die **ersten drei Monate.** Dieselbe Auswärtstätigkeit ist nicht anzunehmen, wenn die auswärtige Tätigkeitsstätte an **nicht mehr als ein bis zwei Tagen wöchentlich aufgesucht wird.** Die Dreimonatsfrist führt nur dann zu einem Neubeginn, wenn die Unterbrechung mindestens vier Wochen gedauert hat. Eine Unterbrechung derselben Tätigkeiten, am gleichen Ort und mit dem identischen Inhalt hat genauso wie eine urlaubs- oder krankheitsbedingte Unterbrechung keinen Einfluss auf die Dreimonatsfrist.

Gesetzestext (Auszug) § 4 Abs. 5 Satz 1 Nr. 5 EStG

§ 4 Gewinnbegriff im Allgemeinen

5. *Mehraufwendungen für die Verpflegung des Steuerpflichtigen. [2]Wird der Steuerpflichtige vorübergehend von seiner Wohnung und dem Mittelpunkt seiner dauerhaft angelegten betrieblichen Tätigkeit entfernt betrieblich tätig, sind die Mehraufwendungen für Verpflegung nach Maßgabe des § 9 Absatz 4a abziehbar;*

➤ Verpflegungsmehraufwendungen (Ausland)

Bei Auswärtstätigkeiten im Ausland gelten länderweise unterschiedliche Pauschbeträge (Auslandstagegelder).

Nach dem BMF, Schreiben v. 17.12.2012 (BStBl I 2013, S. 60) gilt Folgendes:

Aufgrund des § 9 Abs. 4a Satz 5 ff. EStG werden im Einvernehmen mit den obersten Finanzbehörden der Länder die in der anliegenden Übersicht ausgewiesenen Pauschbeträge für Verpflegungsmehraufwendungen und Übernachtungskosten für beruflich und betrieblich veranlasste Auslandsreisen bekannt gemacht.

Bei Reisen vom Inland in das Ausland bestimmt sich der Pauschbetrag nach dem Ort, den der Steuerpflichtige vor 24 Uhr Ortszeit erreicht hat. Für eintägige Reisen ins Ausland und für Rückreisetage aus dem Ausland in das Inland ist der Pauschbetrag des letzten Tätigkeitsortes im Ausland maßgebend.

Für die in der Bekanntmachung nicht erfassten Länder ist der für Luxemburg geltende Pauschbetrag maßgebend, für nicht erfasste Übersee- und Außengebiete eines Landes ist der für das Mutterland geltende Pauschbetrag maßgebend.

Die Pauschbeträge für **Übernachtungskosten** sind ausschließlich in den Fällen der Arbeitgebererstattung anwendbar (R 9.7 Abs. 3 und Rz. 123 des BMF, Schreiben v. 24.10.2014, BStBl I 2014, S. 1412). Für den Werbungskostenabzug sind nur die tatsächlichen Übernachtungskosten maßgebend (R 9.7 Abs. 2 und Rz. 112 des BMF, Schreiben v. 24.10.2014, a. a. O.); dies gilt entsprechend für den Betriebsausgabenabzug (R 4.12 Abs. 2 und 3 EStR).

Übersicht über die ab 1.1.2023 geltenden Pauschbeträge für Verpflegungsmehraufwendungen und Übernachtungskosten:

Land	Pauschbeträge für Verpflegungsmehraufwendungen für die ersten drei Monate einer doppelten Haushaltsführung im Ausland		Pauschbeträge für Übernachtungskosten	
	24 Stunden Abwesenheit	An- und Abreisetag	für die ersten drei Monate	für die folgenden Monate (40 %)
	EUR	EUR	EUR	EUR
Afghanistan	30	20	95	38,00
Ägypten	50	33	112	44,80
Äthiopien	39	26	130	52,00
Äquatorialguinea	42	28	166	66,40
Albanien	27	18	112	44,80
Algerien	47	32	120	48,00
Andorra	41	28	91	36,40
Angola	52	35	299	119,60
Argentinien	35	24	113	45,20
Armenien	24	16	59	23,60

Land	Pauschbeträge für Verpflegungsmehraufwendungen für die ersten drei Monate einer doppelten Haushaltsführung im Ausland		Pauschbeträge für Übernachtungskosten	
	24 Stunden Abwesenheit	An- und Abreisetag	für die ersten drei Monate	für die folgenden Monate (40 %)
	EUR	EUR	EUR	EUR
Aserbaidschan	44	29	88	35,20
Australien	57	38	173	63,20
– Canberra	74	49	186	63,20
– Sydney	57	38	173	73,60
Bahrain	48	32	153	61,20
Bangladesch	50	33	165	66,00
Barbados	54	36	206	66,00
Belgien	59	40	141	56,40
Benin	52	35	115	46,00
Bolivien	46	31	108	43,20
Bosnien und Herzegowina	23	16	75	30,00
Botsuana	46	31	176	70,40
Brasilien	46	31	88	33,60
– Brasilia	51	34	88	50,80
– Rio de Janeiro	69	46	140	58,00
– Sao Paulo	46	31	151	52,80
Brunei	52	35	100	42,10
Bulgarien	22	15	115	46,00
Burkina Faso	38	25	174	69,60
Burundi	36	24	138	55,20
Chile	44	29	187	74,80
China	50	33	78	31,20
– Chengdu	41	28	131	52,40
– Hongkong	71	48	169	58,00
– Kanton	36	24	150	60,00
– Peking	30	20	185	74,00
– Shanghai	58	39	217	86,80
Costa Rica	47	32	93	37,20
Côte d'Ivoire (Elfenbeinküste)	59	40	166	66,40
Dänemark	75	50	183	73,20
Dominikanische Republik	50	33	167	58,80
Dschibuti	77	52	255	122,00
Ecuador	27	18	103	41,20
El Salvador	65	44	161	64,40

Land	Pauschbeträge für Verpflegungsmehraufwendungen für die ersten drei Monate einer doppelten Haushaltsführung im Ausland		Pauschbeträge für Übernachtungskosten	
	24 Stunden Abwesenheit	An- und Abreisetag	für die ersten drei Monate	für die folgenden Monate (40 %)
	EUR	EUR	EUR	EUR
Eritrea	50	33	91	36,40
Estland	29	20	85	34,00
Fidschi	32	21	183	27,60
Finnland	54	36	171	54,40
Frankreich	53	36	105	32,40
– Paris (sowie die Departments 77, 78, 91 bis 95)	58	39	159	63,60
Gabun	52	35	183	73,20
Gambia	40	27	161	64,40
Georgien	45	30	87	35,20
Ghana	46	31	148	59,20
Griechenland	36	24	150	60,00
– Athen	40	27	139	55,60
Guatemala	34	23	90	36,00
Guinea	59	40	140	47,20
Guinea-Bissau	32	21	113	45,20
Haiti	58	39	130	52,00
Honduras	57	38	198	79,20
Indien	32	21	85	34,00
– Chennai	32	21	85	34,00
– Kalkutta	35	24	145	58,00
– Mumbai	50	33	146	58,40
– Neu Delhi	38	25	185	74,00
Indonesien	36	24	134	53,60
Iran	33	22	196	78,40
Irland	58	39	129	51,60
Island	62	41	187	74,80
Israel	66	44	190	76,00
Italien	42	28	150	54,00
– Mailand	42	28	191	63,20
– Rom	48	32	150	54,00

Land	Pauschbeträge für Verpflegungsmehraufwendungen für die ersten drei Monate einer doppelten Haushaltsführung im Ausland		Pauschbeträge für Übernachtungskosten	
	24 Stunden Abwesenheit	An- und Abreisetag	für die ersten drei Monate	für die folgenden Monate (40 %)
	EUR	EUR	EUR	EUR
Jamaika	39	26	171	55,20
Japan	52	35	190	76,00
– Tokio	50	33	285	93,20
Jemen	24	16	95	38,00
Jordanien	57	38	134	53,60
Kambodscha	38	25	94	37,60
Kamerun	50	33	180	72,00
Kanada	54	36	214	53,60
– Ottawa	62	41	214	56,80
– Toronto	54	36	392	64,40
– Vancouver	63	42	304	56,00
Kap Verde	38	25	90	42,00
Kasachstan	45	30	111	44,40
Katar	56	37	149	59,60
Kenia	51	34	219	87,60
Kirgisistan	27	18	74	29,60
Kolumbien	41	28	120	60,40
Kongo, Republik	62	41	215	86,00
Kongo, Dem. Republik	70	47	190	76,00
Korea, Dem. Volksrepublik (Nordkorea)	28	19	92	36,80
Korea, Republik (Südkorea)	48	32	108	43,20
Kosovo	24	16	71	28,40
Kroatien	35	24	107	42,80
Kuba	51	34	170	91,20
Kuwait	56	37	241	96,40
Laos	35	24	71	38,40
Lesotho	28	19	104	41,60
Lettland	35	24	76	30,40
Libanon	69	46	146	49,20
Libyen	63	42	135	54,00
Liechtenstein	56	37	190	76,00
Litauen	26	17	109	43,60

Land	Pauschbeträge für Verpflegungsmehraufwendungen für die ersten drei Monate einer doppelten Haushaltsführung im Ausland		Pauschbeträge für Übernachtungskosten	
	24 Stunden Abwesenheit	An- und Abreisetag	für die ersten drei Monate	für die folgenden Monate (40 %)
	EUR	EUR	EUR	EUR
Luxemburg	63	42	139	55,60
Madagaskar	33	22	116	34,80
Malawi	41	28	109	43,60
Malaysia	36	24	86	34,40
Malediven	52	35	170	68,00
Mali	38	25	120	48,00
Malta	46	31	114	45,60
Marokko	41	28	87	51,60
Marshall Inseln	63	42	102	40,80
Mauretanien	35	24	86	34,40
Mauritius	44	29	172	88,00
Mazedonien	29	20	95	38,00
Mexiko	48	32	177	70,80
Moldau, Republik	26	17	73	29,20
Monaco	52	35	187	74,80
Mongolei	27	18	92	36,80
Montenegro	32	21	85	34,00
Mosambik	51	34	208	58,40
Myanmar	35	24	155	62,00
Namibia	30	20	112	45,20
Nepal	36	24	126	50,40
Neuseeland	58	39	148	61,20
Nicaragua	46	31	105	42,00
Niederlande	47	32	122	48,60
Niger	42	28	131	52,40
Nigeria	46	31	182	72,80
Nordmazedonien	27	18	89	35,60
Norwegen	75	50	139	72,80
Österreich	50	33	117	43,20
Oman	64	43	141	56,40
Pakistan	34	23	122	48,80
– Islamabad	23	16	238	95,20
Palau	51	34	179	71,60
Panama	41	28	82	32,80

Land	Pauschbeträge für Verpflegungsmehraufwendungen für die ersten drei Monate einer doppelten Haushaltsführung im Ausland		Pauschbeträge für Übernachtungskosten	
	24 Stunden Abwesenheit	An- und Abreisetag	für die ersten drei Monate	für die folgenden Monate (40 %)
	EUR	EUR	EUR	EUR
Papua-Neuguinea	59	40	159	63,60
Paraguay	39	26	124	43,20
Peru	34	23	143	57,20
Philippinen	41	28	140	46,40
Polen	29	20	60	24,00
– Breslau	33	22	117	46,80
– Danzig	30	20	84	33,60
– Krakau	27	18	86	34,40
– Warschau	29	20	109	43,60
Portugal	32	21	111	44,40
Ruanda	44	29	117	46,80
Rumänien	27	18	89	35,60
– Bukarest	32	21	92	36,80
Russische Föderation	24	16	58	23,20
– Jekatarinenburg	28	19	84	33,60
– Moskau	30	20	110	44,00
– St. Petersburg	26	17	114	45,60
Sambia	38	25	105	42,00
Samoa	39	26	105	42,00
San Marino	34	23	75	30,00
São Tomé und Principe	47	32	80	32,00
Saudi-Arabien	56	37	181	72,40
– Djidda	57	38	181	72,40
– Riad	56	37	186	74,40
Schweden	66	44	140	56,00
Schweiz	64	43	180	72,00
– Genf	66	44	186	74,40
Senegal	42	28	190	76,00
Serbien	27	18	97	38,80
Sierra Leone	57	38	161	64,40
Simbabwe	45	30	145	56,00
Singapur	54	36	197	78,80
Slowakische Republik	33	22	121	48,40
Slowenien	38	25	126	50,40

Land	Pauschbeträge für Verpflegungsmehraufwendungen für die ersten drei Monate einer doppelten Haushaltsführung im Ausland		Pauschbeträge für Übernachtungskosten	
	24 Stunden Abwesenheit	An- und Abreisetag	für die ersten drei Monate	für die folgenden Monate (40 %)
	EUR	EUR	EUR	EUR
Spanien	34	23	103	46,00
– Barcelona	34	23	144	47,20
– Kanarische Inseln	36	24	103	46,00
– Madrid	42	28	131	47,20
– Palma de Mallorca	44	29	142	48,40
Sri Lanka	36	24	112	40,00
Sudan	33	22	195	78,00
Südafrika	29	20	109	43,60
– Kapstadt	33	22	130	52,00
– Johannisburg	36	24	129	51,60
Südsudan	51	34	159	60,00
Syrien	38	25	140	56,00
Tadschikistan	27	18	118	47,20
Taiwan	46	31	143	57,20
Tansania	44	29	97	38,80
Thailand	38	25	110	44,00
Togo	39	26	118	47,20
Tonga	39	26	94	37,60
Trinidad und Tobago	66	44	203	70,80
Tschad	42	28	155	65,20
Tschechische Republik	32	21	77	30,80
Türkei	17	12	95	38,00
– Istanbul	26	17	120	48,00
– Izmir	29	20	55	22,00
Tunesien	40	27	144	46,00
Turkmenistan	33	22	108	43,20
Uganda	41	28	143	57,20
Ukraine	26	17	98	39,20
Ungarn	32	21	85	34,00
Uruguay	48	32	90	36,00
Usbekistan	34	23	104	41,60
Vatikanstaat	48	32	150	64,00
Venezuela	45	30	127	50,80
Vereinigte Arabische Emirate	65	44	156	62,40

Land	Pauschbeträge für Verpflegungsmehr-aufwendungen für die ersten drei Monate einer doppelten Haushaltsführung im Ausland		Pauschbeträge für Über-nachtungskosten	
	24 Stunden Abwesenheit	An- und Abreisetag	für die ersten drei Monate	für die folgenden Monate (40 %)
	EUR	EUR	EUR	EUR
Vereinigte Staaten von Amerika	59	40	182	72,80
– Atlanta	77	52	182	72,80
– Boston	63	42	333	133,20
– Chicago	65	44	233	93,20
– Houston	62	41	204	81,60
– Los Angeles	64	43	262	104,800
– Miami	65	44	256	102,40
– New York City	66	44	308	123,200
– San Francisco	59	40	327	130,80
– Washington, D.C.	66	44	203	81,20
Vereinigtes Königreich von Großbritannien und Nordirland	52	35	99	39,60
– London	66	44	163	65,20
Vietnam	41	28	86	34,40
Weißrussland	20	13	98	39,20
Zentralafrikanische Republik	53	36	210	29,60
Zypern	42	28	125	50,00
Anmerkung: Die Werte ab 2024 wurden vom BMF, Schreiben v. 21.11.2023, IV C 5 – S 2353/19/10010 :005 bekannt gemacht.				

➤ **Übernachtungskosten**

Die Kosten für die Unterbringung bzw. Übernachtung können in **unbegrenzter Höhe,** jedoch im Bereich der Angemessenheit, geltend gemacht werden. Benutzt der Arbeitnehmer ein Mehrbettzimmer gemeinsam mit einer Person, die zu seinem Arbeitgeber in keinem Dienstverhältnis steht, ist der Ansatz des Einzelzimmerpreises maßgebend.

Wird durch den Zahlungsbeleg nur ein Gesamtpreis für Unterkunft und Verpflegung nachgewiesen, so ist dieser, wenn nicht anders zu ermitteln, pauschal zu **kürzen** um

- 20 % für Frühstück,
- 40 % für Mittag- und Abendessen

des für den Unterkunftsort maßgebenden Pauschbetrages für Verpflegungsmehraufwendungen bei einer Auswärtstätigkeit mit einer Abwesenheitsdauer von mindestens 24 Stunden.

Der Arbeitnehmer kann keine Übernachtungspauschalen als Werbungskosten geltend machen, jedoch kann der **Arbeitgeber einen Pauschbetrag von 20 EUR für**

jede Übernachtung im Inland (Ausland vgl. Tabelle oben) steuerfrei ersetzen. Der Arbeitnehmer kann jedoch tatsächliche, nachgewiesene Kosten für die Übernachtung in der Einkommensteuererklärung geltend machen.

Die steuerfreien Pauschalen sind nicht möglich bei Übernachtung im Fahrzeug und wenn der Arbeitgeber die Unterkunft direkt oder indirekt zur Verfügung stellt (9.7 EStR). Bei Nutzung von sanitären Einrichtungen beispielsweise kann der Arbeitgeber nachgewiesene oder glaubhaft gemachte Kosten ersetzen.

➤ **Reisenebenkosten**

In Betracht kommen tatsächliche Aufwendungen für

- Beförderung und Aufbewahrung von Gepäck;
- Telekommunikation und Schriftverkehr mit dem Arbeitgeber oder dessen Geschäftspartner;
- Mautgebühren, Parkgebühren, sowie Schadensersatzleistung infolge von Verkehrsunfällen, wenn die jeweils damit verbundenen Fahrtkosten als Reisekosten anzusetzen sind;
- Kosten für die Benutzung der sanitären Einrichtungen und für die Reinigung der Schlafkabine bei Lkw-Fahrern (auch pauschal möglich);
- andere Kosten in Zusammenhang mit der Reise.

Die Erstattung durch den Arbeitgeber ist steuerfrei, soweit sie die tatsächlichen Aufwendungen nicht überschreiten.

4.22.8 Doppelte Haushaltsführung

Bei einer doppelten Haushaltsführung hat der Stpfl. neben seiner Wohnung, in der er seinen Hausstand führt bzw. seine Familie lebt, aufgrund einer beruflichen Veranlassung (Versetzung, Arbeitgeberwechsel oder erstmalige Aufnahme eines Arbeitsverhältnisses) **eine zweite Wohnung (Hausstand) am Arbeitsort** (§ 9 Abs. 1 Satz 3 Nr. 5 EStG). Auch bei ledigen Arbeitnehmern ist bei Vorliegen der Voraussetzungen eine doppelte Haushaltsführung anzuerkennen.

Arbeitnehmer ohne eigenen Hausstand können keine doppelte Haushaltsführung geltend machen. In diesem Fall können bei einer Auswärtstätigkeit Reisekosten geltend gemacht werden.

Abzugsfähige Mehraufwendungen

- **Umzugskosten:** Ansatz nur möglich, wenn sie nachgewiesen wurden; kein pauschaler Ansatz!
- **Verpflegungsmehraufwendungen:** Nur für drei Monate nach Bezug der Wohnung am neuen Beschäftigungsort für jeden Kalendertag den Pauschbetrag bei Auswärtstätigkeiten, s. o.
- **Fahrtkosten:**
  - zu Beginn und Ende der doppelten Haushaltsführung wie Reisekosten zzgl. Nebenkosten;

– wöchentliche Heimfahrt mit 0,30 EUR je Entfernungskilometer (nicht bei Sammelbeförderung, Flugstrecken o. Dienstwagen) **oder** wöchentliches Ferngespräch von 15 Minuten nach dem günstigsten Tarif mit einem zum Hausstand gehörenden Angehörigen.

- **Aufwendungen für die Zweitwohnung:** Die tatsächlichen Kosten für die Zweitwohnung können in voller Höhe berücksichtigt werden. Etwaige Umzugskosten müssen nachgewiesen werden und können nicht pauschalisiert werden (Miete, Mietnebenkosten, Zweitwohnungssteuer, erste Einrichtung, bei Eigentum vgl. Miete usw.).

Gesetzestext (Auszug) § 9 Abs. 1 Satz 3 Nr. 5 EStG

§ 9 Werbungskosten

5. notwendige Mehraufwendungen, die einem Arbeitnehmer wegen einer beruflich veranlassten doppelten Haushaltsführung entstehen. [2]Eine doppelte Haushaltsführung liegt nur vor, wenn der Arbeitnehmer außerhalb des Ortes seiner ersten Tätigkeitsstätte einen eigenen Hausstand unterhält und auch am Ort der ersten Tätigkeitsstätte wohnt. [3]Das Vorliegen eines eigenen Hausstandes setzt das Innehaben einer Wohnung sowie eine finanzielle Beteiligung an den Kosten der Lebensführung voraus. [4]Als Unterkunftskosten für eine doppelte Haushaltsführung können im Inland die tatsächlichen Aufwendungen für die Nutzung der Unterkunft angesetzt werden, höchstens 1 000 Euro im Monat. [5]Aufwendungen für die Wege vom Ort der ersten Tätigkeitsstätte zum Ort des eigenen Hausstandes und zurück (Familienheimfahrt) können jeweils nur für eine Familienheimfahrt wöchentlich abgezogen werden. [6]Zur Abgeltung der Aufwendungen für eine Familienheimfahrt ist eine Entfernungspauschale von 0,30 Euro für jeden vollen Kilometer der Entfernung zwischen dem Ort des eigenen Hausstandes und dem Ort der ersten Tätigkeitsstätte anzusetzen. [7]Nummer 4 Satz 3 bis 5 ist entsprechend anzuwenden. [8]Aufwendungen für Familienheimfahrten mit einem dem Steuerpflichtigen im Rahmen einer Einkunftsart überlassenen Kraftfahrzeug werden nicht berücksichtigt. [9]Zur Abgeltung der Aufwendungen für eine Familienheimfahrt ist für die Veranlagungszeiträume 2021 bis 2026 abweichend von Satz 6 eine Entfernungspauschale für jeden vollen Kilometer der ersten 20 Kilometer der Entfernung zwischen dem Ort des eigenen Hausstandes und dem Ort der ersten Tätigkeitsstätte von 0,30 Euro und für jeden weiteren vollen Kilometer

a) von 0,35 Euro für 2021,

b) von 0,38 Euro für 2022 bis 2026

anzusetzen.

4.22.9 Umzugskosten

Bei einem beruflich veranlassten Umzug oder Begründung eines doppelten Haushalts (doppelte Haushaltsführung) können die entstandenen Aufwendungen in bestimmtem Umfang vom Arbeitgeber steuerfrei ersetzt oder vom Arbeitnehmer als Werbungskosten abgezogen werden.

Bedingungen beruflicher Veranlassung:

- **Wegeverkürzung:** Wenn das Arbeitsverhältnis für den Umzug ausschlaggebend ist, also z. B. **erstmaliger Antritt einer Stellung oder ein Wechsel des Arbeitgebers** und aus steuerlicher Sicht auch, wenn die tägliche **Wegezeit um mindestens eine Stunde geringer** wird (BFH v. 16.10.1992, BStBl II 1993, S. 610);
- Umzug aus ganz überwiegendem **Interesse des Arbeitgebers** (z. B. Dienst-, Einsatz- oder Hausmeisterwohnung);
- Umzüge zur Begründung/Aufgabe einer doppelten Haushaltsführung, vgl. dort.

Umfang der steuerfreien Umzugskosten:

Der Arbeitgeber kann die Umzugskosten ersetzen, die maximal nach dem **Bundesumzugskostengesetz** möglich wären. Zusammenfassend sind dies:

- Beförderungsauslagen (z. B. Spedition);
- Kochherd bis zu 230 EUR und Öfen bis zu 164 EUR je Zimmer (ab 1.6.2020: keine Erstattung mehr);
- Mietentschädigungen (für alte Wohnung max. für sechs Monate, für neue Wohnung max. für drei Monate);
- Pauschvergütung für sonstige Umzugsauslagen:
  - Ledige ab 1.4.2019: 811 EUR, ab 1.3.2020: 820 EUR, ab 1.6.2020: 860 EUR, ab 1.4.2021: 870 EUR, ab 1.4.2022: 886 EUR
  - Verheiratete ab 1.4.2019: 1.622 EUR, ab 1.3.2020: 1.639 EUR, ab 1.6.2020: 1.433 EUR (860 EUR + 573 EUR), ab 1.4.2021: 1.450 EUR (870 EUR + 580 EUR), ab 1.4.2022: 1.476 EUR (886 EUR + 590 EUR);
  - jede weitere Person ab 1.4.2019: 357 EUR, ab 1.3.2020: 361 EUR, ab 1.6.2020: 573 EUR, ab 1.4.2021: 580 EUR, ab 1.4.2022: 590 EUR; ohne Ehegatte (hier können ausnahmsweise höhere Kosten im Einzelnachweis geltend gemacht werden);
- Reisekosten (Fahrt-, Übernachtungskosten, Tagegelder, Reisen zum Suchen/Besichtigung von Wohnungen etc.);
- Umzugsbedingter zusätzlicher Unterricht der Kinder (bis zu 40 % Endgrundgehalt nach A12 mit Nachweis höchstens je Kind) ab 1.4.2019: 2.045 EUR, ab 1.3.2020: 2.066 EUR; darüber 3/4; ab 1.6.2020: 1.146 EUR, ab 1.4.2021: 1.160 EUR, ab 1.4.2022: 1.181 EUR;
- Vermittlungsgebühren (Makler).

Gesetzestext (Auszug) des BUKG

§ 5 Umzugskostenvergütung

(1) Die Umzugskostenvergütung umfaßt

1. *Beförderungsauslagen (§ 6),*
2. *Reisekosten (§ 7),*
3. *Mietentschädigung (§ 8),*
4. *andere Auslagen (§ 9),*

5. Pauschvergütung für sonstige Umzugsauslagen (§ 10),

6. Auslagen nach § 11.

(2) Zuwendungen, die für denselben Umzug von einer anderen Dienst- oder Beschäftigungsstelle gewährt werden, sind auf die Umzugskostenvergütung insoweit anzurechnen, als für denselben Zweck Umzugskostenvergütung nach diesem Gesetz gewährt wird.

(3) Die aufgrund einer Zusage nach § 4 Abs. 1 Nr. 1 oder Abs. 2 Nr. 3 oder 4 gewährte Umzugskostenvergütung ist zurückzuzahlen, wenn der Berechtigte vor Ablauf von zwei Jahren nach Beendigung des Umzuges aus einem von ihm zu vertretenden Grunde aus dem Bundesdienst ausscheidet. Die oberste Dienstbehörde kann hiervon Ausnahmen zulassen, wenn der Berechtigte unmittelbar in ein Dienst- oder Beschäftigungsverhältnis zu einem anderen öffentlich-rechtlichen Dienstherrn im Geltungsbereich dieses Gesetzes oder zu einer in § 40 Abs. 6 Satz 2 und 3 des Bundesbesoldungsgesetzes bezeichneten Einrichtung übertritt.

§ 6 Beförderungsauslagen

(1) Die notwendigen Auslagen für das Befördern des Umzugsgutes von der bisherigen zur neuen Wohnung werden erstattet. Liegt die neue Wohnung im Ausland, so werden in den Fällen des § 3 Abs. 1 Nr. 3, § 4 Abs. 2 Nr. 2 und Abs. 3 Satz 1 die Beförderungsauslagen bis zum inländischen Grenzort erstattet.

(2) Auslagen für das Befördern von Umzugsgut, das sich außerhalb der bisherigen Wohnung befindet, werden höchstens insoweit erstattet, als sie beim Befördern mit dem übrigen Umzugsgut erstattungsfähig wären.

(3) Umzugsgut sind die Wohnungseinrichtung und in angemessenem Umfang andere bewegliche Gegenstände und Haustiere, die sich am Tage vor dem Einladen des Umzugsgutes im Eigentum, Besitz oder Gebrauch des Berechtigten oder anderer Personen befinden, die mit ihm in häuslicher Gemeinschaft leben. Andere Personen im Sinne des Satzes 1 sind der Ehegatte, der Lebenspartner sowie die ledigen Kinder, Stief- und Pflegekinder. Es gehören ferner dazu die nicht ledigen in Satz 2 genannten Kinder und Verwandte bis zum vierten Grade, Verschwägerte bis zum zweiten Grade und Pflegeeltern, wenn der Berechtigte diesen Personen aus gesetzlicher oder sittlicher Verpflichtung nicht nur vorübergehend Unterkunft und Unterhalt gewährt, sowie Hausangestellte und solche Personen, deren Hilfe der Berechtigte aus beruflichen oder gesundheitlichen Gründen nicht nur vorübergehend bedarf.

§ 7 Reisekosten

(1) Die Auslagen für die Reise des Berechtigten und der zur häuslichen Gemeinschaft gehörenden Personen (§ 6 Abs. 3 Satz 2 und 3) von der bisherigen zur neuen Wohnung werden wie bei Dienstreisen des Berechtigten erstattet, in den Fällen des § 4 Abs. 3 Satz 1 Nr. 1 wie sie bei Dienstreisen im letzten Dienstverhältnis zu erstatten wären. Tagegeld wird vom Tage des Einladens des Umzugsgutes an bis zum Tage des Ausladens mit der Maßgabe gewährt, daß auch diese beiden Tage als volle Reisetage gelten. Übernachtungsgeld wird für den Tag des

Ausladens des Umzugsgutes nur gewährt, wenn eine Übernachtung außerhalb der neuen Wohnung notwendig gewesen ist.

(2) Absatz 1 Satz 1 gilt entsprechend für zwei Reisen einer Person oder eine Reise von zwei Personen zum Suchen oder Besichtigen einer Wohnung mit der Maßgabe, daß die Fahrkosten bis zur Höhe der billigsten Fahrkarte der allgemein niedrigsten Klasse eines regelmäßig verkehrenden Beförderungsmittels erstattet werden. Tage- und Übernachtungsgeld wird je Reise für höchstens zwei Reise- und zwei Aufenthaltstage gewährt.

(3) Für eine Reise des Berechtigten zur bisherigen Wohnung zur Vorbereitung und Durchführung des Umzuges werden Fahrkosten gemäß Absatz 2 Satz 1 erstattet. Die Fahrkosten einer anderen Person für eine solche Reise werden im gleichen Umfang erstattet, wenn sich zur Zeit des Umzuges am bisherigen Wohnort weder der Berechtigte noch eine andere Person (§ 6 Abs. 3 Satz 2 und 3) befunden hat, der die Vorbereitung und Durchführung des Umzuges zuzumuten war. Wird der Umzug vor dem Wirksamwerden einer Maßnahme nach den §§ 3, 4 Abs. 1 durchgeführt, so werden die Fahrkosten für die Rückreise von der neuen Wohnung zum Dienstort, in den Fällen des § 4 Abs. 1 Nr. 1 zur bisherigen Wohnung, gemäß Absatz 2 Satz 1 erstattet.

(4) § 6 Abs. 1 Satz 2 gilt entsprechend.

§ 8 Mietentschädigung

(1) Miete für die bisherige Wohnung wird bis zu dem Zeitpunkt, zu dem das Mietverhältnis frühestens gelöst werden konnte, längstens jedoch für sechs Monate, erstattet, wenn für dieselbe Zeit Miete für die neue Wohnung gezahlt werden mußte. Ferner werden die notwendigen Auslagen für das Weitervermieten der Wohnung innerhalb der Vertragsdauer bis zur Höhe der Miete für einen Monat erstattet. Die Sätze 1 und 2 gelten auch für die Miete einer Garage.

(2) Miete für die neue Wohnung, die nach Lage des Wohnungsmarktes für eine Zeit gezahlt werden mußte, während der die Wohnung noch nicht benutzt werden konnte, wird längstens für drei Monate erstattet, wenn für dieselbe Zeit Miete für die bisherige Wohnung gezahlt werden mußte. Entsprechendes gilt für die Miete einer Garage.

(3) Die bisherige Wohnung im eigenen Haus oder die Eigentumswohnung steht der Mietwohnung gleich mit der Maßgabe, daß die Mietentschädigung längstens für ein Jahr gezahlt wird. Die oberste Dienstbehörde kann diese Frist in besonders begründeten Ausnahmefällen um längstens sechs Monate verlängern. An die Stelle der Miete tritt der ortsübliche Mietwert der Wohnung. Entsprechendes gilt für die eigene Garage. Für die neue Wohnung im eigenen Haus oder die neue Eigentumswohnung wird Mietentschädigung nicht gewährt.

(4) Miete nach den Absätzen 1 bis 3 wird nicht für eine Zeit erstattet, in der die Wohnung oder die Garage ganz oder teilweise anderweitig vermietet oder benutzt worden ist.

§ 9 Andere Auslagen

(1) Die notwendigen ortsüblichen Maklergebühren für die Vermittlung einer Mietwohnung und einer Garage oder die entsprechenden Auslagen bis zu dieser Höhe für eine eigene Wohnung werden erstattet.

(2) Die Auslagen für einen durch den Umzug bedingten zusätzlichen Unterricht der Kinder des Berechtigten (§ 6 Absatz 3 Satz 2) werden erstattet, pro Kind jedoch höchstens 20 Prozent des am Tag vor dem Einladen des Umzugsgutes maßgeblichen Endgrundgehaltes der Besoldungsgruppe A 13.

(3) (weggefallen)

§ 10 Pauschvergütung für sonstige Umzugsauslagen

(1) Berechtigte, die am Tage vor dem Einladen des Umzugsgutes eine Wohnung hatten und nach dem Umzug wieder eine Wohnung eingerichtet haben, erhalten eine Pauschvergütung für sonstige Umzugsauslagen. Sie beträgt

1. für Berechtigte	*15 Prozent,*
2. für jede andere Person im Sinne des § 6 Absatz 3 Satz 1, die auch nach dem Umzug mit dem Berechtigten in häuslicher Gemeinschaft lebt,	*10 Prozent*

des am Tag vor dem Einladen des Umzugsgutes maßgeblichen Endgrundgehaltes der Besoldungsgruppe A 13.

(2) Bei Berechtigten, die die Voraussetzungen des Absatzes 1 Satz 1 nicht erfüllen, beträgt die Pauschvergütung 3 Prozent des am Tag vor dem Einladen des Umzugsgutes maßgeblichen Endgrundgehaltes der Besoldungsgruppe A 13. Die Pauschvergütung nach Satz 2 wird gewährt, wenn das Umzugsgut aus Anlass einer vorangegangenen Auslandsverwendung untergestellt war.

(3) Eine Wohnung im Sinne des Absatzes 1 besteht aus einer geschlossenen Einheit von mehreren Räumen, in der ein Haushalt geführt werden kann, darunter stets eine Küche oder ein Raum mit Kochgelegenheit. Zu einer Wohnung gehören außerdem Wasserversorgung, Ausguß und Toilette.

(4) In den Fällen des § 11 Abs. 3 werden die nachgewiesenen notwendigen Auslagen bis zur Höhe der Pauschvergütung erstattet.

(5) Ist innerhalb von fünf Jahren ein Umzug mit Zusage der Umzugskostenvergütung nach den §§ 3, 4 Abs. 1 Nr. 2 bis 4 oder Abs. 2 Nr. 1 vorausgegangen, so wird ein Häufigkeitszuschlag in Höhe von 50 vom Hundert der Pauschvergütung nach Absatz 1 gewährt, wenn beim vorausgegangenen und beim abzurechnenden Umzug die Voraussetzungen des Absatzes 1 Satz 1 vorgelegen haben.

(6) Für eine umziehende Person kann für denselben Umzug nur eine Pauschvergütung gewährt werden. Ist eine Person zugleich Berechtigter und andere Person im Sinne des § 6 Absatz 3 Satz 1, wird der Pauschbetrag nach Absatz 1 Satz 2 Nummer 1 gewährt.

[...]

§ 13 Auslandsumzüge

(1) Auslandsumzüge sind Umzüge zwischen Inland und Ausland sowie im Ausland.

(2) Als Auslandsumzüge gelten nicht die Umzüge

1. *der im Grenzverkehr tätigen Beamten, und zwar auch dann nicht, wenn sie im Anschluß an die Tätigkeit im Grenzverkehr in das Inland oder in den Fällen des § 3 Abs. 1 Nr. 3, § 4 Abs. 2 Nr. 2 bis 4, Abs. 3 Satz 1 im Ausland umziehen,*
2. *in das Ausland in den Fällen des § 3 Abs. 1 Nr. 3, § 4 Abs. 2 Nr. 2 bis 4, Abs. 3 Satz 1,*
3. *in das Inland in den Fällen des § 3 Abs. 1 Nr. 2 und 3,*
4. *aus Anlaß einer Einstellung, Versetzung, Abordnung oder Kommandierung und der in § 3 Abs. 2, § 4 Abs. 1 Nr. 3, Abs. 2 Nr. 2 bis 4 bezeichneten Maßnahmen im Inland einschließlich ihrer Aufhebung, wenn die bisherige oder die neue Wohnung im Ausland liegt.*

In den Fällen des Satzes 1 Nr. 2 bis 4 wird für die Umzugsreise (§ 7 Abs. 1) Tage- und Übernachtungsgeld nur für die notwendige Reisedauer gewährt; § 7 Abs. 2 und 3 findet keine Anwendung.

4.22.10 Abschreibungen

Durch Abschreibungen werden Wertminderungen des Vermögens berücksichtigt bzw. die Anschaffungs- oder Herstellungskosten werden auf die Nutzungsdauer der betreffenden Vermögensgegenstände zwecks periodengerechter Erfolgsermittlung verteilt. Es sind grundsätzlich planmäßige und außerplanmäßige Abschreibungen vorzunehmen.

Planmäßige Abschreibungen: Die am häufigsten angewandte zeitabhängige Methode ist die lineare Abschreibung. Bei der linearen Abschreibung wird jährlich ein gleicher Abschreibungsbetrag verrechnet, der durch Division der Anschaffungs-oder Herstellungskosten durch die Nutzungsdauer ermittelt wird (§ 7 Abs. 1 EStG).

➤ **Gebäude – Normal AfA § 7 Abs. 4 EStG**

- Soweit es zum **Betriebsvermögen** gehört und **keinen Wohnzwecken dient;** wenn der Baugenehmigungsantrag gestellt wurde:
  – nach dem 31.3.1985 3 %
- Ansonsten (nicht zum Betriebsvermögen gehörend) wenn der Baugenehmigungsantrag gestellt wurde:
  – vor dem 1.1.1925 2,5 %
  – nach dem 31.12.1924 2 %

➤ **Gebäude – Degressive AfA § 7 Abs. 5 EStG, entfallen seit 1.1.2006**

- Abschreibung mit fallenden, festgelegten AfA-Sätzen wahlweise statt der linearen Normal AfA;
- Bei **Mietwohnneubauten,** soweit sie **Wohnzwecken dienen** (nur noch für **Altfälle:** Bauantrag/Kaufvertrag nach dem 28.2.1989 und vor dem 1.1.1996):
  – 4 Jahre (einschl. Jahr der Fertigstellung) jeweils 7 %, dann
  – 6 Jahre jeweils 5 %, dann
  – 6 Jahre jeweils 2 % und dann
  – 24 Jahre jeweils 1,25 %;
- Bei **Mietwohnneubauten,** soweit sie **Wohnzwecken dienen (Neufälle:** Bauantrag/Kaufvertrag nach dem 31.12.1995) oder bei sonstigen Gebäuden (nur noch für Altfälle: Bauantrag/Kaufvertrag vor dem 1.1.1995):
  – 8 Jahre (einschl. Jahr der Fertigstellung) jeweils 5 %, dann
  – 6 Jahre jeweils 2,5 % und dann
  – 36 Jahre jeweils 1,25 %;
- Bei **Mietwohnneubauten** (Bauantrag oder rechtswirksam abgeschlossener obligatorischer Vertrag nach dem 31.12.2003 und **vor dem 1.1.2006)** beträgt die degressive AfA
  – 10 Jahre 4 %, dann
  – 8 Jahre 2,5 % und dann
  – für 32 Jahre 1,25 %;
- **Ab 1.1.2006** ist die degressive **Gebäudeabschreibung** entfallen, für Neufälle kommt damit nur noch die lineare Abschreibung in Höhe von 2 %, vgl. oben, in Betracht;
- Bindung an die einmal getroffene AfA-Methode; es ist kein Wechsel von der linearen zur degressiven AfA oder umgekehrt zulässig. Ausnahme: Nutzungsänderungen oder Wegfall der Voraussetzungen für die degressive AfA;
- im Jahr der Veräußerung nur zeitanteilige Abschreibung.

➤ **Gebäude – Degressive AfA § 7 Abs. 5a EStG, geplant ab 2024**

- Abschreibung mit fallenden, festgelegten AfA-Sätzen wahlweise statt der linearen Normal AfA;
- Bei **Mietwohnneubauten**, soweit sie **Wohnzwecken dienen** (Baubeginn/Kaufvertrag nach dem 30.9.2023 und vor dem 1.10.2029):
  – 6 % der AK / HK im ersten Jahr
  – jeweils 6 % des Restwerts in den folgenden Jahren
- **Keine** Bindung an die gewählte AfA-Methode, durch das Wahlrecht gibt es die Möglichkeit, zu der linearen AfA § 7 Abs. 4 EStG zu wechseln.
- im Jahr der Veräußerung nur zeitanteilige Abschreibung.

➤ **Sonderabschreibung für Mietwohnungsbau § 7b EStG für Mietwohnungsneubau**

Für die Anschaffung oder Herstellung neuer Wohnungen können Sonderabschreibungen beansprucht werden, wenn

- Bauantrag/-Anzeige nach dem 31.8.2018 und vor dem 1.1.2022;
- Schaffung einer Wohnung i. S. d. § 181 Abs. 9 BewG;
- AK/HK max. 3.000 EUR je Quadratmeter Wohnfläche;
- Entgeltliche Überlassung zu Wohnzwecken Jahr der AK/HK und folgende 9 Jahre, nicht aber nur zur vorübergehenden Beherbergung;
- Einhaltung der De-minimis-Verordnung (max. 200.000 EUR).

Bemessungsgrundlage sind die AK /HK, maximal 2.000 EUR je Quadratmeter Wohnfläche.

Bei Bauanträgen/-anzeigen von 2023 bis 2026 modifizierung der Voraussetzungen für Gebäude die die Kriterien des „Effizienzhaus 40" erfüllen:

- Bauantrag/-Anzeige nach dem 31.12.2022 und vor dem 1.1.2027;
- Schaffung einer Wohnung i. S. d. § 181 Abs. 9 BewG;
- AK/HK max. 4.800 EUR je Quadratmeter Wohnfläche;
- Entgeltliche Überlassung zu Wohnzwecken Jahr der AK/HK und folgende 9 Jahre, nicht aber nur zur vorübergehenden Beherbergung;
- Einhaltung der De-minimis-Verordnung (max. 200.000 EUR).

Bemessungsgrundlage sind die AK/HK, maximal 2.500 EUR je Quadratmeter Wohnfläche.

Die Abschreibung beträgt für das Jahr der Anschaffung oder Herstellung und in den folgenden drei Jahren 5 % (zusammen 20 %) der Bemessungsgrundlage.

Achtung: Nachträglicher Verlust der Begünstigung mit der Folge der Steuerbescheidsänderung wenn die Voraussetzungen nicht eingehalten werden. Eine Verzinsung nach § 233a AO erfolgt jedoch nicht.

➤ **Bewegliche Wirtschaftsgüter**

Abnutzbare Wirtschaftsgüter des Anlagevermögens werden auf die betriebsgewöhnliche Nutzungsdauer abgeschrieben. Bemessungsgrundlage sind die Anschaffungs- oder Herstellungskosten, bei Einlagen der Teilwert, maximal die fortgeführten Anschaffungskosten (§ 7 Abs. 1 Satz 5 EStG seit 1.1.2011).

Die Nutzungsdauer richtet sich nach der Schätzung der betriebsgewöhnlichen Nutzungsdauer. Die nachfolgende Allgemeine Abschreibungstabelle der Finanzverwaltung dient als Anhaltspunkt (auf spezielle Abschreibungstabelle für bestimmte Gewerbezweige wird hingewiesen,
https://www.bundesfinanzministerium.de/Web/DE/Home/home.html).

Die Jahresabschreibung ist im Jahr der Anschaffung und Veräußerung monatsgenau, d. h. ggf. anteilig (pro rata temporis) zu berechnen.

Es gibt verschiedene Abschreibungsmethoden. Auf eine vollständige Darstellung wird hier verzichtet, auch auf den steuerlichen Sammelposten:

- **AfA nach Leistung, sog. Leistungs-AfA** (bei stark schwankendem Verschleiß des Wirtschaftsgutes, z. B. Maschinenstunden etc.);
- Normal-AfA als lineare Abschreibung;

- **Degressive Abschreibung für die Jahre 2020 und 2021** (Zweites Corona-Steuerhilfegesetz § 7 Abs. 2 EStG) in Höhe des 2,5-fachen der linearen AfA, max. 25% der AK/HK.
- **Degressive Abschreibung, geplant für die Zeit vom 1.10.2023 bis 31.12.2024** (Wachstumschancengesetz § 7 Abs. 2 EStG) in Höhe des 2,5-fachen der linearen AfA, max. 25 % der AK/HK.
- **Wahlrecht: Sofortabschreibung für Geringwertige Wirtschaftsgüter (GWG)**, wenn beweglich, selbstständig nutzbar und Wert unter (geplant) 1.000 EUR netto bzw. 1.190 EUR brutto (bis 2023 = netto bis 800 EUR), jetzt auch für sämtliche Einkunftsarten. Aufzeichnungspflichten sind jedoch zu beachten.
- **Absetzung für außergewöhnliche technische oder wirtschaftliche Abnutzung (AfaA)** ist möglich neben linearer AfA, wenn die früher geschätzte Nutzungsdauer nicht mehr erreicht wird/werden kann;
- **Teilwertabschreibung** kommt in Betracht, wenn die Nutzungsdauer trotz Wertminderung unverändert bleibt;
- **Beachte § 7h EStG für Sanierungsgebiete und § 7i EStG für Baudenkmäler.**

Historie (auszugsweise):

- Bis zum 31.12.2000 betrug die degressive Abschreibung das Dreifache des linearen AfA-Satzes, höchstens 30 %;
- Vom 1.1.2001 bis 31.12.2005 betrug die degressive Abschreibung das Doppelte des linearen AfA-Satzes, höchstens 20 %;
- Vom 1.1.2006 bis 31.12.2007 betrug die degressive Abschreibung das Dreifache des linearen AfA-Satzes, höchstens 30 %;
- Nach dem Unternehmensteuerreformgesetz 2008 wurde die degressive Abschreibung ab 2008 abgeschafft;
- Für bewegliche Wirtschaftsgüter des Anlagevermögens wurde ab 1.1.2009 (Anschaffung oder Herstellung) befristet für 2 Jahre die degressive Abschreibung in Höhe des Zweieinhalbfachens der linearen Abschreibung, höchstens 25 % wieder eingeführt. Für 2009 kann die degressive Abschreibung allerdings nur bei Anschaffungskosten über 1.000 EUR genutzt werden, da die Regelungen für geringwertige Wirtschaftsgüter und die Bildung von Sammelposten für dieses Jahr verpflichtend sind. Ab 2010 bestehen dagegen für geringwertige Wirtschaftsgüter wieder die früheren Wahlrechte.
- §§ 7c, 7d, 7k EStG wurden zwischenzeitlich abgeschafft (Förderung von Mietwohnungen, Umweltschutz und Sozialwohnungen).
- Ab 1.1.2021 wurde die Nutzungsdauer von Computerdardware und Software zur Dateneingabe und –verarbeitung von drei Jahren auf ein Jahr verkürzt und bei zeitanteiliger Abschreibung kann der Restbetrag sofort zusätzlich als Abschreibung berücksichtigt werden (BMF Schreiben v. 26.2.2021, IV C 3 – S 2190/21/10002).

BMF, Schreiben v. 6.12.2001, IV D 2-S 1551-498/01, S 1551-470/01

Änderung der „Allgemeinen Vorbemerkungen zu den AfA-Tabellen" u. Schichtzuschläge

Meine Schreiben vom 2. Februar 2001 - IV D 2-S 1551-53/01 und vom 26. Juli 2001 - IV D 2-S 1551-248/01 -

Anlage

Unter Bezugnahme auf das Ergebnis der Erörterungen mit den obersten Finanzbehörden der Länder gebe ich die Neufassung der „Allgemeinen Vorbemerkungen zu den AfA-Tabellen" bekannt (Anlage).

Sie tritt an die Stelle der mit BMF-Schreiben vom 15. Dezember 2000 - IV D 2-S 1551-188/00 (BStBl I S. 1532) veröffentlichten Textfassung und gilt für alle Wirtschaftsgüter, die nach dem 31. Dezember 2000 angeschafft oder hergestellt worden sind.

[...]

Anlage

Allgemeine Vorbemerkungen zu den AfA-Tabellen

Die in diesen Tabellen für die einzelnen Anlagegüter angegebene betriebsgewöhnliche Nutzungsdauer (ND) beruht auf Erfahrungen der steuerlichen Betriebsprüfung. Die Fachverbände der Wirtschaft wurden vor der Aufstellung der AfA-Tabellen angehört.

1. *Die in den AfA-Tabellen angegebene ND ist mit Ausnahme der Angaben in der AfA-Tabelle für die allgemein verwendbaren Anlagegüter branchengebunden. Sind Anlagegüter sowohl in der AfA-Tabelle für die allgemein verwendbaren Anlagegüter als auch in einer branchengebundenen AfA-Tabelle aufgeführt, gilt für die branchenzugehörigen Steuerpflichtigen der Wert der Branchentabelle.*
2. *Die in den AfA-Tabellen angegebene ND dient als Anhaltspunkt für die Beurteilung der Angemessenheit der steuerlichen Absetzungen für Abnutzung (AfA). Sie orientiert sich an der tatsächlichen ND eines unter üblichen Bedingungen arbeitenden Betriebs.*

   Eine glaubhaft gemachte kürzere ND kann den AfA zugrunde gelegt werden.
3. *Sind abweichende Verhältnisse und Bedingungen, wie z.B. Nutzung in mehr als einer Schicht, Einfluss von Nässe, Säuren usw., die in einem Wirtschaftszweig üblich sind, bereits bei der Ermittlung der ND berücksichtigt, so ist dies in den Vorbemerkungen der jeweiligen AfA-Tabelle angegeben.*
4. *Der aufgrund der angegebenen ND zu errechnende lineare AfA-Satz kann bei ganzjähriger Nutzung von schichtabhängigen Anlagegütern in Doppelschicht um 25 v.H. und in Drei- oder Vierfachschicht um 50 v.H. erhöht werden, soweit*

dies bei der Festlegung der ND nicht schon berücksichtigt worden ist. Für unbewegliche Anlagegüter kommen Mehrschichtzuschläge nicht in Betracht.

5. *Durch die Aufnahme eines Anlagegutes in die AfA-Tabellen ist nicht über seine Zugehörigkeit zu den Betriebsvorrichtungen, Gebäuden oder baulichen Einzelbestandteilen entschieden. Die Abgrenzung richtet sich nach den Verhältnissen des Einzelfalles; vgl. die einkommensteuerrechtlichen Regelungen bzw. die Richtlinien für die Abgrenzung der Betriebsvorrichtungen vom Grundvermögen.*

6. *Die Begriffe „Leichtbauweise" und „massiv" werden wie folgt definiert:*

   Leichtbauweise:

   Bauausführung im Fachwerk oder Rahmenbau mit einfachen Wänden z.B. aus Holz, Blech, Faserzement o.ä., Dächer nicht massiv (Papp-, Blech- oder Wellfaserzementausführung)

   Massiv:

   Gemauerte Wände aus Ziegelwerk oder Beton, massive Betonfertigteile, Skelettbau, Dächer aus Zementdielen oder Betonfertigteilen, Ziegeldächer.

7. *a) Die überarbeiteten AfA-Tabellen sind erstmals auf abnutzbare Anlagegüter anzuwenden, die nach dem in der jeweiligen AfA-Tabelle genannten Datum (Tabellenabschluss) angeschafft oder hergestellt werden.*

   b) Geht eine Verlustzuweisungsgesellschaft (§ 2b EStG) nach ihrem eigenen Betriebskonzept von einer erheblich längeren ND eines Wirtschaftsguts aus als in den amtlichen AfA-Tabellen angegeben und beruht ihre Betriebsführung überwiegend auf diesem Umstand, wird die in ihrem Betriebskonzept zugrunde gelegte ND angewandt.

Ändernder Verweis

VV DEU BMF 2000-12-15 IV D 2-S 1551-188/00 (Neuregelung)

Anwendende Verweise

EStG § 2b (Zitierung)

Sonstige Verweise

AO 1977 § 193 (Durchführungsvorschrift)

EStG § 7 Abs. 1 (Durchführungsvorschrift)

BMF, Schreiben v. 15.12.2000, IV D 2-S 1551-188/00, BStBl I 2000, S. 1532

AfA-Tabelle für die allgemein verwendbaren Anlagegüter (AfA-Tabelle „AV")

[...]

Fund-stelle	***Anlagegüter***	***Nutzungs-dauer i. J.***
1	*Unbewegliches Anlagevermögen*	
1.1	*Hallen in Leichtbauweise*	*14*
1.2	*Tennishallen, Squashhallen u. ä.*	*20*
1.3	*Traglufthallen*	*10*
1.4	*Kühlhallen*	*20*
1.5	*Baracken und Schuppen*	*16*
1.6	*Baubuden*	*8*
1.7	*Bierzelte*	*8*
1.8	*Pumpenhäuser, Trafostationshäuser und Schalthäuser*	*20*
1.9	*Silobauten*	
1.9.1	*aus Beton*	*33*
1.9.2	*aus Stahl*	*25*
1.9.3	*aus Kunststoff*	*17*
1.10	*Schornsteine*	
1.10.1	*aus Mauerwerk oder Beton*	*33*
1.10.2	*aus Metall*	*10*
1.11	*Laderampen*	*25*
2	*Grundstückseinrichtungen*	
2.1	*Fahrbahnen, Parkplätze und Hofbefestigungen*	
2.1.1	*mit Packlage*	*19*
2.1.2	*in Kies, Schotter, Schlacken*	*9*
2.2	*Straßen- und Wegebrücken*	
2.2.1	*aus Stahl und Beton*	*33*
2.2.2	*aus Holz*	*15*
2.3	*Umzäunungen*	
2.3.1	*aus Holz*	*5*
2.3.2	*Sonstige*	*17*
2.4	*Außenbeleuchtung, Straßenbeleuchtung*	*19*
2.5	*Orientierungssysteme, Schilderbrücken*	*10*

Fundstelle	Anlagegüter	Nutzungsdauer i. J.
2.6	Uferbefestigungen	20
2.7	Bewässerungsanlagen, Entwässerungsanlagen und Kläranlagen	
2.7.1	Brunnen	20
2.7.2	Drainagen	
2.7.2.1	aus Beton oder Mauerwerk	33
2.7.2.2	aus Ton oder Kunststoff	13
2.7.3	Kläranlagen m. Zu- und Ableitung	20
2.7.4	Löschwasserteiche	20
2.7.5	Wasserspeicher	20
2.8	Grünanlagen	15
2.9	Golfplätze	20
3	Betriebsanlagen allgemeiner Art	
3.1	Krafterzeugungsanlagen	
3.1.1	Dampferzeugung (Dampfkessel mit Zubehör)	15
3.1.2	Stromerzeugung (Gleichrichter, Ladeaggregate, Notstromaggregate, Stromgeneratoren, Stromumformer usw.)	19
3.1.3	Akkumulatoren	10
3.1.4	Kraft-Wärmekopplungsanlagen (Blockheizkraftwerke)	10
3.1.5	Windkraftanlagen	16
3.1.6	Photovoltaikanlagen	20
3.1.7	Solaranlagen	10
3.1.8	Heißluft-, Kälteanlagen, Kompressoren, Ventilatoren usw.	14
3.1.9	Kessel einschl. Druckkessel	15
3.1.10	Wasseraufbereitungsanlagen	12
3.1.11	Wasserenthärtungsanlagen	12
3.1.12	Wasserreinigungsanlagen	11
3.1.13	Druckluftanlagen	12
3.1.14	Wärmetauscher	15
3.2	Rückgewinnungsanlagen	10
3.3	Mess- und Regeleinrichtungen	

Fundstelle	*Anlagegüter*	*Nutzungsdauer i. J.*
3.3.1	*allgemein*	*18*
3.3.2	*Emissionsmessgeräte*	*8*
3.3.3	*Materialprüfgeräte*	*10*
3.3.4	*Ultraschallgeräte (nicht medizinisch)*	*10*
3.3.5	*Vermessungsgeräte*	
3.3.5.1	*elektronisch*	*8*
3.3.5.2	*mechanisch*	*12*
3.4	*Transportanlagen*	
3.4.1	*Elevatoren, Förderschnecken, Rollenbahnen, Hängebahnen, Transportbänder, Förderbänder und Plattenbänder*	*14*
3.4.2	*Gleisanlagen mit Drehscheiben, Weichen, Signalanlagen u. ä.*	
3.4.2.1	*nach gesetzlichen Vorschriften*	*33*
3.4.2.2	*sonstige*	*15*
3.4.3	*Krananlagen*	
3.4.3.1	*ortsfest oder auf Schienen*	*21*
3.4.3.2	*sonstige*	*14*
3.4.4	*Aufzüge, Winden, Arbeitsbühnen, Hebebühnen, Gerüste, Hublifte*	
3.4.4.1	*stationär*	*15*
3.4.4.2	*mobil*	*11*
3.5	*Hochregallager*	*15*
3.6	*Transportcontainer, Baucontainer, Bürocontainer und Wohncontainer*	*10*
3.7	*Ladeneinbauten, Gaststätteneinbauten Schaufensteranlagen u. -einbauten*	*8*
3.8	*Lichtreklame*	*9*
3.9	*Schaukästen, Vitrinen*	*9*
3.10	*sonstige Betriebsanlagen*	
3.10.1	*Brückenwaagen*	*20*
3.10.2	*Tank- und Zapfanlagen für Treib- und Schmierstoffe*	*14*
3.10.3	*Brennstofftanks*	*25*
3.10.4	*Autowaschanlagen*	*10*

Fund-stelle	*Anlagegüter*	*Nutzungs-dauer i. J.*
3.10.5	*Abzugsvorrichtungen, Entstaubungsvorrichtungen*	*14*
3.10.6	*Alarmanlagen und Überwachungsanlagen*	*11*
3.10.7	*Sprinkleranlagen*	*20*
4	*Fahrzeuge*	
4.1	*Schienenfahrzeuge*	*25*
4.2	*Straßenfahrzeuge*	
4.2.1	*Personenkraftwagen und Kombiwagen*	*6*
4.2.2	*Motorräder, Motorroller, Fahrräder u. ä.*	*7*
4.2.3	*Lastkraftwagen, Sattelschlepper, Kipper*	*9*
4.2.4	*Traktoren und Schlepper*	*12*
4.2.5	*Kleintraktoren*	*8*
4.2.6	*Anhänger, Auflieger, Wechselaufbauten*	*11*
4.2.7	*Omnibusse*	*9*
4.2.8	*Sonderfahrzeuge*	
4.2.8.1	*Feuerwehrfahrzeuge*	*10*
4.2.8.2	*Rettungsfahrzeuge und Krankentransportfahrzeuge*	*6*
4.2.9	*Wohnmobile, Wohnwagen*	*8*
4.2.10	*Bauwagen*	*12*
4.3	*Luftfahrzeuge*	
4.3.1	*Flugzeuge unter 20 t höchstzulässigem Fluggewicht*	*21*
4.3.2	*Drehflügler (Hubschrauber)*	*19*
4.3.3	*Heißluftballone*	*5*
4.3.4	*Luftschiffe*	*8*
4.4	*Wasserfahrzeuge*	
4.4.1	*Barkassen*	*20*
4.4.2	*Pontons*	*30*
4.4.3	*Segelyachten*	*20*
4.5	*sonstige Beförderungsmittel (Elektrokarren, Stapler, Hubwagen usw.)*	*8*
5	*Bearbeitungsmaschinen und Verarbeitungsmaschinen*	
5.1	*Abrichtmaschinen*	*13*
5.2	*Biegemaschinen*	*13*

Fundstelle	*Anlagegüter*	*Nutzungsdauer i. J.*
5.3	Bohrmaschinen	
5.3.1	stationär	16
5.3.2	mobil	8
5.4	Bohrhämmer und Presslufthämmer	7
5.5	Bürstmaschinen	10
5.6	Drehbänke	16
5.7	Fräsmaschinen	
5.7.1	stationär	15
5.7.2	mobil	8
5.8	Funkenerosionsmaschinen	7
5.9	Hobelmaschinen	
5.9.1	stationär	16
5.9.2	mobil	9
5.10	Poliermaschinen	
5.10.1	stationär	13
5.10.2	mobil	5
5.11	Pressen und Stanzen	14
5.12	Stauchmaschinen	10
5.13	Stampfer und Rüttelplatten	11
5.14	Sägen aller Art	
5.14.1	stationär	14
5.14.2	mobil	8
5.15	Trennmaschinen	
5.15.1	stationär	10
5.15.2	mobil	7
5.16	Sandstrahlgebläse	9
5.17	Schleifmaschinen	
5.17.1	stationär	15
5.17.2	mobil	8
5.18	Schneidemaschinen und Scheren	
5.18.1	stationär	13
5.18.2	mobil	8

Fundstelle	*Anlagegüter*	*Nutzungsdauer i. J.*
5.19	*Shredder*	*6*
5.20	*Schweißgeräte und Lötgeräte*	*13*
5.21	*Spritzgussmaschinen*	*13*
5.22	*Abfüllanlagen*	*10*
5.23	*Verpackungsmaschinen, Folienschweißgeräte*	*13*
5.24	*Zusammentragmaschinen*	*12*
5.25	*Stempelmaschinen*	*8*
5.26	*Banderoliermaschinen*	*8*
5.27	*Sonstige Be- und Verarbeitungsmaschinen (Abkanten, Anleimen, Anspitzen, Ätzen, Beschichten, Drucken, Eloxieren, Entfetten, Entgraten, Erodieren, Etikettieren, Falzen, Färben, Feilen, Gießen, Galvanisieren, Gravieren, Härten, Heften, Lackieren, Nieten)*	*13*
6	*Betriebs- und Geschäftsausstattung*	
6.1	*Wirtschaftsgüter der Werkstätten-, Labor- und Lagereinrichtungen*	*14*
6.2	*Wirtschaftsgüter der Ladeneinrichtungen*	*8*
6.3	*Messestände*	*6*
6.4	*Kühleinrichtungen*	*8*
6.5	*Klimageräte (mobil)*	*11*
6.6	*Belüftungsgeräte, Entlüftungsgeräte (mobil)*	*10*
6.7	*Fettabscheider*	*5*
6.8	*Magnetabscheider*	*6*
6.9	*Nassabscheider*	*5*
6.10	*Heißluftgebläse, Kaltluftgebläse (mobil)*	*11*
6.11	*Raumheizgeräte (mobil)*	*9*
6.12	*Arbeitszelte*	*6*
6.13	*Telekommunikationsanlagen*	
6.13.1	*Fernsprechnebenstellenanlagen*	*10*
6.13.2	*Kommunikationsendgeräte*	
6.13.2.1	*Allgemein*	*8*
6.13.2.2	*Mobilfunkendgeräte*	*5*
6.13.3	*Textendeinrichtungen (Faxgeräte u. ä.)*	*6*
6.13.4	*Betriebsfunkanlagen*	*11*

Fund-stelle	***Anlagegüter***	***Nutzungs-dauer i. J.***
6.13.5	*Antennenmasten*	*10*
6.14	*Büromaschinen und Organisationsmittel*	
6.14.1	*Adressiermaschinen, Kuvertiermaschinen, Frankiermaschinen*	*8*
6.14.2	*Paginiermaschinen*	*8*
6.14.3	*Datenverarbeitungsanlagen*	
6.14.3.1	*Großrechner*	*7*
6.14.3.2	*Workstations, Personalcomputer, Notebooks und deren Peripheriegeräte (Drucker, Scanner, Bildschirme u. ä.)*	*1*
6.14.4	*Foto-, Film-, Video- und Audiogeräte (Fernseher, CD-Player, Recorder, Lautsprecher, Radios, Verstärker, Kameras, Monitore u. ä.)*	*7*
6.14.5	*Beschallungsanlagen*	*9*
6.14.6	*Präsentationsgeräte, Datensichtgeräte*	*8*
6.14.7	*Registrierkassen*	*6*
6.14.8	*Schreibmaschinen*	*9*
6.14.9	*Zeichengeräte*	
6.14.9.1	*elektronisch*	*8*
6.14.9.2	*mechanisch*	*14*
6.14.10	*Vervielfältigungsgeräte*	*7*
6.14.11	*Zeiterfassungsgeräte*	*8*
6.14.12	*Geldprüfgeräte, Geldsortiergeräte, Geldwechselgeräte und Geldzählgeräte*	*7*
6.14.13	*Reißwölfe (Aktenvernichter)*	*8*
6.14.14	*Kartenleser (EC-, Kredit-)*	*8*
6.15	*Büromöbel*	*13*
6.16	*Verkaufstheken*	*10*
6.17	*Verkaufsbuden, Verkaufsstände*	*8*
6.18	*Bepflanzungen in Gebäuden*	*10*
6.19	*Sonst. Büroausstattung*	
6.19.1	*Stahlschränke*	*14*
6.19.2	*Panzerschränke, Tresore*	*23*
6.19.3	*Tresoranlagen*	*25*

Fund-stelle	*Anlagegüter*	*Nutzungs-dauer i. J.*
6.19.4	Teppiche	
6.19.4.1	normale	8
6.19.4.2	hochwertige (ab 1.000 DM/m²)	15
6.19.5	Kunstwerke (ohne Werke anerkannter Künstler)	15
6.19.6	Waagen (Obst-, Gemüse-, Fleisch- u. ä.)	11
6.19.7	Rohrpostanlagen	10
7	Sonstige Anlagegüter	
7.1	Betonkleinmischer	6
7.2	Reinigungsgeräte	
7.2.1	Bohnermaschinen	8
7.2.2	Desinfektionsgeräte	10
7.2.3	Geschirr- und Gläserspülmaschinen	7
7.2.4	Hochdruckreiniger (Dampf- und Wasser-)	8
7.2.5	Industriestaubsauger	7
7.2.6	Kehrmaschinen	9
7.2.7	Räumgeräte	9
7.2.8	Sterilisatoren	10
7.2.9	Teppichreinigungsgeräte (transportabel)	7
7.2.10	Waschmaschinen	10
7.2.11	Bautrocknungs- und Entfeuchtungsgeräte	5
7.3	Wäschetrockner	8
7.4	Waren- und Dienstleistungsautomaten	
7.4.1	Getränkeautomaten, Leergutautomaten	7
7.4.2	Warenautomaten	5
7.4.3	Zigarettenautomaten	8
7.4.4	Passbildautomaten	5
7.4.5	Visitenkartenautomaten	5
7.5	Unterhaltungsautomaten	
7.5.1	Geldspielgeräte (Spielgeräte mit Gewinnmöglichkeit)	4
7.5.2	Musikautomaten	8
7.5.3	Videoautomaten	6
7.5.4	sonstige Unterhaltungsautomaten (z. B. Flipper)	5

Fundstelle	*Anlagegüter*	*Nutzungsdauer i. J.*
7.6	*Fahnenmasten*	*10*
7.7	*Kühlschränke*	*10*
7.8	*Laborgeräte (Mikroskope, Präzisionswaagen u. ä.)*	*13*
7.9	*Mikrowellengeräte*	*8*
7.10	*Rasenmäher*	*9*
7.11	*Toilettenkabinen und Toilettenwagen*	*9*
7.12	*Zentrifugen*	*10*

[...]

Hinweis

Neuregelung der „Allgemeinen Vorbemerkungen zu den AfA-Tabellen" für alle Anlagegüter, die nach dem 31.12.2000 angeschafft oder hergestellt worden sind, durch BMF-Schreiben vom 6.12.2001, VV DEU BMF 2001-12-06 IV D 2-S 1551-498/01

Neuregelung der Wertgrenze in Pos. 6.19.4.2 (hochwertige Teppiche – Anschaffungskosten über 500,– EUR/m²) für Wirtschaftsgüter, die nach dem 31.12.2001 angeschafft oder hergestellt werden, durch BMF-Schreiben vom 14.12.2001, VV DEU BMF 2001-12-14 IV D 2-S 1551-497/01

Neuerung der Nutzungsdauer von Computerhardware und Software zur Dateneingabe und-verarbeitung die nach dem 31.12.2020 angeschafft oder hergestellt sind, durch BMF-Schreiben vom 26.2.2021, IV C 3 – 2190/21/10002:013

Fußnoten:

1) ***Lafo-Kartei BW:*** *Zu den Allgemeinen Vorbemerkungen zu den AfA-Tabellen vgl. Fach 12 Nr. 1.1.*

Anmerkung: Die Tabelle „Anlagegüter alphabetisch" ist in Kapitel 1.5 „Abschreibungstabelle", S. 27 abgebildet.

4.23 Verfahrensfragen

4.23.1 Veranlagungszeitraum und Steuererklärungspflicht, §§ 25, 46 EStG

Jede steuerpflichtige Person hat für den Veranlagungszeitraum eine eigenhändig unterschriebene Steuererklärung abzugeben. Ehegatten können eine gemeinsame Steuererklärung abgeben. In bestimmten Fällen ist die Steuererklärung zusätzlich elektronisch an das Finanzamt zu übermitteln.

Arbeitnehmern, bei denen keine Ausnahmetatbestände des § 46 EStG vorliegen, sind von der Verpflichtung zur Abgabe befreit.

Gesetzestext (Auszug) §§ 25, 46 EStG

§ 25 Veranlagungszeitraum, Steuererklärungspflicht

(1) Die Einkommensteuer wird nach Ablauf des Kalenderjahres (Veranlagungszeitraum) nach dem Einkommen veranlagt, das der Steuerpflichtige in diesem Veranlagungszeitraum bezogen hat, soweit nicht nach § 43 Absatz 5 und § 46 eine Veranlagung unterbleibt.

(2) (weggefallen)

(3) [1]Die steuerpflichtige Person hat für den Veranlagungszeitraum eine eigenhändig unterschriebene Einkommensteuererklärung abzugeben. [2]Wählen Ehegatten die Zusammenveranlagung (§ 26b), haben sie eine gemeinsame Steuererklärung abzugeben, die von beiden eigenhändig zu unterschreiben ist.

(4) [1]Die Erklärung nach Absatz 3 ist nach amtlich vorgeschriebenem Datensatz durch Datenfernübertragung zu übermitteln, wenn Einkünfte nach § 2 Absatz 1 Satz 1 Nummer 1 bis 3 erzielt werden und es sich nicht um einen der Veranlagungsfälle gemäß § 46 Absatz 2 Nummer 2 bis 8 handelt. [2]Auf Antrag kann die Finanzbehörde zur Vermeidung unbilliger Härten auf eine Übermittlung durch Datenfernübertragung verzichten.

§ 46 Veranlagung bei Bezug von Einkünften aus nichtselbständiger Arbeit

(1) (weggefallen)

(2) Besteht das Einkommen ganz oder teilweise aus Einkünften aus nichtselbständiger Arbeit, von denen ein Steuerabzug vorgenommen worden ist, so wird eine Veranlagung nur durchgeführt,

1. *wenn die positive Summe der einkommensteuerpflichtigen Einkünfte, die nicht dem Steuerabzug vom Arbeitslohn zu unterwerfen waren, vermindert um die darauf entfallenden Beträge nach § 13 Absatz 3 und § 24a, oder die positive Summe der Einkünfte und Leistungen, die dem Progressionsvorbehalt unterliegen, jeweils mehr als 410 Euro beträgt;*

2. wenn der Steuerpflichtige nebeneinander von mehreren Arbeitgebern Arbeitslohn bezogen hat; das gilt nicht, soweit nach § 38 Absatz 3a Satz 7 Arbeitslohn von mehreren Arbeitgebern für den Lohnsteuerabzug zusammengerechnet worden ist;

3. wenn bei einem Steuerpflichtigen die Summe der beim Steuerabzug vom Arbeitslohn nach § 39b Absatz 2 Satz 5 Nummer 3 Buchstabe b bis d berücksichtigten Teilbeträge der Vorsorgepauschale größer ist als die abziehbaren Vorsorgeaufwendungen nach § 10 Absatz 1 Nummer 3 und Nummer 3a in Verbindung mit Absatz 4 und der im Kalenderjahr insgesamt erzielte Arbeitslohn höher ist als die Summe aus dem Grundfreibetrag (§ 32a Absatz 1 Satz 2 Nummer 1), dem Arbeitnehmer-Pauschbetrag (§ 9a Satz 1 Nummer 1 Buchstabe a) und dem Sonderausgaben-Pauschbetrag (§ 10c Satz 1) oder bei Ehegatten, die die Voraussetzungen des § 26 Absatz 1 erfüllen, höher ist als die Summe aus dem doppelten Grundfreibetrag, dem Arbeitnehmer-Pauschbetrag und dem doppelten Sonderausgaben-Pauschbetrag;

3a. wenn von Ehegatten, die nach den §§ 26, 26b zusammen zur Einkommensteuer zu veranlagen sind, beide Arbeitslohn bezogen haben und einer für den Veranlagungszeitraum oder einen Teil davon nach der Steuerklasse V oder VI besteuert oder bei Steuerklasse IV der Faktor (§ 39f) eingetragen worden ist;

4. wenn für einen Steuerpflichtigen ein Freibetrag im Sinne des § 39a Absatz 1 Satz 1 Nummer 1 bis 3, 5 oder Nummer 6 ermittelt worden ist und der im Kalenderjahr insgesamt erzielte Arbeitslohn höher ist als die Summe aus dem Grundfreibetrag (§ 32a Absatz 1 Satz 2 Nummer 1), dem Arbeitnehmer-Pauschbetrag (§ 9a Satz 1 Nummer 1 Buchstabe a) und dem Sonderausgaben-Pauschbetrag (§ 10c Satz 1) oder bei Ehegatten, die die Voraussetzungen des § 26 Absatz 1 erfüllen, höher ist als die Summe aus dem doppelten Grundfreibetrag, dem Arbeitnehmer-Pauschbetrag und dem doppelten Sonderausgaben-Pauschbetrag; dasselbe gilt für einen Steuerpflichtigen, der zum Personenkreis des § 1 Absatz 2 gehört;

4a. wenn bei einem Elternpaar, bei dem die Voraussetzungen des § 26 Absatz 1 Satz 1 nicht vorliegen,

a) bis c) (weggefallen)

d) im Fall des § 33a Absatz 2 Satz 5 das Elternpaar gemeinsam eine Aufteilung des Abzugsbetrags in einem anderen Verhältnis als je zur Hälfte beantragt oder

e) im Fall des § 33b Absatz 5 Satz 3 das Elternpaar gemeinsam eine Aufteilung des Pauschbetrags für Menschen mit Behinderungen oder des Pauschbetrags für Hinterbliebene in einem anderen Verhältnis als je zur Hälfte beantragt.

[2]Die Veranlagungspflicht besteht für jeden Elternteil, der Einkünfte aus nichtselbständiger Arbeit bezogen hat;

5. wenn bei einem Steuerpflichtigen die Lohnsteuer für einen sonstigen Bezug im Sinne des § 34 Absatz 1 und 2 Nummer 2 und 4 nach § 39b Absatz 3 Satz 9 oder für einen sonstigen Bezug nach § 39c Absatz 3 ermittelt wurde;

5a. wenn der Arbeitgeber die Lohnsteuer von einem sonstigen Bezug berechnet hat und dabei der Arbeitslohn aus früheren Dienstverhältnissen des Kalenderjahres außer Betracht geblieben ist (§ 39b Absatz 3 Satz 2, § 41 Absatz 1 Satz 6, Großbuchstabe S);

6. wenn die Ehe des Arbeitnehmers im Veranlagungszeitraum durch Tod, Scheidung oder Aufhebung aufgelöst worden ist und er oder sein Ehegatte der aufgelösten Ehe im Veranlagungszeitraum wieder geheiratet hat;

7. wenn

   a) für einen unbeschränkt Steuerpflichtigen im Sinne des § 1 Absatz 1 bei der Bildung der Lohnsteuerabzugsmerkmale (§ 39) ein Ehegatte im Sinne des § 1a Absatz 1 Nummer 2 berücksichtigt worden ist oder

   b) für einen Steuerpflichtigen, der zum Personenkreis des § 1 Absatz 3 oder des § 1a gehört, Lohnsteuerabzugsmerkmale nach § 39 Absatz 2 gebildet worden sind; das nach § 39 Absatz 2 Satz 2 bis 4 zuständige Betriebsstättenfinanzamt ist dann auch für die Veranlagung zuständig;

8. wenn die Veranlagung beantragt wird, insbesondere zur Anrechnung von Lohnsteuer auf die Einkommensteuer. [2]Der Antrag ist durch Abgabe einer Einkommensteuererklärung zu stellen.

9. wenn ein Antrag im Sinne der Nummer 8 gestellt wird und daneben beantragt wird, als unbeschränkt Steuerpflichtiger im Sinne des § 1 Absatz 3 behandelt zu werden; die Zuständigkeit liegt beim lohnsteuerlichen Betriebsstättenfinanzamt des Arbeitgebers.

(3) [1]In den Fällen des Absatzes 2 ist ein Betrag in Höhe der einkommensteuerpflichtigen Einkünfte, von denen der Steuerabzug vom Arbeitslohn nicht vorgenommen worden ist und die nicht nach § 32d Absatz 6 der tariflichen Einkommensteuer unterworfen wurden, vom Einkommen abzuziehen, wenn diese Einkünfte insgesamt nicht mehr als 410 Euro betragen. [2]Der Betrag nach Satz 1 vermindert sich um den Altersentlastungsbetrag, soweit dieser den unter Verwendung des nach § 24a Satz 5 maßgebenden Prozentsatzes zu ermittelnden Anteil des Arbeitslohns mit Ausnahme der Versorgungsbezüge im Sinne des § 19 Absatz 2 übersteigt, und um den nach § 13 Absatz 3 zu berücksichtigenden Betrag.

(4) [1]Kommt nach Absatz 2 eine Veranlagung zur Einkommensteuer nicht in Betracht, so gilt die Einkommensteuer, die auf die Einkünfte aus nichtselbständiger Arbeit entfällt, für den Steuerpflichtigen durch den Lohnsteuerabzug als abgegolten, soweit er nicht für zuwenig erhobene Lohnsteuer in Anspruch genommen werden kann. [2]§ 42b bleibt unberührt.

(5) Durch Rechtsverordnung kann in den Fällen des Absatzes 2 Nummer 1, in denen die einkommensteuerpflichtigen Einkünfte, von denen der Steuerabzug vom Arbeitslohn nicht vorgenommen worden ist und die nicht nach § 32d Absatz 6 der

tariflichen Einkommensteuer unterworfen wurden, den Betrag von 410 Euro übersteigen, die Besteuerung so gemildert werden, dass auf die volle Besteuerung dieser Einkünfte stufenweise übergeleitet wird.

4.23.2 Entstehung der ESt, Vorauszahlungen, §§ 36, 37 EStG

Die Einkommensteuer entsteht mit Ablauf des Veranlagungszeitraums, soweit nichts anderes bestimmt ist (§ 36 EStG).

Vorauszahlungen werden von Amts wegen festgesetzt oder vom Stpfl. beantragt. Die Schwellenwerte für eine Festsetzung von Vorauszahlungen betragen (§ 37 Abs. 5 EStG):

- für ESt-Vorauszahlungen 400 EUR
- für Erhöhungen (Differenz) 100 EUR
- für nachträgliche Erhöhung (Vorjahr) 5.000 EUR.

Die **Vorauszahlungen** sind jeweils zu entrichten am:

- 10. März,
- 10. Juni,
- 10. September und
- 10. Dezember.

Gesetzestext (Auszug) §§ 36, 37 EStG

§ 36 Entstehung und Tilgung der Einkommensteuer

(1) Die Einkommensteuer entsteht, soweit in diesem Gesetz nichts anderes bestimmt ist, mit Ablauf des Veranlagungszeitraums.

(2) Auf die Einkommensteuer werden angerechnet:

1. *die für den Veranlagungszeitraum entrichteten Einkommensteuer-Vorauszahlungen (§ 37);*
2. *die durch Steuerabzug erhobene Einkommensteuer, soweit sie entfällt auf*

   a) die bei der Veranlagung erfassten Einkünfte oder

   b) die nach § 3 Nummer 40 dieses Gesetzes oder nach § 8b Absatz 1, 2 und 6 Satz 2 des Körperschaftsteuergesetzes bei der Ermittlung des Einkommens außer Ansatz bleibenden Bezüge

   und keine Erstattung beantragt oder durchgeführt worden ist. [2]Die durch Steuerabzug erhobene Einkommensteuer wird nicht angerechnet, wenn die in § 45a Absatz 2 oder Absatz 3 bezeichnete Bescheinigung nicht vorgelegt worden ist. [3]Soweit der Steuerpflichtige einen Antrag nach § 32d Absatz 4 oder Absatz 6 stellt, ist es für die Anrechnung ausreichend, wenn die Bescheinigung auf Verlangen des Finanzamts vorgelegt wird. [4]In den Fällen des § 8b Absatz 6 Satz 2 des Körperschaftsteuergesetzes ist es für die Anrechnung ausreichend, wenn die Bescheinigung nach § 45a Absatz 2 und 3 vorgelegt wird, die dem Gläubiger der Kapitalerträge ausgestellt worden ist. [5]In den Fällen des § 2 Absatz 7 Satz 3 ist auch die durch Steuerabzug im Kalenderjahr des Wechsels von der unbeschränkten zur beschränkten Einkommensteuerpflicht erhobene Einkommensteuer anzurechnen, die auf Einkünfte entfällt, die weder der unbeschränkten noch der beschränkten Steuerpflicht unterliegen; § 37 Absatz 2 der Abgabenordnung findet insoweit keine Anwendung;

3. *[1]die nach § 10 des Forschungszulagengesetzes festgesetzte Forschungszulage. [2]Das gilt auch für die gesondert und einheitlich festgestellte Forschungszulage;*
4. *in den Fällen des § 32c Absatz 1 Satz 2 der nicht zum Abzug gebrachte Unterschiedsbetrag, wenn dieser höher ist als die tarifliche Einkommensteuer des letzten Veranlagungszeitraums im Betrachtungszeitraum.*

(3) [1]Die Steuerbeträge nach Absatz 2 Nummer 2 sind auf volle Euro aufzurunden. [2]Bei den durch Steuerabzug erhobenen Steuern ist jeweils die Summe der Beträge einer einzelnen Abzugsteuer aufzurunden.

(4) [1]Wenn sich nach der Abrechnung ein Überschuss zuungunsten des Steuerpflichtigen ergibt, hat der Steuerpflichtige (Steuerschuldner) diesen Betrag, soweit er den fällig gewordenen, aber nicht entrichteten Einkommensteuer-Vorauszahlungen entspricht, sofort, im Übrigen innerhalb eines Monats nach Bekanntgabe des Steuerbescheids zu entrichten (Abschlusszahlung). [2]Wenn sich nach der Abrechnung ein Überschuss zugunsten des Steuerpflichtigen ergibt, wird dieser dem Steuerpflichtigen nach Bekanntgabe des Steuerbescheids ausgezahlt. [3]Bei Ehegatten, die nach den §§ 26, 26b zusammen zur Einkommensteuer veranlagt worden sind, wirkt die Auszahlung an einen Ehegatten auch für und gegen den anderen Ehegatten.

(5) [1] Die festgesetzte Steuer, die auf den Aufgabegewinn nach § 16 Absatz 3a und den durch den Wechsel der Gewinnermittlungsart erzielten Gewinn entfällt, kann auf Antrag der Steuerpflichtigen in fünf gleichen Jahresraten entrichtet werden, wenn die Wirtschaftsgüter einem Betriebsvermögen des Steuerpflichtigen in einem anderen Mitgliedstaat der Europäischen Union oder des Europäischen Wirtschaftsraums zuzuordnen sind, sofern durch diese Staaten Amtshilfe entsprechend oder im Sinne der Amtshilferichtlinie gemäß § 2 Absatz 11 des EU-Amtshilfegesetzes und gegenseitige Unterstützung bei der Beitreibung im Sinne der Beitreibungsrichtlinie einschließlich der in diesem Zusammenhang anzuwendenden Durchführungsbestimmungen in den für den jeweiligen Veranlagungszeitraum geltenden Fassungen oder eines entsprechenden Nachfolgerechtsakts geleistet werden. [2]Die erste Jahresrate ist innerhalb eines Monats nach Bekanntgabe des Steuerbescheids zu entrichten; die übrigen Jahresraten sind jeweils am 31.Juli der Folgejahre fällig. [3]Die Jahresraten sind nicht zu verzinsen; sie sollen in der Regel nur gegen Sicherheitsleistung gewährt werden. [4]Die noch nicht entrichtete Steuer wird innerhalb eines Monats nach Eintritt eines der nachfolgenden Ereignisse fällig,

1. *soweit ein Wirtschaftsgut im Sinne des Satzes 1 veräußert, entnommen, in andere als die in Satz 1 genannten Staaten verlagert oder verdeckt in eine Kapitalgesellschaft eingelegt wird,*

2. wenn der Betrieb oder Teilbetrieb während dieses Zeitraums eingestellt, veräußert oder in andere als die in Satz 1 genannten Staaten verlegt wird,

3. wenn der Steuerpflichtige aus der inländischen unbeschränkten Steuerpflicht in den Satz 1 genannten Staaten ausscheiden oder in einem anderen als den in Satz 1 genannten Staaten ansässig wird,

4. wenn der Steuerpflichtige Insolvenz anmeldet oder abwickelt wird oder

5. wenn der Steuerpflichtige seine Verpflichtungen im Zusammenhang mit den Ratenzahlunen nicht nachkommt und über einen angemessenen Zeitraum der zwölf Monate nicht überschreiten darf, keine Abhilfte für seine Situation schafft; Satz 2 bleibt unberührt

[5]Ändert sich die festgesetzte Steuer, sind die Jahresraten entsprechend anzupassen. [6]Der Steuerpflichtige hat der zuständigen Finanzbehörde jährlich mit der Steuererklärung oder, sofern keine Pflicht zur Abgabe einer Steuererklärung besteht, zum 31. Juli anzuzeigen, ob die Voraussetzung für die Ratenzahlung weiterhin erfüllt sind; kommt er dieser Anzeigepflicht oder seinen sonstigen Mitwirkungspflichten im Sinne des § 90 der Abgabenordnung nicht nach, werden die noch nicht entrichteten Jahresraten rückwirkend zum 1. August des vorangegangenen Jahres fällig, frühstens aber einen Monat nach Bekanntgabe der Steuerbescheids. [7]Unbeschadet des Satzes 6 hat der Steuerpflichtige den Eintritt eines Ereignisses nach Satz 4 der zuständigen Finanzbehörde unverzüglich anzuzeigen. [8]Unterliegt der Steuerpflichtige einer Erklärungspflicht, kann die Anzeige auf Grund eines Ereignisses nach Satz 4 Nummer 1 abweichend von der in Satz 7 genannten Frist mit der nächsten Steuererklärung erfolgen.

§ 37 Einkommensteuer-Vorauszahlung

(1) [1]Der Steuerpflichtige hat am 10. März, 10. Juni, 10. September und 10. Dezember Vorauszahlungen auf die Einkommensteuer zu entrichten, die er für den laufenden Veranlagungszeitraum voraussichtlich schulden wird. [2]Die Einkommensteuer-Vorauszahlung entsteht jeweils mit Beginn des Kalendervierteljahres, in dem die Vorauszahlungen zu entrichten sind, oder, wenn die Steuerpflicht erst im Laufe des Kalendervierteljahres begründet wird, mit Begründung der Steuerpflicht.

(2) (weggefallen)

(3) [1]Das Finanzamt setzt die Vorauszahlungen durch Vorauszahlungsbescheid fest. [2]Die Vorauszahlungen bemessen sich grundsätzlich nach der Einkommensteuer, die sich nach Anrechnung der Steuerabzugsbeträge (§ 36 Absatz 2 Nummer 2) bei der letzten Veranlagung ergeben hat. [3]Das Finanzamt kann bis zum Ablauf des auf den Veranlagungszeitraum folgenden 15. Kalendermonats die Vorauszahlungen an die Einkommensteuer anpassen, die sich für den Veranlagungszeitraum voraussichtlich ergeben wird; dieser Zeitraum verlängert sich auf 23 Monate, wenn die Einkünfte aus Land- und Forstwirtschaft bei der erstmaligen Steuerfestsetzung die anderen Einkünfte voraussichtlich überwiegen werden. [4]Bei der Anwendung der Sätze 2 und 3 bleiben Aufwendungen im Sinne des § 10 Absatz 1 Nummer 4, 5, 7 und 9 sowie Absatz 1a, der §§ 10b und 33 sowie die abziehbaren Beträge nach § 33a, wenn die Aufwendungen und abziehbaren Beträge

insgesamt 600 Euro nicht übersteigen, außer Ansatz. [5]Die Steuerermäßigung nach § 34a bleibt außer Ansatz. [6]Bei der Anwendung der Sätze 2 und 3 bleibt der Sonderausgabenabzug nach § 10a Absatz 1 außer Ansatz. [7]Außer Ansatz bleiben bis zur Anschaffung oder Fertigstellung der Objekte im Sinne des § 10e Absatz 1 und 2 und § 10h auch die Aufwendungen, die nach § 10e Absatz 6 und § 10h Satz 3 wie Sonderausgaben abgezogen werden; Entsprechendes gilt auch für Aufwendungen, die nach § 10i für nach dem Eigenheimzulagengesetz begünstigte Objekte wie Sonderausgaben abgezogen werden. [8]Negative Einkünfte aus der Vermietung oder Verpachtung eines Gebäudes im Sinne des § 21 Absatz 1 Satz 1 Nummer 1 werden bei der Festsetzung der Vorauszahlungen nur für Kalenderjahre berücksichtigt, die nach der Anschaffung oder Fertigstellung dieses Gebäudes beginnen. [9]Wird ein Gebäude vor dem Kalenderjahr seiner Fertigstellung angeschafft, tritt an die Stelle der Anschaffung die Fertigstellung. [10]Satz 8 gilt nicht für negative Einkünfte aus der Vermietung oder Verpachtung eines Gebäudes, für das Sonderabschreibungen nach § 7b dieses Gesetzes oder erhöhte Absetzungen nach den §§ 14a, 14c oder 14d des Berlinförderungsgesetzes in Anspruch genommen werden. [11]Satz 8 gilt für negative Einkünfte aus der Vermietung oder Verpachtung eines anderen Vermögensgegenstands im Sinne des § 21 Absatz 1 Satz 1 Nummer 1 bis 3 entsprechend mit der Maßgabe, dass an die Stelle der Anschaffung oder Fertigstellung die Aufnahme der Nutzung durch den Steuerpflichtigen tritt. [12]In den Fällen des § 31, in denen die gebotene steuerliche Freistellung eines Einkommensbetrags in Höhe des Existenzminimums eines Kindes durch das Kindergeld nicht in vollem Umfang bewirkt wird, bleiben bei der Anwendung der Sätze 2 und 3 Freibeträge nach § 32 Absatz 6 und zu verrechnendes Kindergeld außer Ansatz.

(4) [1]Bei einer nachträglichen Erhöhung der Vorauszahlungen ist die letzte Vorauszahlung für den Veranlagungszeitraum anzupassen. [2]Der Erhöhungsbetrag ist innerhalb eines Monats nach Bekanntgabe des Vorauszahlungsbescheids zu entrichten.

(5) [1]Vorauszahlungen sind nur festzusetzen, wenn sie mindestens 400 Euro im Kalenderjahr und mindestens 100 Euro für einen Vorauszahlungszeitpunkt betragen. [2]Festgesetzte Vorauszahlungen sind nur zu erhöhen, wenn sich der Erhöhungsbetrag im Fall des Absatzes 3 Satz 2 bis 5 für einen Vorauszahlungszeitpunkt auf mindestens 100 Euro, im Fall des Absatzes 4 auf mindestens 5 000 Euro beläuft.

(6) weggefallen

4.23.3 Anmeldung und Abführung der Lohnsteuer, § 41a EStG

Arbeitgeberpflichten

- **Elektronische Anmeldung und Abführung bis zum 10. Tag nach dem Anmeldezeitraum;**
- **Anmeldezeitraum** ist grundsätzlich der **Monat;**
- Betrug die **Vorjahreslohnsteuer** 1.000 EUR bis 4.000 EUR, so ist Anmeldezeitraum das **Kalendervierteljahr;**

- Betrug die **Vorjahreslohnsteuer weniger als 1.000 EUR**, so ist der Anmeldezeitraum das **Kalenderjahr**.

Gesetzestext (Auszug) § 41a EStG

§ 41a Anmeldung und Abführung der Lohnsteuer

(1) [1]Der Arbeitgeber hat spätestens am zehnten Tag nach Ablauf eines jeden Lohnsteuer-Anmeldungszeitraums

1. *dem Finanzamt, in dessen Bezirk sich die Betriebsstätte (§ 41 Absatz 2) befindet (Betriebsstättenfinanzamt), eine Steuererklärung einzureichen, in der er die Summen der im Lohnsteuer-Anmeldungszeitraum einzubehaltenden und zu übernehmenden Lohnsteuer, getrennt nach den Kalenderjahren in denen der Arbeitslohn bezogen wird oder als bezogen gilt, angibt (Lohnsteuer-Anmeldung),*
2. *die im Lohnsteuer-Anmeldungszeitraum insgesamt einbehaltene und übernommene Lohnsteuer an das Betriebsstättenfinanzamt abzuführen.*

[2]Die Lohnsteuer-Anmeldung ist nach amtlich vorgeschriebenem Datensatz durch Datenfernübertragung zu übermitteln. [3]Auf Antrag kann das Finanzamt zur Vermeidung unbilliger Härten auf eine elektronische Übermittlung verzichten; in diesem Fall ist die Lohnsteuer-Anmeldung nach amtlich vorgeschriebenem Vordruck abzugeben und vom Arbeitgeber oder von einer zu seiner Vertretung berechtigten Person zu unterschreiben. [4]Der Arbeitgeber wird von der Verpflichtung zur Abgabe weiterer Lohnsteuer-Anmeldungen befreit, wenn er Arbeitnehmer, für die er Lohnsteuer einzubehalten oder zu übernehmen hat, nicht mehr beschäftigt und das dem Finanzamt mitteilt.

(2) [1]Lohnsteuer-Anmeldungszeitraum ist grundsätzlich der Kalendermonat. [2]Lohnsteuer-Anmeldungszeitraum ist das Kalendervierteljahr, wenn die abzuführende Lohnsteuer für das vorangegangene Kalenderjahr mehr als 1 080 Euro, aber nicht mehr als 5 000 Euro betragen hat; Lohnsteuer-Anmeldungszeitraum ist das Kalenderjahr, wenn die abzuführende Lohnsteuer für das vorangegangene Kalenderjahr nicht mehr als 1 080 Euro betragen hat. [3]Hat die Betriebsstätte nicht während des ganzen vorangegangenen Kalenderjahres bestanden, so ist die für das vorangegangene Kalenderjahr abzuführende Lohnsteuer für die Feststellung des Lohnsteuer-Anmeldungszeitraums auf einen Jahresbetrag umzurechnen. [4]Wenn die Betriebsstätte im vorangegangenen Kalenderjahr noch nicht bestanden hat, ist die auf einen Jahresbetrag umgerechnete für den ersten vollen Kalendermonat nach der Eröffnung der Betriebsstätte abzuführende Lohnsteuer maßgebend.

(3) [1]Die oberste Finanzbehörde des Landes kann bestimmen, dass die Lohnsteuer nicht dem Betriebsstättenfinanzamt, sondern einer anderen öffentlichen Kasse anzumelden und an diese abzuführen ist; die Kasse erhält insoweit die Stellung einer Landesfinanzbehörde. [2]Das Betriebsstättenfinanzamt oder die zuständige andere öffentliche Kasse können anordnen, dass die Lohnsteuer abweichend von dem nach Absatz 1 maßgebenden Zeitpunkt anzumelden und abzuführen ist, wenn die Abführung der Lohnsteuer nicht gesichert erscheint.

(4) [1]Arbeitgeber, die eigene oder gecharterte Handelsschiffe betreiben, dürfen die anzumeldende und abzuführende Lohnsteuer abziehen und einbehalten, die auf den Arbeitslohn entfällt, der an die Besatzungsmitglieder für die Beschäftigungszeiten auf diesen Schiffen gezahlt wird. [2]Die Handelsschiffe müssen in einem Seeschiffsregister eines Mitgliedstaates der Europäischen Union oder eines Staates, auf den das Abkommen über den Europäischen Wirtschaftsraum anwendbar ist, eingetragen sein, die Flagge eines dieser Staaten führen und zur Beförderung von Personen oder Gütern im Verkehr mit oder zwischen ausländischen Häfen, innerhalb eines ausländischen Hafens oder zwischen einem ausländischen Hafen und der Hohen See betrieben werden. [3]Die Sätze 1 und 2 sind entsprechend anzuwenden, wenn Seeschiffe im Wirtschaftsjahr überwiegend außerhalb der deutschen Hoheitsgewässer zum Schleppen, Bergen oder zur Aufsuchung von Bodenschätzen oder zur Vermessung von Energielagerstätten unter dem Meeresboden eingesetzt werden. [4]Bei Besatzungsmitgliedern, die auf Schiffe, einschließlich Ro-Ro Fahrgastschiffen, arbeiten, die im regelmäßigen Personenbeförderungsdienst zwischen Häfen im Hoheitsgebiet der Mitgliedstaaten der Europäischen Union eingesetzt werden, gelten die Sätze 1 und 2 nur, wenn die Besatzungsmitglieder Staatsangehörige eines Mitgliedstaates der Europäischen Union oder eines Staates sind, auf den das Abkommen über den Europäischen Wirtschaftsraum anwendbar ist. [5]Bei Seeschiffen, die für Schlepp- und Baggerarbeiten genutzt werden, gelten die Sätze 1 und 2, wenn es sich um seetüchtige Schlepper und Baggerschiffe mit Eigenantrieb handelt und die Schiffe während mindestens 50 Prozent ihrer Betriebszeit für Tätigkeiten auf See eingesetzt werden. [6]Ist für den Lohnsteuerabzug die Lohnsteuer nach der Steuerklasse V oder VI zu ermitteln, so bemisst sich der Betrag nach Satz 1 nach der Lohnsteuer der Steuerklasse I.

4.23.4 Lohnsteuerklassen optimieren, § 38b EStG

Die auf der Lohnsteuerkarte des Stpfl. eingetragene Steuerklasse ist die Grundlage für die Höhe des (monatlichen) Lohnsteuerabzugs durch den Arbeitgeber. Die Lohnsteuerklassen bringen die jeweilige **Familiensituation** zum Ausdruck, denn in den Steuerklassen sind unterschiedliche Einkommenstarife der Grund- und Splittingtabelle, sowie die verschiedenen Frei- und Pauschbeträge eingearbeitet.

Die folgende Übersicht gibt einen Überblick über die verschiedenen Steuerklassen:

Steuerklasse I	• Ledige und Geschiedene; • Verheiratete, die von ihrem Ehegatten dauernd getrennt leben oder deren Ehegatte im Ausland wohnt; • Verwitwete ab dem zweiten Jahr, das dem Todesjahr des Ehegatten folgt; • Beschränkt einkommensteuerpflichtige Arbeitnehmer (§ 39d EStG).
Steuerklasse II	Arbeitnehmer, die in die Steuerklasse I einzuordnen sind, wenn bei ihnen der Entlastungsbetrag für Alleinerziehende (§ 24b EStG) zu berücksichtigen ist.

Steuerklasse III	• Verheiratete, wenn beide Ehegatten unbeschränkt einkommensteuerpflichtig sind, nicht dauernd getrennt leben und der andere Ehegatte keinen Arbeitslohn bezieht oder in der Steuerklasse V eingestuft ist; • Verwitwete, für das erste Kalenderjahr das dem Todesjahr des Ehegatten folgt.
Steuerklasse IV	Verheiratete, • wenn beide Ehegatten Arbeitslohn beziehen, • im Inland wohnen, nicht dauernd getrennt leben und • für keinen der Ehegatten eine Lohnsteuerkarte mit der Steuerklasse III ausgeschrieben wird.
Steuerklasse V	Wird für einen Ehegatten die Steuerklasse V bescheinigt, gilt für den anderen Ehepartner die Steuerklasse III.
Steuerklasse VI	Arbeitnehmer, die nebeneinander mehrere lohnsteuerpflichtige Dienstverhältnisse ausüben. Für das zweite und jedes weitere Beschäftigungsverhältnis ist dem Arbeitgeber eine Lohnsteuerkarte vorzulegen, auf der die Steuerklasse VI bescheinigt ist.

Die Steuerklassenwahl oder -kombination für Ehegatten entscheidet daher über den (monatlichen) Lohnsteuerabzug des Arbeitgebers. Die Lohnsteuer ist jedoch nur definitiv, wenn keine Veranlagungspflicht besteht (vgl. weiter oben). Eine Veranlagungspflicht besteht i. d. R. immer dann, wenn der Lohnsteuerabzug im Falle einer Veranlagung zu niedrig ausgefallen sein könnte. **Daher ist für die Beratung bzgl. der Steuerklasse auch die nachfolgende Erklärungspflicht in die Überlegungen einzubeziehen.**

Auf Antrag kann auch seit 2010 das **Faktorverfahren** angewendet werden (§ 39f EStG). Der Vorteil besteht insbesondere in der Genauigkeit der Lohnsteuerabzüge, weil die Jahresarbeitslöhne vorab geschätzt werden.

Die Wahl der Steuerklassenkombination bzw. Faktorverfahren beeinflusst auch die Höhe von Entgelt- bzw. Lohnersatzleistungen (z. B. Arbeitslosengeld, Mutterschaftsgeld, Krankengeld, Unterhaltsgeld, Verletztengeld, Übergangsgeld, Elterngeld). Nach einer Entscheidung des BSG (Urteil v. 25.6.2009) ist der Wechsel in eine ungünstige Steuerklassenkombination zur Erzielung eines höheren Elterngeldes nicht missbräuchlich. Allerdings wirken sich Steuerklassenwechsel i. d. R. nicht aus, wenn sie innerhalb von 12 Monaten vor Bezug der Entgeltersatzleistung erfolgen.

Die Berechnung und Beratung ist daher komplex und in Tabellen zwischenzeitlich nicht mehr abzubilden.

Für **Ehegatten** gilt folgende Grundregel:

- Steuerklassenkombination IV/IV wenn beide Ehegatten etwa gleich viel verdienen;
- Steuerklassenkombination III/V wenn ein Ehegatte etwa ab 60 % des gemeinsamen Einkommens erzielt.

4.23.5 Brutto-/Nettolohntabelle

Die folgende Brutto- und Nettolohntabelle kann nur grob über die Zusammenhänge von Bruttolohn zu Nettolohn Auskunft geben. Denn verschiedenste Faktoren sind für eine Nettolohnabrechnung zu berücksichtigen.

Die Berechnung erfolgte unter folgenden Annahmen:

Die Ergebnisse sollen nur eine schnelle überschlägige Information darstellen, es wurden berücksichtig:

- Kirchensteuer 9 %,
- Renten- und Krankenversicherungspflicht,
- keine LSt-Freibeträge,
- alte Bundesländer,
- keine Kinder,
- kein Faktorverfahren,
- keine steuerfreien Gehaltsanteile,
- keine Nettobezüge,
- Berechnungsergebnisse wurden auf volle 10 EUR gerundet, etc.

Nettolohn EUR	Bruttolohn bei Steuerklassen I u. IV EUR	Bruttolohn bei Steuerklasse III EUR	Bruttolohn bei Steuerklasse V EUR
500	630	630	720
600	760	760	870
700	890	890	1.020
800	1.010	1.010	1.170
900	1.140	1.140	1.320
1.000	1.270	1.270	1.500
1.100	1.420	1.390	1.750
1.200	1.580	1.520	1.980
1.300	1.750	1.650	2.220
1.400	1.920	1.770	2.460
1.500	2.100	1.900	2.670
1.600	2.270	2.030	2.890
1.700	2.450	2.160	3.110
1.800	2.630	2.280	3.350
1.900	2.820	2.410	3.580
2.000	3.000	2.260	3.820
2.100	3.190	2.720	4.060
2.200	3.370	2.880	4.300
2.400	3.760	3.200	4.770
2.600	4.160	3.550	5.220
2.800	4.560	3.900	5.660
3.000	4.980	4.250	6.130

Nettolohn EUR	Bruttolohn bei Steuerklassen I u. IV EUR	Bruttolohn bei Steuerklasse III EUR	Bruttolohn bei Steuerklasse V EUR
3.250	5.450	4.690	6.700
3.500	5.940	5.120	7.280

4.23.6 Mobilitätsprämie, §§ 101 ff. EStG

Für Arbeitnehmer die keine Lohn- bzw. Einkommensteuer zahlen, kann ab 2021 für die erhöhte Pendlerpauschale ab dem 21. km eine Prämienauszahlung beantragt werden. Die Prämie beträgt 14%.

Beispiel:

Arbeitnehmer fährt an 210 Tagen zur ersten Tätigkeitsstätte und die einfache Entfernung beträgt 35 km:

210 Fahrten x 20 km x 0,30 EUR = 1.260 EUR (nicht prämienberechtigt)

210 Fahrten x 15 km (also ab dem 21. km) x 0,35 EUR
= 1.102,50 EUR (sog. erhöhte Pendlerpauschale) x 14%
= 154,35 EUR Mobilitätsprämie

ab 2022 0,38 EUR

210 Fahrten x 15 km (also ab dem 21. km) x 0,38 EUR
= 1.197 EUR (sog. erhöhte Pendlerpauschale) x 14%
= 167,56 EUR Mobilitätsprämie

Ergebnis: Mit der Mobilitätsprämie wird erreicht, dass Stpfl. ohne steuerliche Auswirkung der erhöhten Pendlerpauschale zum Eingangssteuersatz eine Prämienauszahlung erwirken können. Allerdings sind die ersten 20 km nicht prämienberechtigt.

5 Körperschaftsteuer

Inhalt

5.1 Steuerpflicht

5.1.1 Unbeschränkte Steuerpflicht, § 1 KStG

Unbeschränkt körperschaftsteuerpflichtig sind folgende Körperschaften, Personenvereinigungen und Vermögensmassen, die ihren Sitz oder ihre Geschäftsleitung im Inland haben:

- Kapitalgesellschaften;
- Erwerbs- und Wirtschaftsgenossenschaften;
- Versicherungsvereine auf Gegenseitigkeit;
- sonstige juristische Personen des privaten Rechts wie insbes. die rechtsfähigen Vereine;
- nichtrechtsfähige Vereine, Anstalten, Stiftungen und andere Zweckvermögen des privaten Rechts;
- Betriebe gewerblicher Art von juristischen Personen des öffentlichen Rechts.
- Planmäßig soll die Option zur Körperschaftssteuer § 1a KStG nunmehr für sämtliche Personengesellschaften ermöglicht werden (dies war vorher nur für Personenhandels- und Partnerschaftsgesellschaften möglich).

Die Steuerpflicht unbeschränkt körperschaftsteuerpflichtiger Gesellschaften erstreckt sich auf **sämtliche Einkünfte,** soweit nicht in einem Doppelbesteuerungsabkommen etwas anderes bestimmt ist.

Gesetzestext (Auszug) § 1 KStG

§ 1 Unbeschränkte Steuerpflicht

(1) Unbeschränkt körperschaftsteuerpflichtig sind die folgenden Körperschaften, Personenvereinigungen und Vermögensmassen, die ihre Geschäftsleitung oder ihren Sitz im Inland haben:

1. *Kapitalgesellschaften (insbesondere Europäische Gesellschaften, Aktiengesellschaften, Kommanditgesellschaften auf Aktien, Gesellschaften mit beschränkter Haftung) einschließlich optierender Gesellschaften im Sinne des § 1a;*
2. *Genossenschaften einschließlich der Europäischen Genossenschaften;*
3. *Versicherungs- und Pensionsfondsvereine auf Gegenseitigkeit;*
4. *sonstige juristische Personen des privaten Rechts;*
5. *nichtrechtsfähige Vereine, Anstalten, Stiftungen und andere Zweckvermögen des privaten Rechts;*
6. *Betriebe gewerblicher Art von juristischen Personen des öffentlichen Rechts.*

(2) Die unbeschränkte Körperschaftsteuerpflicht erstreckt sich auf sämtliche Einkünfte.

(3) Zum Inland im Sinne dieses Gesetzes gehört auch der der Bundesrepublik Deutschland zustehende Anteil

1. *an der ausschließlichen Wirtschaftszone, soweit dort*

a) die lebenden und nicht lebenden natürlichen Ressourcen der Gewässer über dem Meeresboden, des Meeresbodens und seines Untergrunds erforscht, ausgebeutet, erhalten oder bewirtschaftet werden,

b) andere Tätigkeiten zur wirtschaftlichen Erforschung oder Ausbeutung der ausschließlichen Wirtschaftszone ausgeübt werden, wie beispielsweise die Energieerzeugung aus Wasser, Strömung und Wind oder

c) künstliche Inseln errichtet oder genutzt werden und Anlagen und Bauwerke für die in den Buchstaben a und b genannten Zwecke errichtet oder genutzt werden, und

2. am Festlandsockel, soweit dort

a) dessen natürliche Ressourcen erforscht oder ausgebeutet werden; natürliche Ressourcen in diesem Sinne sind die mineralischen und sonstigen nicht lebenden Ressourcen des Meeresbodens und seines Untergrunds sowie die zu den sesshaften Arten gehörenden Lebewesen, die im nutzbaren Stadium entweder unbeweglich auf oder unter dem Meeresboden verbleiben oder sich nur in ständigem körperlichen Kontakt mit dem Meeresboden oder seinem Untergrund fortbewegen können; oder

b) künstliche Inseln errichtet oder genutzt werden und Anlagen und Bauwerke für die in Buchstabe a genannten Zwecke errichtet oder genutzt werden.

5.1.2 Beschränkte Steuerpflicht, § 2 KStG

Körperschaften, Personenvereinigungen und Vermögensmassen, die im Inland weder Sitz noch Geschäftsleitung haben, sind beschränkt steuerpflichtig, wenn sie **inländische Einkünfte** beziehen. Mit diesen inländischen Einkünften unterliegen sie dann der KSt.

5.2 Beginn und Ende der Steuerpflicht

Die Steuerpflicht beginnt i. d. R. bereits vor ihrer zivilrechtlichen Entstehung durch Eintragung in das Handelsregister.

- Der Zeitraum zwischen Beschluss der Gesellschafter, eine Gesellschaft zu gründen, und notarieller Beurkundung wird als **Vorgründungsgesellschaft** bezeichnet. Sie ist entweder GbR oder OHG und wird steuerlich auch so behandelt.
- Der **Zeitraum zwischen Beurkundung und Eintragung** der Gesellschaft wird als **Vorgesellschaft** bezeichnet und wird mit der gesellschaftsrechtlich später entstehenden Gesellschaft als Einheit betrachtet, **daher beginnt hier die Steuerpflicht.**
- Die **Steuerpflicht endet** regelmäßig in dem Zeitpunkt, in dem kein verteilbares Vermögen mehr vorhanden ist, im Ergebnis daher **mit Abschluss der Liquidation.**

5.3 Persönliche Steuerbefreiungen, § 5 KStG

Soweit nach dem KStG eine Steuerpflicht vorliegt, ist zu prüfen, ob eine Befreiung vorliegt. Dies sind beispielsweise bestimmte Berufsverbände, Vereine ohne wirtschaftlichen Geschäftsbetrieb, Pensionssicherungsvereine usw.

Gesetzestext (Auszug) § 5 KStG

§ 5 Befreiungen

(1) Von der Körperschaftsteuer sind befreit

1. *das Bundeseisenbahnvermögen, die staatlichen Lotterieunternehmen und der Erdölbevorratungsverband nach § 2 Absatz 1 des Erdölbevorratungsgesetzes vom 16. Januar 2012 (BGBl. I S. 74) in der jeweils geltenden Fassung;*
2. *die Deutsche Bundesbank, die Kreditanstalt für Wiederaufbau, die Landwirtschaftliche Rentenbank, die Bayerische Landesanstalt für Aufbaufinanzierung, die Niedersächsische Gesellschaft für öffentliche Finanzierungen mit beschränkter Haftung, die Bremer Aufbau-Bank GmbH, die Landeskreditbank Baden-Württemberg-Förderbank, die Bayerische Landesbodenkreditanstalt, die Investitionsbank Berlin, die Hamburgische Investitions- und Förderbank, die NRW.Bank, die Investitions- und Förderbank Niedersachsen, die Saarländische Investitionskreditbank Aktiengesellschaft, die Investitionsbank Schleswig-Holstein, die Investitionsbank des Landes Brandenburg, die Sächsische Aufbaubank - Förderbank -, die Thüringer Aufbaubank, die Investitionsbank Sachsen-Anhalt, die Investitions- und Strukturbank Rheinland-Pfalz, das Landesförderinstitut Mecklenburg-Vorpommern - Geschäftsbereich der Norddeutschen Landesbank Girozentrale -, die Wirtschafts- und Infrastrukturbank Hessen – rechtlich unselbständige Anstalt in der Landesbank Hessen-Thüringen Girozentrale und die Liquiditäts-Konsortialbank Gesellschaft mit beschränkter Haftung;*

2a. *die Bundesanstalt für vereinigungsbedingte Sonderaufgaben;*

3. *rechtsfähige Pensions-, Sterbe- und Krankenkassen, die den Personen, denen die Leistungen der Kasse zugute kommen oder zugute kommen sollen (Leistungsempfängern), einen Rechtsanspruch gewähren, und rechtsfähige Unterstützungskassen, die den Leistungsempfängern keinen Rechtsanspruch gewähren,*

   a) wenn sich die Kasse beschränkt

   aa) auf Zugehörige oder frühere Zugehörige einzelner oder mehrerer wirtschaftlicher Geschäftsbetriebe oder

   bb) auf Zugehörige oder frühere Zugehörige der Spitzenverbände der freien Wohlfahrtspflege (Arbeiterwohlfahrt-Bundesverband e.V., Deutscher Caritasverband e.V., Deutscher Paritätischer Wohlfahrtsverband e.V., Deutsches Rotes Kreuz, Diakonisches Werk - Innere Mission und Hilfswerk der Evangelischen Kirche in Deutschland sowie Zentralwohlfahrtsstelle der Juden in

Deutschland e.V.) einschließlich ihrer Untergliederungen, Einrichtungen und Anstalten und sonstiger gemeinnütziger Wohlfahrtsverbände oder

cc) auf Arbeitnehmer sonstiger Körperschaften, Personenvereinigungen und Vermögensmassen im Sinne der §§ 1 und 2; den Arbeitnehmern stehen Personen, die sich in einem arbeitnehmerähnlichen Verhältnis befinden, gleich;

zu den Zugehörigen oder Arbeitnehmern rechnen jeweils auch deren Angehörige;

b) wenn sichergestellt ist, dass der Betrieb der Kasse nach dem Geschäftsplan und nach Art und Höhe der Leistungen eine soziale Einrichtung darstellt. ²Diese Voraussetzung ist bei Unterstützungskassen, die Leistungen von Fall zu Fall gewähren, nur gegeben, wenn sich diese Leistungen mit Ausnahme des Sterbegeldes auf Fälle der Not oder Arbeitslosigkeit beschränken;

c) wenn vorbehaltlich des § 6 die ausschließliche und unmittelbare Verwendung des Vermögens und der Einkünfte der Kasse nach der Satzung und der tatsächlichen Geschäftsführung für die Zwecke der Kasse dauernd gesichert ist;

d) wenn bei Pensions-, Sterbe- und Krankenkassen am Schluss des Wirtschaftsjahrs, zu dem der Wert der Deckungsrückstellung versicherungsmathematisch zu berechnen ist, das nach den handelsrechtlichen Grundsätzen ordnungsmäßiger Buchführung unter Berücksichtigung des Geschäftsplans sowie der allgemeinen Versicherungsbedingungen und der fachlichen Geschäftsunterlagen im Sinne des § 219 Absatz 3 Nummer 1 des Versicherungsaufsichtsgesetzes auszuweisende Vermögen nicht höher ist als bei einem Versicherungsverein auf Gegenseitigkeit die Verlustrücklage und bei einer Kasse anderer Rechtsform der dieser Rücklage entsprechende Teil des Vermögens. ²Bei der Ermittlung des Vermögens ist eine Rückstellung für Beitragsrückerstattung nur insoweit abziehbar, als den Leistungsempfängern ein Anspruch auf die Überschussbeteiligung zusteht. ³Übersteigt das Vermögen der Kasse den bezeichneten Betrag, so ist die Kasse nach Maßgabe des § 6 Abs. 1 bis 4 steuerpflichtig; und

e) wenn bei Unterstützungskassen am Schluss des Wirtschaftsjahrs das Vermögen ohne Berücksichtigung künftiger Versorgungsleistungen nicht höher ist als das um 25 Prozent erhöhte zulässige Kassenvermögen. ²Für die Ermittlung des tatsächlichen und des zulässigen Kassenvermögens gilt § 4d des Einkommensteuergesetzes. ³Übersteigt das Vermögen der Kasse den in Satz 1 bezeichneten Betrag, so ist die Kasse nach Maßgabe des § 6 Abs. 5 steuerpflichtig;

4. kleinere Versicherungsvereine auf Gegenseitigkeit im Sinne des § 210 des Versicherungsaufsichtsgesetzes, wenn

a) ihre Beitragseinnahmen im Durchschnitt der letzten drei Wirtschaftsjahre einschließlich des im Veranlagungszeitraum endenden Wirtschaftsjahrs die durch Rechtsverordnung festzusetzenden Jahresbeträge nicht überstiegen haben oder

b) sich ihr Geschäftsbetrieb auf die Sterbegeldversicherung beschränkt und die Versicherungsvereine nach dem Geschäftsplan sowie nach Art und Höhe der Leistungen soziale Einrichtungen darstellen;

5. *Berufsverbände ohne öffentlich-rechtlichen Charakter sowie kommunale Spitzenverbände auf Bundes- oder Landesebene einschließlich ihrer Zusammenschlüsse, wenn der Zweck dieser Verbände nicht auf einen wirtschaftlichen Geschäftsbetrieb gerichtet ist. [2]Die Steuerbefreiung ist ausgeschlossen,*

   a) soweit die Körperschaften oder Personenvereinigungen einen wirtschaftlichen Geschäftsbetrieb unterhalten oder

   b) wenn die Berufsverbände Mittel von mehr als 10 Prozent der Einnahmen für die unmittelbare oder mittelbare Unterstützung oder Förderung politischer Parteien verwenden.

   [3]Die Sätze 1 und 2 gelten auch für Zusammenschlüsse von juristischen Personen des öffentlichen Rechts, die wie die Berufsverbände allgemeine ideelle und wirtschaftliche Interessen ihrer Mitglieder wahrnehmen. [4]Verwenden Berufsverbände Mittel für die unmittelbare oder mittelbare Unterstützung oder Förderung politischer Parteien, beträgt die Körperschaftsteuer 50 Prozent der Zuwendungen;

6. *Körperschaften oder Personenvereinigungen, deren Hauptzweck die Verwaltung des Vermögens für einen nichtrechtsfähigen Berufsverband der in Nummer 5 bezeichneten Art ist, sofern ihre Erträge im Wesentlichen aus dieser Vermögensverwaltung herrühren und ausschließlich dem Berufsverband zufließen;*

7. *politische Parteien im Sinne des § 2 des Parteiengesetzes und ihre Gebietsverbände, sofern die jeweilige Partei nicht gemäß § 18 Absatz 7 des Parteiengesetzes von der staatlichen Teilfinanzierung ausgeschlossen ist, sowie kommunale Wählervereinigungen und ihre Dachverbände. [2]Wird ein wirtschaftlicher Geschäftsbetrieb unterhalten, so ist die Steuerbefreiung insoweit ausgeschlossen;*

8. *öffentlich-rechtliche Versicherungs- und Versorgungseinrichtungen von Berufsgruppen, deren Angehörige auf Grund einer durch Gesetz angeordneten oder auf Gesetz beruhenden Verpflichtung Mitglieder dieser Einrichtung sind, wenn die Satzung der Einrichtung die Zahlung keiner höheren jährlichen Beiträge zulässt als das Zwölffache der Beiträge, die sich bei einer Beitragsbemessungsgrundlage in Höhe der doppelten monatlichen Beitragsbemessungsgrenze in der allgemeinen Rentenversicherung ergeben würden. [2]Ermöglicht die Satzung der Einrichtung nur Pflichtmitgliedschaften sowie freiwillige Mitgliedschaften, die unmittelbar an eine Pflichtmitgliedschaft anschließen, so steht dies der Steuerbefreiung nicht entgegen, wenn die Satzung die Zahlung keiner höheren jährlichen Beiträge zulässt als das Fünfzehnfache der Beiträge, die sich bei einer Beitragsbemessungsgrundlage in Höhe der doppelten monatlichen Beitragsbemessungsgrenze in der allgemeinen Rentenversicherung ergeben würden;*

9. *Körperschaften, Personenvereinigungen und Vermögensmassen, die nach der Satzung, dem Stiftungsgeschäft oder der sonstigen Verfassung und nach der tatsächlichen Geschäftsführung ausschließlich und unmittelbar gemeinnützigen, mildtätigen oder kirchlichen Zwecken dienen (§§ 51 bis 68 der Abgabenordnung). [2]Wird ein wirtschaftlicher Geschäftsbetrieb unterhalten, ist die Steuerbefreiung insoweit ausgeschlossen. [3]Satz 2 gilt nicht für selbstbewirtschaftete Forstbetriebe;*

10. *Genossenschaften sowie Vereine, soweit sie*

    a) Wohnungen herstellen oder erwerben und sie den Mitgliedern auf Grund eines Mietvertrags oder auf Grund eines genossenschaftlichen Nutzungsvertrags zum Gebrauch überlassen; den Wohnungen stehen Räume in Wohnheimen im Sinne des § 15 des Zweiten Wohnungsbaugesetzes gleich;

    b) im Zusammenhang mit einer Tätigkeit im Sinne des Buchstabens a Gemeinschaftsanlagen oder Folgeeinrichtungen herstellen oder erwerben und sie betreiben, wenn sie überwiegend für Mitglieder bestimmt sind und der Betrieb durch die Genossenschaft oder den Verein notwendig ist.

    [2]Die Steuerbefreiung ist ausgeschlossen, wenn die Einnahmen des Unternehmens aus den in Satz 1 nicht bezeichneten Tätigkeiten 10 Prozent der gesamten Einnahmen übersteigen. [3]Erzielt das Unternehmen Einnahmen aus der Lieferung von Strom aus Anlagen, für den es unter den Voraussetzungen des § 21 Absatz 3 des Erneuerbare-Energien-Gesetzes einen Anspruch auf Zahlung eines Mieterstromzuschlags hat, erhöht sich die Grenze des Satzes 2 für diese Einnahmen auf 20 Prozent, wenn die Grenze des Satzes 2 nur durch diese Einnahmen überschritten wird. [4]Zu den Einnahmen nach Satz 3 gehören auch Einnahmen aus der zusätzlichen Stromlieferung im Sinne des § 42a Absatz 2 Satz 6 des Energiewirtschaftsgesetzes sowie Einnahmen aus der Einspeisung von Strom aus diesen Anlagen. [5]Investierende Mitglieder im Sinne des § 8 Absatz 2 des Genossenschaftsgesetzes sind keine Mitglieder im Sinne des Satzes 1. [6]Satz 1 ist auch auf Verträge zur vorübergehenden Unterbringung von Wohnungslosen anzuwenden, die mit juristischen Personen des öffentlichen Rechts oder mit Steuerpflichtigen im Sinne der Nummer 9, die Mitglied sind, abgeschlossen werden. [7]Eine Einweisungsverfügung nach den Ordnungsbehördengesetzen der Länder steht dem Abschluss eines Vertrags im Sinne des Satzes 6 gleich;

11. *(weggefallen)*

12. *die von den zuständigen Landesbehörden begründeten oder anerkannten gemeinnützigen Siedlungsunternehmen im Sinne des Reichssiedlungsgesetzes in der jeweils aktuellen Fassung oder entsprechender Landesgesetze, soweit diese Landesgesetze nicht wesentlich von den Bestimmungen des Reichssiedlungsgesetzes abweichen, und im Sinne der Bodenreformgesetze der Länder, soweit die Unternehmen im ländlichen Raum Siedlungs-, Agrarstrukturverbesserungs- und Landentwicklungsmaßnahmen mit Ausnahme des Wohnungsbaus durchführen. [2]Die Steuerbefreiung ist ausgeschlossen, wenn*

die Einnahmen des Unternehmens aus den in Satz 1 nicht bezeichneten Tätigkeiten die Einnahmen aus den in Satz 1 bezeichneten Tätigkeiten übersteigen;

13. (weggefallen)

14. Genossenschaften sowie Vereine, soweit sich ihr Geschäftsbetrieb beschränkt

    a) auf die gemeinschaftliche Benutzung land- und forstwirtschaftlicher Betriebseinrichtungen oder Betriebsgegenstände,

    b) auf Leistungen im Rahmen von Dienst- oder Werkverträgen für die Produktion land- und forstwirtschaftlicher Erzeugnisse für die Betriebe der Mitglieder, wenn die Leistungen im Bereich der Land- und Forstwirtschaft liegen; dazu gehören auch Leistungen zur Erstellung und Unterhaltung von Betriebsvorrichtungen, Wirtschaftswegen und Bodenverbesserungen,

    c) auf die Bearbeitung oder die Verwertung der von den Mitgliedern selbst gewonnenen land- und forstwirtschaftlichen Erzeugnisse, wenn die Bearbeitung oder die Verwertung im Bereich der Land- und Forstwirtschaft liegt, oder

    d) auf die Beratung für die Produktion oder Verwertung land- und forstwirtschaftlicher Erzeugnisse der Betriebe der Mitglieder.

    [2]Die Steuerbefreiung ist ausgeschlossen, wenn die Einnahmen des Unternehmens aus den in Satz 1 nicht bezeichneten Tätigkeiten 10 Prozent der gesamten Einnahmen übersteigen. [3]Bei Genossenschaften und Vereinen, deren Geschäftsbetrieb sich überwiegend auf die Durchführung von Milchqualitäts- und Milchleistungsprüfungen oder auf die Tierbesamung beschränkt, bleiben die auf diese Tätigkeiten gerichteten Zweckgeschäfte mit Nichtmitgliedern bei der Berechnung der 10-Prozentgrenze außer Ansatz;

15. der Pensions-Sicherungs-Verein Versicherungsverein auf Gegenseitigkeit,

    a) wenn er mit Erlaubnis der Versicherungsaufsichtsbehörde ausschließlich die Aufgaben des Trägers der Insolvenzsicherung wahrnimmt, die sich aus dem Gesetz zur Verbesserung der betrieblichen Altersversorgung vom 19. Dezember 1974 (BGBl. I S. 3610) ergeben, und

    b) wenn seine Leistungen nach dem Kreis der Empfänger sowie nach Art und Höhe den in den §§ 7 bis 9, 17 und 30 des Gesetzes zur Verbesserung der betrieblichen Altersversorgung bezeichneten Rahmen nicht überschreiten;

16. Körperschaften, Personenvereinigungen und Vermögenmassen, soweit sie

    a) als Einlagensicherungssysteme im Sinne des § 2 Absatz 1 des Einlagensicherungsgesetzes sowie als Entschädigungseinrichtungen im Sinne des Anlegerentschädigungsgesetzes ihre gesetzlichen Pflichtaufgaben erfüllen oder

    b) als nicht als Einlagensicherungssysteme anerkannte vertragliche Systeme zum Schutz von Einlagen und institutsbezogene Sicherungssysteme im Sinne des § 61 des Einlagensicherungsgesetzes nach ihrer Satzung oder sonstigen Verfassung ausschließlich den Zweck haben, Einlagen zu sichern oder bei

Gefahr für die Erfüllung der Verpflichtungen eines Kreditinstituts im Sinne des § 1 Absatz 1 des Kreditwesengesetzes oder eines Finanzdienstleistungsinstituts im Sinne des § 1 Absatz 1a Satz 2 Nummer 1 bis 4 des Kreditwesengesetzes oder eines Wertpapierinstituts im Sinne des § 2 Absatz 1 des Wertpapierinstitutsgesetzes Hilfe zu leisten oder Einlagensicherungssysteme im Sinne des § 2 Absatz 1 des Einlagensicherungsgesetzes bei deren Pflichtenerfüllung zu unterstützen.

[2]Voraussetzung für die Steuerbefreiung nach Satz 1 ist zusätzlich, dass das Vermögen und etwa erzielte Überschüsse dauernd nur zur Erreichung des gesetzlichen oder satzungsmäßigen Zwecks verwendet werden. [3]Die Sätze 1 und 2 gelten entsprechend für Sicherungsfonds im Sinne der §§ 223 und 224 des Versicherungsaufsichtsgesetzes sowie für Einrichtungen zur Sicherung von Einlagen bei Wohnungsgenossenschaften mit Spareinrichtung. [4]Die Steuerbefreiung ist für wirtschaftliche Geschäftsbetriebe ausgeschlossen, die nicht ausschließlich auf die Erfüllung der begünstigen Aufgaben gerichtet sind;

17. *Bürgschaftsbanken (Kreditgarantiegemeinschaften), deren Tätigkeit sich auf die Wahrnehmung von Wirtschaftsförderungsmaßnahmen insbesondere in Form der Übernahme und Verwaltung von staatlichen Bürgschaften und Garantien oder von Bürgschaften und Garantien mit staatlichen Rückbürgschaften oder auf der Grundlage staatlich anerkannter Richtlinien gegenüber Kreditinstituten, Versicherungsunternehmen, Leasinggesellschaften und Beteiligungsgesellschaften für Kredite, Leasingforderungen und Beteiligungen an mittelständischen Unternehmen zu ihrer Gründung und zur Erhaltung und Förderung ihrer Leistungsfähigkeit beschränkt. [2]Voraussetzung ist, dass das Vermögen und etwa erzielte Überschüsse nur zur Erreichung des in Satz 1 genannten Zwecks verwendet werden;*

18. *Wirtschaftsförderungsgesellschaften, deren Tätigkeit sich auf die Verbesserung der sozialen und wirtschaftlichen Struktur einer bestimmten Region durch Förderung der Wirtschaft, insbesondere durch Industrieansiedlung, Beschaffung neuer Arbeitsplätze und der Sanierung von Altlasten beschränkt, wenn an ihnen überwiegend Gebietskörperschaften beteiligt sind. Voraussetzung ist, dass das Vermögen und etwa erzielte Überschüsse nur zur Erreichung des in Satz 1 genannten Zwecks verwendet werden;*

19. *Gesamthafenbetriebe im Sinne des § 1 des Gesetzes über die Schaffung eines besonderen Arbeitgebers für Hafenarbeiter vom 3. August 1950 (BGBl. I S. 352), soweit sie Tätigkeiten ausüben, die in § 2 Abs. 1 dieses Gesetzes bestimmt und nach § 2 Abs. 2 dieses Gesetzes genehmigt worden sind. [2]Voraussetzung ist, dass das Vermögen und etwa erzielte Überschüsse nur zur Erfüllung der begünstigten Tätigkeiten verwendet werden. [3]Wird ein wirtschaftlicher Geschäftsbetrieb unterhalten, dessen Tätigkeit nicht ausschließlich auf die Erfüllung der begünstigten Tätigkeiten gerichtet ist, ist die Steuerbefreiung insoweit ausgeschlossen;*

20. *Zusammenschlüsse von juristischen Personen des öffentlichen Rechts, von steuerbefreiten Körperschaften oder von steuerbefreiten Personenvereinigungen,*

    a) deren Tätigkeit sich auf den Zweck beschränkt, im Wege des Umlageverfahrens die Versorgungslasten auszugleichen, die den Mitgliedern aus Versorgungszusagen gegenüber ihren Arbeitnehmern erwachsen,

    b) wenn am Schluss des Wirtschaftsjahrs das Vermögen nicht höher ist als 60 Prozent der im Wirtschaftsjahr erbrachten Leistungen an die Mitglieder;

21. *die nicht in der Rechtsform einer Körperschaft des öffentlichen Rechts errichteten Arbeitsgemeinschaften Medizinischer Dienst der Krankenversicherung im Sinne des § 278 des Fünften Buches Sozialgesetzbuch und der Medizinische Dienst der Spitzenverbände der Krankenkassen im Sinne des § 282 des Fünften Buches Sozialgesetzbuch, soweit sie die ihnen durch Gesetz zugewiesenen Aufgaben wahrnehmen. [2]Voraussetzung ist, dass das Vermögen und etwa erzielte Überschüsse nur zur Erreichung der in Satz 1 genannten Zwecke verwendet werden;*

22. *gemeinsame Einrichtungen der Tarifvertragsparteien im Sinne des § 4 Abs. 2 des Tarifvertragsgesetzes vom 25. August 1969 (BGBl. I S. 1323), die satzungsmäßige Beiträge auf der Grundlage des § 186a des Arbeitsförderungsgesetzes vom 25. Juni 1969 (BGBl. I S. 582) oder tarifvertraglicher Vereinbarungen erheben und Leistungen ausschließlich an die tarifgebundenen Arbeitnehmer des Gewerbezweigs oder an deren Hinterbliebene erbringen, wenn sie dabei zu nicht steuerbegünstigten Betrieben derselben oder ähnlicher Art nicht in größerem Umfang in Wettbewerb treten, als es bei Erfüllung ihrer begünstigten Aufgaben unvermeidlich ist. [2]Wird ein wirtschaftlicher Geschäftsbetrieb unterhalten, dessen Tätigkeit nicht ausschließlich auf die Erfüllung der begünstigten Tätigkeiten gerichtet ist, ist die Steuerbefreiung insoweit ausgeschlossen;*

23. *die Auftragsforschung öffentlich-rechtlicher Wissenschafts- und Forschungseinrichtungen; ist die Tätigkeit auf die Anwendung gesicherter wissenschaftlicher Erkenntnisse, die Übernahme von Projektträgerschaften sowie wirtschaftliche Tätigkeiten ohne Forschungsbezug gerichtet, ist die Steuerbefreiung insoweit ausgeschlossen;*

24. *die Global Legal Entity Identifier Stiftung, soweit die Stiftung Tätigkeiten ausübt, die im unmittelbaren Zusammenhang mit der Einführung, dem Unterhalten und der Fortentwicklung eines Systems zur eindeutigen Identifikation von Rechtspersonen mittels eines weltweit anzuwendenden Referenzcodes stehen.*

(2) Die Befreiungen nach Absatz 1 und nach anderen Gesetzen als dem Körperschaftsteuergesetz gelten nicht

1. *für inländische Einkünfte, die dem Steuerabzug vollständig oder teilweise unterliegen; Entsprechendes gilt für die in § 32 Abs. 3 Satz 1 zweiter Halbsatz genannten Einkünfte,*

2. *für beschränkt Steuerpflichtige im Sinne des § 2 Nr. 1, es sei denn, es handelt sich um Steuerpflichtige im Sinne des Absatzes 1 Nr. 9, die nach den Rechtsvorschriften eines Mitgliedstaats der Europäischen Union oder nach den Rechtsvorschriften eines Staates, auf den das Abkommen über den Europäischen Wirtschaftsraum vom 3. Januar 1994 (ABl. EG Nr. L 1 S. 3), zuletzt geändert durch den Beschluss des Gemeinsamen EWR-Ausschusses Nr. 91/2007 vom 6. Juli 2007 (ABl. EU Nr. L 328 S. 40), in der jeweiligen Fassung Anwendung findet, gegründete Gesellschaften im Sinne des Artikels 54 des Vertrags über die Arbeitsweise der Europäischen Union oder des Artikels 34 des Abkommens über den Europäischen Wirtschaftsraum sind, deren Sitz und Ort der Geschäftsleitung sich innerhalb des Hoheitsgebiets eines dieser Staaten befindet, und mit diesen Staaten ein Amtshilfeabkommen besteht,*
3. *soweit § 38 Abs. 2 anzuwenden ist.*

5.4 Einkünfte/zu versteuerndes Einkommen, §§ 7, 8 KStG

Grundsätzlich sind die Vorschriften des EStG zu beachten. Da die Körperschaft keine private Sphäre besitzt, sind derartige Regelungen im EStG nicht anzuwenden. Sämtliche **Einkunftsarten sind als solche aus Gewerbebetrieb zu erfassen**.

Die **Körperschaftsteuer** ist eine Jahressteuer und bemisst sich nach dem innerhalb eines Kalenderjahres bezogenen Einkommen einer Körperschaft. Ist das Wirtschaftsjahr abweichend vom Kalenderjahr, sind die Einkünfte in dem Kalenderjahr zu erfassen, in dem das Wirtschaftsjahr endet.

Ausgangspunkt für die Ermittlung des Einkommens der Körperschaft ist der Gewinn der Handelsbilanz, der nach den steuerlichen Gewinnermittlungsvorschriften zu korrigieren ist.

Gesetzestext (Auszug) § 8 KStG

§ 8 Ermittlung des Einkommens

(1) [1]Was als Einkommen gilt und wie das Einkommen zu ermitteln ist, bestimmt sich nach den Vorschriften des Einkommensteuergesetzes und dieses Gesetzes. [2]Bei Betrieben gewerblicher Art im Sinne des § 4 sind die Absicht, Gewinn zu erzielen, und die Beteiligung am allgemeinen wirtschaftlichen Verkehr nicht erforderlich. [3]Bei den inländischen öffentlich-rechtlichen Rundfunkanstalten beträgt das Einkommen aus dem Geschäft der Veranstaltung von Werbesendungen 16 Prozent der Entgelte (§ 10 Abs. 1 des Umsatzsteuergesetzes) aus Werbesendungen. [4]Bei Körperschaften im Sinne des § 1 Absatz 1 mit Sitz im Ausland, deren Ort der Geschäftsleitung im Inland belegen ist und die nach inländischem Gesellschaftsrecht mangels Rechtsfähigkeit nicht als juristische Person zu behandeln sind, sind Leistungen und Leistungsversprechen zwischen der Körperschaft und Personen, die aus dieser Körperschaft Einkünfte im Sinne des § 20 Absatz 1 Nummer 1 und

9 des Einkommensteuergesetzes erzielen, für Zwecke der Durchführung der Besteuerung mit Ertragsteuern wie Leistungen und Leistungsversprechen zwischen einer rechtsfähigen Körperschaft und deren Anteilseignern zu behandeln.

...

5.5 Abzugsfähige Aufwendungen, § 9 KStG

Zu den abzugsfähigen Aufwendungen gehören durch spezielle Regelung im KStG insbesondere bestimmte Spenden und Mitgliedsbeiträge.

Gesetzestext (Auszug) § 9 KStG

§ 9 Abziehbare Aufwendungen

(1) [1]Abziehbare Aufwendungen sind auch:

1. *bei Kommanditgesellschaften auf Aktien und bei vergleichbaren Kapitalgesellschaften der Teil des Gewinns, der an persönlich haftende Gesellschafter auf ihre nicht auf das Grundkapital gemachten Einlagen oder als Vergütung (Tantieme) für die Geschäftsführung verteilt wird;*
2. *vorbehaltlich des § 8 Absatz 3 Zuwendungen (Spenden und Mitgliedsbeiträge) zur Förderung steuerbegünstigter Zwecke im Sinne der §§ 52 bis 54 der Abgabenordnung bis zur Höhe von insgesamt*

   a) 20 Prozent des Einkommens oder

   b) 4 Promille der Summe der gesamten Umsätze und der im Kalenderjahr aufgewendeten Löhne und Gehälter.

   [2]Voraussetzung für den Abzug ist, dass diese Zuwendungen

   a) an eine juristische Person des öffentlichen Rechts oder an eine öffentliche Dienststelle, die in einem Mitgliedstaat der Europäischen Union oder in einem Staat belegen ist, auf den das Abkommen über den Europäischen Wirtschaftsraum (EWR-Abkommen) Anwendung findet, oder

   b) an eine nach § 5 Absatz 1 Nummer 9 steuerbefreite Körperschaft, Personenvereinigung oder Vermögensmasse oder

   c) an eine Körperschaft, Personenvereinigung oder Vermögensmasse, die in einem Mitgliedstaat der Europäischen Union oder in einem Staat belegen ist, auf den das Abkommen über den Europäischen Wirtschaftsraum (EWR-Abkommen) Anwendung findet, und die nach § 5 Absatz 1 Nummer 9 in Verbindung mit § 5 Absatz 2 Nummer 2 zweiter Halbsatz steuerbefreit wäre, wenn sie inländische Einkünfte erzielen würde,

   geleistet werden (Zuwendungsempfänger). [3]Für nicht im Inland ansässige Zuwendungsempfänger nach Satz 2 ist weitere Voraussetzung, dass durch diese Staaten Amtshilfe und Unterstützung bei der Beitreibung geleistet werden. [4]Amtshilfe ist der Auskunftsaustausch im Sinne oder entsprechend der Amtshilferichtlinie gemäß § 2 Absatz 2 des EU-Amtshilfegesetzes. [5]Beitreibung ist die gegenseitige Unterstützung bei der Beitreibung von Forderungen im Sinne oder entsprechend der Beitreibungsrichtlinie einschließlich der in diesem Zusammenhang anzuwendenden Durchführungsbestimmungen in den für den jeweiligen Veranlagungszeitraum geltenden Fassungen oder eines entsprechenden Nachfolgerechtsaktes. [6]Werden die steuerbegünstigten Zwecke des Zuwendungsempfängers im Sinne von Satz 2 Buchstabe a nur im Ausland verwirklicht, ist für die Abziehbarkeit der Zuwendungen Voraussetzung, dass natürliche Personen, die ihren Wohnsitz oder ihren gewöhnlichen Aufenthalt im Geltungsbereich dieses Gesetzes haben, gefördert werden oder dass die Tätigkeit dieses Zuwendungsempfängers neben der Verwirklichung der steuerbegünstigten Zwecke auch zum Ansehen der Bundesrepublik Deutschland beitragen kann. [7]Abziehbar sind auch Mitgliedsbeiträge an Körperschaften, die Kunst und Kultur gemäß § 52 Absatz 2 Nummer 5 der Abgabenordnung fördern, soweit es sich nicht um Mitgliedsbeiträge nach Satz 8 Nummer 2 handelt, auch wenn den Mitgliedern Vergünstigungen gewährt werden. [8]Nicht abziehbar sind Mitgliedsbeiträge an Körperschaften,

1. die den Sport (§ 52 Absatz 2 Satz 1 Nummer 21 der Abgabenordnung),

2. die kulturelle Betätigungen, die in erster Linie der Freizeitgestaltung dienen,

3. die die Heimatpflege und Heimatkunde (§ 52 Absatz 2 Satz 1 Nummer 22 der Abgabenordnung),

4. die Zwecke im Sinne des § 52 Absatz 2 Satz 1 Nummer 23 der Abgabenordnung

fördern oder

5. deren Zweck nach § 52 Absatz 2 Satz 2 der Abgabenordnung für gemeinnützig erklärt worden ist, weil deren Zweck die Allgemeinheit auf materiellem, geistigem oder sittlichem Gebiet entsprechend einem Zweck nach den Nummern 1 bis 4 fördert

[9]Abziehbare Zuwendungen, die die Höchstbeträge nach Satz 1 überschreiten, sind im Rahmen der Höchstbeträge in den folgenden Veranlagungszeiträumen abzuziehen. [10]§ 10d Abs. 4 des Einkommensteuergesetzes gilt entsprechend.

(2) [1]Als Einkommen im Sinne dieser Vorschrift gilt das Einkommen vor Abzug der in Absatz 1 Nr. 2 bezeichneten Zuwendungen und vor dem Verlustabzug nach § 10d des Einkommensteuergesetzes. [2]Als Zuwendung im Sinne dieser Vorschrift gilt auch die Zuwendung von Wirtschaftsgütern mit Ausnahme von Nutzungen und Leistungen. [3]Der Wert der Zuwendung ist nach § 6 Absatz 1 Nummer 4 Satz 1 und 4 des Einkommensteuergesetzes zu ermitteln. [4]Aufwendungen zugunsten einer Körperschaft, die zum Empfang steuerlich abziehbarer Zuwendungen berechtigt ist, sind nur abziehbar, wenn ein Anspruch auf die Erstattung der Aufwendungen durch Vertrag oder Satzung eingeräumt und auf die Erstattung verzichtet worden ist. [5]Der Anspruch darf nicht unter der Bedingung des Verzichts eingeräumt worden sein.

(3) [1]Der Steuerpflichtige darf auf die Richtigkeit der Bestätigung über Spenden und Mitgliedsbeiträge vertrauen, es sei denn, dass er die Bestätigung durch unlautere

Mittel oder falsche Angaben erwirkt hat oder dass ihm die Unrichtigkeit der Bestätigung bekannt oder infolge grober Fahrlässigkeit nicht bekannt war. [2]Wer vorsätzlich oder grob fahrlässig eine unrichtige Bestätigung ausstellt oder veranlasst, dass Zuwendungen nicht zu den in der Bestätigung angegebenen steuerbegünstigten Zwecken verwendet werden (Veranlasserhaftung), haftet für die entgangene Steuer; diese ist mit 30 Prozent des zugewendeten Betrags anzusetzen. [3]In den Fällen der Veranlasserhaftung ist vorrangig der Zuwendungsempfänger in Anspruch zu nehmen; die natürlichen Personen, die in diesen Fällen für den Zuwendungsempfänger handeln, sind nur in Anspruch zu nehmen, wenn die entgangene Steuer nicht nach § 47 der Abgabenordnung erloschen ist und Vollstreckungsmaßnahmen gegen den Zuwendungsempfänger nicht erfolgreich sind; § 10b Absatz 4 Satz 5 des Einkommensteuergesetzes gilt entsprechend.

5.6 Beschränkungen/Besonderheiten

- Betriebsausgabenabzugsverbot bei Dividenden und Veräußerungsgewinnen (§ 8b KStG). Hier gelten 5 % der steuerfreien Beteiligungseinkünfte an Kapitalgesellschaften als nichtabzugsfähig (§ 3c EStG ist nicht anzuwenden);
- Freibeträge für bestimmte Körperschaften (§§ 24, 25 KStG, 5.000 EUR bzw. 15.000 EUR);
- Neuregelung des § 6 Abs. 5 Satz 2 KStG für Vermögensübertragungen an Trägerunternehmen und § 6 Abs. 5a KStG für Unterstützungskassen;
- Organschaften (§§ 14 ff. KStG);
- Verlustabzug (Verlustvortrag), beim sog. Mantelkauf (§ 8c KStG);
- Zinsschranke (§ 8a KStG).

5.7 Tarif/Steuersatz

Der Steuersatz beträgt gem. § 23 Abs. 1 KStG 15 % des zu versteuernden Einkommens. Dieser Steuersatz gilt für unbeschränkt oder beschränkt steuerpflichtige Gesellschaften gleichermaßen. Auch auf die Körperschaftsteuer wird ein Solidaritätszuschlag erhoben. Er bemisst sich nach der festgesetzten Körperschaftsteuer und beträgt 5,5 %.

Für sehr beschränkte Ausnahmen gelten Sondersteuersätze. Dies sind beispielsweise Betriebe von Wasserkraftwerken mit Baubeginn vor 1991, Kalamitätsnutzungen der Landwirtschaft, oder bestimmte Mittelverwendung von Berufsverbänden.

Durch die Regelung des § 23 Abs. 2 KStG bezieht sich auf § 51 Abs. 3 EStG und eröffnet der Bundesregierung auch für die Körperschaftsteuer die Möglichkeit, den Steuersatz aus konjunkturpolitischen Gründen für ein Jahr um höchstens 10 % zu erhöhen oder zu vermindern.

5.8 Tarifermäßigungen

Tarifermäßigungen können sich durch Anrechnung ausländischer Steuern ergeben (§ 26 KStG). Aufgrund zahlreicher Vorbehalte zur Anwendung der Freistellungsmethode (z. B. Aktivitätsklauseln, Korrespondenzprinzip), verliert die Anwendung der Freistellungsmethode zunehmend an Relevanz.

5.9 Entstehung und Festsetzung der KSt

Die veranlagte Steuer entsteht mit Ablauf des Veranlagungszeitraums, soweit die Steuer nicht schon als Steuerabzug oder als Vorauszahlung vorher entstanden ist.

Die festzusetzende und verbleibende **Körperschaftsteuer** ermittelt sich wie folgt:

	Steuerbetrag nach Regelsteuersatz (§ 23 Abs. 1 KStG) bzw. Sondersteuersätzen (z. B. § 26 Abs. 6 Satz 1 KStG i. V. m. § 34c Abs. 5 EStG, § 34 Abs. 12 Satz 2 ff. KStG)
–	anzurechnende ausländische Steuer
=	**festzusetzende Körperschaftsteuer (Tarifbelastung)**
–	anzurechnende Kapitalertragsteuer/Zinsabschlag
=	**verbleibende Körperschaftsteuer**

5.10 Beratungselemente

- Die Gesamtsteuerbelastung variiert mit der Gewerbesteuerbelastung der Gemeinde des Betriebes. Daher stellt sich häufig die Frage nach dem Standort und der steueroptimierten Gesellschaftsform. Ein einfacher Vergleich der Steuerbelastung von der KSt u. GewSt unterliegenden Betrieben bietet den Einstieg in die Beratung. Hier eine Übersicht der **Gesamtsteuerbelastung (thesauriert) beispielhaft für verschiedene GewSt-Hebesätze bei 15 % KSt zzgl. 5,5 % SolZ**. (Annahme: Als Bemessungsgrundlage sind zvE u. Gewerbeertrag identisch!)

Hebesatz	Gesamtsteuerbelastung %
380	29,125
390	29,475
400	29,825
410	30,175
420	30,525
430	30,875
440	31,225

Hebesatz	Gesamtsteuerbelastung %
450	31,575
460	31,925
470	32,275
480	32,625
490	32,975
500	33,325

- Für Gewinne, die ausgeschüttet werden ist zu beachten, dass der **Anteilseigner im Privatvermögen mit 25 %** Abgeltungsteuer versteuert. Bei Beteiligung von mind. 25 %, oder 1 % bei aktiver Beteiligung, wird die Ausschüttung mit 60 % der Dividende nach dem persönlichen Steuersatz, jeweils zzgl. 5,5 % SolZ besteuert.

Bei geringerer Beteiligung kann ein Antrag auf diese Tarifbesteuerung gestellt werden.

- Unter Berücksichtigung der betrieblichen und privaten Steuerbelastung bei ‚Vollausschüttung' ergibt sich eine **Steuerbelastung auf Gesellschafts- und Gesellschafterebene** von 29,83 % und 18,50 % (Abgeltungsteuer), zusammen **48,33 %** (unter bestimmten Annahmen). Im Ergebnis ist die Gesamtsteuer bei ‚Vollausschüttungen' i. d. R. höher als bei nicht der KSt unterliegenden Betrieben (Einzelfirma, Personengesellschaft).

6 Gewerbesteuer

Inhalt

Gewerbliche Einkünfte unterliegen unabhängig von der Rechtsform der Gewerbesteuer, soweit der Betrieb im Inland betrieben wird.

Die Gewerbesteuer zählt zu den **nicht abziehbaren Steuern** (§ 4 Abs. 5b EStG). Bei Einzel- und Personengesellschaften wird allerdings die Gewerbesteuer mit dem 4-fachen des Messbetrags, maximal mit dem gezahlten Betrag, auf die Einkommensteuer angerechnet.

Eine Besonderheit liegt in der Festsetzung und Erhebung. Denn das Finanzamt ist zuständig für die Feststellung des Gewerbesteuermessbetrages durch Steuerbescheid (eigene Rechtsbehelfsmöglichkeit, weil er als Grundlagenbescheid ergeht). Die Gemeinde jedoch erlässt den Gewerbesteuerbescheid durch Anwendung ihres Hebesatzes an den Stpfl. und vereinnahmt die Gewerbesteuer (Gemeindesteuer).

Die Gewerbesteuererklärung ist an das zuständige Betriebsstättenfinanzamt zu richten, nicht an die Gemeinde.

6.1 Steuerpflicht

Der **Gewerbesteuer** unterliegt ein Gewerbebetrieb, soweit er durch eine **Betriebsstätte** (§ 12 AO)

- **im Inland** oder
- auf einem in einem inländischen Schiffsregister eingetragenen Kauffahrteischiff

betrieben wird. Unter Gewerbebetrieb ist ein gewerbliches Unternehmen im Sinne des EStG zu verstehen (§ 15 Abs. 2 EStG).

Der Gewerbesteuer unterliegen auch **Reisegewerbebetriebe**, wenn und soweit sie im Inland betrieben werden.

Nicht der Gewerbesteuer unterliegen **verpachtete** Betriebe, es sei denn, eine steuerliche Betriebsaufspaltung liegt vor.

Der Gewerbebetrieb eines Steuer**inländers**, für den im Ausland eine Betriebsstätte (§ 12 AO) unterhalten wird, **unterliegt hinsichtlich dieser ausländischen Betriebsstätte nicht** der Gewerbesteuer. Wenn diese ausländische Betriebsstätte allerdings nicht die Voraussetzungen einer Betriebsstätte nach Art. 5 des OECD-MA (das einzelne DBA ist zu prüfen) erfüllt, weil die in der ausländischen Betriebsstätte ausgeübten Tätigkeiten

- nur vorbereitender Art oder
- Hilfstätigkeiten i. S. d. Art. 5 Abs. 4 OECD-MA

sind, **unterliegt** diese ausländische Betriebsstätte der Gewerbesteuer.

Der Gewerbebetrieb eines Steuer**ausländers**,

- für den im Inland lediglich ein ständiger Vertreter im Sinne des § 13 AO oder
- ein abhängiger Vertreter im Sinne von Art. 5 Abs. 5 OECD-MA tätig wird,
- für den jedoch **keine** Betriebsstätte im Sinne von § 12 AO unterhalten wird,

unterliegt **nicht** der Gewerbesteuerpflicht.

6.2 Beginn und Ende der Steuerpflicht

Die Gewerbesteuerpflicht beginnt spätestens in dem Zeitpunkt, in dem erstmals alle Voraussetzungen zur Annahme gewerblicher Einkünfte erfüllt sind (R 2.5 GewStR).

Bei Einzelunternehmen und Personengesellschaften beginnt die Gewerbesteuerpflicht in dem Zeitpunkt, in dem erstmals alle Voraussetzungen erfüllt sind, die zur Annahme eines Gewerbebetriebs erforderlich sind. Vorbereitungshandlungen begründen noch keine Gewerbesteuerpflicht. Sie endet mit der Einstellung des Betriebs.

Bei Kapitalgesellschaften beginn die Gewerbesteuerpflicht mit der Handelsregistereintragung und endet erst mit Niederlegung jeglicher Tätigkeit. Das ist i. d. R. der Zeitpunkt, in dem das Vermögen an die Gesellschafter verteilt worden ist.

Die Gewerbesteuerpflicht erlischt bei Einzelgewerbetreibenden und bei Personengesellschaften mit der tatsächlichen Einstellung des Betriebs.

Bei den Kapitalgesellschaften und den anderen Unternehmen im Sinne des § 2 Abs. 2 GewStG erlischt die Gewerbesteuerpflicht mit dem Aufhören jeglicher Tätigkeit überhaupt. Das ist grundsätzlich der Zeitpunkt, in dem das Vermögen an die Gesellschafter schlussverteilt worden ist.

6.3 Steuerbefreiungen

Nach § 3 GewStG sind einige Tätigkeiten und Institutionen von der Gewerbesteuer ausdrücklich befreit (Deutsche Bundesbank, Berufsverbände, Krankenkassen etc.).

Gesetzestext (Auszug) § 3 GewStG

§ 3 Befreiungen

Von der Gewerbesteuer sind befreit

1. *das Bundeseisenbahnvermögen, die staatlichen Lotterieunternehmen, die zugelassenen öffentlichen Spielbanken mit ihren der Spielbankenabgabe unterliegenden Tätigkeiten und der Erdölbevorratungsverband nach § 2 Absatz 1 des Erdölbevorratungsgesetzes vom 16. Januar 2012 (BGBl I S. 74) in der jeweils geltenden Fassung;*
2. *die Deutsche Bundesbank, die Kreditanstalt für Wiederaufbau, die Landwirtschaftliche Rentenbank, die Bayerische Landesanstalt für Aufbaufinanzierung, die Niedersächsische Gesellschaft für öffentliche Finanzierungen mit beschränkter Haftung, die Bremer Aufbau-Bank GmbH, die Landeskreditbank Baden-Württemberg–Förderbank, die Bayerische Landesbodenkreditanstalt, die Investitionsbank Berlin, die Hamburgische Investitions- und Förderbank, die NRW.Bank, die Investitions- und Förderbank Niedersachsen, die Saarländische Investitionskreditbank Aktiengesellschaft, die Investitionsbank Schleswig-Holstein, die Investitionsbank des Landes Brandenburg, die Sächsische Aufbaubank – Förderbank –, die Thüringer Aufbaubank, die Investitionsbank Sachsen-Anhalt, die Investitions- und Strukturbank Rheinland-Pfalz, das Landesförderinstitut Mecklenburg-Vorpommern – Geschäftsbereich der Norddeutschen Landesbank Girozentrale –, die Wirtschafts- und Infrastrukturbank Hessen – rechtlich unselbständige Anstalt in der Landesbank Hessen-Thüringen Girozentrale und die Liquiditäts-Konsortialbank Gesellschaft mit beschränkter Haftung;*
3. *die Bundesanstalt für vereinigungsbedingte Sonderaufgaben;*
4. *(weggefallen)*
5. *Hauberg-, Wald-, Forst- und Laubgenossenschaften und ähnliche Realgemeinden. [2]Unterhalten sie einen Gewerbebetrieb, der über den Rahmen eines Nebenbetriebs hinausgeht, so sind sie insoweit steuerpflichtig;*
6. *Körperschaften, Personenvereinigungen und Vermögensmassen, die nach der Satzung, dem Stiftungsgeschäft oder der sonstigen Verfassung und nach der tatsächlichen Geschäftsführung ausschließlich und unmittelbar gemeinnützigen, mildtätigen oder kirchlichen Zwecken dienen (§§ 51 bis 68 der Abgabenordnung). [2]Wird ein wirtschaftlicher Geschäftsbetrieb – ausgenommen Land- und Forstwirtschaft – unterhalten, ist die Steuerfreiheit insoweit ausgeschlossen;*

7. *Hochsee- und Küstenfischerei, wenn sie mit weniger als sieben im Jahresdurchschnitt beschäftigten Arbeitnehmern oder mit Schiffen betrieben wird, die eine eigene Triebkraft von weniger als 100 Pferdekräften haben;*
8. *Genossenschaften sowie Vereine im Sinne des § 5 Abs. 1 Nr. 14 des Körperschaftsteuergesetzes, soweit sie von der Körperschaftsteuer befreit sind;*
9. *rechtsfähige Pensions-, Sterbe-, Kranken- und Unterstützungskassen im Sinne des § 5 Abs. 1 Nr. 3 des Körperschaftsteuergesetzes, soweit sie die für eine Befreiung von der Körperschaftsteuer erforderlichen Voraussetzungen erfüllen;*
10. *Körperschaften oder Personenvereinigungen, deren Hauptzweck die Verwaltung des Vermögens für einen nichtrechtsfähigen Berufsverband im Sinne des § 5 Abs. 1 Nr. 5 des Körperschaftsteuergesetzes ist, wenn ihre Erträge im Wesentlichen aus dieser Vermögensverwaltung herrühren und ausschließlich dem Berufsverband zufließen;*
11. *öffentlich-rechtliche Versicherungs- und Versorgungseinrichtungen von Berufsgruppen, deren Angehörige auf Grund einer durch Gesetz angeordneten oder auf Gesetz beruhenden Verpflichtung Mitglieder dieser Einrichtungen sind, wenn die Satzung der Einrichtung die Zahlung keiner höheren jährlichen Beiträge zulässt als das Zwölffache der Beiträge, die sich bei einer Beitragsbemessungsgrundlage in Höhe der doppelten monatlichen Beitragsbemessungsgrenze in der allgemeinen Rentenversicherung ergeben würden. [2]Sind nach der Satzung der Einrichtung nur Pflichtmitgliedschaften sowie freiwillige Mitgliedschaften, die unmittelbar an eine Pflichtmitgliedschaft anschließen, möglich, so steht dies der Steuerbefreiung nicht entgegen, wenn die Satzung die Zahlung keiner höheren jährlichen Beiträge zulässt als das Fünfzehnfache der Beiträge, die sich bei einer Beitragsbemessungsgrundlage in Höhe der doppelten monatlichen Beitragsbemessungsgrenze in der allgemeinen Rentenversicherung ergeben würden;*
12. *Gesellschaften, bei denen die Gesellschafter als Unternehmer (Mitunternehmer) anzusehen sind, sowie Gnossenschaften, soweit die Gesellschaften und die Genossenschaften eine gemeinschaftliche Tierhaltung im Sinne des § 51a des Bewertungsgesetzes betreiben;*
13. *private Schulen und andere allgemeinbildende oder berufsbildende Einrichtungen, soweit unmittelbar dem Schul- und Bildungszweck dienende Leistungen erbracht werden, wenn sie*

    a) als Ersatzschulen gemäß Artikel 7 Absatz 4 des Grundgesetzes staatlich genehmigt oder nach Landesrecht erlaubt sind oder

    b) auf einen Beruf oder eine vor einer juristischen Person des öffentlichen Rechts abzulegende Prüfung ordnungsgemäß vorbereiten;
14. *Genossenschaften sowie Vereine, deren Tätigkeit sich auf den Betrieb der Land- und Forstwirtschaft beschränkt, wenn die Mitglieder der Genossenschaft oder dem Verein Flächen zur Nutzung oder für die Bewirtschaftung der Flächen erforderliche Gebäude überlassen und*

a) bei Genossenschaften das Verhältnis der Summe der Werte der Geschäftsanteile des einzelnen Mitglieds zu der Summe der Werte aller Geschäftsanteile,

b) bei Vereinen das Verhältnis des Werts des Anteils an dem Vereinsvermögen, der im Fall der Auflösung des Vereins an das einzelne Mitglied fallen würde, zu dem Wert des Vereinsvermögens

nicht wesentlich von dem Verhältnis abweicht, in dem der Wert der von dem einzelnen Mitglied zur Nutzung überlassenen Flächen und Gebäude zu dem Wert der insgesamt zur Nutzung überlassenen Flächen und Gebäude steht;

15. Genossenschaften sowie Vereine im Sinne des § 5 Abs. 1 Nr. 10 des Körperschaftsteuergesetzes, soweit sie von der Körperschaftsteuer befreit sind;

16. (weggefallen)

17. die von den zuständigen Landesbehörden begründeten oder anerkannten gemeinnützigen Siedlungsunternehmen im Sinne des Reichssiedlungsgesetzes in der jeweils aktuellen Fassung oder entsprechender Landesgesetze, soweit diese Landesgesetze nicht wesentlich von den Bestimmungen des Reichssiedlungsgesetzes abweichen, und im Sinne der Bodenreformgesetze der Länder, soweit die Unternehmen im ländlichen Raum Siedlungs-, Agrarstrukturverbesserungs- und Landentwicklungsmaßnahmen mit Ausnahme des Wohnungsbaus durchführen. [2]Die Steuerbefreiung ist ausgeschlossen, wenn die Einnahmen des Unternehmens aus den in Satz 1 nicht bezeichneten Tätigkeiten die Einnahmen aus den in Satz 1 bezeichneten Tätigkeiten übersteigen;

18. (weggefallen)

19. der Pensions-Sicherungs-Verein Versicherungsverein auf Gegenseitigkeit, wenn er die für eine Befreiung von der Körperschaftsteuer erforderlichen Voraussetzungen erfüllt;

20. Krankenhäuser, Altenheime, Altenwohnheime, Pflegeheime, Einrichtungen zur vorübergehenden Aufnahme pflegebedürftiger Personen und Einrichtungen zur ambulanten Pflege kranker und pflegebedürftiger Personen sowie Einrichtungen zur ambulanten oder stationären Rehabilitation, wenn

a) diese Einrichtungen von juristischen Personen des öffentlichen Rechts betrieben werden oder

b) bei Krankenhäusern im Erhebungszeitraum die in § 67 Abs. 1 oder 2 der Abgabenordnung bezeichneten Voraussetzungen erfüllt worden sind oder

c) bei Altenheimen, Altenwohnheimen und Pflegeheimen im Erhebungszeitraum mindestens 40 Prozent der Leistungen den in § 61a des Zwölften Buches Sozialgesetzbuch oder den in § 53 Nr. 2 der Abgabenordnung genannten Personen zugute gekommen sind oder

d) bei Einrichtungen zur vorübergehenden Aufnahme pflegebedürftiger Personen und bei Einrichtungen zur ambulanten Pflege kranker und pflegebedürftiger Personen im Erhebungszeitraum die Pflegekosten in mindestens

40 Prozent der Fälle von den gesetzlichen Trägern der Sozialversicherung oder Sozialhilfe ganz oder zum überwiegenden Teil getragen worden sind oder

e) bei Einrichtungen zur ambulanten oder stationären Rehabilitation die Behandlungskosten in mindestens 40 Prozent der Fälle von den gesetzlichen Trägern der Sozialversicherung oder Sozialhilfe ganz oder zum überwiegenden Teil getragen worden sind. Satz 1 ist nur anzuwenden, soweit die Einrichtung Leistungen im Rahmen der verordneten ambulanten oder stationären Rehabilitation im Sinne des Sozialrechts einschließlich der Beihilfevorschriften des Bundes und der Länder erbringt;

21. *Entschädigungs- und Sicherungseinrichtungen im Sinne des § 5 Abs. 1 Nr. 16 des Körperschaftsteuergesetzes, soweit sie von der Körperschaftsteuer befreit sind;*
22. *Bürgschaftsbanken (Kreditgarantiegemeinschaften), wenn sie von der Körperschaftsteuer befreit sind;*
23. *Unternehmensbeteiligungsgesellschaften, die nach dem Gesetz über Unternehmensbeteiligungsgesellschaften anerkannt sind. [2]Für Unternehmensbeteiligungsgesellschaften im Sinne des § 25 Abs. 1 des Gesetzes über Unternehmensbeteiligungsgesellschaften haben der Widerruf der Anerkennung und der Verzicht auf die Anerkennung Wirkung für die Vergangenheit, wenn nicht Aktien der Unternehmensbeteiligungsgesellschaft öffentlich angeboten worden sind; Entsprechendes gilt, wenn eine solche Gesellschaft nach § 25 Abs. 3 des Gesetzes über Unternehmensbeteiligungsgesellschaften die Anerkennung als Unternehmensbeteiligungsgesellschaft verliert. [3]Für offene Unternehmensbeteiligungsgesellschaften im Sinne des § 1a Abs. 2 Satz 1 des Gesetzes über Unternehmensbeteiligungsgesellschaften haben der Widerruf der Anerkennung und der Verzicht auf die Anerkennung innerhalb der in § 7 Abs. 1 Satz 1 des Gesetzes über Unternehmensbeteiligungsgesellschaften genannten Frist Wirkung für die Vergangenheit. [4]Bescheide über die Anerkennung, die Rücknahme oder den Widerruf der Anerkennung und über die Feststellung, ob Aktien der Unternehmensbeteiligungsgesellschaft im Sinne des § 25 Abs. 1 des Gesetzes über Unternehmensbeteiligungsgesellschaften öffentlich angeboten worden sind, sind Grundlagenbescheide im Sinne der Abgabenordnung; die Bekanntmachung der Aberkennung der Eigenschaft als Unternehmensbeteiligungsgesellschaft nach § 25 Abs. 3 des Gesetzes über Unternehmensbeteiligungsgesellschaften steht einem Grundlagenbescheid gleich;*
24. *die folgenden Kapitalbeteiligungsgesellschaften für die mittelständische Wirtschaft, soweit sich deren Geschäftsbetrieb darauf beschränkt, im öffentlichen Interesse mit Eigenmitteln oder mit staatlicher Hilfe Beteiligungen zu erwerben, wenn der von ihnen erzielte Gewinn ausschließlich und unmittelbar für die satzungsmäßigen Zwecke der Beteiligungsfinanzierung verwendet wird: Mittelständische Beteiligungsgesellschaft Baden-Württemberg GmbH,*

Mittelständische Besteiligungsgesellschaft Bremen mbH, BTG Beteiligungsgesellschaft Hamburg mbH, MBG Mittelständische Beteiligungsgesellschaft Hessen GmbH, Mittelständische Beteiligungsgesellschaft Niedersachsen (MBG) mbH, Kapitalbeteiligungsgesellschaft für die mittelständische Wirtschaft in Nordrhein-Westfalen mbH, MBG Mittelständische Beteiligungsgesellschaft Rheinland-Pfalz mbH, Wagnisfinanzierungsgesellschaft für Technologieförderung in Rheinland-Pfalz mbH (WFT), Saarländische Kapitalbeteiligungsgesellschaft mbH, Gesellschaft für Wagniskapital Mittelständische Beteiligungsgesellschaft Schleswig-Holstein Gesellschaft mit beschränkter Haftung – MBG, Technologie-Beteiligungs-Gesellschaft mbH der Deutschen Ausgleichsbank, bgb Beteiligungsgesellschaft Berlin mbH für kleine und mittlere Betriebe, Mittelständische Beteiligungsgesellschaft Berlin-Brandenburg mbH, Mittelständische Beteiligungsgesellschaft Mecklenburg-Vorpommern mbH, Mittelständische Beteiligungsgesellschaft Sachsen mbH, Mittelständische Beteiligungsgesellschaft Sachsen-Anhalt mbH, Wagnisbeteiligungsgesellschaft Sachsen-Anhalt mbH, IBG Beteiligungsgesellschaft Sachsen-Anhalt mbH, Mittelständische Beteiligungsgesellschaft Thüringen (MBG) mbH;

25. *Wirtschaftsförderungsgesellschaften, wenn sie von der Körperschaftsteuer befreit sind;*
26. *Gesamthafenbetriebe im Sinne des § 1 des Gesetzes über die Schaffung eines besonderen Arbeitgebers für Hafenarbeiter vom 3. August 1950 (BGBl. I S. 352), soweit sie von der Körperschaftsteuer befreit sind;*
27. *Zusammenschlüsse im Sinne des § 5 Abs. 1 Nr. 20 des Körperschaftsteuergesetzes, soweit sie von der Körperschaftsteuer befreit sind;*
28. *die Arbeitsgemeinschaften Medizinischer Dienst der Krankenversicherung im Sinne des § 278 des Fünften Buches Sozialgesetzbuch und der Medizinische Dienst der Spitzenverbände der Krankenkassen im Sinne des § 282 des Fünften Buches Sozialgesetzbuch, soweit sie von der Körperschaftsteuer befreit sind;*
29. *gemeinsame Einrichtungen im Sinne des § 5 Abs. 1 Nr. 22 des Körperschaftsteuergesetzes, soweit sie von der Körperschaftsteuer befreit sind;*
30. *die Auftragsforschung im Sinne des § 5 Abs. 1 Nr. 23 des Körperschaftsteuergesetzes, soweit sie von der Körperschaftsteuer befreit ist;*
31. *die Global Legal Entity Identifier Stiftung, soweit sie von der Körperschaftsteuer befreit ist.*
32. *stehende Gewerbebetriebe von Anlagebetreibern im Sinne des § 3 Nummer 2 des Erneuerbare-Energien-Gesetzes, wenn sich deren Ttigkeit ausschließlich auf die Erzeugung und Vermarktung von Strom aus einer auf, an oder in einem Gebäude angebrachten Solaranlage bis zu einer installierten Leistung von 30 Kilowatt beschränkt.*

6.4 Maßgeblicher Gewerbeertrag

Gewerbeertrag ist der **steuerliche Gewinn vermehrt um Hinzurechnungen** nach § 8 GewStG und vermindert um **Kürzungen** nach § 9 GewStG.

Wichtig: Der **Gewinn** aus der Veräußerung oder Aufgabe des Gewerbebetriebs gehört **nicht** zum **Gewerbeertrag** (Ausnahme: Kapitalgesellschaften).

Gesetzestext (Auszug) § 7 GewStG

§ 7 Gewerbeertrag

[1]Gewerbeertrag ist der nach den Vorschriften des Einkommensteuergesetzes oder des Körperschaftsteuergesetzes zu ermittelnde Gewinn aus dem Gewerbebetrieb, der bei der Ermittlung des Einkommens für den dem Erhebungszeitraum (§ 14) entsprechenden Veranlagungszeitraum zu berücksichtigen ist, vermehrt und vermindert um die in den §§ 8 und 9 bezeichneten Beträge. [2]Zum Gewerbeertrag gehört auch der Gewinn aus der Veräußerung oder Aufgabe

1. *des Betriebs oder eines Teilbetriebs einer Mitunternehmerschaft,*
2. *des Anteils eines Gesellschafters, der als Unternehmer (Mitunternehmer) des Betriebs einer Mitunternehmerschaft anzusehen ist,*
3. *des Anteils eines persönlich haftenden Gesellschafters einer Kommanditgesellschaft auf Aktien,*

soweit er nicht auf eine natürliche Person als unmittelbar beteiligter Mitunternehmer entfällt. [3]Der nach § 5a des Einkommensteuergesetzes ermittelte Gewinn einschließlich der Hinizurechnungen nach § 5a Absatz 4 und 4a des Einkommensteuergesetzes und das nach § 8 Absatz 1 Satz 3 des Körperschaftsteuergesetzes ermittelte Einkommen gelten als Gewerbeertrag nach Satz 1. [4]§ 3 Nr. 40 und § 3c Abs. 2 des Einkommensteuergesetzes sind bei der Ermittlung des Gewerbeertrags einer Mitunternehmerschaft anzuwenden, soweit an der Mitunternehmerschaft natürliche Personen unmittelbar oder mittelbar über eine oder mehrere Personengesellschaften beteiligt sind; im Übrigen ist § 8b des Körperschaftsteuergesetzes anzuwenden. [5]Bei der Ermittlung des Gewerbeertrags einer Kapitalgesellschaft, auf die § 8 Abs. 7 Satz 1 Nr. 2 des Körperschaftsteuergesetzes anzuwenden ist, ist § 8 Abs. 9 Satz 1 bis 3 des Körperschaftsteuergesetzes entsprechend anzuwenden; ein sich danach bei der jeweiligen Sparte im Sinne des § 8 Abs. 9 Satz 1 des Körperschaftsteuergesetzes ergebender negativer Gewerbeertrag darf nicht mit einem positiven Gewerbeertrag aus einer anderen Sparte im Sinne des § 8 Abs. 9 Satz 1 des Körperschaftsteuergesetzes ausgeglichen werden. [6]§ 50d Abs. 10 des Einkommensteuergesetzes ist bei der Ermittlung des Gewerbeertrags entsprechend anzuwenden. [7]Hinzurechnungsbeträge im Sinne des § 10 Absatz 1 des Außensteuergesetzes sind Einkünfte, die in einer inländischen Betriebsstätte anfallen. [8]Einkünfte im Sinne des § 20 Absatz 2 Satz 1 des Außensteuergesetzes gelten als in einer inländischen Betriebsstätte erzielt; das gilt auch, wenn sie nicht von einem Abkommen zur Vermeidung der Doppelbesteuerung erfasst werden oder das Abkommen zur Vermeidung der Doppelbesteuerung selbst die

Steueranrechnung anordnet. [9]Satz 8 ist nicht anzuwenden, soweit auf die Einkünfte, würden sie in einer Zwischengesellschaft im Sinne des § 8 des Außensteuergesetzes erzielt, § 8 Absatz 2 bis 4 des Außensteuergesetzes zur Anwendung käme.

6.4.1 Hinzurechnungen, § 8 GewStG

Dem Gewerbeertrag sind folgende Beträge hinzuzurechnen:

- 25 % der den **Freibetrag von 200.000 EUR (bis Erhebungszeitraum 2019 100.000 EUR)** übersteigenden Summe aus
  - Entgelten für Schulden;
  - Renten und dauernden Lasten;
  - Gewinnanteilen der stillen Gesellschafter;
  - 20 % der Miet- und Pachtzinsen für die Nutzung beweglicher Wirtschaftsgüter des Anlagevermögens; diese Hinzurechnung ist lediglich zur Hälfte vorzunehmen bei
    - Fahrzeugen mit Antrieb ausschließlich durch Elektromotoren, die ganz oder überweigend aus mechanischen oder elektorchemischen Energiespeichern oder aus emissionsfrei betriebenen Energiewandlern gespeist werden (Elektrofahrzeuge).
    - Extern aufladbaren Hybriedelektrofahrzeugen für die sich aus der Übereinstimmungsbescheinigung nach Anhang IX der Richtl. 2007/46/EG oder aus der Übereinstimmungsbescheinigung nach Artikel 38 der Verordnung Nr. 168/2013 ergibt, dass das Fahrzeug eine Kohlendioxidemission von Höchstens 50 Gramm je gefahrenen Kilometer hat oder die Reichweite des Fahrzeugs unter ausschließlicher Nutzung der elektrischen Antriebsmaschinen mindestens 80 Kilometer beträgt, und
    - Fahrrädern, die keine Kraftfahrzeuge sind.
  - 50 % der Miet- und Pachtzinsen für die Nutzung unbeweglicher Wirtschaftsgüter des Anlagevermögens;
  - 25 % der Aufwendungen für die zeitlich befristete Überlassung von Rechten.
- Gewinnanteile an persönlich haftende Gesellschafter einer Kommanditgesellschaft auf Aktien (KGaA);
- steuerfreie Dividenden, die nicht unter das **gewerbesteuerliche** Schachtelprivileg fallen;
- **Verlustanteile aus einer Mitunternehmerschaft;**
- **Spenden (vgl. aber auch wieder Kürzung);**
- ausschüttungsbedingte Gewinnminderungen aus Schachtelbeteiligungen und abführungsbedingte Gewinnminderungen aus Organschaften;
- abgezogene ausländische Einkommensteuern (§ 34c EStG), soweit diese Einkünfte betreffen, die im Gewerbeertrag nicht erfasst wurden oder nach § 9 GewStG gekürzt werden.

Gesetzestext (Auszug) § 8 GewStG

§ 8 Hinzurechnungen

Dem Gewinn aus Gewerbebetrieb (§ 7) werden folgende Beträge wieder hinzugerechnet, soweit sie bei der Ermittlung des Gewinns abgesetzt worden sind:

1. Ein Viertel der Summe aus

a) Entgelten für Schulden. [2]Als Entgelt gelten auch der Aufwand aus nicht dem gewöhnlichen Geschäftsverkehr entsprechenden gewährten Skonti oder wirtschaftlich vergleichbaren Vorteilen im Zusammenhang mit der Erfüllung von Forderungen aus Lieferungen und Leistungen vor Fälligkeit sowie die Diskontbeträge bei der Veräußerung von Wechsel- und anderen Geldforderungen. [3]Soweit Gegenstand der Veräußerung eine Forderung aus einem schwebenden Vertragsverhältnis ist, gilt die Differenz zwischen dem Wert der Forderung aus dem schwebenden Vertragsverhältnis, wie ihn die Vertragsparteien im Zeitpunkt des Vertragsschlusses der Veräußerung zugrunde gelegt haben, und dem vereinbarten Veräußerungserlös als bei der Ermittlung des Gewinns abgesetzt,

b) Renten und dauernden Lasten. [2]Pensionszahlungen auf Grund einer unmittelbar vom Arbeitgeber erteilten Versorgungszusage gelten nicht als dauernde Last im Sinne des Satzes 1,

c) Gewinnanteilen des stillen Gesellschafters,

d) einem Fünftel der Miet- und Pachtzinsen (einschließlich Leasingraten) für die Benutzung von beweglichen Wirtschaftsgütern des Anlagevermögens, die im Eigentum eines anderen stehen. [2]Eine Hinzurechnung nach Satz 1 ist nur zur Hälfte vorzunehmen bei

aa) Fahrzeugen mit Antrieb ausschließlich durch Elektromotoren, die ganz oder überweigend aus mechanischen oder elektrochemischen Energiespeichern oder aus emissionsfrei betriebenen Energiewandlern gespeist werden (Elektrofahrzeuge).

bb) extern aufladbaren Hybridelektrofahrzeugen, für die sich aus der Übereinstimmungsbescheinigung nach Anhang IX der Richtlinie 2007/46/EG oder aus der Übereinstimmungsbescheinigung nach Artikel 38 der Verordnung (EU) Nr. 168/2013 ergibt, dass das Fahrzeug eine Kohlendioxidemission von höchstens 50 Gramm je gefahrenen Kilometer hat oder die Reichweite des Fahrzeugs unter ausschließlicher Nutzung der elektrischen Antriebsmaschine mindestens 80 Kilometer beträgt und

cc)Fahrrädern, die keine Kraftfahrzeuge sind.

e) der Hälfte der Miet- und Pachtzinsen (einschließlich Leasingraten) für die Benutzung der unbeweglichen Wirtschaftsgüter des Anlagevermögens, die im Eigentum eines anderen stehen, und

f) einem Viertel der Aufwendungen für die zeitlich befristete Überlassung von Rechten (insbesondere Konzessionen und Lizenzen, mit Ausnahme von Li-

zenzen, die ausschließlich dazu berechtigen, daraus abgeleitete Rechte Dritten zu überlassen). [2]Eine Hinzurechnung nach Satz 1 ist nicht vorzunehmen auf Aufwendungen, die nach § 25 des Künstlersozialversicherungsgesetzes Bemessungsgrundlage für die Künstlersozialabgabe sind,

soweit die Summe den Betrag von 200 000 Euro übersteigt;

2. *(weggefallen)*
3. *(weggefallen)*
4. *die Gewinnanteile, die an persönlich haftende Gesellschafter einer Kommanditgesellschaft auf Aktien auf ihre nicht auf das Grundkapital gemachten Einlagen oder als Vergütung (Tantieme) für die Geschäftsführung verteilt worden sind;*
5. *die nach § 3 Nr. 40 des Einkommensteuergesetzes oder § 8b Abs. 1 des Körperschaftsteuergesetzes außer Ansatz bleibenden Gewinnanteile (Dividenden) und die diesen gleichgestellten Bezüge und erhaltenen Leistungen aus Anteilen an einer Körperschaft, Personenvereinigung oder Vermögensmasse im Sinne des Körperschaftsteuergesetzes, soweit sie nicht die Voraussetzungen des § 9 Nr. 2a oder 7 erfüllen, nach Abzug der mit diesen Einnahmen, Bezügen und erhaltenen Leistungen in wirtschaftlichem Zusammenhang stehenden Betriebsausgaben, soweit sie nach § 3c Abs. 2 des Einkommensteuergesetzes und § 8b Abs. 5 und 10 des Körperschaftsteuergesetzes unberücksichtigt bleiben;*
6. *(weggefallen)*
7. *(weggefallen)*
8. *die Anteile am Verlust einer in- oder ausländischen offenen Handelsgesellschaft, einer Kommanditgesellschaft oder einer anderen Gesellschaft, bei der die Gesellschafter als Unternehmer (Mitunternehmer) des Gewerbebetriebs anzusehen sind. [2]Satz 1 ist bei Lebens- und Krankenversicherungsunternehmen nicht anzuwenden; für Pensionsfonds gilt Entsprechendes;*
9. *die Ausgaben im Sinne des § 9 Abs. 1 Nr. 2 des Körperschaftsteuergesetzes;*
10. *Gewinnminderungen, die*

    a) durch Ansatz des niedrigeren Teilwerts des Anteils an einer Körperschaft oder

    b) durch Veräußerung oder Entnahme des Anteils an einer Körperschaft oder bei Auflösung oder Herabsetzung des Kapitals der Körperschaft

    entstanden sind, soweit der Ansatz des niedrigeren Teilwerts oder die sonstige Gewinnminderung auf Gewinnausschüttungen der Körperschaft, um die der Gewerbeertrag nach § 9 Nr. 2a, 7 oder 8 zu kürzen ist, oder organschaftliche Gewinnabführungen der Körperschaft zurückzuführen ist;
11. *(weggefallen)*

12. *ausländische Steuern, die nach § 34c des Einkommensteuergesetzes oder nach einer Bestimmung, die § 34c des Einkommensteuergesetzes für entsprechend anwendbar erklärt, bei der Ermittlung der Einkünfte abgezogen werden, soweit sie auf Gewinne oder Gewinnanteile entfallen, die bei der Ermittlung des Gewerbeertrags außer Ansatz gelassen oder nach § 9 gekürzt werden.*

6.4.2 Kürzungen, § 9 GewStG

Der Gewerbeertrag ist um folgende Beträge zu kürzen:

- **1,2 % des Einheitswerts** des zum Betriebsvermögen gehörenden und nicht von der Grundsteuer befreiten **Grundbesitzes** und bei Wohnungsunternehmen auf Antrag der auf den Grundbesitz entfallende Gewerbeertrag;
- Gewinnanteile aus einer Mitunternehmerschaft, soweit im steuerlichen Gewinn enthalten;
- **Gewinnausschüttungen einer inländischen Körperschaft,** wenn die Beteiligung mindestens 15 % beträgt. Enthaltener Gewinn aus einer Teilwertzuschreibung der Beteiligung ist dagegen nicht zu kürzen;
- Gewinnanteile aus einer Beteiligung an einer KGaA, soweit im steuerlichen Gewinn enthalten;
- auf ausländische Betriebsstätten entfallende Gewinne;
- **Spenden** im Sinne des § 10b EStG und § 9 Abs. 1 Nr. 2 KStG (vgl. Hinzurechnungen, im Ergebnis werden nach erfolgter Zurechnung des § 8 GewStG die abzugsfähigen Spenden berücksichtigt);
- **Gewinnausschüttungen ausländischer Körperschaften,** wenn die Beteiligung mindestens 15 % beträgt und die ausschüttende Gesellschaft einer aktiven Tätigkeit nach § 8 Abs. 1 Nr. 1–6 AStG nachgeht (sog. internationales gewerbesteuerliches Schachtelprivileg);
- Gewinnausschüttungen ausländischer Körperschaften, die nach einem DBA steuerfrei sind, ungeachtet der im DBA genannten Mindestbeteiligung, wenn die Beteiligung mindestens 15 % beträgt.
- Achtung: Änderungen ab 2024 zu §§ 8 Nr. 1 d S. 2 bb, 9 Nr. 1 S. 3 b und 10a GewStG geplant.

Gesetzestext (Auszug) § 9 GewStG

§ 9 Kürzungen

Die Summe des Gewinns und der Hinzurechnungen wird gekürzt um

1. *1,2 Prozent des Einheitswerts des zum Betriebsvermögen des Unternehmers gehörenden und nicht von der Grundsteuer befreiten Grundbesitzes; maßgebend ist der Einheitswert, der auf den letzten Feststellungszeitpunkt (Hauptfeststellungs-, Fortschreibungs- oder Nachfeststellungszeitpunkt) vor dem Ende des Erhebungszeitraums (§ 14) lautet. [2]An Stelle der Kürzung nach Satz 1 tritt auf Antrag bei Unternehmen, die ausschließlich eigenen Grundbesitz oder neben eigenem Grundbesitz eigenes Kapitalvermögen verwalten und nutzen*

oder daneben Wohnungsbauten betreuen oder Einfamilienhäuser, Zweifamilienhäuser oder Eigentumswohnungen im Sinne des Wohnungseigentumsgesetzes in der jeweils geltenden Fassung, errichten und veräußern, die Kürzung um den Teil des Gewerbeertrags, der auf die Verwaltung und Nutzung des eigenen Grundbesitzes entfällt. [3]Satz 2 gilt entsprechend, wenn

a) in Verbindung mit der Errichtung und Veräußerung von Eigentumswohnungen Teileigentum im Sinne des Wohnungseigentumsgesetzes errichtet und veräußert wird und das Gebäude zu mehr als 66 2/3 Prozent Wohnzwecken dient,

b) in Verbindung mit der Verwaltung und Nutzung des eigenen Grundbesitzes Einnahmen aus der Lieferung von Strom

aa) im Zusammenhang mit dem Betrieb von Anlagen zur Stromerzeugung aus erneuerbaren Energien im Sinne des § 3 Nummer 21 des Erneuerbare-Energien-Gesetzes oder

bb) aus dem Betrieb von Ladestationen für Elektrofahrzeuge oder Elektrofahrräder,

erzielt werden und diese Einnahmen im Wirtschaftsjahr nicht höher als 10 Prozent der Einnahmen aus der Gebrauchsüberlassung des Grundbesitzes sind; die Einnahmen im Sinne von Doppelbuchstabe aa dürfen nicht aus der Lieferung an Letztverbraucher stammen, es sei denn, diese sind Mieter des Anlagenbetreibers, oder

c) Einnahmen aus unmittelbaren Vertragsbeziehungen mit den Mietern des Grundbesitzes aus anderen als den in den Buchstaben a und b bezeichneten Tätigkeiten erzielt werden und diese Einnahmen im Wirtschaftsjahr nicht höher als 5 Prozent der Einnahmen aus der Gebrauchsüberlassung des Grundbesitzes sind.

[4]Betreut ein Unternehmen auch Wohnungsbauten oder veräußert es auch Einfamilienhäuser, Zweifamilienhäuser oder Eigentumswohnungen oder übt es auch Tätigkeiten im Sinne von Satz 3 Buchstabe b und c aus, so ist Voraussetzung für die Anwendung des Satzes 2, dass der Gewinn aus der Verwaltung und Nutzung des eigenen Grundbesitzes gesondert ermittelt wird. [5]Die Sätze 2 und 3 gelten nicht,

1. wenn der Grundbesitz ganz oder zum Teil dem Gewerbebetrieb eines Gesellschafters oder Genossen dient,

1a. soweit der Gewerbeertrag Vergütungen im Sinne des § 15 Absatz 1 Satz 1 Nummer 2 Satz 1 des Einkommensteuergesetzes enthält, die der Gesellschafter von der Gesellschaft für seine Tätigkeit im Dienst der Gesellschaft oder für die Hingabe von Darlehen oder für die Überlassung von Wirtschaftsgütern, mit Ausnahme der Überlassung von Grundbesitz, bezogen hat. [2]Satz 1 ist auch auf Vergütungen anzuwenden, die vor dem 19. Juni 2008 erstmals vereinbart worden sind, wenn die Vereinbarung nach diesem Zeitpunkt wesentlich geändert wird, oder

2. soweit der Gewerbeertrag Gewinne aus der Aufdeckung stiller Reserven aus dem Grundbesitz enthält, der innerhalb von drei Jahren vor der Aufdeckung der stillen Reserven zu einem unter dem Teilwert liegenden Wert in das Betriebsvermögen des aufdeckenden Gewerbebetriebs überführt oder übertragen worden ist, und soweit diese Gewinne auf bis zur Überführung oder Übertragung entstandenen stillen Reserven entfallen.

[6]Eine Kürzung nach den Sätzen 2 und 3 ist ausgeschlossen für den Teil des Gewerbeertrags, der auf Veräußerungs- oder Aufgabegewinne im Sinne des § 7 Satz 2 Nr. 2 und 3 entfällt;

2. *[1]die Anteile am Gewinn einer in- oder ausländischen offenen Handelsgesellschaft, einer Kommanditgesellschaft oder einer anderen Gesellschaft, bei der die Gesellschafter als Unternehmer (Mitunternehmer) des Gewerbebetriebs anzusehen sind, wenn die Gewinnanteile bei Ermittlung des Gewinns angesetzt worden sind. [2]Satz 1 ist nicht anzuwenden, soweit im Gewinnanteil Einkünfte im Sinne des § 7 Satz 7 und 8 enthalten sind. [3]Bei Lebens- und Krankenversicherungsunternehmen und Pensionsfonds ist Satz 1 auch auf den übrigen Gewinnanteil nicht anzuwenden. [4]Satz 2 ist nichz anzuwenden, soweit diese Einkünfte bereits bei einer den Anteil am Gewinn vermittelnden inländischen offenen Handelsgesellschaft, Komanditgesellschaften oder anderen Gesellschaft, bei der die Gesellschafter als Unternehmer (Mitunternehmer) des Gewerbebetriebs anzusehen sind, Bestandteil des Gewerbeertrags waren. [5]Bei Lebens- und Krankenversicherungsunternehmen und Pensionsfonds ist Satz 4 auf Einkünfte im Sinne des § 7 Satz 8 nicht anzuwenden;*

2a. *die Gewinne aus Anteilen an einer nicht steuerbefreiten inländischen Kapitalgesellschaft im Sinne des § 2 Abs. 2, einer Kredit- oder Versicherungsanstalt des öffentlichen Rechts, einer Genossenschaften oder einer Unternehmensbeteiligungsgesellschaft im Sinne des § 3 Nr. 23, wenn die Beteiligung zu Beginn des Erhebungszeitraums mindestens 15 Prozent des Grund- oder Stammkapitals beträgt und die Gewinnanteile bei Ermittlung des Gewinns (§ 7) angesetzt worden sind. [2]Ist ein Grund- oder Stammkapital nicht vorhanden, so ist die Beteiligung an dem Vermögen, bei Genossenschaften die Beteiligung an der Summe der Geschäftsguthaben, maßgebend. [3]Im unmittelbaren Zusammenhang mit Gewinnanteilen stehende Aufwendungen mindern den Kürzungsbetrag, soweit entsprechende Beteiligungserträge zu berücksichtigen sind; insoweit findet § 8 Nr. 1 keine Anwendung. [4]Nach § 8b Abs. 5 des Körperschaftsteuergesetzes nicht abziehbare Betriebsausgaben sind keine Gewinne aus Anteilen im Sinne des Satzes 1. [5]Satz 1 ist bei Lebens- und Krankenversicherungsunternehmen auf Gewinne aus Anteilen, die den Kapitalanlagen zuzurechnen sind, nicht anzuwenden; für Pensionsfonds gilt Entsprechendes;*

2b. *die nach § 8 Nr. 4 dem Gewerbeertrag einer Kommanditgesellschaft auf Aktien hinzugerechneten Gewinnanteile, wenn sie bei der Ermittlung des Gewinns (§ 7) angesetzt worden sind;*

3. *den Teil des Gewerbeertrags eines inländischen Unternehmens, der auf eine nicht im Inland belegene Betriebsstätte dieses Unternehmens entfällt; dies gilt nicht für Einkünfte im Sinne des § 7 Satz 7 und 8. [2]Bei Unternehmen, die ausschließlich den Betrieb von eigenen oder gecharterten Handelsschiffen im internationalen Verkehr zum Gegenstand haben, gelten 80 Prozent des Gewerbeertrags als auf eine nicht im Inland belegene Betriebsstätte entfallend. [3]Ist Gegenstand eines Betriebs nicht ausschließlich der Betrieb von Handelsschiffen im internationalen Verkehr, so gelten 80 Prozent des Teils des Gewerbeertrags, der auf den Betrieb von Handelsschiffen im internationalen Verkehr entfällt, als auf eine nicht im Inland belegene Betriebsstätte entfallend; in diesem Fall ist Voraussetzung, dass dieser Teil gesondert ermittelt wird. [4]Handelsschiffe werden im internationalen Verkehr betrieben, wenn eigene oder gecharterte Handelsschiffe im Wirtschaftsjahr überwiegend zur Beförderung von Personen und Gütern im Verkehr mit oder zwischen ausländischen Häfen, innerhalb eines ausländischen Hafens oder zwischen einem ausländischen Hafen und der freien See eingesetzt werden. [5]Für die Anwendung der Sätze 2 bis 4 gilt § 5a Abs. 2 Satz 2 des Einkommensteuergesetzes entsprechend;*
4. *(weggefallen)*
5. *die aus den Mitteln des Gewerbebetriebs geleisteten Zuwendungen (Spenden und Mitgliedsbeiträge) zur Förderung steuerbegünstigter Zwecke im Sinne der §§ 52 bis 54 der Abgabenordnung bis zur Höhe von insgesamt 20 Prozent des um die Hinzurechnungen nach § 8 Nummer 9 erhöhten Gewinns aus Gewerbebetrieb (§ 7) oder 4 Promille der Summe der gesamten Umsätze und der im Wirtschaftsjahr aufgewendeten Löhne und Gehälter. [2]Voraussetzung für die Kürzung ist, dass diese Zuwendungen*

   a) an eine juristische Person des öffentlichen Rechts oder an eine öffentliche Dienststelle, die in einem Mitgliedstaat der Europäischen Union oder in einem Staat belegen ist, auf den das Abkommen über den Europäischen Wirtschaftsraum (EWR-Abkommen) Anwendung findet, oder

   b) an eine nach § 5 Absatz 1 Nummer 9 des Körperschaftsteuergesetzes steuerbefreite Körperschaft, Personenvereinigung oder Vermögensmasse oder

   c) an eine Körperschaft, Personenvereinigung oder Vermögensmasse, die in einem Mitgliedstaat der Europäischen Union oder in einem Staat belegen ist, auf den das Abkommen über den Europäischen Wirtschaftsraum (EWR-Abkommen) Anwendung findet, und die nach § 5 Absatz 1 Nummer 9 des Körperschaftsteuergesetzes in Verbindung mit § 5 Absatz 2 Nummer 2 zweiter Halbsatz des Körperschaftsteuergesetzes steuerbefreit wäre, wenn sie inländische Einkünfte erzielen würde,

   geleistet werden (Zuwendungsempfänger). [3]Für nicht im Inland ansässige Zuwendungsempfänger nach Satz 2 ist weitere Voraussetzung, dass durch diese Staaten Amtshilfe und Unterstützung bei der Beitreibung geleistet werden. [4]Amtshilfe ist der Auskunftsaustausch im Sinne oder entsprechend der Amtshilferichtlinie gemäß § 2 Absatz 2 des EU-Amtshilfegesetzes.

[5]Beitreibung ist die gegenseitige Unterstützung bei der Beitreibung von Forderungen im Sinne oder entsprechend der Beitreibungsrichtlinie einschließlich der in diesem Zusammenhang anzuwendenden Durchführungsbestimmungen in den für den jeweiligen Veranlagungszeitraum geltenden Fassungen oder eines entsprechenden Nachfolgerechtsaktes. [6]Werden die steuerbegünstigten Zwecke des Zuwendungsempfängers im Sinne von Satz 2 Buchstabe a nur im Ausland verwirklicht, ist für eine Kürzung nach Satz 1 Voraussetzung, dass natürliche Personen, die ihren Wohnsitz oder ihren gewöhnlichen Aufenthalt im Geltungsbereich dieses Gesetzes haben, gefördert werden oder dass die Tätigkeit dieses Zuwendungsempfängers neben der Verwirklichung der steuerbegünstigten Zwecke auch zum Ansehen der Bundesrepublik Deutschland beitragen kann. [7]In die Kürzung nach Satz 1 sind auch Mitgliedsbeiträge an Körperschaften einzubeziehen, die Kunst und Kultur gemäß § 52 Absatz 2 Nummer 5 der Abgabenordnung fördern, soweit es sich nicht um Mitgliedsbeiträge nach Satz 12 Buchstabe b handelt, auch wenn den Mitgliedern Vergünstigungen gewährt werden. [8]Überschreiten die geleisteten Zuwendungen die Höchstsätze nach Satz 1, kann die Kürzung im Rahmen der Höchstsätze nach Satz 1 in den folgenden Erhebungszeiträumen vorgenommen werden. [9]Einzelunternehmen und Personengesellschaften können auf Antrag neben der Kürzung nach Satz 1 eine Kürzung um die im Erhebungszeitraum in das zu erhaltende Vermögen (Vermögensstock) einer Stiftung, die die Voraussetzungen der Sätze 2 bis 6 erfüllt, geleisteten Spenden in diesem und in den folgenden neun Erhebungszeiträumen bis zu einem Betrag von 1 Million Euro vornehmen. [10]Nicht abzugsfähig nach Satz 9 sind Spenden in das verbrauchbare Vermögen einer Stiftung. [11]Der besondere Kürzungsbetrag nach Satz 9 kann der Höhe nach innerhalb des Zehnjahreszeitraums nur einmal in Anspruch genommen werden. [12]Eine Kürzung nach den Sätzen 1 bis 10 ist ausgeschlossen, soweit auf die geleisteten Zuwendungen § 8 Absatz 3 des Körperschaftsteuergesetzes anzuwenden ist oder soweit Mitgliedsbeiträge an Körperschaften geleistet werden,

a) die den Sport (§ 52 Absatz 2 Satz 1 Nummer 21 der Abgabenordnung),

b) die kulturelle Betätigungen, die in erster Linie der Freizeitgestaltung dienen,

c) die Heimatpflege und Heimatkunde (§ 52 Absatz 2 Satz 1 Nummer 22 der Abgabenordnung),

d) die Zwecke im Sinne des § 52 Absatz 2 Satz 1 Nummer 23 der Abgabenordnung

fördern oder

e) deren Zweck nach § 52 Absatz 2 Satz 2 der Abgabenordnung für gemeinnützig erklärt worden ist, weil deren Zweck die Allgemeinheit auf materiellem, geistigem oder sittlichem Gebiet entsprechend einem Zweck nach den Buchstaben a bis d fördert.

[13]§ 10b Absatz 3 und 4 Satz 1 sowie § 10d Absatz 4 des Einkommensteuergesetzes und § 9 Absatz 2 Satz 2 bis 5 und Absatz 3 Satz 1 des Körperschaftsteuergesetzes, sowie die einkommensteuerrechtlichen Vorschriften zur Abziehbarkeit von Zuwendungen gelten entsprechend. [14]Wer vorsätzlich oder grob fahrlässig eine unrichtige Bestätigung über Spenden und Mitgliedsbeiträge ausstellt oder veranlasst, dass entsprechende Zuwendungen nicht zu den in der Bestätigung angegebenen steuerbegünstigten Zwecken verwendet werden (Veranlasserhaftung), haftet für die entgangene Gewerbesteuer. [15]In den Fällen der Veranlasserhaftung ist vorrangig der Zuwendungsempfänger in Anspruch zu nehmen; die natürlichen Personen, die in diesen Fällen für den Zuwendungsempfänger handeln, sind nur in Anspruch zu nehmen, wenn die entgangene Steuer nicht nach § 47 der Abgabenordnung erloschen ist und Vollstreckungsmaßnahmen gegen den Zuwendungsempfänger nicht erfolgreich sind; § 10b Absatz 4 Satz 5 des Einkommensteuergesetzes gilt entsprechend. [16]Der Haftungsbetrag ist mit 15 Prozent der Zuwendungen anzusetzen und fließt der für den Spendenempfänger zuständigen Gemeinde zu, die durch sinngemäße Anwendung des § 20 der Abgabenordnung bestimmt wird. [17]Der Haftungsbetrag wird durch Haftungsbescheid des Finanzamts festgesetzt; die Befugnis der Gemeinde zur Erhebung der entgangenen Gewerbesteuer bleibt unberührt. [18]§ 184 Abs. 3 der Abgabenordnung gilt sinngemäß.

6. *(weggefallen)*
7. *die Gewinne aus Anteilen an einer Kapitalgesellschaft mit Geschäftsleitung und Sitz außerhalb des Geltungsbereichs dieses Gesetzes, wenn die Beteiligung zu Beginn des Erhebungszeitraums mindestens 15 Prozent des Nennkapitals beträgt und die Gewinnanteile bei der Ermittlung des Gewinns (§ 7) angesetzt worden sind. [2]§ 9 Nummer 2a Satz 3 bis 5 gilt entsprechend;*
8. *die Gewinne aus Anteilen an einer ausländischen Gesellschaft, die nach einem Abkommen zur Vermeidung der Doppelbesteuerung unter der Voraussetzung einer Mindestbeteiligung von der Gewerbesteuer befreit sind, wenn die Beteiligung mindestens 15 Prozent beträgt und die Gewinnanteile bei der Ermittlung des Gewinns (§ 7) angesetzt worden sind; ist in einem Abkommen zur Vermeidung der Doppelbesteuerung eine niedrigere Mindestbeteiligungsgrenze vereinbart, ist diese maßgebend. [2]§ 9 Nr. 2a Satz 3 gilt entsprechend. [3]§ 9 Nr. 2a Satz 4 gilt entsprechend. [4]Satz 1 ist bei Lebens- und Krankenversicherungsunternehmen auf Gewinne aus Anteilen, die den Kapitalanlagen zuzurechnen sind, nicht anzuwenden; für Pensionsfonds gilt Entsprechendes.*
9. *u. 10. (weggefallen)*

6.5 Abzug aus Verlustvorträgen, § 10a GewStG

Der Gewerbeertrag wird um Gewerbeverluste der vorangegangenen Erhebungszeiträume gekürzt, wenn

- **maximal 1 Mio. EUR** und vom **übersteigenden Betrag** zusätzlich **60 % nicht ausgeglichener Verlustvorträge** (von 2024 bis 2027 sollen die 60 % planmäßig auf 80% des übersteigenden Betrags gewährt werden);
- es sich nicht um Verluste einer gewerbesteuerlichen Organschaft handelt, die vor dem rechtswirksamen Abschluss des Gewinnabführungsvertrags entstanden sind;
- die Identität des den Verlust erzielenden Unternehmens und Unternehmers gewahrt wird (§ 10a GewStG, § 8c KStG); beachte quotalen oder gänzlichen Verlust von Vorträgen bei Kapitalbeteiligungsänderungen über 25 % bzw. 50 %.

Gesetzestext (Auszug) § 10a GewStG

§ 10a Gewerbeverlust

[1]Der maßgebende Gewerbeertrag wird bis zu einem Betrag in Höhe von 1 Million Euro um die Fehlbeträge gekürzt, die sich bei der Ermittlung des maßgebenden Gewerbeertrags für die vorangegangenen Erhebungszeiträume nach den Vorschriften der §§ 7 bis 10 ergeben haben, soweit die Fehlbeträge nicht bei der Ermittlung des Gewerbeertrags für die vorangegangenen Erhebungszeiträume berücksichtigt worden sind. [2]Der 1 Million Euro übersteigende maßgebende Gewerbeertrag ist bis zu 60 Prozent um nach Satz 1 nicht berücksichtigte Fehlbeträge der vorangegangenen Erhebungszeiträume zu kürzen. [3]Im Fall des § 2 Abs. 2 Satz 2 kann die Organgesellschaft den maßgebenden Gewerbeertrag nicht um Fehlbeträge kürzen, die sich vor dem rechtswirksamen Abschluss des Gewinnabführungsvertrags ergeben haben. [4]Bei einer Mitunternehmerschaft ist der sich für die Mitunternehmerschaft insgesamt ergebende Fehlbetrag den Mitunternehmern entsprechend dem sich aus dem Gesellschaftsvertrag ergebenden allgemeinen Gewinnverteilungsschlüssel zuzurechnen; Vorabgewinnanteile sind nicht zu berücksichtigen. [5]Für den Abzug der den Mitunternehmern zugerechneten Fehlbeträge nach Maßgabe der Sätze 1 und 2 ist der sich für die Mitunternehmerschaft insgesamt ergebende maßgebende Gewerbeertrag sowie der Höchstbetrag nach Satz 1 den Mitunternehmern entsprechend dem sich aus dem Gesellschaftsvertrag für das Abzugsjahr ergebenden allgemeinen Gewinnverteilungsschlüssel zuzurechnen; Vorabgewinnanteile sind nicht zu berücksichtigen. [6]Die Höhe der vortragsfähigen Fehlbeträge ist gesondert festzustellen. [7]Vortragsfähige Fehlbeträge sind die nach der Kürzung des maßgebenden Gewerbeertrags nach Satz 1 und 2 zum Schluss des Erhebungszeitraums verbleibenden Fehlbeträge. [8]Im Fall des § 2 Abs. 5 kann der andere Unternehmer den maßgebenden Gewerbeertrag nicht um die Fehlbeträge kürzen, die sich bei der Ermittlung des maßgebenden Gewerbeertrags des übergegangenen Unternehmens ergeben haben. [9]§ 8 Abs. 8 und 9 Satz 5 bis 8 des Körperschaftsteuergesetzes ist entsprechend anzuwenden. [10]Auf die Fehlbeträge ist § 8c des Körperschaftsteuergesetzes entsprechend anzuwenden; dies gilt auch für den Fehlbetrag einer Mitunternehmerschaft, soweit dieser

1. *einer Körperschaft unmittelbar oder*
2. *einer Mitunternehmerschaft, soweit an dieser eine Körperschaft unmittelbar oder mittelbar über eine oder mehrere Personengesellschaften beteiligt ist,*

zuzurechnen ist. [11]Auf die Fehlbeträge ist § 8d des Körperschaftsteuergesetzes entsprechend anzuwenden, wenn ein fortführungsgebundener Verlustvortrag nach § 8d des Körperschaftsteuergesetzes gesondert festgestellt worden ist. [12]Unterbleibt eine Feststellung nach § 8d Absatz 1 Satz 8 des Körperschaftsteuergesetzes, weil keine nicht genutzten Verluste nach § 8c Absatz 1 Satz 1 des Körperschaftsteuergesetzes vorliegen, ist auf Antrag auf die Fehlbeträge § 8d des Körperschaftsteuergesetzes entsprechend anzuwenden; für die Form und die Frist dieses Antrags gilt § 8d Absatz 1 Satz 5 des Körperschaftsteuergesetzes entsprechend.

6.6 Steuermesszahl, -betrag und Freibetrag, § 11 GewStG

Der nach §§ 8 und 9 GewStG korrigierte **Gewerbeertrag** wird **auf volle 100 EUR abgerundet**. Der **Freibetrag von 24.500 EUR für natürliche Personen oder Personengesellschaften** oder von 5.000 EUR für bestimmte Personen (z. B. Vereine) wird abgezogen und mit der Steuermesszahl von **3,5 % multipliziert**; das Ergebnis ist der **Steuermessbetrag**.

Besonderheiten gelten für Hausgewerbetreibende und gleichgestellte Personen.

Gesetzestext (Auszug) § 11 GewStG

§ 11 Steuermesszahl und Steuermessbetrag

(1) [1]Bei der Berechnung der Gewerbesteuer ist von einem Steuermessbetrag auszugehen. [2]Dieser ist durch Anwendung eines Prozentsatzes (Steuermesszahl) auf den Gewerbeertrag zu ermitteln. [3]Der Gewerbeertrag ist auf volle 100 Euro nach unten abzurunden und

1. *bei natürlichen Personen sowie bei Personengesellschaften um einen Freibetrag in Höhe von 24 500 Euro,*
2. *bei Unternehmen im Sinne des § 2 Abs. 3 und des § 3 Nr. 5, 6, 8, 9, 15, 17, 21, 26, 27, 28 und 29 sowie bei Unternehmen von juristischen Personen des öffentlichen Rechts um einen Freibetrag in Höhe von 5 000 Euro,*

höchstens jedoch in Höhe des abgerundeten Gewerbeertrags, zu kürzen.

(2) Die Steuermesszahl für den Gewerbeertrag beträgt 3,5 Prozent.

(3) [1]Die Steuermesszahl ermäßigt sich auf 56 Prozent bei Hausgewerbetreibenden und ihnen nach § 1 Abs. 2 Buchstabe b und d des Heimarbeitsgesetzes in der im Bundesgesetzblatt Teil III, Gliederungsnummer 804-1, veröffentlichten bereinigten Fassung, zuletzt geändert durch Artikel 4 des Gesetzes vom 13. Juli 1988 (BGBl. I S. 1034), gleichgestellten Personen. [2]Das Gleiche gilt für die nach § 1 Abs. 2 Buchstabe c des Heimarbeitsgesetzes gleichgestellten Personen, deren Entgelte (§ 10 Abs. 1 des Umsatzsteuergesetzes) aus der Tätigkeit unmittelbar für den Absatzmarkt im Erhebungszeitraum 25 000 Euro nicht übersteigen.

6.7 Tarif/Steuersatz

Die Steuerfestsetzung erfolgt durch die hebeberechtigte Gemeinde.

Die Steuer wird mit einem Prozentsatz, sog. **Hebesatz**, festgesetzt, der von der hebeberechtigten Gemeinde einheitlich für sämtliche Unternehmen bestimmt wird. Der Hebesatz muss mindestens 200 % betragen

Auf die Gewerbesteuer können Vorauszahlungen festgesetzt werden.

Vorauszahlungstermine sind:

- 15. Februar;
- 15. Mai;
- 15. August;
- 15. November.

Die Vorauszahlungen müssen innerhalb von 15 Monaten nach Ablauf des Erhebungszeitraums angepasst werden. Die Anpassung erfolgt durch Antrag an das Betriebsstättenfinanzamt, nicht an die Gemeinde.

Gesetzestext (Auszug) § 16 GewStG

§ 16 Hebesatz

(1) Die Steuer wird auf Grund des Steuermessbetrags (§ 14) mit einem Prozentsatz (Hebesatz) festgesetzt und erhoben, der von der hebeberechtigten Gemeinde (§§ 4, 35a) zu bestimmen ist.

(2) Der Hebesatz kann für ein Kalenderjahr oder mehrere Kalenderjahre festgesetzt werden.

(3) [1]Der Beschluss über die Festsetzung oder Änderung des Hebesatzes ist bis zum 30. Juni eines Kalenderjahrs mit Wirkung vom Beginn dieses Kalenderjahrs zu fassen. [2]Nach diesem Zeitpunkt kann der Beschluss über die Festsetzung des Hebesatzes gefasst werden, wenn der Hebesatz die Höhe der letzten Festsetzung nicht überschreitet.

(4) [1]Der Hebesatz muss für alle in der Gemeinde vorhandenen Unternehmen der gleiche sein. [2]Er beträgt 200 Prozent, wenn die Gemeinde nicht einen höheren Hebesatz bestimmt hat. [3]Wird das Gebiet von Gemeinden geändert, so kann die Landesregierung oder die von ihr bestimmte Stelle für die von der Änderung betroffenen Gebietsteile auf eine bestimmte Zeit verschiedene Hebesätze zulassen. [4]In den Fällen des Satzes 3 sind die §§ 28 bis 34 mit der Maßgabe anzuwenden, dass an die Stelle mehrerer Gemeinden die Gebietsteile der Gemeinde mit verschiedenen Hebesätzen treten.

(5) In welchem Verhältnis die Hebesätze für die Grundsteuer der Betriebe der Land- und Forstwirtschaft, für die Grundsteuer der Grundstücke und für die Gewerbesteuer zueinander stehen müssen, welche Höchstsätze nicht überschritten werden dürfen und inwieweit mit Genehmigung der Gemeindeaufsichtsbehörde Ausnahmen zugelassen werden können, bleibt einer landesrechtlichen Regelung vorbehalten.

6.8 Tabelle Hebesätze der Gemeinden

Die Hebesätze wurden insbesondere den Veröffentlichungen der Statistischen Landesämter entnommen. Eine Übersicht ist stets auch auf der Homepage der DIHK (https://www.dihk.de/) zu finden. Die Bereitstellung erfolgt unter dem Vorbehalt der Aktualität und Richtigkeit.

6.8.1 GewSt-Hebesätze Baden-Württemberg

Gemeindebezeichnung	Einwohnerzahl Ende 2021	Hebesätze 2023 in %
Aalen, Stadt	68.351	380
Baden-Baden, Stadt	55.527	390
Esslingen am Neckar, Stadt	92.640	400
Freiburg im Breisgau, Stadt	231.848	430
Friedrichshafen, Stadt	61.561	350
Göppingen, Stadt	58.061	365
Heidelberg, Stadt	159.245	400
Heilbronn, Stadt	125.613	420
Karlsruhe, Stadt	306.502	450
Konstanz, Stadt	84.736	410
Ludwigsburg, Stadt	93.117	395
Mannheim, Stadt	311.831	430
Offenburg, Stadt	60.857	380
Pforzheim, Stadt	125.529	445
Reutlingen, Stadt	116.456	410
Schwäbisch Gmünd, Stadt	61.333	380
Sindelfingen, Stadt	64.151	380
Stuttgart, Landeshauptstadt	626.275	420
Tübingen, Stadt	91.877	390
Ulm, Stadt	126.949	360
Villingen-Schwenningen, Stadt	86.475	380
Waiblingen, Stadt	55.526	360

6.8.2 GewSt-Hebesätze Bayern

Gemeindebezeichnung	Einwohnerzahl Ende 2021	Hebesätze 2023 in %
Aschaffenburg	71.381	400
Augsburg	296.478	470
Bamberg	77.749	390
Bayreuth	73.909	390
Erlangen	113.292	440
Fürth	129.122	440

Gemeindebezeichnung	Einwohnerzahl Ende 2021	Hebesätze 2023 in %
Ingolstadt	138.016	400
Kempten (Allgäu)	69.053	387
Landshut	73.150	420
München, Landeshauptstadt	1.487.708	490
Neu-Ulm, Kreisstadt	59.514	360
Nürnberg	510.632	467
Passau	53.093	400
Regensburg	153.542	425
Rosenheim	63.508	400
Schweinfurt	53.585	370
Würzburg	126.933	420

6.8.3 GewSt-Hebesatz Berlin

Gemeindebezeichnung	Einwohnerzahl Ende 2021	Hebesätze 2023 in %
Berlin, Stadt	3.677.472	410

6.8.4 GewSt-Hebesätze Brandenburg

Gemeindebezeichnung	Einwohnerzahl Ende 2021	Hebesätze 2023 in %
Brandenburg an der Havel, Stadt	72.461	450
Cottbus/Chósebuz, Stadt	98.359	400
Frankfurt (Oder), Stadt	56.679	400
Potsdam, Stadt	183.154	455

6.8.5 GewSt-Hebesätze Bremen

Gemeindebezeichnung	Einwohnerzahl Ende 2021	Hebesätze 2023 in %
Bremen, Stadt	563.290	460
Bremerhaven, Stadt	113.173	460

6.8.6 GewSt-Hebesatz Hamburg

Gemeindebezeichnung	Einwohnerzahl Ende 2021	Hebesätze 2023 in %
Hamburg	1.853.935	470

6.8.7 GewSt-Hebesätze Hessen

Gemeindebezeichnung	Einwohnerzahl Ende 2021	Hebesätze 2023 in %
Bad Homburg v. d. Höhe, Stadt	54.144	400
Darmstadt, Wissenschaftsstadt	159.631	454
Frankfurt am Main, Stadt	759.224	460
Fulda, Stadt	67.980	380
Gießen, Universitätsstadt	91.255	420
Hanau, Brüder-Grimm-Stadt	98.502	430
Kassel, documenta-Stadt	200.406	440
Marburg, Universitätsstadt	76.571	357
Offenbach am Main, Stadt	131.295	440
Rüsselsheim am Main, Stadt	66.125	420
Wetzlar, Stadt	52.969	390
Wiesbaden, Landeshauptstadt	278.950	454

6.8.8 GewSt-Hebesätze Mecklenburg-Vorpommern

Gemeindebezeichnung	Einwohnerzahl Ende 2021	Hebesätze 2023 in %
Greifswald, Hansestadt	59.332	425
Neubrandenburg, Stadt	63.043	440
Rostock, Hansestadt	208.400	465
Schwerin, Landeshauptstadt	95.740	450
Stralsund, Hansestadt	59.171	445

6.8.9 GewSt-Hebesätze Niedersachsen

Gemeindebezeichnung	Einwohnerzahl Ende 2021	Hebesätze 2023 in %
Braunschweig, Stadt	248.823	450
Celle, Stadt	69.279	440
Cuxhaven, Stadt	48.318	435
Delmenhorst, Stadt	77.522	435
Emden, Stadt	49.523	420
Garbsen, Stadt	60.711	450
Göttingen, Stadt	116.557	430
Hameln, Stadt	57.394	455
Hannover, Landeshauptstadt	535.932	480
Hildesheim, Stadt	100.319	440
Langenhagen, Stadt	54.712	450
Lingen (Ems), Stadt	55.599	395
Lüneburg, Hansestadt	75.599	420
Nordhorn, Stadt	54.162	375

Gemeindebezeichnung	Einwohnerzahl Ende 2021	Hebesätze 2023 in %
Oldenburg (Oldenburg), Stadt	170.389	439
Osnabrück, Stadt	165.034	440
Salzgitter, Stadt	103.694	440
Wilhelmshaven, Stadt	75.027	400
Wolfenbüttel, Stadt	51.986	430
Wolfsburg, Stadt	123.949	360

6.8.10 GewSt-Hebesätze Nordrhein-Westfalen

Gemeindebezeichnung	Einwohnerzahl Ende 2021	Hebesätze 2023 in %
Aachen, Stadt	249.070	475
Ahlen, Stadt	52.627	445
Arnsberg, Stadt	73.423	459
Bad Salzuflen, Stadt	54.074	445
Bergheim, Stadt	61.807	500
Bergisch Gladbach, Stadt	111.645	460
Bergkamen, Stadt	48.669	480
Bielefeld, Stadt	334.002	480
Bocholt, Stadt	71.074	458
Bochum, Stadt	363.441	495
Bonn, Stadt	331.885	490
Bottrop, Stadt	117.311	490
Castrop-Rauxel, Stadt	73.078	500
Detmold, Stadt	73.969	446
Dinslaken, Stadt	67.114	460
Dormagen, Stadt	64.553	500
Dorsten, Stadt	74.551	505
Dortmund, Stadt	586.852	485
Duisburg, Stadt	495.152	515
Düren, Stadt	91.814	450
Düsseldorf, Stadt	619.477	440
Erftstadt, Stadt	49.667	565
Eschweiler, Stadt	55.784	490
Essen, Stadt	579.432	480
Euskirchen, Stadt	58.754	475
Gelsenkirchen, Stadt	260.126	480
Gladbeck, Stadt	75.343	495
Grevenbroich, Stadt	63.922	450
Gummersbach, Stadt	51.126	475
Gütersloh, Stadt	101.158	414

Gemeindebezeichnung	Einwohnerzahl Ende 2021	Hebesätze 2023 in %
Hagen, Stadt	188.713	520
Hamm, Stadt	179.238	465
Hattingen, Stadt	54.061	515
Herford, Hansestadt	66.551	430
Herne, Stadt	156.621	500
Herten, Stadt	61.910	480
Hilden, Stadt	55.182	400
Hürth, Stadt	60.034	480
Ibbenbüren, Stadt	51.888	453
Iserlohn, Stadt	91.873	480
Kerpen, Stadt	66.294	500
Köln, Stadt	1.073.096	475
Krefeld, Stadt	227.050	480
Langenfeld (Rheinland), Stadt	59.223	299
Leverkusen, Stadt	163.851	250
Lippstadt, Stadt	68.007	440
Lüdenscheid, Stadt	71.230	499
Lünen, Stadt	85.721	490
Marl, Stadt	83.697	530
Meerbusch, Stadt	56.855	450
Menden (Sauerland), Stadt	52.096	420
Minden, Stadt	81.857	447
Moers, Stadt	103.725	480
Mönchengladbach, Stadt	261.001	490
Mülheim an der Ruhr, Stadt	170.739	580
Münster, Stadt	317.713	460
Neuss, Stadt	152.731	455
Oberhausen, Stadt	208.752	580
Paderborn, Stadt	152.531	418
Pulheim, Stadt	54.805	475
Ratingen, Stadt	86.424	400
Recklinghausen, Stadt	110.714	520
Remscheid, Stadt	111.770	490
Rheine, Stadt	76.948	430
Sankt Augustin, Stadt	55.563	490
Siegburg, Stadt	41.660	515
Solingen, Stadt	158.957	475
Stolberg (Rhld.), Stadt	56.103	495
Troisdorf, Stadt	75.222	500
Unna, Stadt	58.911	481
Velbert, Stadt	81.593	440
Viersen, Stadt	77.523	460

Gemeindebezeichnung	Einwohnerzahl Ende 2021	Hebesätze 2023 in %
Wesel, Stadt	60.688	448
Willich, Stadt	50.133	434
Witten, Stadt	95.107	520
Wuppertal, Stadt	354.572	490

6.8.11 GewSt-Hebesätze Rheinland-Pfalz

Gemeindebezeichnung	Einwohnerzahl Ende 2021	Hebesätze 2023 in %
Kaiserslautern, Stadt	99.292	430
Koblenz, Stadt	113.638	420
Ludwigshafen am Rhein, Stadt	172.145	425
Mainz, Stadt	217.556	310
Neustadt an der Weinstraße, Stadt	53.491	400
Neuwied, Stadt	65.137	405

6.8.12 GewSt-Hebesätze Saarland

Gemeindebezeichnung	Einwohnerzahl Ende 2021	Hebesätze 2023 in %
Saarbrücken, Landeshauptstadt	179.634	490

6.8.13 GewSt-Hebesätze Sachsen

Gemeindebezeichnung	Einwohnerzahl Ende 2021	Hebesätze 2023 in %
Chemnitz, Stadt	243.105	450
Dresden, Stadt	555.351	460
Görlitz, Stadt	55.519	430
Leipzig, Stadt	601.866	460
Plauen, Stadt	63.372	450
Zwickau, Stadt	86.592	450

6.8.14 GewSt-Hebesätze Sachsen-Anhalt

Gemeindebezeichnung	Einwohnerzahl Ende 2021	Hebesätze 2023 in %
Dessau-Roßlau, Stadt	78.731	450
Halle (Saale), Stadt	238.061	450
Magdeburg, Landeshauptstadt	236.188	450

6.8.15 GewSt-Hebesätze Schleswig-Holstein

Gemeindebezeichnung	Einwohnerzahl Ende 2021	Hebesätze 2023 in %
Flensburg, Stadt	91.113	410
Kiel, Landeshauptstadt	246.243	450
Lübeck, Hansestadt	216.277	450
Neumünster, Stadt	79.496	410
Norderstedt, Stadt	80.420	440

6.8.16 GewSt-Hebesätze Thüringen

Gemeindebezeichnung	Einwohnerzahl Ende 2021	Hebesätze 2023 in %
Erfurt, Stadt	213.227	470
Gera, Stadt	91.368	464
Jena, Stadt	110.502	450
Weimar, Stadt	65.138	430

7 Umsatzsteuer

Inhalt

7.1 Vorbemerkungen

Die Umsatzsteuer ist eine **Veranlagungssteuer.** Besteuerungszeitraum ist das **Kalenderjahr, abweichende Wirtschaftsjahre sind hier nicht möglich.** Der Unternehmer (nicht Betriebsbegriff) hat für jeden Veranlagungszeitraum eine **Umsatzsteuerjahreserklärung** in Form einer selbst berechneten Steueranmeldung abzugeben. Die Zahllast ist einen Monat nach Erklärungseingang fällig.

Zusätzlich zur Jahreserklärung hat der Unternehmer **bis zum 10. Tag nach Ablauf jedes Voranmeldungszeitraums eine Umsatzsteuervoranmeldung** nach amtlich vorgeschriebenem Vordruck abzugeben und elektronisch zu übermitteln, es sei denn, der Unternehmer ist von der Abgabe befreit. In der Umsatzsteuervoranmeldung hat der Unternehmer die Umsatzsteuerzahllast für den Voranmeldungszeitraum zu berechnen.

Unternehmer ist, wer eine gewerbliche oder berufliche Tätigkeit selbstständig ausübt. Unternehmer können sowohl natürliche Personen, Personengesellschaften als auch juristische Personen sein. Für das Unternehmen als steuerliches Subjekt sind konsolidierte Erklärungen abzugeben.

7.2 Steuerpflichtige Sachverhalte

Der Umsatzsteuer unterliegen insbesondere:

- die **Lieferungen und sonstigen Leistungen,** die ein Unternehmer im Inland gegen Entgelt im Rahmen seines Unternehmens ausführt;
- die Einfuhr von Gegenständen im Inland;
- der **innergemeinschaftliche Erwerb** im Inland gegen Entgelt;
- **bestimmte unentgeltliche Wertabgaben** (Sachentnahmen an den Unternehmer selbst, seine Arbeitnehmer oder Dritte).

7.3 Tarif/ermäßigter Umsatzsteuersatz

Seit dem 1.1.2007 beträgt der **Normalsteuersatz** (§ 12 Abs. 1 UStG) **19 %** und der **ermäßigte Steuersatz** (§ 12 Abs. 2 UStG) **7 %.**

Hinweis: Wegen der Corona-Pandemie

Vom 1.7.2020 bis 31.12.2023 werden erbrachte Restaurant- und Verpflegungsdienstleistungen mit Ausnahme der Abgabe von Getränken in der Gastronomie vorübergehend dem ermäßigten Steuersatz unterworfen (3. Corona-Steuerhilfegesetz § 12 Abs. 2 Nr. 15 UStG).

Mit einer befristeten Senkung der Umsatzsteuer sollte der Binnenkonsum gestärkt werden. Vom 1.7.2020 bis zum 31.12.2020 ist der Umsatzsteuersatz von 19 Prozent auf 16 Prozent und für den ermäßigten Satz von 7 Prozent auf 5 Prozent gesenkt worden (Zweites Corona-Steuerhilfegesetz §§ 12 Abs. 1, 28 Abs. 1 und 2 UStG).

Seit dem 1.1.2023 ermäßigt sich der Umsatzsteuersatz auf 0% für die Lieferung und Installation bestimmter Photovoltaikanlagen (§ 12 Abs. 3 Nr. 1 und 4 UStG), vgl. weiter unten den Gesetzesauszug.

Dem **ermäßigten Steuersatz** unterliegen bestimmte Umsätze aus der Anlage 2 zum UStG, beispielsweise:

- die Lieferung von Lebensmitteln;
- die Lieferung von Büchern, Zeitungen und Zeitschriften;
- Eintrittsgelder für Theater, Konzerte und Museen, usw.

Anlage 2 (zu § 12 Absatz 2 Nr. 1, 2, 12, 13 und 14) Liste der dem ermäßigten Steuersatz unterliegenden Gegenstände

Lfd. Nr.	Warenbezeichnung	Zolltarif (Kapitel, Position, Unterposition)
1	Lebende Tiere, und zwar	
	a) (weggefallen)	
	b) Maultiere und Maulesel,	aus Position 0101
	c) Hausrinder einschließlich reinrassiger Zuchttiere,	aus Position 0102
	d) Hausschweine einschließlich reinrassiger Zuchttiere,	aus Position 0103
	e) Hausschafe einschließlich reinrassiger Zuchttiere,	aus Position 0104
	f) Hausziegen einschließlich reinrassiger Zuchttiere,	aus Position 0104
	g) Hausgeflügel (Hühner, Enten, Gänse, Truthühner und Perlhühner),	Position 0105
	h) Hauskaninchen,	aus Position 0106
	i) Haustauben,	aus Position 0106
	j) Bienen,	aus Position 0106
	k) ausgebildete Blindenführhunde	aus Position 0106

Lfd. Nr.	Warenbezeichnung	Zolltarif (Kapitel, Position, Unterposition)
2	Fleisch und genießbare Schlachtnebenerzeugnisse	Kapitel 2
3	Fische und Krebstiere, Weichtiere und andere wirbellose Wassertiere, ausgenommen Zierfische, Langusten, Hummer, Austern und Schnecken	aus Kapitel 3
4	Milch und Milcherzeugnisse; Vogeleier und Eigelb, ausgenommen ungenießbare Eier ohne Schale und ungenießbares Eigelb; natürlicher Honig	aus Kapitel 4
5	Andere Waren tierischen Ursprungs, und zwar	
	a) Mägen von Hausrindern und Hausgeflügel	aus Position 0504 00 00
	b) (weggefallen)	
	c) rohe Knochen	aus Position 0506
6	Bulben, Zwiebeln, Knollen, Wurzelknollen und Wurzelstöcke, ruhend, im Wachstum oder in Blüte; Zichorienpflanzen und -wurzeln	Position 0601
7	Andere lebende Pflanzen einschließlich ihrer Wurzeln, Stecklinge und Pfropfreiser; Pilzmyzel	Position 0602
8	Blumen und Blüten sowie deren Knospen, geschnitten, zu Binde- oder Zierzwecken, frisch	aus Position 0603
9	Blattwerk, Blätter, Zweige und andere Pflanzenteile, ohne Blüten und Blütenknospen, sowie Gräser, Moose und Flechten, zu Binde- oder Zierzwecken, frisch	aus Position 0604
10	Gemüse, Pflanzen, Wurzeln und Knollen, die zu Ernährungszwecken verwendet werden, und zwar	
	a) Kartoffeln, frisch oder gekühlt,	Position 0701
	b) Tomaten, frisch oder gekühlt,	Position 0702 00 00
	c) Speisezwiebeln, Schalotten, Knoblauch, Porree/Lauch und andere Gemüse der Allium-Arten, frisch oder gekühlt,	Position 0703
	d) Kohl, Blumenkohl/Karfiol, Kohlrabi, Wirsingkohl und ähnliche genießbare Kohlarten der Gattung Brassica, frisch oder gekühlt,	Position 0704
	e) Salate (Lactuca sativa) und Chicorée (Cichorium-Arten), frisch oder gekühlt,	Position 0705
	f) Karotten und Speisemöhren, Speiserüben, Rote Rüben, Schwarzwurzeln, Knollensellerie, Rettiche und ähnliche genießbare Wurzeln, frisch oder gekühlt,	Position 0706
	g) Gurken und Cornichons, frisch oder gekühlt,	Position 0707 00
	h) Hülsenfrüchte, auch ausgelöst, frisch oder gekühlt,	Position 0708
	i) anderes Gemüse, frisch oder gekühlt,	Position 0709
	j) Gemüse, auch in Wasser oder Dampf gekocht, gefroren,	Position 0710
	k) Gemüse, vorläufig haltbar gemacht (z. B. durch Schwefeldioxid oder in Wasser, dem Salz, Schwefeldioxid oder andere vorläufig konservierend wirkende Stoffe zugesetzt sind), zum unmittelbaren Genuss nicht geeignet,	Position 0711
	l) Gemüse, getrocknet, auch in Stücke oder Scheiben geschnitten, als Pulver oder sonst zerkleinert, jedoch nicht weiter zubereitet,	Position 0712

Lfd. Nr.	Warenbezeichnung	Zolltarif (Kapitel, Position, Unterposition)
	m) getrocknete, ausgelöste Hülsenfrüchte, auch geschält oder zerkleinert,	Position 0713
	n) Topinambur	aus Position 0714
11	Genießbare Früchte und Nüsse	Positionen 0801 bis 0813
12	Kaffee, Tee, Mate und Gewürze	Kapitel 9
13	Getreide	Kapitel 10
14	Müllereierzeugnisse, und zwar	
	a) Mehl von Getreide,	Positionen 1101 00 und 1102
	b) Grobgrieß, Feingrieß und Pellets von Getreide,	Position 1103
	c) Getreidekörner, anders bearbeitet; Getreidekeime, ganz, gequetscht, als Flocken oder gemahlen	Position 1104
15	Mehl, Grieß, Pulver, Flocken, Granulat und Pellets von Kartoffeln	Position 1105
16	Mehl, Grieß und Pulver von getrockneten Hülsenfrüchten sowie Mehl, Grieß und Pulver von genießbaren Früchten	aus Position 1106
17	Stärke	aus Position 1108
18	Ölsamen und ölhaltige Früchte sowie Mehl hiervon	Positionen 1201 00 bis 1208
19	Samen, Früchte und Sporen, zur Aussaat	Position 1209
20	(weggefallen)	
21	Rosmarin, Beifuß und Basilikum in Aufmachungen für den Küchengebrauch sowie Dost, Minzen, Salbei, Kamillenblüten und Haustee	aus Position 1211
22	Johannisbrot und Zuckerrüben, frisch oder getrocknet, auch gemahlen; Steine und Kerne von Früchten sowie andere pflanzliche Waren (einschließlich nichtgerösteter Zichorienwurzeln der Varietät Cichorium intybus sativum) der hauptsächlich zur menschlichen Ernährung verwendeten Art, anderweit weder genannt noch inbegriffen; ausgenommen Algen, Tange und Zuckerrohr	aus Position 1212
23	Stroh und Spreu von Getreide sowie verschiedene zur Fütterung verwendete Pflanzen	Positionen 1213 00 00 und 1214
24	Pektinstoffe, Pektinate und Pektate	Unterposition 1302 20
25	(weggefallen)	
26	Genießbare tierische und pflanzliche Fette und Öle, auch verarbeitet, und zwar	
	a) Schweineschmalz, anderes Schweinefett und Geflügelfett,	aus Position 1501 00
	b) Fett von Rindern, Schafen oder Ziegen, ausgeschmolzen oder mit Lösungsmitteln ausgezogen,	aus Position 1502 00
	c) Oleomargarin,	aus Position 1503 00
	d) fette pflanzliche Öle und pflanzliche Fette sowie deren Fraktionen, auch raffiniert,	aus Positionen 1507 bis 1515

Lfd. Nr.	Warenbezeichnung	Zolltarif (Kapitel, Position, Unterposition)
	e) tierische und pflanzliche Fette und Öle sowie deren Fraktionen, ganz oder teilweise hydriert, umgeestert, wiederverestert oder elaidiniert, auch raffiniert, jedoch nicht weiterverarbeitet, ausgenommen hydriertes Rizinusöl (sog. Opalwachs),	aus Position 1516
	f) Margarine; genießbare Mischungen und Zubereitungen von tierischen oder pflanzlichen Fetten und Ölen sowie von Fraktionen verschiedener Fette und Öle, ausgenommen Form- und Trennöle	aus Position 1517
27	(weggefallen)	
28	Zubereitungen von Fleisch, Fischen oder von Krebstieren, Weichtieren und anderen wirbellosen Wassertieren, ausgenommen Kaviar sowie zubereitete oder haltbar gemachte Langusten, Hummer, Austern und Schnecken	aus Kapitel 16
29	Zucker und Zuckerwaren	Kapitel 17
30	Kakaopulver ohne Zusatz von Zucker oder anderen Süßmitteln sowie Schokolade und andere kakaohaltige Lebensmittelzubereitungen	Positionen 1805 00 00 und 1806
31	Zubereitungen aus Getreide, Mehl, Stärke oder Milch; Backwaren	Kapitel 19
32	Zubereitungen von Gemüse, Früchten, Nüssen oder anderen Pflanzenteilen, ausgenommen Frucht- und Gemüsesäfte	Positionen 2001 bis 2008
33	Verschiedene Lebensmittelzubereitungen	Kapitel 21
34	Wasser, ausgenommen – Trinkwasser, einschließlich Quellwasser und Tafelwasser, das in zur Abgabe an den Verbraucher bestimmten Fertigpackungen in den Verkehr gebracht wird, – Heilwasser und – Wasserdampf	aus Unterposition 2201 90 00
35	Milchmischgetränke mit einem Anteil an Milch oder Milcherzeugnissen (z. B. Molke) von mindestens fünfundsiebzig Prozent des Fertigerzeugnisses	aus Position 2202
36	Speiseessig	Position 2209 00
37	Rückstände und Abfälle der Lebensmittelindustrie; zubereitetes Futter	Kapitel 23
38	(weggefallen)	
39	Speisesalz, nicht in wässriger Lösung	aus Position 2501 00
40	a) handelsübliches Ammoniumcarbonat und andere Ammoniumcarbonate,	Unterposition 2836 99 17
	b) Natriumhydrogencarbonat (Natriumbicarbonat)	Unterposition 2836 30 00
41	D-Glucitol (Sorbit), auch mit Zusatz von Saccharin oder dessen Salzen	Unterpositionen 2905 44 und 2106 90
42	Essigsäure	Unterposition 2915 21 00
43	Natriumsalz und Kaliumsalz des Saccharins	aus Unterposition 2925 11 00
44	(weggefallen)	

Lfd. Nr.	Warenbezeichnung	Zolltarif (Kapitel, Position, Unterposition)
45	Tierische oder pflanzliche Düngemittel mit Ausnahme von Guano, auch untereinander gemischt, jedoch nicht chemisch behandelt; durch Mischen von tierischen oder pflanzlichen Erzeugnissen gewonnene Düngemittel	aus Position 3101 00 00
46	Mischungen von Riechstoffen und Mischungen (einschließlich alkoholischer Lösungen) auf der Grundlage eines oder mehrerer dieser Stoffe, in Aufmachungen für den Küchengebrauch	aus Unterposition 3302 10
47	Gelatine	aus Position 3503 00
48	Holz, und zwar	
	a) Brennholz in Form von Rundlingen, Scheiten, Zweigen, Reisigbündeln oder ähnlichen Formen,	Unterposition 4401 10 00
	b) Sägespäne, Holzabfälle und Holzausschuss, auch zu Pellets, Briketts, Scheiten oder ähnlichen Formen zusammengepresst,	Unterposition 4401 30
49	Bücher, Zeitungen und andere Erzeugnisse des grafischen Gewerbes mit Ausnahme der Erzeugnisse, für die Beschränkungen als jugendgefährdende Trägermedien bzw. Hinweispflichten nach § 15 Abs. 1 bis 3 und 6 des Jugendschutzgesetzes in der jeweils geltenden Fassung bestehen, sowie der Veröffentlichungen, die überwiegend Werbezwecken (einschließlich Reisewerbung) dienen, und zwar	aus Positionen 4901, 9705 00 00 und 9706 00 00
	a) Bücher, Broschüren und ähnliche Drucke, auch in Teilheften, losen Bogen oder Blättern, zum Broschieren, Kartonieren oder Binden bestimmt, sowie Zeitungen und andere periodische Druckschriften kartoniert, gebunden oder in Sammlungen mit mehr als einer Nummer in gemeinsamem Umschlag (ausgenommen solche, die überwiegend Werbung enthalten),	
	b) Zeitungen und andere periodische Druckschriften, auch mit Bildern oder Werbung enthaltend (ausgenommen Anzeigenblätter, Annoncen-Zeitungen und dergleichen, die überwiegend Werbung enthalten),	aus Position 4902
	c) Bilderalben, Bilderbücher und Zeichen- oder Malbücher, für Kinder,	aus Position 4903 00 00
	d) Noten, handgeschrieben oder gedruckt, auch mit Bildern, auch gebunden,	aus Position 4904 00 00
	e) kartografische Erzeugnisse aller Art, einschließlich Wandkarten, topografischer Pläne und Globen, gedruckt,	aus Position 4905
	f) Briefmarken und dergleichen (z. B. Ersttagsbriefe, Ganzsachen) als Sammlungsstücke	aus Positionen 4907 00 und 9704 00 00
50	Platten, Bänder, nicht flüchtige Halbleiterspeichervorrichtungen, „intelligente Karten (smart cards)“ und andere Tonträger oder ähnliche Aufzeichnungsträger, die ausschließlich die Tonaufzeichnung der Lesung eines Buches enthalten, mit Ausnahme der Erzeugnisse, für die Beschränkungen als jugendgefährdende Trägermedien bzw. Hinweispflichten nach § 15 Absatz 1 bis 3 und 6 des Jugendschutzgesetzes in der jeweils geltenden Fassung bestehen	aus Position 8523

Lfd. Nr.	Warenbezeichnung	Zolltarif (Kapitel, Position, Unterposition)
51	Rollstühle und andere Fahrzeuge für Behinderte, auch mit Motor oder anderer Vorrichtung zur mechanischen Fortbewegung	Position 8713
52	Körperersatzstücke, orthopädische Apparate und andere orthopädische Vorrichtungen sowie Vorrichtungen zum Beheben von Funktionsschäden oder Gebrechen, für Menschen, und zwar	aus Unterposition 9021 31 00
	a) künstliche Gelenke, ausgenommen Teile und Zubehör,	
	b) orthopädische Apparate und andere orthopädische Vorrichtungen einschließlich Krücken sowie medizinisch-chirurgischer Gürtel und Bandagen, ausgenommen Teile und Zubehör,	aus Unterposition 9021 10
	c) Prothesen, ausgenommen Teile und Zubehör,	aus Unterpositionen 9021 21, 9021 29 00 und 9021 39
	d) Schwerhörigengeräte, Herzschrittmacher und andere Vorrichtungen zum Beheben von Funktionsschäden oder Gebrechen, zum Tragen in der Hand oder am Körper oder zum Einpflanzen in den Organismus, ausgenommen Teile und Zubehör	Unterpositionen 9021 40 00 und 9021 50 00, aus Unterposition 9021 90
53	Kunstgegenstände, und zwar	
	a) Gemälde und Zeichnungen, vollständig mit der Hand geschaffen, sowie Collagen und ähnliche dekorative Bildwerke,	Position 9701
	b) Originalstiche, -schnitte und -steindrucke,	Position 9702 00 00
	c) Originalerzeugnisse der Bildhauerkunst, aus Stoffen aller Art	Position 9703 00 00
54	Sammlungsstücke,	Position 9705 00 00
	a) zoologische, botanische, mineralogische oder anatomische, und Sammlungen dieser Art,	
	b) von geschichtlichem, archäologischem, paläontologischem oder völkerkundlichem Wert,	Position 9705 00 00
	c) von münzkundlichem Wert, und zwar	
	aa) kursungültige Banknoten einschließlich Briefmarkengeld und Papiernotgeld,	Position 9705 00 00
	bb) Münzen aus unedlen Metallen,	Position 9705 00 00
	cc) Münzen und Medaillen aus Edelmetallen, wenn die Bemessungsgrundlage für die Umsätze dieser Gegenstände mehr als 250 Prozent des unter Zugrundelegung des Feingewichts berechneten Metallwerts ohne Umsatzsteuer beträgt	Positionen 7118, 9705 00 00 und 9706 00 00
55	Erzeugnisse für Zwecke der Monatshygiene, und zwar	
	a) Hygienische Binden (Einlagen) und Tampons aus Stoffen aller Art	Postion 9619 00 00
	b) Hygienegegenstände aus Kunststoffen (Menstruationstassen, Menstruationsschwämmchen).	Position 3924 90 00
	c) Waren zu hygienischen Zwecken aus Weichkautschuk (Menstruationstassen)	Unterposition 3924 90 00

Lfd. Nr.	Warenbezeichnung	Zolltarif (Kapitel, Position, Unterposition)
	d) Natürliche Schwämme tierischen Ursprungs (Menstruationsschwämmchen)	Unterposition 0511 99 39
	e) Periodenhosen (Slips und andere Unterhosen mit einer eingearbeiteten saugfähigen Einlage, zur mehrfachen Verwendung)	Position 9619 00 00

Gesetzestext (Auszug) § 12 Abs. 3 UStG

(3) Die Steuer ermäßigt sich auf 0 Prozent für die folgenden Umsätze:

1. *[1]die Lieferungen von Solarmodulen an den Betreiber einer Photovoltaikanlage, einschließlich der für den Betrieb einer Photovoltaikanlage wesentlichen Komponenten und der Speicher, die dazu dienen, den mit Solarmodulen erzeugten Strom zu speichern, wenn die Photovoltaikanlage auf oder in der Nähe von Privatwohnungen, Wohnungen sowie öffentlichen und anderen Gebäuden, die für dem Gemeinwohl dienende Tätigkeiten genutzt werden, installiert wird. [2]Die Voraussetzungen des Satzes 1 gelten als erfüllt, wenn die installierte Bruttoleistung der Photovoltaikanlage laut Marktstammdatenregister nicht mehr als 30 Kilowatt (peak) beträgt oder betragen wird;*
2. *den innergemeinschaftlichen Erwerb der in Nummer 1 bezeichneten Gegenstände, die die Voraussetzungen der Nummer 1 erfüllen;*
3. *die Einfuhr der in Nummer 1 bezeichneten Gegenstände, die die Voraussetzungen der Nummer 1 erfüllen;*
4. *die Installation von Photovoltaikanlagen sowie der Speicher, die dazu dienen, den mit Solarmodulen erzeugten Strom zu speichern, wenn die Lieferung der installierten Komponenten die Voraussetzungen der Nummer 1 erfüllt.*

7.4 Vorsteuerabzug

7.4.1 Anforderungen an eine Rechnung

Rechnungsanforderungen (inhaltlich) sind:

- vollständiger **Name** und vollständige **Anschrift** des leistenden **Unternehmers;**
- vollständiger **Name** und vollständige **Anschrift** des **Kunden** (Leistungsempfängers);
- die **Steuernummer** oder die **Umsatzsteuer-Identifikationsnummer** des leistenden Unternehmers;
- das **Ausstellungsdatum** der Rechnung;
- eine einmalig von dem Unternehmer vergebene **Rechnungsnummer**;
- die **Menge** der gelieferten Artikel oder Dienstleistungen;
- die Art und **handelsübliche Bezeichnung der gelieferten Artikel** oder Dienstleistungen;
- **Zeitpunkt der Lieferung** und Vereinnahmung des Entgelts, wenn diese nicht identisch sind;
- das **Entgelt**, aufgeschlüsselt nach Steuersätzen bzw. mit einem Hinweis auf Steuerbefreiung;
- Aufschlüsselung von **Entgeltminderungen**;
- **angewandter Steuersatz** und der auf das Entgelt entfallende Betrag;
- ein **Hinweis über die Aufbewahrungspflicht**, wenn der Unternehmer eine Werkslieferung oder sonstige Leistung in Zusammenhang mit einem Grundstück ausführt.

Gesetzestext (Auszug) § 14 UStG

§ 14 Ausstellung von Rechnungen

(1) Rechnung ist jedes Dokument, mit dem über eine Lieferung oder sonstige Leistung abgerechnet wird, gleichgültig, wie dieses Dokument im Geschäftsverkehr bezeichnet wird. Die Echtheit der Herkunft der Rechnung, die Unversehrtheit ihres Inhalts und ihre Lesbarkeit müssen gewährleistet werden. Echtheit der Herkunft bedeutet die Sicherheit der Identität des Rechnungsausstellers. Unversehrtheit des Inhalts bedeutet, dass die nach diesem Gesetz erforderlichen Angaben nicht geändert wurden. Jeder Unternehmer legt fest, in welcher Weise die Echtheit der Herkunft, die Unversehrtheit des Inhalts und die Lesbarkeit der Rechnung gewährleistet werden. Dies kann durch jegliche innerbetriebliche Kontrollverfahren erreicht werden, die einen verlässlichen Prüfpfad zwischen Rechnung und Leistung schaffen können. Rechnungen sind auf Papier oder vorbehaltlich der Zustimmung des Empfängers elektronisch zu übermitteln. Eine elektronische Rechnung ist eine Rechnung, die in einem elektronischen Format ausgestellt und empfangen wird.

(2) Führt der Unternehmer eine Lieferung oder eine sonstige Leistung nach § 1 Abs. 1 Nr. 1 aus, gilt Folgendes:

1. *führt der Unternehmer eine steuerpflichtige Werklieferung (§ 3 Abs. 4 Satz 1) oder sonstige Leistung im Zusammenhang mit einem Grundstück aus, ist er*

verpflichtet, innerhalb von sechs Monaten nach Ausführung der Leistung eine Rechnung auszustellen;

2. *führt der Unternehmer eine andere als die in Nummer 1 genannte Leistung aus, ist er berechtigt, eine Rechnung auszustellen. Soweit er einen Umsatz an einen anderen Unternehmer für dessen Unternehmen oder an eine juristische Person, die nicht Unternehmer ist, ausführt, ist er verpflichtet, innerhalb von sechs Monaten nach Ausführung der Leistung eine Rechnung auszustellen. Eine Verpflichtung zur Ausstellung einer Rechnung besteht nicht, wenn der Umsatz nach § 4 Nummer 8 bis 29 steuerfrei ist. § 14a bleibt unberührt.*

Unbeschadet der Verpflichtungen nach Satz 1 Nr. 1 und 2 Satz 2 kann eine Rechnung von einem in Satz 1 Nr. 2 bezeichneten Leistungsempfänger für eine Lieferung oder sonstige Leistung des Unternehmers ausgestellt werden, sofern dies vorher vereinbart wurde (Gutschrift). Die Gutschrift verliert die Wirkung einer Rechnung, sobald der Empfänger der Gutschrift dem ihm übermittelten Dokument widerspricht. Eine Rechnung kann im Namen und für Rechnung des Unternehmers oder eines in Satz 1 Nr. 2 bezeichneten Leistungsempfängers von einem Dritten ausgestellt werden.

(3) Unbeschadet anderer nach Absatz 1 zulässiger Verfahren gelten bei -einer elektronischen Rechnung die Echtheit der Herkunft und die Unversehrtheit des Inhalts als gewährleistet durch

1. *eine qualifizierte elektronische Signatur oder*
2. *elektronischen Datenaustausch (EDI) nach Artikel 2 der Empfehlung 94/820/EG der Kommission vom 19. Oktober 1994 über die rechtlichen Aspekte des elektronischen Datenaustausches (ABl. L 338 vom 28.12.1994, S. 98), wenn in der Vereinbarung über diesen Datenaustausch der Einsatz von Verfahren vorgesehen ist, die die Echtheit der Herkunft und die Unversehrtheit der Daten gewährleisten.*

(4) Eine Rechnung muss folgende Angaben enthalten:

1. *den vollständigen Namen und die vollständige Anschrift des leistenden Unternehmers und des Leistungsempfängers,*
2. *die dem leistenden Unternehmer vom Finanzamt erteilte Steuernummer oder die ihm vom Bundeszentralamt für Steuern erteilte Umsatzsteuer- Identifikationsnummer,*
3. *das Ausstellungsdatum,*
4. *eine fortlaufende Nummer mit einer oder mehreren Zahlenreihen, die zur Identifizierung der Rechnung vom Rechnungsaussteller einmalig vergeben wird (Rechnungsnummer),*
5. *die Menge und die Art (handelsübliche Bezeichnung) der gelieferten Gegenstände oder den Umfang und die Art der sonstigen Leistung,*
6. *den Zeitpunkt der Lieferung oder sonstigen Leistung; in den Fällen des Absatzes 5 Satz 1 den Zeitpunkt der Vereinnahmung des Entgelts oder eines Teils*

des Entgelts, sofern der Zeitpunkt der Vereinnahmung feststeht und nicht mit dem Ausstellungsdatum der Rechnung übereinstimmt,

7. *das nach Steuersätzen und einzelnen Steuerbefreiungen aufgeschlüsselte Entgelt für die Lieferung oder sonstige Leistung (§ 10) sowie jede im Voraus vereinbarte Minderung des Entgelts, sofern sie nicht bereits im Entgelt berücksichtigt ist,*
8. *den anzuwendenden Steuersatz sowie den auf das Entgelt entfallenden Steuerbetrag oder im Fall einer Steuerbefreiung einen Hinweis darauf, dass für die Lieferung oder sonstige Leistung eine Steuerbefreiung gilt,*
9. *in den Fällen des § 14b Abs. 1 Satz 5 einen Hinweis auf die Aufbewahrungspflicht des Leistungsempfängers und*
10. *in den Fällen der Ausstellung der Rechnung durch den Leistungsempfänger oder durch einen von ihm beauftragten Dritten gemäß Absatz 2 Satz 2 die Angabe „Gutschrift".*

In den Fällen des § 10 Abs. 5 sind die Nummern 7 und 8 mit der Maßgabe anzuwenden, dass die Bemessungsgrundlage für die Leistung (§ 10 Abs. 4) und der darauf entfallende Steuerbetrag anzugeben sind. Unternehmer, die § 24 Abs. 1 bis 3 anwenden, sind jedoch auch in diesen Fällen nur zur Angabe des Entgelts und des darauf entfallenden Steuerbetrags berechtigt. Die Berichtigung einer Rechnung um fehlende oder unzutreffende Angaben ist kein rückwirkendes Ereignis im Sinne von § 175 Absatz 1 Satz 1 Nummer 2 und § 233a Absatz 2a der Abgabenordnung.

(5) Vereinnahmt der Unternehmer das Entgelt oder einen Teil des Entgelts für eine noch nicht ausgeführte Lieferung oder sonstige Leistung, gelten die Absätze 1 bis 4 sinngemäß. Wird eine Endrechnung erteilt, sind in ihr die vor Ausführung der Lieferung oder sonstigen Leistung vereinnahmten Teilentgelte und die auf sie entfallenden Steuerbeträge abzusetzen, wenn über die Teilentgelte Rechnungen im Sinne der Absätze 1 bis 4 ausgestellt worden sind.

(6) Das Bundesministerium der Finanzen kann mit Zustimmung des Bundesrates zur Vereinfachung des Besteuerungsverfahrens durch Rechtsverordnung bestimmen, in welchen Fällen und unter welchen Voraussetzungen

1. *Dokumente als Rechnungen anerkannt werden können,*
2. *die nach Absatz 4 erforderlichen Angaben in mehreren Dokumenten enthalten sein können,*
3. *Rechnungen bestimmte Angaben nach Absatz 4 nicht enthalten müssen,*
4. *eine Verpflichtung des Unternehmers zur Ausstellung von Rechnungen mit gesondertem Steuerausweis (Absatz 4) entfällt oder*
5. *Rechnungen berichtigt werden können.*

(7) Führt der Unternehmer einen Umsatz im Inland aus, für den der Leistungsempfänger die Steuer nach § 13b schuldet, und hat der Unternehmer im Inland weder

seinen Sitz noch seine Geschäftsleitung, eine Betriebsstätte, von der aus der Umsatz ausgeführt wird oder die an der Erbringung dieses Umsatzes beteiligt ist, oder in Ermangelung eines Sitzes seinen Wohnsitz oder gewöhnlichen Aufenthalt im Inland, so gelten abweichend von den Absätzen 1 bis 6 für die Rechnungserteilung die Vorschriften des Mitgliedstaats, in dem der Unternehmer seinen Sitz, seine Geschäftsleitung, eine Betriebsstätte, von der aus der Umsatz ausgeführt wird, oder in Ermangelung eines Sitzes seinen Wohnsitz oder gewöhnlichen Aufenthalt hat. Satz 1 gilt nicht, wenn eine Gutschrift gemäß Absatz 2 Satz 2 vereinbart worden ist. Nimmt der Unternehmer in einem anderen Mitgliedstaat an einem der besonderen Besteuerungsverfahren entsprechend Titel XII Kapitel 6 der Richtlinie 2006/112/EG des Rates vom 28. November 2006 über das gemeinsame Mehrwertsteuersystem (ABl. L 347 vom 11.12.2006, S. 1) in der jeweils gültigen Fassung teil, so gelten für die in den besonderen Besteuerungsverfahren zu erklärenden Umsätze abweichend von den Absätzen 1 bis 6 für die Rechnungserteilung die Vorschriften des Mitgliedstaates, in dem der Unternehmer seine Teilnahme anzeigt.

7.4.2 Elektronische Rechnung

Falls elektronische Rechnungen erstellt werden, müssen Verfahren angewandt werden, die Herkunft und Echtheit der Daten garantieren (qualifizierte Signatur o. Ä.). Vgl. § 14 Abs. 3 Nr. 1 u. 2 UStG.

7.4.3 Kleinbetrags-Rechnung (Quittung)

Für Rechnungen, deren Gesamtbruttobetrag **nicht größer als 250 EUR** ist, gelten Vereinfachungsregelungen. In diesem Fall muss eine Rechnung gemäß § 33 UStDV nur folgende Punkte enthalten.

- vollständiger **Name** und **Anschrift** des leistenden **Unternehmers** (nicht jedoch des Leistungsempfängers);
- das Ausstellungsdatum;
- die **Menge** der gelieferte Artikel oder Dienstleistungen;
- die Art bzw. handelsübliche Bezeichnung der gelieferten Artikel oder erbrachten Dienstleistungen.

Diese Vereinfachungsregelung ist nicht anzuwenden für Leistungen i. S. d. §§ 3c, 6a und 13b UStG.

- **angewandter Steuersatz** und der auf das Entgelt entfallende Steuerbetrag (ggf. Hinweis auf Steuerbefreiung, Kleinunternehmer § 19 UStG etc.).

Gesetzestext (Auszug) § 33 UStDV

§ 33 Rechnungen über Kleinbeträge

Eine Rechnung, deren Gesamtbetrag 250 Euro nicht übersteigt, muss mindestens folgende Angaben enthalten:

1. *den vollständigen Namen und die vollständige Anschrift des leistenden Unternehmers,*

2. *das Ausstellungsdatum,*
3. *die Menge und die Art der gelieferten Gegenstände oder den Umfang und die Art der sonstigen Leistung und*
4. *das Entgelt und den darauf entfallenden Steuerbetrag für die Lieferung oder sonstige Leistung in einer Summe sowie den anzuwendenden Steuersatz oder im Fall einer Steuerbefreiung einen Hinweis darauf, dass für die Lieferung oder sonstige Leistung eine Steuerbefreiung gilt.*

Die §§ 31 und 32 sind entsprechend anzuwenden. Die Sätze 1 und 2 gelten nicht für Rechnungen über Leistungen im Sinne der §§ 3c, 6a und 13b des Gesetzes.

7.4.4 Rechnungsnummer

§ 14 Abs. 4 Nr. 4 UStG bestimmt, dass eine Rechnung „... eine fortlaufende Nummer mit einer oder mehreren Zahlenreihen, die zur Identifizierung der Rechnung vom Rechnungsaussteller einmalig vergeben wird (Rechnungsnummer) enthalten muss." Im USt-Anwendungserlass, bisher Abschnitt 185 Abs. 10 UStR, wird konkretisiert: „Durch die fortlaufende Nummer (Rechnungsnummer) soll sichergestellt werden, dass die vom Unternehmer erstellte Rechnung einmalig ist. Bei der Erstellung der Rechnungsnummer ist es zulässig, eine oder mehrere Zahlen- oder Buchstabenreihen zu verwenden. Auch eine Kombination von Ziffern mit Buchstaben ist möglich. Es ist auch zulässig, im Rahmen eines weltweiten Abrechnungssystems verschiedener, in unterschiedlichen Ländern angesiedelter Konzerngesellschaften nur einen fortlaufenden Nummernkreis zu verwenden." Die OFD Koblenz sowie der USt-Anwendungserlass vertreten die Auffassung, dass keine zahlenmäßige Abfolge notwendig wäre, es müsse nur ausgeschlossen sein, dass dieselbe Rechnungsnummer mehrfach vergeben würde. Achtung – in diesen Fällen der lückenbehafteten Ausgangsrechnungen kann es im Ergebnis zu Zuschätzungen der Finanzverwaltung kommen.

7.4.5 Übernachtungskosten

Ein Vorsteuerabzug aus Übernachtungskosten bei Geschäftsreisen von Unternehmern sowie bei Auswärtstätigkeit der Arbeitnehmer ist grundsätzlich möglich. **Voraussetzung** dafür ist, neben den anderen Rechnungsmerkmalen (s. o.), dass das **Unternehmen Leistungsempfänger** ist und die **Rechnung** den **vollständigen Namen und Anschrift des Unternehmens** enthält; vgl. aber Kleinbetrags-Rechnung bis 250 EUR

Für Reisekostenpauschalen ist der Vorsteuerabzug ausgeschlossen.

7.4.6 Verpflegungskosten

Ein Vorsteuerabzug aus Verpflegungskosten bei Unternehmen aus betrieblichen Anlässen ist grundsätzlich möglich. **Voraussetzung** dafür ist, dass das **Unternehmen Leistungsempfänger** ist und die **Rechnung** neben den anderen Rechnungsmerkmalen (s. o.) den **vollständigen Namen und Anschrift des Unternehmens** enthält; vgl. aber Kleinbetrags-Rechnung bis 250 EUR.

Bei Verpflegungskostenpauschalen ist der Vorsteuerabzug ausgeschlossen.

7.4.7 Bewirtungskosten

Das Recht auf Vorsteuerabzug aus Bewirtungskosten besteht für **angemessene und nachgewiesene Aufwendungen** des Unternehmers. **Voraussetzung** dafür ist, dass das **Unternehmen Leistungsempfänger** ist und die **Rechnung** neben den anderen Rechnungsmerkmalen (s. o.) den **vollständigen Namen und Anschrift des Unternehmens** enthält; vgl. aber Kleinbetrags-Rechnung bis 250 EUR.

7.4.8 Fahrtkosten

Für die steuerliche Behandlung der Vorsteuerbeträge aus Fahrtkosten ist wie folgt zu unterscheiden:

➤ **Fahrzeuge im Unternehmensvermögen (unternehmerische Nutzung größer als 10 %)**

- Voller VSt-Abzug nach den allg. Grundsätzen;
- nichtunternehmerische Nutzung unterliegt als unentgeltliche Wertabgabe der Besteuerung (§ 3 Abs. 9a Nr. 1 UStG).

➤ **Fahrzeuge im Privatvermögen (unternehmerische Nutzung kleiner als 10 %)**

- kein VSt-Abzug aus Anschaffungskosten;
- VSt-Abzug nur für gelegentlich unternehmerisch bedingte Fahrten möglich, z. B. Benzinkosten für eine Geschäftsreise;
- kein VSt-Abzug bei pauschaler Erstattung von km-Geld-Pauschalen.

7.5 Umsatzsteueroption

Liegt eine Steuerbefreiung der Umsätze vor, kann zur Umsatzsteuerpflicht optiert werden. So wird erreicht, dass Vorsteuerabzugsbeträge im Zusammenhang mit den ansonsten steuerfreien Umsätzen geltend gemacht werden können. Die Option zur Umsatzsteuer ist gem. § 9 UStG nur dann zulässig, wenn der Umsatz an einen anderen Unternehmer für dessen Unternehmen ausgeführt wird, z. B.:

- bestimmte Bank- und Finanzumsätze (§ 4 Nr. 8a-g UStG);
- Umsätze, die unter das GrEStG fallen (§ 4 Nr. 9a UStG);
- bestimmte Umsätze im Zusammenhang mit Grundstücken (§ 4 Nr. 12 UStG);
- bestimmte Leistungen von Wohnungseigentümergemeinschaften (§ 4 Nr. 13 UStG);
- Umsätze von Blinden und Blindenwerkstätten (§ 4 Nr. 19 UStG).

Eingeschränkt besteht die Option zur Umsatzsteuer, wenn der Leistungsempfänger (z. B. Mieter) das Grundstück ausschließlich für Umsätze verwendet, die den VSt-Abzug nicht ausschließen, z. B.:

- Bestellung/Übertragung von Erbbaurechten (§ 4 Nr. 9a UStG);
- Vermietung und Verpachtung von Grundstücken (§ 4 Nr. 12a UStG);
- Überlassung von Grundstücken und Grundstücksteilen zur Nutzung (§ 4 Nr. 12b UStG).

Gesetzestext (Auszug) § 9 UStG

§ 9 Verzicht auf Steuerbefreiungen

(1) Der Unternehmer kann einen Umsatz, der nach § 4 Nr. 8 Buchstabe a bis g, Nr. 9 Buchstabe a, Nr. 12, 13 oder 19 steuerfrei ist, als steuerpflichtig behandeln, wenn der Umsatz an einen anderen Unternehmer für dessen Unternehmen ausgeführt wird.

(2) Der Verzicht auf Steuerbefreiung nach Absatz 1 ist bei der Bestellung und Übertragung von Erbbaurechten (§ 4 Nr. 9 Buchstabe a), bei der Vermietung oder Verpachtung von Grundstücken (§ 4 Nr. 12 Satz 1 Buchstabe a) und bei den in § 4 Nr. 12 Satz 1 Buchstabe b und c bezeichneten Umsätzen nur zulässig, soweit der Leistungsempfänger das Grundstück ausschließlich für Umsätze verwendet oder zu verwenden beabsichtigt, die den Vorsteuerabzug nicht ausschließen. Der Unternehmer hat die Voraussetzungen nachzuweisen.

(3) Der Verzicht auf Steuerbefreiung nach Absatz 1 ist bei Lieferungen von Grundstücken (§ 4 Nr. 9 Buchstabe a) im Zwangsversteigerungsverfahren durch den Vollstreckungsschuldner an den Ersteher bis zur Aufforderung zur Abgabe von Geboten im Versteigerungstermin zulässig. Bei anderen Umsätzen im Sinne von § 4 Nummer 9 Buchstabe a kann der Verzicht auf Steuerbefreiung nach Absatz 1 nur in dem gemäß § 311b Absatz 1 des Bürgerlichen Gesetzbuchs notariell zu beurkundenden Vertrag erklärt werden.

7.6 Kleinunternehmer

Keine Umsatzsteuer fällt für Kleinunternehmer an, die von der Möglichkeit des § 19 UStG Gebrauch machen. Diese Möglichkeit besteht allerdings nur bei

- **Gesamtumsätze** (inkl. USt) im vorangegangenen Kj. **bis 22.000 EUR (bis VZ 2019 17.500 EUR)**, und
- im lfd. Kj. **voraussichtlich nicht über 50.000 EUR**.
- Planmäßig sollen Kleinuntermnehmer ab dem VAZ 2023 von der Abgabepflicht der Umsatzsteuererklärung befreit werden (mit Ausnahme des § 18 Abs. 4a UStG). Die Finanzverwaltung behält sich die Möglichkeit einer Aufforderung zur Abgabe der Umsatzsteuererklärung allerdings vor.

Die begriffliche Definition des Gesamtumsatzes (steuerfreie Umsätze und Differenzgeschäfte) ist § 19 UStG zu entnehmen:

Gesetzestext (Auszug) § 19 UStG

§ 19 Besteuerung der Kleinunternehmer

(1) Die für Umsätze im Sinne des § 1 Abs. 1 Nr. 1 geschuldete Umsatzsteuer wird von Unternehmern, die im Inland oder in den in § 1 Abs. 3 bezeichneten Gebieten ansässig sind, nicht erhoben, wenn der in Satz 2 bezeichnete Umsatz zuzüglich der darauf entfallenden Steuer im vorangegangenen Kalenderjahr 22 000 Euro nicht überstiegen hat und im laufenden Kalenderjahr 50 000 Euro voraussichtlich nicht übersteigen wird. Umsatz im Sinne des Satzes 1 ist der nach vereinnahmten Entgelten bemessene Gesamtumsatz, gekürzt um die darin enthaltenen Umsätze von Wirtschaftsgütern des Anlagevermögens. Satz 1 gilt nicht für die nach § 13a Abs. 1 Nr. 6, § 13b Absatz 5, § 14c Abs. 2 und § 25b Abs. 2 geschuldete Steuer. In den Fällen des Satzes 1 finden die Vorschriften über die Steuerbefreiung innergemeinschaftlicher Lieferungen (§ 4 Nr. 1 Buchstabe b, § 6a), über den Verzicht auf Steuerbefreiungen (§ 9), über den gesonderten Ausweis der Steuer in einer Rechnung (§ 14 Abs. 4), über die Angabe der Umsatzsteuer-Identifikationsnummern in einer Rechnung (§ 14a Abs. 1, 3 und 7) und über den Vorsteuerabzug (§ 15) keine Anwendung.

(2) Der Unternehmer kann dem Finanzamt bis zur Unanfechtbarkeit der Steuerfestsetzung (§ 18 Abs. 3 und 4) erklären, dass er auf die Anwendung des Absatzes 1 verzichtet. Nach Eintritt der Unanfechtbarkeit der Steuerfestsetzung bindet die Erklärung den Unternehmer mindestens für fünf -Kalenderjahre. Sie kann nur mit Wirkung von Beginn eines Kalenderjahres an widerrufen werden. Der Widerruf ist spätestens bis zur Unanfechtbarkeit der Steuerfestsetzung des Kalenderjahres, für das er gelten soll, zu erklären.

(3) Gesamtumsatz ist die Summe der vom Unternehmer ausgeführten steuerbaren Umsätze im Sinne des § 1 Abs. 1 Nr. 1 abzüglich folgender Umsätze:

1. *der Umsätze, die nach § 4 Nr. 8 Buchstabe i, Nr. 9 Buchstabe b und Nummer 11 bis 29 steuerfrei sind;*

2. *der Umsätze, die nach § 4 Nr. 8 Buchstabe a bis h, Nr. 9 Buchstabe a und Nr. 10 steuerfrei sind, wenn sie Hilfsumsätze sind.*

Soweit der Unternehmer die Steuer nach vereinnahmten Entgelten berechnet (§ 13 Abs. 1 Nr. 1 Buchstabe a Satz 4 oder § 20), ist auch der Gesamtumsatz nach diesen Entgelten zu berechnen. Hat der Unternehmer seine gewerbliche oder berufliche Tätigkeit nur in einem Teil des Kalenderjahres ausgeübt, so ist der tatsächliche Gesamtumsatz in einen Jahresgesamtumsatz umzurechnen. Angefangene Kalendermonate sind bei der Umrechnung als volle Kalendermonate zu behandeln, es sei denn, dass die Umrechnung nach Tagen zu einem niedrigeren Jahresgesamtumsatz führt.

(4) Absatz 1 gilt nicht für die innergemeinschaftlichen Lieferungen neuer Fahrzeuge. § 15 Abs. 4a ist entsprechend anzuwenden.

7.7 Umsatzsteuer-Umrechnungskurse

Werte in fremder Währung sind auf EUR nach den jeweiligen amtlichen Durchschnittskursen umzurechnen, die vom BMF monatlich veröffentlicht werden (https://www.bundesfinanzministerium.de/Web/DE/Home/home.html).

Monatlich fortgeschriebene Übersicht 2023

Umsatzsteuer-Umrechnungskurse gem. § 16 Abs. 6 Satz 1 UStG

Euro-Referenzkurse

Land	Währung	Januar[1]	Februar[2]	März[3]	April[4]	Mai[5]	Juni[6]
Australien	1 Euro	1,5523 AUD	1,5514 AUD	1,6034 AUD	1,6389 AUD	1,6346 AUD	1,6157 AUD
Brasilien	1 Euro	5,6047 BRL	5,5386 BRL	5,5784 BRL	5,4995 BRL	5,4092 BRL	5,2695 BRL
Bulgarien	1 Euro	1,9558 BGN	1,9558 BGN	1,9558 BGN	1,9558 BGN	1,9558 BGN	1,9558 BGN
China (VR)	1 Euro	7,3173 CNY	7,3244 CNY	7,3807 CNY	7,5561 CNY	7,5948 CNY	7,7653 CNY
Dänemark	1 Euro	7,4383 DKK	7,4447 DKK	7,4456 DKK	7,4518 DKK	7,4485 DKK	7,4492 DKK
Großbritannien	1 Euro	0,88212 GBP	0,88550 GBP	0,88192 GBP	0,88115 GBP	0,87041 GBP	0,85861 GBP
Hongkong	1 Euro	8,4217 HKD	8,4077 HKD	8,4026 HKD	8,6093 HKD	8,5167 HKD	8,4899 HKD
Indien	1 Euro	88,1441 INR	88,5004 INR	88,1159 INR	89,9311 INR	89,4602 INR	89,1134 INR
Indonesien	1 Euro	16.427,04 IDR	16.232,58 IDR	16.364,98 IDR	16.313,20 IDR	16.116,84 IDR	16,194,88 IDR
Island	1 Euro	154,06 ISK	153,11 ISK	149,89 ISK	149,62 ISK	150,47 ISK	149,35 ISK
Israel	1 Euro	3,7126 ILS	3,7975 ILS	3,8742 ILS	3,9877 ILS	3,9863 ILS	3,9502 ILS
Japan	1 Euro	140,54 JPY	142,38 JPY	143,01 JPY	146,51	148,93 JPY	153,15 JPY
Kanada	1 Euro	1,4471 CAD	1,4400 CAD	1,4649 CAD	1,4792 CAD	1,4687 CAD	1,4414 CAD
Korea, Republik	1 Euro	1.341,38 KRW	1.368,77 KRW	1.398,25 KRW	1.452,07 KRW	1.442,31 KRW	1.406,43 KRW
Kroatien*	1 Euro						
Malaysia	1 Euro	4,6589 MYR	4,6794 MYR	4,7816 MYR	4,8561 MYR	4,9119 MYR	5,0208 MYR
Mexiko	1 Euro	20,4573 MXN	19,9543 MXN	19,7242 MXN	19,8195 MXN	19,2755 MXN	18,6993 MXN
Neuseeland	1 Euro	1,6851 NZD	1,7016 NZD	1,7242 NZD	1,7673 NZD	1,7481 NZD	1,7686 NZD

Land	Währung	Januar[1]	Februar[2]	März[3]	April[4]	Mai[5]	Juni[6]
Norwegen	1 Euro	10,7149 NOK	10,9529 NOK	11,2858 NOK	11,5187 NOK	11,7330 NOK	11,7164 NOK
Philippinen	1 Euro	59,162 PHP	58,743 PHP	58,5810 PHP	60,8070 PHP	60,6040 PHP	60,4750 PHP
Polen	1 Euro	4,6974 PLN	4,7415 PLN	4,6893 PLN	4,6320 PLN	4,5345 PLN	4,4608 PLN
Rumänien	1 Euro	4,9242 RON	4,9087 RON	4,9365 RON	4,9477 RON	4,9600 RON	4,9411 RON
Russland**	1 Euro						
Schweden	1 Euro	11,2051 SEK	11,1725 SEK	11,2276 SEK	11,3370 SEK	11,3697 SEK	11,6766 SEK
Schweiz	1 Euro	0,9961 CHF	0,9905 CHF	0,9908 CHF	0,9846 CHF	0,9751 CHF	0,9764 CHF
Singapur	1 Euro	1,4283 SGD	1,4262 SGD	1,4354 SGD	1,4609 SGD	1,4555 SGD	1,4596 SGD
Südafrika	1 Euro	18,4320 ZAR	19,1765 ZAR	19,5602 ZAR	19,9205 ZAR	20,6864 ZAR	20,3033 ZAR
Thailand	1 Euro	35,840 THB	36,486 THB	36,9120 THB	37,5490 THB	37,1660 THB	37,8520 THB
Tschechien	1 Euro	23,958 CZK	23,712 CZK	23,683 CZK	23,437 CZK	23,595 CZK	23,695 CZK
Türkei	1 Euro	20,2312 TRY	20,1981 TRY	20,3491 TRY	21,2267 TRY	21,4918 TRY	25,7697 TRY
Ungarn	1 Euro	396,03 HUF	384,91 HUF	385,01 HUF	375,34 HUF	372,37 HUF	370,60 HUF
USA	1 Euro	1,0769 USD	1,0715 USD	1,0706 USD	1,0968 USD	1,0868 USD	1,0840 USD

* Kroatien ist am 1. Januar 2023 dem Euroraum mit einem unwiderruflichen Euro-Umrechnungskurs von 1 EUR = 7,53450 HRK beigetreten.

** Die EZB hat die Veröffentlichung des Euro-Referenzkurses zum Rubel mit Wirkung vom 2. März 2022 bis auf Weiteres ausgesetzt

1 entsprechend BMF-Schreiben vom 1.2.2023, III C 3 – S 7329/19/10001 :005 (2023/0006777)

2 entsprechend BMF-Schreiben vom 1.3.2023, III C 3 – S 7329/19/10001 :005 (2023/0211507)

3 entsprechend BMF-Schreiben vom 3.4.2023, III C 3 – S 7329/19/10001 :005 (2023/0331980)

4 entsprechend BMF-Schreiben vom 2.5.2023, III C 3 – S 7329/19/10001 :005 (2023/0409331)

5 entsprechend BMF-Schreiben vom 1.6.2023, III C 3 – S 7329/19/10001 :005 (2023/0532018)

6 entsprechend BMF-Schreiben vom 3.7.2023, III C 3 – S 7329/19/10001 :005 (2023/0647193)

Land	Währung	Juli[7]	August[8]	September[9]	Oktober[10]	November[11]	Dezember[12]
Australien	1 Euro	1,6423 AUD	1,6818 AUD	1,6622 AUD	1,6622 AUD	1,6634 AUD	1,6321 AUD
Brasilien	1 Euro	5,3099 BRL	5,3427 BRL	5,2770 BRL	5,3509 BRL	5,2963 BRL	5,3428 BRL
Bulgarien	1 Euro	1,9558 BGN	1,9558 BGN	1,9558 BGN	1,9558 BGN	1,9558 BGN	1,9558 BGN
China (VR)	1 Euro	7,9482 CNY	7,9096 CNY	7,7967 CNY	7,7200 CNY	7,8087 CNY	7,7870 CNY
Dänemark	1 Euro	7,4508 DKK	7,4522 DKK	7,4566 DKK	7,4604 DKK	7,4581 DKK	7,4556 DKK
Großbritannien	1 Euro	0,85856 GBP	0,85892 GBP	0,86158 GBP	0,86798 GBP	0,87045 GBP	0,86168 GBP
Hongkong	1 Euro	8,6437 HKD	8,5370 HKD	8,3640 HKD	8,2648 HKD	8,4380 HKD	8,5152 HKD
Indien	1 Euro	90,8395 INR	90,3518 INR	88,7372 INR	87,8937 INR	90,0102 INR	90,8009 INR
Indonesien	1 Euro	16.639,99 IDR	16.639,40 IDR	16.424,67 IDR	16.646,67 IDR	16.853,56 IDR	16.910,33 IDR
Island	1 Euro	146,79 ISK	143,87 ISK	144,46 ISK	146,50 ISK	151,44 ISK	150,55 ISK
Israel	1 Euro	4,0546 ILS	4,0861 ILS	4,0793 ILS	4,2034 ILS	4,1118 ILS	4,0057 ILS
Japan	1 Euro	155,94 JPY	157,96 JPY	157,80 JPY	158,04 JPY	161,84 JPY	4,0057 JPY
Kanada	1 Euro	1,4618 CAD	1,4703 CAD	1,4458 CAD	1,4474 CAD	1,4828 CAD	1,4653 CAD
Korea, Republik	1 Euro	1.419,16 KRW	1.443,24 KRW	1.424,53 KRW	1.427,33 KRW	1.412,57 KRW	1,4653 KRW
Kroatien*	1 Euro						
Malaysia	1 Euro	5,0754 MYR	5,0294 MYR	5,0024 MYR	5,0142 MYR	5,0667 MYR	5,0826 MYR
Mexiko	1 Euro	18,7085 MXN	18,5202 MXN	18,4757 MXN	19,0882 MXN	18,7877 MXN	18,7665 MXN
Neuseeland	1 Euro	1,7758 NZD	1,8195 NZD	1,8012 NZD	1,7916 NZD	1,8033 NZD	1,7556 NZD
Norwegen	1 Euro	11,3474 NOK	11,4127 NOK	11,4525 NOK	11,6284 NOK	11,7958 NOK	11,5333 NOK
Philippinen	1 Euro	60,690 PHP	61,461 PHP	60,665 PHP	59,994 PHP	60,285 PHP	60,593 PHP
Polen	1 Euro	4,4431 PLN	4,4601 PLN	4,5981 PLN	4,5124 PLN	4,4020 PLN	4,3335 PLN
Rumänien	1 Euro	4,9411 RON	4,9411 RON	4,9656 RON	4,9682 RON	4,9703 RON	4,3335 RON
Russland**	1 Euro						

Land	Währung	Juli[7]	August[8]	September[9]	Oktober[10]	November[11]	Dezember[12]
Schweden	1 Euro	11,6343 SEK	11,8117 SEK	11,8417 SEK	11,6472 SEK	11,5475 SEK	4,3335 SEK
Schweiz	1 Euro	0,9663 CHF	0,9588 CHF	0,9600 CHF	0,9547 CHF	0,9634 CHF	0,9441 CHF
Singapur	1 Euro	1,4753 SGD	1,4735 SGD	1,4562 SGD	1,4462 SGD	1,4575 SGD	1,4533 SGD
Südafrika	1 Euro	20,1074 ZAR	20,4723 ZAR	20,2780 ZAR	20,1390 ZAR	20,0397 ZAR	20,3373 ZAR
Thailand	1 Euro	38,243 THB	38,195 THB	38,301 THB	38,549 THB	38,327 THB	38,176 THB
Tschechien	1 Euro	23,892 CZK	24,108 CZK	24,380 CZK	24,584 CZK	24,485 CZK	24,478 CZK
Türkei	1 Euro	29,3212 TRY	29,3788 TRY	28,8643 TRY	29,4506 TRY	30,9786 TRY	31,7243 TRY
Ungarn	1 Euro	379,04 HUF	385,05 HUF	386,43 HUF	385,33 HUF	379,19 HUF	381,80 HUF
USA	1 Euro	1,1058 USD	1,0909 USD	1,0684 USD	1,0563 USD	1,0808 USD	1,0903 USD

* Kroatien ist am 1. Januar 2023 dem Euroraum mit einem unwiderruflichen Euro-Umrechnungskurs von 1 EUR = 7,53450 HRK beigetreten.

** Die EZB hat die Veröffentlichung des Euro-Referenzkurses zum Rubel mit Wirkung vom 2. März 2022 bis auf Weiteres ausgesetzt

[7] entsprechend BMF-Schreiben vom 1.8.2023, III C 3 – S 7329/19/10001 :005 (2023/0745403)

[8] entsprechend BMF-Schreiben vom 1.9.2023, III C 3 – S 7329/19/10001 :005 (2023/0836316)

[9] entsprechend BMF-Schreiben vom 2.10.2023, III C 3 – S 7329/19/10001 :005 (2023/0938334)

[10] entsprechend BMF-Schreiben vom 1.11.2023, III C 3 – S 7329/19/10001 :005 (2023/103752)

[11] entsprechend BMF-Schreiben vom 1.12.2023, III C 3 – S 7329/19/10001 :005 (2023/1129530)

[12] entsprechend BMF-Schreiben vom 2.1.2024, III C 3 – S 7329/19/10001 :005 (2023/1229449)

7.8 Abgabefristen

7.8.1 Umsatzsteuer-Voranmeldung

Der Unternehmer hat die Umsatzsteuervoranmeldung stets am 10. des folgenden oder bei Dauerfristverlängerung des übernächsten Monats (auf amtlichem Vordruck) **elektronisch an das Finanzamt zu übermitteln** (Schonfristen und Feiertage beachten). Die Voranmeldungszeiträume bestimmen sich streng nach Gesetz. Entweder jährlich, quartalsweise oder monatlich. Es gelten folgende Regelungen (§ 18 UStG):

Umsatzsteuerzahllast im vorangegangenen Kalenderjahr:	Voranmeldungszeitraum:	Frist für Voranmeldung und Zahlung:
Kleiner als 1.000 EUR (geplant ab 2024: 2.000 EUR)	**Nur Umsatzsteuerjahreserklärung, auf begründeten Antrag** kann eine quartalsweise Abgabe erreicht werden!	Am 31.7. des Folgejahres, ggf. aber Fristverlängerung möglich
Kleiner 7.500 EUR und größer 1.000 EUR	**Quartalsweise Abgabe der Voranmeldungen!**	Für das Vorquartal am 10.4., 10.7., 10.10., 10.1., ggf. Dauerfristverlängerung
Größer 7.500 EUR	**Monatliche Abgabe der Voranmeldungen!**	Am 10. Tag des Folgemonats ggf. Dauerfristverlängerung
Erstattung größer 7.500 EUR	**Wahlrecht**, von quartalsweiser auf monatliche Abgabe zu wechseln; Antrag bis zum 10.2. des laufenden Kalenderjahres; Bindung für das Kalenderjahr!	Ohne Ausübung Wahlrecht vierteljährlich 10.4., 10.7., 10.10., 10.1. für das Vorquartal, ggf. Dauerfristverlängerung.
		Mit Ausübung Wahlrecht monatlich jeweils am 10. Tag des Folgemonats, ggf. Dauerfristverlängerung.
Neugründungsfälle	**Ab dem Veranlagungsjahr 2021 grundsätzlich Abgabe der Voranmeldung quartalsweise**	Für das Vorquartal am 10.4., 10.7., 10.10., 10.1., ggf. Dauerfristverlängerung

7.8.2 Zusammenfassende Meldung (ZM)

Eine ZM muss bis zum 25. Tag nach Ablauf des Kalendermonats, in dem der Unternehmer **innergemeinschaftliche Warenlieferungen** oder Lieferungen gemäß § 25b Abs. 2 UStG ausgeführt hat, übermittelt werden. Bei Überschreiten eines Lieferwertes im Jahr von 50.000 EUR muss die Abgabe der ZM nur quartalsweise erfolgen (§ 18a UStG).

Zudem muss eine ZM bis zum 25. Tag nach Ablauf des Kalendervierteljahres abgegeben werden, wenn der Unternehmer im übrigen Gemeinschaftsgebiet steuerpflichtige sonstige Leistungen i. S. d. § 3a Abs. 2 UStG, für die der in einem anderen Mitgliedstaat ansässige Leistungsempfänger die Steuer dort schuldet, tatsächlich ausgeführt hat. In Ausnahmefällen ist die Abgabe der ZM auch bis zum 25. Tag nach Ablauf jedes Kalenderjahres möglich (§ 18a Abs. 9 UStG). Eine Dauerfristverlängerung greift nicht.

Gesetzestext (Auszug) § 18a UStG

§ 18a Zusammenfassende Meldung

(1) Der Unternehmer im Sinne des § 2 hat bis zum 25. Tag nach Ablauf jedes Kalendermonats (Meldezeitraum), in dem er innergemeinschaftliche Warenlieferungen oder Lieferungen im Sinne des § 25b Absatz 2 ausgeführt hat, dem Bundeszentralamt für Steuern eine Meldung (Zusammenfassende Meldung) nach amtlich vorgeschriebenem Datensatz durch Datenfernübertragung zu übermitteln, in der er die Angaben nach Absatz 7 Satz 1 Nummer 1, 2, 2a und 4 zu machen hat. Soweit die Summe der Bemessungsgrundlagen für innergemeinschaftliche Warenlieferungen und für Lieferungen im Sinne des § 25b Absatz 2 weder für das laufende Kalendervierteljahr noch für eines der vier vorangegangenen Kalendervierteljahre jeweils mehr als 50 000 Euro beträgt, kann die Zusammenfassende Meldung bis zum 25. Tag nach Ablauf des Kalendervierteljahres übermittelt werden. Übersteigt die Summe der Bemessungsgrundlage für innergemeinschaftliche Warenlieferungen und für Lieferungen im Sinne des § 25b Absatz 2 im Laufe eines Kalendervierteljahres 50 000 Euro, hat der Unternehmer bis zum 25. Tag nach Ablauf des Kalendermonats, in dem dieser Betrag überschritten wird, eine Zusammenfassende Meldung für diesen Kalendermonat und die bereits abgelaufenen Kalendermonate dieses Kalendervierteljahres zu übermitteln. Nimmt der Unternehmer die in Satz 2 enthaltene Regelung nicht in Anspruch, hat er dies gegenüber dem Bundeszentralamt für Steuern anzuzeigen. [5]Vom 1. Juli 2010 bis zum 31. Dezember 2011 gelten die Sätze 2 und 3 mit der Maßgabe, dass an die Stelle des Betrages von 50 000 Euro der Betrag von 100 000 Euro tritt.

(2) Der Unternehmer im Sinne des § 2 hat bis zum 25. Tag nach Ablauf jedes Kalendervierteljahres (Meldezeitraum), in dem er im übrigen Gemeinschaftsgebiet steuerpflichtige sonstige Leistungen im Sinne des § 3a -Absatz 2, für die der in einem anderen Mitgliedstaat ansässige Leistungsempfänger die Steuer dort schuldet, ausgeführt hat, dem Bundeszentralamt für Steuern eine Zusammenfassende Meldung nach amtlich vorgeschriebenem Datensatz durch Datenfernübertragung zu übermitteln, in der er die Angaben nach Absatz 7 Satz 1 Nummer 3 zu machen hat. Soweit der Unternehmer bereits nach Absatz 1 zur monatlichen Übermittlung einer Zusammenfassenden Meldung verpflichtet ist, hat er die Angaben im Sinne von Satz 1 in der Zusammenfassenden Meldung für den letzten Monat des Kalendervierteljahres zu machen.

(3) Soweit der Unternehmer im Sinne des § 2 die Zusammenfassende Meldung entsprechend Absatz 1 bis zum 25. Tag nach Ablauf jedes Kalendermonats übermittelt, kann er die nach Absatz 2 vorgesehenen Angaben in die Meldung für den jeweiligen Meldezeitraum aufnehmen. Nimmt der Unternehmer die in Satz 1 enthaltene Regelung in Anspruch, hat er dies gegenüber dem Bundeszentralamt für Steuern anzuzeigen.

(4) Die Absätze 1 bis 3 gelten nicht für Unternehmer, die § 19 Absatz 1 anwenden.

(5) Auf Antrag kann das Finanzamt zur Vermeidung unbilliger Härten auf eine elektronische Übermittlung verzichten; in diesem Fall hat der Unternehmer eine Meldung nach amtlich vorgeschriebenem Vordruck abzugeben. § 150 Absatz 8

der Abgabenordnung gilt entsprechend. Soweit das Finanzamt nach § 18 Absatz 1 Satz 2 auf eine elektronische Übermittlung der Voranmeldung verzichtet hat, gilt dies auch für die Zusammenfassende Meldung. Für die Anwendung dieser Vorschrift gelten auch nichtselbständige juristische Personen im Sinne des § 2 Absatz 2 Nummer 2 als Unternehmer. § 18 Absatz 4f ist entsprechend anzuwenden. Die Landesfinanzbehörden übermitteln dem Bundeszentralamt für Steuern die erforderlichen Angaben zur Bestimmung der Unternehmer, die nach den Absätzen 1 und 2 zur Abgabe der Zusammenfassenden Meldung verpflichtet sind. Diese Angaben dürfen nur zur Sicherstellung der Abgabe der Zusammenfassenden Meldung verarbeitet werden. Das Bundeszentralamt für Steuern übermittelt den Landesfinanzbehörden die Angaben aus den Zusammenfassenden Meldungen, soweit diese für steuerliche Kontrollen benötigt werden.

(6) Eine innergemeinschaftliche Warenlieferung im Sinne dieser Vorschrift ist

1. *eine innergemeinschaftliche Lieferung im Sinne des § 6a Absatz 1 mit Ausnahme der Lieferungen neuer Fahrzeuge an Abnehmer ohne Umsatzsteuer-Identifikationsnummer;*
2. *eine innergemeinschaftliche Lieferung im Sinne des § 6a Absatz 2;*
3. *eine Beförderung oder Versendung im Sinne des § 6b Absatz 1 oder 4 oder ein Erwerberwechsel nach § 6b Absatz 5.*

(7) Die Zusammenfassende Meldung muss folgende Angaben enthalten:

1. *für innergemeinschaftliche Warenlieferungen im Sinne des Absatzes 6 Nummer 1:*

   a) die Umsatzsteuer-Identifikationsnummer jedes Erwerbers, die ihm in einem anderen Mitgliedstaat erteilt worden ist und unter der die innergemeinschaftlichen Warenlieferungen an ihn ausgeführt worden sind, und

   b) für jeden Erwerber die Summe der Bemessungsgrundlagen der an ihn ausgeführten innergemeinschaftlichen Warenlieferungen;

2. *für innergemeinschaftliche Warenlieferungen im Sinne des Absatzes 6 Nummer 2:*

   a) die Umsatzsteuer-Identifikationsnummer des Unternehmers in den Mitgliedstaaten, in die er Gegenstände verbracht hat, und

   b) die darauf entfallende Summe der Bemessungsgrundlagen;

2a. *für Beförderungen oder Versendungen oder einen Erwerberwechsel im Sinne des Absatzes 6 Nummer 3:*

   a) in den Fällen des § 6b Absatz 1 die Umsatzsteuer-Identifikationsnummer des Erwerbers im Sinne des § 6b Absatz 1 Nummer 1 und 3,

   b) in den Fällen des § 6b Absatz 4 die Umsatzsteuer-Identifikationsnummer des ursprünglich vorgesehenen Erwerbers im Sinne des § 6b Absatz 1 Nummer 1 und 3 oder

c) in den Fällen des § 6b Absatz 5 die Umsatzsteuer-Identifikationsnummer des ursprünglich vorgesehenen Erwerbers im Sinne des § 6b Absatz 1 Nummer 1 und 3 sowie die des neuen Erwerbers;

3. für im übrigen Gemeinschaftsgebiet ausgeführte steuerpflichtige sonstige Leistungen im Sinne des § 3a Absatz 2, für die der in einem anderen Mitgliedstaat ansässige Leistungsempfänger die Steuer dort schuldet:

a) die Umsatzsteuer-Identifikationsnummer jedes Leistungsempfängers, die ihm in einem anderen Mitgliedstaat erteilt worden ist und unter der die steuerpflichtigen sonstigen Leistungen an ihn erbracht wurden,

b) für jeden Leistungsempfänger die Summe der Bemessungsgrundlagen der an ihn erbrachten steuerpflichtigen sonstigen Leistungen und

c) einen Hinweis auf das Vorliegen einer im übrigen Gemeinschaftsgebiet ausgeführten steuerpflichtigen sonstigen Leistung im Sinne des § 3a Absatz 2, für die der in einem anderen Mitgliedstaat ansässige Leistungsempfänger die Steuer dort schuldet;

4. für Lieferungen im Sinne des § 25b Absatz 2:

a) die Umsatzsteuer-Identifikationsnummer eines jeden letzten Abnehmers, die diesem in dem Mitgliedstaat erteilt worden ist, in dem die Versendung oder Beförderung beendet worden ist,

b) für jeden letzten Abnehmer die Summe der Bemessungsgrundlagen der an ihn ausgeführten Lieferungen und

c) einen Hinweis auf das Vorliegen eines innergemeinschaftlichen Dreiecksgeschäfts.

§ 16 Absatz 6 und § 17 sind sinngemäß anzuwenden.

(8) Die Angaben nach Absatz 7 Satz 1 Nummer 1 und 2 sind für den Meldezeitraum zu machen, in dem die Rechnung für die innergemeinschaftliche Warenlieferung ausgestellt wird, spätestens jedoch für den Meldezeitraum, in dem der auf die Ausführung der innergemeinschaftlichen Warenlieferung folgende Monat endet. Die Angaben nach Absatz 7 Satz 1 Nummer 3 und 4 sind für den Meldezeitraum zu machen, in dem die im übrigen Gemeinschaftsgebiet steuerpflichtige sonstige Leistung im Sinne des § 3a Absatz 2, für die der in einem anderen Mitgliedstaat ansässige Leistungsempfänger die Steuer dort schuldet, und die Lieferungen nach § 25b Absatz 2 ausgeführt worden sind.

(9) Hat das Finanzamt den Unternehmer von der Verpflichtung zur Abgabe der Voranmeldungen und Entrichtung der Vorauszahlungen befreit (§ 18 Absatz 2 Satz 3), kann er die Zusammenfassende Meldung abweichend von den Absätzen 1 und 2 bis zum 25. Tag nach Ablauf jedes Kalenderjahres abgeben, in dem er innergemeinschaftliche Warenlieferungen ausgeführt hat oder im übrigen Gemeinschaftsgebiet steuerpflichtige sonstige Leistungen im Sinne des § 3a Absatz 2 ausgeführt hat, für die der in einem anderen Mitgliedstaat ansässige Leistungsempfänger die Steuer dort schuldet, wenn

1. *die Summe seiner Lieferungen und sonstigen Leistungen im vorangegangenen Kalenderjahr 200 000 Euro nicht überstiegen hat und im laufenden Kalenderjahr voraussichtlich nicht übersteigen wird,*
2. *die Summe seiner innergemeinschaftlichen Warenlieferungen oder im übrigen Gemeinschaftsgebiet ausgeführten steuerpflichtigen Leistungen im Sinne des § 3a Absatz 2, für die der in einem anderen Mitgliedstaat ansässige Leistungsempfänger die Steuer dort schuldet, im vorangegangenen Kalenderjahr 15 000 Euro nicht überstiegen hat und im laufenden Kalenderjahr voraussichtlich nicht übersteigen wird und*
3. *es sich bei den in Nummer 2 bezeichneten Warenlieferungen nicht um Lieferungen neuer Fahrzeuge an Abnehmer mit Umsatzsteuer-Identifikationsnummer handelt.*

Absatz 8 gilt entsprechend.

(10) Erkennt der Unternehmer nachträglich, dass eine von ihm abgegebene Zusammenfassende Meldung unrichtig oder unvollständig ist, so ist er verpflichtet, die ursprüngliche Zusammenfassende Meldung innerhalb eines Monats zu berichtigen.

(11) Auf die Zusammenfassende Meldung sind mit Ausnahme von § 152 der Abgabenordnung ergänzend die für Steuererklärungen geltenden Vorschriften der Abgabenordnung anzuwenden.

(12) Zur Erleichterung und Vereinfachung der Abgabe und Verarbeitung der Zusammenfassenden Meldung kann das Bundesministerium der Finanzen durch Rechtsverordnung mit Zustimmung des Bundesrates bestimmen, dass die Zusammenfassende Meldung auf maschinell verwertbaren Datenträgern oder durch Datenfernübertragung übermittelt werden kann. Dabei können insbesondere geregelt werden:

1. *die Voraussetzungen für die Anwendung des Verfahrens;*
2. *das Nähere über Form, Inhalt, Verarbeitung und Sicherung der zu übermittelnden Daten;*
3. *die Art und Weise der Übermittlung der Daten;*
4. *die Zuständigkeit für die Entgegennahme der zu übermittelnden Daten;*
5. *die Mitwirkungspflichten Dritter bei der Verarbeitung der Daten;*
6. *der Umfang und die Form der für dieses Verfahren erforderlichen besonderen Erklärungspflichten des Unternehmers.*

Zur Regelung der Datenübermittlung kann in der Rechtsverordnung auf Veröffentlichungen sachverständiger Stellen verwiesen werden; hierbei sind das Datum der Veröffentlichung, die Bezugsquelle und eine Stelle zu bezeichnen, bei der die Veröffentlichung archivmäßig gesichert niedergelegt ist.

7.8.3 Vorsteuervergütungsverfahren

Im **Gemeinschaftsgebiet** der EU ist die Vergütung der im Ausland gezahlten Vorsteuer möglich. Der **Vergütungsantrag** ist **bis zum 30. September** des auf das Jahr der Ausstellung der Rechnung folgenden Kalenderjahres zu stellen (Art. 15 der RL 2008/9/EG).

Im Drittland ist der Vergütungsantrag **bis zum 30. Juni** des auf das Jahr der Ausstellung der Rechnung folgenden Kalenderjahres zu stellen (§ 61a Abs. 2 UStDV).

Die nachfolgende Tabelle zeigt die Umsatzsteuersätze in der EU zum 1.12.2023. Die aktuellen Steuersätze leiten sich aus vielen Länderregelungen her und sind im Einzelfall zu prüfen.

Mitgliedstaaten	Abk.	Stark ermäßigter Satz	Ermäßigter Satz	Normalsatz	Zwischensatz
Belgien	BE	–	6	21	12
Bulgarien	BG	–	9	20	–
Tschechische Republik	CZ	–	10/15	21	–
Dänemark	DK	–	–	25	–
Deutschland	DE	–	7	19	–
Estland	EE	–	5/9	22	–
Griechenland	EL		6/13	24	–
Spanien	ES	4	10	21	–
Frankreich	FR	2,1	5,5/10	20	–
Kroatien	HR	-	5/13	25	-
Irland	IE	4,8	9/13,5	23	13,5
Italien	IT	4	5/10	22	–
Zypern	CY	–	3/5/9	19	–
Lettland	LV	–	5/12	21	–
Litauen	LT	–	5/9	21	–
Luxemburg	LU	3	8/14	17	14
Ungarn	HU	–	5/9/18	27	–
Malta	MT	–	5/7	18	12
Niederlande	NL	–	9	21	–
Österreich	AT	–	10/13	20	13
Polen	PL		5/8	23	-
Portugal	PT	–	6/13	23	13
Rumänien	RO	–	5/9	19	–
Slowenien	SI	–	5/9,5	22	–
Slowakische Republik	SK	–	10	20	–
Finnland	FI	–	10/14	24	–
Schweden	SE	–	6/12	25	–

Anmerkung: Steuerbefreiungen mit Vorsteuerabzugsrecht (Nullsatz) sind hier nicht aufgeführt.

Anträge auf Vorsteuervergütung von ausländischen Unternehmern aus Drittstaaten müssen ab dem 1.7.2016 ausschließlich auf elektronischem Weg über das Online-Portal des Bundeszentralamtes für Steuern (BZSt) eingereicht werden.

7.9 Besteuerungszeitpunkt (Soll-/Istbesteuerung)

Die Steuerpflicht und damit Zahlungspflicht entsteht mit Ablauf des Voranmeldungszeitraums in dem die Leistung ausgeführt wird; demnach mit Leistungserfüllung. Die Zahlung oder Rechnungsstellung muss also noch nicht erfolgt sein. Daher ist es für den Unternehmer hinsichtlich der Umsatzbesteuerung vorteilhaft, die sog. Istbesteuerung gem. § 20 Abs. 1 UStG anzuwenden, weil dann erst mit Zahlungseingang die Steuer entsteht.

Unter folgenden Voraussetzungen soll die Ist-Versteuerung vom FA gestattet werden:

- **Auf Antrag** des Steuerpflichtigen;
- entweder darf die **Gesamtumsatzhöchstgrenze** von **600.000 EUR (ab 2024 planmäßig 800.000 EUR)** nicht überschritten werden oder
- der **Unternehmer** muss von der Verpflichtung, **Bücher zu führen** und aufgrund jährlicher Bestandsaufnahmen regelmäßig **Abschlüsse zu machen,** nach § 148 AO **befreit sein** oder
- der Unternehmer führt Umsätze aus einer Tätigkeit als **Angehöriger eines freien Berufs nach § 18 Abs. 1 Nr. 1 EStG** aus.

Gesetzestext (Auszug) § 20 UStG

> ***§ 20 Berechnung der Steuer nach vereinnahmten Entgelten***
>
> *Das Finanzamt kann auf Antrag gestatten, dass ein Unternehmer,*
>
> 1. *dessen Gesamtumsatz (§ 19 Abs. 3) im vorangegangenen Kalenderjahr nicht mehr als 600 000 Euro betragen hat, oder*
> 2. *der von der Verpflichtung, Bücher zu führen und auf Grund jährlicher Bestandsaufnahmen regelmäßig Abschlüsse zu machen, nach § 148 der Abgabenordnung befreit ist, oder*
> 3. *soweit er Umsätze aus einer Tätigkeit als Angehöriger eines freien Berufs im Sinne des § 18 Abs. 1 Nr. 1 des Einkommensteuergesetzes ausführt, oder*
> 4. *der eine juristische Person des öffentlichen Rechts ist, soweit er nicht freiwillig Bücher führt und auf Grund jährlicher Bestandsaufnahmen regelmäßig Abschlüsse macht oder hierzu gesetzlich verpflichtet ist,*
>
> *die Steuer nicht nach den vereinbarten Entgelten (§ 16 Abs. 1 Satz 1), sondern nach den vereinnahmten Entgelten berechnet. Erstreckt sich die Befreiung nach Satz 1 Nr. 2 nur auf einzelne Betriebe des Unternehmers und liegt die Voraussetzung nach Satz 1 Nr. 1 nicht vor, so ist die Erlaubnis zur Berechnung der Steuer nach den vereinnahmten Entgelten auf diese Betriebe zu beschränken. Wechselt der Unternehmer die Art der Steuerberechnung, so dürfen Umsätze nicht doppelt erfasst werden oder unversteuert bleiben.*

7.10 Ausstellung von Rechnungen

Vgl. Kapitel 7.4.1 „Vorsteuerabzug, Anforderungen an eine Rechnung“, S. 313.

Aktuell: Zum Zeitpunkt des Vorsteuerabzuges gilt nach jüngster Rechtsprechung und BMF-Schreiben v. 18.9.2020, III C 2 – S 7286-a/19/10001 :001 folgendes (Teilzitat):

Bei objektivem Nachweis (keine ordnungsmäßige Rechnung)

Der Vorsteuerabzug nach den unter den Randnummern 9 bis 13 – des BMF-Schreibens – genannten Voraussetzungen ist in dem Zeitpunkt zu gewähren, in dem die Leistung bezogen wurde und eine Rechnung mit offen ausgewiesener Umsatzsteuer vorlag.

Bei einer berichtigten Rechnung mit Rückwirkung

Wird eine Rechnung nach § 31 Abs. 5 UStDV mit Rückwirkung berichtigt, ist das Recht auf Vorsteuerabzug grundsätzlich für den Besteuerungszeitraum auszuüben, in dem die Leistung bezogen wurde und die ursprüngliche Rechnung vorlag.

Abweichend hiervon kann bei einem zu niedrigen Steuerausweis in der ursprünglichen Rechnung das Recht auf Vorsteuerabzug in einer bestimmten Höhe erst dann ausgeübt werden, wenn der Leistungsempfänger im Besitz einer Rechnung ist, die einen Steuerbetrag in dieser Höhe ausweist (vgl. Rn. 25 bis 27 des BMF-Schreibens).

Bei Storno und Neuerteilung einer Rechnung

Die Stornierung einer Rechnung und ihre Neuerteilung kann Rückwirkung entfalten (Rn. 14 des BMF-Schreibens). Dann gelten die Ausführungen zu Rn. 29. Ansonsten kann das Recht auf Vorsteuerabzug erst für den Besteuerungszeitraum der Neuerteilung ausgeübt werden. Der Unternehmer ist dann nachweispflichtig dafür, dass aus der ursprünglichen Rechnung kein Vorsteuerabzug geltend bzw. ein solcher aufgrund des Stornos rückgängig gemacht worden ist.

Bei Rechnungen im Sinne von § 14c UStG

Die Berichtigung einer nach § 14c Abs. 1 UStG geschuldeten Umsatzsteuer entfaltet keine Rückwirkung, sondern unterliegt den Vorgaben des Abschnitts 17.1 Abs. 10 UStAE.

8 Bewertung

Inhalt

8.1 Kapitalwert einer lebenslänglichen Nutzung oder Leistung (Rente)

Der Kapitalwert ist nach der am 14.11.2022 veröffentlichten Sterbetafel 2019/2021 des Statistischen Bundesamtes unter Berücksichtigung von Zwischenzinsen und Zinseszinsen mit 5,5 Prozent errechnet worden. Der Kapitalwert der Tabelle ist der Mittelwert zwischen dem Kapitalwert für jährlich vorschüssige und jährlich nachschüssige Zahlungsweise. Gültig für Bewertungsstichtage ab dem 1.1.2023.

Vollendetes Lebensalter	Männer		Frauen	
	Durchschnittliche Lebenserwartung	Kapitalwert	Durchschnittliche Lebenserwartung	Kapitalwert
0	78,54	18,403	83,38	18,467
1	77,80	18,392	82,62	18,458
2	76,81	18,376	81,64	18,446
3	75,82	18,359	80,65	18,433
4	74,83	18,342	79,65	18,419
5	73,84	18,323	78,66	18,405
6	72,15	18,304	77,67	18,390
7	71,85	18,283	76,67	18,374
8	70,86	18,261	75,68	18,357
9	69,86	18,238	74,68	18,339
10	68,87	18,214	73,68	18,320
11	67,87	18,188	72,69	18,301
12	66,88	18,161	71,60	18,280
13	65,88	18,133	70,70	18,258
14	64,89	18,103	69,70	18,234
15	63,90	18,071	68,71	18,210
16	62,91	18,038	67,72	18,184
17	61,92	18,003	66,73	18,157
18	60,94	17,967	65,74	18,129
19	59,96	17,928	64,75	18,099
20	58,99	17,888	63,76	18,067
21	58,01	17,845	62,77	18,033
22	57,03	17,800	61,78	17,998
23	56,06	17,753	60,79	17,961
24	55,08	17,703	59,80	17,922
25	54,10	17,650	58,81	17,880
26	53,13	17,595	57,82	17,837
27	52,15	17,537	56,83	17,791
28	51,17	17,475	55,84	17,742
29	50,20	17,411	54,85	17,691

Vollendetes Lebensalter	Männer		Frauen	
	Durchschnittliche Lebenserwartung	Kapitalwert	Durchschnittliche Lebenserwartung	Kapitalwert
30	49,22	17,342	53,87	17,638
31	48,25	17,271	52,88	17,581
32	47,28	17,196	51,90	17,521
33	46,30	17,116	50,91	17,458
34	45,33	17,032	49,93	17,392
35	44,37	16,945	48,95	17,323
36	43,40	16,853	47,97	17,250
37	42,44	16,756	47,00	17,173
38	41,48	16,665	46,02	17,092
39	40,53	16,549	45,05	17,007
40	39,57	16,436	44,07	16,917
41	38,62	16,319	43,10	16,823
42	37,68	16,197	42,13	16,724
43	36,73	16,068	41,17	16,621
44	35,79	15,933	40,20	16,511
45	34,85	15,791	39,24	16,396
46	33,92	15,643	38,28	16,276
47	32,99	15,488	37,33	16,150
48	32,07	15,327	36,38	16,018
49	31,15	15,157	35,43	15,879
50	30,25	14,983	34,49	15,734
51	29,35	14,801	33,55	15,582
52	28,45	14,609	32,62	15,424
53	27,56	14,410	31,69	15,258
54	26,69	14,207	30,77	15,085
55	25,82	13,993	29,85	14,903
56	24,96	13,772	28,94	14,715
57	24,12	13,546	28,04	14,519
58	23,28	13,310	27,14	14,313
59	22,46	13,069	26,25	14,100
60	21,66	12,824	25,37	13,879
61	20,86	12,567	24,50	13,650
62	20,08	12,306	23,64	13,413
63	19,32	12,042	22,78	13,164
64	18,57	11,770	21,93	12,908
65	17,83	11,490	21,09	12,642
66	17,11	11,208	20,26	12,368
67	16,40	10,918	19,43	12,081

Vollendetes Lebensalter	Männer		Frauen	
	Durchschnittliche Lebenserwartung	Kapitalwert	Durchschnittliche Lebenserwartung	Kapitalwert
68	15,70	10,621	18,62	11,788
69	15,01	10,318	17,81	11,482
70	14,33	10,008	17,01	11,167
71	13,66	9,691	16,22	10,843
72	13,00	9,368	15,44	10,508
73	12,35	9,038	14,68	10,169
74	11,70	8,696	13,92	9,815
75	11,07	8,354	13,17	9,452
76	10,45	8,005	12,44	9,084
77	9,84	7,651	11,71	8,702
78	9,25	7,297	11,00	8,315
79	8,66	6,931	10,29	7,913
80	8,09	6,567	9,61	7,514
81	7,53	6,199	8,95	7,112
82	7,00	5,839	8,30	6,703
83	6,49	5,484	7,68	6,298
84	6,00	5,133	7,10	5,908
85	5,54	4,795	6,54	5,519
86	5,11	4,472	6,02	5,147
87	4,71	4,164	5,54	4,795
88	4,33	3,866	5,08	4,449
89	3,99	3,593	4,66	4,125
90	3,67	3,333	4,28	3,826
91	3,39	3,101	3,93	3,545
92	3,13	2,882	3,61	3,283
93	2,90	2,687	3,33	3,051
94	2,69	2,506	3,07	2,832
95	2,50	2,340	2,84	2,635
96	2,33	2,191	2,63	2,454
97	2,19	2,067	2,45	2,297
98	2,05	1,1942	2,30	2,1665
99	1,93	1,834	2,17	2,049
100	1,82	1,735	2,03	1,924
und darüber				

Quelle: BMF v. 14.11.2022, IV C 7 – S 3104/19/10001 :008

Für Stichtage ab 1.1.2024 sind die Vervielfältiger nach BMF, Schreiben v. 1.12.2023, IV D 4 – S 3104/19/100001 :009 anzuwenden.

8.2 Kapitalwert einer wiederkehrenden, zeitlich beschränkten Nutzung oder Leistung

Der **Kapitalwert** ist unter Berücksichtigung von Zwischenzinsen und Zinseszinsen mit 5,5 % errechnet worden. Er ist der Mittelwert zwischen dem **Kapitalwert** für jährlich vorschüssige und jährlich nachschüssige Zahlungsweise.

Laufzeit in Jahren	Kapitalwert	Laufzeit in Jahren	Kapitalwert	Laufzeit in Jahren	Kapitalwert	Laufzeit in Jahren	Kapitalwert
1	0,974	27	14,28	53	17,588	79	18,41
2	1,897	28	14,51	54	17,645	80	18,424
3	2,772	29	14,727	55	17,699	81	18,437
4	3,602	30	14,933	56	17,75	82	18,45
5	4,388	31	15,129	57	17,799	83	18,462
6	5,133	32	15,314	58	17,845	84	18,474
7	5,839	33	15,49	59	17,888	85	18,485
8	6,509	34	15,656	60	17,93	86	18,495
9	7,143	35	15,814	61	17,969	87	18,505
10	7,745	36	15,963	62	18,006	88	18,514
11	8,315	37	16,105	63	18,041	89	18,523
12	8,856	38	16,239	64	18,075	90	18,531
13	9,368	39	16,367	65	18,106	91	18,539
14	9,853	40	16,487	66	18,136	92	18,546
15	10,314	41	16,602	67	18,165	93	18,553
16	10,75	42	16,71	68	18,192	94	18,56
17	11,163	43	16,813	69	18,217	95	18,566
18	11,555	44	16,91	70	18,242	96	18,572
19	11,927	45	17,003	71	18,264	97	18,578
20	12,279	46	17,09	72	18,286	98	18,583
21	12,613	47	17,173	73	18,307	99	18,589
22	12,929	48	17,252	74	18,326	100	18,593
23	13,229	49	17,326	75	18,345	101	18,598
24	13,513	50	17,397	76	18,362	mehr als 101	18,6
25	13,703	51	17,464	77	18,379		
26	14,038	52	17,528	78	18,395		

9 Erbschaft- und Schenkungsteuer

Inhalt

Eine umfassende Erbschaftsteuerreform fand aufgrund der Vorgaben des BVerfG zum 1.1.2009 statt. Das Bundesverfassungsgericht hat mit Urteil v. 17.12.2014 (1 BvL 21/12) die derzeitige Privilegierung vom Betriebsvermögen für verfassungswidrig erklärt. Die derzeitige Regelung ist jedoch bis spätestens 30.6.2016 durch den Gesetzgeber verfassungskonform zu gestalten. Das ist geschehen und nachfolgende Regelung gelten.

9.1 Bewertung

Die Bewertung erfolgt allgemein mit dem gemeinen Wert. Besonderheiten ergeben sich insbesondere bei

- land- und forstwirtschaftlichem Vermögen nach §§ 158 ff. BewG;
- Grundvermögen nach §§ 176 BewG;
- Betriebsvermögen nach dem gemeinen Wert, Untergrenze Substanzwert (Verschonungsregel beachten!).

9.2 Verschonungsregelung für Betriebsvermögen

Die Verschonungsregelung des Betriebsvermögens folgt verschiedenen Konzepten. Die Komplexität des Regelungsinhaltes verbietet eine detaillierte Auseinandersetzung an dieser Stelle. Die wesentlichen Regelungen finden sich in §§ 13a, 13b, 13c ErbStG.

Gesetzestext (Auszug) § 13a ErbStG

§ 13a Steuerbefreiung für Betriebsvermögen, Betriebe der Land- und Forstwirtschaft und Anteile an Kapitalgesellschaften

(1) Begünstigtes Vermögen im Sinne des § 13b Absatz 2 bleibt vorbehaltlich der folgenden Absätze zu 85 Prozent steuerfrei (Verschonungsabschlag), wenn der Erwerb begünstigten Vermögens im Sinne des § 13b Absatz 2 zuzüglich der Erwerbe im Sinne des Satzes 2 insgesamt 26 Millionen Euro nicht übersteigt. Bei mehreren Erwerben begünstigten Vermögens im Sinne des § 13b Absatz 2 von derselben Person innerhalb von zehn Jahren werden bei der Anwendung des Satzes 1 die früheren Erwerbe nach ihrem früheren Wert dem letzten Erwerb hinzugerechnet. Wird die Grenze von 26 Millionen Euro durch mehrere innerhalb von zehn Jahren von derselben Person anfallende Erwerbe überschritten, entfällt die Steuerbefreiung für die bis dahin nach Satz 1 oder Absatz 10 als steuerfrei behandelten früheren Erwerbe mit Wirkung für die Vergangenheit. Die Festsetzungsfrist für die Steuer der früheren Erwerbe endet nicht vor dem Ablauf des vierten Jahres, nachdem das für die Erbschaftsteuer zuständige Finanzamt von dem letzten Erwerb Kenntnis erlangt.

(2) Der nach Anwendung des Absatzes 1 verbleibende Teil des begünstigten Vermögens bleibt außer Ansatz, soweit der Wert dieses Vermögens insgesamt 150 000 Euro nicht übersteigt (Abzugsbetrag). Der Abzugsbetrag von 150 000 Euro verringert sich, soweit der Wert dieses Vermögens insgesamt die Wertgrenze von 150 000 Euro übersteigt, um 50 Prozent des diese Wertgrenze übersteigenden Betrags. Der Abzugsbetrag kann innerhalb von zehn Jahren für von derselben Person anfallende Erwerbe begünstigten Vermögens nur einmal berücksichtigt werden.

(3) Voraussetzung für die Gewährung des Verschonungsabschlags nach Absatz 1 ist, dass die Summe der maßgebenden jährlichen Lohnsummen (Sätze 6 bis 13) des Betriebs, bei Beteiligungen an einer Personengesellschaft oder Anteilen an einer Kapitalgesellschaft des Betriebs der jeweiligen Gesellschaft innerhalb von fünf Jahren nach dem Erwerb (Lohnsummenfrist) insgesamt 400 Prozent der Ausgangslohnsumme nicht unterschreitet (Mindestlohnsumme). Ausgangslohnsumme ist die durchschnittliche Lohnsumme der letzten fünf vor dem Zeitpunkt der Entstehung der Steuer (§ 9) endenden Wirtschaftsjahre. Satz 1 ist nicht anzuwenden, wenn

1. *die Ausgangslohnsumme 0 Euro beträgt oder*

2. *der Betrieb unter Einbeziehung der in den Sätzen 11 bis 13 genannten Beteiligungen und Gesellschaften sowie der nach Maßgabe dieser Bestimmung anteilig einzubeziehenden Beschäftigten nicht mehr als fünf Beschäftigte hat.*

An die Stelle der Mindestlohnsumme von 400 Prozent tritt bei

1. *mehr als fünf, aber nicht mehr als zehn Beschäftigten eine Mindestlohnsumme von 250 Prozent,*
2. *mehr als zehn, aber nicht mehr als 15 Beschäftigten eine Mindestlohnsumme von 300 Prozent.*

Unterschreitet die Summe der maßgebenden jährlichen Lohnsummen die Mindestlohnsumme, vermindert sich der nach Absatz 1 zu gewährende Verschonungsabschlag mit Wirkung für die Vergangenheit in demselben prozentualen Umfang, wie die Mindestlohnsumme unterschritten wird. Die Lohnsumme umfasst alle Vergütungen (Löhne und Gehälter und andere Bezüge und Vorteile), die im maßgebenden Wirtschaftsjahr an die auf den Lohn- und Gehaltslisten erfassten Beschäftigten gezahlt werden. Außer Ansatz bleiben Vergütungen an solche Beschäftigte,

1. *die sich im Mutterschutz im Sinne des Mutterschutzgesetzes in der Fassung der Bekanntmachung vom 20. Juni 2002 (BGBl. I S. 2318), das zuletzt durch Artikel 6 des Gesetzes vom 23. Oktober 2012 (BGBl. I S. 2246) geändert worden ist, befinden oder*
2. *die sich in einem Ausbildungsverhältnis befinden oder*
3. *die Krankengeld im Sinne des § 44 des Fünften Buches Sozialgesetzbuch – Gesetzliche Krankenversicherung – (Artikel 1 des Gesetzes vom 20. Dezember 1988, BGBl. I S. 2477, 2482), das zuletzt durch Artikel 3 des Gesetzes vom 30. Mai 2016 (BGBl. I S. 1254) geändert worden ist, beziehen oder*
4. *die Elterngeld im Sinne des Bundeselterngeld- und Elternzeitgesetzes in der Fassung der Bekanntmachung vom 27. Januar 2015 (BGBl. I S. 33) beziehen oder*
5. *die nicht ausschließlich oder überwiegend in dem Betrieb tätig sind (Saisonarbeiter);*

diese im Zeitpunkt der Entstehung der Steuer (§ 9) einem Betrieb zuzurechnenden Beschäftigten bleiben bei der Anzahl der Beschäftigten des Betriebs im Sinne der Sätze 3 und 4 unberücksichtigt. Zu den Vergütungen zählen alle Geld- oder Sachleistungen für die von den Beschäftigten erbrachte Arbeit, unabhängig davon, wie diese Leistungen bezeichnet werden und ob es sich um regelmäßige oder unregelmäßige Zahlungen handelt. Zu den Löhnen und Gehältern gehören alle von den Beschäftigten zu entrichtenden Sozialbeiträge, Einkommensteuern und Zuschlagsteuern auch dann, wenn sie vom Arbeitgeber einbehalten und von ihm im Namen des Beschäftigten direkt an den Sozialversicherungsträger und die Steuerbehörde abgeführt werden. Zu den Löhnen und Gehältern zählen alle von den Beschäftigten empfangenen Sondervergütungen, Prämien, Gratifikationen, Abfin-

dungen, Zuschüsse zu Lebenshaltungskosten, Familienzulagen, Provisionen, Teilnehmergebühren und vergleichbare Vergütungen. Gehören zum Betriebsvermögen des Betriebs, bei Beteiligungen an einer Personengesellschaft und Anteilen an einer Kapitalgesellschaft des Betriebs der jeweiligen Gesellschaft, unmittelbar oder mittelbar Beteiligungen an Personengesellschaften, die ihren Sitz oder ihre Geschäftsleitung im Inland, in einem Mitgliedstaat der Europäischen Union oder in einem Staat des Europäischen Wirtschaftsraums haben, sind die Lohnsummen und die Anzahl der Beschäftigten dieser Gesellschaften einzubeziehen zu dem Anteil, zu dem die unmittelbare oder mittelbare Beteiligung besteht. Satz 11 gilt für Anteile an Kapitalgesellschaften entsprechend, wenn die unmittelbare oder mittelbare Beteiligung mehr als 25 Prozent beträgt. Im Fall einer Betriebsaufspaltung sind die Lohnsummen und die Anzahl der Beschäftigten der Besitzgesellschaft und der Betriebsgesellschaft zusammenzuzählen.

(4) Das für die Bewertung der wirtschaftlichen Einheit örtlich zuständige Finanzamt im Sinne des § 152 Nummer 1 bis 3 des Bewertungsgesetzes stellt die Ausgangslohnsumme, die Anzahl der Beschäftigten und die Summe der maßgebenden jährlichen Lohnsummen gesondert fest, wenn diese Angaben für die Erbschaftsteuer oder eine andere Feststellung im Sinne dieser Vorschrift von Bedeutung sind. Bei Anteilen an Kapitalgesellschaften, die nach § 11 Absatz 1 des Bewertungsgesetzes zu bewerten sind, trifft die Feststellungen des Satzes 1 das örtlich zuständige Finanzamt entsprechend § 152 Nummer 3 des Bewertungsgesetzes. Die Entscheidung über die Bedeutung trifft das Finanzamt, das für die Festsetzung der Erbschaftsteuer oder die Feststellung nach § 151 Absatz 1 Satz 1 Nummer 1 bis 3 des Bewertungsgesetzes zuständig ist. § 151 Absatz 3 und die §§ 152 bis 156 des Bewertungsgesetzes sind auf die Sätze 1 bis 3 entsprechend anzuwenden.

(5) Ein Erwerber kann den Verschonungsabschlag (Absatz 1) und den Abzugsbetrag (Absatz 2) nicht in Anspruch nehmen, soweit er begünstigtes Vermögen im Sinne des § 13b Absatz 2 auf Grund einer letztwilligen Verfügung des Erblassers oder einer rechtsgeschäftlichen Verfügung des Erblassers oder Schenkers auf einen Dritten übertragen muss. Gleiches gilt, wenn ein Erbe im Rahmen der Teilung des Nachlasses begünstigtes Vermögen im Sinne des § 13b Absatz 2 auf einen Miterben überträgt. Überträgt ein Erbe erworbenes begünstigtes Vermögen im Sinne des § 13b Absatz 2 im Rahmen der Teilung des Nachlasses auf einen Dritten und gibt der Dritte dabei diesem Erwerber nicht begünstigtes Vermögen hin, das er vom Erblasser erworben hat, erhöht sich insoweit der Wert des begünstigten Vermögens des Dritten um den Wert des hingegebenen Vermögens, höchstens jedoch um den Wert des übertragenen Vermögens.

(6) Der Verschonungsabschlag (Absatz 1) und der Abzugsbetrag (Absatz 2) fallen nach Maßgabe des Satzes 2 mit Wirkung für die Vergangenheit weg, soweit der Erwerber innerhalb von fünf Jahren (Behaltensfrist)

1. *einen Gewerbebetrieb oder einen Teilbetrieb, eine Beteiligung an einer Gesellschaft im Sinne des § 97 Absatz 1 Satz 1 Nummer 5 Satz 1 des Bewertungsgesetzes, einen Anteil eines persönlich haftenden Gesellschafters einer Kommanditgesellschaft auf Aktien oder einen Anteil daran veräußert; als*

Veräußerung gilt auch die Aufgabe des Gewerbebetriebs. Gleiches gilt, wenn wesentliche Betriebsgrundlagen eines Gewerbebetriebs veräußert oder in das Privatvermögen überführt oder anderen betriebsfremden Zwecken zugeführt werden oder wenn Anteile an einer Kapitalgesellschaft veräußert werden, die der Veräußerer durch eine Sacheinlage (§ 20 Absatz 1 des Umwandlungssteuergesetzes vom 7. Dezember 2006 (BGBl. I S. 2782, 2791), zuletzt geändert durch Artikel 6 des Gesetzes vom 2. November 2015 (BGBl. I S. 1834), in der jeweils geltenden Fassung) aus dem Betriebsvermögen im Sinne des § 13b erworben hat oder wenn eine Beteiligung an einer Gesellschaft im Sinne des § 97 Absatz 1 Satz 1 Nummer 5 Satz 1 des Bewertungsgesetzesoder ein Anteil daran veräußert wird, den der Veräußerer durch eine Einbringung des Betriebsvermögens im Sinne des § 13b in eine Personengesellschaft (§ 24 Absatz 1 des Umwandlungssteuergesetzes) erworben hat;

2. *das land- und forstwirtschaftliche Vermögen im Sinne des § 168 Absatz 1 Nummer 1 des Bewertungsgesetzes und selbst bewirtschaftete Grundstücke im Sinne des § 159 des Bewertungsgesetzes veräußert. Gleiches gilt, wenn das land- und forstwirtschaftliche Vermögen einem Betrieb der Land- und Forstwirtschaft nicht mehr dauernd zu dienen bestimmt ist oder wenn der bisherige Betrieb innerhalb der Behaltensfrist als Stückländerei zu qualifizieren wäre oder Grundstücke im Sinne des § 159 des Bewertungsgesetzes nicht mehr selbst bewirtschaftet werden;*
3. *als Inhaber eines Gewerbebetriebs, als Gesellschafter einer Gesellschaft im Sinne des § 97 Absatz 1 Satz 1 Nummer 5 Satz 1 des Bewertungsgesetzes oder als persönlich haftender Gesellschafter einer Kommanditgesellschaft auf Aktien bis zum Ende des letzten in die Fünfjahresfrist fallenden Wirtschaftsjahres Entnahmen tätigt, die die Summe seiner Einlagen und der ihm zuzurechnenden Gewinne oder Gewinnanteile seit dem Erwerb um mehr als 150 000 Euro übersteigen; Verluste bleiben unberücksichtigt. Gleiches gilt für Inhaber eines begünstigten Betriebs der Land- und Forstwirtschaft oder eines Teilbetriebs oder eines Anteils an einem Betrieb der Land- und Forstwirtschaft. Bei Ausschüttungen an Gesellschafter einer Kapitalgesellschaft ist sinngemäß zu verfahren;*
4. *Anteile an Kapitalgesellschaften im Sinne des § 13b Absatz 1 Nummer 3 ganz oder teilweise veräußert; eine verdeckte Einlage der Anteile in eine Kapitalgesellschaft steht der Veräußerung der Anteile gleich. Gleiches gilt, wenn die Kapitalgesellschaft innerhalb der Frist aufgelöst oder ihr Nennkapital herabgesetzt wird, wenn diese wesentliche Betriebsgrundlagen veräußert und das Vermögen an die Gesellschafter verteilt wird; Satz 1 Nummer 1 Satz 2 gilt entsprechend;*
5. *im Fall des § 13b Absatz 1 Nummer 3 Satz 2 die Verfügungsbeschränkung oder die Stimmrechtsbündelung aufgehoben wird.*

Der rückwirkende Wegfall des Verschonungsabschlags beschränkt sich in den Fällen des Satzes 1 Nummer 1, 2, 4 und 5 auf den Teil, der dem Verhältnis der im Zeitpunkt der schädlichen Verfügung verbleibenden Behaltensfrist einschließlich des Jahres, in dem die Verfügung erfolgt, zur gesamten Behaltensfrist entspricht. In den Fällen des Satzes 1 Nummer 1, 2 und 4 ist von einer rückwirkenden Besteuerung abzusehen, wenn der Veräußerungserlös innerhalb der jeweils nach § 13b Absatz 1 begünstigungsfähigen Vermögensart verbleibt. Hiervon ist auszugehen, wenn der Veräußerungserlös innerhalb von sechs Monaten in entsprechendes Vermögen investiert wird, das zum begünstigten Vermögen im Sinne des § 13b Absatz 2 gehört.

(7) Der Erwerber ist verpflichtet, dem für die Erbschaftsteuer zuständigen Finanzamt innerhalb einer Frist von sechs Monaten nach Ablauf der Lohnsummenfrist das Unterschreiten der Mindestlohnsumme (Absatz 3 Satz 1) anzuzeigen. In den Fällen des Absatzes 6 ist der Erwerber verpflichtet, dem für die Erbschaftsteuer zuständigen Finanzamt den entsprechenden Sachverhalt innerhalb einer Frist von einem Monat, nachdem der jeweilige Tatbestand verwirklicht wurde, anzuzeigen. Die Festsetzungsfrist für die Steuer endet nicht vor dem Ablauf des vierten Jahres, nachdem das für die Erbschaftsteuer zuständige Finanzamt von dem Unterschreiten der Mindestlohnsumme (Absatz 3 Satz 1) oder dem Verstoß gegen die Behaltensregelungen (Absatz 6) Kenntnis erlangt. Die Anzeige ist eine Steuererklärung im Sinne der Abgabenordnung. Sie ist schriftlich abzugeben. Die Anzeige hat auch dann zu erfolgen, wenn der Vorgang zu keiner Besteuerung führt.

(8) Soweit nicht inländisches Vermögen zum begünstigten Vermögen im Sinne des § 13b Absatz 2 gehört, hat der Steuerpflichtige nachzuweisen, dass die Voraussetzungen für eine Steuerbefreiung im Zeitpunkt der Entstehung der Steuer (§ 9) und während der gesamten in den Absätzen 3 und 6 genannten Zeiträume bestehen.

(9) Für begünstigtes Vermögen im Sinne des § 13b Absatz 2 wird vor Anwendung des Absatzes 1 ein Abschlag gewährt, wenn der Gesellschaftsvertrag oder die Satzung Bestimmungen enthält, die

1. *die Entnahme oder Ausschüttung auf höchstens 37,5 Prozent des um die auf den Gewinnanteil oder die Ausschüttungen aus der Gesellschaft entfallenden Steuern vom Einkommen gekürzten Betrages des steuerrechtlichen Gewinns beschränken; Entnahmen zur Begleichung der auf den Gewinnanteil oder die Ausschüttungen aus der Gesellschaft entfallenden Steuern vom Einkommen bleiben von der Beschränkung der Entnahme oder Ausschüttung unberücksichtigt und*
2. *die Verfügung über die Beteiligung an der Personengesellschaft oder den Anteil an der Kapitalgesellschaft auf Mitgesellschafter, auf Angehörige im Sinne des § 15 der Abgabenordnung oder auf eine Familienstiftung (§ 1 Absatz 1 Nummer 4) beschränken und*
3. *für den Fall des Ausscheidens aus der Gesellschaft eine Abfindung vorsehen, die unter dem gemeinen Wert der Beteiligung an der Personengesellschaft oder des Anteils an der Kapitalgesellschaft liegt,*

und die Bestimmungen den tatsächlichen Verhältnissen entsprechen. Gelten die in Satz 1 genannten Bestimmungen nur für einen Teil des begünstigten Vermögens im Sinne des § 13b Absatz 2, ist der Abschlag nur für diesen Teil des begünstigten Vermögens zu gewähren. Die Höhe des Abschlags entspricht der im Gesellschaftsvertrag oder in der Satzung vorgesehenen prozentualen Minderung der Abfindung gegenüber dem gemeinen Wert (Satz 1 Nummer 3) und darf 30 Prozent nicht übersteigen. Die Voraussetzungen des Satzes 1 müssen zwei Jahre vor dem Zeitpunkt der Entstehung der Steuer (§ 9) vorliegen. Die Steuerbefreiung entfällt mit Wirkung für die Vergangenheit, wenn die Voraussetzungen des Satzes 1 nicht über einen Zeitraum von 20 Jahren nach dem Zeitpunkt der Entstehung der Steuer (§ 9) eingehalten werden; die §§ 13c und 28a bleiben unberührt. In den Fällen des Satzes 1

1. *ist der Erwerber verpflichtet, dem für die Erbschaftsteuer zuständigen Finanzamt die Änderungen der genannten Bestimmungen oder der tatsächlichen Verhältnisse innerhalb einer Frist von einem Monat anzuzeigen,*
2. *endet die Festsetzungsfrist für die Steuer nicht vor dem Ablauf des vierten Jahres, nachdem das für die Erbschaftsteuer zuständige Finanzamt von der Änderung einer der in Satz 1 genannten Bestimmungen oder der tatsächlichen Verhältnisse Kenntnis erlangt.*

(9a) Das für die Bewertung der wirtschaftlichen Einheit örtlich zuständige Finanzamt im Sinne des § 152 Nummer 2 und 3 des Bewertungsgesetzes stellt das Vorliegen der Voraussetzungen für den Abschlag nach Absatz 9 und dessen Höhe auf den Zeitpunkt der Entstehung der Steuer (§ 9) gesondert fest, wenn diese Angaben für die Erbschaftsteuer von Bedeutung sind. Die Entscheidung über die Bedeutung trifft das Finanzamt, das für die Festsetzung der Erbschaftsteuer zuständig ist. § 151 Absatz 3 und die §§ 152 bis 156 des Bewertungsgesetzes sind auf die Sätze 1 und 2 entsprechend anzuwenden.

(10) Der Erwerber kann unwiderruflich erklären, dass die Steuerbefreiung nach den Absätzen 1 bis 9 in Verbindung mit § 13b nach folgender Maßgabe gewährt wird:

1. *In Absatz 1 Satz 1 tritt an die Stelle des Verschonungsabschlags von 85 Prozent ein Verschonungsabschlag von 100 Prozent;*
2. *in Absatz 3 Satz 1 tritt an die Stelle der Lohnsummenfrist von fünf Jahren eine Lohnsummenfrist von sieben Jahren;*
3. *in Absatz 3 Satz 1 und 4 tritt an die Stelle der Mindestlohnsumme von 400 Prozent eine Mindestlohnsumme von 700 Prozent;*
4. *in Absatz 3 Satz 4 Nummer 1 tritt an die Stelle der Mindestlohnsumme von 250 Prozent eine Mindestlohnsumme von 500 Prozent;*
5. *in Absatz 3 Satz 4 Nummer 2 tritt an die Stelle der Mindestlohnsumme von 300 Prozent eine Mindestlohnsumme von 565 Prozent;*
6. *in Absatz 6 tritt an die Stelle der Behaltensfrist von fünf Jahren eine Behaltensfrist von sieben Jahren.*

Voraussetzung für die Gewährung der Steuerbefreiung nach Satz 1 ist, dass das begünstigungsfähige Vermögen nach § 13b Absatz 1 nicht zu mehr als 20 Prozent aus Verwaltungsvermögen nach § 13b Absatz 3 und 4 besteht. Der Anteil des Verwaltungsvermögens am gemeinen Wert des Betriebs bestimmt sich nach dem Verhältnis der Summe der gemeinen Werte der Einzelwirtschaftsgüter des Verwaltungsvermögens nach § 13b Absatz 3 und 4 zum gemeinen Wert des Betriebs.

(11) Die Absätze 1 bis 10 gelten in den Fällen des § 1 Absatz 1 Nummer 4 entsprechend.

9.3 Freibeträge

Personengruppe	Freibetrag alle 10 Jahre
Ehegatten und eingetragene Lebenspartner (Gleichstellung)	500.000 EUR
Kinder	400.000 EUR
Enkel	200.000 EUR
Weitere Abkömmlinge	100.000 EUR
Erwerber Steuerklasse II	20.000 EUR
Erwerber Steuerklasse III	20.000 EUR
Beschränkt Steuerpflichtige	2.000 EUR

Gesetzestext (Auszug) § 16 ErbStG

§ 16 Freibeträge

(1) Steuerfrei bleibt in den Fällen der unbeschränkten Steuerpflicht (§ 2 Absatz 1 Nummer 1) der Erwerb

1. *des Ehegatten und des Lebenspartners in Höhe von 500 000 Euro;*
2. *der Kinder im Sinne der Steuerklasse I Nr. 2 und der Kinder verstorbener Kinder im Sinne der Steuerklasse I Nr. 2 in Höhe von 400 000 Euro;*
3. *der Kinder der Kinder im Sinne der Steuerklasse I Nr. 2 in Höhe von 200 000 Euro;*
4. *der übrigen Personen der Steuerklasse I in Höhe von 100 000 Euro;*
5. *der Personen der Steuerklasse II in Höhe von 20 000 Euro;*
6. *(woggofallon)*
7. *der übrigen Personen der Steuerklasse III in Höhe von 20 000 Euro.*

(2) In den Fällen der beschränkten Steuerpflicht (§ 2 Absatz 1 Nummer 3) wird der Freibetrag nach Absatz 1 um einen Teilbetrag gemindert. Dieser Teilbetrag entspricht dem Verhältnis der Summe der Werte des in demselben Zeitpunkt erworbenen, nicht der beschränkten Steuerpflicht unterliegenden Vermögens und derjenigen, nicht der beschränkten Steuerpflicht unterliegenden Vermögensvorteile, die innerhalb von zehn Jahren von derselben Person angefallen sind, zum Wert des Vermögens, das insgesamt innerhalb von zehn Jahren von derselben Person angefallenen ist. Die früheren Erwerbe sind mit ihrem früheren Wert anzusetzen.

9.4 Tarif/Steuersatz

Die maßgebliche Steuer errechnet sich aus dem ‚Zusammenspiel' von Steuerklasse (vgl. Gesetzestext unten) und dem Wert des übernommenen Vermögens:

Wert des steuerlichen Erwerbs bis ... EUR	In der Steuerklasse I %	In der Steuerklasse II %	In der Steuerklasse III %
75.000	7	15	30
300.000	11	20	30
600.000	15	25	30
6.000.000	19	30	30
13.000.000	23	35	50
26.000.000	27	40	50
Über 26.000.000	30	43	50

Gesetzestext (Auszug) § 15 ErbStG

§ 15 Steuerklassen

(1) Nach dem persönlichen Verhältnis des Erwerbers zum Erblasser oder Schenker werden die folgenden drei Steuerklassen unterschieden:

Steuerklasse I:

1. *der Ehegatte und der Lebenspartner,*
2. *die Kinder und Stiefkinder,*
3. *die Abkömmlinge der in Nummer 2 genannten Kinder und Stiefkinder,*
4. *die Eltern und Voreltern bei Erwerben von Todes wegen;*

Steuerklasse II

1. *die Eltern und Voreltern, soweit sie nicht zur Steuerklasse I gehören,*
2. *die Geschwister,*
3. *die Abkömmlinge ersten Grades von Geschwistern,*
4. *die Stiefeltern,*
5. *die Schwiegerkinder,*
6. *die Schwiegereltern,*
7. *der geschiedene Ehegatte und der Lebenspartner einer aufgehobenen Lebenspartnerschaft;*

Steuerklasse III:

alle übrigen Erwerber und die Zweckzuwendungen.

(1a) Die Steuerklassen I und II Nr. 1 bis 3 gelten auch dann, wenn die Verwandtschaft durch Annahme als Kind bürgerlich-rechtlich erloschen ist.

(2) In den Fällen des § 3 Abs. 2 Nr. 1 und § 7 Abs. 1 Nr. 8 ist der Besteuerung das Verwandtschaftsverhältnis des nach der Stiftungsurkunde entferntest Berechtigten zu dem Erblasser oder Schenker zugrunde zu legen, sofern die Stiftung wesentlich im Interesse einer Familie oder bestimmter Familien im Inland errichtet ist. In den Fällen des § 7 Abs. 1 Nr. 9 Satz 1 gilt als Schenker der Stifter oder derjenige, der das Vermögen auf den Verein übertragen hat, und in den Fällen des § 7 Abs. 1 Nr. 9 Satz 2 derjenige, der die Vermögensmasse im Sinne des § 3 Abs. 2 Nr. 1 Satz 2 oder § 7 Abs. 1 Nr. 8 Satz 2 gebildet oder ausgestattet hat. In den Fällen des § 1 Abs. 1 Nr. 4 wird der doppelte Freibetrag nach § 16 Abs. 1 Nr. 2 gewährt; die Steuer ist nach dem Prozentsatz der Steuerklasse I zu berechnen, der für die Hälfte des steuerpflichtigen Vermögens gelten würde.

(3) Im Falle des § 2269 des Bürgerlichen Gesetzbuchs und soweit der überlebende Ehegatte oder der überlebende Lebenspartner an die Verfügung gebunden ist, ist auf Antrag der Versteuerung das Verhältnis des Schlusserben oder Vermächtnisnehmers zum zuerst verstorbenen Ehegatten oder dem zuerst verstorbenen Lebenspartner zugrunde zu legen, soweit sein Vermögen beim Tod des überlebenden Ehegatten oder des überlebenden Lebenspartners noch vorhanden ist. § 6 Abs. 2 Satz 3 bis 5 gilt entsprechend.

(4) Bei einer Schenkung durch eine Kapitalgesellschaft oder Genossenschaft ist der Besteuerung das persönliche Verhältnis des Erwerbers zu derjenigen unmittelbar oder mittelbar beteiligten natürlichen Person oder Stiftung zugrunde zu legen, durch die sie veranlasst ist. In diesem Fall gilt die Schenkung bei der Zusammenrechnung früherer Erwerbe (§ 14) als Vermögensvorteil, der dem Bedachten von dieser Person anfällt.

10 Grunderwerbsteuer (GrEStG)

Inhalt

10.1 Allgemeines zur Grunderwerbsteuer

Die steuerpflichtigen Rechtsvorgänge richten sich auf den mittelbaren, unmittelbaren oder fiktiven Erwerb eines Grundstücks oder auf den Eigentumsübergang als solchen und sind in § 1 Abs. 1 bis 3 GrEStG abschließend aufgezählt. Der Besteuerung unterliegt somit die Änderung des Rechts an einem Grundstück, auch wenn sie wirtschaftlich nicht dem Eigentum entspricht. So unterliegt auch die Sicherungsübereignung der **GrESt**. Besonderheiten ergeben sich auch bei der Vereinigung von Anteilen an einer Gesellschaft die Grundstücke besitzt.

Nach der neuen Bestimmung des § 1 Abs. 2a GrEStG unterliegt der Grunderwerbsteuer die Änderung des Gesellschafterbestandes, wenn mindestens 95 % innerhalb von fünf Jahren. Anteilsvereinigungen bei Personen- und Kapitalgesellschaften führen auch zur Grunderwerbsteuer.

10.2 Steuersätze

Der allgemeine Steuersatz beträgt grds. 3,5 % der Bemessungsgrundlage (§ 11 GrEStG). Die Bundesländer können seit dem 1. September 2006 den Steuersatz abweichend bestimmen (Art. 105 Abs. 2a S. 2 GG). Folgende Bundesländer haben von dieser Möglichkeit auch Gebrauch gemacht:

Bundesland	GrESt-Satz in %	gilt seit
Baden-Württemberg	5	5.11.2011
Berlin	6	1.1.2014
Brandenburg	6,5	1.7.2015
Bremen	5	1.1.2014
Hamburg	5,5	1.1.2023
Hessen	6	1.8.2014
Mecklenburg-Vorpommern	6	1.7.2019
Niedersachsen	5	1.1.2014
Nordrhein-Westfalen	6,5	1.1.2015
Rheinland-Pfalz	5	1.3.2012
Saarland	6,5	1.1.2015
Sachsen	5,5	1.1.2023
Sachsen-Anhalt	5	1.3.2012
Schleswig-Holstein	6,5	1.1.2014
Thüringen	6,5	1.1.2017

Bayern hat den allgemeinen Steuersatz von 3,5 %.

11 Abgabenordnung: Betriebsprüfungs-Größenklassen

Inhalt

Einheitliche Abgrenzungsmerkmale für den 24. Prüfungsturnus (ab 1.1.2024)

Betriebsart[1)]	Betriebsmerkmale in EUR	Groß-betriebe (G)	Mittel-betriebe (M)	Klein-betriebe (K)
		über		
Handelsbetriebe (H)	Umsatzerlöse	14.000.000	8.600.000	1.100.000
	oder steuerlicher Gewinn über	800.000	335.000	68.000
Fertigungsbetriebe (F)	Umsatzerlöse	12.000.000	5.200.000	610.000
	oder steuerlicher Gewinn über	950.000	300.000	68.000
Freie Berufe (FB)	Umsatzerlöse	12.000.000	5.600.000	990.000
	oder steuerlicher Gewinn über	1.400.000	700.000	165.000
Andere Leistungsbetriebe (AL)	Umsatzerlöse	14.000.000	6.700.000	910.000
	oder steuerlicher Gewinn über	1.200.000	400.000	77.000
Kreditinstitute (K)	Aktivvermögen	175.000.000	42.000.000	13.000.000
	oder steuerlicher Gewinn über	670.000	230.000	57.000
Versicherungsunternehmen Pensionskassen (V)	Jahresprämien-einnahmen über	36.000.000	6.000.000	2.200.000
Unterstützungskassen (U)				alle
Land und forstwirtschaftliche Betriebe (LuF)	Wirtschaftswert der selbstbewirtschafteten Fläche	6.000.000	2.600.000	610.000
	oder steuerlicher Gewinn über	475.000	135.000	60.000
sonstige Fallart (soweit nicht unter den Betriebsarten erfasst)	Erfassungsmerkmale	Erfassung in der Betriebskartei als Großbetrieb		
Verlustgesellschaften (VG)	Betriebe mit hohem Verlusten und hohem Vorsteuervolumen oder mit Umstellung auf Tonnagebesteuerung	als G-Betriebe		
Beteiligungsgesellschaften (BG)	Gewerbekennzahlen 64201.0, 64202.0, 64203.0	als M-Betriebe		

Betriebsart[1)]	**Betriebsmerkmale in EUR**	**Groß-betriebe (G)**	**Mittel-betriebe (M)**	**Klein-betriebe (K)**
			über	
bedeutende steuerbegünstigte Körperschaften und Berufsverbände (BKÖ)	Summe der Einnahmen über 6.000.000		als G-Betriebe	
Fälle mit bedeutenden Einkünften (bE)	Summe der positiven Einkünfte gem. § 2 Absatz 1 S. 1 Nr. 4 bis 7 EStG über 500.000 (keine Saldierung mit negativen Einkünften)		als M-Betriebe	

[1)] Mittel-, Klein- und Kleinstbetriebe, die zugleich die Voraussetzungen für die Behandlung als sonstige Fallart erfüllen, sind nur als sonstige Fallart zu erfassen.

[2)] Groß- und Mittelbetriebe, die zugleich auch die Voraussetzungen für die Behandlung als sonstige Fallart (bE) erfüllen, sind nur bei der jeweiligen Betriebsart zu erfassen. Klein- und Kleinstbetriebe, die zugleich die Voraussetzungen für die Behandlung als sonstige Fallart (bE) erfüllen, sind nur als sonstige Fallart (bE) zu erfassen.

Quelle: BMF v. 15.12.2022, IV A 8 – S 1450/19/10001 :003

12 Sozialversicherung

Inhalt

12.1 Rechengrößen der Sozialversicherung 2024

Die Sozialversicherungs-Rechengrößenverordnung 2024 wurde vom Bundesrat verabschiedet und am 29.11.2023 im BGBl verkündet. Das hat folgende Auswirkungen:

Rechengrößen/Werte für das Kalenderjahr 2024	**Alte Bundesländer**	**Neue Bundesländer**
Bezugsgrößen (Achtung: Zur **KV und PV** gilt für die neuen Bundesländer stets die Bezugsgröße **West**)		
Bezugsgröße – jährlich	42.420,00 EUR	41.580,00 EUR
Bezugsgröße – monatlich	3.535,00 EUR	3.465,00 EUR
Versicherungspflichtgrenzen in der Krankenversicherung (Jahresarbeitsentgeltgrenze/JAEG)		
– Allgemein – jährlich	69.300,00 EUR	
– Für am 31.12.2002 wegen Überschreitens der JAEG 2002 privat Krankenversicherte – jährlich	62.100,00 EUR	
Beitragsbemessungsgrenzen (BBG)		
Kranken- und Pflegeversicherung – jährlich	69.300,00 EUR	62.100,00 EUR
Kranken- und Pflegeversicherung – monatlich	5.750,00 EUR	5.175,00 EUR
Rentenversicherung (allgemein) – jährlich	90.600,00 EUR	89.400,00 EUR
Rentenversicherung (allgemein) – monatlich	7.550,00 EUR	7.450,00 EUR
Knappschaftliche Rentenversicherung – jährlich	111.600,00 EUR	110.40,00 EUR
Knappschaftliche Rentenversicherung – monatlich	9.300,00 EUR	9.200,00 EUR
Arbeitslosenversicherung – jährlich	90.600,00 EUR	89.400,00 EUR
Arbeitslosenversicherung – monatlich	7.550,00 EUR	7.450,00EUR
Geringverdienergrenze, § 20 Abs. 3 SGB IV (Auszubildende) (Der Arbeitgeber trägt neben seinem eigenen Beitragsanteil auch die Arbeitnehmerbeitragsanteile inkl. Zusatzbeitrag.)	538,00 EUR	
Geringfügigkeitsgrenze (Minijob)		
bis 30.9.2022	450,00 EUR	
ab 1.10.2022	520,00 EUR	
ab 1.1.2024	538,00 EUR	
Gleitzone (Midijob)		
bis 30.9.2022	450,01–1.300,00 EUR	
ab 1.10.2022	520,01–1.600,00 EUR	
ab 1.1.2023	520,01–2.000,00 EUR	
ab 1.1.2024	538,01-2.000,00 EUR	
Faktor F		
bis 30.9.2022	0,7509	
ab 1.10.2022	0,7009	
ab 1.1.2024	0,6846	
Mindestarbeitsentgelte		
Behinderte Menschen, Kranken- und Pflegeversicherung	707,00 EUR	693,00 EUR
Behinderte Menschen, Rentenversicherung	2.828,00 EUR	2.772,00 EUR
Azubis bzw. Praktikanten ohne Arbeitsentgelt (Renten- und Arbeitslosenversicherung)	35,35 EUR	34,65 EUR

Rechengrößen/Werte für das Kalenderjahr 2024	Alte Bundesländer	Neue Bundesländer
Freiwillige gesetzliche Krankenversicherung		
Mindestbemessungsgrundlage – allgemein	1.131,67 EUR	
Regelung für Härtefalle und Existenzgründer wird ab 2019 ersatzlos gestrichen. Ebenso wird die Regelung für hauptberuflich Selbstständige gestrichen.		
Höchstzuschuss zur KV (freiwillige GKV bzw. PKV)		
KV-Beitragssatz = 14,6 % bzw. ermäßigt = 14 %, ohne Zusatzbeitrag		
Personen **mit** Anspruch auf Krankengeld (Normalfall)	421,76EUR	
Personen **ohne** Anspruch auf Krankengeld (z. B. Altersteilzeit)	406,24 EUR	
Höchstzuschuss zur PV (freiwillige GKV und PKV)		
– bundeseinheitlich (außer Sachsen) nach § 61 Abs. 3 SGB XI (1,525 % der mtl. BBG)	87,98 EUR	
– nur Bundesland Sachsen nach § 61 Abs. 3 SGB XI (1,025 % der mtl. BBG)	62,10 EUR	
Studentenbeitrag, monatlich		
(in der KVdS pflichtversicherte Studenten bzw. Praktikanten)		
– **Krankenversicherung** (ohne Zusatzbeitrag, bundesweit)	76,85 EUR	
– **Pflegeversicherung ohne PV-Zuschlag** [Personen vor Vollendung des 23. Lebensjahres oder Personen mit Kind(ern)]	25,57 EUR	
– **Pflegeversicherung mit PV-Zuschlag** [Personen ab Vollendung des 23. Lebensjahres ohne Kind(er)]	30,08 EUR	
Monatliche Beiträge zur Pflegeversicherung		
Höchstbeitrag für versicherungspflichtige Arbeitnehmer	169,58 EUR	
Monatliche Beiträge zur Arbeitslosenversicherung		
Höchstbeitrag für versicherungspflichtige Arbeitnehmer	189,800 EUR	184,60 EUR
Monatliche Beiträge zur Rentenversicherung		
Höchstbeitrag für versicherungspflichtige Arbeitnehmer	1.404,30 EUR	1.320,60 EUR
Regelbeitrag für versicherungspflichtige Selbstständige	657,51 EUR	644,49 EUR
Mindestbeitrag für versicherungspflichtige Selbstständige	100,07 EUR	100,07 EUR
Höchstbeitrag für versicherungspflichtige Selbstständige	1.404,30 EUR	1.320,60 EUR
Mindestbemessungsgrundlage in der RV für geringfügig Beschäftigte	175,00 EUR	
Mindestbeitrag in der RV für geringfügig Beschäftigte	32,55 EUR	
Mindestzahlbetrag für die Beitragspflicht von Versorgungsbezügen in der KV und PV	176,75 EUR	
Insolvenzgeldumlage (U3)	0,06 %	

Quelle: Haufe Steuer Office Gold online, Sozialversicherungswerte, Versicherungs- und Beitragsrecht, HI15936398.

12.2 Beitragssätze in der Sozialversicherung 2024

	West/Ost		West	Ost
Sozialversicherung	Beitragssatz (%)		Beitragsbemessungsgrenze monatlich (EUR)	
Rentenversicherung	18,6		7.550,00	7.450,00
Arbeitslosenversicherung	2,6		7.550,00	7.450,00
Krankenversicherung	Allg. 14,6 Ermäß. 14,0 **AN:** 7,3 **AG:** 7,3 (Zusatzbeiträge oder Überschussprämien für AN möglich)	Zusatzbeitrag für **Versicherte durchschnittlich** von 1,6	5.775,00	5.175,00
Pflegeversicherung	3,40 Zusatzbeitrag für Kinderlose über 23 Jahre von 0,6. Ab dem zweiten Kind (< 25 Jahre) sinkt der Beitrag um 0,25 %, max. 1%	3,40 Zusatzbeitrag für Kinderlose über 23 Jahre von 0,6. Ab dem zweiten Kind (< 25 Jahre) sinkt der Beitrag um 0,25 %, max. 1%	5.775,00	5.175,00

12.3 Insolvenzgeldumlage (U3)

Als Bestandteil des **Gesamtsozialversicherungsbeitrags** wird die **Insolvenzgeldumlage seit 2009 monatlich** mit Inkasso durch die Einzugsstellen der Krankenkassen für die Bundesagentur für Arbeit erhoben.

Nach § 358 SGB III werden die notwendigen Mittel für die Zahlung des Insol-venzgeldes durch eine monatliche Umlage von den abgabepflichtigen Arbeitgebern finanziert. Bestimmte öffentliche Einrichtungen, bei denen das Insolvenzverfahren unzulässig ist, sind von der Beitragspflicht ausgenommen.

12.3.1 Zuständigkeit

Zuständig ist jeweils die Einzugsstelle der Krankenkasse (§ 359 SGB III),

- bei der der Arbeitnehmer versichert ist,
- sofern eine Mitgliedschaft bei einer Krankenkasse nicht besteht, die zuständige Einzugsstelle für die Beiträge zur Rentenversicherung oder
- sofern sich eine Zuständigkeit daraus nicht ergibt, die Krankenkasse, die der Arbeitgeber gewählt hat.

Ausnahme: Bei geringfügig Beschäftigten nach dem SGB IV ist die zuständige Einzugsstelle immer die Deutsche Rentenversicherung Knappschaft-Bahn-See (Träger der knappschaftlichen Krankenversicherung).

12.3.2 Umlagepflichtiges Arbeitsentgelt

Bemessungsgrundlage ist das Arbeitsentgelt i. S. d. gesetzlichen Rentenversicherung. Daher gilt auch hier die Beitragsbemessungsgrenze. Vergütungen, die nicht zum Arbeitsentgelt im Sinne der Sozialversicherung gehören, bleiben außer Ansatz. Umlagepflichtig sind auch: Erwerbsunfähigkeitsrentner, Erwerbsminderungsrentner, Altersrentner, Beschäftigte während der Elternzeit und das nach dem Entgeltfortzahlungsgesetz gezahlte Arbeitsentgelt. Für Saisonarbeitskräfte aus dem EU-Ausland sowie für in die Bundesrepublik Deutschland entsandte Arbeitnehmer mit Entsendebescheinigung A1 oder diejenigen, die nach § 5 Abs. 1 SGB IV wegen einer Entsendung nach Deutschland nicht den deutschen Sozialversicherungsvorschriften unterliegen, entfällt allerdings die Insolvenzgeldumlage.

12.3.3 März-Klausel

Bei Einmalzahlungen im ersten Quartal eines Kalenderjahres ist ggf. auch die sog. März-Klausel anzuwenden.

12.3.4 Umlagesatz

Der Umlagesatz beträgt nach § 360 SGB III 0,06 % (2022: 0,09 %, 2021: 0,12 %).

12.3.5 Nachweis

Die Umlagebeträge sind im Beitragsnachweisdatensatz unter dem Beitragsgruppenschlüssel 0050 anzugeben.

12.4 Private oder freiwillige Krankenversicherung Selbstständiger

Bei einem Wechsel der Krankenkasse ist zu unterscheiden, ob dieser von einer gesetzlichen zu einer anderen gesetzlichen Krankenkasse, von einer gesetz-lichen Krankenkasse zu einer Privatversicherung, von einer Privatversicherung zu einer Privatversicherung oder von der Privatversicherung zurück in die gesetzliche Krankenkasse erfolgt. Nachfolgend wird ausschließlich ein Überblick gegeben:

12.4.1 Freiwillige Krankenversicherung Selbstständiger

Hauptberuflich Selbstständige und Existenzgründer können sich freiwillig krankenversichern. Grundsätzlich berechnen sich ihre Beiträge nach der Beitragsbemessungsgrenze. Wenn jedoch ein niedrigeres Einkommen nachgewiesen wird, kann die Krankenversicherung einen geringeren Betrag zugrunde legen. **Achtung:** Abweichungen zu den folgenden Ausführungen ergeben sich bei nebenberuflich Selbstständigen.

Voraussetzungen:

Für eine freiwillige Mitgliedschaft sind bestimmte Vorversicherungszeiten zu erfüllen. Freiwilliges Mitglied kann werden, wer

- innerhalb der letzten 5 Jahre vor Beginn der freiwilligen Mitgliedschaft insgesamt mindestens 24 Monate gesetzlich krankenversichert war (als Mitglied oder familienversichert) oder
- unmittelbar vor Beginn der freiwilligen Mitgliedschaft ununterbrochen zwölf Monate krankenversichert war.

Der **Antrag für eine freiwillige Versicherung ist innerhalb von drei Monaten** nach dem Ausscheiden aus der Versicherungspflicht oder der Familienversicherung zu stellen. Der Versicherungsschutz schließt unmittelbar an die letzte Versicherungszeit an (sog. Anschlussversicherung).

Exemplarische Beiträge:

Versicherung mit gesetzlichem Krankengeldanspruch ab der 7. Woche einer Arbeitsunfähigkeit	Krankenversicherung Ja	Nein, ohne	Zusatzbeitragssatz	Pflegeversicherung Beitragssatz	Inklusive Kinderzuschlag
Beitragssätze [in %]	14,6	14,0	0,80	3,40	4,0
Monatlicher Mindestbeitrag allgemein (Einkommen bis 1.131,67 EUR – gilt seit 2023 für alle selbstständig Tätige) [in EUR]	Nicht wählbar	158,43	9,05	38,48	45,27
Monatlicher Mindestbeitrag für hauptberuflich selbstständig Tätige (ab 2019 ersatzlos gestrichen)					
Höchstbeitrag ab 4.987,50 EUR Einkommen [in EUR]	728,18	698,25	39,90	169,58	199,50

12.4.2 Wechsel von der Privatversicherung zur gesetzlichen Krankenkasse

Eine Wechselmöglichkeit zurück von der privaten Krankenversicherung in die gesetzliche Kasse ist nur in bestimmten Fällen möglich:

- **Nicht älter als 55 Jahre.**
- Die **Jahresbruttoeinnahmen** sinken bei Arbeitnehmern dauerhaft unter die o. g. Versicherungspflichtgrenze, d. h. das Einkommen muss mindestens ein Jahr lang weniger als **(2024) 69.300 EUR** brutto betragen.
- Ein privat versicherter Selbstständiger beginnt wieder ein **versicherungspflichtiges Arbeitsverhältnis.**
- In **bestimmten Fällen der Arbeitslosigkeit,** wenn nicht älter als 55 Jahre, muss der Arbeitslose aus der privaten Versicherung in die gesetzliche Krankenkasse zurückwechseln.

Selbstständig Tätige, die sich von der Pflichtversicherung haben befreien lassen, können also kaum in die gesetzliche Krankenversicherung zurückwechseln. Ausnahmen gelten, wenn sie ihr Gewerbe aufgeben/verkaufen und in ein abhängiges Angestelltenverhältnis zurückkehren. Selbstständige und Freiberufler, die arbeitslos werden, müssen dagegen in der privaten Krankenversicherung verbleiben.

12.5 Geringfügige Beschäftigung/Kurzfristige Beschäftigung

12.5.1 Geringfügige Beschäftigung – sog. Minijobs

Der Arbeitgeber trägt grds. pauschale Abgaben von insgesamt 30 %.

(§§ 8 Abs. 1 Nr. 1, 8a SGB IV, § 40a Abs. 2, 2a EStG)

Voraussetzung	Lohnsteuer	Sozialversicherung
Arbeitsentgelt maximal 538,00 EUR (bis zum 31.12.2023 520,00 EUR; bis zum 30.9.2022: 450,00 EUR) pro Monat Achtung: Für geringfügig Beschäftigte vor dem 1.1.2013 gelten in den verschiedenen Zweigen der Sozialversicherung Übergangsregelungen. Monatliches Überschreiten der Entgeltgrenze ist grds. problematisch!	Pauschal 2 % oder 20 %, wenn keine Pauschalbeiträge zur Rentenversicherung zu zahlen sind (z. B. bei Zusammenrechnung mehrerer geringfügiger Beschäftigungen oder bei Beamten) oder Lohnsteuerabzug nach individuellen Besteuerungsmerkmalen	• **Krankenversicherung** 13 % (Privathaushalt 5 %) • **Rentenversicherung** 15 % (Privathaushalt 5 %) • Versicherungspflicht, aber Befreiung **schriftlich** möglich, d. h. ggf. Abzüge für den Arbeitnehmer. • Mindestbemessungsgrundlage zur Rentenversicherung sind 175,00 EUR

12.5.2 Kurzfristige Beschäftigung

Der Arbeitgeber zahlt 25 % pauschale Lohnsteuer.

(§ 40a Abs. 1 EStG, §§ 8 Abs. 1 Nr. 2 SGB IV, 115 SGB IV)

Voraussetzung	Lohnsteuer	Sozialversicherung
1. Gelegentliche, nicht regelmäßig wiederkehrende Beschäftigung 2. an maximal 18 zusammenhängenden Arbeitstagen 3. durchschnittlicher Arbeitslohn je Arbeitstag maximal 150 EUR (bis 2022: 120 EUR) oder Beschäftigung wird zu einem unvorhersehbaren Zeitpunkt sofort erforderlich 4. Begrenzung auf längstens 3 Monate oder 70 Arbeitstage innerhalb eines Kalenderjahres (aufgrund der Eigenart der Beschäftigung oder aufgrund des Vertrags)	Pauschal 25 % oder Lohnsteuerabzug nach individuellen Merkmalen möglich.	Keine, wenn Meldepflicht erfüllt ist

Hinweis: Wegen der Corona-Pandemie sind die Zeitgrenzen für eine kurzfristige Beschäftigung in der Zeit v. 1.3. bis 31.10.2021 auf vier Monate oder 102 Arbeitstage verändert worden.

Achtung: Keine kurzfristige Beschäftigung liegt vor, wenn die Tätigkeit berufsmäßig ausgeübt wird und das Arbeitsentgelt 538,00 EUR (bis zum 31.12.2023: 520,00 EUR; bis zum 30.09.2022: 450,00 EUR) pro Monat übersteigt!

Gesetzestext § 40a EStG

§ 40a Pauschalierung der Lohnsteuer für Teilzeitbeschäftigte und geringfügig Beschäftigte

(1) [1]Der Arbeitgeber kann unter Verzicht auf den Abruf von elektronischen Lohnsteuerabzugsmerkmalen (§ 39e Absatz 4 Satz 2) oder die Vorlage einer Bescheinigung für den Lohnsteuerabzug (§ 39 Absatz 3 oder § 39e Absatz 7 oder Absatz 8) bei Arbeitnehmern, die nur kurzfristig beschäftigt werden, die Lohnsteuer mit einem Pauschsteuersatz von 25 Prozent des Arbeitslohns erheben. [2]Eine kurzfristige Beschäftigung liegt vor, wenn der Arbeitnehmer bei dem Arbeitgeber gelegentlich, nicht regelmäßig wiederkehrend beschäftigt wird, die Dauer der Beschäftigung 18 zusammenhängende Arbeitstage nicht übersteigt und

1. *der Arbeitslohn während der Beschäftigungsdauer 150 Euro durchschnittlich je Arbeitstag nicht übersteigt oder*
2. *die Beschäftigung zu einem unvorhersehbaren Zeitpunkt sofort erforderlich wird.*

(2) Der Arbeitgeber kann unter Verzicht auf den Abruf von elektronischen Lohnsteuerabzugsmerkmalen (§ 39e Absatz 4 Satz 2) oder die Vorlage einer Bescheinigung für den Lohnsteuerabzug (§ 39 Absatz 3 oder § 39e Absatz 7 oder Absatz 8) die Lohnsteuer einschließlich Solidaritätszuschlag und Kirchensteuern (einheitliche Pauschsteuer) für das Arbeitsentgelt aus geringfügigen Beschäftigungen im Sinne des § 8 Absatz 1 Nummer 1 oder des § 8a des Vierten Buches Sozialgesetzbuch, für das er Beiträge nach § 168 Absatz 1 Nummer 1b oder 1c (geringfügig versicherungspflichtig Beschäftigte) oder nach § 172 Absatz 3 oder 3a (versicherungsfrei oder von der Versicherungspflicht befreite geringfügig Beschäftigte) oder nach § 276a Absatz 1 (versicherungsfrei geringfügig Beschäftigte) des Sechsten Buches Sozialgesetzbuch zu entrichten hat, mit einem einheitlichen Pauschsteuersatz in Höhe von insgesamt 2 Prozent des Arbeitsentgelts erheben.

(2a) Hat der Arbeitgeber in den Fällen des Absatzes 2 keine Beiträge nach § 168 Absatz 1 Nummer 1b oder 1c oder nach § 172 Absatz 3 oder 3a oder nach § 276a Absatz 1 des Sechsten Buches Sozialgesetzbuch zu entrichten, kann er unter Verzicht auf den Abruf von elektronischen Lohnsteuerabzugsmerkmalen (§ 39e Absatz 4 Satz 2) oder die Vorlage einer Bescheinigung für den Lohnsteuerabzug (§ 39 Absatz 3 oder § 39e Absatz 7 oder Absatz 8) die Lohnsteuer mit einem Pauschsteuersatz in Höhe von 20 Prozent des Arbeitsentgelts erheben.

(3) [1]Abweichend von den Absätzen 1 und 2a kann der Arbeitgeber unter Verzicht auf den Abruf von elektronischen Lohnsteuerabzugsmerkmalen (§ 39e Absatz 4 Satz 2) oder die Vorlage einer Bescheinigung für den Lohnsteuerabzug (§ 39 Absatz 3 oder § 39e Absatz 7 oder Absatz 8) bei Aushilfskräften, die in Betrieben der Land- und Forstwirtschaft im Sinne des § 13 Absatz 1 Nummer 1 bis 4 ausschließlich mit typisch land- oder forstwirtschaftlichen Arbeiten beschäftigt werden, die

Lohnsteuer mit einem Pauschsteuersatz von 5 Prozent des Arbeitslohns erheben. [2]Aushilfskräfte im Sinne dieser Vorschrift sind Personen, die für die Ausführung und für die Dauer von Arbeiten, die nicht ganzjährig anfallen, beschäftigt werden; eine Beschäftigung mit anderen land- und forstwirtschaftlichen Arbeiten ist unschädlich, wenn deren Dauer 25 Prozent der Gesamtbeschäftigungsdauer nicht überschreitet. [3]Aushilfskräfte sind nicht Arbeitnehmer, die zu den land- und forstwirtschaftlichen Fachkräften gehören oder die der Arbeitgeber mehr als 180 Tage im Kalenderjahr beschäftigt.

(4) Die Pauschalierungen nach den Absätzen 1 und 3 sind unzulässig

1. bei Arbeitnehmern, deren Arbeitslohn während der Beschäftigungsdauer durchschnittlich je Arbeitsstunde 19 Euro übersteigt,
2. bei Arbeitnehmern, die für eine andere Beschäftigung von demselben Arbeitgeber Arbeitslohn beziehen, der nach § 39b oder § 39c dem Lohnsteuerabzug unterworfen wird.

(5) Auf die Pauschalierungen nach den Absätzen 1 bis 3 und 7 ist § 40 Absatz 3 anzuwenden.

(6) [1]Für die Erhebung der einheitlichen Pauschsteuer nach Absatz 2 ist die Deutsche Rentenversicherung Knappschaft-Bahn-See zuständig. [2]Die Regelungen zum Steuerabzug vom Arbeitslohn sind entsprechend anzuwenden. [3]Für die Anmeldung, Abführung und Vollstreckung der einheitlichen Pauschsteuer sowie die Erhebung eines Säumniszuschlags und das Mahnverfahren für die einheitliche Pauschsteuer gelten dabei die Regelungen für die Beiträge nach § 168 Absatz 1 Nummer 1b oder 1c oder nach § 172 Absatz 3 oder 3a oder nach § 276a Absatz 1 des Sechsten Buches Sozialgesetzbuch. [4]Die Deutsche Rentenversicherung Knappschaft-Bahn-See hat die einheitliche Pauschsteuer auf die erhebungsberechtigten Körperschaften aufzuteilen; dabei entfallen aus Vereinfachungsgründen 90 Prozent der einheitlichen Pauschsteuer auf die Lohnsteuer, 5 Prozent auf den Solidaritätszuschlag und 5 Prozent auf die Kirchensteuern. [5]Die erhebungsberechtigten Kirchen haben sich auf eine Aufteilung des Kirchensteueranteils zu verständigen und diesen der Deutschen Rentenversicherung Knappschaft-Bahn-See mitzuteilen. [6]Die Deutsche Rentenversicherung Knappschaft-Bahn-See ist berechtigt, die einheitliche Pauschsteuer nach Absatz 2 zusammen mit den Sozialversicherungsbeiträgen beim Arbeitgeber einzuziehen.

(7) [1]Der Arbeitgeber kann unter Verzicht auf den Abruf von elektronischen Lohnsteuerabzugsmerkmalen (§ 39e Absatz 4 Satz 2) die Lohnsteuer für Bezüge von kurzfristigen, im Inland ausgeübten Tätigkeiten beschränkt steuerpflichtiger Arbeitnehmer, die einer ausländischen Betreibsstätte dieses Arbeitgebers zugeordnet sind, mit einem Pauschsteuersatz von 30 Prozent des Arbeiteslohns erheben. [2]Eine kurzfristige Tätigkeit im Sinne des Satzes 1 liegt nur vor, wenn die im Inland ausgeübte Tätigkeit 18 zusammenhängende Arbeitstage nicht übersteigt.

Gesetzestext § 8 SGB IV

§ 8 Geringfügige Beschäftigung und geringfügige selbständige Tätigkeit; Geringfügigkeitsgrenze

(1) Eine geringfügige Beschäftigung liegt vor, wenn

1. *das Arbeitsentgelt aus dieser Beschäftigung regelmäßig die Geringfügigkeitsgrenze nicht übersteigt,*
2. *die Beschäftigung innerhalb eines Kalenderjahres auf längstens drei Monate oder 70 Arbeitstage nach ihrer Eigenart begrenzt zu sein pflegt oder im Voraus vertraglich begrenzt ist, es sei denn, dass die Beschäftigung berufsmäßig ausgeübt wird und die Geringfügigkeitsgrenze übersteigt.*

(1a) Die Geringfügigkeitsgrenze im Sinne des Sozialgesetzbuchs bezeichnet das monatliche Arbeitsentgelt, das bei einer Arbeitszeit von zehn Wochenstunden zum Mindestlohn nach § 1 Absatz 2 Satz 1 des Mindestlohngesetzes in Verbindung mit der auf der Grundlage des § 11 Absatz 1 Satz 1 des Mindestlohngesetzes jeweils erlassenen Verordnung erzielt wird. Sie wird berechnet, indem der Mindestlohn mit 130 vervielfacht, durch drei geteilt und auf volle Euro aufgerundet wird. Die Geringfügigkeitsgrenze wird jeweils vom Bundesministerium für Arbeit und Soziales im Bundesanzeiger bekannt gegeben.

(1b) Ein unvorhersehbares Überschreiten der Geringfügigkeitsgrenze steht dem Fortbestand einer geringfügigen Beschäftigung nach Absatz 1 Nummer 1 nicht entgegen, wenn die Geringfügigkeitsgrenze innerhalb des für den jeweiligen Entgeltabrechnungszeitraum zu bildenden Zeitjahres in nicht mehr als zwei Kalendermonaten um jeweils einen Betrag bis zur Höhe der Geringfügigkeitsgrenze überschritten wird.

(2) Bei der Anwendung des Absatzes 1 sind mehrere geringfügige Beschäftigungen nach Nummer 1 oder Nummer 2 sowie geringfügige Beschäftigungen nach Nummer 1 mit Ausnahme einer geringfügigen Beschäftigung nach Nummer 1 und nicht geringfügige Beschäftigungen zusammenzurechnen. Eine geringfügige Beschäftigung liegt nicht mehr vor, sobald die Voraussetzungen des Absatzes 1 entfallen. Wird beim Zusammenrechnen nach Satz 1 festgestellt, dass die Voraussetzungen einer geringfügigen Beschäftigung nicht mehr vorliegen, tritt die Versicherungspflicht erst mit dem Tag ein, an dem die Entscheidung über die Versicherungspflicht nach § 37 des Zehnten Buches durch die Einzugsstelle nach § 28i Satz 5 oder einen anderen Träger der Rentenversicherung bekannt gegeben wird. Dies gilt nicht, wenn der Arbeitgeber vorsätzlich oder grob fahrlässig versäumt hat, den Sachverhalt für die versicherungsrechtliche Beurteilung der Beschäftigung aufzuklären.

(3) Die Absätze 1, 1a und 2 gelten entsprechend, soweit anstelle einer Beschäftigung eine selbständige Tätigkeit ausgeübt wird. Dies gilt nicht für das Recht der Arbeitsförderung.

12.6 Entgeltfortzahlung (U1, U2)

Wird der Arbeitslohn fortgezahlt, so gelten die allgemeinen Grundsätze zum Steuer- und Sozialversicherungsabzug. Soweit allerdings bisher steuer- und sozialversicherungsfreie Fortzahlungsansprüche, wie z. B. Zuschläge für Sonntags-, Feiertags- oder Nachtarbeit, gezahlt werden, entfällt die Steuer- und Beitragsfreiheit.

12.6.1 Entgeltfortzahlung im Krankheitsfall (U1)

Gemäß § 3 Abs. 1 Satz 1 EntgFG hat der Arbeitnehmer, dessen Beschäftigungsverhältnis mindestens für vier Wochen (28 Tage) besteht, einen Anspruch auf Entgeltfortzahlung im Krankheitsfall **für die Dauer von 6 Wochen (42 Kalendertage)**. Anspruch haben sämtliche Arbeitnehmer und Auszubildende einschließlich geringfügig Beschäftigte, ausgenommen Heimarbeiter, Hausgewerbetreibende und gleichgestellte Personen, die einen Ausgleich als Zuschlag zum Arbeitsentgelt erhalten.

Zur Verminderung des Risikos der Arbeitgeber, die **nicht mehr als 30 Arbeitnehmer** (8-Monats-Regel) beschäftigen, dient die sog. Lohnfortzahlungsversicherung (Umlageverfahren U1) nach dem Aufwendungsausgleichsgesetz (AAG). Dem Arbeitgeber sind mindestens 40 %, höchstens 80 % der erstattungsfähigen Aufwendungen zu ersetzen. Nach § 9 Abs. 2 Nr. 1 AAG können die Satzungen der verschiedenen Krankenkassen die Umlagen- und Erstattungssätze festlegen.

12.6.2 Entgeltfortzahlung Mutterschaftsleistungen (U2)

Das Aufwendungsausgleichsgesetz (AAG) bestimmt, dass den Arbeitgebern der gezahlte Zuschuss zum Mutterschaftsgeld und das Arbeitsentgelt zuzüglich Arbeitgeberanteil bei Beschäftigungsverboten zu erstatten ist. Das Ausgleichsverfahren (Umlageverfahren U2) **trifft sämtliche Arbeitgeber,** ohne Rücksicht auf die Anzahl der Arbeitnehmer oder Wartezeiten. Der Umlagesatz ist individuell durch die Krankenkasse festgelegt. Der Erstattungssatz beträgt 100 % der erstattungsfähigen Aufwendungen.

13 Familienförderung

Inhalt

Hinweis:

Einzelheiten zu den speziellen Förderungen sind unter https://www.bmfsfj.de/ zu finden.

13.1 Kindergeld

Das Kindergeld ist einkommensunabhängig. **Es ist seit 2023 nicht mehr nach Anzahl der Kinder gestaffelt und beträgt einheitlich 250,00 EUR.**

Altregelung bis 31.12.2022: Für das erste und zweite Kind monatlich seit 1.1.2021: 219 EUR (ab 1.7.2019: 204 EUR), für das dritte Kind monatlich seit 1.1.2021: 225 EUR (ab 1.7.2019: 210 EUR), für das vierte und jedes weitere Kind monatlich seit 1.1.2021: 250 EUR (ab 1.7.2019: 235 EUR).

Kindergeld gibt es grundsätzlich:

- für alle Kinder bis zum 18. Lebensjahr;
- für Kinder in Ausbildung bis zum 25. Lebensjahr;
- für arbeitslose Kinder bis zum 21. Lebensjahr.

Für Kinder, die wegen fehlendem Ausbildungsplatz eine Berufsausbildung nicht beginnen oder fortsetzen können, gelten die oben genannten Regelungen für Kinder in Ausbildung.

Nach Abschluss einer erstmaligen Berufsausbildung oder eines Erststudiums wird ein Kind nur berücksichtigt, wenn das Kind keiner Erwerbstätigkeit mit mehr als 20 Stunden regelmäßiger wöchentlicher Arbeitszeit nachgeht.

Das Kindergeld wird an die Person ausgezahlt, in deren Obhut sich das Kind befindet. Lebt das Kind mit beiden Eltern zusammen, können diese bestimmen, wer von ihnen das Kindergeld erhalten soll.

Die Auszahlung des Kindergeldes erfolgt in der Regel durch die Familienkassen bei den Agenturen für Arbeit und ist dort zu beantragen. **Achtung:** Die Antragsfrist wurde auf ein halbes Jahr verkürzt.

Eltern mit niedrigem Einkommen können einen Kinderzuschlag erhalten.

Hinweis: Ab 2025 soll das Kindergeld planmäßig durch die Kindergrundsicherung ersetzt werden.

13.2 Elterngeld und ElterngeldPlus

Bei Voreinkommen von x erhalten Sie Elterngeld in % des Netto-Voreinkommens:

- **Basiselterngeld mit 65 %**;
- zwischen 1.240 und 1.200 EUR steigt der Prozentsatz in Schritten von 65 % auf 67 %;
- zwischen 1.200 EUR und 1.000 EUR, 67 %;
- bei weniger als 1.000 EUR steigt der Prozentsatz wieder in Schritten auf bis zu 100 %.

Das **Mindestelterngeld von 300 EUR** erhalten alle, die nach der Geburt ihr Kind selbst betreuen und **höchstens 32 Stunden (bis 30.08.2020: 30 Stunden) in der Woche arbeiten,** etwa auch Studierende, Hausfrauen und Hausmänner und Eltern, die wegen der Betreuung älterer Kinder nicht gearbeitet haben. Mehrkinderfamilien mit kleinen Kindern profitieren vom sogenannten Geschwisterbonus: Sie erhalten einen Zuschlag von 10 % des sonst zustehenden Elterngeldes, mindestens aber 75 EUR. Bei Mehrlingsgeburten erhöht sich das Elterngeld um 300 EUR für jedes zweite und weitere Mehrlingskind.

Das Elterngeld wird beim Arbeitslosengeld II, bei der Sozialhilfe und beim Kinderzuschlag vollständig als Einkommen angerechnet – dies betrifft auch den Mindestbetrag von 300 EUR. Es gibt aber eine Ausnahme: Alle Elterngeldberechtigten, die Arbeitslosengeld II, Sozialhilfe oder Kinderzuschlag beziehen und die vor der Geburt ihres Kindes erwerbstätig waren, erhalten einen Elterngeldfreibetrag. Der Elterngeldfreibetrag entspricht dem Einkommen vor der Geburt, beträgt jedoch höchstens 300 EUR. Bis zu dieser Höhe bleibt das Elterngeld bei den genannten Leistungen anrechnungsfrei und steht damit zusätzlich zur Verfügung (Quelle: Bundesministerium für Familie, Senioren, Freuen und Jugend).

Der Elterngeldanspruch entfällt für **Elternpaare**, die im Kalenderjahr vor der Geburt ihres Kindes gemeinsam ein **zu versteuerndes Einkommen von mehr als 300.000 EUR (geplant für Geburten ab 1.4.2024 Senkung auf 200.000 EUR und für Geburten ab 1.4.2025 auf 175.000 EUR)** hatten. Für **Alleinerziehende** entfällt der Anspruch **ab mehr als 250.000 EUR (geplant für Geburten ab 1.4.2024 auf 150.000 EUR)** (§ 1 Abs. 8 BEEG).

Alternativ kann das Elterngeld Plus beantragt werden. Die Bezugszeit für das Elterngeld Plus liegt bei der doppelten Zeit. Dafür erhalten Eltern, die das Elterngeld Plus nutzen, allerdings je Monat nur die halbe Summe ausgezahlt. Dies kann für Eltern interessant sein, die einige Stunden die Woche weiterhin arbeiten möchten, dennoch aber die Vorteile vom Elterngeld in Anspruch nehmen möchten.

Auf den Internetseiten des Ministeriums (BMFSFJ) gibt es weitere Hinweise, einen Elterngeldrechner und einen Antragsassistenten digital (www.bmfsfj.de).

13.3 Elternzeit (Erziehungsurlaub)

- Beide Elternteile können gleichzeitig **bis zu drei Jahre Elternzeit** in Anspruch nehmen.
- Mit **Zustimmung des Arbeitgebers** ist eine **Übertragung von bis zu 12 Monaten** auf die Zeit zwischen dem 3. und 8. Geburtstag des Kindes möglich;
- Arbeitnehmerin und Arbeitnehmer müssen ihre **Elternzeit spätestens 7 Wochen vor deren Beginn schriftlich** von der Arbeitgeberseite **verlangen.**
- Die Eltern müssen **bei der Anmeldung** für die kommenden zwei Jahre die Elternzeit **festlegen.** Wird die Elternzeit von der Mutter unmittelbar nach der Mutterschutzfrist oder unmittelbar nach einem auf die Mutterschutzfrist folgenden Urlaub in Anspruch genommen, so hat die Mutter sich nur bis zur Vollendung des 2. Lebensjahres des Kindes festzulegen.
- Während der Elternzeit ist eine **Teilzeiterwerbstätigkeit von bis zu 32 Wochenstunden** zulässig. Bei gleichzeitiger Elternzeit können die Eltern somit insgesamt 64 Wochenstunden (32 + 32) erwerbstätig sein.
- Unter bestimmten Voraussetzungen besteht ein **Anspruch auf Verringerung der Arbeitszeit in der Elternzeit** im Rahmen von 15 bis 32 Wochenstunden. Der Anspruch gilt in allen **Betrieben mit mehr als 15 Beschäftigten.** Ein Anspruch auf Verringerung der Arbeitszeit besteht nicht, wenn dringende betriebliche Gründe dem entgegenstehen. Es besteht ein Rückkehranspruch zur vorherigen Arbeitszeit nach Ende der Elternzeit.
- Ab dem Zeitpunkt, ab dem die Elternzeit angemeldet worden ist, frühestens jedoch **acht Wochen vor Beginn** der Elternzeit sowie während der Elternzeit, **darf der Arbeitgeber das Arbeitsverhältnis nicht kündigen.** Nur in besonderen Fällen kann ausnahmsweise eine Kündigung für zulässig erklärt werden. Die Klärung der Zulässigkeit erfolgt durch die für den Arbeitsschutz zuständige oberste Landesbehörde oder einer von ihr bestimmten Stelle.

13.4 Mutterschaftsgeld

Das Mutterschaftsgeld wird von den gesetzlichen Krankenkassen während der Schutzfristen vor und nach der Entbindung gezahlt. Das sind die letzten 6 Wochen vor der Entbindung und für die ersten 8 Wochen nach der Entbindung. Bei Mehrlings- und Frühgeburten die ersten 12 Wochen nach der Entbindung.

Die Antragstellung kann frühestens sieben Wochen vor dem Entbindungstermin erfolgen.

Das Mutterschaftsgeld richtet sich nach dem durchschnittlichen Arbeitsentgelt der letzten drei Monate, höchstens 13 EUR je Kalendertag.

Hinweis: Aufgrund der Corona-Pandemie befinden sich zahlreiche Arbeitnehmer in Kurzarbeit. Das betrifft auch werdende Mütter. Das Bundesministerium für Arbeit und Soziales, das Bundesministerium für Familien, Senioren, Frauen und Jugend sowie das Bundesministerium für Gesundheit haben im Juni 2020 beschlossen, dass Anspruch auf die volle Höhe der Mutterschaftsleistungen vorhanden ist, auch wenn vorher Kurzarbeit bestand.

13.5 Baukindergeld

Die KfW (https://www.kfw.de/kfw.de.html) fördert den Ersterwerb von selbstgenutzten Wohnimmobilien und Wohnungen für (Mit-)Eigentümer, die kindergeldberechtigt sind oder mit kindergeldberechtigten in einem Haushalt leben von 2018 bis 2020. Ist bereits selbstgenutztes oder vermietetes Wohneigentum zur Dauernutzung in Deutschland vorhanden, ist eine Förderung ausgeschlossen (Stichtagsprinzip).

Zuschuss:

Der Zuschuss beträgt für 10 Jahre 1.200 EUR pro Jahr und Kind unter 18 Jahre; insgesamt ergibt dies maximal 12.000 EUR pro Kind. Entscheidend sind die Kinder und deren Anzahl bei Antragstellung. Nachträgliche Änderungen bleiben unberücksichtigt.

Einkommensgrenze:

Das zu versteuernde Einkommen der Ehe- oder Lebenspartner oder eheähnlicher Gemeinschaft, im Durchschnitt des zweiten und dritten Jahres vor der Antragstellung, darf 90.000 EUR zzgl. 15.000 EUR für das zweite und für jedes weitere Kind nicht übersteigen.

Antragsfrist:

Der Antrag muss spätestens 3 Monate nach dem Einzug gestellt werden.

Hinweise:

Wegen der Corona-Pandemie wurde der Zeitraum für die Erteilung der Baugenehmigung, den frühestmöglichen Baubeginn und den Abschluss des Kaufvertrages bis zum 31.03.2021 verlängert.

Der Antrag auf Baukindergeld konnte spätestens bis zum 31.12.2023 gestellt werden, jedoch hat das Bundesministerium für Wohnen, Stadtentwicklung und Bauwesen auf ihrer Homepage vor Ablauf mitgeteilt, dass die Fördermittel erschöpft sind und keine Neuanträge mehr möglich sind.

13.6 Zuschuss zum Mutterschaftsgeld

Nach § 14 Mutterschutzgesetz muss der Arbeitgeber einen Zuschuss zum Mutterschaftsgeld zahlen, wenn das durchschnittliche kalendertägliche Nettogehalt der letzten 3 Monate vor Beginn der Schutzfrist 13 EUR übersteigt.

Diesen Zuschuss erhalten auch die Arbeitnehmerinnen, die nicht in der gesetzlichen Krankenversicherung versichert sind.

Der Zuschuss ist für die Zeit der Schutzfrist sowie für den Entbindungstag in Höhe des Unterschiedsbetrages zwischen dem durchschnittlichen kalendertäglichen Nettogehalt der letzten 3 Monate und 13 EUR zu zahlen.

Der gesetzliche Zuschuss des Arbeitgebers ist Lohnsteuer- und Sozialversicherungsfrei. Freiwillige Zuschüsse des Arbeitgebers sind allerdings Lohnsteuer- und Sozialversicherungspflichtig.

14 Unterhalt

Inhalt

14.1 Kindesunterhalt nach Düsseldorfer Tabelle 2024

Die Tabelle hat keine Gesetzeskraft, sondern stellt lediglich eine Richtlinie dar. Es gilt, verschiedene weitere Komponenten zu beachten. So kann bei größerer oder geringerer Zahl von Unterhaltsberechtigten eine Abweichung geboten sein (z. B. berufsbedingter Bedarf ist ggf. vom Einkommen abzuziehen, Selbstbehalt usw.).

	Nettoeinkommen des Barunterhaltspflichtigen	**Altersstufen in Jahren (§ 1612a Abs. 1 BGB) Das auf das Kind entfallende Kindergeld ist nach § 1612b BGB noch anzurechnen**				**%**	**Bedarfskontrollbetrag**
		0–5	**6–11**	**12–17**	**ab 18**		
	EUR	**EUR**	**EUR**	**EUR**	**EUR**		**EUR**
1.	bis 2.100	480	551	645	689	100	1.200/1.450
2.	2.101–2.500	504	579	678	724	105	1.750
3.	2.501–2.900	528	607	710	758	110	1.850
4.	2-901–3.300	552	634	742	793	115	1.950
5.	3.301–3.700	576	662	774	827	120	2.050
6.	3.701–4.100	615	706	826	882	128	2.150
7.	4.101–4.500	653	750	878	938	136	2.250
8.	4.501–4.900	692	794	929	993	144	2.350
9.	4.901–5.300	730	838	981	1.048	152	2.450
10.	5.301–5.700	768	882	1.032	1.103	160	2.550
11.	5.701–6.400	807	926	1.084	1.158	168	2.850
12.	6.401–7.200	845	970	1.136	1.213	176	3.250
13.	7.201–8.200	884	970	1.136	1.213	184	3.750
14	8.201–9.700	922	1.058	1.239	1.323	192	4.350
15.	9.701–11.200	960	1.102	1.290	1.378	200	5.050
ab 11.201 EUR je nach den Umständen des Einzelfalles							

14.2 Kindesunterhalt nach Düsseldorfer Tabelle 2024 als Zahltabelle

Bei Umrechnung unter Berücksichtigung des anrechenbaren Kindergeldanteils (In 2024 beträgt das Kindergeld einheitlich 250,00 EUR) ergibt sich folgende Zahltabelle (in EUR):

	1. und 2. Kind Nettoeinkommen EUR	Jahre 0–5 EUR	6–11 EUR	12–17 EUR	ab 18 EUR
1.	bis 2.100	355	426	520	436
2.	2.101–2.500	379	454	553	474
3.	2.501–2.900	403	482	585	508
4.	2.901–3.300	427	509	617	543
5.	3.301–3.700	451	537	649	577
6.	3.701–4.100	490	581	701	632
7.	4.101–4.500	528	625	753	688
8.	4.501–4.900	567	669	804	743
9.	4.901–5.300	605	713	856	798
10.	5.301–5.700	643	757	907	853
11.	5.701–6.400	682	801	959	908
12.	6.401–7.200	720	845	1.011	963
13.	7.201–8.200	759	889	1.062	1.018
14.	8.201–9.700	797	933	1.114	1.073
15.	9.701–11.200	835	977	1.165	1.128

14.3 Ehegattenunterhalt erwerbstätiger Unterhaltspflichtiger

Aufgrund der Komplexität wird auf eine abschließende Darstellung verzichtet, d. h. Mangelfälle, Übergangsregelungen etc. werden nicht dargestellt.

Der monatliche Unterhaltsrichtsatz des berechtigten Ehegatten beträgt gegen einen erwerbstätigen Unterhaltspflichtigen z. B.:

a)	wenn der Berechtigte kein Einkommen hat:	3/7 des anrechenbaren Erwerbseinkommens zuzüglich 1/2 der anrechenbaren sonstigen Einkünfte des Pflichtigen, nach oben begrenzt durch den vollen Unterhalt, gemessen an den zu berücksichtigenden ehelichen Verhältnissen;
b)	wenn der Berechtigte ebenfalls Einkommen hat:	3/7 der Differenz zwischen den anrechenbaren Erwerbseinkommen der Ehegatten, insgesamt begrenzt durch den vollen ehelichen Bedarf; für sonstige anrechenbare Einkünfte gilt der Halbteilungsgrundsatz;
c)	wenn der Berechtigte erwerbstätig ist, obwohl ihn keine Erwerbsobliegenheit trifft:	Gemäß § 1577 Abs. 2 BGB.

15 Jahresabschluss

Inhalt

15.1 Größenmerkmale bei Kapitalgesellschaften

Mit dem MicroBilG sind ab dem Geschäftsjahr 2012 folgende Erleichterungen für Kleinstkapitalgesellschaften eingetreten (§ 267a HGB):

- keine Anhangpflicht,
- Erleichterungen in der Darstellung der Bilanz und GuV,
- nur Hinterlegung der Offenlegung beim Bundesanzeiger und nur kostenpflichtig durch jedermann einsehbar.

Kleinstkapitalgesellschaften bestehen dann, wenn mindestens zwei der drei nachstehenden Kriterien in zwei aufeinanderfolgenden Wirtschaftsjahren nicht überschritten werden:

Kriterien:

Bilanzsumme	Umsatzerlöse 12 Monate vor Abschlussstichtag	Arbeitnehmer
≤ 350.000 EUR	≤ 700.000 EUR	≤ 10
≤ 450.000 EUR ab 2024*	≤ 900.000 EUR ab 2024*	≤ 10

Kleine Kapitalgesellschaften liegen vor, wenn mindestens zwei der drei nachstehenden Kriterien in zwei aufeinanderfolgenden Wirtschaftsjahren nicht überschritten werden:

Bilanzsumme	Umsatzerlöse 12 Monate vor Abschlussstichtag	Arbeitnehmer
≤ 6.000.000 EUR	≤ 12.000.000 EUR	≤ 50
≤ 7.500.000 EUR ab 2024*	≤ 15.000.000 EUR ab 2024*	≤ 50

Mittelgroße Kapitalgesellschaften liegen vor, wenn mindestens zwei der drei nachstehenden Kriterien in zwei aufeinanderfolgenden Wirtschaftsjahren nicht überschritten werden:

Bilanzsumme	Umsatzerlöse 12 Monate vor Abschlussstichtag	Arbeitnehmer
≤ 20.000.000 EUR	≤ 40.000.000 EUR	≤ 250
≤ 25.000.000 EUR ab 2024*	≤ 50.000.000 EUR ab 2024*	≤ 250

Werden die Merkmale in den Größenklassen überschritten, gelten strenge Rechtsfolgen, vor allem aber verschärfte Aufstellung, **Prüfungs- oder Offenlegungspflichten.**

* Die oben genannten Beträge sollen planmäßg rückwirkend ab dem 1.1.2023 gelten.

15.2 Abzinsung von Rückstellungen nach § 253 HGB

Verordnung über die Ermittlung und Bekanntgabe der Sätze zur Abzinsung von Rückstellungen (Rückstellungsabzinsungsverordnung – RückAbzinsV)

Vom 18. November 2009 (BGBl. I 2009, S. 3790)

Zuletzt geändert durch:

Gesetz zur Umsetzung der Wohnimmobilienkreditrichtlinie und zur Änderung handelsrechtlicher Vorschriften vom 11. März 2016 (BGBl. I 2016, S. 396)

Eingangsformel

Auf Grund des § 253 Absatz 2 Satz 4 und 5 des Handelsgesetzbuchs in der im Bundesgesetzblatt Teil III, Gliederungsnummer 4100-1, veröffentlichten bereinigten Fassung, der durch Artikel 1 Nummer 10 des Gesetzes vom 25. Mai 2009 (BGBl. I S. 1102) neu gefasst worden ist, verordnet das Bundesministerium der Justiz im Benehmen mit der Deutschen Bundesbank:

§ 1 Abzinsung von Rückstellungen

Rückstellungen für Verpflichtungen gemäß § 253 Absatz 2 Satz 1 und 2 des Handelsgesetzbuchs werden auf der Grundlage der Abzinsungszinssätze abgezinst, die von der Deutschen Bundesbank nach Maßgabe dieser Verordnung mit zwei Nachkommastellen ermittelt und bekannt gemacht werden. Die Zinssätze werden aus einer um einen Aufschlag erhöhten Null-Kupon-Euro-Zinsswap kurve ermittelt.

§ 2 Datengrundlage

Die Null-Kupon-Euro-Zinsswapkurve wird auf der Grundlage von Euro-Festzins-Swapsätzen mit den Laufzeiten ein bis zehn Jahre, zwölf, 15, 20, 25, 30, 40 und 50 Jahre berechnet. Die verwendeten Zeitreihen sind veröffentlichte Vortagsendstände für aus einer Reihe von Swap-Anbietern zusammengesetzte beste Geldkurse mit Verzinsung auf der Basis von 30 zu 360 Zinsberechnungstagen. Die Swapsätze für die ganzjährigen Laufzeiten zwischen den genannten Laufzeiten werden interpoliert. Die Berechnung des Aufschlags erfolgt anhand eines breiten Rendite-Indexes für auf Euro lautende Unternehmensanleihen aller Laufzeiten mit einer hochklassigen Bonitätseinstufung. Die Daten können von internationalen Finanzdatenanbietern bezogen werden. Es ist ausreichend, die Daten nur eines Finanzdatenanbieters heranzuziehen.

§ 3 Berechnungsgrundlagen und deren Abkürzungen

Die Zins-Swapsätze mit jährlicher Verzinsung werden wie folgt bezeichnet:

S_t = *Festzins-Swapsatz mit Laufzeit t in Jahren,*

N_t = *Null-Kupon-Swapsatz mit Laufzeit t und Zinszahlung erst am Laufzeitende,*

$T_{t,t2}$ *1,t 2* = *impliziter Null-Kupon-Termin-Swapsatz mit Laufzeit von t 1 bis t 2.*

§ 4 Umrechnung von Festzins-Swapsätzen in Null-Kupon-Swapsätze

Die Null-Kupon-Swapsätze werden aus den Festzins-Swapsätzen mit Hilfe der Null-Kupon-Anleihen-Entbündelung (Bootstrapping) abgeleitet, und sind dadurch charakterisiert, dass die Fälligkeitstermine im Jahresabstand aufeinanderfolgen und mit den Kuponterminen zusammenfallen. Für den Gegenwartswert eines Festzins-Swaps mit Laufzeit t gilt:

$$\sum_{i=1}^{t-1} \frac{S_t}{(1+N_i)^i} + \frac{1+S_t}{(1+N_i)^t} = 1 .$$

Der Festzins-Swapsatz mit einer Laufzeit von einem Jahr entspricht dem Null-Kupon-Swapsatz mit einer einjährigen Laufzeit; $S_1 = N_1$. *Die weiteren ganzjährigen Null-Kupon-Swapsätze werden wie folgt schrittweise berechnet:*

$$N_t = \left(\frac{1+S_t}{\sum_{i=1}^{t-1} \frac{S_t}{(1+N_i)^i}} \right)^{\frac{1}{t}} - 1, \; t=2,3, \ldots .$$

§ 5 Interpolation fehlender Laufzeiten

(1) Der implizite Termin-Swapsatz aus Null-Kupon-Swapsätzen mit Laufzeitbeginn t über eine Laufzeit von einem Jahr (der Termin-Swapsatz zwischen t und t + 1) wird wie folgt berechnet:

$$T_{t1,t2} = \frac{(1+N_{t+1})^{t+1}}{(1+N_t)^t} - 1 .$$

(2) Für Laufzeiten über zehn Jahre werden nicht alle jährlichen Festzins-Swapsätze verwendet. Die dazwischenliegenden ganzjährigen Laufzeiten werden aus den verwendeten Laufzeiten zwölf, 15, 20, 25, 30, 40 und 50 Jahre abgeleitet.

Für die Interpolation wird die Annahme getroffen, dass die Termin-Swapsätze für die dazwischenliegenden Laufzeiten konstant sind. Die fehlenden Null-Kupon-Swapsätze mit Laufzeit t 2 werden dann mit der nachstehenden Methode ermittelt. Der Gegenwartswert eines Festzins-Swaps mit Laufzeit t 3 stellt sich wie folgt dar, wobei S1, S2, ... , St 1 und St 3 sowie N1, N2, ... , Nt 1 bekannt sind, $t\,1 < t\,2 < t\,3$ und $t\,2 - t\,1 \geq 1$ sind:

$$\frac{S_{t3}}{1+N_1}+\frac{S_{t3}}{\left(1+N_2\right)^2}+\ldots+\frac{1+S_{t3}}{\left(1+N_{t3}\right)^{t3}}=1\,.$$

Annahmegemäß gilt:

$$T_{t1,t2}=T_{t2,t3}=T_{t1,t3}$$

$$S_{t3}=\left[\sum_{i=1}^{t1}\frac{1}{\left(1+N_i\right)^i}+\frac{1}{\left(1+N_{t1}\right)^{t1}}\sum_{j=1}^{(t3-t1)}\frac{1}{\left(1+T_{t1,t3}\right)^j}\right]$$

$$+\frac{1}{\left(1+N_{t1}\right)^{t1}\left(1+T_{t1,t3}\right)^{(t3-t1)}}=1\,.$$

Der Termin-Swapsatz ($T_{t\,1,t\,3}$) wird in der letzten Gleichung, da der Swapsatz mit Laufzeit t 3 (St 3) und die Null--Kupon-Swapsätze N1 bis Nt 1 bekannt sind, mittels eines numerischen Verfahrens (Newton-Verfahren) berechnet. Danach wird der Null-Kupon-Swapsatz mit Laufzeit t 2 (Nt 2) durch das Einsetzen des Termin-Swapsatzes $T_{t\,1,t\,3}$ in die folgende Gleichung bestimmt:

$$\left(1+N_{t2}\right)^{t2}=\left(1+N_{t2-1}\right)^{t2-1}\left(1+N_{t2-1,t2}\right)$$

$$=\left(1+N_{t1}\right)^{t1}\left(1+N_{t1,t3}\right)^{(t2-t1)}\,.$$

§ 6 Berechnung des Aufschlags

Zur Berechnung des Aufschlags wird die Rendite des Unternehmensanleihenindo xes über die vergangenen 84 Monatsendstände arithmetisch gemittelt. Weiterhin wird die durchschnittliche Laufzeit der im Index enthaltenen Anleihen über den gleichen Zeitraum berechnet. Für diese durchschnittliche Laufzeit wird der Null-Kupon-Swapsatz ermittelt (bei nicht ganzjährigen Laufzeiten durch lineare Interpolation), auch dieser aus dem arithmetischen Mittel der letzten 84 Monatsendstände der Swapsätze. Dann wird der Abstand zwischen der gemittelten Unternehmens-

anleihenrendite und dem laufzeitgleichen gemittelten Null-Kupon-Swapsatz berechnet. Dieser Abstand erhöht als Aufschlag die gemittelte Null-Kupon-Euro-Zinsswapkurve über deren gesamte Laufzeit. Dabei sind Uz die Rendite des Unternehmensanleihenindexes, tz die durchschnittliche Laufzeit der Anleihen des Indexes und Ntz der Null-Kupon-Swapsatz mit Laufzeit t zum Zeitpunkt z.

Der Aufschlag (Az) ergibt sich wie folgt:

$$\overline{tz} = \frac{1}{84} \sum_{j=z-83}^{z} t_j \,,$$

$$\overline{U}_z = \frac{1}{84} \sum_{j=z-83}^{z} U_j \,,$$

$$\overline{N_{\overline{tz}}} = \frac{1}{84} \sum_{j=z-83}^{z} N_{\overline{tz},j} \,,$$

$$A_z = \overline{U}_z + \overline{N_{\overline{tz}}} \,.$$

Der Abzinsungszinssatz mit Laufzeit t zum Zeitpunkt z (AStz) ergibt sich dann als Summe vom jeweiligen gemittelten Null-Kupon-Swapsatz und dem für diesen Zeitpunkt einheitlichen Aufschlag:

$$AS_{tz} = \overline{N}_{tz} + A_z \,.$$

§ 6a Berechnung des Aufschlags bei Rückstellungen für Altersversorgungsverpflichtungen

Für die Berechnung des Aufschlags bei Rückstellungen für Altersversorgungsverpflichtungen nach § 253 Absatz 2 Satz 1 und 2 des Handelsgesetzbuchs treten bei der Anwendung des § 6 an die Stelle von 84 Monatsendständen 120 Monatsendstände.

§ 7 Bekanntgabe

Auf Basis der Daten des letzten Handelstages des Monats veröffentlicht die Deutsche Bundesbank monatlich die Null-Kupon-Euro-Zinsswapsätze und die Abzinsungszinssätze für die ganzjährigen Laufzeiten von einem Jahr bis 50 Jahre auf ihrer Internetseite www.bundesbank.de.

§ 8 Übergangsvorschrift zum Gesetz zur Umsetzung der Wohnimmobilienkreditrichtlinie und zur Änderung handelsrechtlicher Vorschriften

§ 6a in der Fassung des Gesetzes zur Umsetzung der Wohnimmobilienkreditrichtlinie und zur Änderung handelsrechtlicher Vorschriften vom 11. März 2016 (BGBl.

I S. 396) ist erstmals auf die Berechnung des Aufschlags zum 17. März 2016 anzuwenden. Die Deutsche Bundesbank berechnet die Abzinsungszinssätze für Rückstellungen für Altersversorgungsverpflichtungen nach Maßgabe des § 6a in der ab dem 17. März 2016 geltenden Fassung auch rückwirkend auf Basis der Daten des jeweils letzten Handelstages des Monats ab einschließlich Januar 2015 und veröffentlicht die so berechneten Abzinsungszinssätze zusätzlich auf ihrer Internetseite.

15.3 Elektronischer Bundesanzeiger

Der Betreiber des elektronischen Bundesanzeigers prüft, ob die eizureichenden Unterlagen fristgemäß und vollständig eingereicht wurden. Sollte dies nicht der Fall sein, so unterrichtet der Betreiber das Bundesamt für Justiz.

Gegen die Gesellschaft, aber auch gegen die zuständigen Organmitglieder, kann ein Ordnungsgeld angedroht werden. Es besteht dann eine sechswöchige Nachbesserungsmöglichkeit.

Nach Ablauf der Nachbesserungsmöglichkeit ist das Ordnungsgeld beschränkt auf 500 EUR für Kleinstkapitalgesellschaften, 1.000 EUR für kleine Kapitalgesellschaften, ansonsten auf 2.500 EUR. Abweichend hiervon kann bei geringfügiger Überschreitung der Sechswochenfrist auf einen geringeren Betrag herabgesetzt werden (§ 335 Abs. 4 HGB).

Der Bundesanzeiger findet sich unter https://www.bundesanzeiger.de. Dort, bzw. beim Unternehmensregister, erfolgt die Veröffentlichung und Einsicht von veröffentlichten oder hinterlegten Jahresabschlüssen.

Einzureichen sind (§ 325 HGB):

- der festgestellte oder gebilligte Jahresabschluss
- der Lagebericht
- der Bestätigungsvermerk bzw. dessen Versagung
- der Bericht des Aufsichtsrates und
- für börsennotierte Gesellschaften die Erklärung i. S. des § 161 AktG.

Erleichterungen ergeben sich für kleine Gesellschaften und mittelgroße Kapitalgesellschaften (§ 327 HGB).

15.4 Leasing nach Handels- und Steuerrecht

Die Zurechnung von Leasinggegenständen erfolgt je nach Art des Leasings unterschiedlich. Folgendes Schema ist allgemein anwendbar. Details ergeben sich aus den großen Leasingerlassen.

<table>
<tr><th colspan="2" rowspan="2">Art des Gegenstands</th><th colspan="2">bewegliche Wirtschaftsgüter und Gebäude</th><th rowspan="2">Grund und Boden</th></tr>
<tr><th>Grundmietzeit 40–90 % der Nutzungsdauer (nach AfA-Tabellen)</th><th>Grundmietzeit < 40 % oder > 90 % der Nutzungsdauer</th></tr>
<tr><td colspan="5">Leasingart des Leasingvertrags</td></tr>
<tr><td colspan="5">ohne Mietverlängerungs- oder Kaufoption</td></tr>
<tr><td colspan="2">• Spezial-Leasing (mieterspezifische Leasinggegenstände)</td><td>Leasingnehmer</td><td rowspan="2">Leasingnehmer</td><td rowspan="2">Leasinggeber</td></tr>
<tr><td colspan="2">• kein Spezial-Leasing</td><td>Leasinggeber</td></tr>
<tr><td colspan="5">mit Kaufoption</td></tr>
<tr><td colspan="2">• Spezial-Leasing</td><td rowspan="2">Leasingnehmer</td><td rowspan="3">Leasingnehmer</td><td rowspan="3">siehe Gebäude</td></tr>
<tr><td rowspan="2">• kein Spezial-Leasing</td><td>Kaufpreis < Buchwert bei Verkauf</td></tr>
<tr><td>Kaufpreis ≥ Buchwert bei Verkauf</td><td>Leasinggeber</td></tr>
<tr><td colspan="5">mit Mietverlängerungsoption</td></tr>
<tr><td colspan="2">• Spezial-Leasing</td><td rowspan="2">Leasingnehmer</td><td rowspan="3">Leasingnehmer</td><td rowspan="3">Leasinggeber</td></tr>
<tr><td rowspan="2">• kein Spezial-Leasing</td><td>Anschluss-Miete < Wertverzehr</td></tr>
<tr><td>Anschluss-Miete ≥ Wertverzehr</td><td>Leasinggeber</td></tr>
</table>

16 Termine und Fristen

Inhalt

16.1 Steuertermine 2024

Die Steuertermine sind in den einzelnen Steuergesetzen geregelt. Durch regionale Feiertage, Wochenenden oder gesetzliche Feiertage verschiebt sich die genannte Frist entsprechend.

Folgende Tabelle soll nur einen Überblick über die jeweiligen Fälligkeiten geben:

		Jan	Feb	Mär	Apr	Mai	Jun	Jul	Aug	Sep	Okt	Nov	Dez
Einkommensteuer				10			10			10			10
Umsatzsteuer	**mtl.**	10	10	10	10	10	10	10	10	10	10	10	10
	vj.	10			10			10			10		
Lohnsteuer	**mtl.**	10	10	10	10	10	10	10	10	10	10	10	10
	vj.	10			10			10			10		
	jährl.	10											
Gewerbesteuer	**vj.**		15			15			15			15	

16.2 Aufbewahrungsfristen

Art	Frist
Abtretungserklärungen	6 Jahre
Angestelltenversicherungsunterlagen, soweit Buchungsbelege	10 Jahre
Arbeitnehmer-Sparzulage (Anträge)	10 Jahre
Autokostenabrechnungen, soweit Buchungsbelege	10 Jahre
Bankauszüge	10 Jahre
Bankbürgschaften	6 Jahre
Beitragsabrechnungen zu Sozialversicherungen	10 Jahre
Belegschaftsfeierunterlagen, soweit steuerlich relevant	6 Jahre
Betriebsprüfungsberichte (steuerliche Außenprüfung)	6 Jahre
Bewertungsunterlagen für Jahresabschlüsse	10 Jahre
Bewirtungsunterlagen, soweit Buchungsunterlagen	10 Jahre
Bilanzen, ausgenommen Monats- und Quartalsabschlüsse	10 Jahre
Bons (Kassenbelege, Quittungen)	6 Jahre
Darlehensverträge nach Vertragsende	6 Jahre
Dauerauftragsunterlagen (nach Ablauf des Vertrages)	6 Jahre
Debitorenlisten, soweit Bilanzunterlagen	10 Jahre
EDV-Buchführung	10 Jahre
Einheitswertbescheide	10 Jahre
Ersatzkassenunterlagen	6 Jahre
Fahrgelderstattungsunterlagen	10 Jahre
Fernsprechanlagen (Unterlagen)	6 Jahre
Feuerversicherungsunterlagen	6 Jahre
Gebäude- und Grundstücksunterlagen, soweit Inventare	10 Jahre
Gehaltskontokarten	6 Jahre
Geschenknachweise	10 Jahre
Gewinn- und Verlust-Rechnungen als Jahreserfolgsrechnung	10 Jahre
Grundstücksverzeichnis, soweit Inventar	10 Jahre
Hauptabschlussübersichten, soweit Buchfunktion	10 Jahre
Inventare und Inventarnachweise, soweit Bilanzunterlagen	10 Jahre
Jahresabschlüsse, soweit Reinschriften	10 Jahre
Journale für Hauptbuch und Kontokorrent	10 Jahre
Kalkulationsunterlagen, soweit handels- und steuerrechtlich bedeutsam	6 Jahre
Kapitalsteuerunterlagen	6 Jahre
Kassenabrechnungen	10 Jahre
Kassenbücher und -blätter	10 Jahre
Kilometergeldabrechnungen	10 Jahre
Körperschaftsteuer (Erklärungen und Bescheide)	10 Jahre
Kontokorrentbelege	10 Jahre
Lastschrift- und Gutschriftunterlagen	10 Jahre
Leasingunterlagen, Verträge (nach Ablauf)	6 Jahre

Art	Frist
Lieferantenrechnungen (bei offener Posten-Buchhaltung)	10 Jahre
Lohnabrechnungen	10 Jahre
Lohnsteuerunterlagen	10 Jahre
Mahnbescheide	6 Jahre
Mietunterlagen einschließlich Grundstücksunterlagen, soweit Buchungsunterlagen	10 Jahre
Mietverträge nach Vertragsende	6 Jahre
Pachtverträge nach Vertragsende	6 Jahre
Pensionszahlungen (Unterlagen)	10 Jahre
Pfändungsunterlagen	10 Jahre
Postquittungsbücher	10 Jahre
Prozessakten nach Abschluss	10 Jahre
Quittungen	10 Jahre
Rechnungen (bei offener Posten-Buchhaltung)	10 Jahre
Reisekostenabrechnungen	10 Jahre
Sachkonten	10 Jahre
Saldenbilanzen	10 Jahre
Schadensmeldungen	6 Jahre
Schuldurkunden, nach Zahlung	6 Jahre
Spendenbescheinigungen	10 Jahre
Stornobelege	10 Jahre
Teilwertabschreibungen (Unterlagen)	6 Jahre
Telefongebührennachweise	10 Jahre
Überweisungsaufträge	6 Jahre
Unfallunterlagen	6 Jahre
Verbindlichkeiten (Zusammenstellungen)	10 Jahre
Vermögensverzeichnis	10 Jahre
Vermögenswirksame Leistungen (Unterlagen)	6 Jahre
Versicherungspolicen nach Ablauf der Versicherung	6 Jahre
Vollmachten nach Erlöschen	6 Jahre

Für Buchungsbelege gilt grundsätzlich Aufbewahrungspflicht von 10 Jahren.

Die Aufbewahrungsfrist beginnt nach Handels- und Steuerrecht mit Ablauf des Kalenderjahres, in dem die letzten Eintragungen, Änderungen oder Handlungen in den jeweiligen Unterlagen (z. B. Handelsbuch, Inventar, Jahresabschluss) vorgenommen wurden bzw. Handelsbriefe empfangen oder abgesandt worden sind.

Die Aufbewahrungspflicht endet einheitlich mit Ablauf des Jahres. Soweit aber die steuerliche Ablaufhemmung nach § 147 Abs. 3 S. 3 AO in Kraft tritt, endet die Verjährung später (z. B. bei Einspruch, steuerliche Außenprüfung oder spätere Abgabe der Steuererklärung).

17 Vergütungsrecht des Steuerberaters

Inhalt

17.1 Steuerberatervergütungsverordnung (StBVV)

Die StBVV kennt verschiedene Gebührenarten:

- Wertgebühr,
- Zeitgebühr,
- Betragsrahmengebühr,
- Pauschalvergütung.

Die Höhe der Wertgebühr richtet sich nach den Bestimmungen der StBVV zur Höhe des Gegenstandswertes, zur Höhe des Gebührensatzrahmens, zur anzuwendenden Gebührentabelle sowie nach den als Anlage zur StBVV beigefügten Gebührentabellen A bis E. Für den Gegenstandswert ist der Wert des Interesses maßgebend, soweit die StBVV nicht etwas Anderes bestimmt (§ 10 StBVV). Liegen nicht genügend Anhaltspunkte für eine Schätzung des Gegenstandswertes vor, ist die Zeitgebühr zu berechnen (§ 13 StBVV). Dies gilt allerdings nicht für Tätigkeiten nach § 23 StBVV sowie für die Vertretung im außergerichtlichen Rechtsbehelfsverfahren (§ 40 StBVV), im Verwaltungsvollstreckungsverfahren (§ 44 StBVV) und in gerichtlichen und anderen Verfahren (§§ 45, 46 StBVV).

17.2 StBVV – Gesetzestext (Stand Juni 2022)

Vergütungsverordnung für Steuerberater, Steuerbevollmächtigte und Berufsausübungsgesellschaften (StBVV)

„Steuerberatervergütungsverordnung vom 17. Dezember 1981 (BGBl. I S. 1442), die zuletzt durch Art. 1 der Verordnung vom 10. Juni 2022 (BGBl. I, S. 877) geändert worden ist"

Eingangsformel

Auf Grund des § 64 des Steuerberatungsgesetzes in der Fassung der Bekanntmachung vom 4. November 1975 (BGBl. I S. 2735) wird nach Anhörung der Bundessteuerberaterkammer mit Zustimmung des Bundesrates verordnet:

Erster Abschnitt

Allgemeine Vorschriften

§ 1 Anwendungsbereich

(1) Die Vergütung (Gebühren und Auslagenersatz) des Steuerberaters mit Sitz im Inland für seine im Inland selbständig ausgeübte Berufstätigkeit (§ 33 des Steuerberatungsgesetzes) bemisst sich nach dieser Verordnung. Dies gilt für die Höhe der Vergütung nur, soweit nicht etwas anderes vereinbart wird.

(2) Für die Vergütung der Steuerbevollmächtigten und der Berufsausübungsgesellschaften gelten die Vorschriften über die Vergütung der Steuerberater entsprechend.

§ 2 Sinngemäße Anwendung der Verordnung

Ist in dieser Verordnung über die Gebühren für eine Berufstätigkeit des Steuerberaters nichts bestimmt, so sind die Gebühren in sinngemäßer Anwendung der Vorschriften dieser Verordnung zu bemessen.

§ 3 Auslagen

(1) Mit den Gebühren werden auch die allgemeinen Geschäftskosten entgolten.

(2) Der Anspruch auf Zahlung der auf die Vergütung entfallenden Umsatzsteuer und auf Ersatz für Post- und Telekommunikationsdienstleistungen zu zahlende Entgelte, der Dokumentenpauschale und der Reisekosten bestimmt sich nach den §§ 15 bis 20.

§ 4 Vereinbarung der Vergütung

(1) Aus einer Vereinbarung kann der Steuerberater eine höhere als die gesetzliche Vergütung nur fordern, wenn die Erklärung des Auftraggebers in Textform abgegeben ist. Ist das Schriftstück nicht vom Auftraggeber verfasst, muss

1. *das Schriftstück als Vergütungsvereinbarung oder in vergleichbarer Weise bezeichnet sein,*
2. *das Schriftstück von anderen Vereinbarungen mit Ausnahme der Auftragserteilung deutlich abgesetzt sein und darf nicht in der Vollmacht enthalten sein.*

Art und Umfang des Auftrags nach Satz 2 sind zu bezeichnen. Hat der Auftraggeber freiwillig und ohne Vorbehalt geleistet, kann er das Geleistete nicht deshalb zurückfordern, weil seine Erklärung den Vorschriften der Sätze 1 bis 3 nicht entspricht.

(2) Ist eine vereinbarte Vergütung unter Berücksichtigung aller Umstände unangemessen hoch, so kann sie im Rechtsstreit auf den angemessenen Betrag bis zur Höhe der sich aus dieser Verordnung ergebenden Vergütung herabgesetzt werden.

(3) In außergerichtlichen Angelegenheiten kann eine niedrigere als die gesetzliche Vergütung unter den Formerfordernissen des Absatzes 1 vereinbart werden. Sie muss in einem angemessenen Verhältnis zu der Leistung, der Verantwortung und dem Haftungsrisiko des Steuerberaters stehen.

(4) Der Steuerberater hat den Auftraggeber in Textform darauf hinzuweisen, dass eine höhere oder niedrigere als die gesetzliche Vergütung in Textform vereinbart werden kann.

§ 5 Mehrere Steuerberater

Ist die Angelegenheit mehreren Steuerberatern zur gemeinschaftlichen Erledigung übertragen, so erhält jeder Steuerberater für seine Tätigkeit die volle Vergütung.

§ 6 Mehrere Auftraggeber

(1) Wird der Steuerberater in derselben Angelegenheit für mehrere Auftraggeber tätig, so erhält er die Gebühren nur einmal.

(2) Jeder Auftraggeber schuldet dem Steuerberater die Gebühren und Auslagen, die er schulden würde, wenn der Steuerberater nur in seinem Auftrag tätig geworden wäre. Der Steuerberater kann aber insgesamt nicht mehr fordern als die nach Absatz 1 berechneten Gebühren und die insgesamt entstandenen Auslagen.

§ 7 Fälligkeit

Die Vergütung des Steuerberaters wird fällig, wenn der Auftrag erledigt oder die Angelegenheit beendigt ist.

§ 8 Vorschuß

Der Steuerberater kann von seinem Auftraggeber für die entstandenen und die voraussichtlich entstehenden Gebühren und Auslagen einen angemessenen Vorschuß fordern.

§ 9 Berechnung

(1) Der Steuerberater kann die Vergütung nur auf Grund einer dem Auftraggeber mitgeteilten Berechnung einfordern. Die Berechnung ist von dem Steuerberater zu unterzeichnen oder vorbehaltlich der Zustimmung des Auftraggebers in Textform zu erstellen. Die Zustimmung muss nicht für jede Berechnung einzeln erteilt werden. Der Lauf der Verjährungsfrist ist von der Mitteilung der Berechnung nicht abhängig.

(2) In der Berechnung sind die Beträge der einzelnen Gebühren und Auslagen, die Vorschüsse, eine kurze Bezeichnung des jeweiligen Gebührentatbestands, die Bezeichnung der Auslagen sowie die angewandten Vorschriften dieser Gebührenverordnung und bei Wertgebühren auch der Gegenstandswert anzugeben. Nach demselben Stundensatz berechnete Zeitgebühren können zusammengefaßt werden. Bei Entgelten für Post- und Telekommunikationsdienstleistungen genügt die Angabe des Gesamtbetrages.

(3) Hat der Auftraggeber die Vergütung gezahlt, ohne die Berechnung erhalten zu haben, so kann er die Mitteilung der Berechnung noch fordern, solange der Steuerberater zur Aufbewahrung der Handakten nach § 66 des Steuerberatungsgesetzes verpflichtet ist.

Zweiter Abschnitt

Gebührenberechnung

§ 10 Wertgebühren

(1) Die Wertgebühren bestimmen sich nach den dieser Verordnung als Anlage beigefügten Tabellen A bis D. Sie werden nach dem Wert berechnet, den der Gegenstand der beruflichen Tätigkeit hat. Maßgebend ist, soweit diese Verordnung nichts anderes bestimmt, der Wert des Interesses.

(2) In derselben Angelegenheit werden die Werte mehrerer Gegenstände zusammengerechnet; dies gilt nicht für die in den §§ 24 bis 27, 30, 35 und 37 bezeichneten Tätigkeiten.

§ 11 Rahmengebühren

Ist für die Gebühren ein Rahmen vorgesehen, so bestimmt der Steuerberater die Gebühr im Einzelfall unter Berücksichtigung aller Umstände, vor -allem des Umfangs und der Schwierigkeit der beruflichen Tätigkeit, der -Bedeutung der Angelegenheit sowie der Einkommens- und Vermögensverhältnisse des Auftraggebers, nach billigem Ermessen. Ein besonderes Haftungsrisiko des Steuerberaters kann bei der Bemessung herangezogen werden. Bei Rahmengebühren, die sich nicht nach dem Gegenstandswert richten, ist das Haftungsrisiko zu berücksichtigen. Ist die Gebühr von einem Dritten zu ersetzen, ist die von dem Steuerberater getroffene Bestimmung nicht verbindlich, wenn sie unbillig ist.

§ 12 Abgeltungsbereich der Gebühren

(1) Die Gebühren entgelten, soweit diese Verordnung nichts anderes bestimmt, die gesamte Tätigkeit des Steuerberaters vom Auftrag bis zur Erledigung der Angelegenheit.

(2) Der Steuerberater kann die Gebühren in derselben Angelegenheit nur einmal fordern.

(3) Sind für Teile des Gegenstandes verschiedene Gebührensätze anzuwenden, so erhält der Steuerberater für die Teile gesondert berechnete Gebühren, jedoch nicht mehr als die aus dem Gesamtbetrag der Wertteile nach dem höchsten Gebührensatz berechneten Gebühr.

(4) Auf bereits entstandene Gebühren ist es, soweit diese Verordnung nichts anderes bestimmt, ohne Einfluß, wenn sich die Angelegenheit vorzeitig erledigt oder der Auftrag endigt, bevor die Angelegenheit erledigt ist.

(5) Wird der Steuerberater, nachdem er in einer Angelegenheit tätig geworden war, beauftragt, in derselben Angelegenheit weiter tätig zu werden, so erhält er nicht mehr an Gebühren, als er erhalten würde, wenn er von vornherein hiermit beauftragt worden wäre. Ist der frühere Auftrag seit mehr als zwei Kalenderjahren erledigt, gilt die weitere Tätigkeit als neue Angelegenheit.

(6) Ist der Steuerberater nur mit einzelnen Handlungen beauftragt, so erhält er nicht mehr an Gebühren, als der mit der gesamten Angelegenheit beauftragte Steuerberater für die gleiche Tätigkeit erhalten würde.

§ 13 Zeitgebühr

Die Zeitgebühr ist zu berechnen

1. *in den Fällen, in denen diese Verordnung dies vorsieht,*
2. *wenn keine genügenden Anhaltspunkte für eine Schätzung des Gegenstandswerts vorliegen; dies gilt nicht für Tätigkeiten nach § 23 sowie für die Vertretung im außergerichtlichen Rechtsbehelfsverfahren (§ 40), im Verwaltungsvollstreckungsverfahren (§ 44) und in gerichtlichen und anderen Verfahren (§§ 45, 46).*

Sie beträgt 30 bis 75 Euro je angefangene halbe Stunde.

§ 14 Pauschalvergütung

(1) Für einzelne oder mehrere für denselben Auftraggeber laufend auszuführende Tätigkeiten kann der Steuerberater eine Pauschalvergütung vereinbaren. Die Vereinbarung ist in Textform und für einen Zeitraum von mindestens einem Jahr zu treffen. In der Vereinbarung sind die vom Steuerberater zu übernehmenden Tätigkeiten und die Zeiträume, für die sie geleistet werden, im einzelnen aufzuführen.

(2) Die Vereinbarung einer Pauschalvergütung ist ausgeschlossen für

1. *die Anfertigung nicht mindestens jährlich wiederkehrender Steuererklärungen;*
2. *die Ausarbeitung von schriftlichen Gutachten (§ 22);*
3. *die in § 23 genannten Tätigkeiten;*
4. *die Teilnahme an Prüfungen (§ 29);*
5. *die Beratung und Vertretung im außergerichtlichen Rechtsbehelfsverfahren (§ 40), im Verwaltungsvollstreckungsverfahren (§ 44) und in gerichtlichen und anderen Verfahren (§ 45).*

(3) Der Gebührenanteil der Pauschalvergütung muß in einem angemessenen Verhältnis zur Leistung des Steuerberaters stehen.

Dritter Abschnitt

Umsatzsteuer, Ersatz von Auslagen

§ 15 Umsatzsteuer

Der Vergütung ist die Umsatzsteuer hinzuzurechnen, die nach § 12 des Umsatzsteuergesetzes auf die Tätigkeit entfällt. Dies gilt nicht, wenn die Umsatzsteuer nach § 19 Abs. 1 des Umsatzsteuergesetzes unerhoben bleibt.

§ 16 Entgelte für Post- und Telekommunikationsdienstleistungen

Der Steuerberater hat Anspruch auf Ersatz der bei der Ausführung des Auftrags für Post- und Telekommunikationsdienstleistungen zu zahlenden Entgelte. Er kann nach seiner Wahl an Stelle der tatsächlich entstandenen Kosten einen Pauschsatz fordern, der 20 Prozent der sich nach dieser Verordnung ergebenden Gebühren beträgt, in derselben Angelegenheit jedoch höchstens 20 Euro.

§ 17 Dokumentenpauschale

(1) Der Steuerberater erhält eine Dokumentenpauschale

1. *für Ablichtungen*

   a) aus Behörden- und Gerichtsakten, soweit deren Herstellung zur sachgerechten Bearbeitung der Angelegenheit geboten war,

   b) zur Mitteilung an Gegner oder Beteiligte und Verfahrensbevollmächtigte auf Grund einer Rechtsvorschrift oder nach Aufforderung durch das Gericht, die Behörde oder die sonst das Verfahren führende Stelle, soweit hierfür mehr als 100 Ablichtungen zu fertigen waren,

   c) zur notwendigen Unterrichtung des Auftraggebers, soweit hierfür mehr als 100 Ablichtungen zu fertigen waren,

   d) in sonstigen Fällen nur, wenn sie im Einverständnis mit dem Auftraggeber zusätzlich, auch zur Unterrichtung Dritter, angefertigt worden sind und

2. *für die Überlassung elektronischer Dokumente an Stelle der in Nummer 1 Buchstabe d genannten Ablichtungen.*

Eine Übermittlung durch den Steuerberater per Telefax steht der Herstellung einer Ablichtung gleich.

(2) Die Höhe der Dokumentenpauschale bemisst sich nach den für die Dokumentenpauschale im Vergütungsverzeichnis zum Rechtsanwaltsvergütungsgesetz bestimmten Beträgen. Die Höhe der Dokumentenpauschale nach Absatz 1 Nr. 1 ist in derselben Angelegenheit und in gerichtlichen Verfahren in demselben Rechtszug einheitlich zu berechnen.

§ 18 Geschäftsreisen

(1) Für Geschäftsreisen sind dem Steuerberater als Reisekosten die Fahrtkosten und die Übernachtungskosten zu erstatten; ferner erhält er ein Tage- und Abwesenheitsgeld. Eine Geschäftsreise liegt vor, wenn das Reiseziel außerhalb der Gemeinde liegt, in der sich die Kanzlei oder die Wohnung des Steuerberaters befindet.

(2) Als Fahrtkosten sind zu erstatten:

1. *bei Benutzung eines eigenen Kraftfahrzeugs zur Abgeltung der Anschaffungs-, Unterhaltungs- und Betriebskosten sowie der Abnutzung des Kraftfahrzeugs 0,42 Euro für jeden gefahrenen Kilometer zuzüglich der durch die Benutzung des Kraftfahrzeugs aus Anlaß der Geschäftsreise regelmäßig anfallenden baren Auslagen, insbesondere der Parkgebühren,*
2. *bei Benutzung anderer Verkehrsmittel die tatsächlichen Aufwendungen, soweit sie angemessen sind.*

(3) Als Tage- und Abwesenheitsgeld erhält der Steuerberater bei einer Geschäftsreise von nicht mehr als 4 Stunden 25 Euro, von mehr als 4 bis 8 Stunden 40 Euro und von mehr als 8 Stunden 70 Euro; bei Auslandsreisen kann zu diesen Beträgen ein Zuschlag von 50 Prozent berechnet werden. Die Übernachtungskosten sind in Höhe der tatsächlichen Aufwendungen zu erstatten, soweit sie angemessen sind.

§ 19 Reisen zur Ausführung mehrerer Geschäfte

Dient eine Reise der Ausführung mehrerer Geschäfte, so sind die entstandenen Reisekosten und Abwesenheitsgelder nach dem Verhältnis der Kosten zu verteilen, die bei gesonderter Ausführung der einzelnen Geschäfte entstanden wären.

§ 20 Verlegung der beruflichen Niederlassung

Ein Steuerberater, der seine berufliche Niederlassung nach einem anderen Ort verlegt, kann bei Fortführung eines ihm vorher erteilten Auftrags Reisekosten und Abwesenheitsgelder nur insoweit verlangen, als sie auch von seiner bisherigen beruflichen Niederlassung aus entstanden wären.

Vierter Abschnitt

Gebühren für die Beratung und für die Hilfeleistung bei der Erfüllung allgemeiner Steuerpflichten

§ 21 Rat, Auskunft, Erstberatung

(1) Für einen mündlichen oder schriftlichen Rat oder eine Auskunft, die nicht mit einer anderen gebührenpflichtigen Tätigkeit zusammenhängt, erhält der Steuerberater eine Gebühr in Höhe von 1 Zehntel bis 10 Zehntel der vollen Gebühr nach Tabelle A (Anlage 1). Beschränkt sich die Tätigkeit nach Satz 1 auf ein erstes Beratungsgespräch und ist der Auftraggeber Verbraucher, so kann der Steuerberater, der erstmals von diesem Ratsuchenden in Anspruch genommen wird, keine höhere Gebühr als 190 Euro fordern. Die Gebühr ist auf eine Gebühr anzurechnen, die der Steuerberater für eine sonstige Tätigkeit erhält, die mit der Raterteilung oder Auskunft zusammenhängt.

(2) Wird ein Steuerberater mit der Prüfung der Erfolgsaussicht eines Rechtsmittels beauftragt, so ist für die Vergütung das Rechtsanwaltsvergütungsgesetz sinngemäß anzuwenden. Die Gebühren bestimmen sich nach Teil 2 Abschnitt 1 des Vergütungsverzeichnisses zum Rechtsanwaltsvergütungsgesetz.

§ 22 Gutachten

Für die Ausarbeitung eines schriftlichen Gutachtens mit eingehender Begründung erhält der Steuerberater eine Gebühr von 10 Zehnteln bis 30 Zehntel der vollen Gebühr nach Tabelle A (Anlage 1).

§ 23 Sonstige Einzeltätigkeiten

Die Gebühr beträgt für

1.	die Berichtigung einer Erklärung	2/10 bis 10/10
2.	einen Antrag auf Stundung	2/10 bis 8/10
3.	einen Antrag auf Anpassung der Vorauszahlungen	2/10 bis 8/10
4.	einen Antrag auf abweichende Steuerfestsetzung aus Billigkeitsgründen	2/10 bis 8/10
5.	einen Antrag auf Erlaß von Ansprüchen aus dem Steuerschuldverhältnis oder aus zollrechtlichen Bestimmungen	2/10 bis 8/10
6.	einen Antrag auf Erstattung (§ 37 Abs. 2 der Abgabenordnung)	2/10 bis 8/10
7.	einen Antrag auf Aufhebung oder Änderung eines Steuerbescheides oder einer Steueranmeldung	2/10 bis 10/10
8.	einen Antrag auf volle oder teilweise Rücknahme oder auf vollen oder teilweisen Widerruf eines Verwaltungsaktes	4/10 bis 10/10
9.	einen Antrag auf Wiedereinsetzung in den vorigen Stand außerhalb eines Rechtsbehelfsverfahrens	4/10 bis 10/10
10.	sonstige Anträge, soweit sie nicht in Steuererklärungen gestellt werden	2/10 bis 10/10

einer vollen Gebühr nach Tabelle A (Anlage 1). Soweit Tätigkeiten nach den Nummern 1 bis 10 denselben Gegenstand betreffen, ist nur eine Tätigkeit maßgebend, und zwar die mit dem höchsten oberen Gebührenrahmen.

§ 24 Steuererklärungen

(1) Der Steuerberater erhält für die Anfertigung

1.	der Einkommensteuererklärung ohne Ermittlung der einzelnen Einkünfte einer vollen Gebühr nach Tabelle A (Anlage 1); Gegenstandswert ist die Summe der positiven Einkünfte, jedoch mindestens 8 000 Euro;	1/10 bis 6/10

2. *der Erklärung zur gesonderten Feststellung der Einkünfte ohne Ermittlung der Einkünfte* — *1/10 bis 5/10*

   einer vollen Gebühr nach Tabelle A (Anlage 1); Gegenstandswert ist die Summe der positiven Einkünfte, jedoch mindestens 8 000 Euro;

3. *der Körperschaftsteuererklärung* — *2/10 bis 8/10*

   einer vollen Gebühr nach Tabelle A (Anlage 1); Gegenstandswert ist das Einkommen vor Berücksichtigung eines Verlustabzugs, jedoch mindestens 16 000 Euro; bei der Anfertigung einer Körperschaftsteuererklärung für eine Organgesellschaft ist das Einkommen der Organgesellschaft vor Zurechnung maßgebend; das entsprechende Einkommen ist bei der Gegenstandswertberechnung des Organträgers zu kürzen;

4. *(weggefallen)*

5. *der Erklärung zur Gewerbesteuer* — *1/10 bis 6/10*

   einer vollen Gebühr nach Tabelle A (Anlage 1); Gegenstandswert ist der Gewerbeertrag vor Berücksichtigung des Freibetrags und eines Gewerbeverlustes, jedoch mindestens 8 000 Euro;

6. *der Gewerbesteuerzerlegungserklärung* — *1/10 bis 6/10*

   einer vollen Gebühr nach Tabelle A (Anlage 1); Gegenstandswert sind 10 Prozent der als Zerlegungsmaßstab erklärten Arbeitslöhne, jedoch mindestens 4 000 Euro;

7. *der Umsatzsteuer-Voranmeldung sowie hierzu ergänzender Anträge und Meldungen* — *1/10 bis 6/10*

   einer vollen Gebühr nach Tabelle A (Anlage 1); Gegenstandswert sind 10 Prozent der Summe aus dem Gesamtbetrag der Entgelte und der Entgelte, für die der Leistungsempfänger Steuerschuldner ist, jedoch mindestens 650 Euro;

8. *der Umsatzsteuererklärung für das Kalenderjahr einschließlich ergänzender Anträge und Meldungen* — *1/10 bis 8/10*

   einer vollen Gebühr nach Tabelle A (Anlage 1); Gegenstandswert sind 10 Prozent der Summe aus dem Gesamtbetrag der Entgelte und der Entgelte, für die der Leistungsempfänger Steuerschuldner ist, jedoch mindestens 8 000 Euro;

9. *(weggefallen)*

10.	*der Vermögensteuererklärung oder der Erklärung zur gesonderten Feststellung des Vermögens von Gemeinschaften* *einer vollen Gebühr nach Tabelle A (Anlage 1); Gegenstandswert ist das Rohvermögen, jedoch bei natürlichen Personen mindestens 12 500 Euro und bei Körperschaften, Personenvereinigungen und Vermögensmassen mindestens 25 000 Euro;*	*1/20 bis 18/20*
11.	*der Erklärung zur Feststellung nach dem Bewertungsgesetz oder dem Erbschaftsteuer- und Schenkungsteuergesetz, vorbehaltlich der Nummer 11a* *einer vollen Gebühr nach Tabelle A (Anlage 1); Gegenstandswert ist der erklärte Wert, jedoch mindestens 25.000 Euro;*	*1/20 bis 18/20*
11a.	*der Erklärung zur Feststellung oder Festsetzung für Zwecke der Grundsteuer im Rahmen des ab dem Jahr 2025 anzuwendenden Grundsteuerrechts* *einer vollen Gebühr nach Tabelle A (Anlage 1); Gegenstandswert ist der Grundsteuerwert oder, sofern dessen Feststellung nicht vorgesehen ist, der jeweilige Grundsteuermessbetrag dividiert durch die Grundsteuermesszahl nach § 15 Absatz 1 Nummer 2 Buchstabe a des Grundsteuergesetzes, jedoch jeweils mindestens 25.000 Euro;*	*1/20 bis 9/20*
12.	*der Erbschaftsteuererklärung ohne Ermittlung der Zugewinnausgleichsforderung nach § 5 des Erbschaftsteuer- und Schenkungsteuergesetzes* *einer vollen Gebühr nach Tabelle A (Anlage 1); Gegenstandswert ist der Wert des Erwerbs von Todes wegen vor Abzug der Schulden und Lasten, jedoch mindestens 16 000 Euro;*	*2/10 bis 10/10*
13.	*der Schenkungsteuererklärung* *einer vollen Gebühr nach Tabelle A (Anlage 1); Gegenstandswert ist der Rohwert der Schenkung, jedoch mindestens 16 000 Euro;*	*2/10 bis 10/10*
14.	*der Kapitalertragsteueranmeldung sowie für jede weitere Erklärung in Zusammenhang mit Kapitalerträgen* *einer vollen Gebühr nach Tabelle A (Anlage 1); Gegenstandswert ist die Summe der kapitalertragsteuerpflichtigen Kapitalerträge, jedoch mindestens 4 000 Euro;*	*1/20 bis 6/20*

15.	der Lohnsteuer-Anmeldung einer vollen Gebühr nach Tabelle A (Anlage 1); Gegenstandswert sind 20 Prozent der Arbeitslöhne einschließlich sonstiger Bezüge, jedoch mindestens 1 000 Euro;	1/20 bis 6/20
16.	von Steuererklärungen auf dem Gebiet der Einfuhr- und Ausfuhrabgaben, und der Verbrauchsteuern, die als Einfuhrabgaben erhoben werden, einer vollen Gebühr nach Tabelle A (Anlage 1); Gegenstandswert ist der Betrag, der sich bei Anwendung der höchsten in Betracht kommenden Abgabensätze auf die den Gegenstand der Erklärung bildenden Waren ergibt, jedoch mindestens 1 000 Euro;	1/10 bis 3/10
17.	von Anmeldungen oder Erklärungen auf dem Gebiete der Verbrauchsteuern, die nicht als Einfuhrabgaben geschuldet werden, einer vollen Gebühr nach Tabelle A (Anlage 1); Gegenstandswert ist für eine Steueranmeldung der angemeldete Betrag und für eine Steuererklärung der festgesetzte Betrag, jedoch mindestens 1 000 Euro;	1/10 bis 3/10
18.	von Anträgen auf Gewährung einer Verbrauchsteuervergütung oder einer einzelgesetzlich geregelten Verbrauchsteuererstattung, sofern letztere nicht in der monatlichen Steuererklärung oder Steueranmeldung geltend zu machen ist, einer vollen Gebühr nach Tabelle A (Anlage 1); Gegenstandswert ist die beantragte Vergütung oder Erstattung, jedoch mindestens 1 000 Euro;	1/10 bis 3/10
19.	von Anträgen auf Gewährung einer Investitionszulage einer vollen Gebühr nach Tabelle A (Anlage 1); Gegenstandswert ist die Bemessungsgrundlage;	1/10 bis 6/10
20.	von Anträgen auf Steuervergütung nach § 4a des Umsatzsteuergesetzes einer vollen Gebühr nach Tabelle A (Anlage 1); Gegenstandswert ist die beantragte Vergütung;	1/10 bis 6/10
21.	von Anträgen auf Vergütung der abziehbaren Vorsteuerbeträge einer vollen Gebühr nach Tabelle A (Anlage 1); Gegenstandswert ist die beantragte Vergütung, jedoch mindestens 1 300 Euro;	1/10 bis 6/10

22. von Anträgen auf Erstattung von Kapitalertragsteuer und Vergütung der anrechenbaren Körperschaftsteuer 1/10 bis 6/10

einer vollen Gebühr nach Tabelle A (Anlage 1); Gegenstandswert ist die beantragte Erstattung, jedoch mindestens 1 000 Euro;

23. von Anträgen nach Abschnitt X des Einkommensteuergesetzes 2/10 bis 10/10 einer vollen Gebühr nach Tabelle A (Anlage 1); Gegenstandswert ist das beantragte Jahreskindergeld;

24. (weggefallen)

25. der Anmeldung über den Steuerabzug von Bauleistungen 1/10 bis 6/10

einer vollen Gebühr nach Tabelle A (Anlage 1); Gegenstandswert ist der angemeldete Steuerabzugsbetrag (§§ 48 ff. des Einkommensteuergesetzes), jedoch mindestens 1 000 Euro;

26. sonstiger Steuererklärungen

einer vollen Gebühr nach Tabelle A (Anlage 1); Gegenstandswert ist die jeweilige Bemessungsgrundlage, jedoch mindestens 8 000 Euro. 1/10 bis 6/10

(2) Für die Ermittlung der Zugewinnausgleichsforderung nach § 5 des Erbschaftsteuer- und Schenkungsteuergesetzes erhält der Steuerberater 5 Zehntel bis 15 Zehntel einer vollen Gebühr nach Tabelle A (Anlage 1); Gegenstandswert ist der ermittelte Betrag, jedoch mindestens 12 500 Euro.

(3) Für einen Antrag auf Lohnsteuer-Ermäßigung (Antrag auf Eintragung von Freibeträgen) erhält der Steuerberater 1/20 bis 4/20 einer vollen Gebühr nach Tabelle A (Anlage 1); Gegenstandswert ist der voraussichtliche Jahresarbeitslohn; er beträgt mindestens 4 500 Euro.

(4) Der Steuerberater erhält die Zeitgebühr

1. (weggefallen)

2. für Arbeiten zur Feststellung des verrechenbaren Verlustes gemäß § 15a des Einkommensteuergesetzes;

3. für die Anfertigung einer Meldung über die Beteiligung an ausländischen Körperschaften, Vermögensmassen und Personenvereinigungen und an ausländischen Personengesellschaften;

4. (weggefallen)

5. für sonstige Anträge und Meldungen nach dem Einkommensteuergesetz;

6. (weggefallen)

7. (weggefallen)

8. (weggefallen)
9. (weggefallen)
10. (weggefallen)
11. (weggefallen)
12. (weggefallen)
13. für die Überwachung und Meldung der Lohnsumme sowie der Behaltensfrist im Sinne von § 13a Absatz 1 in Verbindung mit Absatz 6 Satz 1, Absatz 5 in Verbindung mit Absatz 6 Satz 2 des Erbschaftsteuer- und Schenkungsteuergesetzes;
14. für die Berechnung des Begünstigungsgewinnes im Sinne von § 34a Absatz 1 Satz 1 des Einkommensteuergesetzes (Begünstigung der nicht entnommenen Gewinne).

§ 25 Ermittlung des Überschusses der Betriebseinnahmen über die Betriebsausgaben

(1) Die Gebühr für die Ermittlung des Überschusses der Betriebseinnahmen über die Betriebsausgaben bei den Einkünften aus Land- und Forstwirtschaft, Gewerbebetrieb oder selbständiger Arbeit beträgt 5 bis 30 Zehntel einer vollen Gebühr nach Tabelle B (Anlage 2). Gegenstandswert ist der jeweils höhere Betrag, der sich aus der Summe der Betriebseinnahmen oder der Summe der Betriebsausgaben ergibt, jedoch mindestens 17 500 Euro.

(2) Für Vorarbeiten, die über das übliche Maß erheblich hinausgehen, erhält der Steuerberater die Zeitgebühr.

(3) Sind bei mehreren Einkünften aus derselben Einkunftsart die Überschüsse getrennt zu ermitteln, so erhält der Steuerberater die Gebühr nach Absatz 1 für jede Überschußrechnung.

(4) Für die Aufstellung eines schriftlichen Erläuterungsberichts zur Ermittlung des Überschusses der Betriebseinnahmen über die Betriebsausgaben erhält der Steuerberater 2/10 bis 12/10 einer vollen Gebühr nach Tabelle B (Anlage 2). Der Gegenstandswert bemisst sich nach Absatz 1 Satz 2.

§ 26 Ermittlung des Gewinns aus Land- und Forstwirtschaft nach Durchschnittsätzen

(1) Die Gebühr für die Ermittlung des Gewinns nach Durchschnittsätzen beträgt 5 Zehntel bis 20 Zehntel einer vollen Gebühr nach Tabelle B (Anlage 2). Gegenstandswert ist der Durchschnittssatzgewinn nach § 13a Abs. 3 Satz 1 des Einkommensteuergesetzes.

(2) Sind für mehrere land- und forstwirtschaftliche Betriebe desselben Auftraggebers die Gewinne nach Durchschnittsätzen getrennt zu ermitteln, so erhält der Steuerberater die Gebühr nach Absatz 1 für jede Gewinnermittlung.

§ 27 Ermittlung des Überschusses der Einnahmen über die Werbungskosten

(1) Die Gebühr für die Ermittlung des Überschusses der Einnahmen über die Werbungskosten bei den Einkünften aus nichtselbständiger Arbeit, Kapitalvermögen, Vermietung und Verpachtung oder sonstigen Einkünften beträgt 1 Zwanzigstel bis 12 Zwanzigstel einer vollen Gebühr nach Tabelle A -(Anlage 1). Gegenstandswert ist der jeweils höhere Betrag, der sich aus der Summe der Einnahmen oder der Summe der Werbungskosten ergibt, jedoch mindestens 8 000 Euro.

(2) Beziehen sich die Einkünfte aus Vermietung und Verpachtung auf mehrere Grundstücke oder sonstige Wirtschaftsgüter und ist der Überschuß der Einnahmen über die Werbungskosten jeweils getrennt zu ermitteln, so erhält der Steuerberater die Gebühr nach Absatz 1 für jede Überschußrechnung.

(3) Für Vorarbeiten, die über das übliche Maß erheblich hinausgehen, erhält der Steuerberater die Zeitgebühr.

§ 28 Prüfung von Steuerbescheiden

Für die Prüfung eines Steuerbescheids erhält der Steuerberater die Zeitgebühr.

§ 29 Teilnahme an Prüfungen und Nachschauen

Der Steuerberater erhält

1. für die Teilnahme an einer Prüfung, insbesondere an einer Außenprüfung, einer Zollprüfung oder einer Nachschau einschließlich der Schlussbesprechung und der Prüfung des Prüfungsberichts, für die Teilnahme an einer Ermittlung der Besteuerungsgrundlagen (§ 208 der Abgabenordnung) oder für die Teilnahme an einer Maßnahme der Steueraufsicht (§§ 209 bis 217 der Abgabenordnung) die Zeitgebühr;
2. für schriftliche Einwendungen gegen den Prüfungsbericht 5 Zehntel bis 10 Zehntel einer vollen Gebühr nach Tabelle A (Anlage 1).

§ 30 Selbstanzeige

(1) Für die Tätigkeit im Verfahren der Selbstanzeige (§§ 371 und 378 Absatz 3 der Abgabenordnung) einschließlich der Ermittlungen zur Berichtigung, Ergänzung oder Nachholung der Angaben erhält der Steuerberater 10/10 bis 30/10 einer vollen Gebühr nach Tabelle A (Anlage 1).

(2) Der Gegenstandswert bestimmt sich nach der Summe der berichtigten, ergänzten und nachgeholten Angaben, er beträgt jedoch mindestens 8.000 EUR.

§ 31 Besprechungen

(1) Für Besprechungen mit Behörden oder mit Dritten in abgaberechtlichen Sachen erhält der Steuerberater 5/10 bis 10/10 einer vollen Gebühr nach Tabelle A (Anlage 1).

(2) Die Besprechungsgebühr entsteht, wenn der Steuerberater an einer Besprechung über tatsächliche oder rechtliche Fragen mitwirkt, die von der Behörde angeordnet ist oder im Einverständnis mit dem Auftraggeber mit der Behörde oder

mit einem Dritten geführt wird. Der Steuerberater erhält diese Gebühr nicht für die Beantwortung einer mündlichen oder fernmündlichen Nachfrage der Behörde.

Fünfter Abschnitt

Gebühren für die Hilfeleistung bei der Erfüllung steuerlicher Buchführungs- und Aufzeichnungspflichten

§ 32 Einrichtung einer Buchführung

Für die Hilfeleistung bei der Einrichtung einer Buchführung im Sinne der §§ 33 und 34 erhält der Steuerberater die Zeitgebühr.

§ 33 Buchführung

(1) Für die Buchführung oder das Führen steuerlicher Aufzeichnungen einschließlich des Kontierens der Belege beträgt die Monatsgebühr 2/10 bis 12/10

einer vollen Gebühr nach Tabelle C (Anlage 3).

(2) Für das Kontieren der Belege beträgt die Monatsgebühr 1/10 bis 6/10

einer vollen Gebühr nach Tabelle C (Anlage 3).

(3) Für die Buchführung oder das Führen steuerlicher Aufzeichnungen nach vom Auftraggeber kontierten Belegen oder erstellten Kontierungsunterlagen beträgt die Monatsgebühr 1/10 bis 6/10

einer vollen Gebühr nach Tabelle C (Anlage 3).

(4) Für die Buchführung oder das Führen steuerlicher Aufzeichnungen nach vom Auftraggeber erstellten Eingaben für die Datenverarbeitung und mit beim Auftraggeber eingesetzten Datenverarbeitungsprogrammen des Steuerberaters erhält der Steuerberater neben der Vergütung für die Datenverarbeitung und für den Einsatz der Datenverarbeitungsprogramme eine Monatsgebühr von 1/20 bis 10/20 einer vollen Gebühr nach Tabelle C (Anlage 3).

(5) Für die laufende Überwachung der Buchführung oder der steuerlichen Aufzeichnungen des Auftraggebers beträgt die Monatsgebühr 1/10 bis 6/10

einer vollen Gebühr nach Tabelle C (Anlage 3).

(6) Gegenstandswert ist der jeweils höchste Betrag, der sich aus dem Jahresumsatz oder aus der Summe des Aufwandes ergibt.

(7) Für die Hilfeleistung bei sonstigen Tätigkeiten im Zusammenhang mit der Buchführung oder dem Führen steuerlicher Aufzeichnungen erhält der Steuerberater die Zeitgebühr.

(8) Mit der Gebühr nach den Absätzen 1, 3 und 4 sind die Gebühren für die Umsatzsteuervoranmeldung (§ 24 Abs. 1 Nr. 7) abgegolten.

§ 34 Lohnbuchführung

(1) Für die erstmalige Einrichtung von Lohnkonten und die Aufnahme der Stammdaten erhält der Steuerberater eine Gebühr von 5 bis 18 Euro je Arbeitnehmer.

(2) Für die Führung von Lohnkonten und die Anfertigung der Lohnabrechnung erhält der Steuerberater eine Gebühr von 5 bis 28 Euro je Arbeitnehmer und Abrechnungszeitraum.

(3) Für die Führung von Lohnkonten und die Anfertigung der Lohnabrechnung nach vom Auftraggeber erstellten Buchungsunterlagen erhält der Steuerberater eine Gebühr von 2 bis 9 Euro je Arbeitnehmer und Abrechnungszeitraum.

(4) Für die Führung von Lohnkonten und die Anfertigung der Lohnabrechnung nach vom Auftraggeber erstellten Eingaben für die Datenverarbeitung und mit beim Auftraggeber eingesetzten Datenverarbeitungsprogrammen des Steuerberaters erhält der Steuerberater neben der Vergütung für die Datenverarbeitung und für den Einsatz der Datenverarbeitungsprogramme eine Gebühr von 1 bis 4 Euro je Arbeitnehmer und Abrechnungszeitraum.

(5) Für die Hilfeleistung bei sonstigen Tätigkeiten im Zusammenhang mit dem Lohnsteuerabzug und der Lohnbuchführung erhält der Steuerberater die Zeitgebühr.

(6) Mit der Gebühr nach den Absätzen 2 bis 4 sind die Gebühren für die Lohnsteueranmeldung (§ 24 Abs. 1 Nr. 15) abgegolten.

§ 35 Abschlußarbeiten

(1) Die Gebühr beträgt für

1.	*a) die Aufstellung eines Jahresabschlusses (Bilanz und Gewinn- und Verlustrechnung)*	*10/10 bis 40/10*
	b) die Erstellung eines Anhangs	*2/10 bis 12/10*
	c) (weggefallen)	
2.	*die Aufstellung eines Zwischenabschlusses oder eines vorläufigen Abschlusses (Bilanz und Gewinn- und Verlustrechnung)*	*10/10 bis 40/10*
3.	*a) die Ableitung des steuerlichen Ergebnisses aus dem Handelsbilanzergebnis*	*2/10 bis 10/10*
	b) die Entwicklung einer Steuerbilanz aus der Handelsbilanz	*5/10 bis 12/10*
4.	*die Aufstellung einer Eröffnungsbilanz*	*5/10 bis 12/10*
5.	*die Aufstellung einer Auseinandersetzungsbilanz*	*5/10 bis 20/10*
6.	*den schriftlichen Erläuterungsbericht zu Tätigkeiten nach den Nummern 1 bis 5*	*2/10 bis 12/10*

7. a) die beratende Mitwirkung bei der Aufstellung eines Jahresabschlusses (Bilanz und Gewinn- und Verlustrechnung) — 2/10 bis 10/10
   b) die beratende Mitwirkung bei der Erstellung eines Anhangs — 2/10 bis 4/10
   c) die beratende Mitwirkung bei der Erstellung eines Lageberichts — 2/10 bis 4/10
8. (weggefallen)

einer vollen Gebühr nach Tabelle B (Anlage 2).

(2) Gegenstandswert ist

1. in den Fällen des Absatzes 1 Nummer 1 bis 3 und 7 das Mittel zwischen der berichtigten Bilanzsumme und der betrieblichen Jahresleistung;
2. in den Fällen des Absatzes 1 Nr. 4 und 5 die berichtigte Bilanzsumme;
3. in den Fällen des Absatzes 1 Nr. 6 der Gegenstandswert, der für die dem Erläuterungsbericht zugrunde liegenden Abschlußarbeiten maßgeblich ist.

Die berichtigte Bilanzsumme ergibt sich aus der Summe der Posten der Aktivseite der Bilanz zuzüglich Privatentnahmen und offener Ausschüttungen, abzüglich Privateinlagen, Kapitalerhöhungen durch Einlagen und Wertberichtigungen. Die betriebliche Jahresleistung umfaßt Umsatzerlöse, sonstige betriebliche Erträge, Erträge aus Beteiligungen, Erträge aus anderen Wertpapieren und Ausleihungen des Finanzanlagevermögens, sonstige Zinsen und ähnliche Erträge, Veränderungen des Bestands an fertigen und unfertigen Erzeugnissen, andere aktivierte Eigenleistungen sowie außerordentliche Erträge. Ist der betriebliche Jahresaufwand höher als die betriebliche Jahresleistung, so ist dieser der Berechnung des Gegenstandswerts zugrunde zu legen. Betrieblicher Jahresaufwand ist die Summe der Betriebsausgaben einschließlich der Abschreibungen. Bei der Berechnung des Gegenstandswerts ist eine negative berichtigte Bilanzsumme als positiver Wert anzusetzen. Übersteigen die betriebliche Jahresleistung oder der höhere betriebliche Jahresaufwand das 5fache der berichtigten Bilanzsumme, so bleibt der übersteigende Betrag bei der Ermittlung des Gegenstandswerts außer Ansatz. Der Gegenstandswert besteht nur aus der berichtigten Bilanzsumme, wenn die betriebliche Jahresleistung geringer als 3 000 Euro ist. Der Gegenstandswert besteht nur aus der betrieblichen Jahresleistung, wenn die berichtigte Bilanzsumme geringer als 3 000 Euro ist.

(3) Für die Anfertigung oder Berichtigung von Inventurunterlagen und für sonstige Abschlußvorarbeiten bis zur abgestimmten Saldenbilanz erhält der Steuerberater die Zeitgebühr.

§ 36 Steuerliches Revisionswesen

(1) Der Steuerberater erhält für die Prüfung einer Buchführung, einzelner Konten, einzelner Posten des Jahresabschlusses, eines Inventars, einer Überschussrechnung oder von Bescheinigungen für steuerliche Zwecke und für die Berichterstattung hierüber die Zeitgebühr.

(2) Der Steuerberater erhält

1. *für die Prüfung einer Bilanz, einer Gewinn- und Verlustrechnung, eines Anhangs, eines Lageberichts oder einer sonstigen Vermögensrechnung für steuerliche Zwecke 2/10 bis 10/10 einer vollen Gebühr nach Tabelle B (Anlage 2) sowie die Zeitgebühr; der Gegenstandswert bemisst sich nach § 35 Absatz 2;*
2. *für die Berichterstattung über eine Tätigkeit nach Nummer 1 die Zeitgebühr.*

§ 37 Vermögensstatus, Finanzstatus für steuerliche Zwecke

Die Gebühr beträgt für

1. die Erstellung eines Vermögensstatus oder Finanzstatus	*5/10 bis 15/10*
2. die Erstellung eines Vermögensstatus oder Finanzstatus aus übergebenen Endzahlen (ohne Vornahme von Prüfungsarbeiten)	*2/10 bis 6/10*
3. den schriftlichen Erläuterungsbericht zu den Tätigkeiten nach Nummer 1	*1/10 bis 6/10*

einer vollen Gebühr nach Tabelle B (Anlage 2). Gegenstandswert ist für die Erstellung eines Vermögensstatus die Summe der Vermögenswerte, für die Erstellung eines Finanzstatus die Summe der Finanzwerte.

§ 38 Erteilung von Bescheinigungen

(1) Der Steuerberater erhält für die Erteilung einer Bescheinigung über die Beachtung steuerrechtlicher Vorschriften in Vermögensübersichten und Erfolgsrechnungen 1 Zehntel bis 6 Zehntel einer vollen Gebühr nach Tabelle B (Anlage 2). Der Gegenstandswert bemißt sich nach § 35 Abs. 2.

(2) Der Steuerberater erhält für die Mitwirkung an der Erteilung von Steuerbescheinigungen die Zeitgebühr.

§ 39 Buchführungs- und Abschlußarbeiten für land- und forstwirtschaftliche Betriebe

(1) Für Angelegenheiten, die sich auf land- und forstwirtschaftliche Betriebe beziehen, gelten abweichend von den §§ 32, 33, 35 und 36 die Absätze 2 bis 7.

(2) Die Gebühr beträgt für

1. laufende Buchführungsarbeiten oder für das Führen steuerlicher Aufzeichnungen einschließlich Kontieren der Belege jährlich	*3/10 bis 20/10*
2. die Buchführung oder für das Führen steuerlicher Aufzeichnungen nach vom Auftraggeber kontierten Belegen oder erstellten Kontierungsunterlagen jährlich	*3/20 bis 20/20*

3. *die Buchführung oder für das Führen steuerlicher Aufzeichnungen nach vom Auftraggeber erstellten Datenträgern oder anderen Eingabemitteln für die Datenverarbeitung neben der Vergütung für die Datenverarbeitung und für den Einsatz der Datenverarbeitungsprogramme jährlich* — *1/20 bis 16/20*
4. *die laufende Überwachung der Buchführung oder für das Führen steuerlicher Aufzeichnungen jährlich* — *1/10 bis 6/10*

einer vollen Gebühr nach Tabelle D (Anlage 4). Die volle Gebühr ist die Summe der Gebühren nach Tabelle D Teil a und Tabelle D Teil b.

(3) Die Gebühr beträgt für

1. *die Abschlußvorarbeiten* — *1/10 bis 5/10*
2. *die Aufstellung eines Abschlusses* — *3/10 bis 10/10*
3. *die Entwicklung eines steuerlichen Abschlusses aus dem betriebswirtschaftlichen Abschluß oder aus der Handelsbilanz oder die Ableitung des steuerlichen Ergebnisses vom Ergebnis des betriebswirtschaftlichen Abschlusses oder der Handelsbilanz* — *3/20 bis 10/20*
4. *die beratende Mitwirkung bei der Erstellung eines Abschlusses* — *1/20 bis 10/20*
5. *die Prüfung eines Abschlusses für steuerliche Zwecke* — *1/10 bis 8/10*
6. *den schriftlichen Erläuterungsbericht zum Abschluß* — *1/10 bis 8/10*

einer vollen Gebühr nach Tabelle D (Anlage 4). Die volle Gebühr ist die Summe der Gebühren nach Tabelle D Teil a und Tabelle D Teil b.

(4) Die Gebühr beträgt für

1. *die Hilfeleistung bei der Einrichtung einer Buchführung oder für das Führen steuerlicher Aufzeichnungen* — *1/10 bis 6/10*
2. *die Erfassung der Anfangswerte bei Buchführungsbeginn* — *3/10 bis 15/10*

einer vollen Gebühr nach Tabelle D Teil a (Anlage 4).

(5) Gegenstandswert ist für die Anwendung der Tabelle D Teil a die Betriebsfläche. Gegenstandswert für die Anwendung der Tabelle D Teil b ist der Jahresumsatz zuzüglich der Privateinlagen, mindestens jedoch die Höhe der Aufwendungen zuzüglich der Privatentnahmen. Im Falle des Absatzes 3 vermindert sich der 100 000 Euro übersteigende Betrag auf die Hälfte.

(6) Bei der Errechnung der Betriebsfläche (Absatz 5) ist

1. *bei einem Jahresumsatz bis zu 1 000 Euro je Hektar* — *das Einfache,*
2. *bei einem Jahresumsatz über 1 000 Euro je Hektar* — *das Vielfache,*

   das sich aus dem durch 1 000 geteilten Betrag des Jahresumsatzes je Hektar ergibt,

3. bei forstwirtschaftlich genutzten Flächen die Hälfte,

4. bei Flächen mit bewirtschafteten Teichen die Hälfte,

5. bei durch Verpachtung genutzten Flächen ein Viertel

der tatsächlich genutzten Flächen anzusetzen.

(7) Mit der Gebühr nach Absatz 2 Nr. 1, 2 und 3 ist die Gebühr für die Umsatzsteuervoranmeldungen (§ 24 Abs. 1 Nr. 7) abgegolten.

Sechster Abschnitt

Gebühren für die Vertretung im außergerichtlichen Rechtsbehelfsverfahren und im Verwaltungsvollstreckungsverfahren

§ 40 Verfahren vor den Verwaltungsbehörden

Auf die Vergütung des Steuerberaters für Verfahren vor den Verwaltungsbehörden sind die Vorschriften des Rechtsanwaltsvergütungsgesetzes sinngemäß anzuwenden.

§ 41 (weggefallen)

§ 42 (weggefallen)

§ 43 (weggefallen)

§ 44 Verwaltungsvollstreckungsverfahren

Auf die Vergütung des Steuerberaters im Verwaltungsvollstreckungsverfahren sind die Vorschriften des Rechtsanwaltsvergütungsgesetzes sinngemäß anzuwenden.

Siebenter Abschnitt

Gerichtliche und andere Verfahren

§ 45 Vergütung in gerichtlichen und anderen Verfahren

Auf die Vergütung des Steuerberaters im Verfahren vor den Gerichten der Finanzgerichtsbarkeit, der Sozialgerichtsbarkeit und der Verwaltungsgerichtsbarkeit, im Strafverfahren, berufsgerichtlichen Verfahren, Bußgeldverfahren und in Gnadensachen sind die Vorschriften des Rechtsanwaltsvergütungsgesetzes sinngemäß anzuwenden.

§ 46 Vergütung bei Prozeßkostenhilfe

Für die Vergütung des im Wege der Prozeßkostenhilfe beigeordneten Steuerberaters gelten die Vorschriften des Rechtsanwaltsvergütungsgesetzes sinngemäß.

Achter Abschnitt

Übergangs- und Schlußvorschriften

§ 47 Anwendung

(1) Diese Verordnung ist erstmals anzuwenden auf

1. Angelegenheiten, mit deren Bearbeitung nach dem Inkrafttreten dieser Verordnung begonnen wird,

2. *die Vertretung in Verfahren vor Verwaltungsbehörden, wenn das Verfahren nach Inkrafttreten dieser Verordnung beginnt.*

(2) Hat der Steuerberater vor der Verkündung der Verordnung mit dem Auftraggeber schriftliche Vereinbarungen getroffen, die den Vorschriften dieser Verordnung nicht entsprechen, so ist insoweit diese Verordnung spätestens zwei Jahre nach ihrem Inkrafttreten anzuwenden.

§ 47a Übergangsvorschrift für Änderungen dieser Verordnung

Die Vergütung ist nach bisherigem Recht zu berechnen, wenn der Auftrag zur Erledigung der Angelegenheit vor dem Inkrafttreten einer Änderung der Verordnung erteilt worden ist. Hat der Steuerberater mit dem Auftraggeber schriftliche Vereinbarungen über auszuführende Tätigkeiten mit einer Geltungsdauer von mindestens einem Jahr getroffen oder eine Pauschalvergütung im Sinne des § 14 vereinbart und tritt während der Geltungsdauer dieser Vereinbarung eine Änderung der Verordnung in Kraft, so ist die Vergütung bis zum Ablauf des Jahres, in dem eine Änderung der Verordnung in Kraft tritt, nach bisherigem Recht zu berechnen. Die Sätze 1 und 2 gelten auch, wenn Vorschriften geändert werden, auf die diese Verordnung verweist.

§ 48 (weggefallen)

§ 49 Inkrafttreten

Diese Verordnung tritt am 1.4.1982 in Kraft.

Schlußformel

Der Bundesminister der Finanzen

Anlage 1 Tabelle A (Beratungstabelle)

Gegenstandswert bis ... Euro	Volle Gebühr (10/10) Euro
300	29
600	53
900	76
1.200	100
1.500	123
2.000	157
2.500	189
3.000	222
3.500	255
4.000	288
4.500	321
5.000	354
6.000	398
7.000	441
8.000	485
9.000	528
10.000	571
13.000	618
16.000	665
19.000	712
22.000	759
25.000	806
30.000	892
35.000	977
40.000	1.061
45.000	1.146
50.000	1.230
65.000	1.320
80.000	1.411
95.000	1.502
110.000	1.593
125.000	1.683
140.000	1.773

Gegenstandswert bis ... Euro	*Volle Gebühr (10/10) Euro*
155.000	*1.864*
170.000	*1.954*
185.000	*2.045*
200.000	*2.136*
230.000	*2.275*
260.000	*2.414*
290.000	*2.552*
320.000	*2.697*
350.000	*2.760*
380.000	*2.821*
410.000	*2.882*
440.000	*2.939*
470.000	*2.995*
500.000	*3.051*
550.000	*3.132*
600.000	*3.211*
vom Mehrbetrag bis 5.000.000 Euro je angefangene 50.000 Euro	*141*
vom Mehrbetrag über 5.000.000 Euro bis 25.000.000 Euro je angefangene 50.000 Euro	*106*
vom Mehrbetrag über 25.000.000 Euro je angefangene 50.000 Euro	*83*

Anlage 2 Tabelle B (Abschlusstabelle)

Gegenstandswert bis ... Euro	*Volle Gebühr (10/10) Euro*
3.000	46
3.500	54
4.000	64
4.500	72
5.000	81
6.000	91
7.000	99
8.000	109
9.000	114
10.000	120
12.500	126
15.000	142
17.500	157
20.000	168
22.500	180
25.000	190
37.500	203
50.000	248
62.500	286
75.000	319
87.500	333
100.000	348
125.000	399
150.000	444
175.000	483
200.000	517
225.000	549
250.000	578
300.000	605
350.000	657
400.000	704
450.000	746
500.000	785
625.000	822
750.000	913

Gegenstandswert bis ... Euro	*Volle Gebühr (10/10) Euro*
875.000	991
1.000.000	1.062
1.250.000	1.126
1.500.000	1.249
1.750.000	1.357
2.000.000	1.455
2.250.000	1.542
2.500.000	1.621
3.000.000	1.695
3.500.000	1.841
4.000.000	1.971
4.500.000	2.089
5.000.000	2.196
7.500.000	2.566
10.000.000	2.983
12.500.000	3.321
15.000.000	3.603
17.500.000	3.843
20.000.000	4.050
22.500.000	4.314
25.000.000	4.558
30.000.000	5.014
35.000.000	5.433
40.000.000	5.823
45.000.000	6.187
50.000.000	6.532
vom Mehrbetrag bis 125.000.000 Euro je angefangene 5.000.000 Euro	258
vom Mehrbetrag über 125.000.000 Euro bis 250.000.000 Euro je angefangene 12.500.000 Euro	450
vom Mehrbetrag über 250.000.000 Euro je angefangene 25.000.000 Euro	642

Anlage 3 Tabelle C (Buchführungstabelle)

Gegenstandswert bis ... Euro	Volle Gebühr (10/10) Euro
15.000	68
17.500	75
20.000	83
22.500	88
25.000	95
30.000	102
35.000	110
40.000	115
45.000	122
50.000	130
62.500	137
75.000	149
87.500	164
100.000	177
125.000	197
150.000	217
200.000	259
250.000	299
300.000	339
350.000	381
400.000	416
450.000	448
500.000	483
vom Mehrbetrag über 500.000 Euro je angefangene 50.000 Euro	34

Anlage 4 Tabelle D

Teil a (Landwirtschaftliche Tabelle – Betriebsfläche)

Betriebsfläche bis ... Hektar	***Volle Gebühr (10/10) Euro***
40	*348*
45	*373*
50	*396*
55	*419*
60	*441*
65	*461*
70	*479*
75	*497*
80	*514*
85	*530*
90	*543*
95	*556*
100	*567*
110	*595*
120	*622*
130	*648*
140	*674*
150	*700*
160	*725*
170	*748*
180	*772*
190	*794*
200	*816*
210	*838*
220	*859*
230	*879*
240	*898*
250	*917*
260	*936*
270	*954*
280	*970*
290	*987*

Betriebsfläche bis … Hektar	*Volle Gebühr (10/10) Euro*
300	*1.002*
320	*1.035*
340	*1.067*
360	*1.100*
380	*1.130*
400	*1.160*
420	*1.191*
440	*1.220*
460	*1.248*
480	*1.275*
500	*1.301*
520	*1.329*
540	*1.355*
560	*1.380*
580	*1.404*
600	*1.429*
620	*1.453*
640	*1.475*
660	*1.497*
680	*1.519*
700	*1.538*
750	*1.586*
800	*1.628*
850	*1.664*
900	*1.695*
950	*1.719*
1.000	*1.738*
2.000 je ha	*1,59 mehr*
3.000 je ha	*1,44 mehr*
4.000 je ha	*1,30 mehr*
5.000 je ha	*1,15 mehr*
6.000 je ha	*1,01 mehr*
7.000 je ha	*0,87 mehr*
8.000 je ha	*0,72 mehr*
9.000 je ha	*0,57 mehr*

Betriebsfläche bis ... Hektar	***Volle Gebühr (10/10) Euro***
10.000 je ha	*0,43 mehr*
11.000 je ha	*0,28 mehr*
12.000 je ha	*0,15 mehr*
ab 12.000 je ha	*0,15 mehr*

Teil b (Landwirtschaftliche Tabelle – Jahresumsatz))

Jahresumsatz i.S.v. § 39 Abs. 5 bis ... Euro	***Volle Gebühr (10/10) Euro***
40.000	*362*
42.500	*380*
45.000	*398*
47.500	*417*
50.000	*433*
55.000	*469*
60.000	*503*
65.000	*539*
70.000	*571*
75.000	*606*
80.000	*640*
85.000	*673*
90.000	*706*
95.000	*738*
100.000	*771*
105.000	*802*
110.000	*833*
115.000	*866*
120.000	*897*
125.000	*927*
130.000	*959*
135.000	*989*
140.000	*1.020*
145.000	*1.051*
150.000	*1.081*
155.000	*1.111*
160.000	*1.141*

Jahresumsatz i.S.v. § 39 Abs. 5 bis ... Euro	*Volle Gebühr (10/10) Euro*
165.000	*1.172*
170.000	*1.201*
175.000	*1.230*
180.000	*1.260*
185.000	*1.289*
190.000	*1.318*
195.000	*1.347*
200.000	*1.376*
205.000	*1.406*
210.000	*1.434*
215.000	*1.462*
220.000	*1.491*
225.000	*1.520*
230.000	*1.547*
235.000	*1.575*
240.000	*1.603*
245.000	*1.630*
250.000	*1.656*
255.000	*1.684*
260.000	*1.712*
265.000	*1.738*
270.000	*1.765*
275.000	*1.791*
280.000	*1.817*
285.000	*1.842*
290.000	*1.868*
295.000	*1.894*
300.000	*1.919*
305.000	*1.943*
310.000	*1.968*
315.000	*1.991*
320.000	*2.015*
325.000	*2.038*
330.000	*2.062*

Jahresumsatz i.S.v. § 39 Abs. 5 bis ... Euro	***Volle Gebühr (10/10) Euro***
335.000	*2.084*
340.000	*2.107*
345.000	*2.129*
350.000	*2.149*
355.000	*2.172*
360.000	*2.193*
365.000	*2.213*
370.000	*2.234*
375.000	*2.255*
380.000	*2.268*
385.000	*2.295*
390.000	*2.313*
395.000	*2.332*
400.000	*2.351*
410.000	*2.388*
420.000	*2.424*
430.000	*2.461*
440.000	*2.495*
450.000	*2.530*
460.000	*2.564*
470.000	*2.596*
480.000	*2.629*
490.000	*2.658*
500.000	*2.687*
vom Mehrbetrag über 500.000 Euro je angefangene 50.000 Euro	*156*

18 Arbeitsrecht

Inhalt

18.1 Kündigungsrecht

18.1.1 Ordentliche Kündigung

Die ordentliche Kündigung ist die unter Einhaltung der maßgeblichen Frist erfolgte einseitige Beendigung des Arbeitsverhältnisses. Bei befristeten Arbeitsverhältnissen ist eine Kündigung ausgeschlossen.

Folgendes ist u. a. zu beachten:

- Bestehen Kündigungsverbote (Pflegeteilzeitgesetz, MutterSchG, Erziehungsurlaub, Betriebsratsmitglied, Tarifvertrag etc.)?
- Greift das Kündigungsschutzgesetz (KSchG) (10 Arbeitnehmer)?
- Anhörung des Betriebsrats (§ 102 BetrVG)?
- Kündigung:
  - Schriftform ist zwingend (§ 623 BGB).
  - Der Wille, das Arbeitsverhältnis zu einem bestimmten Zeitpunkt beenden zu wollen, muss eindeutig, unmissverständlich und ohne Vorbehalte zum Ausdruck gebracht werden.
  - Eine hilfsweise Kündigung auf den nächstmöglichen Zeitpunkt ist möglich.
  - Hinweis darauf, dass sich der Gekündigte sofort bei der Agentur für Arbeit arbeitsuchend melden muss, um keine Ansprüche zu verlieren.
  - Kündigungsgründe müssen nicht genannt werden (vgl. § 626 BGB).
  - Der Zugang ist zur Wirksamkeit der Kündigung erforderlich.

18.1.2 Kündigungsfristen

Die Kündigungsfristen unterscheiden sich, soweit nicht individualvertraglich Abweichendes vereinbart ist, nach der Person des Kündigenden (§ 622 BGB).

Kündigt der Arbeitnehmer, kann er dies mit einer Frist von **vier Wochen zum Fünfzehnten oder zum Ende eines Kalendermonats** aussprechen.

Kündigt der Arbeitgeber, ist hinsichtlich der Zugehörigkeit zum Unternehmen zu differenzieren:

Wenn das Arbeitsverhältnis in dem Betrieb oder Unternehmen

- **bis zu zwei Jahren** bestanden hat, **vier Wochen zum Fünfzehnten** oder **zum Ende** eines Kalendermonats,
- **zwei Jahre** bestanden hat, **einen Monat** zum Ende eines Kalendermonats,
- **fünf Jahre** bestanden hat, **zwei Monate** zum Ende eines Kalendermonats,
- **acht Jahre** bestanden hat, **drei Monate** zum Ende eines Kalendermonats,
- **zehn Jahre** bestanden hat, **vier Monate** zum Ende eines Kalendermonats,
- **zwölf Jahre** bestanden hat, **fünf Monate** zum Ende eines Kalendermonats,
- **15 Jahre** bestanden hat, **sechs Monate** zum Ende eines Kalendermonats,
- **20 Jahre** bestanden hat, **sieben Monate** zum Ende eines Kalendermonats.

Gesetzestext (Auszug) § 622 BGB

§ 622 Kündigungsfristen bei Arbeitsverhältnissen

(1) Das Arbeitsverhältnis eines Arbeiters oder eines Angestellten (Arbeitnehmers) kann mit einer Frist von vier Wochen zum Fünfzehnten oder zum Ende eines Kalendermonats gekündigt werden.

(2) Für eine Kündigung durch den Arbeitgeber beträgt die Kündigungsfrist, wenn das Arbeitsverhältnis in dem Betrieb oder Unternehmen

1. *zwei Jahre bestanden hat, einen Monat zum Ende eines Kalendermonats,*
2. *fünf Jahre bestanden hat, zwei Monate zum Ende eines Kalendermonats,*
3. *acht Jahre bestanden hat, drei Monate zum Ende eines Kalendermonats,*
4. *zehn Jahre bestanden hat, vier Monate zum Ende eines Kalendermonats,*
5. *zwölf Jahre bestanden hat, fünf Monate zum Ende eines Kalendermonats,*
6. *15 Jahre bestanden hat, sechs Monate zum Ende eines Kalendermonats,*
7. *20 Jahre bestanden hat, sieben Monate zum Ende eines Kalendermonats.*

(3) Während einer vereinbarten Probezeit, längstens für die Dauer von sechs Monaten, kann das Arbeitsverhältnis mit einer Frist von zwei Wochen gekündigt werden.

(4) Von den Absätzen 1 bis 3 abweichende Regelungen können durch Tarifvertrag vereinbart werden. Im Geltungsbereich eines solchen Tarifvertrags gelten die abweichenden tarifvertraglichen Bestimmungen zwischen nicht tarifgebundenen Arbeitgebern und Arbeitnehmern, wenn ihre Anwendung zwischen ihnen vereinbart ist.

(5) Einzelvertraglich kann eine kürzere als die in Absatz 1 genannte Kündigungsfrist nur vereinbart werden,

1. *wenn ein Arbeitnehmer zur vorübergehenden Aushilfe eingestellt ist; dies gilt nicht, wenn das Arbeitsverhältnis über die Zeit von drei Monaten hinaus fortgesetzt wird;*
2. *wenn der Arbeitgeber in der Regel nicht mehr als 20 Arbeitnehmer ausschließlich der zu ihrer Berufsbildung Beschäftigten beschäftigt und die Kündigungsfrist vier Wochen nicht unterschreitet.*

Bei der Feststellung der Zahl der beschäftigten Arbeitnehmer sind teilzeitbeschäftigte Arbeitnehmer mit einer regelmäßigen wöchentlichen Arbeitszeit von nicht mehr als 20 Stunden mit 0,5 und nicht mehr als 30 Stunden mit 0,75 zu berücksichtigen. Die einzelvertragliche Vereinbarung längerer als der in den Absätzen 1 bis 3 genannten Kündigungsfristen bleibt hiervon unberührt.

(6) Für die Kündigung des Arbeitsverhältnisses durch den Arbeitnehmer darf keine längere Frist vereinbart werden als für die Kündigung durch den Arbeitgeber.

18.1.3 Formulierungsvorschlag einer fristgerechten Kündigung

Fristgerechte Kündigung

[Anrede],

hiermit kündigen wir das mit Ihnen bestehende Arbeitsverhältnis fristgemäß zum ...., hilfsweise zum nächstmöglichen Termin.

Bis zum Ablauf der Kündigungsfrist haben Sie Ihre arbeitsvertraglichen Verpflichtungen wie gewohnt zu erfüllen. Die restlichen Urlaubs- und sonstigen Freistellungsansprüche nehmen Sie bitte in Absprache mit der Geschäftsleitung innerhalb der Kündigungsfrist.

Alternativ:

Sie werden ab sofort unter Fortzahlung Ihrer vertragsmäßigen Vergütung und unter Anrechnung auf restliche Urlaubs- und sonstige Freistellungsansprüche von der Arbeitsleistung freigestellt.

Die Ihnen überlassenen Arbeitsmittel haben Sie bis zum .... an uns zurückzugeben.

Wir weisen darauf hin, dass Sie verpflichtet sind, sich aktiv um eine neue Beschäftigung zu kümmern und sich unverzüglich bei der Agentur für Arbeit arbeitsuchend zu melden. Bei Nichtbeachtung dieser Pflichten kann es zur Minderung der Arbeitslosengeldansprüche kommen.

Mit freundlichen Grüßen

....

Unterschrift Arbeitgeber

Kündigung erhalten am ....

....

Unterschrift Arbeitnehmer

Hinweis:

Der Beweiskraft des Zugangs der Kündigung an den Arbeitnehmer kommt hohe Bedeutung zu. Der Hinweis auf die Meldepflicht durch den Arbeitgeber vermeidet vorsorglich Schadenersatzansprüche (vgl. §§ 2 Abs. 2 Nr. 3, 38 Abs. 1 SGB III, BAG, Urteil v. 29.9.2005, 8 AZR 571/04). Kündigungsgründe sind i. d. R. nicht zu nennen, im Prozess könnten Nachteile entstehen.

18.2 Pfändung von Arbeitseinkommen

Die Pfändungsfreigrenzen sind abhängig von den unterhaltsberechtigten Personen. Nachfolgende Tabellen gelten seit dem 1.7.2023 (vgl. § 850c ZPO). Es ist zu differenzieren zwischen monatlichem, wöchentlichem und täglichem Lohnzahlungszeitraum. In der Praxis relevant sind vor allem der monatliche und wöchentliche Lohnzahlungszeitraum.

18.2.1 Pfändungstabelle monatlicher Lohnzahlungszeitraum

Auszahlung für Monate						
Pfändbarer Betrag bei Unterhaltspflicht für ... Personen						
Nettolohn monatlich	0	1	2	3	4	5 und mehr
in EUR						
bis 1.409,99	–	–	–	–	–	–
1.410,00 bis 1.419,99	5,40	–	–	–	–	–
1.420,00 bis 1.429,99	12,40	–	–	–	–	–
1.430,00 bis 1.439,99	19,40	–	–	–	–	–
1.440,00 bis 1.449,99	26,40	–	–	–	–	–
1.450,00 bis 1.459,99	33,40	–	–	–	–	–
1.460,00 bis 1.469,99	40,40	–	–	–	–	–
1.470,00 bis 1.479,99	47,40	–	–	–	–	–
1.480,00 bis 1.489,99	54,40	–	–	–	–	–
1.490,00 bis 1.499,99	61,40	–	–	–	–	–
1.500,00 bis 1.509,99	68,40	–	–	–	–	–
1.510,00 bis 1.519,99	75,40	–	–	–	–	–
1.520,00 bis 1.529,99	82,40	–	–	–	–	–
1.530,00 bis 1.539,99	89,40	–	–	–	–	–
1.540,00 bis 1.549,99	96,40	–	–	–	–	–
1.550,00 bis 1.559,99	103,40	–	–	–	–	–
1.560,00 bis 1.569,99	110,40	–	–	–	–	–
1.570,00 bis 1.579,99	117,40	–	–	–	–	–
1.580,00 bis 1.589,99	124,40	–	–	–	–	–
1.590,00 bis 1.599,99	131,40	–	–	–	–	–
1.600,00 bis 1.609,99	138,40	–	–	–	–	–
1.610,00 bis 1.619,99	145,40	–	–	–	–	–
1.620,00 bis 1.629,99	152,40	–	–	–	–	–
1.630,00 bis 1.639,99	159,40	–	–	–	–	–
1.640,00 bis 1.649,99	166,40	–	–	–	–	–
1.650,00 bis 1.659,99	173,40	–	–	–	–	–

Auszahlung für Monate						
Pfändbarer Betrag bei Unterhaltspflicht für ... Personen						
Nettolohn monatlich	0	1	2	3	4	5 und mehr
in EUR						
1.660,00 bis 1.669,99	180,40	–	–	–	–	–
1.670,00 bis 1.679,99	187,40	–	–	–	–	–
1.680,00 bis 1.689,99	194,40	–	–	–	–	–
1.690,00 bis 1.699,99	201,40	–	–	–	–	–
1.700,00 bis 1.709,99	208,40	–	–	–	–	–
1.710,00 bis 1.719,99	215,40	–	–	–	–	–
1.720,00 bis 1.729,99	222,40	–	–	–	–	–
1.730,00 bis 1.739,99	229,40	–	–	–	–	–
1.740,00 bis 1.749,99	236,40	–	–	–	–	–
1.750,00 bis 1.759,99	243,40	–	–	–	–	–
1.760,00 bis 1.769,99	250,40	–	–	–	–	–
1.770,00 bis 1.779,99	257,40	–	–	–	–	–
1.780,00 bis 1.789,99	264,40	–	–	–	–	–
1.790,00 bis 1.799,99	271,40	–	–	–	–	–
1.800,00 bis 1.809,99	278,40	–	–	–	–	–
1.810,00 bis 1.819,99	285,40	–	–	–	–	–
1.820,00 bis 1.829,99	292,40	–	–	–	–	–
1.830,00 bis 1.839,99	299,40	–	–	–	–	–
1.840,00 bis 1.749,99	306,40	–	–	–	–	–
1.850,00 bis 1.759,99	313,40	–	–	–	–	–
1.860,00 bis 1.869,99	320,40	–	–	–	–	–
1.870,00 bis 1.879,99	327,40	–	–	–	–	–
1.880,00 bis 1.889,99	334,40	–	–	–	–	–
1.890,00 bis 1.899,99	341,40	–	–	–	–	–
1.900,00 bis 1.909,99	348,40	–	–	–	–	–
1.910,00 bis 1.919,99	355,40	–	–	–	–	–
1.920,00 bis 1.929,99	362,40	–	–	–	–	–
1.930,00 bis 1.939,99	369,40	–	–	–	–	–
1.940,00 bis 1.949,99	376,40	4,98	–	–	–	–
1.950,00 bis 1.959,99	383,40	9,98	–	–	–	–
1.960,00 bis 1.969,99	390,40	14,98	–	–	–	–
1.970,00 bis 1.979,99	397,40	19,98	–	–	–	–
1.980,00 bis 1.989,99	404,40	24,98	–	–	–	–
1.990,00 bis 1.999,99	411,40	29,98	–	–	–	–
2.000,00 bis 2.009,99	418,40	34,98	–	–	–	–
2.010,00 bis 2.019,99	425,40	39,98	–	–	–	–

Auszahlung für Monate						
Pfändbarer Betrag bei Unterhaltspflicht für ... Personen						
Nettolohn monatlich	**0**	**1**	**2**	**3**	**4**	**5 und mehr**
in EUR						
2.020,00 bis 2.029,99	432,40	44,98	–	–	–	–
2.030,00 bis 2.039,99	439,40	49,98	–	–	–	–
2.040,00 bis 2.049,99	446,40	54,98	–	–	–	–
2.050,00 bis 2.059,99	453,40	59,98	–	–	–	–
2.060,00 bis 2.069,99	460,40	64,98	–	–	–	–
2.070,00 bis 2.079,99	467,40	69,98	–	–	–	–
2.080,00 bis 2.089,99	474,40	74,98	–	–	–	–
2.090,00 bis 2.099,99	481,40	79,98	–	–	–	–
2.100,00 bis 2.109,99	488,40	84,98	–	–	–	–
2.110,00 bis 2.119,99	495,40	89,98	–	–	–	–
2.120,00 bis 2.129,99	502,40	94,68	–	–	–	–
2.130,00 bis 2.139,99	509,40	99,98	–	–	–	–
2.140,00 bis 2.149,99	516,40	104,98	–	–	–	–
2.150,00 bis 2.159,99	523,40	109,98	–	–	–	–
2.160,00 bis 2.169,99	530,40	114,98	–	–	–	–
2.170,00 bis 2.179,99	537,40	119,98	–	–	–	–
2.180,00 bis 2.189,99	544,40	124,98	–	–	–	–
2.190,00 bis 2.199,99	551,40	129,98	–	–	–	–
2.200,00 bis 2.209,99	558,40	134,98	–	–	–	–
2.210,00 bis 2.219,99	565,40	139,98	–	–	–	–
2.200,00 bis 2.229,99	572,40	144,98	–	–	–	–
2.230,00 bis 2.239,99	579,40	149,98	2,38	–	–	–
2.240,00 bis 2.249,99	586,40	154,98	6,38	–	–	–
2.250,00 bis 2.259,99	593,40	159,98	10,38	–	–	–
2.260,00 bis 2.269,99	600,40	164,98	14,38	–	–	–
2.270,00 bis 2.279,99	607,40	169,98	18,38	–	–	–
2.280,00 bis 2.289,99	614,40	174,98	22,38	–	–	–
2.290,00 bis 2.299,99	621,40	179,98	26,38	–	–	–
2.300,00 bis 2.309,99	628,40	184,98	30,38	–	–	–
2.310,00 bis 2.319,99	635,40	189,98	34,38	–	–	–
2.320,00 bis 2.329,99	642,40	194,98	38,38	–	–	–
2.330,00 bis 2.339,99	649,40	199,98	42,38	–	–	–
2.340,00 bis 2.349,99	656,40	204,98	46,38	–	–	–
2.350,00 bis 2.359,99	663,40	209,98	50,38	–	–	–
2.360,00 bis 2.369,99	670,40	214,98	54,38	–	–	–
2.370,00 bis 2.379,99	677,40	219,98	58,38	–	–	–

Auszahlung für Monate						
Pfändbarer Betrag bei Unterhaltspflicht für ... Personen						
Nettolohn monatlich	**0**	**1**	**2**	**3**	**4**	**5 und mehr**
in EUR						
2.380,00 bis 2.389,99	684,40	224,98	62,38	–	–	–
2.390,00 bis 2.399,99	691,40	229,98	66,38	–	–	–
2.400,00 bis 2.409,99	698,40	234,98	70,38	–	–	–
2.410,00 bis 2.419,99	705,40	239,98	74,38	–	–	–
2.420,00 bis 2.429,99	712,40	244,98	78,38	–	–	–
2.430,00 bis 2.439,99	719,40	249,98	82,38	–	–	–
2.440,00 bis 2.439,99	726,40	254,98	86,38	–	–	–
2.450,00 bis 2.459,99	733,40	259,98	90,38	–	–	–
2.460,00 bis 2.469,99	740,40	264,98	94,38	–	–	–
2.470,00 bis 2.479,99	747,40	269,98	98,38	–	–	–
2.480,00 bis 2.489,99	754,40	274,98	102,38	–	–	–
2.490,00 bis 2.499,99	761,40	279,98	106,38	–	–	–
2.500,00 bis 2.509,99	768,40	284,98	110,38	–	–	–
2.510,00 bis 2.519,99	775,40	289,98	114,38	–	–	–
2.520,00 bis 2.529,99	782,40	294,98	118,38	0,58	–	–
2.530,00 bis 2.539,99	789,40	299,98	122,38	3,58	–	–
2.540,00 bis 2.549,99	796,40	304,98	126,38	6,58	–	–
2.550,00 bis 2.559,99	803,40	309,98	130,38	9,58	–	–
2.560,00 bis 2.569,99	810,40	314,98	134,38	12,58	–	–
2.570,00 bis 2.579,99	817,40	319,98	138,38	15,58	–	–
2.580,00 bis 2.589,99	824,40	324,98	142,38	18,38	–	–
2.590,00 bis 2.599,99	831,40	329,98	140,00	21,58		–
2.600,00 bis 2.609,99	838,40	334,98	150,38	24,58	–	–
2.610,00 bis 2.619,99	845,40	339,98	154,38	27,58	–	–
2.620,00 bis 2.629,99	852,40	344,98	158,38	30,58	–	–
2.630,00 bis 2.639,99	859,40	349,98	162,38	33,58	–	–
2.640,00 bis 2.649,99	866,40	354,98	166,38	36,58	–	–
2.650,00 bis 2.659,99	873,40	359,98	170,38	39,58	–	–
2.660,00 bis 2.669,99	880,40	364,98	174,38	42,58	–	–
2.670,00 bis 2.679,99	880,40	364,98	174,38	42,58	–	–
2.680,00 bis 2.689,99	887,40	369,98	178,38	45,28	–	–
2.690,00 bis 2.699,99	901,40	379,98	186,38	51,58	–	–
2.700,00 bis 2.709,99	908,40	384,98	190,38	54,58	–	–
2.710,00 bis 2.719,99	915,40	389,98	194,38	57,58	–	–
2.720,00 bis 2.729,99	922,40	394,98	198,38	60,58	–	–
2.730,00 bis 2.739,99	929,40	399,98	202,38	63,58	–	–

Auszahlung für Monate						
Pfändbarer Betrag bei Unterhaltspflicht für ... Personen						
Nettolohn monatlich	0	1	2	3	4	5 und mehr
in EUR						
2.740,00 bis 2.749,99	936,40	404,98	206,38	66,58	–	–
2.750,00 bis 2.759,99	943,40	409,98	210,38	69,58	–	–
2.760,00 bis 2.769,99	950,40	414,98	214,38	72,58	–	–
2.770,00 bis 2.779,99	957,40	419,98	218,38	75,58	–	–
2.780,00 bis 2.789,99	964,40	424,98	222,38	78,58	–	–
2.790,00 bis 2.799,99	971,40	429,98	226,38	81,58	–	–
2.800,00 bis 2.809,99	978,40	434,98	230,38	84,58	–	–
2.810,00 bis 2.819,99	985,40	439,98	234,38	87,58	–	–
2.820,00 bis 2.829,99	992,40	444,98	238,38	90,58	1,58	–
2.830,00 bis 2.839,99	999,40	449,98	242,38	93,58	3,58	–
2.840,00 bis 2.849,99	1.006,40	454,98	246,38	96,58	5,58	–
2.850,00 bis 2.859,99	1.013,40	459,98	250,38	99,58	7,58	–
2.860,00 bis 2.869,99	1.020,40	464,98	254,38	102,58	9,58	–
2.870,00 bis 2.879,99	1.027,40	469,98	258,38	105,58	11,58	–
2.880,00 bis 2.889,99	1.034,40	474,98	262,38	108,58	13,58	–
2.890,00 bis 2.899,99	1.041,40	479,98	266,38	111,58	15,58	–
2.900,00 bis 2.909,99	1.048,40	484,98	270,38	114,58	17,58	–
2.910,00 bis 2.919,99	1.055,40	489,98	274,38	117,58	19,58	–
2.920,00 bis 2.929,99	1.062,40	494,98	278,38	120,58	21,58	–
2.930,00 bis 2.939,99	1.069,40	499,98	282,38	123,58	23,58	–
2.940,00 bis 2.949,99	1.076,40	504,98	286,38	1266,58	25,58	–
2.950,00 bis 2.959,99	1.083,40	509,98	290,38	129,58	27,58	–
2.960,00 bis 2.969,99	1.090,40	514,98	294,38	132,58	29,58	–
2.970,00 bis 2.979,99	1.097,40	519,98	298,38	135,58	31,58	–
2.980,00 bis 2.989,99	1.104,40	524,98	302,38	138,58	33,58	–
2.990,00 bis 2.989,99	1.111,40	529,98	306,38	141,58	35,58	–
3.000,00 bis 2.999,99	1.118,40	534,98	310,38	144,58	37,58	–
3.010,00 bis 3.019,99	1.125,40	539,98	314,38	147,58	39,58	–
3.020,00 bis 3.029,99	1.132,40	544,98	318,38	150,58	41,58	–
3.030,00 bis 3.039,99	1.139,40	549,98	322,38	153,58	43,58	–
3.040,00 bis 3.049,99	1.146,40	554,98	326,38	156,58	45,58	–
3.050,00 bis 3.059,99	1.153,40	559,98	330,38	159,58	47,58	–
3.060,00 bis 3.069,99	1.160,40	564,98	334,38	162,58	49,58	–
3.070,00 bis 3.079,99	1.167,40	56998	338,38	168,58	53,58	–
3.080,00 bis 3.089,99	1.174,40	574,98	342,38	168,58	53,58	–
3.090,00 bis 3.099,99	1.181,40	579,98	346,38	171,58	55,58	–

Auszahlung für Monate						
Pfändbarer Betrag bei Unterhaltspflicht für ... Personen						
Nettolohn monatlich	0	1	2	3	4	5 und mehr
in EUR						
3.100,00 bis 3.109,99	1.188,40	584,98	350,38	174,58	57,58	–
3.110,00 bis 3.109,99	1.195,40	589,98	357,38	177,58	59,58	0,39
3.120,00 bis 3.129,99	1.202,40	594,98	358,38	180,58	61,58	1,39
3.130,00 bis 3.139,99	1.209,40	599,98	362,38	183,58	63,58	2,39
3.140,00 bis 3.149,99	1.216,40	604,98	366,38	186,58	65,58	3,39
3.150,00 bis 3.159,99	1.223,40	609,98	370,38	189,58	67,58	4,39
3.160,00 bis 3.169,99	1.230,40	614,98	374,38	192,58	69,58	5,39
3.170,00 bis 3.179,99	1.237,40	619,98	378,38	195,58	71,58	6,39
3.180,00 bis 3.189,99	1.244,40	624,98	382,38	198,58	73,58	7,39
3.190,00 bis 3.199,99	1.251,40	629,98	386,38	201,58	75,58	8,39
3.200,00 bis 3.209,99	1.258,40	634,98	390,38	204,58	77,58	9,39
3.210,00 bis 3.219,99	1.265,40	639,98	394,38	207,58	79,58	10,39
3.220,00 bis 3.229,99	1.272,40	644,98	398,38	210,58	81,58	11,39
3.230,00 bis 3.239,99	1.279,40	649,98	402,38	213,58	83,58	12,39
3.240,00 bis 3.249,99	1.286,40	654,98	406,38	216,58	85,58	13,39
3.250,00 bis 3.259,99	1.293,40	659,98	410,38	219,58	87,58	14,39
3.260,00 bis 3.269,99	1.300,40	664,98	414,38	222,58	89,58	15,39
3.270,00 bis 3.279,99	1.307,40	669,98	418,38	225,58	91,58	16,39
3.280,00 bis 3.289,99	1.314,40	674,98	422,38	228,58	93,58	17,39
3.290,00 bis 3.299,99	1.328,40	684,98	430,38	234,58	97,58	18,39
3.300,00 bis 3.309,99	1.349,40	699,98	442,38	243,58	103,58	19,39
3.310,00 bis 3.319,99	1.335,40	000,00	131,38	240,58	101,58	20,39
3.320,00 bis 3.329,99	1.342,40	694,98	438,38	240,58	101,58	21,39
3.330,00 bis 3.339,99	1.349,40	699,98	442,38	243,58	103,58	22,39
3.340,00 bis 3.349,99	1.356,40	704,98	446,38	246,58	105,58	23,39
3.350,00 bis 3.359,99	1.363,40	709,98	450,38	249,58	107,58	24,39
3.360,00 bis 3.369,99	1.370,40	714,98	454,38	252,58	109,58	25,39
3.370,00 bis 3.379,99	1.377,40	719,98	458,38	255,58	111,58	26,39
3.380,00 bis 3.389,99	1.384,40	724,98	462,38	258,58	113,58	27,39
3.390,00 bis 3.399,99	1.391,40	729,98	466,38	261,58	115,58	28,39
3.400,00 bis 3.409,99	1.398,40	734,98	470,38	264,58	117,58	29,39
3.410,00 bis 3.419,99	1.405,40	739,98	474,38	267,58	119,58	30,39
3.420,00 bis 3.429,99	1.412,40	744,98	478,38	270,58	121,58	31,39
3.430,00 bis 3.439,99	1.419,40	749,98	482,38	273,58	123,58	32,39
3.440,00 bis 3.449,99	1.426,40	754,98	486,38	276,58	125,58	33,39
3.450,00 bis 3.459,99	1.433,40	759,98	490,38	279,58	127,58	34,39

Auszahlung für Monate						
Pfändbarer Betrag bei Unterhaltspflicht für ... Personen						
Nettolohn monatlich	0	1	2	3	4	5 und mehr
in EUR						
3.460,00 bis 3.469,99	1.440,40	764,98	494,38	282,58	129,58	35,39
3.470,00 bis 3.479,99	1.447,40	769,98	498,38	285,58	131,58	36,39
3.480,00 bis 3.489,99	1.454,40	774,98	502,38	288,58	133,58	37,39
3.490,00 bis 3.499,99	1.461,40	779,98	506,38	291,58	135,58	38,39
3.500,00 bis 3.509,99	1.468,40	784,98	510,38	294,58	137,58	39,39
3.510,00 bis 3.519,99	1.475,40	789,98	514,38	297,58	139,58	40,39
3.520,00 bis 3.529,99	1.482,40	794,98	518,38	300,58	141,58	41,39
3.530,00 bis 3.539,99	1.489,40	799,98	522,38	303,58	143,58	42,39
3.540,00 bis 3.549,99	1.496,40	804,98	526,38	306,58	145,58	43,39
3.550,00 bis 3.559,99	1.503,40	809,98	530,38	309,58	147,58	44,39
3.560,00 bis 3.569,99	1.510,40	814,98	534,38	312,58	149,58	45,39
3.570,00 bis 3.579,99	1.517,40	819,98	538,38	315,58	151,58	46,39
3.580,00 bis 3.589,99	1.524,40	824,98	542,38	318,58	153,58	47,39
3.590,00 bis 3.599,99	1.531,40	829,98	546,38	321,58	155,58	48,39
3.600,00 bis 3.609,99	1.538,40	834,98	550,38	324,58	157,58	49,39
3.610,00 bis 3.619,99	1.545,40	839,98	554,38	327,58	159,58	50,39
3.620,00 bis 3.629,99	1.552,40	844,98	558,38	330,58	161,58	51,39
3.630,00 bis 3.639,99	1.559,40	849,98	562,38	333,58	163,58	52,39
3.640,00 bis 3.649,99	1.566,40	854,98	566,38	336,58	165,58	53,39
3.650,00 bis 3.659,99	1.573,40	859,98	570,38	339,58	167,58	54,39
3.660,00 bis 3.669,99	1.580,40	864,98	574,38	342,58	169,58	55,39
3.670,00 bis 3.679,99	1.587,40	869,98	578,38	345,58	171,58	56,39
3.680,00 bis 3.689,99	1.594,40	874,98	582,38	348,58	173,58	57,39
3.690,00 bis 3.699,99	1.601,40	879,98	586,38	351,58	175,58	58,39
3.700,00 bis 3.709,99	1.608,40	884,98	590,38	354,58	177,58	59,39
3.710,00 bis 3.719,99	1.615,40	889,98	594,38	357,58	179,58	60,39
3.720,00 bis 3.729,99	1.622,40	894,98	598,38	360,58	181,58	61,39
3.730,00 bis 3.739,99	1.629,40	899,98	602,38	363,58	183,58	62,39
3.740,00 bis 3.749,99	1.636,40	904,98	606,38	366,58	185,58	63,39
3.750,00 bis 3.759,99	1.643,40	909,98	610,38	369,58	187,58	61,30
3.760,00 bis 3.769,99	1.650,40	914,98	614,38	372,58	189,58	65,39
3.770,00 bis 3.779,99	1.657,40	919,98	618,38	375,58	191,58	66,39
3.780,00 bis 3.789,99	1.664,40	924,98	622,38	378,58	193,58	67,39
3.790,00 bis 3.799,99	1.671,40	929,98	626,38	381,58	195,58	68,39
3.800,00 bis 3.809,99	1.678,40	934,98	630,38	384,58	197,58	69,39
3.810,00 bis 3.819,99	1.685,40	939,98	634,38	387,58	199,58	70,39

Auszahlung für Monate						
Pfändbarer Betrag bei Unterhaltspflicht für ... Personen						
Nettolohn monatlich	0	1	2	3	4	5 und mehr
in EUR						
3.820,00 bis 3.829,99	1.692,40	944,98	638,38	390,58	201,58	71,39
3.830,00 bis 3.839,99	1.699,40	949,98	642,38	393,58	203,58	72,39
3.840,00 bis 3.849,99	1.706,40	954,98	646,38	396,58	205,58	73,39
3.850,00 bis 3.859,99	1.713,40	959,98	650,38	399,58	207,58	74,39
3.860,00 bis 3.869,99	1.720,40	964,98	654,38	402,58	209,58	75,39
3.870,00 bis 3.879,99	1.727,40	969,98	659,38	405,58	211,58	76,39
3.880,00 bis 3.889,99	1.734,40	974,98	662,38	408,58	213,58	77,39
3.890,00 bis 3.899,99	1.741,40	979,98	666,38	411,58	215,58	78,39
3.900,00 bis 3.909,99	1.748,40	984,98	670,38	414,58	217,58	79,39
3.910,00 bis 3.919,99	1.755,40	989,98	674,38	417,58	219,58	80,39
3.920,00 bis 3.929,99	1.762,40	994,98	678,38	420,58	221,58	81,39
3.930,00 bis 3.939,99	1.769,40	999,98	682,38	423,58	223,58	82,39
3.940,00 bis 3.949,99	1.776,40	1.004,98	686,38	426,58	225,58	83,39
3.950,00 bis 3.959,99	1.783,40	1.009,98	690,38	429,58	227,58	84,39
3.960,00 bis 3.969,99	1.790,40	1.014,98	694,38	432,58	229,58	85,39
3.970,00 bis 3.979,99	1.797,40	1.019,98	698,38	435,58	231,58	86,39
3.980,00 bis 3.989,99	1.804,40	1.024,98	702,38	438,58	233,58	87,39
3.990,00 bis 3.999,99	1.811,40	1.029,98	706,38	441,58	235,58	88,39
4.000,00 bis 4.009,99	1.819,40	1.034,98	710,38	444,58	237,58	89,39
4.010,00 bis 4.019,99	1.825,40	1.039,98	714,38	447,58	239,58	90,39
4.020,00 bis 4.029,99	1.832,40	1.044,98	718,38	450,58	241,58	91,,39
4.030,00 bis 4.039,99	1.839,40	1.049,98	722,38	453,58	243,58	92,39
4.040,00 bis 4.049,99	1.846,40	1.054,98	726,38	456,58	245,58	93,39
4.050,00 bis 4.059,99	1.853,40	1.059,98	730,38	459,58	247,58	94,39
4.060,00 bis 4.069,99	1.860,40	1.064,98	734,38	462,58	249,58	95,39
4.070,00 bis 4.079,99	1.867,40	1.069,98	738,38	465,58	251,58	96,39
4.080,00 bis 4.089,99	1.874,40	1.074,98	742,38	468,58	253,58	97,39
4.090,00 bis 4.099,99	1.881,40	1.079,98	746,38	471,58	255,58	98,39
4.100,00 bis 4.109,99	1.888,40	1.084,98	750,38	474,58	257,58	99,39
4.110,00 bis 4.119,99	1.895,40	1.089,98	754,38	477,58	259,58	100,39
4.120,00 bis 4.129,99	1.902,40	1.094,98	758,38	480,58	261,58	101,39
4.130,00 bis 4.139,99	1.909,40	1.099,98	762,38	483,58	263,58	102,39
4.140,00 bis 4.149,99	1.916,40	1.104,98	766,38	486,58	265,58	103,39
4.150,00 bis .4159,99	1.923,40	1.109,98	770,38	489,58	267,58	104,39
4.160,00 bis 4.169,99	1.930,40	1.114,98	774,38	492,58	269,58	105,39
4.170,00 bis 4.179,99	1.937,40	1.119,98	778,38	495,58	271,58	106,39

Auszahlung für Monate						
Pfändbarer Betrag bei Unterhaltspflicht für ... Personen						
Nettolohn monatlich	**0**	**1**	**2**	**3**	**4**	**5 und mehr**
in EUR						
4.180,00 bis 4.189,99	1.944,40	1.124,98	782,38	498,58	273,58	107,39
4.190,00 bis 4.199,99	1.951,40	1.129,98	786,38	501,58	275,58	108,39
4.200,00 bis 4.209,99	1.958,40	1.134,98	790,38	504,58	277,58	109,39
4.210,00 bis 4.219,99	1.965,40	1.139,98	794,38	507,58	279,58	110,39
4.220,00 bis 4.229,99	1.972,40	1.144,98	798,38	510,58	281,58	111,39
4.230,00 bis 4.239,99	1.979,40	1.149,98	802,38	513,58	283,58	112,39
4.240,00 bis 4.249,99	1.986,40	1.154,98	806,38	516,58	285,58	113,39
4.250,00 bis 4.259,99	1.993,40	1.159,98	810,38	519,58	287,58	114,39
4.260,00 bis 4.269,99	2.000,40	1.164,98	814,38	522,58	289,58	115,39
4.270,00 bis 4.279,99	2.007,40	1.169,98	818,38	525,58	291,58	116,39
4.280,00 bis 4.289,99	2.014,40	1.174,98	822,38	528,58	293,58	117,39
4.290,00 bis 4.298,81	2.021,40	1.179,98	826,38	531,58	295,58	118,39
Der Mehrbetrag über 4.298,81 Euro ist voll pfändbar.						

18.2.2 Pfändungstabelle wöchentlicher Lohnzahlungszeitraum

Auszahlung für Wochen						
Pfändbarer Betrag bei Unterhaltspflicht für ... Personen						
Nettolohn wöchentlich	0	1	2	3	4	5 und mehr
in EUR						
bis 324,99	–	–	–	–	–	–
325,00 bis 327,49	1,60	–	–	–	–	–
327,50 bis 329,99	3,35	–	–	–	–	–
330,00 bis 332,49	5,10	–	–	–	–	–
332,50 bis 334,99	6,85	–	–	–	–	–
335,00 bis 337,49	8,60	–	–	–	–	–
337,50 bis 339,99	10,35	–	–	–	–	–
340,00 bis 342,49	12,10	–	–	–	–	–
342,50 bis 344,99	13,85	–	–	–	–	–
345,00 bis 347,49	15,60	–	–	–	–	–
347,50 bis 349,99	17,35	–	–	–	–	–
350,00 bis 352,49	19,10	–	–	–	–	–
352,50 bis 354,99	20,85	–	–	–	–	–
355,00 bis 357,49	22,60	–	–	–	–	–
357,50 bis 359,99	24,35	–	–	–	–	–
360,00 bis 362,49	26,10	–	–	–	–	–
362,50 bis 364,99	27,85	–	–	–	–	–
365,00 bis 367,49	29,60	–	–	–	–	–
367,50 bis 369,99	31,35	–	–	–	–	–
370,00 bis 372,49	33,10	–	–	–	–	–
372,50 bis 374,99	34,85	–	–	–	–	–
375,00 bis 377,49	36,60	–	–	–	–	–
377,50 bis 379,99	38,35	–	–	–	–	–
380,00 bis 382,49	40,10	–	–	–	–	–
382,50 bis 384,99	41,85	–	–	–	–	–
385,00 bis 387,49	43,60	–	–	–	–	–
387,50 bis 389,99	45,35	–	–	–	–	–
390,00 bis 392,49	47,10	–	–	–	–	–
392,50 bis 394,99	48,85	–	–	–	–	–
395,00 bis 397,49	50,60	–	–	–	–	–
397,50 bis 399,99	52,35	–	–	–	–	–
400,00 bis 402,49	54,10	–	–	–	–	–
402,50 bis 404,99	55,85	–	–	–	–	–
405,00 bis 407,49	57,60	–	–	–	–	–

Auszahlung für Wochen						
Pfändbarer Betrag bei Unterhaltspflicht für ... Personen						
Nettolohn wöchentlich	0	1	2	3	4	5 und mehr
in EUR						
407,50 bis 409,99	59,35	–	–	–	–	–
410,00 bis 412,49	61,10	–	–	–	–	–
412,50 bis 414,99	62,85	–	–	–	–	–
415,00 bis 417,49	64,60	–	–	–	–	–
417,50 bis 419,99	66,35	–	–	–	–	–
420,00 bis 422,49	68,10	–	–	–	–	–
422,50 bis 424,99	69,85	–	–	–	–	–
425,00 bis 427,49	71,60	–	–	–	–	–
427,50 bis 429,99	73,35	–	–	–	–	–
430,00 bis 432,49	75,10	–	–	–	–	–
432,50 bis 434,99	76,85	–	–	–	–	–
435,00 bis 437,49	78,60	–	–	–	–	–
437,50 bis 439,99	80,35	–	–	–	–	–
440,00 bis 442,49	82,10	–	–	–	–	–
442,50 bis 444,99	83,85	–	–	–	–	–
445,00 bis 447,49	85,60	0,41	–	–	–	–
447,50 bis 449,99	87,35	1,66	–	–	–	–
450,00 bis 452,49	89,10	2,91	–	–	–	–
452,50 bis 454,99	90,85	4,16	–	–	–	–
455,00 bis 457,49	92,60	5,41	–	–	–	–
457,50 bis 459,99	94,35	6,66	–	–	–	–
460,00 bis 462,49	96,10	7,91	–	–	–	–
462,50 bis 464,99	97,85	9,16	–	–	–	–
465,00 bis 467,49	99,60	10,41	–	–	–	–
467,50 bis 469,99	101,35	11,66	–	–	–	–
470,00 bis 472,49	103,10	12,91	–	–	–	–
472,50 bis 474,99	104,85	14,16	–	–	–	–
475,00 bis 477,49	106,60	15,41	–	–	–	–
477,50 bis 479,99	108,35	16,66	–	–	–	–
480,00 bis 482,49	110,10	17,91	–	–	–	–
482,50 bis 484,99	111,85	19,16	–	–	–	–
485,00 bis 487,49	113,60	20,41			–	–
487,50 bis 489,99	115,35	21,66	–	–	–	–
490,00 bis 492,49	117,10	22,91	–	–	–	–
492,50 bis 494,99	118,85	24,16	–	–	–	–
495,00 bis 497,49	120,60	25,41	–	–	–	–
497,50 bis 499,99	122,35	26,66	–	–	–	–
500,00 bis 502,49	124,10	27,91	–	–	–	–

Auszahlung für Wochen						
Pfändbarer Betrag bei Unterhaltspflicht für ... Personen						
Nettolohn wöchentlich	0	1	2	3	4	5 und mehr
in EUR						
502,50 bis 504,99	125,85	29,16	–	–	–	–
505,00 bis 507,49	127,60	30,41	–	–	–	–
507,50 bis 509,99	129,35	31,66	–	–	–	–
510,00 bis 512,49	131,10	32,91	–	–	–	–
512,50 bis 514,99	132,85	34,16	0,26	–	–	–
515,00 bis 517,49	134,60	35,41	1,26	–	–	–
517,50 bis 519,99	136,35	36,66	2,26	–	–	–
520,00 bis 522,49	138,10	37,91	3,26	–	–	–
522,50 bis 524,99	139,85	39,16	4,26	–	–	–
525,00 bis 527,49	141,60	40,41	5,26	–	–	–
527,50 bis 529,99	143,35	41,66	6,26	–	–	–
530,00 bis 532,49	145,10	42,91	7,26	–	–	–
532,50 bis 534,99	146,85	44,16	8,26	–	–	–
535,00 bis 537,49	148,60	45,41	9,26	–	–	–
537,50 bis 539,99	150,35	46,66	10,26	–	–	–
540,00 bis 542,49	152,10	47,91	11,26	–	–	–
542,50 bis 544,99	153,85	49,16	12,26	–	–	–
545,00 bis 547,49	155,60	50,41	13,26	–	–	–
547,50 bis 549,99	157,35	51,66	14,26	–	–	–
550,00 bis 552,49	159,10	52,91	15,26	–	–	–
552,50 bis 554,99	160,85	54,16	16,26	–	–	–
555,00 bis 557,49	162,60	55,41	17,26	–	–	–
557,50 bis 559,99	164,35	56,66	18,26	–	–	–
560,00 bis 562,49	166,10	57,91	19,26	–	–	–
562,50 bis 564,99	167,85	59,16	20,26	–	–	–
565,00 bis 567,49	169,60	60,41	21,26	–	–	–
567,50 bis 569,99	171,35	61,66	22,26	–	–	–
570,00 bis 572,49	173,10	62,91	23,26	–	–	–
572,50 bis 574,99	174,85	64,16	24,26	–	–	–
575,00 bis 577,49	176,60	65,41	25,26	–	–	–
577,50 bis 579,99	178,35	66,66	26,26	–	–	–
580,00 bis 582,49	180,10	67,91	27,26	0,14	–	–
582,50 bis 584,99	181,85	69,16	28,26	0,89	–	–
585,00 bis 587,49	183,60	70,41	29,26	1,64	–	–
587,50 bis 589,99	185,35	71,66	30,26	2,39	–	–
590,00 bis 592,49	187,10	72,91	31,26	3,14	–	–
592,50 bis 594,99	188,85	74,16	32,26	3,89	–	–
595,00 bis 597,49	190,60	75,41	33,26	4,64	–	–

Auszahlung für Wochen						
Pfändbarer Betrag bei Unterhaltspflicht für ... Personen						
Nettolohn wöchentlich	0	1	2	3	4	5 und mehr
in EUR						
597,50 bis 599,99	192,35	76,66	34,26	5,39	–	–
600,00 bis 602,49	194,10	77,91	35,26	6,14	–	–
602,50 bis 604,99	195,85	79,16	36,26	6,89	–	–
605,00 bis 607,49	197,60	80,41	37,26	7,64	–	–
607,50 bis 609,99	199,35	81,66	38,26	8,39	–	–
610,00 bis 612,49	201,10	82,91	39,26	9,14	–	–
612,50 bis 614,99	202,85	84,16	40,26	9,89	–	–
615,00 bis 617,49	204,60	85,41	41,26	10,64	–	–
617,50 bis 619,99	206,35	86,66	42,26	11,39	–	–
620,00 bis 622,49	208,10	87,91	43,26	12,14	–	–
622,50 bis 624,99	209,85	89,16	44,26	12,89	–	–
625,00 bis 627,49	211,60	90,41	45,26	13,64	–	–
627,50 bis 629,99	213,35	91,66	46,26	14,39	–	–
630,00 bis 632,49	215,10	92,91	47,26	15,14	–	–
632,50 bis 634,99	216,85	94,16	48,26	15,89	–	–
635,00 bis 637,49	218,60	95,41	49,26	16,64	–	–
637,50 bis 639,99	220,35	96,66	50,26	17,39	–	–
640,00 bis 642,49	222,10	97,91	51,26	18,14	–	–
642,50 bis 644,99	223,85	99,16	52,26	18,89	–	–
645,00 bis 647,49	225,60	100,41	53,26	19,64	–	–
647,50 bis 649,99	227,35	101,66	54,26	20,39	0,06	–
650,00 bis 652,49	229,10	102,91	55,26	21,14	0,56	–
652,50 bis 654,99	230,85	104,16	56,26	21,89	1,06	–
655,00 bis 657,49	232,60	105,41	57,26	22,64	1,56	–
657,50 bis 659,99	234,35	106,66	58,26	23,39	2,06	–
660,00 bis 662,49	236,10	107,91	59,26	24,14	2,56	–
662,50 bis 664,99	237,85	109,16	60,26	24,89	3,06	–
665,00 bis 667,49	239,60	110,41	61,26	25,64	3,56	–
667,50 bis 669,99	241,35	111,66	62,26	26,39	4,06	–
670,00 bis 672,49	243,10	112,91	63,26	27,14	4,56	–
672,50 bis 674,99	244,85	114,16	64,26	27,89	5,06	–
675,00 bis 677,49	246,60	115,41	65,26	28,64	5,56	[illegible]
677,50 bis 679,99	248,35	116,66	66,26	29,39	6,06	–
680,00 bis 682,49	250,10	117,91	67,26	30,14	6,56	–
682,50 bis 684,99	251,85	119,16	68,26	30,89	7,06	–
685,00 bis 687,49	253,60	120,41	69,26	31,64	7,56	–
687,50 bis 689,99	255,35	121,66	70,26	32,39	8,06	–
690,00 bis 692,49	257,10	122,91	71,26	33,14	8,56	–

Auszahlung für Wochen						
Pfändbarer Betrag bei Unterhaltspflicht für ... Personen						
Nettolohn wöchentlich	**0**	**1**	**2**	**3**	**4**	**5 und mehr**
in EUR						
692,50 bis 694,99	258,85	124,16	72,26	33,89	9,06	–
695,00 bis 697,49	260,60	125,41	73,26	34,64	9,56	–
697,50 bis 699,99	262,35	126,66	74,26	35,39	10,06	–
700,00 bis 702,49	264,10	127,91	75,26	36,14	10,56	–
702,50 bis 704,99	265,85	129,16	76,26	36,89	11,06	–
705,00 bis 707,49	267,60	130,41	77,26	37,64	11,56	–
707,50 bis 709,99	269,35	131,66	78,26	38,39	12,06	–
710,00 bis 712,49	271,10	132,91	79,26	39,14	12,56	–
712,50 bis 714,99	272,85	134,16	80,26	39,89	13,06	–
715,00 bis 717,49	274,60	135,41	81,26	40,64	13,56	0,01
717,50 bis 719,99	276,35	136,66	82,26	41,39	14,06	0,26
720,00 bis 722,49	278,10	137,91	83,26	42,14	14,56	0,51
722,50 bis 724,99	279,85	139,16	84,26	42,89	15,06	0,76
725,00 bis 727,49	281,60	140,41	85,26	43,64	15,56	1,01
727,50 bis 729,99	283,35	141,66	86,26	44,39	16,06	1,26
730,00 bis 732,49	285,10	142,91	87,26	45,14	16,56	1,51
732,50 bis 734,99	286,85	144,16	88,26	45,89	17,06	1,76
735,00 bis 737,49	288,60	145,41	89,26	46,64	17,56	2,01
737,50 bis 739,99	290,35	146,66	90,26	47,39	18,06	2,26
740,00 bis 742,49	292,10	147,91	91,26	48,14	18,56	2,51
742,50 bis 744,99	293,85	149,16	92,26	48,89	19,06	2,76
745,00 bis 747,49	295,60	150,41	93,26	49,64	19,56	3,01
747,50 bis 749,99	297,35	151,66	94,26	50,39	20,06	3,26
750,00 bis 752,49	299,10	152,91	95,26	51,14	20,56	3,51
752,50 bis 754,99	300,85	154,16	96,26	51,89	21,06	3,76
755,00 bis 757,49	302,60	155,41	97,26	52,64	21,56	4,01
757,50 bis 759,99	304,35	156,66	98,26	53,39	22,06	4,26
760,00 bis 762,49	306,10	157,91	99,26	54,14	22,56	4,51
762,50 bis 764,99	307,85	159,16	100,26	54,89	23,06	4,76
765,00 bis 767,49	309,60	160,41	101,26	55,64	23,56	5,01
767,50 bis 769,99	311,35	161,66	102,26	56,39	24,06	5,26
770,00 bis 772,49	313,10	162,91	103,26	57,14	24,56	5,51
772,50 bis 774,99	314,85	164,16	104,26	57,89	25,06	5,76
775,00 bis 777,49	316,60	165,41	105,26	58,64	25,56	6,01
777,50 bis 779,99	318,35	166,66	106,26	59,39	26,06	6,26
780,00 bis 782,49	320,10	167,91	107,26	60,14	26,56	6,51
782,50 bis 784,99	321,85	169,16	108,26	60,89	27,06	6,76
785,00 bis 787,49	323,60	170,41	109,26	61,64	27,56	7,01

Auszahlung für Wochen						
Pfändbarer Betrag bei Unterhaltspflicht für ... Personen						
Nettolohn wöchentlich	0	1	2	3	4	5 und mehr
in EUR						
787,50 bis 789,99	325,35	171,66	110,26	62,39	28,06	7,26
790,00 bis 792,49	327,10	172,91	111,26	63,14	28,56	7,51
792,50 bis 794,99	328,85	174,16	112,26	63,89	29,06	7,76
795,00 bis 797,49	330,60	175,41	113,26	64,64	29,56	8,01
797,50 bis 799,99	332,35	176,66	114,26	65,39	30,06	8,26
800,00 bis 802,49	334,10	177,91	115,26	66,14	30,56	8,51
802,50 bis 804,99	335,85	179,16	116,26	66,89	31,06	8,76
805,00 bis 807,49	337,60	180,41	117,26	67,64	31,56	9,01
807,50 bis 809,99	339,35	181,66	118,26	68,39	32,06	9,26
810,00 bis 812,49	341,10	182,91	119,26	69,14	32,56	9,51
812,50 bis 814,99	342,85	184,16	120,26	69,89	33,06	9,76
815,00 bis 817,49	344,60	185,41	121,26	70,64	33,56	10,01
817,50 bis 819,99	346,35	186,66	122,26	71,39	34,06	10,26
820,00 bis 822,49	348,10	187,91	123,26	72,14	34,56	10,51
822,50 bis 824,99	349,85	189,16	124,26	72,89	35,06	10,76
825,00 bis 827,49	351,60	190,41	125,26	73,64	35,56	11,01
827,50 bis 829,99	353,35	191,66	126,26	74,39	36,06	11,26
830,00 bis 832,49	355,10	192,91	127,26	75,14	36,56	11,51
832,50 bis 834,99	356,85	194,16	128,26	75,89	37,06	11,76
835,00 bis 837,49	358,60	195,41	129,26	76,64	37,56	12,01
837,50 bis 839,99	360,35	196,66	130,26	77,39	38,06	12,26
840,00 bis 842,49	362,10	197,91	131,26	78,14	38,56	12,51
842,50 bis 844,99	363,85	199,16	132,26	78,89	39,06	12,76
845,00 bis 847,49	365,60	200,41	133,26	79,64	39,56	13,01
847,50 bis 849,99	367,35	201,66	134,26	80,39	40,06	13,26
850,00 bis 852,49	369,10	202,91	135,26	81,14	40,56	13,51
852,50 bis 854,99	370,85	204,16	136,26	81,89	41,06	13,76
855,00 bis 857,49	372,60	205,41	137,26	82,64	41,56	14,01
857,50 bis 859,99	374,35	206,66	138,26	83,39	42,06	14,26
860,00 bis 862,49	376,10	207,91	139,26	84,14	42,56	14,51
862,50 bis 864,99	377,85	209,16	140,26	84,89	43,06	14,76
865,00 bis 867,49	379,60	210,41	141,26	85,04	43,56	15,01
867,50 bis 869,99	381,35	211,66	142,26	86,39	44,06	15,26
870,00 bis 872,49	383,10	212,91	143,26	87,14	44,56	15,51
872,50 bis 874,99	384,85	214,16	144,26	87,89	45,06	15,76
875,00 bis 877,49	386,60	215,41	145,26	88,64	45,56	16,01
877,50 bis 879,99	388,35	216,66	146,26	89,39	46,06	16,26
880,00 bis 882,49	390,10	217,91	147,26	90,14	46,56	16,51

Auszahlung für Wochen						
Pfändbarer Betrag bei Unterhaltspflicht für ... Personen						
Nettolohn wöchentlich	0	1	2	3	4	5 und mehr
in EUR						
882,50 bis 884,99	391,85	219,16	148,26	90,89	47,06	16,76
885,00 bis 887,49	393,60	220,41	149,26	91,64	47,56	17,01
887,50 bis 889,99	395,35	221,66	150,26	92,39	48,06	17,26
890,00 bis 892,49	397,10	222,91	151,26	93,14	48,56	17,51
892,50 bis 894,99	398,85	224,16	152,26	93,89	49,06	17,76
895,00 bis 897,49	400,60	225,41	153,26	94,64	49,56	18,01
897,50 bis 899,99	402,35	226,66	154,26	95,39	50,06	18,26
900,00 bis 902,49	404,10	227,91	155,26	96,14	50,56	18,51
902,50 bis 904,99	405,85	229,16	156,26	96,89	51,06	18,76
905,00 bis 907,49	407,60	230,41	157,26	97,64	51,56	19,01
907,50 bis 909,99	409,35	231,66	158,26	98,39	52,06	19,26
910,00 bis 912,49	411,10	232,91	159,26	99,14	52,56	19,51
912,50 bis 914,99	412,85	234,16	160,26	99,89	53,06	19,76
915,00 bis 917,49	414,60	235,41	161,26	100,64	53,56	20,01
917,50 bis 919,99	416,35	236,66	162,26	101,39	54,06	20,26
920,00 bis 922,49	418,10	237,91	163,26	102,14	54,56	20,51
922,50 bis 924,99	419,85	239,16	164,26	102,89	55,06	20,76
925,00 bis 927,49	421,60	240,41	165,26	103,64	55,56	21,01
927,50 bis 929,99	423,35	241,66	166,26	104,39	56,06	21,26
930,00 bis 932,49	425,10	242,91	167,26	105,14	56,56	21,51
932,50 bis 934,99	426,85	244,16	168,26	105,89	57,06	21,76
935,00 bis 937,49	428,60	245,41	169,26	106,64	57,56	22,01
937,50 bis 939,99	430,35	246,66	170,26	107,39	58,06	22,26
940,00 bis 942,49	432,10	247,91	171,26	108,14	58,56	22,51
942,50 bis 944,99	433,85	249,16	172,26	108,89	59,06	22,76
945,00 bis 947,49	435,60	250,41	173,26	109,64	59,56	23,01
947,50 bis 949,99	437,35	251,66	174,26	110,39	60,06	23,26
950,00 bis 952,49	439,10	252,91	175,26	111,14	60,56	23,51
952,50 bis 954,99	440,85	254,16	176,26	111,89	61,06	23,76
955,00 bis 957,49	442,60	255,41	177,26	112,64	61,56	24,01
957,50 bis 959,99	444,35	256,66	178,26	113,39	62,06	24,26
960,00 bis 962,49	446,10	257,91	179,26	114,14	62,56	24,51
962,50 bis 964,99	447,85	259,16	180,26	114,89	63,06	24,76
965,00 bis 967,49	449,60	260,41	181,26	115,64	63,56	25,01
967,50 bis 969,99	451,35	261,66	182,26	116,39	64,06	25,26
970,00 bis 972,49	453,10	262,91	183,26	117,14	64,56	25,51
972,50 bis 974,99	454,85	264,16	184,26	117,89	65,06	25,76
975,00 bis 977,49	456,60	265,41	185,26	118,64	65,56	26,01

Auszahlung für Wochen						
Pfändbarer Betrag bei Unterhaltspflicht für ... Personen						
Nettolohn wöchentlich	**0**	**1**	**2**	**3**	**4**	**5 und mehr**
in EUR						
977,50 bis 979,99	458,35	266,66	186,26	119,39	66,06	26,26
980,00 bis 982,49	460,10	267,91	187,26	120,14	66,56	26,51
982,50 bis 984,99	461,85	269,16	188,26	120,89	67,06	26,76
985,00 bis 987,49	463,60	270,41	189,26	121,64	67,56	27,01
987,50 bis 989,31	465,35	271,66	190,26	122,39	68,06	27,26
Der Mehrbetrag über 989,31 Euro ist voll pfändbar.						

19 Finanzmathematische Berechnungen

Inhalt

19.1 Kapitalaufzinsung

Aufzinsungsfaktoren: $q^t = (1 + r)^t$

q \ r	1,0 %	1,5 %	2,0 %	2,5 %	3,0 %	3,5 %	4,0 %	4,5 %	5,0 %	5,5 %	6,0 %	7,0 %
1	0,9901	0,9852	0,9804	0,9756	0,9709	0,9662	0,9615	0,9569	0,9524	0,9479	0,9434	0,9346
2	0,9803	0,9707	0,9612	0,9518	0,9426	0,9335	0,9246	0,9157	0,9070	0,8985	0,8900	0,8734
3	0,9706	0,9563	0,9423	0,9286	0,9151	0,9019	0,8890	0,8763	0,8638	0,8516	0,8396	0,8163
4	0,9610	0,9422	0,9238	0,9060	0,8885	0,8714	0,8548	0,8386	0,8227	0,8072	0,7921	0,7629
5	0,9515	0,9283	0,9057	0,8839	0,8626	0,8420	0,8219	0,8025	0,7835	0,7651	0,7473	0,7130
6	0,9420	0,9145	0,8880	0,8623	0,8375	0,8135	0,7903	0,7679	0,7462	0,7252	0,7050	0,6663
7	0,9327	0,9010	0,8706	0,8413	0,8131	0,7860	0,7599	0,7348	0,7107	0,6874	0,6651	0,6227
8	0,9235	0,8877	0,8535	0,8207	0,7894	0,7594	0,7307	0,7032	0,6768	0,6516	0,6274	0,5820
9	0,9143	0,8746	0,8368	0,8007	0,7664	0,7337	0,7026	0,6729	0,6446	0,6176	0,5919	0,5439
10	0,9053	0,8617	0,8203	0,7812	0,7441	0,7089	0,6756	0,6439	0,6139	0,5854	0,5584	0,5083
11	0,8963	0,8489	0,8043	0,7621	0,7224	0,6849	0,6496	0,6162	0,5847	0,5549	0,5268	0,4751
12	0,8874	0,8364	0,7885	0,7436	0,7014	0,6618	0,6246	0,5897	0,5568	0,5260	0,4970	0,4440
13	0,8787	0,8240	0,7730	0,7254	0,6810	0,6394	0,6006	0,5643	0,5303	0,4986	0,4688	0,4150
14	0,8700	0,8118	0,7579	0,7077	0,6611	0,6178	0,5775	0,5400	0,5051	0,4726	0,4423	0,3878
15	0,8613	0,7999	0,7430	0,6905	0,6419	0,5969	0,5553	0,5167	0,4810	0,4479	0,4173	0,3624
16	0,8528	0,7880	0,7284	0,6736	0,6232	0,5767	0,5339	0,4945	0,4581	0,4246	0,3936	0,3387
17	0,8444	0,7764	0,7142	0,6572	0,6050	0,5572	0,5134	0,4732	0,4363	0,4024	0,3714	0,3166
18	0,8360	0,7649	0,7002	0,6412	0,5874	0,5384	0,4936	0,4528	0,4155	0,3815	0,3503	0,2959
19	0,8277	0,7536	0,6864	0,6255	0,5703	0,5202	0,4746	0,4333	0,3957	0,3616	0,3305	0,2765
20	0,8195	0,7425	0,6730	0,6103	0,5537	0,5026	0,4564	0,4146	0,3769	0,3427	0,3118	0,2584
21	0,8114	0,7315	0,6598	0,5954	0,5375	0,4856	0,4388	0,3968	0,3589	0,3249	0,2942	0,2415
22	0,8034	0,7207	0,6468	0,5809	0,5219	0,4692	0,4220	0,3797	0,3418	0,3079	0,2775	0,2257
23	0,7954	0,7100	0,6342	0,5667	0,5067	0,4533	0,4057	0,3634	0,3256	0,2919	0,2618	0,2109
24	0,7876	0,6995	0,6217	0,5529	0,4919	0,4380	0,3901	0,3477	0,3101	0,2767	0,2470	0,1971
25	0,7798	0,6892	0,6095	0,5394	0,4776	0,4231	0,3751	0,3327	0,2953	0,2622	0,2330	0,1842
26	0,7720	0,6790	0,5976	0,5262	0,4637	0,4088	0,3607	0,3184	0,2812	0,2486	0,2198	0,1722
27	0,7644	0,6690	0,5859	0,5134	0,4502	0,3950	0,3468	0,3047	0,2678	0,2356	0,2074	0,1609
28	0,7568	0,6591	0,5744	0,5009	0,4371	0,3817	0,3335	0,2916	0,2551	0,2233	0,1956	0,1504
29	0,7493	0,6494	0,5631	0,4887	0,4243	0,3687	0,3207	0,2790	0,2429	0,2117	0,1846	0,1406
30	0,7419	0,6398	0,5521	0,4767	0,4120	0,3563	0,3083	0,2670	0,2314	0,2006	0,1741	0,1314

19.2 Kapitalabzinsung nach § 253 Abs. 2 HGB

10-Jahresdurchschnitt

	Prozent p. a. Abzinsungszinssatz gemäß § 253 Abs. 2 HGB bei einer Restlaufzeit von .... Jahr(en)									
	1	2	3	4	5	6	7	8	9	10
Dez. 2023	0,91	0,95	0,99	1,06	1,13	1,22	1,30	1,39	1,47	1,55
Nov. 2023	0,89	0,93	0,98	1,05	1,12	1,21	1,29	1,38	1,46	1,55
Okt. 2023	0,86	0,91	0,96	1,03	1,11	1,20	1,28	1,37	1,46	1,54
Sept. 2023	0,83	0,89	0,94	1,01	1,09	1,18	1,27	1,36	1,45	1,53
Aug. 2023	0,80	0,86	0,92	0,99	1,08	1,17	1,26	1,35	1,44	1,52
Juli 2023	0,77	0,84	0,90	0,98	1,06	1,16	1,25	1,34	1,43	1,51
Juni 2023	0,74	0,84	0,88	0,96	1,05	1,14	1,24	1,33	1,42	1,51
Mai 2023	0,72	0,79	0,86	0,92	1,03	1,13	1,23	1,32	1,41	1,50
April 2023	0,69	0,76	0,84	0,92	1,02	1,15	1,22	1,31	1,41	1,50
März 2023	0,66	0,74	0,82	0,91	1,00	1,11	1,20	1,30	1,40	1,49
Febr. 2023	0,64	0,72	0,80	0,89	0,99	1,09	1,19	1,29	1,39	1,48
Jan. 2023	0,62	0,70	0,77	0,87	0,97	1,08	1,18	1,28	1,38	1,47
Dez. 2022	0,59	0,68	0,76	0,86	0,96	1,07	1,17	1,27	1,37	1,47
Nov. 2022	0,57	0,66	0,74	0,84	0,94	1,05	1,16	1,26	1,36	1,46
Okt. 2022	0,56	0,64	0,73	0,83	0,93	1,04	1,15	1,26	1,36	1,45
Sept. 2022	0,54	0,62	0,71	0,81	0,92	1,03	1,14	1,25	1,35	1,45
Aug. 2022	0,53	0,61	0,69	0,80	0,91	1,02	1,13	1,24	1,34	1,44
Juli 2022	0,52	0,60	0,69	0,79	0,90	1,02	1,13	1,24	1,34	1,44
Juni 2022	0,52	0,60	0,69	0,79	0,90	1,02	1,13	1,24	1,35	1,44
Mai 2022	0,53	0,60	0,68	0,79	0,90	1,02	1,13	1,24	1,35	1,45
April 2022	0,54	0,60	0,69	0,79	0,90	1,02	1,14	1,25	1,35	1,45
März 2022	0,55	0,61	0,69	0,80	0,91	1,03	1,14	1,26	1,36	1,46
Feb.2022	0,57	0,62	0,70	0,81	0,92	1,05	1,16	1,27	1,38	1,48
Jan. 2022	0,59	0,64	0,72	0,83	0,94	1,06	1,18	1,29	1,40	1,50
Dez. 2021	0,61	0,66	0,74	0,85	0,96	1,08	1,20	1,32	1,42	1,52
Nov. 2021	0,64	0,68	0,76	0,87	0,99	1,11	1,23	1,35	1,45	1,56
Okt. 2021	0,67	0,71	0,79	0,90	1,02	1,15	1,27	1,38	1,49	1,59
Sept. 2021	0,70	0,74	0,82	0,93	1,05	1,18	1,30	1,41	1,52	1,62
Aug. 2021	0,73	0,77	0,85	0,96	1,08	1,21	1,33	1,45	1,56	1,66
Juli 2021	0,76	0,80	0,88	0,99	1,12	1,24	1,37	1,48	1,59	1,70
Juni 2021	0,79	0,83	0,91	1,02	1,15	1,28	1,40	1,52	1,63	1,73
Mai 2021	0,82	0,86	0,94	1,06	1,18	1,31	1,43	1,55	1,66	1,77
April 2021	0,84	0,88	0,97	1,09	1,21	1,34	1,47	1,59	1,70	1,80

	Prozent p. a. Abzinsungszinssatz gemäß § 253 Abs. 2 HGB bei einer Restlaufzeit von .... Jahr(en)									
	11	12	13	14	15	16	17	18	19	20
Dez. 2023	1,62	1,68	1,74	1,78	1,82	1,84	1,86	1,88	1,90	1,91
Nov. 2023	1,62	1,68	1,74	1,78	1,82	1,85	1,87	1,88	1,90	1,91
Okt. 2023	1,62	1,68	1,73	1,78	1,82	1,84	1,86	1,88	1,90	1,91
Sept. 2023	1,62	1,67	1,72	1,77	1,81	1,84	1,86	1,88	1,89	1,91
Aug. 2023	1,60	1,66	1,72	1,77	1,81	1,83	1,85	1,87	1,89	1,90
Juli 2023	1,59	1,66	1,71	1,76	1,81	1,83	1,85	1,87	1,89	1,90
Juni 2023	1,59	1,65	1,71	1,76	1,80	1,83	1,85	1,87	1,89	1,90
Mai 2023	1,58	1,65	1,71	1,76	1,80	1,83	1,85	1,87	1,89	1,90
April 2023	1,58	1,64	1,70	1,75	1,80	1,82	1,85	1,87	1,89	1,90
März 2023	1,58	1,65	1,71	1,76	1,80	1,83	1,875	1,87	1,89	1,90
Feb. 2023	1,56	1,63	1,69	1,74	1,79	1,82	1,84	1,86	1,88	1,90
Jan. 2023	1,55	1,62	1,68	1,74	1,78	1,81	1,84	1,86	1,88	1,90
Dez. 2022	1,55	1,62	1,68	1,74	1,78	1,81	1,84	1,86	1,88	1,90
Nov. 2022	1,54	1,61	1,68	1,73	1,78	1,81	1,84	1,86	1,88	1,90
Okt. 2022	1,54	1,61	1,68	1,73	1,78	1,81	1,84	1,86	1,88	1,90
Sept. 2022	1,53	1,61	1,67	1,73	1,78	1,81	1,84	1,86	1,88	1,90
Aug. 2022	1,53	1,60	1,67	1,72	1,77	1,81	1,84	1,86	1,88	1,90
Juli 2022	1,53	1,60	1,67	1,73	1,78	1,81	1,84	1,86	1,89	1,91
Juni 2022	1,53	1,61	1,68	1,73	1,78	1,82	1,85	1,87	1,90	1,92
Mai 2022	1,54	1,61	1,68	1,74	1,79	1,82	1,85	1,88	1,90	1,92
April 2022	1,54	1,62	1,68	1,74	1,79	1,83	1,85	1,88	1,90	1,93
März 2022	1,55	1,63	1,70	1,75	1,81	1,84	1,87	1,90	1,92	1,94
Feb.2022	1,57	1,65	1,72	1,77	1,82	1,86	1,89	1,92	1,94	1,96
Jan. 2022	1,59	1,67	1,74	1,79	1,85	1,88	1,91	1,94	1,96	1,98
Dez. 2021	1,62	1,69	1,76	1,82	1,87	1,91	1,94	1,96	1,99	2,01
Nov. 2021	1,65	1,72	1,79	1,85	1,90	1,94	1,97	2,00	2,02	2,04
Okt. 2021	1,68	1,76	1,83	1,89	1,94	1,98	2,01	2,03	2,06	2,08
Sept. 2021	1,72	1,79	1,86	1,92	1,98	2,01	2,04	2,07	2,09	2,11
Aug. 2021	1,75	1,83	1,90	1,96	2,01	2,05	2,08	2,10	2,13	2,15
Juli 2021	1,79	1,87	1,94	2,00	2,05	2,08	2,11	2,14	2,16	2,19
Juni 2021	1,83	1,90	1,97	2,03	2,09	2,12	2,15	2,18	2,20	2,22
Mai 2021	1,86	1,94	2,01	2,07	2,12	2,16	2,19	2,21	2,24	2,26
April 2021	1,89	1,97	2,04	2,11	2,16	2,19	2,22	2,25	2,27	2,29
Dez. 2022	1,55	1,62	1,68	1,74	1,78	1,81	1,84	1,86	1,88	1,90
Nov. 2022	1,54	1,61	1,68	1,73	1,78	1,81	1,84	1,86	1,88	1,90
Jan. 2020	2,40	2,48	2,56	2,62	2,68	2,71	2,74	2,77	2,79	2,81

	Prozent p. a. Abzinsungszinssatz gemäß § 253 Abs. 2 HGB bei einer Restlaufzeit von .... Jahr(en)									
	21	22	23	24	25	26	27	28	29	30
Dez. 2023	1,91	1,91	1,91	1,91	1,91	1,90	1,89	1,88	1,88	1,87
Nov. 2023	1,91	1,91	1,91	1,91	1,91	1,90	1,90	1,89	1,89	1,88
Okt. 2023	1,91	1,91	1,91	1,91	1,91	1,90	1,90	1,89	1,88	1,88
Sept. 2023	1,91	1,91	1,91	1,91	1,91	1,90	1,89	1,89	1,88	1,88
Aug. 2023	1,90	1,90	1,90	1,90	1,90	1,90	1,89	1,89	1,88	1,87
Juli 2023	1,90	1,90	1,91	1,91	1,91	1,90	1,89	1,89	1,88	1,88
Juni 2023	1,90	1,91	1,91	1,91	1,91	1,90	1,90	1,89	1,88	1,88
Mai 2023	1,91	1,91	1,91	1,91	1,91	1,90	1,90	1,89	1,89	1,88
April 2023	1,91	1,91	1,91	1,91	1,191	1,90	1,90	1,89	1,89	1,89
März 2023	1,90	1,91	1,91	1,91	1,91	1,90	1,90	1,89	1,89	1,89
Feb.2023	1,90	1,91	1,91	1,91	1,91	1,91	1,90	1,90	1,89	1,89
Jan. 2023	1,90	1,91	1,91	1,91	1,91	1,91	1,90	1,90	1,90	1,89
Dez. 2022	1,91	1,91	1,91	1,91	1,92	1,91	1,91	1,90	1,90	1,90
Nov. 2022	1,91	1,91	1,91	1,92	1,92	1,91	1,91	1,91	1,90	1,90
Okt. 2022	1,91	1,91	1,92	1,92	1,92	1,92	1,92	1,91	1,91	1,91
Sept. 2022	1,91	1,91	1,92	1,92	1,93	1,92	1,92	1,92	1,92	1,91
Aug. 2022	1,91	1,92	1,92	1,93	1,93	1,93	1,92	1,92	1,92	1,92
Juli 2022	1,91	1,92	1,93	1,93	1,93	1,93	1,93	1,93	1,93	1,93
Juni 2022	1,92	1,93	1,94	1,94	1,95	1,94	1,94	1,94	1,94	1,94
Mai 2022	1,93	1,93	1,94	1,95	1,95	1,95	1,95	1,95	1,94	1,94
April 2022	1,93	1,94	1,95	1,95	1,96	1,96	1,95	1,95	1,95	1,95
März 2022	1,95	1,96	1,96	1,97	1,97	1,97	1,97	1,97	1,97	1,97
Feb.2022	1,97	1,98	1,98	1,99	1,99	1,99	1,99	1,99	1,99	1,99
Jan. 2022	1,99	2,00	2,00	2,01	2,01	2,01	2,01	2,01	2,01	2,01
Dez. 2021	2,02	2,02	2,03	2,04	2,04	2,04	2,04	2,04	2,04	2,04
Nov. 2021	2,05	2,06	2,06	2,07	2,07	2,07	2,07	2,07	2,07	2,07
Okt. 2021	2,09	2,09	2,10	2,10	2,11	2,11	2,11	2,10	2,10	2,10
Sept. 2021	2,12	2,13	2,13	2,14	2,14	2,14	2,14	2,14	2,14	2,14
Aug. 2021	2,16	2,16	2,17	2,17	2,18	2,18	2,17	2,17	2,17	2,17
Juli 2021	2,19	2,20	2,20	2,21	2,21	2,21	2,21	2,21	2,21	2,21
Juni 2021	2,23	2,23	2,24	2,25	2,25	2,25	2,25	2,24	2,24	2,24
Mai 2021	2,27	2,27	2,28	2,28	2,29	2,28	2,28	2,28	2,28	2,28
April 2021	2,30	2,30	2,31	2,31	2,32	2,32	2,31	2,31	2,31	2,31
März 2021	2,33	2,34	2,34	2,35	2,35	2,35	2,35	2,34	2,34	2,34
Feb. 2021	2,37	2,37	2,38	2,38	2,39	2,38	2,38	2,38	2,38	2,37
Jan. 2021	2,40	2,41	2,41	2,42	2,42	2,42	2,42	2,41	2,41	2,41

	Prozent p. a. Abzinsungszinssatz gemäß § 253 Abs. 2 HGB bei einer Restlaufzeit von .... Jahr(en)									
	31	32	33	34	35	36	37	38	39	40
Dez. 2023	1,86	1,85	1,85	1,84	1,83	1,83	1,82	1,81	1,81	1,80
Nov. 2023	1,87	1,86	1,85	1,85	1,84	1,83	1,83	1,82	1,82	1,81
Okt. 2023	1,87	1,86	1,85	1,85	1,84	1,83	1,83	1,82	1,82	1,81
Sept. 2023	1,87	1,86	1,85	1,85	1,84	1,83	1,83	1,82	1,82	1,81
Aug. 2023	1,87	1,86	1,85	1,85	1,84	1,83	1,83	1,82	1,82	1,81
Juli 2023	1,87	1,6	1,86	1,85	1,84	1,84	1,83	1,83	1,82	1,82
Juni 2023	1,87	1,87	1,86	1,85	1,85	1,84	1,84	1,83	1,83	1,82
Mai 2023	1,88	1,87	1,86	1,86	1,85	1,85	1,84	1,84	1,83	1,8
April 2023	1,88	1,87	1,87	1,86	1,86	1,85	1,85	1,84	1,84	1,83
März 2023	1,88	1,87	1,87	1,86	1,86	1,85	1,85	1,84	1,84	1,83
Feb.2023	1,88	1,88	1,87	1,87	1,86	1,86	1,85	1,85	1,85	1,84
Jan. 2023	1,89	1,88	1,88	1,87	1,87	1,87	1,87	1,86	1,86	1,86
Dez. 2022	1,89	1,89	1,88	1,88	1,87	1,87	1,86	1,86	1,86	1,86
Nov. 2022	1,90	1,89	1,89	1,88	1,88	1,88	1,87	1,87	1,87	1,87
Okt. 2022	1,91	1,90	1,90	1,89	1,89	1,89	1,88	1,88	1,88	1,88
Sept. 2022	1,91	1,91	1,90	1,90	1,90	1,89	1,89	1,89	1,89	1,88
Aug. 2022	1,92	1,91	1,91	1,91	1,90	1,90	1,90	1,90	1,89	1,89
Juli 2022	1,92	1,92	1,92	1,91	1,91	1,91	1,91	1,90	1,90	1,90
Juni 2022	1,93	1,93	1,93	1,93	1,92	1,92	1,92	1,92	1,92	1,92
Mai 2022	1,94	1,94	1,94	1,93	1,93	1,93	1,93	1,93	1,93	1,92
April 2022	1,995	1,95	1,94	1,94	1,94	1,94	1,94	1,94	1,93	1,93
März 2022	1,96	1,96	1,96	1,96	1,96	1,96	1,95	1,95	1,95	1,95
Feb.2022	1,99	1,98	1,98	1,98	1,98	1,98	1,98	1,97	1,97	1,97
Jan. 2022	2,01	2,01	2,00	2,00	2,00	2,00	2,00	2,00	2,00	1,99
Dez. 2021	2,03	2,03	2,03	2,03	2,03	2,03	2,03	2,02	2,02	2,02
Nov. 2021	2,06	2,06	2,06	2,06	2,06	2,06	2,06	2,05	2,05	2,05
Okt. 2021	2,10	2,10	2,10	2,10	2,09	2,09	2,09	2,09	2,09	2,09
Sept. 2021	2,13	2,13	2,13	2,13	2,13	2,13	2,13	2,13	2,12	2,12
Aug. 2021	2,17	2,17	2,17	2,16	2,16	2,16	2,16	2,16	2,16	2,16
Juli 2021	2,20	2,20	2,20	2,20	2,20	2,20	2,20	2,20	2,20	2,19
Juni 2021	2,24	2,24	2,24	2,23	2,23	2,23	2,23	2,23	2,23	2,23
Mai 2021	2,27	2,27	2,27	2,27	2,27	2,27	2,27	2,27	2,26	2,26
April 2021	2,31	2,30	2,30	2,30	2,30	2,30	2,30	2,30	2,30	2,29
März 2021	2,34	2,34	2,33	2,33	2,33	2,33	2,33	2,33	2,33	2,33
Feb. 2021	2,37	2,37	2,37	2,37	2,36	2,36	2,36	2,36	2,36	2,36
Jan. 2021	2,40	2,40	2,40	2,40	2,40	2,39	2,39	2,39	2,39	2,39

	Prozent p. a. Abzinsungszinssatz gemäß § 253 Abs. 2 HGB bei einer Restlaufzeit von .... Jahr(en)									
	41	**42**	**43**	**44**	**45**	**46**	**47**	**48**	**49**	**50**
Dez. 2023	1,79	1,79	1,78	1,77	1,76	1,75	1,75	1,74	1,73	1,73
Nov. 2023	1,80	1,79	1,78	1,78	1,77	1,76	1,76	1,75	1,74	1,74
Okt. 2023	1,80	1,80	1,79	1,78	1,77	1,77	1,76	1,75	1,75	1,74
Sept. 2023	1,80	1,80	1,79	1,78	1,77	1,77	1,76	1,76	1,75	1,74
Aug. 2023	1,81	1,80	1,79	1,78	1,78	1,77	1,76	1,76	1,75	1,75
Juli 2023	1,81	1,80	1,80	1,79	1,78	1,78	1,77	1,76	1,76	1,75
Juni 2023	1,82	1,81	1,80	1,79	1,79	1,78	1,78	1,77	1,77	1,76
Mai 2023	1,82	1,81	1,81	1,80	1,80	1,79	1,78	1,78	1,77	1,77
April 2023	1,83	1,82	1,81	1,81	1,80	1,80	1,79	1,79	1,78	1,78
März 2023	1,83	1,82,	1,82	1,81	1,81	1,80	1,80	1,79	1,79	1,78
Feb.2023	1,84	1,83	1,82	1,82	1,81	1,81	1,80	1,80	1,79	1,79
Jan. 2023	1,84	1,84	1,83	1,83	1,82	1,82	1,81	1,81	1,80	1,80
Dez. 2022	1,85	1,85	1,84	1,84	1,83	1,83	1,82	1,82	1,81	1,81
Nov. 2022	1,86	1,85	1,85	1,84	1,84	1,84	1,83	1,83	1,82	1,82
Okt. 2022	1,87	1,87	1,86	1,86	1,85	1,85	1,84	1,84	1,84	1,83
Sept. 2022	1,88	1,87	1,87	1,87	1,86	1,86	1,85	1,85	1,85	1,84
Aug. 2022	1,89	1,88	1,88	1,88	1,87	1,87	1,87	1,86	1,86	1,86
Juli 2022	1,90	1,89	1,89	1,89	1,88	1,88	1,88	1,87	1,87	1,87
Juni 2022	1,91	1,91	1,90	1,90	1,90	1,90	1,89	1,89	1,89	1,89
Mai 2022	1,92	1,92	1,91	1,91	1,91	1,91	1,90	1,90	1,90	1,90
April 2022	1,93	1,93	1,93	1,92	1,92	1,91	1,91	1,91	1,91	1,91
März 2022	1,95	1,94	1,94	1,94	1,94	1,93	1,93	1,93	1,93	1,93
Feb.2022	1,97	1,97	1,96	1,96	1,96	1,96	1,95	1,95	1,95	1,95
Jan. 2022	1,99	1,99	1,99	1,98	1,98	1,98	1,98	1,98	1,97	1,97
Dez. 2021	2,02	2,02	2,01	2,01	2,01	2,01	2,00	2,00	2,00	2,00
Nov. 2021	2,05	2,05	2,05	2,04	2,04	2,04	2,04	2,03	2,03	2,03
Okt. 2021	2,09	2,08	2,08	2,08	2,08	2,08	2,07	2,07	2,07	2,07
Sept. 2021	2,12	2,12	2,12	2,11	2,11	2,11	2,11	2,11	2,11	2,10
Aug. 2021	2,16	2,15	2,15	2,15	2,15	2,15	2,14	2,14	2,14	2,14
Juli 2021	2,19	2,19	2,19	2,19	2,18	2,18	2,18	2,18	2,18	2,18
Juni 2021	2,23	2,22	2,22	2,22	2,22	2,22	2,22	2,21	2,21	2,21
Mai 2021	2,26	2,26	2,26	2,26	2,25	2,25	2,25	2,25	2,25	2,25
April 2021	2,29	2,29	2,29	2,29	2,28	2,28	2,28	2,28	2,28	2,28
März 2021	2,32	2,32	2,32	2,32	2,32	2,31	2,31	2,31	2,31	2,31
Feb. 2021	2,35	2,35	2,35	2,35	2,35	2,35	2,34	2,34	2,34	2,34
Jan. 2021	2,39	2,38	2,38	2,38	2,38	2,38	2,37	2,37	2,37	2,37

19.3 Kapitalabzinsung

Abzinsungsfaktoren: $q^t = (1 + r)^t$

r / q	1,0 %	1,5 %	2,0 %	2,5 %	3,0 %	3,5 %	4,0 %	4,5 %	5,0 %	5,5 %	6,0 %	7,0 %
1	0,9901	0,9852	0,9804	0,9756	0,9709	0,9662	0,9615	0,9569	0,9524	0,9479	0,9434	0,9346
2	0,9803	0,9707	0,9612	0,9518	0,9426	0,9335	0,9246	0,9157	0,9070	0,8985	0,8900	0,8734
3	0,9706	0,9563	0,9423	0,9286	0,9151	0,9019	0,8890	0,8763	0,8638	0,8516	0,8396	0,8163
4	0,9610	0,9422	0,9238	0,9060	0,8885	0,8714	0,8548	0,8386	0,8227	0,8072	0,7921	0,7629
5	0,9515	0,9283	0,9057	0,8839	0,8626	0,8420	0,8219	0,8025	0,7835	0,7651	0,7473	0,7130
6	0,9420	0,9145	0,8880	0,8623	0,8375	0,8135	0,7903	0,7679	0,7462	0,7252	0,7050	0,6663
7	0,9327	0,9010	0,8706	0,8413	0,8131	0,7860	0,7599	0,7348	0,7107	0,6874	0,6651	0,6227
8	0,9235	0,8877	0,8535	0,8207	0,7894	0,7594	0,7307	0,7032	0,6768	0,6516	0,6274	0,5820
9	0,9143	0,8746	0,8368	0,8007	0,7664	0,7337	0,7026	0,6729	0,6446	0,6176	0,5919	0,5439
10	0,9053	0,8617	0,8203	0,7812	0,7441	0,7089	0,6756	0,6439	0,6139	0,5854	0,5584	0,5083
11	0,8963	0,8489	0,8043	0,7621	0,7224	0,6849	0,6496	0,6162	0,5847	0,5549	0,5268	0,4751
12	0,8874	0,8364	0,7885	0,7436	0,7014	0,6618	0,6246	0,5897	0,5568	0,5260	0,4970	0,4440
13	0,8787	0,8240	0,7730	0,7254	0,6810	0,6394	0,6006	0,5643	0,5303	0,4986	0,4688	0,4150
14	0,8700	0,8118	0,7579	0,7077	0,6611	0,6178	0,5775	0,5400	0,5051	0,4726	0,4423	0,3878
15	0,8613	0,7999	0,7430	0,6905	0,6419	0,5969	0,5553	0,5167	0,4810	0,4479	0,4173	0,3624
16	0,8528	0,7880	0,7284	0,6736	0,6232	0,5767	0,5339	0,4945	0,4581	0,4246	0,3936	0,3387
17	0,8444	0,7764	0,7142	0,6572	0,6050	0,5572	0,5134	0,4732	0,4363	0,4024	0,3714	0,3166
18	0,8360	0,7649	0,7002	0,6412	0,5874	0,5384	0,4936	0,4528	0,4155	0,3815	0,3503	0,2959
19	0,8277	0,7536	0,6864	0,6255	0,5703	0,5202	0,4746	0,4333	0,3957	0,3616	0,3305	0,2765
20	0,8195	0,7425	0,6730	0,6103	0,5537	0,5026	0,4564	0,4146	0,3769	0,3427	0,3118	0,2584
21	0,8114	0,7315	0,6598	0,5954	0,5375	0,4856	0,4388	0,3968	0,3589	0,3249	0,2942	0,2415
22	0,8034	0,7207	0,6468	0,5809	0,5219	0,4692	0,4220	0,3797	0,3418	0,3079	0,2775	0,2257
23	0,7954	0,7100	0,6342	0,5667	0,5067	0,4533	0,4057	0,3634	0,3256	0,2919	0,2618	0,2109
24	0,7876	0,6995	0,6217	0,5529	0,4919	0,4380	0,3901	0,3477	0,3101	0,2767	0,2470	0,1971
25	0,7798	0,6892	0,6095	0,5394	0,4776	0,4231	0,3751	0,3327	0,2953	0,2622	0,2330	0,1842
26	0,7720	0,6790	0,5976	0,5262	0,4637	0,4088	0,3607	0,3184	0,2812	0,2486	0,2198	0,1722
27	0,7644	0,6690	0,5859	0,5134	0,4502	0,3950	0,3468	0,3047	0,2678	0,2356	0,2074	0,1609
28	0,7568	0,6591	0,5744	0,5009	0,4371	0,3817	0,3335	0,2916	0,2551	0,2233	0,1956	0,1504
29	0,7493	0,6494	0,5631	0,4887	0,4243	0,3687	0,3207	0,2790	0,2429	0,2117	0,1846	0,1406
30	0,7419	0,6398	0,5521	0,4767	0,4120	0,3563	0,3083	0,2670	0,2314	0,2006	0,1741	0,1314

19.4 Tabelle zur Berechnung der Annuität

Die jährliche Kapitaldienstrate (Annuität) wird durch Multiplikation der Schuld mit dem genannten Faktor errechnet. Durch Division der gewünschten Annuität durch den Faktor ergibt sich die Schuld.

Jahr	4,5 %	5 %	5,5 %	6 %	6,5 %	7 %
1	1,045	1,05	1,055	1,06	1,065	1,07
2	0,53400	0,53780	0,54162	0,54544	0,54926	0,55309
3	0,36377	0,36721	0,37065	0,37411	0,37758	0,38105
4	0,27874	0,28201	0,28529	0,28859	0,29190	0,29523
5	0,22779	0,23097	0,23418	0,23740	0,24063	0,24389
6	0,19388	0,19702	0,20018	0,20336	0,20657	0,20980
7	0,16970	0,17282	0,17496	0,17914	0,18233	0,18555
8	0,15161	0,15472	0,15786	0,16104	0,16424	0,16747
9	0,13757	0,14069	0,14384	0,14702	0,15024	0,15349
10	0,12638	0,12950	0,13267	0,13587	0,13910	0,14238
11	0,11725	0,12039	0,12357	0,12679	0,13006	0,13337
12	0,10967	0,11283	0,11603	0,11928	0,12257	0,12590
13	0,10328	0,10646	0,10968	0,11296	0,11629	0,11965
14	0,09782	0,10102	0,10428	0,10758	0,11094	0,11434
15	0,09311	0,09634	0,09963	0,10296	0,10635	0,10979
16	0,08902	0,09227	0,09558	0,09895	0,10238	0,10586
17	0,08542	0,08870	0,09204	0,09544	0,09891	0,10243
18	0,08224	0,08555	0,08892	0,09236	0,09585	0,09941
19	0,07941	0,08275	0,08615	0,08962	0,09316	0,09675
20	0,07688	0,08024	0,08368	0,08718	0,09076	0,09439
21	0,07460	0,07800	0,08146	0,08500	0,08861	0,09229
22	0,07255	0,07597	0,07947	0,08305	0,08669	0,09041
23	0,07068	0,07414	0,07767	0,08128	0,08496	0,08871
24	0,06899	0,07247	0,07604	0,07968	0,08340	0,08719
25	0,06744	0,07095	0,07455	0,07823	0,08198	0,08581
26	0,06602	0,06956	0,07319	0,07690	0,08069	0,08456
27	0,06472	0,06829	0,07195	0,07570	0,07952	0,08343
28	0,06352	0,06712	0,07081	0,07459	0,07845	0,08239
29	0,06241	0,06605	0,06977	0,07358	0,07747	0,08145
30	0,06139	0,06505	0,06881	0,07265	0,07658	0,08059
31	0,06044	0,06413	0,06792	0,07179	0,07575	0,07980
32	0,05956	0,06328	0,06710	0,07100	0,07500	0,07907
33	0,05874	0,06249	0,06633	0,07027	0,07430	0,07841
34	0,05798	0,06176	0,06563	0,06960	0,07366	0,07780
35	0,05727	0,06107	0,06497	0,06897	0,07306	0,07723
36	0,05661	0,06043	0,06437	0,06839	0,07251	0,07672
37	0,05598	0,05984	0,06380	0,06786	0,07201	0,07624
38	0,05540	0,05928	0,06327	0,06736	0,07153	0,07580
39	0,05486	0,05876	0,06278	0,06689	0,07110	0,07539
40	0,05434	0,05828	0,06232	0,06646	0,07069	0,07501

19.5 Sterbetafel 2020/2022 gültig ab 1.1.2024

Nach § 14 Abs. 1 BewG ist der Kapitalwert von lebenslänglichen Nutzungen oder Leistungen durch Anwendung nachfolgender Sterbetafel zu berechnen. Die Sterbetafel ist gültig ab dem 1.1.2024.

Hinweis: Für Bewertungsstichtage ab dem 1.1.2022 gilt die Sterbetafel 2018/2020, siehe Kapitel 8.1, „Kapitalwert einer lebenslänglichen Nutzung oder Leistung (Rente)", S. 336 ff.

Vollendetes Lebensalter	Männer		Frauen	
	Durchschnittliche Lebenserwartung	Kapitalwert	Durchschnittliche Lebenserwartung	Kapitalwert
0	78,33	18,400	83,18	18,464
1	77,58	18,388	82,42	18,455
2	76,60	18,373	81,43	18,443
3	75,61	18,356	80,44	18,430
4	74,62	18,338	79,45	18,416
5	73,62	18,319	78,46	18,402
6	72,63	18,299	77,46	18,387
7	71,64	18,279	76,47	18,370
8	70,64	18,256	75,47	18,353
9	69,65	18,233	74,48	18,335
10	68,65	18,209	73,48	18,316
11	67,66	18,183	72,49	18,296
12	66,66	18,155	71,49	18,275
13	65,67	18,127	70,50	18,253
14	64,67	18,096	69,50	18,230
15	63,68	18,064	68,51	18,205
16	62,69	18,031	67,52	18,179
17	61,70	17,995	66,53	18,152
18	60,72	17,958	65,54	18,123
19	59,74	17,919	64,55	18,092
20	58,77	17,879	63,56	18,060
21	57,79	17,835	62,57	18,026
22	56,82	17,790	61,58	17,991
23	55,84	17,742	60,59	17,953
24	54,87	17,692	59,60	17,913
25	53,89	17,639	58,61	17,872
26	52,91	17,582	57,62	17,828
27	51,94	17,524	56,63	17,781
28	50,96	17,461	55,65	17,732
29	49,98	17,396	54,66	17,681

Vollendetes Lebensalter	Männer		Frauen	
	Durchschnittliche Lebenserwartung	Kapitalwert	Durchschnittliche Lebenserwartung	Kapitalwert
30	49,01	17,327	53,67	17,626
31	48,04	17,255	52,68	17,569
32	47,06	17,178	51,70	17,509
33	46,09	17,098	50,72	17,446
34	45,12	17,014	49,74	17,379
35	44,15	16,925	48,76	17,309
36	43,19	16,832	47,78	17,235
37	42,23	16,734	46,80	17,157
38	41,27	16,632	45,82	17,075
39	40,32	16,525	44,85	16,989
40	39,37	16,412	43,88	16,899
41	38,42	16,294	42,91	16,804
42	37,47	16,169	41,94	16,704
43	36,53	16,039	40,98	16,600
44	35,59	15,903	40,01	16,489
45	34,65	15,760	39,05	16,373
46	33,72	15,610	38,09	16,251
47	32,79	15,454	37,14	16,124
48	31,87	15,291	36,19	15,991
49	30,95	15,119	35,24	15,850
50	30,05	14,943	34,30	15,704
51	29,15	14,759	33,37	15,552
52	28,26	14,567	32,43	15,391
53	27,37	14,367	31,50	15,223
54	26,49	14,158	30,58	15,048
55	25,62	13,943	29,66	14,865
56	24,77	13,722	28,75	14,674
57	23,92	13,491	27,85	14,476
58	23,09	13,255	26,95	14,268
59	22,27	13,012	26,06	14,053
60	21,46	12,760	25,18	13,830
61	20,67	12,505	24,30	13,596
62	19,89	12,241	23,44	13,356
63	19,12	11,970	22,58	13,105
64	18,37	11,695	21,74	12,849
65	17,63	11,413	20,90	12,580
66	16,91	11,127	20,07	12,303
67	16,20	10,834	19,25	12,017

Vollendetes Lebensalter	Männer		Frauen	
	Durchschnittliche Lebenserwartung	Kapitalwert	Durchschnittliche Lebenserwartung	Kapitalwert
68	15,51	10,539	18,43	11,718
69	14,82	10,233	17,63	11,413
70	14,15	9,924	16,84	11,099
71	13,48	9,604	16,05	10,771
72	12,83	9,283	15,28	10,438
73	12,18	8,950	14,51	10,091
74	11,55	8,616	13,76	9,739
75	10,92	8,271	13,01	9,373
76	10,32	7,931	12,28	9,002
77	9,71	7,574	11,56	8,621
78	9,12	7,217	10,86	8,237
79	8,54	6,856	10,17	7,844
80	7,97	6,489	9,49	7,442
81	7,43	6,132	8,83	7,038
82	6,90	5,770	8,19	6,632
83	6,39	5,413	7,58	6,232
84	5,90	5,060	6,99	5,832
85	5,43	4,713	6,43	5,441
86	5,00	4,388	5,90	5,060
87	4,59	4,070	5,42	4,706
88	4,22	3,778	4,97	4,365
89	3,87	3,496	4,54	4,031
90	3,56	3,242	4,16	3,730
91	3,27	3,000	3,81	3,447
92	3,00	2,772	3,49	3,184
93	2,77	2,575	3,21	2,950
94	2,56	2,393	2,95	2,729
95	2,38	2,235	2,72	2,532
96	2,22	2,094	2,52	2,358
97	2,11	1,996	2,35	2,209
98	1,99	1,888	2,20	2,076
99	1,87	1,780	2,08	1,969
100 und darüber	1,75	1,671	1,97	1,870

19.6 Sterbetafel 2019/2021 gültig ab 1.1.2023

Nach § 14 Abs. 1 BewG ist der Kapitalwert von lebenslänglichen Nutzungen oder Leistungen durch Anwendung nachfolgender Sterbetafel zu berechnen. Die Sterbetafel ist gültig ab dem 1.1.2023.

Hinweis: Für Bewertungsstichtage ab dem 1.1.2022 gilt die Sterbetafel 2018/2020, siehe Kapitel 8.1, „Kapitalwert einer lebenslänglichen Nutzung oder Leistung (Rente)", S. 336 ff.

Vollendetes Lebensalter	Männer		Frauen	
	Durchschnittliche Lebenserwartung	Vervielfältiger für Kapitalwert	Durchschnittliche Lebenserwartung	Vervielfältiger für Kapitalwert
0	78,54	18,403	83,38	18,467
1	77,80	18,392	82,62	18,458
2	76,81	18,376	81,64	18,446
3	75,82	18,359	80,65	18,433
4	74,83	18,342	79,65	18,419
5	73,84	18,323	78,66	18,405
6	72,85	18,304	77,67	18,390
7	71,85	18,283	76,67	18,374
8	70,86	18,261	75,68	18,357
9	69,86	18,238	74,68	18,339
10	68,87	18,214	73,68	18,320
11	67,87	18,188	72,69	18,301
12	66,88	18,161	71,69	18,280
13	65,88	18,133	70,70	18,258
14	64,89	18,103	69,70	18,234
15	63,90	18,071	68,71	18,210
16	62,91	18,038	67,72	18,184
17	61,92	18,003	66,73	18,157
18	60,94	17,967	65,74	18,129
19	59,96	17,928	64,75	18,099
20	58,99	17,888	63,76	18,067
21	58,01	17,845	62,77	18,033
22	57,03	17,800	61,78	17,998
23	56,06	17,753	60,79	17,961
24	55,08	17,703	59,80	17,922
25	54,10	17,650	58,81	17,880
26	53,13	17,595	57,82	17,837
27	52,15	17,537	56,83	17,791
28	51,17	17,475	55,84	17,742
29	50,20	17,411	54,85	17,691

Vollendetes Lebensalter	Männer		Frauen	
	Durchschnittliche Lebenserwartung	Vervielfältiger für Kapitalwert	Durchschnittliche Lebenserwartung	Vervielfältiger für Kapitalwert
30	49,22	17,342	53,87	17,638
31	48,25	17,271	52,88	17,581
32	47,28	17,196	51,90	17,521
33	46,30	17,116	50,91	17,458
34	45,33	17,032	49,93	17,392
35	44,37	16,945	48,95	17,323
36	43,40	16,853	47,97	17,250
37	42,44	16,756	47,00	17,173
38	41,48	16,655	46,02	17,092
39	40,53	16,549	45,05	17,007
40	39,57	16,436	44,07	16,917
41	38,62	16,319	43,10	16,823
42	37,68	16,197	42,13	16,724
43	36,73	16,068	41,17	16,621
44	35,79	15,933	40,20	16,511
45	34,85	15,791	39,24	16,396
46	33,92	15,643	38,28	16,276
47	32,99	15,488	37,33	16,150
48	32,07	15,327	36,38	16,018
49	31,15	15,157	35,43	15,879
50	30,25	14,983	34,49	15,734
51	29,35	14,801	33,55	15,582
52	28,45	14,609	32,62	15,424
53	27,56	14,410	31,69	15,258
54	26,69	14,207	30,77	15,085
55	25,82	13,993	29,85	14,903
56	24,96	13,772	28,94	14,715
57	24,12	13,546	28,04	14,519
58	23,28	13,310	27,14	14,313
59	22,46	13,069	26,25	14,100
60	21,66	12,824	25,37	13,879
61	20,86	12,567	24,50	13,650
62	20,08	12,306	23,64	13,413
63	19,32	12,042	22,78	13,164
64	18,57	11,770	21,93	12,908
65	17,83	11,490	21,09	12,642
66	17,11	11,208	20,26	12,368
67	16,40	10,918	19,43	12,081

Vollendetes Lebensalter	Männer		Frauen	
	Durchschnittliche Lebenserwartung	Vervielfältiger für Kapitalwert	Durchschnittliche Lebenserwartung	Vervielfältiger für Kapitalwert
68	15,70	10,621	18,62	11,788
69	15,01	10,318	17,81	11,482
70	14,33	10,008	17,01	11,167
71	13,66	9,691	16,22	10,843
72	13,00	9,368	15,44	10,508
73	12,35	9,038	14,68	10,169
74	11,70	8,696	13,92	9,815
75	11,07	8,354	13,17	9,452
76	10,45	8,005	12,44	9,084
77	9,84	7,651	11,71	8,702
78	9,25	7,297	11,00	8,315
79	8,66	6,931	10,29	7,913
80	8,09	6,567	9,61	7,514
81	7,53	6,199	8,95	7,112
82	7,00	5,839	8,30	6,703
83	6,49	5,484	7,68	6,298
84	6,00	5,133	7,10	5,908
85	5,54	4,795	6,54	5,519
86	5,11	4,472	6,02	5,147
87	4,71	4,164	5,54	4,795
88	4,33	3,866	5,08	4,449
89	3,99	3,593	4,66	4,125
90	3,67	3,333	4,28	3,826
91	3,39	3,101	3,93	3,545
92	3,13	2,882	3,61	3,283
93	2,90	2,687	3,33	3,051
94	2,69	2,506	3,07	2,832
95	2,50	2,340	2,84	2,635
96	2,33	2,191	2,63	2,454
97	2,19	2,067	2,45	2,297
98	2,05	1,942	2,30	2,165
99	1,93	1,834	2,17	2,049
100 und darüber	1,82	1,735	2,03	1,924

20 Kalender/Ferien

Inhalt

20.1 Dauerkalender

Der Dauerkalender bestimmt den Wochentag für jeden beliebigen Tag zwischen 1901 und 2064.

Beispiel: Auf welchen Wochentag fiel der 15.8.1968?

Suche nach dem Jahr bei 68, dann die zugehörige Monatskennzahl nach rechts im richtigen Monat. Im Beispiel ist dies die 4. Die Schlüsselzahl errechnet sich aus dem gesuchten Tag, hier den 15. + 4 (Monatskennzahl) = 19. In der unteren Tabelle ist die Schlüsselzahl dem Donnerstag zugeordnet. Der 15.8.1968 war also ein Donnerstag.

Jahr							Monat											
1901 – 1999				2000 – 2064			J	F	M	A	M	J	J	A	S	O	N	D
	25	53	81		09	37	4	0	0	3	5	1	3	6	2	4	0	2
	26	54	82		10	38	5	1	1	4	6	2	4	0	3	5	1	3
	27	55	83		11	39	6	2	2	5	0	3	5	1	4	6	2	4
	28	56	84		12	40	0	3	4	0	2	5	0	3	6	1	4	6
01	29	57	85		13	41	2	5	5	1	3	6	1	4	0	2	5	0
02	30	58	86		14	42	3	6	6	2	4	0	2	5	1	3	6	1
03	31	59	87		15	43	4	0	0	3	5	1	3	6	2	4	0	2
04	32	60	88		16	44	5	1	2	5	0	3	5	1	4	6	2	4
05	33	61	89		17	45	0	3	3	6	1	4	6	2	5	0	3	5
06	34	62	90		18	46	1	4	4	0	2	5	0	3	6	1	4	6
07	35	63	91		19	47	2	5	5	1	3	6	1	4	0	2	5	0
08	36	64	92		20	48	3	6	0	3	5	1	3	6	2	4	0	2
09	37	65	93		21	49	5	1	1	4	6	2	4	0	3	5	1	3
10	38	66	94		22	50	6	2	2	5	0	3	5	1	4	6	2	4
11	39	67	95		23	51	0	3	3	6	1	4	6	2	5	0	3	5
12	40	68	96		24	52	1	4	5	1	3	6	1	4	0	2	5	0
13	41	69	97		25	53	3	6	6	2	4	0	2	5	1	3	6	1
14	42	70	98		26	54	4	0	0	3	5	1	3	6	2	4	0	2
15	43	71	99		27	55	5	1	1	4	6	2	4	0	3	5	1	3
16	44	72		00	28	56	6	2	3	6	1	4	6	2	5	0	3	5
17	45	73		01	29	57	1	4	4	0	2	5	0	3	6	1	4	6
18	46	74		02	30	58	2	5	5	1	3	6	1	4	0	2	5	0
19	47	75		03	31	59	3	6	6	2	4	0	2	5	1	3	6	1
20	48	76		04	32	60	4	0	1	4	6	2	4	0	3	5	1	3
21	49	77		05	33	61	6	2	2	5	0	3	5	1	4	6	2	4
22	50	78		06	34	62	0	3	3	6	1	4	6	2	5	0	3	5
23	51	79		07	35	63	1	4	4	0	2	5	0	3	6	1	4	6
24	52	80		08	36	64	2	5	6	2	4	0	2	5	1	3	6	1

Wochentagstafel (Summe aus Monatskennzahl und Tagesdatum)							
Montag		2	9	16	23	30	37
Dienstag		3	10	17	24	31	
Mittwoch		4	11	18	25	32	
Donnerstag		5	12	19	26	33	
Freitag		6	13	20	27	34	
Samstag		7	14	21	28	35	
Sonntag	1	8	15	22	29	36	

20.2 Ferientermine 2024

Angegeben ist jeweils der erste und der letzte Ferientag.

Land	Winter	Ostern	Pfingsten	Sommer	Herbst	Weihnachten 2024/2025
Baden-Württemberg	keine	23.3.–5.4.	21.5.–31.5.	25.7.–7.9.	28.10.–30.10./ 31.10.	23.12.–4.1.
Bayern	12.2.–16.2.	25.3.–6.4.	21.5.–1.6.	29.7.–9.9.	28.10.–31.10./ 20.11.	23.12.–3.1.
Berlin	5.2.–10.2.	25.3.–5.4.	10.5.	18.7.–30.8.	4.10./ 21.10.–2.11.	23.12.–31.12.
Brandenburg	5.2.–9.2.	25.3.–5.4.	keine	18.7.-31.8.	4.10./ 21.10.–2.11.	23.12.–31.12.
Bremen	1.2.–2.2.	18.3.-28.3.	10.5./21.5.	24.6.–2.8.	4.10.-19.10./ 1.11.	23.12.–4.1.
Hamburg	2.2.	18.3.–28.3.	10.5./ 21.5.–24.5.	18.7.–28.8.	4.10./ 21.10.–1.11.	20.12.–3.1.
Hessen	keine	25.3.–13.4.	keine	15.7.–23.8.	14.10.–25.10.	23.12.–10.1.
Mecklenburg-Vorpommern	5.2.–16.2.	25.3.–3.4.	10.5./ 17.5.–21.5.	22.7.–31.8.	4.10./ 1.11./ 21.10.–26.10.	23.12.–6.1.
Niedersachsen	1.2.–2.2.	18.3.–28.3.	10.5./21.5.	24.6.-3.8.	4.10.-19.10./ 1.11.	23.12.–4.1.
Nordrhein-Westfalen	keine	25.3.–6.4.	21.5.	8.7.–20.8.	14.10.–26.10.	23.12.–6.1.
Rheinland-Pfalz	keine	25.3.–2.4.	21.5.–[illegible]	15.7.–23.8.	14.10.–25.10.	23.12.–8.1.
Saarland	12.2.–16.2.	25.3.–5.4.	21.5.–24.5.	15.7.–23.8.	14.10.–25.10.	23.12.–3.1.
Sachsen	12.2.–23.2.	28.3.–5.4.	10.5./ 18.5.-21.5.	20.6.–2.8.	7.10.–19.10.	23.12.–3.1.
Sachsen-Anhalt	5.2.–10.2.	25.3.–30.3.	21.5.–24.5.	24.6.–3.8.	30.9.-12.10./ 1.11.	23.12.–4.1.
Schleswig-Holstein*	keine	2.4.–19.4.	10.5.–11.5.	22.7.–31.8.	4.10./ 21.10.-1.11.	19.12.–7.1.
Thüringen	12.2.–16.2.	25.3.–6.4.	10.5.	20.6.–31.7.	30.9.–12.10.	23.12.–3.1.

* Auf den Inseln Sylt, Föhr, Amrum und Helgoland sowie auf den Halligen enden die Sommerferien und beginnen die Herbstferien jeweils eine Kalenderwoche eher.

Alle Angaben ohne Gewähr.

21 Anschriften und Kontaktdaten

Inhalt

21.1 Steuerberaterkammern

Bundessteuerberaterkammer – Körperschaft des öffentlichen Rechts

Behrenstr. 42, 10117 Berlin-Mitte, Postfach 028855, 10131 Berlin,
Telefon: 030 240087-0, Telefax: 030 240087-99,
E-Mail: zentrale@bstbk.de,
Internet: https://www.bstbk.de/

Baden-Württemberg

Steuerberaterkammer Nordbaden KdöR

Vangerowstraße 16, 69115 Heidelberg,
Telefon: 06221 1830-77, Telefax: 06221 165105,
E-Mail: post@stbk-nordbaden.de,
Internet: https://www.stbk-nordbaden.de/

Steuerberaterkammer Stuttgart KdöR

Hegelstraße 33, 70174 Stuttgart,
Telefon: 0711 61948-0, Telefax: 0711 61948-703,
E-Mail: mail@stbk-stuttgart.de,
Internet: https://www.stbk-stuttgart.de/

Steuerberaterkammer Südbaden KdöR

Wentzingerstraße 19, 79106 Freiburg,
Telefon: 0761 70526-0, Telefax: 0761 70526-26,
E-Mail: info@stbk-suedbaden.de,
Internet: https://www.stbk-suedbaden.de/

Bayern

Steuerberaterkammer Nürnberg KdöR

Karolinenstraße 28, 90402 Nürnberg,
Telefon: 0911 94626-0, Telefax: 0911 94626-30,
E-Mail: info@stbk-nuernberg.de,
Internet: https://www.stbk-nuernberg.de/

Steuerberaterkammer München KdöR

Nederlinger Str. 9, 80638 München,
Telefon: 089 157902-0, Telefax: 089 157902-19,
E-Mail: info@stbk-muc.de,
Internet: https://www.steuerberaterkammer-muenchen.de/index_ger.html

Berlin

Bundessteuerberaterkammer KdöR

Behrenstr. 42, 10117 Berlin,

Telefon: 030 240087-0, Telefax: 030 240087-99,
E-Mail: zentrale@bstbk.de,

Internet: https://www.bstbk.de/

Steuerberaterkammer Berlin KdöR

Wichmannstraße 6, 10787 Berlin,

Tel.: 030 889261-0, Fax: 030 889261-10,
E-Mail: info@stbk-berlin.de,
Internet: www.stbk-berlin.de

Brandenburg

Steuerberaterkammer Brandenburg KdöR

Tuchmacherstr. 48 B, 14482 Potsdam,
Telefon: 0331 88852-0, Telefax: 0331 88852-22,
E-Mail: info@stbk-brandenburg.de,
Internet: https://www.stbk-brandenburg.de/

Bremen

Hanseatische Steuerberaterkammer Bremen KdöR

Am Wall 192, 28195 Bremen,

Telefon: 0421 36507-0, Telefax: 0421 36507-20,
E-Mail: info@stbkammer-bremen.de,
Internet: https://www.stbkammer-bremen.de/

Hamburg

Steuerberaterkammer Hamburg KdöR

Kurze Mühren 3, 20095 Hamburg,

Telefon: 040 448043-0, Telefax: 040 445885,
E-Mail: mail@stbk-hamburg.de,
Internet: https://www.stbk-hamburg.de

Hessen

Steuerberaterkammer Hessen KdöR

Bleichstraße 1, 60313 Frankfurt/Main,
Telefon: 069 153002-0, Telefax: 069 153002-60,
E-Mail: info@stbk-hessen.de,
Internet: https://www.stbk-hessen.de

Mecklenburg-Vorpommern

Steuerberaterkammer Mecklenburg-Vorpommern KdöR

Ostseeallee 40, 18107 Rostock,
Telefon: 0381 77676-76, Telefax: 0381 77676-77,
E-Mail: mail@stbk-mv.de,
Internet: https://www.stbkammer-mv.de

Niedersachsen

Steuerberaterkammer Niedersachsen KdöR

Adenauerallee 20, 30175 Hannover,
Telefon: 0511 288900, Telefax: 0511 2834032,
E-Mail: info@stbk-niedersachsen.de,
Internet: https://www.stbk-niedersachsen.de

Nordrhein-Westfalen

Steuerberaterkammer Düsseldorf KdöR

Grafenberger Allee 98, 40237 Düsseldorf,
Telefon: 0211 66906-0, Telefax: 0211 66906-600,
E-Mail: mail@stbk-duesseldorf.de,
Internet: https://www.stbk-duesseldorf.de/

Steuerberaterkammer Köln KdöR

Gereonstraße 34-36, 50670 Köln,
Telefon: 0221 33643-0, Telefax: 0221 33643-43,
E-Mail: mail@stbk-koeln.de,
Internet: https://www.stbk-koeln.de

Steuerberaterkammer Westfalen-Lippe KdöR

Erphostraße 43, 48145 Münster,
Telefon: 0251 41764-0, Telefax: 0251 41764-27,
E-Mail: mail@stbk-westfalen-lippe.de,
Internet: https://www.steuerberaterkammer-westfalen-lippe.de/

Rheinland-Pfalz

Steuerberaterkammer Rheinland-Pfalz KdöR

Hölderlinstr. 1, 55131 Mainz,
Telefon: 06131 95210-0, Telefax: 06131 95210-40,
E-Mail: info@sbk-rlp.de, Internet: https://www.sbk-rlp.de/

Saarland

Steuerberaterkammer Saarland KdöR

Nell-Breuning-Allee 6, 66115 Saarbrücken,
Telefon: 0681 66832-0, Telefax: 0681 66832-32
E-Mail: stbk@stbk-saarland.de, Internet: https://www.stbk-saarland.de

Sachsen

Steuerberaterkammer des Freistaates Sachsen KdöR

Emil-Fuchs-Str. 2, 04105 Leipzig,
Telefon: 0341 56336-0, Telefax: 0341 56336-20,
E-Mail: kammer@sbk-sachsen.de,
Internet: https://www.sbk-sachsen.de

Sachsen-Anhalt

Steuerberaterkammer Sachsen-Anhalt KdöR

Zum Domfelsen 4, 39104 Magdeburg,
Telefon: 0391 61162-0, Telefax: 0391 61162-16,
E-Mail: info@stbk-sachsen-anhalt.de,
Internet: https://www.stbk-sachsen-anhalt.de

Schleswig-Holstein

Steuerberaterkammer Schleswig-Holstein KdöR

Hopfenstraße 2D, 24114 Kiel,
Telefon: 0431 57049-0, Telefax: 0431 57049-10,
E-Mail: info@stbk-sh.de, Internet: https://www.stbk-sh.de

Thüringen

Steuerberaterkammer Thüringen KdöR

Kartäuserstraße 27a, 99084 Erfurt,
Telefon: 0361 57692-0, Telefax: 0361 57692-19,
E-Mail: info@stbk-thueringen.de,
Internet: https://www.stbk-thueringen.de/home/

21.2 Sonstige Kontaktdaten

Bundeszentralamt für Steuern

An der Küppe 1, 53225 Bonn,
Telefon: 0228 406 – 0, Fax: 0228 406 – 2661,
https://www.bzst.de/DE/Home/home_node.html

DStV e. V./DStI e. V.

„Haus der Verbände“, Littenstraße 10, 10179 Berlin,
Telefon: 030 278 76-2, Telefax: 030 278 76-799,
E-Mail: dstv.berlin@dstv.de, Internet: https://www.dstv.de/

Firmeninfos

https://www.bundesanzeiger.de/pub/de/start?2

https://www.insolvenzbekanntmachungen.de/

https://www.unternehmensregister.de/ureg/

Wichtige Behörden

https://www.steuerliches-info-center.de/DE/FinanzverwaltungDerLaender/finanzverwaltungderlaender_node.html

https://www.arbeitsagentur.de/

https://www.bzst.de/DE/Home/home_node.html

https://www.bundesfinanzministerium.de/Web/DE/Home/home.html

https://www.bmwi.de/Navigation/DE/Home/home.html

22 Einkommensteuertabellen

Inhalt

22.1 Grundtabelle Einkommensteuer 2023

Zu verst. Einkommen EUR	ESt EUR	Solz EUR	ESt mit Solz EUR	Steuer-belastung %	Grenz-steuer-belastung %	Netto verbleiben EUR
10.908,00	0	0	0	0,00	0,00	10.908,00
11.000,00	12	0	12	0,11	14,18	10.988,00
11.500,00	86	0	86	0,75	15,16	11.414,00
12.000,00	164	0	164	1,37	16,14	11.836,00
12.500,00	247	0	247	1,98	17,12	12.253,00
13.000,00	335	0	335	2,58	18,10	12.665,00
13.500,00	428	0	428	3,17	19,08	13.072,00
14.000,00	526	0	526	3,76	20,06	13.474,00
14.500,00	629	0	629	4,34	21,04	13.871,00
15.000,00	736	0	736	4,91	22,01	14.264,00
15.500,00	849	0	849	5,48	22,99	14.651,00
16.000,00	966	0	966	6,04	23,97	15.034,00
16.500,00	1.087,00	0	1.087,00	6,59	24,16	15.413,00
17.000,00	1.208,00	0	1.208,00	7,11	24,36	15.792,00
17.500,00	1.330,00	0	1.330,00	7,60	24,55	16.170,00
18.000,00	1.453,00	0	1.453,00	8,07	24,74	16.547,00
18.500,00	1.578,00	0	1.578,00	8,53	24,93	16.922,00
19.000,00	1.703,00	0	1.703,00	8,96	25,13	17.297,00
19.500,00	1.829,00	0	1.829,00	9,38	25,32	17.671,00
20.000,00	1.956,00	0	1.956,00	9,78	25,51	18.044,00
20.500,00	2.084,00	0	2.004,00	10,17	25,70	18.416,00
21.000,00	2.213,00	0	2.213,00	10,54	25,90	18.787,00
21.500,00	2.343,00	0	2.343,00	10,90	26,09	19.157,00
22.000,00	2.474,00	0	2.474,00	11,25	26,28	19.526,00
22.500,00	2.606,00	0	2.606,00	11,58	26,47	19.894,00
23.000,00	2.739,00	0	2.739,00	11,91	26,67	20.261,00
23.500,00	2.872,00	0	2.872,00	12,22	26,86	20.628,00
24.000,00	3.007,00	0	3.007,00	12,53	27,05	20.993,00
24.500,00	3.143,00	0	3.143,00	12,83	27,24	21.357,00
25.000,00	3.280,00	0	3.280,00	13,12	27,44	21.720,00
25.500,00	3.417,00	0	3.417,00	13,40	27,63	22.083,00
26.000,00	3.556,00	0	3.556,00	13,68	27,82	22.444,00
26.500,00	3.695,00	0	3.695,00	13,94	28,01	22.805,00
27.000,00	3.836,00	0	3.836,00	14,21	28,21	23.164,00
27.500,00	3.978,00	0	3.978,00	14,47	28,40	23.522,00
28.000,00	4.120,00	0	4.120,00	14,71	28,59	23.880,00
28.500,00	4.263,00	0	4.263,00	14,96	28,79	24.237,00
29.000,00	4.408,00	0	4.408,00	15,20	28,98	24.592,00

Zu verst. Einkommen EUR	ESt EUR	Solz EUR	ESt mit Solz EUR	Steuer-bolastung %	Grenz-steuer-belastung %	Netto verbleiben EUR
29.500,00	4.553,00	0	4.553,00	15,43	29,17	24.947,00
30.000,00	4.700,00	0	4.700,00	15,67	29,36	25.300,00
30.500,00	4.847,00	0	4.847,00	15,89	29,56	25.653,00
31.000,00	4.995,00	0	4.995,00	16,11	29,75	26.005,00
31.500,00	5.144,00	0	5.144,00	16,33	29,94	26.356,00
32.000,00	5.295,00	0	5.295,00	16,55	30,13	26.705,00
32.500,00	5.446,00	0	5.446,00	16,76	30,33	27.054,00
33.000,00	5.598,00	0	5.598,00	16,96	30,52	27.402,00
33.500,00	5.751,00	0	5.751,00	17,17	30,71	27.749,00
34.000,00	5.905,00	0	5.905,00	17,37	30,90	28.095,00
34.500,00	6.060,00	0	6.060,00	17,57	31,10	28.440,00
35.000,00	6.216,00	0	6.216,00	17,76	31,29	28.784,00
35.500,00	6.373,00	0	6.373,00	17,95	31,48	29.127,00
36.000,00	6.531,00	0	6.531,00	18,14	31,67	29.469,00
36.500,00	6.690,00	0	6.690,00	18,33	31,87	29.810,00
37.000,00	6.849,00	0	6.849,00	18,51	32,06	30.151,00
37.500,00	7.010,00	0	7.010,00	18,69	32,25	30.490,00
38.000,00	7.172,00	0	7.172,00	18,87	32,44	30.828,00
38.500,00	7.335,00	0	7.335,00	19,05	32,64	31.165,00
39.000,00	7.498,00	0	7.498,00	19,23	32,83	31.502,00
39.500,00	7.663,00	0	7.663,00	19,40	33,02	31.837,00
40.000,00	7.828,00	0	7.828,00	19,57	33,21	32.172,00
40.500,00	7.995,00	0	7.995,00	19,74	33,41	32.505,00
41.000,00	8.163,00	0	8.163,00	19,91	33,60	32.837,00
41.500,00	8.331,00	0	8.331,00	20,07	33,79	33.169,00
42.000,00	8.500,00	0	8.500,00	20,24	33,99	33.500,00
42.500,00	8.671,00	0	8.671,00	20,40	34,18	33.829,00
43.000,00	8.842,00	0	8.842,00	20,56	34,37	34.158,00
43.500,00	9.015,00	0	9.015,00	20,72	34,56	34.485,00
44.000,00	9.188,00	0	9.188,00	20,88	34,76	34.812,00
44.500,00	9.362,00	0	9.362,00	21,04	34,95	35.138,00
45.000,00	9.537,00	0	9.537,00	21,19	35,14	35.463,00
45.500,00	9.714,00	0	9.714,00	21,35	35,33	35.786,00
46.000,00	9.891,00	0	9.891,00	21,50	35,53	36.109,00
46.500,00	10.069,00	0	10.069,00	21,65	35,72	36.431,00
47.000,00	10.248,00	0	10.248,00	21,80	35,91	36.752,00
47.500,00	10.428,00	0	10.428,00	21,95	36,10	37.072,00
48.000,00	10.609,00	0	10.609,00	22,10	36,30	37.391,00
48.500,00	10.791,00	0	10.791,00	22,25	36,49	37.709,00
49.000,00	10.974,00	0	10.974,00	22,40	36,68	38.026,00

Zu verst. Einkommen EUR	ESt EUR	Solz EUR	ESt mit Solz EUR	Steuer-belastung %	Grenz-steuer-belastung %	Netto verbleiben EUR
49.500,00	11.158,00	0	11.158,00	22,54	36,87	38.342,00
50.000,00	11.343,00	0	11.343,00	22,69	37,07	38.657,00
50.500,00	11.528,00	0	11.528,00	22,83	37,26	38.972,00
51.000,00	11.715,00	0	11.715,00	22,97	37,45	39.285,00
51.500,00	11.903,00	0	11.903,00	23,11	37,64	39.597,00
52.000,00	12.092,00	0	12.092,00	23,25	37,84	39.908,00
52.500,00	12.281,00	0	12.281,00	23,39	38,03	40.219,00
53.000,00	12.472,00	0	12.472,00	23,53	38,22	40.528,00
53.500,00	12.663,00	0	12.663,00	23,67	38,41	40.837,00
54.000,00	12.856,00	0	12.856,00	23,81	38,61	41.144,00
54.500,00	13.050,00	0	13.050,00	23,94	38,80	41.450,00
55.000,00	13.244,00	0	13.244,00	24,08	38,99	41.756,00
55.500,00	13.439,00	0	13.439,00	24,21	39,19	42.061,00
56.000,00	13.636,00	0	13.636,00	24,35	39,38	42.364,00
56.500,00	13.833,00	0	13.833,00	24,48	39,57	42.667,00
57.000,00	14.032,00	0	14.032,00	24,62	39,76	42.968,00
57.500,00	14.231,00	0	14.231,00	24,75	39,96	43.269,00
58.000,00	14.431,00	0	14.431,00	24,88	40,15	43.569,00
58.500,00	14.632,00	0	14.632,00	25,01	40,34	43.868,00
59.000,00	14.835,00	0	14.835,00	25,14	40,53	44.165,00
59.500,00	15.038,00	0	15.038,00	25,27	40,73	44.462,00
60.000,00	15.242,00	0	15.242,00	25,40	40,92	44.758,00
60.500,00	15.447,00	0	15.447,00	25,53	41,11	45.053,00
61.000,00	15.653,00	0	15.653,00	25,66	41,30	45.347,00
61.500,00	15.860,00	0	15.860,00	25,79	41,50	45.640,00
62.000,00	16.068,00	0	16.068,00	25,92	41,69	45.932,00
62.500,00	16.277,00	0	16.277,00	26,04	41,88	46.223,00
63.000,00	16.487,00	0	16.487,00	26,17	42,00	46.513,00
63.500,00	16.697,00	0	16.697,00	26,29	42,00	46.803,00
64.000,00	16.907,00	0	16.907,00	26,42	42,00	47.093,00
64.500,00	17.117,00	0	17.117,00	26,54	42,00	47.383,00
65.000,00	17.327,00	0	17.327,00	26,66	42,00	47.673,00
65.500,00	17.537,00	0	17.537,00	26,77	42,00	47.963,00
66.000,00	17.747,00	24,27	17.771,27	26,93	44,31	48.228,73
66.500,00	17.957,00	49,26	18.006,26	27,08	44,31	48.493,74
67.000,00	18.167,00	74,25	18.241,25	27,23	44,31	48.758,75
67.500,00	18.377,00	99,24	18.476,24	27,37	44,31	49.023,76
68.000,00	18.587,00	124,23	18.711,23	27,52	44,31	49.288,77
68.500,00	18.797,00	149,22	18.946,22	27,66	44,31	49.553,78
69.000,00	19.007,00	174,21	19.181,21	27,80	44,31	49.818,79

Zu verst. Einkommen EUR	ESt EUR	Solz EUR	ESt mit Solz EUR	Steuerbelastung %	Grenzsteuerbelastung %	Netto verbleiben EUR
69.500,00	19.217,00	199,20	19.416,20	27,94	44,31	50.083,80
70.000,00	19.427,00	224,19	19.651,19	28,07	44,31	50.348,81
70.500,00	19.637,00	249,18	19.886,18	28,21	44,31	50.613,82
71.000,00	19.847,00	274,17	20.121,17	28,34	44,31	50.878,83
71.500,00	20.057,00	299,16	20.356,16	28,47	44,31	51.143,84
72.000,00	20.267,00	324,15	20.591,15	28,60	44,31	51.408,85
72.500,00	20.477,00	349,14	20.826,14	28,73	44,31	51.673,86
73.000,00	20.687,00	374,13	21.061,13	28,85	44,31	51.938,87
73.500,00	20.897,00	399,12	21.296,12	28,97	44,31	52.203,88
74.000,00	21.107,00	424,11	21.531,11	29,10	44,31	52.468,89
74.500,00	21.317,00	449,10	21.766,10	29,22	44,31	52.733,90
75.000,00	21.527,00	474,09	22.001,09	29,33	44,31	52.998,91
75.500,00	21.737,00	499,08	22.236,08	29,45	44,31	53.263,92
76.000,00	21.947,00	524,07	22.471,07	29,57	44,31	53.528,93
76.500,00	22.157,00	549,06	22.706,06	29,68	44,31	53.793,94
77.000,00	22.367,00	574,05	22.941,05	29,79	44,31	54.058,95
77.500,00	22.577,00	599,04	23.176,04	29,90	44,31	54.323,96
78.000,00	22.787,00	624,03	23.411,03	30,01	44,31	54.588,97
78.500,00	22.997,00	649,02	23.646,02	30,12	44,31	54.853,98
79.000,00	23.207,00	674,01	23.881,01	30,23	44,31	55.118,99
79.500,00	23.417,00	699,00	24.116,00	30,33	44,31	55.384,00
80.000,00	23.627,00	723,99	24.350,99	30,44	44,31	55.649,01
80.500,00	23.837,00	748,98	24.585,98	30,54	44,31	55.914,02
81.000,00	24.047,00	773,97	24.820,97	30,64	44,31	56.179,03
81.500,00	24.257,00	798,96	25.055,96	30,74	44,31	56.444,04
82.000,00	24.467,00	823,95	25.290,95	30,84	44,31	56.709,05
82.500,00	24.677,00	848,94	25.525,94	30,94	44,31	56.974,06
83.000,00	24.887,00	873,93	25.760,93	31,04	44,31	57.239,07
83.500,00	25.097,00	898,92	25.995,92	31,13	44,31	57.504,08
84.000,00	25.307,00	923,91	26.230,91	31,23	44,31	57.769,09
84.500,00	25.517,00	948,90	26.465,90	31,32	44,31	58.034,10
85.000,00	25.727,00	973,89	26.700,89	31,41	44,31	58.299,11
85.500,00	25.937,00	998,88	26.935,88	31,50	44,31	58.564,12
86.000,00	26.147,00	1.023,87	27.170,87	31,59	44,31	58.829,13
86.500,00	26.357,00	1.048,86	27.405,86	31,68	44,31	59.094,14
87.000,00	26.567,00	1.073,85	27.640,85	31,77	44,31	59.359,15
87.500,00	26.777,00	1.098,84	27.875,84	31,86	44,31	59.624,16
88.000,00	26.987,00	1.123,83	28.110,83	31,94	44,31	59.889,17
88.500,00	27.197,00	1.148,82	28.345,82	32,03	44,31	60.154,18
89.000,00	27.407,00	1.173,81	28.580,81	32,11	44,31	60.419,19

Zu verst. Einkommen EUR	ESt EUR	Solz EUR	ESt mit Solz EUR	Steuer-belastung %	Grenz-steuer-belastung %	Netto verbleiben EUR
89.500,00	27.617,00	1.198,80	28.815,80	32,20	44,31	60.684,20
90.000,00	27.827,00	1.223,79	29.050,79	32,28	44,31	60.949,21
90.500,00	28.037,00	1.248,78	29.285,78	32,36	44,31	61.214,22
91.000,00	28.247,00	1.273,77	29.520,77	32,44	44,31	61.479,23
91.500,00	28.457,00	1.298,76	29.755,76	32,52	44,31	61.744,24
92.000,00	28.667,00	1.323,75	29.990,75	32,60	44,31	62.009,25
92.500,00	28.877,00	1.348,74	30.225,74	32,68	44,31	62.274,26
93.000,00	29.087,00	1.373,73	30.460,73	32,75	44,31	62.539,27
93.500,00	29.297,00	1.398,72	30.695,72	32,83	44,31	62.804,28
94.000,00	29.507,00	1.423,71	30.930,71	32,91	44,31	63.069,29
94.500,00	29.717,00	1.448,70	31.165,70	32,98	44,31	63.334,30
95.000,00	29.927,00	1.473,69	31.400,69	33,05	44,31	63.599,31
95.500,00	30.137,00	1.498,68	31.635,68	33,13	44,31	63.864,32
96.000,00	30.347,00	1.523,67	31.870,67	33,20	44,31	64.129,33
96.500,00	30.557,00	1.548,66	32.105,66	33,27	44,31	64.394,34
97.000,00	30.767,00	1.573,65	32.340,65	33,34	44,31	64.659,35
97.500,00	30.977,00	1.598,64	32.575,64	33,41	44,31	64.924,36
98.000,00	31.187,00	1.623,63	32.810,63	33,48	44,31	65.189,37
98.500,00	31.397,00	1.648,62	33.045,62	33,55	44,31	65.454,38
99.000,00	31.607,00	1.673,61	33.280,61	33,62	44,31	65.719,39
99.500,00	31.817,00	1.698,60	33.515,60	33,68	44,31	65.984,40
100.000,00	32.027,00	1.723,59	33.750,59	33,75	44,31	66.249,41
100.500,00	32.237,00	1.748,58	33.985,58	33,82	44,31	66.514,42
101.000,00	32.447,00	1.773,57	34.220,57	33,88	44,31	66.779,43
101.500,00	32.657,00	1.796,13	34.453,13	33,94	44,31	67.046,87
102.000,00	32.867,00	1.807,68	34.674,68	33,99	44,31	67.325,32
102.500,00	33.077,00	1.819,23	34.896,23	34,05	44,31	67.603,77
103.000,00	33.287,00	1.830,78	35.117,78	34,09	44,31	67.882,22
103.500,00	33.497,00	1.842,33	35.339,33	34,14	44,31	68.160,67
104.000,00	33.707,00	1.853,88	35.560,88	34,19	44,31	68.439,12
104.500,00	33.917,00	1.865,43	35.782,43	34,24	44,31	68.717,57
105.000,00	34.127,00	1.876,98	36.003,98	34,29	44,31	68.996,02
105.500,00	34.337,00	1.888,53	36.225,53	34,34	44,31	69.274,47
106.000,00	34.547,00	1.900,08	36.447,08	34,38	44,31	69.552,92
106.500,00	34.757,00	1.911,63	36.668,63	34,43	44,31	69.831,37
107.000,00	34.967,00	1.923,18	36.890,18	34,48	44,31	70.109,82
107.500,00	35.177,00	1.934,73	37.111,73	34,52	44,31	70.388,27
108.000,00	35.387,00	1.946,28	37.333,28	34,57	44,31	70.666,72
108.500,00	35.597,00	1.957,83	37.554,83	34,61	44,31	70.945,17
109.000,00	35.807,00	1.969,38	37.776,38	34,66	44,31	71.223,62

Zu verst. Einkommen EUR	ESt EUR	Solz EUR	ESt mit Solz EUR	Steuer-belastung %	Grenz-steuer-belastung %	Netto verbleiben EUR
109.500,00	36.017,00	1.980,93	37.997,93	34,70	44,31	71.502,07
110.000,00	36.227,00	1.992,48	38.219,48	34,74	44,31	71.780,52
110.500,00	36.437,00	2.004,03	38.441,03	34,79	44,31	72.058,97
111.000,00	36.647,00	2.015,58	38.662,58	34,83	44,31	72.337,42
111.500,00	36.857,00	2.027,13	38.884,13	34,87	44,31	72.615,87
112.000,00	37.067,00	2.038,68	39.105,68	34,92	44,31	72.894,32
112.500,00	37.277,00	2.050,23	39.327,23	34,96	44,31	73.172,77
113.000,00	37.487,00	2.061,78	39.548,78	35,00	44,31	73.451,22
113.500,00	37.697,00	2.073,33	39.770,33	35,04	44,31	73.729,67
114.000,00	37.907,00	2.084,88	39.991,88	35,08	44,31	74.008,12
114.500,00	38.117,00	2.096,43	40.213,43	35,12	44,31	74.286,57
115.000,00	38.327,00	2.107,98	40.434,98	35,16	44,31	74.565,02
115.500,00	38.537,00	2.119,53	40.656,53	35,20	44,31	74.843,47
116.000,00	38.747,00	2.131,08	40.878,08	35,24	44,31	75.121,92
116.500,00	38.957,00	2.142,63	41.099,63	35,28	44,31	75.400,37
117.000,00	39.167,00	2.154,18	41.321,18	35,32	44,31	75.678,82
117.500,00	39.377,00	2.165,73	41.542,73	35,36	44,31	75.957,27
118.000,00	39.587,00	2.177,28	41.764,28	35,39	44,31	76.235,72
118.500,00	39.797,00	2.188,83	41.985,83	35,43	44,31	76.514,17
119.000,00	40.007,00	2.200,38	42.207,38	35,47	44,31	76.792,62
119.500,00	40.217,00	2.211,93	42.428,93	35,51	44,31	77.071,07
120.000,00	40.427,00	2.223,48	42.650,48	35,54	44,31	77.349,52
120.500,00	40.637,00	2.235,03	42.872,03	35,58	44,31	77.627,97
121.000,00	40.847,00	2.246,58	43.093,58	35,61	44,31	77.906,42
121.500,00	41.057,00	2.258,13	43.315,13	35,65	44,31	78.184,87
122.000,00	41.267,00	2.269,68	43.536,68	35,69	44,31	78.463,32
122.500,00	41.477,00	2.281,23	43.758,23	35,72	44,31	78.741,77
123.000,00	41.687,00	2.292,78	43.979,78	35,76	44,31	79.020,22
123.500,00	41.897,00	2.304,33	44.201,33	35,79	44,31	79.298,67
124.000,00	42.107,00	2.315,88	44.422,88	35,82	44,31	79.577,12
124.500,00	42.317,00	2.327,43	44.644,43	35,86	44,31	79.855,57
125.000,00	42.527,00	2.338,98	44.865,98	35,89	44,31	80.134,02
125.500,00	42.737,00	2.350,53	45.087,53	35,93	44,31	80.412,47
126.000,00	42.947,00	2.362,08	45.309,08	35,96	44,31	80.690,92
126.500,00	43.157,00	2.373,63	45.530,63	35,99	44,31	80.969,37
127.000,00	43.367,00	2.385,18	45.752,18	36,03	44,31	81.247,82
127.500,00	43.577,00	2.396,73	45.973,73	36,06	44,31	81.526,27
128.000,00	43.787,00	2.408,28	46.195,28	36,09	44,31	81.804,72
128.500,00	43.997,00	2.419,83	46.416,83	36,12	44,31	82.083,17
129.000,00	44.207,00	2.431,38	46.638,38	36,15	44,31	82.361,62

Zu verst. Einkommen EUR	ESt EUR	Solz EUR	ESt mit Solz EUR	Steuer-belastung %	Grenz-steuer-belastung %	Netto verbleiben EUR
129.500,00	44.417,00	2.442,93	46.859,93	36,19	44,31	82.640,07
130.000,00	44.627,00	2.454,48	47.081,48	36,22	44,31	82.918,52
130.500,00	44.837,00	2.466,03	47.303,03	36,25	44,31	83.196,97
131.000,00	45.047,00	2.477,58	47.524,58	36,28	44,31	83.475,42
131.500,00	45.257,00	2.489,13	47.746,13	36,31	44,31	83.753,87
132.000,00	45.467,00	2.500,68	47.967,68	36,34	44,31	84.032,32
132.500,00	45.677,00	2.512,23	48.189,23	36,37	44,31	84.310,77
133.000,00	45.887,00	2.523,78	48.410,78	36,40	44,31	84.589,22
133.500,00	46.097,00	2.535,33	48.632,33	36,43	44,31	84.867,67
134.000,00	46.307,00	2.546,88	48.853,88	36,46	44,31	85.146,12
134.500,00	46.517,00	2.558,43	49.075,43	36,49	44,31	85.424,57
135.000,00	46.727,00	2.569,98	49.296,98	36,52	44,31	85.703,02
135.500,00	46.937,00	2.581,53	49.518,53	36,55	44,31	85.981,47
136.000,00	47.147,00	2.593,08	49.740,08	36,57	44,31	86.259,92
136.500,00	47.357,00	2.604,63	49.961,63	36,60	44,31	86.538,37
137.000,00	47.567,00	2.616,18	50.183,18	36,63	44,31	86.816,82
137.500,00	47.777,00	2.627,73	50.404,73	36,66	44,31	87.095,27
138.000,00	47.987,00	2.639,28	50.626,28	36,69	44,31	87.373,72
138.500,00	48.197,00	2.650,83	50.847,83	36,71	44,31	87.652,17
139.000,00	48.407,00	2.662,38	51.069,38	36,74	44,31	87.930,62
139.500,00	48.617,00	2.673,93	51.290,93	36,77	44,31	88.209,07
140.000,00	48.827,00	2.685,48	51.512,48	36,79	44,31	88.487,52
140.500,00	49.037,00	2.697,03	51.734,03	36,82	44,31	88.765,97
141.000,00	49.247,00	2.708,58	51.955,58	36,85	44,31	89.044,42
141.500,00	49.457,00	2.720,13	52.177,13	36,87	44,31	89.322,87
142.000,00	49.667,00	2.731,68	52.398,68	36,90	44,31	89.601,32
142.500,00	49.877,00	2.743,23	52.620,23	36,93	44,31	89.879,77
143.000,00	50.087,00	2.754,78	52.841,78	36,95	44,31	90.158,22
143.500,00	50.297,00	2.766,33	53.063,33	36,98	44,31	90.436,67
144.000,00	50.507,00	2.777,88	53.284,88	37,00	44,31	90.715,12
144.500,00	50.717,00	2.789,43	53.506,43	37,03	44,31	90.993,57
145.000,00	50.927,00	2.800,98	53.727,98	37,05	44,31	91.272,02
145.500,00	51.137,00	2.812,53	53.949,53	37,08	44,31	91.550,47
146.000,00	51.347,00	2.824,08	54.171,08	37,10	44,31	91.828,92
146.500,00	51.557,00	2.835,63	54.392,63	37,13	44,31	92.107,37
147.000,00	51.767,00	2.847,18	54.614,18	37,15	44,31	92.385,82
147.500,00	51.977,00	2.858,73	54.835,73	37,18	44,31	92.664,27
148.000,00	52.187,00	2.870,28	55.057,28	37,20	44,31	92.942,72
148.500,00	52.397,00	2.881,83	55.278,83	37,22	44,31	93.221,17
149.000,00	52.607,00	2.893,38	55.500,38	37,25	44,31	93.499,62

Zu verst. Einkommen EUR	ESt EUR	Solz EUR	ESt mit Solz EUR	Steuerbelastung %	Grenzsteuerbelastung %	Netto verbleiben EUR
149.500,00	52.817,00	2.904,93	55.721,93	37,27	44,31	93.778,07
150.000,00	53.027,00	2.916,48	55.943,48	37,30	44,31	94.056,52
150.500,00	53.237,00	2.928,03	56.165,03	37,32	44,31	94.334,97
151.000,00	53.447,00	2.939,58	56.386,58	37,34	44,31	94.613,42
151.500,00	53.657,00	2.951,13	56.608,13	37,37	44,31	94.891,87
152.000,00	53.867,00	2.962,68	56.829,68	37,39	44,31	95.170,32
152.500,00	54.077,00	2.974,23	57.051,23	37,41	44,31	95.448,77
153.000,00	54.287,00	2.985,78	57.272,78	37,43	44,31	95.727,22
153.500,00	54.497,00	2.997,33	57.494,33	37,46	44,31	96.005,67
154.000,00	54.707,00	3.008,88	57.715,88	37,48	44,31	96.284,12
154.500,00	54.917,00	3.020,43	57.937,43	37,50	44,31	96.562,57
155.000,00	55.127,00	3.031,98	58.158,98	37,52	44,31	96.841,02
155.500,00	55.337,00	3.043,53	58.380,53	37,54	44,31	97.119,47
156.000,00	55.547,00	3.055,08	58.602,08	37,57	44,31	97.397,92
156.500,00	55.757,00	3.066,63	58.823,63	37,59	44,31	97.676,37
157.000,00	55.967,00	3.078,18	59.045,18	37,61	44,31	97.954,82
157.500,00	56.177,00	3.089,73	59.266,73	37,63	44,31	98.233,27
158.000,00	56.387,00	3.101,28	59.488,28	37,65	44,31	98.511,72
158.500,00	56.597,00	3.112,83	59.709,83	37,67	44,31	98.790,17
159.000,00	56.807,00	3.124,38	59.931,38	37,69	44,31	99.068,62
159.500,00	57.017,00	3.135,93	60.152,93	37,71	44,31	99.347,07
160.000,00	57.227,00	3.147,48	60.374,48	37,73	44,31	99.625,52
160.500,00	57.437,00	3.159,03	60.596,03	37,75	44,31	99.903,97
161.000,00	57.647,00	3.170,58	60.817,58	37,77	44,31	100.182,42
161.500,00	57.857,00	3.182,13	61.039,13	37,80	44,31	100.460,87
162.000,00	58.067,00	3.193,68	61.260,68	37,82	44,31	100.739,32
162.500,00	58.277,00	3.205,23	61.482,23	37,84	44,31	101.017,77
163.000,00	58.487,00	3.216,78	61.703,78	37,86	44,31	101.296,22
163.500,00	58.697,00	3.228,33	61.925,33	37,87	44,31	101.574,67
164.000,00	58.907,00	3.239,88	62.146,88	37,89	44,31	101.853,12
164.500,00	59.117,00	3.251,43	62.368,43	37,91	44,31	102.131,57
165.000,00	59.327,00	3.262,98	62.589,98	37,93	44,31	102.410,02
165.500,00	59.537,00	3.274,53	62.811,53	37,95	44,31	102.688,47
166.000,00	59.747,00	3.286,08	63.033,08	37,97	44,31	102.966,92
166.500,00	59.957,00	3.297,63	63.254,63	37,99	44,31	103.245,37
167.000,00	60.167,00	3.309,18	63.476,18	38,01	44,31	103.523,82
167.500,00	60.377,00	3.320,73	63.697,73	38,03	44,31	103.802,27
168.000,00	60.587,00	3.332,28	63.919,28	38,05	44,31	104.080,72
168.500,00	60.797,00	3.343,83	64.140,83	38,07	44,31	104.359,17
169.000,00	61.007,00	3.355,38	64.362,38	38,08	44,31	104.637,62

Zu verst. Einkommen EUR	ESt EUR	Solz EUR	ESt mit Solz EUR	Steuerbelastung %	Grenzsteuerbelastung %	Netto verbleiben EUR
169.500,00	61.217,00	3.366,93	64.583,93	38,10	44,31	104.916,07
170.000,00	61.427,00	3.378,48	64.805,48	38,12	44,31	105.194,52
170.500,00	61.637,00	3.390,03	65.027,03	38,14	44,31	105.472,97
171.000,00	61.847,00	3.401,58	65.248,58	38,16	44,31	105.751,42
171.500,00	62.057,00	3.413,13	65.470,13	38,18	44,31	106.029,87
172.000,00	62.267,00	3.424,68	65.691,68	38,19	44,31	106.308,32
172.500,00	62.477,00	3.436,23	65.913,23	38,21	44,31	106.586,77
173.000,00	62.687,00	3.447,78	66.134,78	38,23	44,31	106.865,22
173.500,00	62.897,00	3.459,33	66.356,33	38,25	44,31	107.143,67
174.000,00	63.107,00	3.470,88	66.577,88	38,26	44,31	107.422,12
174.500,00	63.317,00	3.482,43	66.799,43	38,28	44,31	107.700,57
175.000,00	63.527,00	3.493,98	67.020,98	38,30	44,31	107.979,02
175.500,00	63.737,00	3.505,53	67.242,53	38,31	44,31	108.257,47
176.000,00	63.947,00	3.517,08	67.464,08	38,33	44,31	108.535,92
176.500,00	64.157,00	3.528,63	67.685,63	38,35	44,31	108.814,37
177.000,00	64.367,00	3.540,18	67.907,18	38,37	44,31	109.092,82
177.500,00	64.577,00	3.551,73	68.128,73	38,38	44,31	109.371,27
178.000,00	64.787,00	3.563,28	68.350,28	38,40	44,31	109.649,72
178.500,00	64.997,00	3.574,83	68.571,83	38,42	44,31	109.928,17
179.000,00	65.207,00	3.586,38	68.793,38	38,43	44,31	110.206,62
179.500,00	65.417,00	3.597,93	69.014,93	38,45	44,31	110.485,07
180.000,00	65.627,00	3.609,48	69.236,48	38,46	44,31	110.763,52
180.500,00	65.837,00	3.621,03	69.458,03	38,48	44,31	111.041,07
181.000,00	66.047,00	3.632,58	69.679,58	38,50	44,31	111.320,42
181.500,00	66.257,00	3.644,13	69.901,13	38,51	44,31	111.598,87
182.000,00	66.467,00	3.655,68	70.122,68	38,53	44,31	111.877,32
182.500,00	66.677,00	3.667,23	70.344,23	38,54	44,31	112.155,77
183.000,00	66.887,00	3.678,78	70.565,78	38,56	44,31	112.434,22
183.500,00	67.097,00	3.690,33	70.787,33	38,58	44,31	112.712,67
184.000,00	67.307,00	3.701,88	71.008,88	38,59	44,31	112.991,12
184.500,00	67.517,00	3.713,43	71.230,43	38,61	44,31	113.269,57
185.000,00	67.727,00	3.724,98	71.451,98	38,62	44,31	113.548,02
185.500,00	67.937,00	3.736,53	71.673,53	38,64	44,31	113.826,47
186.000,00	68.147,00	3.748,08	71.895,08	38,65	44,31	114.104,92
186.500,00	68.357,00	3.759,63	72.116,63	38,67	44,31	114.383,37
187.000,00	68.567,00	3.771,18	72.338,18	38,68	44,31	114.661,82
187.500,00	68.777,00	3.782,73	72.559,73	38,70	44,31	114.940,27
188.000,00	68.987,00	3.794,28	72.781,28	38,71	44,31	115.218,72
188.500,00	69.197,00	3.805,83	73.002,83	38,73	44,31	115.497,17
189.000,00	69.407,00	3.817,38	73.224,38	38,74	44,31	115.775,62

Zu verst. Einkommen EUR	ESt EUR	Solz EUR	ESt mit Solz EUR	Steuer-belastung %	Grenz-steuer-belastung %	Netto verbleiben EUR
189.500,00	69.617,00	3.828,93	73.445,93	38,76	44,31	116.054,07
190.000,00	69.827,00	3.840,48	73.667,48	38,77	44,31	116.332,52
190.500,00	70.037,00	3.852,03	73.889,03	38,79	44,31	116.610,97
191.000,00	70.247,00	3.863,58	74.110,58	38,80	44,31	116.889,42
191.500,00	70.457,00	3.875,13	74.332,13	38,82	44,31	117.167,87
192.000,00	70.667,00	3.886,68	74.553,68	38,83	44,31	117.446,32
192.500,00	70.877,00	3.898,23	74.775,23	38,84	44,31	117.724,77
193.000,00	71.087,00	3.909,78	74.996,78	38,86	44,31	118.003,22
193.500,00	71.297,00	3.921,33	75.218,33	38,87	44,31	118.281,67
194.000,00	71.507,00	3.932,88	75.439,88	38,89	44,31	118.560,12
194.500,00	71.717,00	3.944,43	75.661,43	38,90	44,31	118.838,57
195.000,00	71.927,00	3.955,98	75.882,98	38,91	44,31	119.117,02
195.500,00	72.137,00	3.967,53	76.104,53	38,93	44,31	119.395,47
196.000,00	72.347,00	3.979,08	76.326,08	38,94	44,31	119.673,92
196.500,00	72.557,00	3.990,63	76.547,63	38,96	44,31	119.952,37
197.000,00	72.767,00	4.002,18	76.769,18	38,97	44,31	120.230,82
197.500,00	72.977,00	4.013,73	76.990,73	38,98	44,31	120.509,27
198.000,00	73.187,00	4.025,28	77.212,28	39,00	44,31	120.787,72
198.500,00	73.397,00	4.036,83	77.433,83	39,01	44,31	121.066,17
199.000,00	73.607,00	4.048,38	77.655,38	39,02	44,31	121.344,62
199.500,00	73.817,00	4.059,93	77.876,93	39,04	44,31	121.623,07
200.000,00	74.027,00	4.071,48	78.098,48	39,05	44,31	121.901,52
200.500,00	74.237,00	4.083,03	78.320,03	39,06	44,31	122.179,97
201.000,00	74.447,00	4.094,58	78.541,58	39,08	44,31	122.458,42
201.500,00	74.657,00	4.106,13	78.763,13	39,09	44,31	122.736,87
202.000,00	74.867,00	4.117,68	78.984,68	39,10	44,31	123.015,32
202.500,00	75.077,00	4.129,23	79.206,23	39,11	44,31	123.293,77
203.000,00	75.287,00	4.140,78	79.427,78	39,13	44,31	123.572,22
203.500,00	75.497,00	4.152,33	79.649,33	39,14	44,31	123.850,67
204.000,00	75.707,00	4.163,88	79.870,88	39,15	44,31	124.129,12
204.500,00	75.917,00	4.175,43	80.092,43	39,17	44,31	124.407,57
205.000,00	70.127,00	4.186,98	80.313,98	39,18	44,31	124.686,02
205.500,00	76.337,00	4.198,53	80.535,53	39,19	44,31	124.964,47
206.000,00	76.547,00	4.210,08	80.757,08	39,20	44,31	125.242,92
206.500,00	76.757,00	4.221,63	80.978,63	39,21	44,31	125.521,37
207.000,00	76.967,00	4.233,18	81.200,18	39,23	44,31	125.799,82
207.500,00	77.177,00	4.244,73	81.421,73	39,24	44,31	126.078,27
208.000,00	77.387,00	4.256,28	81.643,28	39,25	44,31	126.356,72
208.500,00	77.597,00	4.267,83	81.864,83	39,26	44,31	126.635,17
209.000,00	77.807,00	4.279,38	82.086,38	39,28	44,31	126.913,62

Zu verst. Einkommen EUR	ESt EUR	Solz EUR	ESt mit Solz EUR	Steuerbelastung %	Grenzsteuerbelastung %	Netto verbleiben EUR
209.500,00	78.017,00	4.290,93	82.307,93	39,29	44,31	127.192,07
210.000,00	78.227,00	4.302,48	82.529,48	39,30	44,31	127.470,52
210.500,00	78.437,00	4.314,03	82.751,03	39,31	44,31	127.748,97
211.000,00	78.647,00	4.325,58	82.972,58	39,32	44,31	128.027,42
211.500,00	78.857,00	4.337,13	83.194,13	39,34	44,31	128.305,87
212.000,00	79.067,00	4.348,68	83.415,68	39,35	44,31	128.584,32
212.500,00	79.277,00	4.360,23	83.637,23	39,36	44,31	128.862,77
213.000,00	79.487,00	4.371,78	83.858,78	39,37	44,31	129.141,22
213.500,00	79.697,00	4.383,33	84.080,33	39,38	44,31	129.419,67
214.000,00	79.907,00	4.394,88	84.301,88	39,39	44,31	129.698,12
214.500,00	80.117,00	4.406,43	84.523,43	39,40	44,31	129.976,57
215.000,00	80.327,00	4.417,98	84.744,98	39,42	44,31	130.255,02
215.500,00	80.537,00	4.429,53	84.966,53	39,43	44,31	130.533,47
216.000,00	80.747,00	4.441,08	85.188,08	39,44	44,31	130.811,92
216.500,00	80.957,00	4.452,63	85.409,63	39,45	44,31	131.090,37
217.000,00	81.167,00	4.464,18	85.631,18	39,46	44,31	131.368,82
217.500,00	81.377,00	4.475,73	85.852,73	39,47	44,31	131.647,27
218.000,00	81.587,00	4.487,28	86.074,28	39,48	44,31	131.925,72
218.500,00	81.797,00	4.498,83	86.295,83	39,49	44,31	132.204,17
219.000,00	82.007,00	4.510,38	86.517,38	39,51	44,31	132.482,62
219.500,00	82.217,00	4.521,93	86.738,93	39,52	44,31	132.761,07
220.000,00	82.427,00	4.533,48	86.960,48	39,53	44,31	133.039,52
220.500,00	82.637,00	4.545,03	87.182,03	39,54	44,31	133.317,97
221.000,00	82.847,00	4.556,58	87.403,58	39,55	44,31	133.596,42
221.500,00	83.057,00	4.568,13	87.625,13	39,56	44,31	133.874,87
222.000,00	83.267,00	4.579,68	87.846,68	39,57	44,31	134.153,32
222.500,00	83.477,00	4.591,23	88.068,23	39,58	44,31	134.431,77
223.000,00	83.687,00	4.602,78	88.289,78	39,59	44,31	134.710,22
223.500,00	83.897,00	4.614,33	88.511,33	39,60	44,31	134.988,67
224.000,00	84.107,00	4.625,88	88.732,88	39,61	44,31	135.267,12
224.500,00	84.317,00	4.637,43	88.954,43	39,62	44,31	135.545,57
225.000,00	84.527,00	4.648,98	89.175,98	39,63	44,31	135.824,02
225.500,00	84.737,00	4.660,53	89.397,53	39,64	44,31	136.102,47
226.000,00	84.947,00	4.672,08	89.619,08	39,65	44,31	136.380,92
226.500,00	85.157,00	4.683,63	89.840,63	39,66	44,31	136.659,37
227.000,00	85.367,00	4.695,18	90.062,18	39,67	44,31	136.937,82
227.500,00	85.577,00	4.706,73	90.283,73	39,69	44,31	137.216,27
228.000,00	85.787,00	4.718,28	90.505,28	39,70	44,31	137.494,72
228.500,00	85.997,00	4.729,83	90.726,83	39,71	44,31	137.773,17
229.000,00	86.207,00	4.741,38	90.948,38	39,72	44,31	138.051,62

Zu verst. Einkommen EUR	ESt EUR	Solz EUR	ESt mit Solz EUR	Steuer-belastung %	Grenz-steuer-belastung %	Netto verbleiben EUR
229.500,00	86.417,00	4.752,93	91.169,93	39,73	44,31	138.330,07
230.000,00	86.627,00	4.764,48	91.391,48	39,74	44,31	138.608,52
230.500,00	86.837,00	4.776,03	91.613,03	39,75	44,31	138.886,97
231.000,00	87.047,00	4.787,58	91.834,58	39,76	44,31	139.165,42
231.500,00	87.257,00	4.799,13	92.056,13	39,77	44,31	139.443,87
232.000,00	87.467,00	4.810,68	92.277,68	39,77	44,31	139.722,32
232.500,00	87.677,00	4.822,23	92.499,23	39,78	44,31	140.000,77
233.000,00	87.887,00	4.833,78	92.720,78	39,79	44,31	140.279,22
233.500,00	88.097,00	4.845,33	92.942,33	39,80	44,31	140.557,67
234.000,00	88.307,00	4.856,88	93.163,88	39,81	44,31	140.836,12
234.500,00	88.517,00	4.868,43	93.385,43	39,82	44,31	141.114,57
235.000,00	88.727,00	4.879,98	93.606,98	39,83	44,31	141.393,02
235.500,00	88.937,00	4.891,53	93.828,53	39,84	44,31	141.671,47
236.000,00	89.147,00	4.903,08	94.050,08	39,85	44,31	141.949,92
236.500,00	89.357,00	4.914,63	94.271,63	39,86	44,31	142.228,37
237.000,00	89.567,00	4.926,18	94.493,18	39,87	44,31	142.506,82
237.500,00	89.777,00	4.937,73	94.714,73	39,88	44,31	142.785,27
238.000,00	89.987,00	4.949,28	94.936,28	39,89	44,31	143.063,72
238.500,00	90.197,00	4.960,83	95.157,83	39,90	44,31	143.342,17
239.000,00	90.407,00	4.972,38	95.379,38	39,91	44,31	143.620,62
239.500,00	90.617,00	4.983,93	95.600,93	39,92	44,31	143.899,07
240.000,00	90.827,00	4.995,48	95.822,48	39,93	44,31	144.177,52
240.500,00	91.037,00	5.007,03	96.044,03	39,94	44,31	144.455,97
241.000,00	91.247,00	5.018,58	96.265,58	39,94	44,31	144.734,42
241.500,00	91.457,00	5.030,13	96.487,13	39,95	44,31	145.012,87
242.000,00	91.667,00	5.041,68	96.708,68	39,96	44,31	145.291,32
242.500,00	91.877,00	5.053,23	96.930,23	39,97	44,31	145.569,77
243.000,00	92.087,00	5.064,78	97.151,78	39,98	44,31	145.848,22
243.500,00	92.297,00	5.076,33	97.373,33	39,99	44,31	146.126,67
244.000,00	92.507,00	5.087,88	97.594,88	40,00	44,31	146.405,12
244.500,00	92.717,00	5.099,43	97.816,43	40,01	44,31	146.683,57
245.000,00	92.927,00	5.110,98	98.037,98	40,02	44,31	146.962,02
245.500,00	93.137,00	5.122,53	98.259,53	40,02	44,31	147.240,47
246.000,00	93.347,00	5.134,08	98.481,08	40,03	44,31	147.518,92
246.500,00	93.557,00	5.145,63	98.702,63	40,04	44,31	147.797,37
247.000,00	93.767,00	5.157,18	98.924,18	40,05	44,31	148.075,82
247.500,00	93.977,00	5.168,73	99.145,73	40,06	44,31	148.354,27
248.000,00	94.187,00	5.180,28	99.367,28	40,07	44,31	148.632,72
248.500,00	94.397,00	5.191,83	99.588,83	40,08	44,31	148.911,17
249.000,00	94.607,00	5.203,38	99.810,38	40,08	44,31	149.189,62

Zu verst. Einkommen EUR	ESt EUR	Solz EUR	ESt mit Solz EUR	Steuer-belastung %	Grenz-steuer-belastung %	Netto verbleiben EUR
249.500,00	94.817,00	5.214,93	100.031,93	40,09	44,31	149.468,07
250.000,00	95.027,00	5.226,48	100.253,48	40,10	44,31	149.746,52
250.500,00	95.237,00	5.238,03	100.475,03	40,11	44,31	150.024,97
251.000,00	95.447,00	5.249,58	100.696,58	40,12	44,31	150.303,42
251.500,00	95.657,00	5.261,13	100.918,13	40,13	44,31	150.581,87
252.000,00	95.867,00	5.272,68	101.139,68	40,13	44,31	150.860,32
252.500,00	96.077,00	5.284,23	101.361,23	40,14	44,31	151.138,77
253.000,00	96.287,00	5.295,78	101.582,78	40,15	44,31	151.417,22
253.500,00	96.497,00	5.307,33	101.804,33	40,16	44,31	151.695,67
254.000,00	96.707,00	5.318,88	102.025,88	40,17	44,31	151.974,12
254.500,00	96.917,00	5.330,43	102.247,43	40,18	44,31	152.252,57
255.000,00	97.127,00	5.341,98	102.468,98	40,18	44,31	152.531,02
255.500,00	97.337,00	5.353,53	102.690,53	40,19	44,31	152.809,47
256.000,00	97.547,00	5.365,08	102.912,08	40,20	44,31	153.087,92
256.500,00	97.757,00	5.376,63	103.133,63	40,21	44,31	153.366,37
257.000,00	97.967,00	5.388,18	103.355,18	40,22	44,31	153.644,82
257.500,00	98.177,00	5.399,73	103.576,73	40,22	44,31	153.923,27
258.000,00	98.387,00	5.411,28	103.798,28	40,23	44,31	154.201,72
258.500,00	98.597,00	5.422,83	104.019,83	40,24	44,31	154.480,17
259.000,00	98.807,00	5.434,38	104.241,38	40,25	44,31	154.758,62
259.500,00	99.017,00	5.445,93	104.462,93	40,26	44,31	155.037,07
260.000,00	99.227,00	5.457,48	104.684,48	40,26	44,31	155.315,52
260.500,00	99.437,00	5.469,03	104.906,03	40,27	44,31	155.593,97
261.000,00	99.647,00	5.480,58	105.127,58	40,28	44,31	155.872,42
261.500,00	99.857,00	5.492,13	105.349,13	40,29	44,31	156.150,87
262.000,00	100.067,00	5.503,68	105.570,68	40,29	44,31	156.429,32
262.500,00	100.277,00	5.515,23	105.792,23	40,30	44,31	156.707,77
263.000,00	100.487,00	5.526,78	106.013,78	40,31	44,31	156.986,22
263.500,00	100.697,00	5.538,33	106.235,33	40,32	44,31	157.264,67
264.000,00	100.907,00	5.549,88	106.456,88	40,32	44,31	157.543,12
264.500,00	101.117,00	5.561,43	106.678,43	40,33	44,31	157.821,57
265.000,00	101.327,00	5.572,98	106.899,98	40,34	44,31	158.100,02
265.500,00	101.537,00	5.584,53	107.121,53	40,35	44,31	158.378,47
266.000,00	101.747,00	5.596,08	107.343,08	40,35	44,31	158.656,92
266.500,00	101.957,00	5.607,63	107.564,63	40,36	44,31	158.935,37
267.000,00	102.167,00	5.619,18	107.786,18	40,37	44,31	159.213,82
267.500,00	102.377,00	5.630,73	108.007,73	40,38	44,31	159.492,27
268.000,00	102.587,00	5.642,28	108.229,28	40,38	44,31	159.770,72
268.500,00	102.797,00	5.653,83	108.450,83	40,39	44,31	160.049,17
269.000,00	103.007,00	5.665,38	108.672,38	40,40	44,31	160.327,62

Zu verst. Einkommen EUR	ESt EUR	Solz EUR	ESt mit Solz EUR	Steuer-belastung %	Grenz-steuer-belastung %	Netto verbleiben EUR
269.500,00	103.217,00	5.676,93	108.893,93	40,41	44,31	160.606,07
270.000,00	103.427,00	5.688,48	109.115,48	40,41	44,31	160.884,52
270.500,00	103.637,00	5.700,03	109.337,03	40,42	44,31	161.162,97
271.000,00	103.847,00	5.711,58	109.558,58	40,43	44,31	161.441,42
271.500,00	104.057,00	5.723,13	109.780,13	40,43	44,31	161.719,87
272.000,00	104.267,00	5.734,68	110.001,68	40,44	44,31	161.998,32
272.500,00	104.477,00	5.746,23	110.223,23	40,45	44,31	162.276,77
273.000,00	104.687,00	5.757,78	110.444,78	40,46	44,31	162.555,22
273.500,00	104.897,00	5.769,33	110.666,33	40,46	44,31	162.833,67
274.000,00	105.107,00	5.780,88	110.887,88	40,47	44,31	163.112,12
274.500,00	105.317,00	5.792,43	111.109,43	40,48	44,31	163.390,57
275.000,00	105.527,00	5.803,98	111.330,98	40,48	44,31	163.669,02
275.500,00	105.737,00	5.815,53	111.552,53	40,49	44,31	163.947,47
276.000,00	105.947,00	5.827,08	111.774,08	40,50	44,31	164.225,92
276.500,00	106.157,00	5.838,63	111.995,63	40,50	44,31	164.504,37
277.000,00	106.367,00	5.850,18	112.217,18	40,51	44,31	164.782,82
277.500,00	106.577,00	5.861,73	112.438,73	40,52	44,31	165.061,27
278.000,00	106.792,00	5.873,56	112.665,56	40,53	47,48	165.334,44
278.500,00	107.017,00	5.885,93	112.902,93	40,54	47,48	165.597,07
279.000,00	107.242,00	5.898,31	113.140,31	40,55	47,48	165.859,69
279.500,00	107.467,00	5.910,68	113.377,68	40,56	47,48	166.122,32
280.000,00	107.692,00	5.923,06	113.615,06	40,58	47,48	166.384,94
280.500,00	107.917,00	5.935,43	113.852,43	40,59	47,48	166.647,57
281.000,00	108.142,00	5.947,81	114.089,81	40,60	47,48	166.910,19
281.500,00	108.367,00	5.960,18	114.327,18	40,61	47,48	167.172,82
282.000,00	108.592,00	5.972,56	114.564,56	40,63	47,48	167.435,44
282.500,00	108.817,00	5.984,93	114.801,93	40,64	47,48	167.698,07
283.000,00	109.042,00	5.997,31	115.039,31	40,65	47,48	167.960,69
283.500,00	109.267,00	6.009,68	115.276,68	40,66	47,48	168.223,32
284.000,00	109.492,00	6.022,06	115.514,06	40,67	47,48	168.485,94
284.500,00	109.717,00	6.034,43	115.751,43	40,69	47,48	168.748,57
285.000,00	109.942,00	6.046,81	115.988,81	40,70	47,48	169.011,19
285.500,00	110.167,00	6.059,18	116.226,18	40,71	47,48	169.273,82
286.000,00	110.392,00	6.071,56	116.463,56	40,72	47,48	169.536,44
286.500,00	110.617,00	6.083,93	116.700,93	40,73	47,48	169.799,07
287.000,00	110.842,00	6.096,31	116.938,31	40,75	47,48	170.061,69
287.500,00	111.067,00	6.108,68	117.175,68	40,76	47,48	170.324,32
288.000,00	111.292,00	6.121,06	117.413,06	40,77	47,48	170.586,94
288.500,00	111.517,00	6.133,43	117.650,43	40,78	47,48	170.849,57
289.000,00	111.742,00	6.145,81	117.887,81	40,79	47,48	171.112,19

Zu verst. Einkommen EUR	ESt EUR	Solz EUR	ESt mit Solz EUR	Steuer-belastung %	Grenz-steuer-belastung %	Netto verbleiben EUR
289.500,00	111.967,00	6.158,18	118.125,18	40,80	47,48	171.374,82
290.000,00	112.192,00	6.170,56	118.362,56	40,81	47,48	171.637,44
290.500,00	112.417,00	6.182,93	118.599,93	40,83	47,48	171.900,07
291.000,00	112.642,00	6.195,31	118.837,31	40,84	47,48	172.162,69
291.500,00	112.867,00	6.207,68	119.074,68	40,85	47,48	172.425,32
292.000,00	113.092,00	6.220,06	119.312,06	40,86	47,48	172.687,94
292.500,00	113.317,00	6.232,43	119.549,43	40,87	47,48	172.950,57
293.000,00	113.542,00	6.244,81	119.786,81	40,88	47,48	173.213,19
293.500,00	113.767,00	6.257,18	120.024,18	40,89	47,48	173.475,82
294.000,00	113.992,00	6.269,56	120.261,56	40,91	47,48	173.738,44
294.500,00	114.217,00	6.281,93	120.498,93	40,92	47,48	174.001,07
295.000,00	114.442,00	6.294,31	120.736,31	40,93	47,48	174.263,69
295.500,00	114.667,00	6.306,68	120.973,68	40,94	47,48	174.526,32
296.000,00	114.892,00	6.319,06	121.211,06	40,95	47,48	174.788,94
296.500,00	115.117,00	6.331,43	121.448,43	40,96	47,48	175.051,57
297.000,00	115.342,00	6.343,81	121.685,81	40,97	47,48	175.314,19
297.500,00	115.567,00	6.356,18	121.923,18	40,98	47,48	175.576,82
298.000,00	115.792,00	6.368,56	122.160,56	40,99	47,48	175.839,44
298.500,00	116.017,00	6.380,93	122.397,93	41,00	47,48	176.102,07
299.000,00	116.242,00	6.393,31	122.635,31	41,02	47,48	176.364,69
299.500,00	116.467,00	6.405,68	122.872,68	41,03	47,48	176.627,32
300.000,00	116.692,00	6.418,06	123.110,06	41,04	47,48	176.889,94
300.500,00	116.917,00	6.430,43	123.347,43	41,05	47,48	177.152,57
301.000,00	117.142,00	6.442,81	123.584,81	41,06	47,48	177.415,19
301.500,00	117.367,00	6.455,18	123.822,18	41,07	47,48	177.677,82
302.000,00	117.592,00	6.467,56	124.059,56	41,08	47,48	177.940,44
302.500,00	117.817,00	6.479,93	124.296,93	41,09	47,48	178.203,07
303.000,00	118.042,00	6.492,31	124.534,31	41,10	47,48	178.465,69
303.500,00	118.267,00	6.504,68	124.771,68	41,11	47,48	178.728,32
304.000,00	118.492,00	6.517,06	125.009,06	41,12	47,48	178.990,94
304.500,00	118.717,00	6.529,43	125.246,43	41,13	47,48	179.253,57
305.000,00	118.942,00	6.541,81	125.483,81	41,14	47,48	179.516,19
305.500,00	119.167,00	6.554,18	125.721,18	41,15	47,48	179.778,82
306.000,00	119.392,00	6.566,56	125.958,56	41,16	47,48	180.041,44
306.500,00	119.617,00	6.578,93	126.195,93	41,17	47,48	180.304,07
307.000,00	119.842,00	6.591,31	126.433,31	41,18	47,48	180.566,69
307.500,00	120.067,00	6.603,68	126.670,68	41,19	47,48	180.829,32
308.000,00	120.292,00	6.616,06	126.908,06	41,20	47,48	181.091,94
308.500,00	120.517,00	6.628,43	127.145,43	41,21	47,48	181.354,57
309.000,00	120.742,00	6.640,81	127.382,81	41,22	47,48	181.617,19

Zu verst. Einkommen EUR	ESt EUR	Solz EUR	ESt mit Solz EUR	Steuer-belastung %	Grenz-steuer-belastung %	Netto verbleiben EUR
309.500,00	120.967,00	6.653,18	127.620,18	41,23	47,48	181.879,82
310.000,00	121.192,00	6.665,56	127.857,56	41,24	47,48	182.142,44
310.500,00	121.417,00	6.677,93	128.094,93	41,25	47,48	182.405,07
311.000,00	121.642,00	6.690,31	128.332,31	41,26	47,48	182.667,69
311.500,00	121.867,00	6.702,68	128.569,68	41,27	47,48	182.930,32
312.000,00	122.092,00	6.715,06	128.807,06	41,28	47,48	183.192,94
312.500,00	122.317,00	6.727,43	129.044,43	41,29	47,48	183.455,57
313.000,00	122.542,00	6.739,81	129.281,81	41,30	47,48	183.718,19
313.500,00	122.767,00	6.752,18	129.519,18	41,31	47,48	183.980,82
314.000,00	122.992,00	6.764,56	129.756,56	41,32	47,48	184.243,44
314.500,00	123.217,00	6.776,93	129.993,93	41,33	47,48	184.506,07
315.000,00	123.442,00	6.789,31	130.231,31	41,34	47,48	184.768,69
315.500,00	123.667,00	6.801,68	130.468,68	41,35	47,48	185.031,32
316.000,00	123.892,00	6.814,06	130.706,06	41,36	47,48	185.293,94
316.500,00	124.117,00	6.826,43	130.943,43	41,37	47,48	185.556,57
317.000,00	124.342,00	6.838,81	131.180,81	41,38	47,48	185.819,19
317.500,00	124.567,00	6.851,18	131.418,18	41,39	47,48	186.081,82
318.000,00	124.792,00	6.863,56	131.655,56	41,40	47,48	186.344,44
318.500,00	125.017,00	6.875,93	131.892,93	41,41	47,48	186.607,07
319.000,00	125.242,00	6.888,31	132.130,31	41,42	47,48	186.869,69
319.500,00	125.467,00	6.900,68	132.367,68	41,43	47,48	187.132,32
320.000,00	125.692,00	6.913,06	132.605,06	41,44	47,48	187.394,94
320.500,00	125.917,00	6.925,43	132.842,43	41,45	47,48	187.657,57
321.000,00	126.142,00	6.937,81	133.079,81	41,46	47,48	187.920,19
321.500,00	126.367,00	6.950,18	133.317,18	41,47	47,48	188.182,82
322.000,00	126.592,00	6.962,56	133.554,56	41,48	47,48	188.445,44
322.500,00	126.817,00	6.974,93	133.791,93	41,49	47,48	188.708,07
323.000,00	127.042,00	6.987,31	134.029,31	41,50	47,48	188.970,69
323.500,00	127.267,00	6.999,68	134.266,68	41,50	47,48	189.233,32
324.000,00	127.492,00	7.012,06	134.504,06	41,51	47,48	189.495,94
324.500,00	127.717,00	7.024,43	134.741,43	41,52	47,48	189.758,57
325.000,00	127.942,00	7.036,81	134.978,81	41,53	47,48	190.021,19
325.500,00	128.167,00	7.049,18	135.216,18	41,54	47,48	190.283,82
326.000,00	128.392,00	7.061,56	135.453,56	41,55	47,48	190.546,44
326.500,00	128.617,00	7.073,93	135.690,93	41,56	47,48	190.809,07
327.000,00	128.842,00	7.086,31	135.928,31	41,57	47,48	191.071,69
327.500,00	129.067,00	7.098,68	136.165,68	41,58	47,48	191.334,32
328.000,00	129.292,00	7.111,06	136.403,06	41,59	47,48	191.596,94
328.500,00	129.517,00	7.123,43	136.640,43	41,60	47,48	191.859,57
329.000,00	129.742,00	7.135,81	136.877,81	41,60	47,48	192.122,19

Zu verst. Einkommen EUR	ESt EUR	Solz EUR	ESt mit Solz EUR	Steuer-belastung %	Grenz-steuer-belastung %	Netto verbleiben EUR
329.500,00	129.967,00	7.148,18	137.115,18	41,61	47,48	192.384,82
330.000,00	130.192,00	7.160,56	137.352,56	41,62	47,48	192.647,44
330.500,00	130.417,00	7.172,93	137.589,93	41,63	47,48	192.910,07
331.000,00	130.642,00	7.185,31	137.827,31	41,64	47,48	193.172,69
331.500,00	130.867,00	7.197,68	138.064,68	41,65	47,48	193.435,32
332.000,00	131.092,00	7.210,06	138.302,06	41,66	47,48	193.697,94
332.500,00	131.317,00	7.222,43	138.539,43	41,67	47,48	193.960,57
333.000,00	131.542,00	7.234,81	138.776,81	41,67	47,48	194.223,19
333.500,00	131.767,00	7.247,18	139.014,18	41,68	47,48	194.485,82
334.000,00	131.992,00	7.259,56	139.251,56	41,69	47,48	194.748,44
334.500,00	132.217,00	7.271,93	139.488,93	41,70	47,48	195.011,07
335.000,00	132.442,00	7.284,31	139.726,31	41,71	47,48	195.273,69
335.500,00	132.667,00	7.296,68	139.963,68	41,72	47,48	195.536,32
336.000,00	132.892,00	7.309,06	140.201,06	41,73	47,48	195.798,94
336.500,00	133.117,00	7.321,43	140.438,43	41,74	47,48	196.061,57
337.000,00	133.342,00	7.333,81	140.675,81	41,74	47,48	196.324,19
337.500,00	133.567,00	7.346,18	140.913,18	41,75	47,48	196.586,82
338.000,00	133.792,00	7.358,56	141.150,56	41,76	47,48	196.849,44
338.500,00	134.017,00	7.370,93	141.387,93	41,77	47,48	197.112,07
339.000,00	134.242,00	7.383,31	141.625,31	41,78	47,48	197.374,69
339.500,00	134.467,00	7.395,68	141.862,68	41,79	47,48	197.637,32
340.000,00	134.692,00	7.408,06	142.100,06	41,79	47,48	197.899,94
340.500,00	134.917,00	7.420,43	142.337,43	41,80	47,48	198.162,57
341.000,00	135.142,00	7.432,81	142.574,81	41,81	47,48	198.425,19
341.500,00	135.367,00	7.445,18	142.812,18	41,82	47,48	198.687,82
342.000,00	135.592,00	7.457,56	143.049,56	41,83	47,48	198.950,44
342.500,00	135.817,00	7.469,93	143.286,93	41,84	47,48	199.213,07
343.000,00	136.042,00	7.482,31	143.524,31	41,84	47,48	199.475,69
343.500,00	136.267,00	7.494,68	143.761,68	41,85	47,48	199.738,32
344.000,00	136.492,00	7.507,06	143.999,06	41,86	47,48	200.000,94
344.500,00	136.717,00	7.519,43	144.236,43	41,87	47,48	200.263,57
345.000,00	136.942,00	7.531,81	144.473,81	41,88	47,48	200.526,19
345.500,00	137.167,00	7.544,18	144.711,18	41,88	47,48	200.788,82
346.000,00	137.392,00	7.556,56	144.948,56	41,89	47,48	201.051,44
346.500,00	137.617,00	7.568,93	145.185,93	41,90	47,48	201.314,07
347.000,00	137.842,00	7.581,31	145.423,31	41,91	47,48	201.576,69
347.500,00	138.067,00	7.593,68	145.660,68	41,92	47,48	201.839,32
348.000,00	138.292,00	7.606,06	145.898,06	41,92	47,48	202.101,94
348.500,00	138.517,00	7.618,43	146.135,43	41,93	47,48	202.364,57
349.000,00	138.742,00	7.630,81	146.372,81	41,94	47,48	202.627,19

Zu verst. Einkommen EUR	ESt EUR	Solz EUR	ESt mit Solz EUR	Steuer-belastung %	Grenz-steuer-belastung %	Netto verbleiben EUR
349.500,00	138.967,00	7.643,18	146.610,18	41,95	47,48	202.889,82
350.000,00	139.192,00	7.655,56	146.847,56	41,96	47,48	203.152,44
350.500,00	139.417,00	7.667,93	147.084,93	41,96	47,48	203.415,07
351.000,00	139.642,00	7.680,31	147.322,31	41,97	47,48	203.677,69
351.500,00	139.867,00	7.692,68	147.559,68	41,98	47,48	203.940,32
352.000,00	140.092,00	7.705,06	147.797,06	41,99	47,48	204.202,94
352.500,00	140.317,00	7.717,43	148.034,43	42,00	47,48	204.465,57
353.000,00	140.542,00	7.729,81	148.271,81	42,00	47,48	204.728,19
353.500,00	140.767,00	7.742,18	148.509,18	42,01	47,48	204.990,82
354.000,00	140.992,00	7.754,56	148.746,56	42,02	47,48	205.253,44
354.500,00	141.217,00	7.766,93	148.983,93	42,03	47,48	205.516,07
355.000,00	141.442,00	7.779,31	149.221,31	42,03	47,48	205.778,69
355.500,00	141.667,00	7.791,68	149.458,68	42,04	47,48	206.041,32
356.000,00	141.892,00	7.804,06	149.696,06	42,05	47,48	206.303,94
356.500,00	142.117,00	7.816,43	149.933,43	42,06	47,48	206.566,57
357.000,00	142.342,00	7.828,81	150.170,81	42,06	47,48	206.829,19
357.500,00	142.567,00	7.841,18	150.408,18	42,07	47,48	207.091,82
358.000,00	142.792,00	7.853,56	150.645,56	42,08	47,48	207.354,44
358.500,00	143.017,00	7.865,93	150.882,93	42,09	47,48	207.617,07
359.000,00	143.242,00	7.878,31	151.120,31	42,09	47,48	207.879,69
359.500,00	143.467,00	7.890,68	151.357,68	42,10	47,48	208.142,32
360.000,00	143.692,00	7.903,06	151.595,06	42,11	47,48	208.404,94
360.500,00	143.917,00	7.915,43	151.832,43	42,12	47,48	208.667,57
361.000,00	144.142,00	7.927,81	152.069,81	42,12	47,48	208.930,19
361.500,00	144.367,00	7.940,18	152.307,18	42,13	47,48	209.192,82
362.000,00	144.592,00	7.952,56	152.544,56	42,14	47,48	209.455,44
362.500,00	144.817,00	7.964,93	152.781,93	42,15	47,48	209.718,07
363.000,00	145.042,00	7.977,31	153.019,31	42,15	47,48	209.980,69
363.500,00	145.267,00	7.989,68	153.256,68	42,16	47,48	210.243,32
364.000,00	145.492,00	8.002,06	153.494,06	42,17	47,48	210.505,94
364.500,00	145.717,00	8.014,43	153.731,43	42,18	47,48	210.768,57
365.000,00	146.942,00	8.026,81	153.968,81	42,18	47,48	211.031,19
365.500,00	146.167,00	8.039,18	154.206,18	42,19	47,48	211.293,82
366.000,00	146.392,00	8.051,56	154.443,56	42,20	47,48	211.556,44
366.500,00	146.617,00	8.063,93	154.680,93	42,20	47,48	211.819,07
367.000,00	146.842,00	8.076,31	154.918,31	42,21	47,48	212.081,69
367.500,00	147.067,00	8.088,68	155.155,68	42,22	47,48	212.344,32
368.000,00	147.292,00	8.101,06	155.393,06	42,23	47,48	212.606,94
368.500,00	147.517,00	8.113,43	155.630,43	42,23	47,48	212.869,57
369.000,00	147.742,00	8.125,81	155.867,81	42,24	47,48	213.132,19

Zu verst. Einkommen EUR	ESt EUR	Solz EUR	ESt mit Solz EUR	Steuer-belastung %	Grenz-steuer-belastung %	Netto verbleiben EUR
369.500,00	147.967,00	8.138,18	156.105,18	42,25	47,48	213.394,82
370.000,00	148.192,00	8.150,56	156.342,56	42,25	47,48	213.657,44
370.500,00	148.417,00	8.162,93	156.579,93	42,26	47,48	213.920,07
371.000,00	148.642,00	8.175,31	156.817,31	42,27	47,48	214.182,69
371.500,00	148.867,00	8.187,68	157.054,68	42,28	47,48	214.445,32
372.000,00	149.092,00	8.200,06	157.292,06	42,28	47,48	214.707,94
372.500,00	149.317,00	8.212,43	157.529,43	42,29	47,48	214.970,57
373.000,00	149.542,00	8.224,81	157.766,81	42,30	47,48	215.233,19
373.500,00	149.767,00	8.237,18	158.004,18	42,30	47,48	215.495,82
374.000,00	149.992,00	8.249,56	158.241,56	42,31	47,48	215.758,44
374.500,00	150.217,00	8.261,93	158.478,93	42,32	47,48	216.021,07
375.000,00	150.442,00	8.274,31	158.716,31	42,32	47,48	216.283,69
375.500,00	150.667,00	8.286,68	158.953,68	42,33	47,48	216.546,32
376.000,00	150.892,00	8.299,06	159.191,06	42,34	47,48	216.808,94
376.500,00	151.117,00	8.311,43	159.428,43	42,34	47,48	217.071,57
377.000,00	151.342,00	8.323,81	159.665,81	42,35	47,48	217.334,19
377.500,00	151.567,00	8.336,18	159.903,18	42,36	47,48	217.596,82
378.000,00	151.792,00	8.348,56	160.140,56	42,37	47,48	217.859,44
378.500,00	152.017,00	8.360,93	160.377,93	42,37	47,48	218.122,07
379.000,00	152.242,00	8.373,31	160.615,31	42,38	47,48	218.384,69
379.500,00	152.467,00	8.385,68	160.852,68	42,39	47,48	218.647,32
380.000,00	152.692,00	8.398,06	161.090,06	42,39	47,48	218.909,94
380.500,00	152.917,00	8.410,43	161.327,43	42,40	47,48	219.172,57
381.000,00	153.142,00	8.422,81	161.564,81	42,41	47,48	219.435,19
381.500,00	153.367,00	8.435,18	161.802,18	42,41	47,48	219.697,82
382.000,00	153.592,00	8.447,56	162.039,56	42,42	47,48	219.960,44
382.500,00	153.817,00	8.459,93	162.276,93	42,43	47,48	220.223,07
383.000,00	154.042,00	8.472,31	162.514,31	42,43	47,48	220.485,69
383.500,00	154.267,00	8.484,68	162.751,68	42,44	47,48	220.748,32
384.000,00	154.492,00	8.497,06	162.989,06	42,45	47,48	221.010,94
384.500,00	154.717,00	8.509,43	163.226,43	42,45	47,48	221.273,57
385.000,00	154.942,00	8.521,81	163.463,81	42,46	47,48	221.536,19
385.500,00	155.167,00	8.534,18	163.701,18	42,46	47,48	221.798,82
386.000,00	155.392,00	8.546,56	163.938,56	42,47	47,48	222.061,44
386.500,00	155.617,00	8.558,93	164.175,93	42,48	47,48	222.324,07
387.000,00	155.842,00	8.571,31	164.413,31	42,48	47,48	222.586,69
387.500,00	156.067,00	8.583,68	164.650,68	42,49	47,48	222.849,32
388.000,00	156.292,00	8.596,06	164.888,06	42,50	47,48	223.111,94
388.500,00	156.517,00	8.608,43	165.125,43	42,50	47,48	223.374,57
389.000,00	156.742,00	8.620,81	165.362,81	42,51	47,48	223.637,19

Zu verst. Einkommen EUR	ESt EUR	Solz EUR	ESt mit Solz EUR	Steuer-belastung %	Grenz-steuer-belastung %	Netto verbleiben EUR
389.500,00	156.967,00	8.633,18	165.600,18	42,52	47,48	223.899,82
390.000,00	157.192,00	8.645,56	165.837,56	42,52	47,48	224.162,44
390.500,00	157.417,00	8.657,93	166.074,93	42,53	47,48	224.425,07
391.000,00	157.642,00	8.670,31	166.312,31	42,54	47,48	224.687,69
391.500,00	157.867,00	8.682,68	166.549,68	42,54	47,48	224.950,32
392.000,00	158.092,00	8.695,06	166.787,06	42,55	47,48	225.212,94
392.500,00	158.317,00	8.707,43	167.024,43	42,55	47,48	225.475,57
393.000,00	158.542,00	8.719,81	167.261,81	42,56	47,48	225.738,19
393.500,00	158.767,00	8.732,18	167.499,18	42,57	47,48	226.000,82
394.000,00	158.992,00	8.744,56	167.736,56	42,57	47,48	226.263,44
394.500,00	159.217,00	8.756,93	167.973,93	42,58	47,48	226.526,07
395.000,00	159.442,00	8.769,31	168.211,31	42,59	47,48	226.788,69
395.500,00	159.667,00	8.781,68	168.448,68	42,59	47,48	227.051,32
396.000,00	159.892,00	8.794,06	168.686,06	42,60	47,48	227.313,94
396.500,00	160.117,00	8.806,43	168.923,43	42,60	47,48	227.576,57
397.000,00	160.342,00	8.818,81	169.160,81	42,61	47,48	227.839,19
397.500,00	160.567,00	8.831,18	169.398,18	42,62	47,48	228.101,82
398.000,00	160.792,00	8.843,56	169.635,56	42,62	47,48	228.364,44
398.500,00	161.017,00	8.855,93	169.872,93	42,63	47,48	228.627,07
399.000,00	161.242,00	8.868,31	170.110,31	42,63	47,48	228.889,69
399.500,00	161.467,00	8.880,68	170.347,68	42,64	47,48	229.152,32
400.000,00	161.692,00	8.893,06	170.585,06	42,65	47,48	229.414,94
400.500,00	161.917,00	8.905,43	170.822,43	42,65	47,48	229.677,57
401.000,00	162.142,00	8.917,81	171.059,81	42,66	47,48	229.940,19
401.500,00	162.367,00	8.930,18	171.297,18	42,66	47,48	230.202,82
402.000,00	162.592,00	8.942,56	171.534,56	42,67	47,48	230.465,44
402.500,00	162.817,00	8.954,93	171.771,93	42,68	47,48	230.728,07
403.000,00	163.042,00	8.967,31	172.009,31	42,68	47,48	230.990,69
403.500,00	163.267,00	8.979,68	172.246,68	42,69	47,48	231.253,32
404.000,00	163.492,00	8.992,06	172.484,06	42,69	47,48	231.515,94
404.500,00	163.717,00	9.004,43	172.721,43	42,70	47,48	231.778,57
405.000,00	163.942,00	9.016,81	172.958,81	42,71	47,48	232.041,19
405.500,00	164.167,00	9.029,18	173.196,18	42,71	47,48	232.303,82
406.000,00	164.392,00	9.041,56	173.433,56	42,72	47,48	232.566,44
406.500,00	164.617,00	9.053,93	173.670,93	42,72	47,48	232.829,07
407.000,00	164.842,00	9.066,31	173.908,31	42,73	47,48	233.091,69
407.500,00	165.067,00	9.078,68	174.145,68	42,74	47,48	233.354,32
408.000,00	165.292,00	9.091,06	174.383,06	42,74	47,48	233.616,94
408.500,00	165.517,00	9.103,43	174.620,43	42,75	47,48	233.879,57
409.000,00	165.742,00	9.115,81	174.857,81	42,75	47,48	234.142,19

Zu verst. Einkommen EUR	ESt EUR	Solz EUR	ESt mit Solz EUR	Steuer-belastung %	Grenz-steuer-belastung %	Netto verbleiben EUR
409.500,00	165.967,00	9.128,18	175.095,18	42,76	47,48	234.404,82
410.000,00	166.192,00	9.140,56	175.332,56	42,76	47,48	234.667,44
410.500,00	166.417,00	9.152,93	175.569,93	42,77	47,48	234.930,07
411.000,00	166.642,00	9.165,31	175.807,31	42,78	47,48	235.192,69
411.500,00	166.867,00	9.177,68	176.044,68	42,78	47,48	235.455,32
412.000,00	167.092,00	9.190,06	176.282,06	42,79	47,48	235.717,94
412.500,00	167.317,00	9.202,43	176.519,43	42,79	47,48	235.980,57
413.000,00	167.542,00	9.214,81	176.756,81	42,80	47,48	236.243,19
413.500,00	167.767,00	9.227,18	176.994,18	42,80	47,48	236.505,82
414.000,00	167.992,00	9.239,56	177.231,56	42,81	47,48	236.768,44
414.500,00	168.217,00	9.251,93	177.468,93	42,82	47,48	237.031,07
415.000,00	168.442,00	9.264,31	177.706,31	42,82	47,48	237.293,69
415.500,00	168.667,00	9.276,68	177.943,68	42,83	47,48	237.556,32
416.000,00	168.892,00	9.289,06	178.181,06	42,83	47,48	237.818,94
416.500,00	169.117,00	9.301,43	178.418,43	42,84	47,48	238.081,57
417.000,00	169.342,00	9.313,81	178.655,81	42,84	47,48	238.344,19
417.500,00	169.567,00	9.326,18	178.893,18	42,85	47,48	238.606,82
418.000,00	169.792,00	9.338,56	179.130,56	42,85	47,48	238.869,44
418.500,00	170.017,00	9.350,93	179.367,93	42,86	47,48	239.132,07
419.000,00	170.242,00	9.363,31	179.605,31	42,87	47,48	239.394,69
419.500,00	170.467,00	9.375,68	179.842,68	42,87	47,48	239.657,32
420.000,00	170.692,00	9.388,06	180.080,06	42,88	47,48	239.919,94
420.500,00	170.917,00	9.400,43	180.317,43	42,88	47,48	240.182,57
421.000,00	171.142,00	9.412,81	180.554,81	42,89	47,48	240.445,19
421.500,00	171.367,00	9.425,18	180.792,18	42,89	47,48	240.707,82
422.000,00	171.592,00	9.437,56	181.029,56	42,90	47,48	240.970,44
422.500,00	171.817,00	9.449,93	181.266,93	42,90	47,48	241.233,07
423.000,00	172.042,00	9.462,31	181.504,31	42,91	47,48	241.495,69
423.500,00	172.267,00	9.474,68	181.741,68	42,91	47,48	241.758,32
424.000,00	172.492,00	9.487,06	181.979,06	42,92	47,48	242.020,94
424.500,00	172.717,00	9.499,43	182.216,43	42,92	47,48	242.283,57
425.000,00	172.942,00	9.511,81	182.453,81	42,93	47,48	242.546,19
425.500,00	173.167,00	9.524,18	182.691,18	42,94	47,48	242.808,82
426.000,00	173.392,00	9.536,56	182.928,56	42,94	47,48	243.071,44
426.500,00	173.617,00	9.548,93	183.165,93	42,95	47,48	243.334,07
427.000,00	173.842,00	9.561,31	183.403,31	42,95	47,48	243.596,69
427.500,00	174.067,00	9.573,68	183.640,68	42,96	47,48	243.859,32
428.000,00	174.292,00	9.586,06	183.878,06	42,96	47,48	244.121,94
428.500,00	174.517,00	9.598,43	184.115,43	42,97	47,48	244.384,57
429.000,00	174.742,00	9.610,81	184.352,81	42,97	47,48	244.647,19

Zu verst. Einkommen EUR	ESt EUR	Solz EUR	ESt mit Solz EUR	Steuer-belastung %	Grenz-steuer-belastung %	Netto verbleiben EUR
429.500,00	174.967,00	9.623,18	184.590,18	42,98	47,48	244.909,82
430.000,00	175.192,00	9.635,56	184.827,56	42,98	47,48	245.172,44
430.500,00	175.417,00	9.647,93	185.064,93	42,99	47,48	245.435,07
431.000,00	175.642,00	9.660,31	185.302,31	42,99	47,48	245.697,69
431.500,00	175.867,00	9.672,68	185.539,68	43,00	47,48	245.960,32
432.000,00	176.092,00	9.685,06	185.777,06	43,00	47,48	246.222,94
432.500,00	176.317,00	9.697,43	186.014,43	43,01	47,48	246.485,57
433.000,00	176.542,00	9.709,81	186.251,81	43,01	47,48	246.748,19
433.500,00	176.767,00	9.722,18	186.489,18	43,02	47,48	247.010,82
434.000,00	176.992,00	9.734,56	186.726,56	43,02	47,48	247.273,44
434.500,00	177.217,00	9.746,93	186.963,93	43,03	47,48	247.536,07
435.000,00	177.442,00	9.759,31	187.201,31	43,03	47,48	247.798,69
435.500,00	177.667,00	9.771,68	187.438,68	43,04	47,48	248.061,32
436.000,00	177.892,00	9.784,06	187.676,06	43,04	47,48	248.323,94
436.500,00	178.117,00	9.796,43	187.913,43	43,05	47,48	248.586,57
437.000,00	178.342,00	9.808,81	188.150,81	43,06	47,48	248.849,19
437.500,00	178.567,00	9.821,18	188.388,18	43,06	47,48	249.111,82
438.000,00	178.792,00	9.833,56	188.625,56	43,07	47,48	249.374,44
438.500,00	179.017,00	9.845,93	188.862,93	43,07	47,48	249.637,07
439.000,00	179.242,00	9.858,31	189.100,31	43,08	47,48	249.899,69
439.500,00	179.467,00	9.870,68	189.337,68	43,08	47,48	250.162,32
440.000,00	179.692,00	9.883,06	189.575,06	43,09	47,48	250.424,94
440.500,00	179.917,00	9.895,43	189.812,43	43,09	47,48	250.687,57
441.000,00	180.142,00	9.907,81	190.049,81	43,10	47,48	250.950,19
441.500,00	180.367,00	9.920,18	190.287,18	43,10	47,48	251.212,82
442.000,00	180.592,00	9.932,56	190.524,56	43,11	47,48	251.475,44
442.500,00	180.817,00	9.944,93	190.761,93	43,11	47,48	251.738,07
443.000,00	181.042,00	9.957,31	190.999,31	43,11	47,48	252.000,69
443.500,00	181.267,00	9.969,68	191.236,68	43,12	47,48	252.263,32
444.000,00	181.492,00	9.982,06	191.474,06	43,12	47,48	252.525,94
444.500,00	181.717,00	9.994,43	191.711,43	43,13	47,48	252.788,57
445.000,00	181.942,00	10.006,81	191.948,81	43,13	47,48	253.051,19
445.500,00	182.167,00	10.019,18	192.188,10	43,14	47,48	253.313,82
446.000,00	182.392,00	10.031,56	192.423,56	43,14	47,48	253.576,44
446.500,00	182.617,00	10.043,93	192.660,93	43,15	47,48	253.839,07
447.000,00	182.842,00	10.056,31	192.898,31	43,15	47,48	254.101,69
447.500,00	183.067,00	10.068,68	193.135,68	43,16	47,48	254.364,32
448.000,00	183.292,00	10.081,06	193.373,06	43,16	47,48	254.626,94
448.500,00	183.517,00	10.093,43	193.610,43	43,17	47,48	254.889,57
449.000,00	183.742,00	10.105,81	193.847,81	43,17	47,48	255.152,19

Zu verst. Einkommen EUR	ESt EUR	Solz EUR	ESt mit Solz EUR	Steuer-belastung %	Grenz-steuer-belastung %	Netto verbleiben EUR
449.500,00	183.967,00	10.118,18	194.085,18	43,18	47,48	255.414,82
450.000,00	184.192,00	10.130,56	194.322,56	43,18	47,48	255.677,44
450.500,00	184.417,00	10.142,93	194.559,93	43,19	47,48	255.940,07
451.000,00	184.642,00	10.155,31	194.797,31	43,19	47,48	256.202,69
451.500,00	184.867,00	10.167,68	195.034,68	43,20	47,48	256.465,32
452.000,00	185.092,00	10.180,06	195.272,06	43,20	47,48	256.727,94
452.500,00	185.317,00	10.192,43	195.509,43	43,21	47,48	256.990,57
453.000,00	185.542,00	10.204,81	195.746,81	43,21	47,48	257.253,19
453.500,00	185.767,00	10.217,18	195.984,18	43,22	47,48	257.515,82
454.000,00	185.992,00	10.229,56	196.221,56	43,22	47,48	257.778,44
454.500,00	186.217,00	10.241,93	196.458,93	43,23	47,48	258.041,07
455.000,00	186.442,00	10.254,31	196.696,31	43,23	47,48	258.303,69
455.500,00	186.667,00	10.266,68	196.933,68	43,23	47,48	258.566,32
456.000,00	186.892,00	10.279,06	197.171,06	43,24	47,48	258.828,94
456.500,00	187.117,00	10.291,43	197.408,43	43,24	47,48	259.091,57
457.000,00	187.342,00	10.303,81	197.645,81	43,25	47,48	259.354,19
457.500,00	187.567,00	10.316,18	197.883,18	43,25	47,48	259.616,82
458.000,00	187.792,00	10.328,56	198.120,56	43,26	47,48	259.879,44
458.500,00	188.017,00	10.340,93	198.357,93	43,26	47,48	260.142,07
459.000,00	188.242,00	10.353,31	198.595,31	43,27	47,48	260.404,69
459.500,00	188.467,00	10.365,68	198.832,68	43,27	47,48	260.667,32
460.000,00	188.692,00	10.378,06	199.070,06	43,28	47,48	260.929,94
460.500,00	188.917,00	10.390,43	199.307,43	43,28	47,48	261.192,57
461.000,00	189.142,00	10.402,81	199.544,81	43,29	47,48	261.455,19
461.500,00	189.367,00	10.415,18	199.782,18	43,29	47,48	261.717,82
462.000,00	189.592,00	10.427,56	200.019,56	43,29	47,48	261.980,44
462.500,00	189.817,00	10.439,93	200.256,93	43,30	47,48	262.243,07
463.000,00	190.042,00	10.452,31	200.494,31	43,30	47,48	262.505,69
463.500,00	190.267,00	10.464,68	200.731,68	43,31	47,48	262.768,32
464.000,00	190.492,00	10.477,06	200.969,06	43,31	47,48	263.030,94
464.500,00	190.717,00	10.489,43	201.206,43	43,32	47,48	263.293,57
465.000,00	190.942,00	10.501,81	201.443,81	43,32	47,48	263.556,19
465.500,00	191.167,00	10.514,18	201.681,18	43,33	47,48	263.818,82
466.000,00	191.392,00	10.526,56	201.918,56	43,33	47,48	264.081,44
466.500,00	191.617,00	10.538,93	202.155,93	43,33	47,48	264.344,07
467.000,00	191.842,00	10.551,31	202.393,31	43,34	47,48	264.606,69
467.500,00	192.067,00	10.563,68	202.630,68	43,34	47,48	264.869,32
468.000,00	192.292,00	10.576,06	202.868,06	43,35	47,48	265.131,94
468.500,00	192.517,00	10.588,43	203.105,43	43,35	47,48	265.394,57
469.000,00	192.742,00	10.600,81	203.342,81	43,36	47,48	265.657,19

Zu verst. Einkommen EUR	ESt EUR	Solz EUR	ESt mit Solz EUR	Steuer-belastung %	Grenz-steuer-belastung %	Netto verbleiben EUR
469.500,00	192.967,00	10.613,18	203.580,18	43,36	47,48	265.919,82
470.000,00	193.192,00	10.625,56	203.817,56	43,37	47,48	266.182,44
470.500,00	193.417,00	10.637,93	204.054,93	43,37	47,48	266.445,07
471.000,00	193.642,00	10.650,31	204.292,31	43,37	47,48	266.707,69
471.500,00	193.867,00	10.662,68	204.529,68	43,38	47,48	266.970,32
472.000,00	194.092,00	10.675,06	204.767,06	43,38	47,48	267.232,94
472.500,00	194.317,00	10.687,43	205.004,43	43,39	47,48	267.495,57
473.000,00	194.542,00	10.699,81	205.241,81	43,39	47,48	267.758,19
473.500,00	194.767,00	10.712,18	205.479,18	43,40	47,48	268.020,82
474.000,00	194.992,00	10.724,56	205.716,56	43,40	47,48	268.283,44
474.500,00	195.217,00	10.736,93	205.953,93	43,40	47,48	268.546,07
475.000,00	195.442,00	10.749,31	206.191,31	43,41	47,48	268.808,69
475.500,00	195.667,00	10.761,68	206.428,68	43,41	47,48	269.071,32
476.000,00	195.892,00	10.774,06	206.666,06	43,42	47,48	269.333,94
476.500,00	196.117,00	10.786,43	206.903,43	43,42	47,48	269.596,57
477.000,00	196.342,00	10.798,81	207.140,81	43,43	47,48	269.859,19
477.500,00	196.567,00	10.811,18	207.378,18	43,43	47,48	270.121,82
478.000,00	196.792,00	10.823,56	207.615,56	43,43	47,48	270.384,44
478.500,00	197.017,00	10.835,93	207.852,93	43,44	47,48	270.647,07
479.000,00	197.242,00	10.848,31	208.090,31	43,44	47,48	270.909,69
479.500,00	197.467,00	10.860,68	208.327,68	43,45	47,48	271.172,32
480.000,00	197.692,00	10.873,06	208.565,06	43,45	47,48	271.434,94
480.500,00	197.917,00	10.885,43	208.802,43	43,46	47,48	271.697,57
481.000,00	198.142,00	10.897,81	209.039,81	43,46	47,48	271.960,19
481.500,00	198.367,00	10.910,18	209.277,18	43,46	47,48	272.222,82
482.000,00	198.592,00	10.922,56	209.514,56	43,47	47,48	272.485,44
482.500,00	198.817,00	10.934,93	209.751,93	43,47	47,48	272.748,07
483.000,00	199.042,00	10.947,31	209.989,31	43,48	47,48	273.010,69
483.500,00	199.267,00	10.959,68	210.226,68	43,48	47,48	273.273,32
484.000,00	199.492,00	10.972,06	210.464,06	43,48	47,48	273.535,94
484.500,00	199.717,00	10.984,43	210.701,43	43,49	47,48	273.798,57
485.000,00	199.942,00	10.996,81	210.938,81	43,49	47,48	274.061,19
485.500,00	200.167,00	11.009,18	211.176,18	43,50	47,48	274.323,82
486.000,00	200.392,00	11.021,56	211.413,56	43,50	47,48	274.586,44
486.500,00	200.617,00	11.033,93	211.650,93	43,50	47,48	274.849,07
487.000,00	200.842,00	11.046,31	211.888,31	43,51	47,48	275.111,69
487.500,00	201.067,00	11.058,68	212.125,68	43,51	47,48	275.374,32
488.000,00	201.292,00	11.071,06	212.363,06	43,52	47,48	275.636,94
488.500,00	201.517,00	11.083,43	212.600,43	43,52	47,48	275.899,57
489.000,00	201.742,00	11.095,81	212.837,81	43,53	47,48	276.162,19

Zu verst. Einkommen EUR	ESt EUR	Solz EUR	ESt mit Solz EUR	Steuer-belastung %	Grenz-steuer-belastung %	Netto verbleiben EUR
489.500,00	201.967,00	11.108,18	213.075,18	43,53	47,48	276.424,82
490.000,00	202.192,00	11.120,56	213.312,56	43,53	47,48	276.687,44
490.500,00	202.417,00	11.132,93	213.549,93	43,54	47,48	276.950,07
491.000,00	202.642,00	11.145,31	213.787,31	43,54	47,48	277.212,69
491.500,00	202.867,00	11.157,68	214.024,68	43,55	47,48	277.475,32
492.000,00	203.092,00	11.170,06	214.262,06	43,55	47,48	277.737,94
492.500,00	203.317,00	11.182,43	214.499,43	43,55	47,48	278.000,57
493.000,00	203.542,00	11.194,81	214.736,81	43,56	47,48	278.263,19
493.500,00	203.767,00	11.207,18	214.974,18	43,56	47,48	278.525,82
494.000,00	203.992,00	11.219,56	215.211,56	43,57	47,48	278.788,44
494.500,00	204.217,00	11.231,93	215.448,93	43,57	47,48	279.051,07
495.000,00	204.442,00	11.244,31	215.686,31	43,57	47,48	279.313,69
495.500,00	204.667,00	11.256,68	215.923,68	43,58	47,48	279.576,32
496.000,00	204.892,00	11.269,06	216.161,06	43,58	47,48	279.838,94
496.500,00	205.117,00	11.281,43	216.398,43	43,58	47,48	280.101,57
497.000,00	205.342,00	11.293,81	216.635,81	43,59	47,48	280.364,19
497.500,00	205.567,00	11.306,18	216.873,18	43,59	47,48	280.626,82
498.000,00	205.792,00	11.318,56	217.110,56	43,60	47,48	280.889,44
498.500,00	206.017,00	11.330,93	217.347,93	43,60	47,48	281.152,07
499.000,00	206.242,00	11.343,31	217.585,31	43,60	47,48	281.414,69
499.500,00	206.467,00	11.355,68	217.822,68	43,61	47,48	281.677,32
500.000,00	206.692,00	11.368,06	218.060,06	43,61	47,48	281.939,94
500.500,00	206.917,00	11.380,43	218.297,43	43,62	47,48	282.202,57
501.000,00	207.142,00	11.392,81	218.534,81	43,62	47,48	282.465,19
501.500,00	207.367,00	11.405,18	218.772,18	43,62	47,48	282.727,82
502.000,00	207.592,00	11.417,56	219.009,56	43,63	47,48	282.990,44
502.500,00	207.817,00	11.429,93	219.246,93	43,63	47,48	283.253,07
503.000,00	208.042,00	11.442,31	219.484,31	43,64	47,48	283.515,69
503.500,00	208.267,00	11.454,68	219.721,68	43,64	47,48	283.778,32
504.000,00	208.492,00	11.467,06	219.959,06	43,64	47,48	284.040,94
504.500,00	208.717,00	11.479,43	220.196,43	43,65	47,48	284.303,57
505.000,00	208.942,00	11.491,81	220.433,81	43,65	47,48	284.566,19
505.500,00	209.167,00	11.504,18	220.671,18	43,65	47,48	284.828,82
506.000,00	209.392,00	11.516,56	220.908,56	43,66	47,48	285.091,44
506.500,00	209.617,00	11.528,93	221.145,93	43,66	47,48	285.354,07
507.000,00	209.842,00	11.541,31	221.383,31	43,67	47,48	285.616,69
507.500,00	210.067,00	11.553,68	221.620,68	43,67	47,48	285.879,32
508.000,00	210.292,00	11.566,06	221.858,06	43,67	47,48	286.141,94
508.500,00	210.517,00	11.578,43	222.095,43	43,68	47,48	286.404,57
509.000,00	210.742,00	11.590,81	222.332,81	43,68	47,48	286.667,19

Zu verst. Einkommen EUR	ESt EUR	Solz EUR	ESt mit Solz EUR	Steuer-belastung %	Grenz-steuer-belastung %	Netto verbleiben EUR
509.500,00	210.967,00	11.603,18	222.570,18	43,68	47,48	286.929,82
510.000,00	211.192,00	11.615,56	222.807,56	43,69	47,48	287.192,44
510.500,00	211.417,00	11.627,93	223.044,93	43,69	47,48	287.455,07
511.000,00	211.642,00	11.640,31	223.282,31	43,70	47,48	287.717,69
511.500,00	211.867,00	11.652,68	223.519,68	43,70	47,48	287.980,32
512.000,00	212.092,00	11.665,06	223.757,06	43,70	47,48	288.242,94
512.500,00	212.317,00	11.677,43	223.994,43	43,71	47,48	288.505,57
513.000,00	212.542,00	11.689,81	224.231,81	43,71	47,48	288.768,19
513.500,00	212.767,00	11.702,18	224.469,18	43,71	47,48	289.030,82
514.000,00	212.992,00	11.714,56	224.706,56	43,72	47,48	289.293,44
514.500,00	213.217,00	11.726,93	224.943,93	43,72	47,48	289.556,07
515.000,00	213.442,00	11.739,31	225.181,31	43,72	47,48	289.818,69
515.500,00	213.667,00	11.751,68	225.418,68	43,73	47,48	290.081,32
516.000,00	213.892,00	11.764,06	225.656,06	43,73	47,48	290.343,94
516.500,00	214.117,00	11.776,43	225.893,43	43,74	47,48	290.606,57
517.000,00	214.342,00	11.788,81	226.130,81	43,74	47,48	290.869,19
517.500,00	214.567,00	11.801,18	226.368,18	43,74	47,48	291.131,82
518.000,00	214.792,00	11.813,56	226.605,56	43,75	47,48	291.394,44
518.500,00	215.017,00	11.825,93	226.842,93	43,75	47,48	291.657,07
519.000,00	215.242,00	11.838,31	227.080,31	43,75	47,48	291.919,69
519.500,00	215.467,00	11.850,68	227.317,68	43,76	47,48	292.182,32
520.000,00	215.692,00	11.863,06	227.555,06	43,76	47,48	292.444,94
520.500,00	215.917,00	11.875,43	227.792,43	43,76	47,48	292.707,57
521.000,00	216.142,00	11.887,81	228.029,81	43,77	47,48	292.970,19
521.500,00	216.367,00	11.900,18	228.267,18	43,77	47,48	293.232,82
522.000,00	216.592,00	11.912,56	228.504,56	43,77	47,48	293.495,44
522.500,00	216.817,00	11.924,93	228.741,93	43,78	47,48	293.758,07
523.000,00	217.042,00	11.937,31	228.979,31	43,78	47,48	294.020,69
523.500,00	217.267,00	11.949,68	229.216,68	43,79	47,48	294.283,32
524.000,00	217.492,00	11.962,06	229.454,06	43,79	47,48	294.545,94
524.500,00	217.717,00	11.974,43	229.691,43	43,79	47,48	294.808,57
525.000,00	217.942,00	11.986,81	229.928,81	43,80	47,48	295.071,19
525.500,00	218.167,00	11.999,18	230.166,18	43,80	47,48	295.333,82
526.000,00	218.392,00	12.011,56	230.403,56	43,80	47,48	295.596,44
526.500,00	218.617,00	12.023,93	230.640,93	43,81	47,48	295.859,07
527.000,00	218.842,00	12.036,31	230.878,31	43,81	47,48	296.121,69
527.500,00	219.067,00	12.048,68	231.115,68	43,81	47,48	296.384,32
528.000,00	219.292,00	12.061,06	231.353,06	43,82	47,48	296.646,94
528.500,00	219.517,00	12.073,43	231.590,43	43,82	47,48	296.909,57
529.000,00	219.742,00	12.085,81	231.827,81	43,82	47,48	297.172,19

Zu verst. Einkommen EUR	ESt EUR	Solz EUR	ESt mit Solz EUR	Steuer-belastung %	Grenz-steuer-belastung %	Netto verbleiben EUR
529.500,00	219.967,00	12.098,18	232.065,18	43,83	47,48	297.434,82
530.000,00	220.192,00	12.110,56	232.302,56	43,83	47,48	297.697,44
530.500,00	220.417,00	12.122,93	232.539,93	43,83	47,48	297.960,07
531.000,00	220.642,00	12.135,31	232.777,31	43,84	47,48	298.222,69
531.500,00	220.867,00	12.147,68	233.014,68	43,84	47,48	298.485,32
532.000,00	221.092,00	12.160,06	233.252,06	43,84	47,48	298.747,94
532.500,00	221.317,00	12.172,43	233.489,43	43,85	47,48	299.010,57
533.000,00	221.542,00	12.184,81	233.726,81	43,85	47,48	299.273,19
533.500,00	221.767,00	12.197,18	233.964,18	43,85	47,48	299.535,82
534.000,00	221.992,00	12.209,56	234.201,56	43,86	47,48	299.798,44
534.500,00	222.217,00	12.221,93	234.438,93	43,86	47,48	300.061,07
535.000,00	222.442,00	12.234,31	234.676,31	43,86	47,48	300.323,69
535.500,00	222.667,00	12.246,68	234.913,68	43,87	47,48	300.586,32
536.000,00	222.892,00	12.259,06	235.151,06	43,87	47,48	300.848,94
536.500,00	223.117,00	12.271,43	235.388,43	43,87	47,48	301.111,57
537.000,00	223.342,00	12.283,81	235.625,81	43,88	47,48	301.374,19
537.500,00	223.567,00	12.296,18	235.863,18	43,88	47,48	301.636,82
538.000,00	223.792,00	12.308,56	236.100,56	43,88	47,48	301.899,44
538.500,00	224.017,00	12.320,93	236.337,93	43,89	47,48	302.162,07
539.000,00	224.242,00	12.333,31	236.575,31	43,89	47,48	302.424,69
539.500,00	224.467,00	12.345,68	236.812,68	43,89	47,48	302.687,32
540.000,00	224.692,00	12.358,06	237.050,06	43,90	47,48	302.949,94
540.500,00	224.917,00	12.370,43	237.287,43	43,90	47,48	303.212,57
541.000,00	225.142,00	12.382,81	237.524,81	43,90	47,48	303.475,19
541.500,00	225.367,00	12.395,18	237.762,18	43,91	47,48	303.737,82
542.000,00	225.592,00	12.407,56	237.999,56	43,91	47,48	304.000,44
542.500,00	225.817,00	12.419,93	238.236,93	43,91	47,48	304.263,07
543.000,00	226.042,00	12.432,31	238.474,31	43,92	47,48	304.525,69
543.500,00	226.267,00	12.444,68	238.711,68	43,92	47,48	304.788,32
544.000,00	226.492,00	12.457,06	238.949,06	43,92	47,48	305.050,94
544.500,00	226.717,00	12.469,43	239.186,43	43,93	47,48	305.313,57
545.000,00	226.942,00	12.481,81	239.423,81	43,93	47,48	305.576,19
545.500,00	227.167,00	12.494,18	239.661,18	43,93	47,48	305.838,82
546.000,00	227.392,00	12.506,56	239.898,56	43,94	47,48	306.101,44
546.500,00	227.617,00	12.518,93	240.135,93	43,94	47,48	306.364,07
547.000,00	227.842,00	12.531,31	240.373,31	43,94	47,48	306.626,69
547.500,00	228.067,00	12.543,68	240.610,68	43,95	47,48	306.889,32
548.000,00	228.292,00	12.556,06	240.848,06	43,95	47,48	307.151,94
548.500,00	228.517,00	12.568,43	241.085,43	43,95	47,48	307.414,57
549.000,00	228.742,00	12.580,81	241.322,81	43,96	47,48	307.677,19

Zu verst. Einkommen EUR	ESt EUR	Solz EUR	ESt mit Solz EUR	Steuer-belastung %	Grenz-steuer-belastung %	Netto verbleiben EUR
549.500,00	228.967,00	12.593,18	241.560,18	43,96	47,48	307.939,82
550.000,00	229.192,00	12.605,56	241.797,56	43,96	47,48	308.202,44
550.500,00	229.417,00	12.617,93	242.034,93	43,97	47,48	308.465,07
551.000,00	229.642,00	12.630,31	242.272,31	43,97	47,48	308.727,69
551.500,00	229.867,00	12.642,68	242.509,68	43,97	47,48	308.990,32
552.000,00	230.092,00	12.655,06	242.747,06	43,98	47,48	309.252,94
552.500,00	230.317,00	12.667,43	242.984,43	43,98	47,48	309.515,57
553.000,00	230.542,00	12.679,81	243.221,81	43,98	47,48	309.778,19
553.500,00	230.767,00	12.692,18	243.459,18	43,99	47,48	310.040,82
554.000,00	230.992,00	12.704,56	243.696,56	43,99	47,48	310.303,44
554.500,00	231.217,00	12.716,93	243.933,93	43,99	47,48	310.566,07
555.000,00	231.442,00	12.729,31	244.171,31	43,99	47,48	310.828,69
555.500,00	231.667,00	12.741,68	244.408,68	44,00	47,48	311.091,32
556.000,00	231.892,00	12.754,06	244.646,06	44,00	47,48	311.353,94
556.500,00	232.117,00	12.766,43	244.883,43	44,00	47,48	311.616,57
557.000,00	232.342,00	12.778,81	245.120,81	44,01	47,48	311.879,19
557.500,00	232.567,00	12.791,18	245.358,18	44,01	47,48	312.141,82
558.000,00	232.792,00	12.803,56	245.595,56	44,01	47,48	312.404,44
558.500,00	233.017,00	12.815,93	245.832,93	44,02	47,48	312.667,07
559.000,00	233.242,00	12.828,31	246.070,31	44,02	47,48	312.929,69
559.500,00	233.467,00	12.840,68	246.307,68	44,02	47,48	313.192,32
560.000,00	233.692,00	12.853,06	246.545,06	44,03	47,48	313.454,94
560.500,00	233.917,00	12.865,43	246.782,43	44,03	47,48	313.717,57
561.000,00	234.142,00	12.877,81	247.019,81	44,03	47,48	313.980,19
561.500,00	234.367,00	12.890,18	247.257,18	44,04	47,48	314.242,82
562.000,00	234.592,00	12.902,56	247.494,56	44,04	47,48	314.505,44
562.500,00	234.817,00	12.914,93	247.731,93	44,04	47,48	314.768,07
563.000,00	235.042,00	12.927,31	247.969,31	44,04	47,48	315.030,69
563.500,00	235.267,00	12.939,68	248.206,68	44,05	47,48	315.293,32
564.000,00	235.492,00	12.952,06	248.444,06	44,05	47,48	315.555,94
564.500,00	235.717,00	12.964,43	248.681,43	44,05	47,48	315.818,57
565.000,00	235.942,00	12.970,01	248.918,81	44,06	47,48	316.081,19
565.500,00	236.167,00	12.989,18	249.156,18	44,06	47,48	316.343,82
566.000,00	236.392,00	13.001,56	249.393,56	44,06	47,48	316.006,44
566.500,00	236.617,00	13.013,93	249.630,93	44,07	47,48	316.869,07
567.000,00	236.842,00	13.026,31	249.868,31	44,07	47,48	317.131,69
567.500,00	237.067,00	13.038,68	250.105,68	44,07	47,48	317.394,32
568.000,00	237.292,00	13.051,06	250.343,06	44,07	47,48	317.656,94
568.500,00	237.517,00	13.063,43	250.580,43	44,08	47,48	317.919,57
569.000,00	237.742,00	13.075,81	250.817,81	44,08	47,48	318.182,19

Zu verst. Einkommen EUR	ESt EUR	Solz EUR	ESt mit Solz EUR	Steuerbelastung %	Grenzsteuerbelastung %	Netto verbleiben EUR
569.500,00	237.967,00	13.088,18	251.055,18	44,08	47,48	318.444,82
570.000,00	238.192,00	13.100,56	251.292,56	44,09	47,48	318.707,44
570.500,00	238.417,00	13.112,93	251.529,93	44,09	47,48	318.970,07
571.000,00	238.642,00	13.125,31	251.767,31	44,09	47,48	319.232,69
571.500,00	238.867,00	13.137,68	252.004,68	44,10	47,48	319.495,32
572.000,00	239.092,00	13.150,06	252.242,06	44,10	47,48	319.757,94
572.500,00	239.317,00	13.162,43	252.479,43	44,10	47,48	320.020,57
573.000,00	239.542,00	13.174,81	252.716,81	44,10	47,48	320.283,19
573.500,00	239.767,00	13.187,18	252.954,18	44,11	47,48	320.545,82
574.000,00	239.992,00	13.199,56	253.191,56	44,11	47,48	320.808,44
574.500,00	240.217,00	13.211,93	253.428,93	44,11	47,48	321.071,07
575.000,00	240.442,00	13.224,31	253.666,31	44,12	47,48	321.333,69
575.500,00	240.667,00	13.236,68	253.903,68	44,12	47,48	321.596,32
576.000,00	240.892,00	13.249,06	254.141,06	44,12	47,48	321.858,94
576.500,00	241.117,00	13.261,43	254.378,43	44,12	47,48	322.121,57
577.000,00	241.342,00	13.273,81	254.615,81	44,13	47,48	322.384,19
577.500,00	241.567,00	13.286,18	254.853,18	44,13	47,48	322.646,82
578.000,00	241.792,00	13.298,56	255.090,56	44,13	47,48	322.909,44
578.500,00	242.017,00	13.310,93	255.327,93	44,14	47,48	323.172,07
579.000,00	242.242,00	13.323,31	255.565,31	44,14	47,48	323.434,69
579.500,00	242.467,00	13.335,68	255.802,68	44,14	47,48	323.697,32
580.000,00	242.692,00	13.348,06	256.040,06	44,14	47,48	323.959,94
580.500,00	242.917,00	13.360,43	256.277,43	44,15	47,48	324.222,57
581.000,00	243.142,00	13.372,81	256.514,81	44,15	47,48	324.485,19
581.500,00	243.367,00	13.385,18	256.752,18	44,15	47,48	324.747,82
582.000,00	243.592,00	13.397,56	256.989,56	44,16	47,48	325.010,44
582.500,00	243.817,00	13.409,93	257.226,93	44,16	47,48	325.273,07
583.000,00	244.042,00	13.422,31	257.464,31	44,16	47,48	325.535,69
583.500,00	244.267,00	13.434,68	257.701,68	44,16	47,48	325.798,32
584.000,00	244.492,00	13.447,06	257.939,06	44,17	47,48	326.060,94
584.500,00	244.717,00	13.459,43	258.176,43	44,17	47,48	326.323,57
585.000,00	244.942,00	13.471,81	258.413,81	44,17	47,48	326.586,19
585.500,00	245.167,00	13.484,18	258.651,18	44,18	47,48	326.848,82
586.000,00	245.392,00	13.496,56	258.888,56	44,18	47,48	327.111,44
586.500,00	245.617,00	13.508,93	259.125,93	44,18	47,48	327.374,07
587.000,00	245.842,00	13.521,31	259.363,31	44,18	47,48	327.636,69
587.500,00	246.067,00	13.533,68	259.600,68	44,19	47,48	327.899,32
588.000,00	246.292,00	13.546,06	259.838,06	44,19	47,48	328.161,94
588.500,00	246.517,00	13.558,43	260.075,43	44,19	47,48	328.424,57
589.000,00	246.742,00	13.570,81	260.312,81	44,20	47,48	328.687,19

Zu verst. Einkommen EUR	ESt EUR	Solz EUR	ESt mit Solz EUR	Steuer-belastung %	Grenz-steuer-belastung %	Netto verbleiben EUR
589.500,00	246.967,00	13.583,18	260.550,18	44,20	47,48	328.949,82
590.000,00	247.192,00	13.595,56	260.787,56	44,20	47,48	329.212,44
590.500,00	247.417,00	13.607,93	261.024,93	44,20	47,48	329.475,07
591.000,00	247.642,00	13.620,31	261.262,31	44,21	47,48	329.737,69
591.500,00	247.867,00	13.632,68	261.499,68	44,21	47,48	330.000,32
592.000,00	248.092,00	13.645,06	261.737,06	44,21	47,48	330.262,94
592.500,00	248.317,00	13.657,43	261.974,43	44,22	47,48	330.525,57
593.000,00	248.542,00	13.669,81	262.211,81	44,22	47,48	330.788,19
593.500,00	248.767,00	13.682,18	262.449,18	44,22	47,48	331.050,82
594.000,00	248.992,00	13.694,56	262.686,56	44,22	47,48	331.313,44
594.500,00	249.217,00	13.706,93	262.923,93	44,23	47,48	331.576,07
595.000,00	249.442,00	13.719,31	263.161,31	44,23	47,48	331.838,69
595.500,00	249.667,00	13.731,68	263.398,68	44,23	47,48	332.101,32
596.000,00	249.892,00	13.744,06	263.636,06	44,23	47,48	332.363,94
596.500,00	250.117,00	13.756,43	263.873,43	44,24	47,48	332.626,57
597.000,00	250.342,00	13.768,81	264.110,81	44,24	47,48	332.889,19
597.500,00	250.567,00	13.781,18	264.348,18	44,24	47,48	333.151,82
598.000,00	250.792,00	13.793,56	264.585,56	44,25	47,48	333.414,44
598.500,00	251.017,00	13.805,93	264.822,93	44,25	47,48	333.677,07
599.000,00	251.242,00	13.818,31	265.060,31	44,25	47,48	333.939,69
599.500,00	251.467,00	13.830,68	265.297,68	44,25	47,48	334.202,32
600.000,00	251.692,00	13.843,06	265.535,06	44,26	47,48	334.464,94
600.500,00	251.917,00	13.855,43	265.772,43	44,26	47,48	334.727,57
601.000,00	252.142,00	13.867,81	266.009,81	44,26	47,48	334.990,19
601.500,00	252.367,00	13.880,18	266.247,18	44,26	47,48	335.252,82
602.000,00	252.592,00	13.892,56	266.484,56	44,27	47,48	335.515,44
602.500,00	252.817,00	13.904,93	266.721,93	44,27	47,48	335.778,07
603.000,00	253.042,00	13.917,31	266.959,31	44,27	47,48	336.040,69
603.500,00	253.267,00	13.929,68	267.196,68	44,27	47,48	336.303,32
604.000,00	253.492,00	13.942,06	267.434,06	44,28	47,48	336.565,94
604.500,00	253.717,00	13.954,43	267.671,43	44,28	47,48	336.828,57
605.000,00	253.942,00	13.966,81	267.908,81	44,28	47,48	337.091,19
605.500,00	254.167,00	13.979,18	268.146,18	44,20	47,48	337.353,82
606.000,00	254.392,00	13.991,56	268.383,56	44,29	47,48	337.616,44
606.500,00	254.617,00	14.003,93	268.620,93	44,29	47,48	337.879,07
607.000,00	254.842,00	14.016,31	268.858,31	44,29	47,48	338.141,69
607.500,00	255.067,00	14.028,68	269.095,68	44,30	47,48	338.404,32
608.000,00	255.292,00	14.041,06	269.333,06	44,30	47,48	338.666,94
608.500,00	255.517,00	14.053,43	269.570,43	44,30	47,48	338.929,57
609.000,00	255.742,00	14.065,81	269.807,81	44,30	47,48	339.192,19

Zu verst. Einkommen EUR	ESt EUR	Solz EUR	ESt mit Solz EUR	Steuerbelastung %	Grenzsteuerbelastung %	Netto verbleiben EUR
609.500,00	255.967,00	14.078,18	270.045,18	44,31	47,48	339.454,82
610.000,00	256.192,00	14.090,56	270.282,56	44,31	47,48	339.717,44
610.500,00	256.417,00	14.102,93	270.519,93	44,31	47,48	339.980,07
611.000,00	256.642,00	14.115,31	270.757,31	44,31	47,48	340.242,69
611.500,00	256.867,00	14.127,68	270.994,68	44,32	47,48	340.505,32
612.000,00	257.092,00	14.140,06	271.232,06	44,32	47,48	340.767,94
612.500,00	257.317,00	14.152,43	271.469,43	44,32	47,48	341.030,57
613.000,00	257.542,00	14.164,81	271.706,81	44,32	47,48	341.293,19
613.500,00	257.767,00	14.177,18	271.944,18	44,33	47,48	341.555,82
614.000,00	257.992,00	14.189,56	272.181,56	44,33	47,48	341.818,44
614.500,00	258.217,00	14.201,93	272.418,93	44,33	47,48	342.081,07
615.000,00	258.442,00	14.214,31	272.656,31	44,33	47,48	342.343,69
615.500,00	258.667,00	14.226,68	272.893,68	44,34	47,48	342.606,32
616.000,00	258.892,00	14.239,06	273.131,06	44,34	47,48	342.868,94
616.500,00	259.117,00	14.251,43	273.368,43	44,34	47,48	343.131,57
617.000,00	259.342,00	14.263,81	273.605,81	44,34	47,48	343.394,19
617.500,00	259.567,00	14.276,18	273.843,18	44,35	47,48	343.656,82
618.000,00	259.792,00	14.288,56	274.080,56	44,35	47,48	343.919,44
618.500,00	260.017,00	14.300,93	274.317,93	44,35	47,48	344.182,07
619.000,00	260.242,00	14.313,31	274.555,31	44,35	47,48	344.444,69
619.500,00	260.467,00	14.325,68	274.792,68	44,36	47,48	344.707,32
620.000,00	260.692,00	14.338,06	275.030,06	44,36	47,48	344.969,94
620.500,00	260.917,00	14.350,43	275.267,43	44,36	47,48	345.232,57
621.000,00	261.142,00	14.362,81	275.504,81	44,36	47,48	345.495,19
621.500,00	261.367,00	14.375,18	275.742,18	44,37	47,48	345.757,82
622.000,00	261.592,00	14.387,56	275.979,56	44,37	47,48	346.020,44
622.500,00	261.817,00	14.399,93	276.216,93	44,37	47,48	346.283,07
623.000,00	262.042,00	14.412,31	276.454,31	44,37	47,48	346.545,69
623.500,00	262.267,00	14.424,68	276.691,68	44,38	47,48	346.808,32
624.000,00	262.492,00	14.437,06	276.929,06	44,38	47,48	347.070,94
624.500,00	262.717,00	14.449,43	277.166,43	44,38	47,48	347.333,57
625.000,00	262.942,00	14.461,81	277.403,81	44,38	47,48	347.596,19
625.500,00	263.167,00	14.474,18	277.641,18	44,39	47,48	347.858,82
626.000,00	263.392,00	14.486,56	277.878,56	44,39	47,48	348.121,44
626.500,00	263.617,00	14.498,93	278.115,93	44,39	47,48	348.384,07
627.000,00	263.842,00	14.511,31	278.353,31	44,39	47,48	348.646,69
627.500,00	264.067,00	14.523,68	278.590,68	44,40	47,48	348.909,32
628.000,00	264.292,00	14.536,06	278.828,06	44,40	47,48	349.171,94
628.500,00	264.517,00	14.548,43	279.065,43	44,40	47,48	349.434,57
629.000,00	264.742,00	14.560,81	279.302,81	44,40	47,48	349.697,19

Zu verst. Einkommen EUR	ESt EUR	Solz EUR	ESt mit Solz EUR	Steuerbelastung %	Grenzsteuerbelastung %	Netto verbleiben EUR
629.500,00	264.967,00	14.573,18	279.540,18	44,41	47,48	349.959,82
630.000,00	265.192,00	14.585,56	279.777,56	44,41	47,48	350.222,44
630.500,00	265.417,00	14.597,93	280.014,93	44,41	47,48	350.485,07
631.000,00	265.642,00	14.610,31	280.252,31	44,41	47,48	350.747,69
631.500,00	265.867,00	14.622,68	280.489,68	44,42	47,48	351.010,32
632.000,00	266.092,00	14.635,06	280.727,06	44,42	47,48	351.272,94
632.500,00	266.317,00	14.647,43	280.964,43	44,42	47,48	351.535,57
633.000,00	266.542,00	14.659,81	281.201,81	44,42	47,48	351.798,19
633.500,00	266.767,00	14.672,18	281.439,18	44,43	47,48	352.060,82
634.000,00	266.992,00	14.684,56	281.676,56	44,43	47,48	352.323,44
634.500,00	267.217,00	14.696,93	281.913,93	44,43	47,48	352.586,07
635.000,00	267.442,00	14.709,31	282.151,31	44,43	47,48	352.848,69
635.500,00	267.667,00	14.721,68	282.388,68	44,44	47,48	353.111,32
636.000,00	267.892,00	14.734,06	282.626,06	44,44	47,48	353.373,94
636.500,00	268.117,00	14.746,43	282.863,43	44,44	47,48	353.636,57
637.000,00	268.342,00	14.758,81	283.100,81	44,44	47,48	353.899,19
637.500,00	268.567,00	14.771,18	283.338,18	44,45	47,48	354.161,82
638.000,00	268.792,00	14.783,56	283.575,56	44,45	47,48	354.424,44
638.500,00	269.017,00	14.795,93	283.812,93	44,45	47,48	354.687,07
639.000,00	269.242,00	14.808,31	284.050,31	44,45	47,48	354.949,69
639.500,00	269.467,00	14.820,68	284.287,68	44,45	47,48	355.212,32
640.000,00	269.692,00	14.833,06	284.525,06	44,46	47,48	355.474,94
640.500,00	269.917,00	14.845,43	284.762,43	44,46	47,48	355.737,57
641.000,00	270.142,00	14.857,81	284.999,81	44,46	47,48	356.000,19
641.500,00	270.367,00	14.870,18	285.237,18	44,46	47,48	356.262,82
642.000,00	270.592,00	14.882,56	285.474,56	44,47	47,48	356.525,44
642.500,00	270.817,00	14.894,93	285.711,93	44,47	47,48	356.788,07
643.000,00	271.042,00	14.907,31	285.949,31	44,47	47,48	357.050,69
643.500,00	271.267,00	14.919,68	286.186,68	44,47	47,48	357.313,32
644.000,00	271.492,00	14.932,06	286.424,06	44,48	47,48	357.575,94
644.500,00	271.717,00	14.944,43	286.661,43	44,48	47,48	357.838,57
645.000,00	271.942,00	14.956,81	286.898,81	44,48	47,48	358.101,19
645.500,00	272.167,00	14.969,18	287.136,18	44,48	47,48	358.363,82
646.000,00	272.392,00	14.981,56	287.373,56	44,49	47,48	358.626,44
646.500,00	272.617,00	14.993,93	287.610,93	44,49	47,48	358.889,07
647.000,00	272.842,00	15.006,31	287.848,31	44,49	47,48	359.151,69
647.500,00	273.067,00	15.018,68	288.085,68	44,49	47,48	359.414,32
648.000,00	273.292,00	15.031,06	288.323,06	44,49	47,48	359.676,94
648.500,00	273.517,00	15.043,43	288.560,43	44,50	47,48	359.939,57
649.000,00	273.742,00	15.055,81	288.797,81	44,50	47,48	360.202,19

Zu verst. Einkommen EUR	ESt EUR	Solz EUR	ESt mit Solz EUR	Steuer-belastung %	Grenz-steuer-belastung %	Netto verbleiben EUR
649.500,00	273.967,00	15.068,18	289.035,18	44,50	47,48	360.464,82
650.000,00	274.192,00	15.080,56	289.272,56	44,50	47,48	360.727,44
650.500,00	274.417,00	15.092,93	289.509,93	44,51	47,48	360.990,07
651.000,00	274.642,00	15.105,31	289.747,31	44,51	47,48	361.252,69
651.500,00	274.867,00	15.117,68	289.984,68	44,51	47,48	361.515,32
652.000,00	275.092,00	15.130,06	290.222,06	44,51	47,48	361.777,94
652.500,00	275.317,00	15.142,43	290.459,43	44,51	47,48	362.040,57
653.000,00	275.542,00	15.154,81	290.696,81	44,52	47,48	362.303,19
653.500,00	275.767,00	15.167,18	290.934,18	44,52	47,48	362.565,82
654.000,00	275.992,00	15.179,56	291.171,56	44,52	47,48	362.828,44
654.500,00	276.217,00	15.191,93	291.408,93	44,52	47,48	363.091,07
655.000,00	276.442,00	15.204,31	291.646,31	44,53	47,48	363.353,69
655.500,00	276.667,00	15.216,68	291.883,68	44,53	47,48	363.616,32
656.000,00	276.892,00	15.229,06	292.121,06	44,53	47,48	363.878,94
656.500,00	277.117,00	15.241,43	292.358,43	44,53	47,48	364.141,57
657.000,00	277.342,00	15.253,81	292.595,81	44,54	47,48	364.404,19
657.500,00	277.567,00	15.266,18	292.833,18	44,54	47,48	364.666,82
658.000,00	277.792,00	15.278,56	293.070,56	44,54	47,48	364.929,44
658.500,00	278.017,00	15.290,93	293.307,93	44,54	47,48	365.192,07
659.000,00	278.242,00	15.303,31	293.545,31	44,54	47,48	365.454,69
659.500,00	278.467,00	15.315,68	293.782,68	44,55	47,48	365.717,32
660.000,00	278.692,00	15.328,06	294.020,06	44,55	47,48	365.979,94
660.500,00	278.917,00	15.340,43	294.257,43	44,55	47,48	366.242,57
661.000,00	279.142,00	15.352,81	294.494,81	44,55	47,48	366.505,19
661.500,00	279.367,00	15.365,18	294.732,18	44,56	47,48	366.767,82
662.000,00	279.592,00	15.377,56	294.969,56	44,56	47,48	367.030,44
662.500,00	279.817,00	15.389,93	295.206,93	44,56	47,48	367.293,07
663.000,00	280.042,00	15.402,31	295.444,31	44,56	47,48	367.555,69
663.500,00	280.267,00	15.414,68	295.681,68	44,56	47,48	367.818,32
664.000,00	280.492,00	15.427,06	295.919,06	44,57	47,48	368.080,94
664.500,00	280.717,00	15.439,43	296.156,43	44,57	47,48	368.343,57
665.000,00	280.942,00	15.451,81	296.393,81	44,57	47,48	368.606,19
665.500,00	281.167,00	15.464,18	296.631,18	44,57	47,48	368.868,82
666.000,00	281.392,00	15.476,56	296.868,56	44,57	47,48	369.131,44
666.500,00	281.617,00	15.488,93	297.105,93	44,58	47,48	369.394,07
667.000,00	281.842,00	15.501,31	297.343,31	44,58	47,48	369.656,69
667.500,00	282.067,00	15.513,68	297.580,68	44,58	47,48	369.919,32
668.000,00	282.292,00	15.526,06	297.818,06	44,58	47,48	370.181,94
668.500,00	282.517,00	15.538,43	298.055,43	44,59	47,48	370.444,57
669.000,00	282.742,00	15.550,81	298.292,81	44,59	47,48	370.707,19

Zu verst. Einkommen EUR	ESt EUR	Solz EUR	ESt mit Solz EUR	Steuerbelastung %	Grenzsteuerbelastung %	Netto verbleiben EUR
669.500,00	282.967,00	15.563,18	298.530,18	44,59	47,48	370.969,82
670.000,00	283.192,00	15.575,56	298.767,56	44,59	47,48	371.232,44
670.500,00	283.417,00	15.587,93	299.004,93	44,59	47,48	371.495,07
671.000,00	283.642,00	15.600,31	299.242,31	44,60	47,48	371.757,69
671.500,00	283.867,00	15.612,68	299.479,68	44,60	47,48	372.020,32
672.000,00	284.092,00	15.625,06	299.717,06	44,60	47,48	372.282,94
672.500,00	284.317,00	15.637,43	299.954,43	44,60	47,48	372.545,57
673.000,00	284.542,00	15.649,81	300.191,81	44,61	47,48	372.808,19
673.500,00	284.767,00	15.662,18	300.429,18	44,61	47,48	373.070,82
674.000,00	284.992,00	15.674,56	300.666,56	44,61	47,48	373.333,44
674.500,00	285.217,00	15.686,93	300.903,93	44,61	47,48	373.596,07
675.000,00	285.442,00	15.699,31	301.141,31	44,61	47,48	373.858,69
675.500,00	285.667,00	15.711,68	301.378,68	44,62	47,48	374.121,32
676.000,00	285.892,00	15.724,06	301.616,06	44,62	47,48	374.383,94
676.500,00	286.117,00	15.736,43	301.853,43	44,62	47,48	374.646,57
677.000,00	286.342,00	15.748,81	302.090,81	44,62	47,48	374.909,19
677.500,00	286.567,00	15.761,18	302.328,18	44,62	47,48	375.171,82
678.000,00	286.792,00	15.773,56	302.565,56	44,63	47,48	375.434,44
678.500,00	287.017,00	15.785,93	302.802,93	44,63	47,48	375.697,07
679.000,00	287.242,00	15.798,31	303.040,31	44,63	47,48	375.959,69
679.500,00	287.467,00	15.810,68	303.277,68	44,63	47,48	376.222,32
680.000,00	287.692,00	15.823,06	303.515,06	44,63	47,48	376.484,94
680.500,00	287.917,00	15.835,43	303.752,43	44,64	47,48	376.747,57
681.000,00	288.142,00	15.847,81	303.989,81	44,64	47,48	377.010,19
681.500,00	288.367,00	15.860,18	304.227,18	44,64	47,48	377.272,82
682.000,00	288.592,00	15.872,56	304.464,56	44,64	47,48	377.535,44
682.500,00	288.817,00	15.884,93	304.701,93	44,64	47,48	377.798,07
683.000,00	289.042,00	15.897,31	304.939,31	44,65	47,48	378.060,69
683.500,00	289.267,00	15.909,68	305.176,68	44,65	47,48	378.323,32
684.000,00	289.492,00	15.922,06	305.414,06	44,65	47,48	378.585,94
684.500,00	289.717,00	15.934,43	305.651,43	44,65	47,48	378.848,57
685.000,00	289.942,00	15.946,81	305.888,81	44,66	47,48	379.111,19
685.500,00	290.167,00	15.959,18	306.126,18	44,66	47,48	379.373,82
686.000,00	290.392,00	15.971,56	306.363,56	44,66	47,48	379.636,44
686.500,00	290.617,00	15.983,93	306.600,93	44,66	47,48	379.899,07
687.000,00	290.842,00	15.996,31	306.838,31	44,66	47,48	380.161,69
687.500,00	291.067,00	16.008,68	307.075,68	44,67	47,48	380.424,32
688.000,00	291.292,00	16.021,06	307.313,06	44,67	47,48	380.686,94
688.500,00	291.517,00	16.033,43	307.550,43	44,67	47,48	380.949,57
689.000,00	291.742,00	16.045,81	307.787,81	44,67	47,48	381.212,19

Zu verst. Einkommen EUR	ESt EUR	Solz EUR	ESt mit Solz EUR	Steuer-belastung %	Grenz-steuer-belastung %	Netto verbleiben EUR
689.500,00	291.967,00	16.058,18	308.025,18	44,67	47,48	381.474,82
690.000,00	292.192,00	16.070,56	308.262,56	44,68	47,48	381.737,44
690.500,00	292.417,00	16.082,93	308.499,93	44,68	47,48	382.000,07
691.000,00	292.642,00	16.095,31	308.737,31	44,68	47,48	382.262,69
691.500,00	292.867,00	16.107,68	308.974,68	44,68	47,48	382.525,32
692.000,00	293.092,00	16.120,06	309.212,06	44,68	47,48	382.787,94
692.500,00	293.317,00	16.132,43	309.449,43	44,69	47,48	383.050,57
693.000,00	293.542,00	16.144,81	309.686,81	44,69	47,48	383.313,19
693.500,00	293.767,00	16.157,18	309.924,18	44,69	47,48	383.575,82
694.000,00	293.992,00	16.169,56	310.161,56	44,69	47,48	383.838,44
694.500,00	294.217,00	16.181,93	310.398,93	44,69	47,48	384.101,07
695.000,00	294.442,00	16.194,31	310.636,31	44,70	47,48	384.363,69
695.500,00	294.667,00	16.206,68	310.873,68	44,70	47,48	384.626,32
696.000,00	294.892,00	16.219,06	311.111,06	44,70	47,48	384.888,94
696.500,00	295.117,00	16.231,43	311.348,43	44,70	47,48	385.151,57
697.000,00	295.342,00	16.243,81	311.585,81	44,70	47,48	385.414,19
697.500,00	295.567,00	16.256,18	311.823,18	44,71	47,48	385.676,82
698.000,00	295.792,00	16.268,56	312.060,56	44,71	47,48	385.939,44
698.500,00	296.017,00	16.280,93	312.297,93	44,71	47,48	386.202,07
699.000,00	296.242,00	16.293,31	312.535,31	44,71	47,48	386.464,69
699.500,00	296.467,00	16.305,68	312.772,68	44,71	47,48	386.727,32
700.000,00	296.692,00	16.318,06	313.010,06	44,72	47,48	386.989,94
700.500,00	296.917,00	16.330,43	313.247,43	44,72	47,48	387.252,57
701.000,00	297.142,00	16.342,81	313.484,81	44,72	47,48	387.515,19
701.500,00	297.367,00	16.355,18	313.722,18	44,72	47,48	387.777,82
702.000,00	297.592,00	16.367,56	313.959,56	44,72	47,48	388.040,44
702.500,00	297.817,00	16.379,93	314.196,93	44,73	47,48	388.303,07
703.000,00	298.042,00	16.392,31	314.434,31	44,73	47,48	388.565,69
703.500,00	298.267,00	16.404,68	314.671,68	44,73	47,48	388.828,32
704.000,00	298.492,00	16.417,06	314.909,06	44,73	47,48	389.090,94
704.500,00	298.717,00	16.429,43	315.146,43	44,73	47,48	389.353,57
705.000,00	298.942,00	16.441,81	315.383,81	44,74	47,48	389.616,19
705.500,00	299.167,00	16.454,18	315.621,18	44,74	47,48	389.878,82
706.000,00	299.392,00	16.466,56	315.858,56	44,74	47,48	390.141,44
706.500,00	299.617,00	16.478,93	316.095,93	44,74	47,48	390.404,07
707.000,00	299.842,00	16.491,31	316.333,31	44,74	47,48	390.666,69
707.500,00	300.067,00	16.503,68	316.570,68	44,74	47,48	390.929,32
708.000,00	300.292,00	16.516,06	316.808,06	44,75	47,48	391.191,94
708.500,00	300.517,00	16.528,43	317.045,43	44,75	47,48	391.454,57
709.000,00	300.742,00	16.540,81	317.282,81	44,75	47,48	391.717,19

Zu verst. Einkommen EUR	ESt EUR	Solz EUR	ESt mit Solz EUR	Steuer-belastung %	Grenz-steuer-belastung %	Netto verbleiben EUR
709.500,00	300.967,00	16.553,18	317.520,18	44,75	47,48	391.979,82
710.000,00	301.192,00	16.565,56	317.757,56	44,75	47,48	392.242,44
710.500,00	301.417,00	16.577,93	317.994,93	44,76	47,48	392.505,07
711.000,00	301.642,00	16.590,31	318.232,31	44,76	47,48	392.767,69
711.500,00	301.867,00	16.602,68	318.469,68	44,76	47,48	393.030,32
712.000,00	302.092,00	16.615,06	318.707,06	44,76	47,48	393.292,94
712.500,00	302.317,00	16.627,43	318.944,43	44,76	47,48	393.555,57
713.000,00	302.542,00	16.639,81	319.181,81	44,77	47,48	393.818,19
713.500,00	302.767,00	16.652,18	319.419,18	44,77	47,48	394.080,82
714.000,00	302.992,00	16.664,56	319.656,56	44,77	47,48	394.343,44
714.500,00	303.217,00	16.676,93	319.893,93	44,77	47,48	394.606,07
715.000,00	303.442,00	16.689,31	320.131,31	44,77	47,48	394.868,69
715.500,00	303.667,00	16.701,68	320.368,68	44,78	47,48	395.131,32
716.000,00	303.892,00	16.714,06	320.606,06	44,78	47,48	395.393,94
716.500,00	304.117,00	16.726,43	320.843,43	44,78	47,48	395.656,57
717.000,00	304.342,00	16.738,81	321.080,81	44,78	47,48	395.919,19
717.500,00	304.567,00	16.751,18	321.318,18	44,78	47,48	396.181,82
718.000,00	304.792,00	16.763,56	321.555,56	44,78	47,48	396.444,44
718.500,00	305.017,00	16.775,93	321.792,93	44,79	47,48	396.707,07
719.000,00	305.242,00	16.788,31	322.030,31	44,79	47,48	396.969,69
719.500,00	305.467,00	16.800,68	322.267,68	44,79	47,48	397.232,32
720.000,00	305.692,00	16.813,06	322.505,06	44,79	47,48	397.494,94
720.500,00	305.917,00	16.825,43	322.742,43	44,79	47,48	397.757,57
721.000,00	306.142,00	16.837,81	322.979,81	44,80	47,48	398.020,19
721.500,00	306.367,00	16.850,18	323.217,18	44,80	47,48	398.282,82
722.000,00	306.592,00	16.862,56	323.454,56	44,80	47,48	398.545,44
722.500,00	306.817,00	16.874,93	323.691,93	44,80	47,48	398.808,07
723.000,00	307.042,00	16.887,31	323.929,31	44,80	47,48	399.070,69
723.500,00	307.267,00	16.899,68	324.166,68	44,81	47,48	399.333,32
724.000,00	307.492,00	16.912,06	324.404,06	44,81	47,48	399.595,94
724.500,00	307.717,00	16.924,43	324.641,43	44,81	47,48	399.858,57
725.000,00	307.942,00	16.936,81	324.878,81	44,81	47,48	400.121,19
725.500,00	308.167,00	16.949,18	325.116,18	44,81	47,48	400.383,82
726.000,00	308.392,00	16.961,56	325.353,56	44,81	47,48	400.646,44
726.500,00	308.617,00	16.973,93	325.590,93	44,82	47,48	400.909,07
727.000,00	308.842,00	16.986,31	325.828,31	44,82	47,48	401.171,69
727.500,00	309.067,00	16.998,68	326.065,68	44,82	47,48	401.434,32
728.000,00	309.292,00	17.011,06	326.303,06	44,82	47,48	401.696,94
728.500,00	309.517,00	17.023,43	326.540,43	44,82	47,48	401.959,57
729.000,00	309.742,00	17.035,81	326.777,81	44,83	47,48	402.222,19

Zu verst. Einkommen EUR	ESt EUR	Solz EUR	ESt mit Solz EUR	Steuer-belastung %	Grenz-steuer-belastung %	Netto verbleiben EUR
729.500,00	309.967,00	17.048,18	327.015,18	44,83	47,48	402.484,82
730.000,00	310.192,00	17.060,56	327.252,56	44,83	47,48	402.747,44
730.500,00	310.417,00	17.072,93	327.489,93	44,83	47,48	403.010,07
731.000,00	310.642,00	17.085,31	327.727,31	44,83	47,48	403.272,69
731.500,00	310.867,00	17.097,68	327.964,68	44,83	47,48	403.535,32
732.000,00	311.092,00	17.110,06	328.202,06	44,84	47,48	403.797,94
732.500,00	311.317,00	17.122,43	328.439,43	44,84	47,48	404.060,57
733.000,00	311.542,00	17.134,81	328.676,81	44,84	47,48	404.323,19
733.500,00	311.767,00	17.147,18	328.914,18	44,84	47,48	404.585,82
734.000,00	311.992,00	17.159,56	329.151,56	44,84	47,48	404.848,44
734.500,00	312.217,00	17.171,93	329.388,93	44,85	47,48	405.111,07
735.000,00	312.442,00	17.184,31	329.626,31	44,85	47,48	405.373,69
735.500,00	312.667,00	17.196,68	329.863,68	44,85	47,48	405.636,32
736.000,00	312.892,00	17.209,06	330.101,06	44,85	47,48	405.898,94
736.500,00	313.117,00	17.221,43	330.338,43	44,85	47,48	406.161,57
737.000,00	313.342,00	17.233,81	330.575,81	44,85	47,48	406.424,19
737.500,00	313.567,00	17.246,18	330.813,18	44,86	47,48	406.686,82
738.000,00	313.792,00	17.258,56	331.050,56	44,86	47,48	406.949,44
738.500,00	314.017,00	17.270,93	331.287,93	44,86	47,48	407.212,07
739.000,00	314.242,00	17.283,31	331.525,31	44,86	47,48	407.474,69
739.500,00	314.467,00	17.295,68	331.762,68	44,86	47,48	407.737,32
740.000,00	314.692,00	17.308,06	332.000,06	44,86	47,48	407.999,94
740.500,00	314.917,00	17.320,43	332.237,43	44,87	47,48	408.262,57
741.000,00	315.142,00	17.332,81	332.474,81	44,87	47,48	408.525,19
741.500,00	315.367,00	17.345,18	332.712,18	44,87	47,48	408.787,82
742.000,00	315.592,00	17.357,56	332.949,56	44,87	47,48	409.050,44
742.500,00	315.817,00	17.369,93	333.186,93	44,87	47,48	409.313,07
743.000,00	316.042,00	17.382,31	333.424,31	44,88	47,48	409.575,69
743.500,00	316.267,00	17.394,68	333.661,68	44,88	47,48	409.838,32
744.000,00	316.492,00	17.407,06	333.899,06	44,88	47,48	410.100,94
744.500,00	316.717,00	17.419,43	334.136,43	44,88	47,48	410.363,57
745.000,00	316.942,00	17.431,81	334.373,81	44,88	47,48	410.626,19
745.500,00	317.167,00	17.444,18	334.611,18	44,88	47,48	410.888,82
746.000,00	317.392,00	17.456,56	334.848,56	44,89	47,48	411.151,44
746.500,00	317.617,00	17.468,93	335.085,93	44,89	47,48	411.414,07
747.000,00	317.842,00	17.481,31	335.323,31	44,89	47,48	411.676,69
747.500,00	318.067,00	17.493,68	335.560,68	44,89	47,48	411.939,32
748.000,00	318.292,00	17.506,06	335.798,06	44,89	47,48	412.201,94
748.500,00	318.517,00	17.518,43	336.035,43	44,89	47,48	412.464,57
749.000,00	318.742,00	17.530,81	336.272,81	44,90	47,48	412.727,19

Zu verst. Einkommen EUR	ESt EUR	Solz EUR	ESt mit Solz EUR	Steuer-belastung %	Grenz-steuer-belastung %	Netto verbleiben EUR
749.500,00	318.967,00	17.543,18	336.510,18	44,90	47,48	412.989,82
750.000,00	319.192,00	17.555,56	336.747,56	44,90	47,48	413.252,44
750.500,00	319.417,00	17.567,93	336.984,93	44,90	47,48	413.515,07
751.000,00	319.642,00	17.580,31	337.222,31	44,90	47,48	413.777,69
751.500,00	319.867,00	17.592,68	337.459,68	44,90	47,48	414.040,32
752.000,00	320.092,00	17.605,06	337.697,06	44,91	47,48	414.302,94
752.500,00	320.317,00	17.617,43	337.934,43	44,91	47,48	414.565,57
753.000,00	320.542,00	17.629,81	338.171,81	44,91	47,48	414.828,19
753.500,00	320.767,00	17.642,18	338.409,18	44,91	47,48	415.090,82
754.000,00	320.992,00	17.654,56	338.646,56	44,91	47,48	415.353,44
754.500,00	321.217,00	17.666,93	338.883,93	44,92	47,48	415.616,07
755.000,00	321.442,00	17.679,31	339.121,31	44,92	47,48	415.878,69
755.500,00	321.667,00	17.691,68	339.358,68	44,92	47,48	416.141,32
756.000,00	321.892,00	17.704,06	339.596,06	44,92	47,48	416.403,94
756.500,00	322.117,00	17.716,43	339.833,43	44,92	47,48	416.666,57
757.000,00	322.342,00	17.728,81	340.070,81	44,92	47,48	416.929,19
757.500,00	322.567,00	17.741,18	340.308,18	44,93	47,48	417.191,82
758.000,00	322.792,00	17.753,56	340.545,56	44,93	47,48	417.454,44
758.500,00	323.017,00	17.765,93	340.782,93	44,93	47,48	417.717,07
759.000,00	323.242,00	17.778,31	341.020,31	44,93	47,48	417.979,69
759.500,00	323.467,00	17.790,68	341.257,68	44,93	47,48	418.242,32
760.000,00	323.692,00	17.803,06	341.495,06	44,93	47,48	418.504,94
760.500,00	323.917,00	17.815,43	341.732,43	44,94	47,48	418.767,57
761.000,00	324.142,00	17.827,81	341.969,81	44,94	47,48	419.030,19
761.500,00	324.367,00	17.840,18	342.207,18	44,94	47,48	419.292,82
762.000,00	324.592,00	17.852,56	342.444,56	44,94	47,48	419.555,44
762.500,00	324.817,00	17.864,93	342.681,93	44,94	47,48	419.818,07
763.000,00	325.042,00	17.877,31	342.919,31	44,94	47,48	420.080,69
763.500,00	325.267,00	17.889,68	343.156,68	44,95	47,48	420.343,32
764.000,00	325.492,00	17.902,06	343.394,06	44,95	47,48	420.605,94
764.500,00	325.717,00	17.914,43	343.631,43	44,95	47,48	420.868,57
765.000,00	325.942,00	17.926,81	343.868,81	44,95	47,48	421.131,19
765.500,00	326.167,00	17.939,18	344.106,18	44,95	47,48	421.393,82
766.000,00	326.392,00	17.951,56	344.343,56	44,95	47,48	421.656,44
766.500,00	326.617,00	17.963,93	344.580,93	44,96	47,48	421.919,07
767.000,00	326.842,00	17.976,31	344.818,31	44,96	47,48	422.181,69
767.500,00	327.067,00	17.988,68	345.055,68	44,96	47,48	422.444,32
768.000,00	327.292,00	18.001,06	345.293,06	44,96	47,48	422.706,94
768.500,00	327.517,00	18.013,43	345.530,43	44,96	47,48	422.969,57
769.000,00	327.742,00	18.025,81	345.767,81	44,96	47,48	423.232,19

Zu verst. Einkommen EUR	ESt EUR	Solz EUR	ESt mit Solz EUR	Steuer-belastung %	Grenz-steuer-belastung %	Netto verbleiben EUR
769.500,00	327.967,00	18.038,18	346.005,18	44,96	47,48	423.494,82
770.000,00	328.192,00	18.050,56	346.242,56	44,97	47,48	423.757,44
770.500,00	328.417,00	18.062,93	346.479,93	44,97	47,48	424.020,07
771.000,00	328.642,00	18.075,31	346.717,31	44,97	47,48	424.282,69
771.500,00	328.867,00	18.087,68	346.954,68	44,97	47,48	424.545,32
772.000,00	329.092,00	18.100,06	347.192,06	44,97	47,48	424.807,94
772.500,00	329.317,00	18.112,43	347.429,43	44,97	47,48	425.070,57
773.000,00	329.542,00	18.124,81	347.666,81	44,98	47,48	425.333,19
773.500,00	329.767,00	18.137,18	347.904,18	44,98	47,48	425.595,82
774.000,00	329.992,00	18.149,56	348.141,56	44,98	47,48	425.858,44
774.500,00	330.217,00	18.161,93	348.378,93	44,98	47,48	426.121,07
775.000,00	330.442,00	18.174,31	348.616,31	44,98	47,48	426.383,69
775.500,00	330.667,00	18.186,68	348.853,68	44,98	47,48	426.646,32
776.000,00	330.892,00	18.199,06	349.091,06	44,99	47,48	426.908,94
776.500,00	331.117,00	18.211,43	349.328,43	44,99	47,48	427.171,57
777.000,00	331.342,00	18.223,81	349.565,81	44,99	47,48	427.434,19
777.500,00	331.567,00	18.236,18	349.803,18	44,99	47,48	427.696,82
778.000,00	331.792,00	18.248,56	350.040,56	44,99	47,48	427.959,44
778.500,00	332.017,00	18.260,93	350.277,93	44,99	47,48	428.222,07
779.000,00	332.242,00	18.273,31	350.515,31	45,00	47,48	428.484,69
779.500,00	332.467,00	18.285,68	350.752,68	45,00	47,48	428.747,32
780.000,00	332.692,00	18.298,06	350.990,06	45,00	47,48	429.009,94
780.500,00	332.917,00	18.310,43	351.227,43	45,00	47,48	429.272,57
781.000,00	333.142,00	18.322,81	351.464,81	45,00	47,48	429.535,19
781.500,00	333.367,00	18.335,18	351.702,18	45,00	47,48	429.797,82
782.000,00	333.592,00	18.347,56	351.939,56	45,01	47,48	430.060,44
782.500,00	333.817,00	18.359,93	352.176,93	45,01	47,48	430.323,07
783.000,00	334.042,00	18.372,31	352.414,31	45,01	47,48	430.585,69
783.500,00	334.267,00	18.384,68	352.651,68	45,01	47,48	430.848,32
784.000,00	334.492,00	18.397,06	352.889,06	45,01	47,48	431.110,94
784.500,00	334.717,00	18.409,43	353.126,43	45,01	47,48	431.373,57
785.000,00	334.942,00	18.421,81	353.363,81	45,01	47,48	431.636,19
785.500,00	335.167,00	18.434,18	353.601,18	45,02	47,48	431.898,82
786.000,00	335.392,00	18.446,56	353.838,56	45,02	47,48	432.161,44
786.500,00	335.617,00	18.458,93	354.075,93	45,02	47,48	432.424,07
787.000,00	335.842,00	18.471,31	354.313,31	45,02	47,48	432.686,69
787.500,00	336.067,00	18.483,68	354.550,68	45,02	47,48	432.949,32
788.000,00	336.292,00	18.496,06	354.788,06	45,02	47,48	433.211,94
788.500,00	336.517,00	18.508,43	355.025,43	45,03	47,48	433.474,57
789.000,00	336.742,00	18.520,81	355.262,81	45,03	47,48	433.737,19

Zu verst. Einkommen EUR	ESt EUR	Solz EUR	ESt mit Solz EUR	Steuer-belastung %	Grenz-steuer-belastung %	Netto verbleiben EUR
789.500,00	336.967,00	18.533,18	355.500,18	45,03	47,48	433.999,82
790.000,00	337.192,00	18.545,56	355.737,56	45,03	47,48	434.262,44
790.500,00	337.417,00	18.557,93	355.974,93	45,03	47,48	434.525,07
791.000,00	337.642,00	18.570,31	356.212,31	45,03	47,48	434.787,69
791.500,00	337.867,00	18.582,68	356.449,68	45,03	47,48	435.050,32
792.000,00	338.092,00	18.595,06	356.687,06	45,04	47,48	435.312,94
792.500,00	338.317,00	18.607,43	356.924,43	45,04	47,48	435.575,57
793.000,00	338.542,00	18.619,81	357.161,81	45,04	47,48	435.838,19
793.500,00	338.767,00	18.632,18	357.399,18	45,04	47,48	436.100,82
794.000,00	338.992,00	18.644,56	357.636,56	45,04	47,48	436.363,44
794.500,00	339.217,00	18.656,93	357.873,93	45,04	47,48	436.626,07
795.000,00	339.442,00	18.669,31	358.111,31	45,05	47,48	436.888,69
795.500,00	339.667,00	18.681,68	358.348,68	45,05	47,48	437.151,32
796.000,00	339.892,00	18.694,06	358.586,06	45,05	47,48	437.413,94
796.500,00	340.117,00	18.706,43	358.823,43	45,05	47,48	437.676,57
797.000,00	340.342,00	18.718,81	359.060,81	45,05	47,48	437.939,19
797.500,00	340.567,00	18.731,18	359.298,18	45,05	47,48	438.201,82
798.000,00	340.792,00	18.743,56	359.535,56	45,05	47,48	438.464,44
798.500,00	341.017,00	18.755,93	359.772,93	45,06	47,48	438.727,07
799.000,00	341.242,00	18.768,31	360.010,31	45,06	47,48	438.989,69
799.500,00	341.467,00	18.780,68	360.247,68	45,06	47,48	439.252,32
800.000,00	341.692,00	18.793,06	360.485,06	45,06	47,48	439.514,94
800.500,00	341.917,00	18.805,43	360.722,43	45,06	47,48	439.777,57
801.000,00	342.142,00	18.817,81	360.959,81	45,06	47,48	440.040,19
801.500,00	342.367,00	18.830,18	361.197,18	45,07	47,48	440.302,82
802.000,00	342.592,00	18.842,56	361.434,56	45,07	47,48	440.565,44
802.500,00	342.817,00	18.854,93	361.671,93	45,07	47,48	440.828,07
803.000,00	343.042,00	18.867,31	361.909,31	45,07	47,48	441.090,69
803.500,00	343.267,00	18.879,68	362.146,68	45,07	47,48	441.353,32
804.000,00	343.492,00	18.892,06	362.384,06	45,07	47,48	441.615,94
804.500,00	343.717,00	18.904,43	362.621,43	45,07	47,48	441.878,57
805.000,00	343.942,00	18.916,81	362.858,81	45,08	47,48	442.141,19
805.500,00	344.167,00	18.929,18	363.096,18	45,08	47,48	442.403,82
806.000,00	344.392,00	18.941,56	363.333,56	45,08	47,48	442.666,44
806.500,00	344.617,00	18.953,93	363.570,93	45,08	47,48	442.929,07
807.000,00	344.842,00	18.966,31	363.808,31	45,08	47,48	443.191,69
807.500,00	345.067,00	18.978,68	364.045,68	45,08	47,48	443.454,32
808.000,00	345.292,00	18.991,06	364.283,06	45,08	47,48	443.716,94
808.500,00	345.517,00	19.003,43	364.520,43	45,09	47,48	443.979,57
809.000,00	345.742,00	19.015,81	364.757,81	45,09	47,48	444.242,19

Zu verst. Einkommen EUR	ESt EUR	Solz EUR	ESt mit Solz EUR	Steuer-belastung %	Grenz-steuer-belastung %	Netto verbleiben EUR
809.500,00	345.967,00	19.028,18	364.995,18	45,09	47,48	444.504,82
810.000,00	346.192,00	19.040,56	365.232,56	45,09	47,48	444.767,44
810.500,00	346.417,00	19.052,93	365.469,93	45,09	47,48	445.030,07
811.000,00	346.642,00	19.065,31	365.707,31	45,09	47,48	445.292,69
811.500,00	346.867,00	19.077,68	365.944,68	45,09	47,48	445.555,32
812.000,00	347.092,00	19.090,06	366.182,06	45,10	47,48	445.817,94
812.500,00	347.317,00	19.102,43	366.419,43	45,10	47,48	446.080,57
813.000,00	347.542,00	19.114,81	366.656,81	45,10	47,48	446.343,19
813.500,00	347.767,00	19.127,18	366.894,18	45,10	47,48	446.605,82
814.000,00	347.992,00	19.139,56	367.131,56	45,10	47,48	446.868,44
814.500,00	348.217,00	19.151,93	367.368,93	45,10	47,48	447.131,07
815.000,00	348.442,00	19.164,31	367.606,31	45,11	47,48	447.393,69
815.500,00	348.667,00	19.176,68	367.843,68	45,11	47,48	447.656,32
816.000,00	348.892,00	19.189,06	368.081,06	45,11	47,48	447.918,94
816.500,00	349.117,00	19.201,43	368.318,43	45,11	47,48	448.181,57
817.000,00	349.342,00	19.213,81	368.555,81	45,11	47,48	448.444,19
817.500,00	349.567,00	19.226,18	368.793,18	45,11	47,48	448.706,82
818.000,00	349.792,00	19.238,56	369.030,56	45,11	47,48	448.969,44
818.500,00	350.017,00	19.250,93	369.267,93	45,12	47,48	449.232,07
819.000,00	350.242,00	19.263,31	369.505,31	45,12	47,48	449.494,69
819.500,00	350.467,00	19.275,68	369.742,68	45,12	47,48	449.757,32
820.000,00	350.692,00	19.288,06	369.980,06	45,12	47,48	450.019,94
820.500,00	350.917,00	19.300,43	370.217,43	45,12	47,48	450.282,57
821.000,00	351.142,00	19.312,81	370.454,81	45,12	47,48	450.545,19
821.500,00	351.367,00	19.325,18	370.692,18	45,12	47,48	450.807,82
822.000,00	351.592,00	19.337,56	370.929,56	45,13	47,48	451.070,44
822.500,00	351.817,00	19.349,93	371.166,93	45,13	47,48	451.333,07
823.000,00	352.042,00	19.362,31	371.404,31	45,13	47,48	451.595,69
823.500,00	352.267,00	19.374,68	371.641,68	45,13	47,48	451.858,32
824.000,00	352.492,00	19.387,06	371.879,06	45,13	47,48	452.120,94
824.500,00	352.717,00	19.399,43	372.116,43	45,13	47,48	452.383,57
825.000,00	352.942,00	19.411,81	372.353,81	45,13	47,48	452.646,19
825.500,00	353.167,00	19.424,18	372.591,18	45,14	47,48	452.908,82
826.000,00	353.392,00	19.436,56	372.828,56	45,14	47,48	453.171,44
826.500,00	353.617,00	19.448,93	373.065,93	45,14	47,48	453.434,07
827.000,00	353.842,00	19.461,31	373.303,31	45,14	47,48	453.696,69
827.500,00	354.067,00	19.473,68	373.540,68	45,14	47,48	453.959,32
828.000,00	354.292,00	19.486,06	373.778,06	45,14	47,48	454.221,94
828.500,00	354.517,00	19.498,43	374.015,43	45,14	47,48	454.484,57
829.000,00	354.742,00	19.510,81	374.252,81	45,15	47,48	454.747,19

Zu verst. Einkommen EUR	ESt EUR	Solz EUR	ESt mit Solz EUR	Steuer-belastung %	Grenz-steuer-belastung %	Netto verbleiben EUR
829.500,00	354.967,00	19.523,18	374.490,18	45,15	47,48	455.009,82
830.000,00	355.192,00	19.535,56	374.727,56	45,15	47,48	455.272,44
830.500,00	355.417,00	19.547,93	374.964,93	45,15	47,48	455.535,07
831.000,00	355.642,00	19.560,31	375.202,31	45,15	47,48	455.797,69
831.500,00	355.867,00	19.572,68	375.439,68	45,15	47,48	456.060,32
832.000,00	356.092,00	19.585,06	375.677,06	45,15	47,48	456.322,94
832.500,00	356.317,00	19.597,43	375.914,43	45,15	47,48	456.585,57
833.000,00	356.542,00	19.609,81	376.151,81	45,16	47,48	456.848,19
833.500,00	356.767,00	19.622,18	376.389,18	45,16	47,48	457.110,82
834.000,00	356.992,00	19.634,56	376.626,56	45,16	47,48	457.373,44
834.500,00	357.217,00	19.646,93	376.863,93	45,16	47,48	457.636,07
835.000,00	357.442,00	19.659,31	377.101,31	45,16	47,48	457.898,69
835.500,00	357.667,00	19.671,68	377.338,68	45,16	47,48	458.161,32
836.000,00	357.892,00	19.684,06	377.576,06	45,16	47,48	458.423,94
836.500,00	358.117,00	19.696,43	377.813,43	45,17	47,48	458.686,57
837.000,00	358.342,00	19.708,81	378.050,81	45,17	47,48	458.949,19
837.500,00	358.567,00	19.721,18	378.288,18	45,17	47,48	459.211,82
838.000,00	358.792,00	19.733,56	378.525,56	45,17	47,48	459.474,44
838.500,00	359.017,00	19.745,93	378.762,93	45,17	47,48	459.737,07
839.000,00	359.242,00	19.758,31	379.000,31	45,17	47,48	459.999,69
839.500,00	359.467,00	19.770,68	379.237,68	45,17	47,48	460.262,32
840.000,00	359.692,00	19.783,06	379.475,06	45,18	47,48	460.524,94
840.500,00	359.917,00	19.795,43	379.712,43	45,18	47,48	460.787,57
841.000,00	360.142,00	19.807,81	379.949,81	45,18	47,48	461.050,19
841.500,00	360.367,00	19.820,18	380.187,18	45,18	47,48	461.312,82
842.000,00	360.592,00	19.832,56	380.424,56	45,18	47,48	461.575,44
842.500,00	360.817,00	19.844,93	380.661,93	45,18	47,48	461.838,07
843.000,00	361.042,00	19.857,31	380.899,31	45,18	47,48	462.100,69
843.500,00	361.267,00	19.869,68	381.136,68	45,19	47,48	462.363,32
844.000,00	361.492,00	19.882,06	381.374,06	45,19	47,48	462.625,94
844.500,00	361.717,00	19.894,43	381.611,43	45,19	47,48	462.888,57
845.000,00	361.942,00	19.906,81	381.848,81	45,19	47,48	463.151,19
845.500,00	362.167,00	19.919,18	382.086,18	45,19	47,48	463.413,82
846.000,00	362.392,00	19.931,56	382.323,56	45,19	47,48	463.676,44
846.500,00	362.617,00	19.943,93	382.560,93	45,19	47,48	463.939,07
847.000,00	362.842,00	19.956,31	382.798,31	45,19	47,48	464.201,69
847.500,00	363.067,00	19.968,68	383.035,68	45,20	47,48	464.464,32
848.000,00	363.292,00	19.981,06	383.273,06	45,20	47,48	464.726,94
848.500,00	363.517,00	19.993,43	383.510,43	45,20	47,48	464.989,57
849.000,00	363.742,00	20.005,81	383.747,81	45,20	47,48	465.252,19

Zu verst. Einkommen EUR	ESt EUR	Solz EUR	ESt mit Solz EUR	Steuer-belastung %	Grenz-steuer-belastung %	Netto verbleiben EUR
849.500,00	363.967,00	20.018,18	383.985,18	45,20	47,48	465.514,82
850.000,00	364.192,00	20.030,56	384.222,56	45,20	47,48	465.777,44
850.500,00	364.417,00	20.042,93	384.459,93	45,20	47,48	466.040,07
851.000,00	364.642,00	20.055,31	384.697,31	45,21	47,48	466.302,69
851.500,00	364.867,00	20.067,68	384.934,68	45,21	47,48	466.565,32
852.000,00	365.092,00	20.080,06	385.172,06	45,21	47,48	466.827,94
852.500,00	365.317,00	20.092,43	385.409,43	45,21	47,48	467.090,57
853.000,00	365.542,00	20.104,81	385.646,81	45,21	47,48	467.353,19
853.500,00	365.767,00	20.117,18	385.884,18	45,21	47,48	467.615,82
854.000,00	365.992,00	20.129,56	386.121,56	45,21	47,48	467.878,44
854.500,00	366.217,00	20.141,93	386.358,93	45,21	47,48	468.141,07
855.000,00	366.442,00	20.154,31	386.596,31	45,22	47,48	468.403,69
855.500,00	366.667,00	20.166,68	386.833,68	45,22	47,48	468.666,32
856.000,00	366.892,00	20.179,06	387.071,06	45,22	47,48	468.928,94
856.500,00	367.117,00	20.191,43	387.308,43	45,22	47,48	469.191,57
857.000,00	367.342,00	20.203,81	387.545,81	45,22	47,48	469.454,19
857.500,00	367.567,00	20.216,18	387.783,18	45,22	47,48	469.716,82
858.000,00	367.792,00	20.228,56	388.020,56	45,22	47,48	469.979,44
858.500,00	368.017,00	20.240,93	388.257,93	45,23	47,48	470.242,07
859.000,00	368.242,00	20.253,31	388.495,31	45,23	47,48	470.504,69
859.500,00	368.467,00	20.265,68	388.732,68	45,23	47,48	470.767,32
860.000,00	368.692,00	20.278,06	388.970,06	45,23	47,48	471.029,94
860.500,00	368.917,00	20.290,43	389.207,43	45,23	47,48	471.292,57
861.000,00	369.142,00	20.302,81	389.444,81	45,23	47,48	471.555,19
861.500,00	369.367,00	20.315,18	389.682,18	45,23	47,48	471.817,82
862.000,00	369.592,00	20.327,56	389.919,56	45,23	47,48	472.080,44
862.500,00	369.817,00	20.339,93	390.156,93	45,24	47,48	472.343,07
863.000,00	370.042,00	20.352,31	390.394,31	45,24	47,48	472.605,69
863.500,00	370.267,00	20.364,68	390.631,68	45,24	47,48	472.868,32
864.000,00	370.492,00	20.377,06	390.869,06	45,24	47,48	473.130,94
864.500,00	370.717,00	20.389,43	391.106,43	45,24	47,48	473.393,57
865.000,00	370.942,00	20.401,81	391.343,81	45,24	47,48	473.656,19
865.500,00	371.167,00	20.414,18	391.581,18	45,24	47,48	473.918,82
866.000,00	371.392,00	20.426,56	391.818,56	45,24	47,48	474.181,44
866.500,00	371.617,00	20.438,93	392.055,93	45,25	47,48	474.444,07
867.000,00	371.842,00	20.451,31	392.293,31	45,25	47,48	474.706,69
867.500,00	372.067,00	20.463,68	392.530,68	45,25	47,48	474.969,32
868.000,00	372.292,00	20.476,06	392.768,06	45,25	47,48	475.231,94
868.500,00	372.517,00	20.488,43	393.005,43	45,25	47,48	475.494,57
869.000,00	372.742,00	20.500,81	393.242,81	45,25	47,48	475.757,19

Zu verst. Einkommen EUR	ESt EUR	Solz EUR	ESt mit Solz EUR	Steuer-belastung %	Grenz-steuer-belastung %	Netto verbleiben EUR
869.500,00	372.967,00	20.513,18	393.480,18	45,25	47,48	476.019,82
870.000,00	373.192,00	20.525,56	393.717,56	45,25	47,48	476.282,44
870.500,00	373.417,00	20.537,93	393.954,93	45,26	47,48	476.545,07
871.000,00	373.642,00	20.550,31	394.192,31	45,26	47,48	476.807,69
871.500,00	373.867,00	20.562,68	394.429,68	45,26	47,48	477.070,32
872.000,00	374.092,00	20.575,06	394.667,06	45,26	47,48	477.332,94
872.500,00	374.317,00	20.587,43	394.904,43	45,26	47,48	477.595,57
873.000,00	374.542,00	20.599,81	395.141,81	45,26	47,48	477.858,19
873.500,00	374.767,00	20.612,18	395.379,18	45,26	47,48	478.120,82
874.000,00	374.992,00	20.624,56	395.616,56	45,27	47,48	478.383,44
874.500,00	375.217,00	20.636,93	395.853,93	45,27	47,48	478.646,07
875.000,00	375.442,00	20.649,31	396.091,31	45,27	47,48	478.908,69
875.500,00	375.667,00	20.661,68	396.328,68	45,27	47,48	479.171,32
876.000,00	375.892,00	20.674,06	396.566,06	45,27	47,48	479.433,94
876.500,00	376.117,00	20.686,43	396.803,43	45,27	47,48	479.696,57
877.000,00	376.342,00	20.698,81	397.040,81	45,27	47,48	479.959,19
877.500,00	376.567,00	20.711,18	397.278,18	45,27	47,48	480.221,82
878.000,00	376.792,00	20.723,56	397.515,56	45,28	47,48	480.484,44
878.500,00	377.017,00	20.735,93	397.752,93	45,28	47,48	480.747,07
879.000,00	377.242,00	20.748,31	397.990,31	45,28	47,48	481.009,69
879.500,00	377.467,00	20.760,68	398.227,68	45,28	47,48	481.272,32
880.000,00	377.692,00	20.773,06	398.465,06	45,28	47,48	481.534,94
880.500,00	377.917,00	20.785,43	398.702,43	45,28	47,48	481.797,57
881.000,00	378.142,00	20.797,81	398.939,81	45,28	47,48	482.060,19
881.500,00	378.367,00	20.810,18	399.177,18	45,28	47,48	482.322,82
882.000,00	378.592,00	20.822,56	399.414,56	45,29	47,48	482.585,44
882.500,00	378.817,00	20.834,93	399.651,93	45,29	47,48	482.848,07
883.000,00	379.042,00	20.847,31	399.889,31	45,29	47,48	483.110,69
883.500,00	379.267,00	20.859,68	400.126,68	45,29	47,48	483.373,32
884.000,00	379.492,00	20.872,06	400.364,06	45,29	47,48	483.635,94
884.500,00	379.717,00	20.884,43	400.601,43	45,29	47,48	483.898,57
885.000,00	379.942,00	20.006,81	400.838,81	45,29	47,48	484.161,19
885.500,00	380.167,00	20.909,18	401.076,18	45,29	47,48	484.423,82
886.000,00	380.392,00	20.921,56	401.313,56	45,29	47,48	484.686,44
886.500,00	380.617,00	20.933,93	401.550,93	45,30	47,48	484.949,07
887.000,00	380.842,00	20.946,31	401.788,31	45,30	47,48	485.211,69
887.500,00	381.067,00	20.958,68	402.025,68	45,30	47,48	485.474,32
888.000,00	381.292,00	20.971,06	402.263,06	45,30	47,48	485.736,94
888.500,00	381.517,00	20.983,43	402.500,43	45,30	47,48	485.999,57
889.000,00	381.742,00	20.995,81	402.737,81	45,30	47,48	486.262,19

Zu verst. Einkommen EUR	ESt EUR	Solz EUR	ESt mit Solz EUR	Steuer-belastung %	Grenz-steuer-belastung %	Netto verbleiben EUR
889.500,00	381.967,00	21.008,18	402.975,18	45,30	47,48	486.524,82
890.000,00	382.192,00	21.020,56	403.212,56	45,30	47,48	486.787,44
890.500,00	382.417,00	21.032,93	403.449,93	45,31	47,48	487.050,07
891.000,00	382.642,00	21.045,31	403.687,31	45,31	47,48	487.312,69
891.500,00	382.867,00	21.057,68	403.924,68	45,31	47,48	487.575,32
892.000,00	383.092,00	21.070,06	404.162,06	45,31	47,48	487.837,94
892.500,00	383.317,00	21.082,43	404.399,43	45,31	47,48	488.100,57
893.000,00	383.542,00	21.094,81	404.636,81	45,31	47,48	488.363,19
893.500,00	383.767,00	21.107,18	404.874,18	45,31	47,48	488.625,82
894.000,00	383.992,00	21.119,56	405.111,56	45,31	47,48	488.888,44
894.500,00	384.217,00	21.131,93	405.348,93	45,32	47,48	489.151,07
895.000,00	384.442,00	21.144,31	405.586,31	45,32	47,48	489.413,69
895.500,00	384.667,00	21.156,68	405.823,68	45,32	47,48	489.676,32
896.000,00	384.892,00	21.169,06	406.061,06	45,32	47,48	489.938,94
896.500,00	385.117,00	21.181,43	406.298,43	45,32	47,48	490.201,57
897.000,00	385.342,00	21.193,81	406.535,81	45,32	47,48	490.464,19
897.500,00	385.567,00	21.206,18	406.773,18	45,32	47,48	490.726,82
898.000,00	385.792,00	21.218,56	407.010,56	45,32	47,48	490.989,44
898.500,00	386.017,00	21.230,93	407.247,93	45,33	47,48	491.252,07
899.000,00	386.242,00	21.243,31	407.485,31	45,33	47,48	491.514,69
899.500,00	386.467,00	21.255,68	407.722,68	45,33	47,48	491.777,32
900.000,00	386.692,00	21.268,06	407.960,06	45,33	47,48	492.039,94
900.500,00	386.917,00	21.280,43	408.197,43	45,33	47,48	492.302,57
901.000,00	387.142,00	21.292,81	408.434,81	45,33	47,48	492.565,19
901.500,00	387.367,00	21.305,18	408.672,18	45,33	47,48	492.827,82
902.000,00	387.592,00	21.317,56	408.909,56	45,33	47,48	493.090,44
902.500,00	387.817,00	21.329,93	409.146,93	45,33	47,48	493.353,07
903.000,00	388.042,00	21.342,31	409.384,31	45,34	47,48	493.615,69
903.500,00	388.267,00	21.354,68	409.621,68	45,34	47,48	493.878,32
904.000,00	388.492,00	21.367,06	409.859,06	45,34	47,48	494.140,94
904.500,00	388.717,00	21.379,43	410.096,43	45,34	47,48	494.403,57
905.000,00	388.942,00	21.391,81	410.333,81	45,34	47,48	494.666,19
905.500,00	389.167,00	21.404,18	410.571,18	45,34	47,48	494.928,82
906.000,00	389.392,00	21.416,56	410.808,56	45,34	47,48	495.191,44
906.500,00	389.617,00	21.428,93	411.045,93	45,34	47,48	495.454,07
907.000,00	389.842,00	21.441,31	411.283,31	45,35	47,48	495.716,69
907.500,00	390.067,00	21.453,68	411.520,68	45,35	47,48	495.979,32
908.000,00	390.292,00	21.466,06	411.758,06	45,35	47,48	496.241,94
908.500,00	390.517,00	21.478,43	411.995,43	45,35	47,48	496.504,57
909.000,00	390.742,00	21.490,81	412.232,81	45,35	47,48	496.767,19

Zu verst. Einkommen EUR	ESt EUR	Solz EUR	ESt mit Solz EUR	Steuerbelastung %	Grenzsteuerbelastung %	Netto verbleiben EUR
909.500,00	390.967,00	21.503,18	412.470,18	45,35	47,48	497.029,82
910.000,00	391.192,00	21.515,56	412.707,56	45,35	47,48	497.292,44
910.500,00	391.417,00	21.527,93	412.944,93	45,35	47,48	497.555,07
911.000,00	391.642,00	21.540,31	413.182,31	45,35	47,48	497.817,69
911.500,00	391.867,00	21.552,68	413.419,68	45,36	47,48	498.080,32
912.000,00	392.092,00	21.565,06	413.657,06	45,36	47,48	498.342,94
912.500,00	392.317,00	21.577,43	413.894,43	45,36	47,48	498.605,57
913.000,00	392.542,00	21.589,81	414.131,81	45,36	47,48	498.868,19
913.500,00	392.767,00	21.602,18	414.369,18	45,36	47,48	499.130,82
914.000,00	392.992,00	21.614,56	414.606,56	45,36	47,48	499.393,44
914.500,00	393.217,00	21.626,93	414.843,93	45,36	47,48	499.656,07
915.000,00	393.442,00	21.639,31	415.081,31	45,36	47,48	499.918,69
915.500,00	393.667,00	21.651,68	415.318,68	45,37	47,48	500.181,32
916.000,00	393.892,00	21.664,06	415.556,06	45,37	47,48	500.443,94
916.500,00	394.117,00	21.676,43	415.793,43	45,37	47,48	500.706,57
917.000,00	394.342,00	21.688,81	416.030,81	45,37	47,48	500.969,19
917.500,00	394.567,00	21.701,18	416.268,18	45,37	47,48	501.231,82
918.000,00	394.792,00	21.713,56	416.505,56	45,37	47,48	501.494,44
918.500,00	395.017,00	21.725,93	416.742,93	45,37	47,48	501.757,07
919.000,00	395.242,00	21.738,31	416.980,31	45,37	47,48	502.019,69
919.500,00	395.467,00	21.750,68	417.217,68	45,37	47,48	502.282,32
920.000,00	395.692,00	21.763,06	417.455,06	45,38	47,48	502.544,94
920.500,00	395.917,00	21.775,43	417.692,43	45,38	47,48	502.807,57
921.000,00	396.142,00	21.787,81	417.929,81	45,38	47,48	503.070,19
921.500,00	396.367,00	21.800,18	418.167,18	45,38	47,48	503.332,82
922.000,00	396.592,00	21.812,56	418.404,56	45,38	47,48	503.595,44
922.500,00	396.817,00	21.824,93	418.641,93	45,38	47,48	503.858,07
923.000,00	397.042,00	21.837,31	418.879,31	45,38	47,48	504.120,69
923.500,00	397.267,00	21.849,68	419.116,68	45,38	47,48	504.383,32
924.000,00	397.492,00	21.862,06	419.354,06	45,38	47,48	504.645,94
924.500,00	397.717,00	21.874,43	419.591,43	45,39	47,48	504.908,57
925.000,00	397.942,00	21.886,81	419.828,81	45,39	47,48	505.171,19
925.500,00	398.167,00	21.899,18	420.066,18	45,39	47,48	505.433,82
926.000,00	398.392,00	21.911,56	420.303,56	45,39	47,48	505.696,44
926.500,00	398.617,00	21.923,93	420.540,93	45,39	47,48	505.959,07
927.000,00	398.842,00	21.936,31	420.778,31	45,39	47,48	506.221,69
927.500,00	399.067,00	21.948,68	421.015,68	45,39	47,48	506.484,32
928.000,00	399.292,00	21.961,06	421.253,06	45,39	47,48	506.746,94
928.500,00	399.517,00	21.973,43	421.490,43	45,39	47,48	507.009,57
929.000,00	399.742,00	21.985,81	421.727,81	45,40	47,48	507.272,19

Zu verst. Einkommen EUR	ESt EUR	Solz EUR	ESt mit Solz EUR	Steuerbelastung %	Grenzsteuerbelastung %	Netto verbleiben EUR
929.500,00	399.967,00	21.998,18	421.965,18	45,40	47,48	507.534,82
930.000,00	400.192,00	22.010,56	422.202,56	45,40	47,48	507.797,44
930.500,00	400.417,00	22.022,93	422.439,93	45,40	47,48	508.060,07
931.000,00	400.642,00	22.035,31	422.677,31	45,40	47,48	508.322,69
931.500,00	400.867,00	22.047,68	422.914,68	45,40	47,48	508.585,32
932.000,00	401.092,00	22.060,06	423.152,06	45,40	47,48	508.847,94
932.500,00	401.317,00	22.072,43	423.389,43	45,40	47,48	509.110,57
933.000,00	401.542,00	22.084,81	423.626,81	45,40	47,48	509.373,19
933.500,00	401.767,00	22.097,18	423.864,18	45,41	47,48	509.635,82
934.000,00	401.992,00	22.109,56	424.101,56	45,41	47,48	509.898,44
934.500,00	402.217,00	22.121,93	424.338,93	45,41	47,48	510.161,07
935.000,00	402.442,00	22.134,31	424.576,31	45,41	47,48	510.423,69
935.500,00	402.667,00	22.146,68	424.813,68	45,41	47,48	510.686,32
936.000,00	402.892,00	22.159,06	425.051,06	45,41	47,48	510.948,94
936.500,00	403.117,00	22.171,43	425.288,43	45,41	47,48	511.211,57
937.000,00	403.342,00	22.183,81	425.525,81	45,41	47,48	511.474,19
937.500,00	403.567,00	22.196,18	425.763,18	45,41	47,48	511.736,82
938.000,00	403.792,00	22.208,56	426.000,56	45,42	47,48	511.999,44
938.500,00	404.017,00	22.220,93	426.237,93	45,42	47,48	512.262,07
939.000,00	404.242,00	22.233,31	426.475,31	45,42	47,48	512.524,69
939.500,00	404.467,00	22.245,68	426.712,68	45,42	47,48	512.787,32
940.000,00	404.692,00	22.258,06	426.950,06	45,42	47,48	513.049,94
940.500,00	404.917,00	22.270,43	427.187,43	45,42	47,48	513.312,57
941.000,00	405.142,00	22.282,81	427.424,81	45,42	47,48	513.575,19
941.500,00	405.367,00	22.295,18	427.662,18	45,42	47,48	513.837,82
942.000,00	405.592,00	22.307,56	427.899,56	45,42	47,48	514.100,44
942.500,00	405.817,00	22.319,93	428.136,93	45,43	47,48	514.363,07
943.000,00	406.042,00	22.332,31	428.374,31	45,43	47,48	514.625,69
943.500,00	406.267,00	22.344,68	428.611,68	45,43	47,48	514.888,32
944.000,00	406.492,00	22.357,06	428.849,06	45,43	47,48	515.150,94
944.500,00	406.717,00	22.369,43	429.086,43	45,43	47,48	515.413,57
945.000,00	406.942,00	22.381,81	429.323,81	45,43	47,48	515.676,19
945.500,00	407.167,00	22.394,18	429.561,18	45,43	47,48	515.938,82
946.000,00	407.392,00	22.406,56	429.798,56	45,43	47,48	516.201,44
946.500,00	407.617,00	22.418,93	430.035,93	45,43	47,48	516.464,07
947.000,00	407.842,00	22.431,31	430.273,31	45,44	47,48	516.726,69
947.500,00	408.067,00	22.443,68	430.510,68	45,44	47,48	516.989,32
948.000,00	408.292,00	22.456,06	430.748,06	45,44	47,48	517.251,94
948.500,00	408.517,00	22.468,43	430.985,43	45,44	47,48	517.514,57
949.000,00	408.742,00	22.480,81	431.222,81	45,44	47,48	517.777,19

Zu verst. Einkommen EUR	ESt EUR	Solz EUR	ESt mit Solz EUR	Steuer-belastung %	Grenz-steuer-belastung %	Netto verbleiben EUR
949.500,00	408.967,00	22.493,18	431.460,18	45,44	47,48	518.039,82
950.000,00	409.192,00	22.505,56	431.697,56	45,44	47,48	518.302,44
950.500,00	409.417,00	22.517,93	431.934,93	45,44	47,48	518.565,07
951.000,00	409.642,00	22.530,31	432.172,31	45,44	47,48	518.827,69
951.500,00	409.867,00	22.542,68	432.409,68	45,45	47,48	519.090,32
952.000,00	410.092,00	22.555,06	432.647,06	45,45	47,48	519.352,94
952.500,00	410.317,00	22.567,43	432.884,43	45,45	47,48	519.615,57
953.000,00	410.542,00	22.579,81	433.121,81	45,45	47,48	519.878,19
953.500,00	410.767,00	22.592,18	433.359,18	45,45	47,48	520.140,82
954.000,00	410.992,00	22.604,56	433.596,56	45,45	47,48	520.403,44
954.500,00	411.217,00	22.616,93	433.833,93	45,45	47,48	520.666,07
955.000,00	411.442,00	22.629,31	434.071,31	45,45	47,48	520.928,69
955.500,00	411.667,00	22.641,68	434.308,68	45,45	47,48	521.191,32
956.000,00	411.892,00	22.654,06	434.546,06	45,45	47,48	521.453,94
956.500,00	412.117,00	22.666,43	434.783,43	45,46	47,48	521.716,57
957.000,00	412.342,00	22.678,81	435.020,81	45,46	47,48	521.979,19
957.500,00	412.567,00	22.691,18	435.258,18	45,46	47,48	522.241,82
958.000,00	412.792,00	22.703,56	435.495,56	45,46	47,48	522.504,44
958.500,00	413.017,00	22.715,93	435.732,93	45,46	47,48	522.767,07
959.000,00	413.242,00	22.728,31	435.970,31	45,46	47,48	523.029,69
959.500,00	413.467,00	22.740,68	436.207,68	45,46	47,48	523.292,32
960.000,00	413.692,00	22.753,06	436.445,06	45,46	47,48	523.554,94
960.500,00	413.917,00	22.765,43	436.682,43	45,46	47,48	523.817,57
961.000,00	414.142,00	22.777,81	436.919,81	45,47	47,48	524.080,19
961.500,00	414.367,00	22.790,18	437.157,18	45,47	47,48	524.342,82
962.000,00	414.592,00	22.802,56	437.394,56	45,47	47,48	524.605,44
962.500,00	414.817,00	22.814,93	437.631,93	45,47	47,48	524.868,07
963.000,00	415.042,00	22.827,31	437.869,31	45,47	47,48	525.130,69
963.500,00	415.267,00	22.839,68	438.106,68	45,47	47,48	525.393,32
964.000,00	415.492,00	22.852,06	438.344,06	45,47	47,48	525.655,94
964.500,00	415.717,00	22.864,43	438.581,43	45,47	47,48	525.918,57
965.000,00	415.942,00	22.876,81	438.818,81	45,47	47,48	526.181,19
965.500,00	416.167,00	22.889,18	439.056,18	45,47	47,48	526.443,82
966.000,00	416.392,00	22.901,56	439.293,56	45,48	47,48	526.706,44
966.500,00	416.617,00	22.913,93	439.530,93	45,48	47,48	526.969,07
967.000,00	416.842,00	22.926,31	439.768,31	45,48	47,48	527.231,69
967.500,00	417.067,00	22.938,68	440.005,68	45,48	47,48	527.494,32
968.000,00	417.292,00	22.951,06	440.243,06	45,48	47,48	527.756,94
968.500,00	417.517,00	22.963,43	440.480,43	45,48	47,48	528.019,57
969.000,00	417.742,00	22.975,81	440.717,81	45,48	47,48	528.282,19

Zu verst. Einkommen EUR	ESt EUR	Solz EUR	ESt mit Solz EUR	Steuer-belastung %	Grenz-steuer-belastung %	Netto verbleiben EUR
969.500,00	417.967,00	22.988,18	440.955,18	45,48	47,48	528.544,82
970.000,00	418.192,00	23.000,56	441.192,56	45,48	47,48	528.807,44
970.500,00	418.417,00	23.012,93	441.429,93	45,48	47,48	529.070,07
971.000,00	418.642,00	23.025,31	441.667,31	45,49	47,48	529.332,69
971.500,00	418.867,00	23.037,68	441.904,68	45,49	47,48	529.595,32
972.000,00	419.092,00	23.050,06	442.142,06	45,49	47,48	529.857,94
972.500,00	419.317,00	23.062,43	442.379,43	45,49	47,48	530.120,57
973.000,00	419.542,00	23.074,81	442.616,81	45,49	47,48	530.383,19
973.500,00	419.767,00	23.087,18	442.854,18	45,49	47,48	530.645,82
974.000,00	419.992,00	23.099,56	443.091,56	45,49	47,48	530.908,44
974.500,00	420.217,00	23.111,93	443.328,93	45,49	47,48	531.171,07
975.000,00	420.442,00	23.124,31	443.566,31	45,49	47,48	531.433,69
975.500,00	420.667,00	23.136,68	443.803,68	45,49	47,48	531.696,32
976.000,00	420.892,00	23.149,06	444.041,06	45,50	47,48	531.958,94
976.500,00	421.117,00	23.161,43	444.278,43	45,50	47,48	532.221,57
977.000,00	421.342,00	23.173,81	444.515,81	45,50	47,48	532.484,19
977.500,00	421.567,00	23.186,18	444.753,18	45,50	47,48	532.746,82
978.000,00	421.792,00	23.198,56	444.990,56	45,50	47,48	533.009,44
978.500,00	422.017,00	23.210,93	445.227,93	45,50	47,48	533.272,07
979.000,00	422.242,00	23.223,31	445.465,31	45,50	47,48	533.534,69
979.500,00	422.467,00	23.235,68	445.702,68	45,50	47,48	533.797,32
980.000,00	422.692,00	23.248,06	445.940,06	45,50	47,48	534.059,94
980.500,00	422.917,00	23.260,43	446.177,43	45,51	47,48	534.322,57
981.000,00	423.142,00	23.272,81	446.414,81	45,51	47,48	534.585,19
981.500,00	423.367,00	23.285,18	446.652,18	45,51	47,48	534.847,82
982.000,00	423.592,00	23.297,56	446.889,56	45,51	47,48	535.110,44
982.500,00	423.817,00	23.309,93	447.126,93	45,51	47,48	535.373,07
983.000,00	424.042,00	23.322,31	447.364,31	45,51	47,48	535.635,69
983.500,00	424.267,00	23.334,68	447.601,68	45,51	47,48	535.898,32
984.000,00	424.492,00	23.347,06	447.839,06	45,51	47,48	536.160,94
984.500,00	424.717,00	23.359,43	448.076,43	45,51	47,48	536.423,57
985.000,00	424.942,00	23.371,81	448.313,81	45,51	47,48	536.686,19
985.500,00	425.167,00	23.384,18	448.551,18	45,52	47,48	536.948,82
986.000,00	425.392,00	23.396,56	448.788,56	45,52	47,48	537.211,44
986.500,00	425.617,00	23.408,93	449.025,93	45,52	47,48	537.474,07
987.000,00	425.842,00	23.421,31	449.263,31	45,52	47,48	537.736,69
987.500,00	426.067,00	23.433,68	449.500,68	45,52	47,48	537.999,32
988.000,00	426.292,00	23.446,06	449.738,06	45,52	47,48	538.261,94
988.500,00	426.517,00	23.458,43	449.975,43	45,52	47,48	538.524,57
989.000,00	426.742,00	23.470,81	450.212,81	45,52	47,48	538.787,19

Zu verst. Einkommen EUR	ESt EUR	Solz EUR	ESt mit Solz EUR	Steuer-belastung %	Grenz-steuer-belastung %	Netto verbleiben EUR
989.500,00	426.967,00	23.483,18	450.450,18	45,52	47,48	539.049,82
990.000,00	427.192,00	23.495,56	450.687,56	45,52	47,48	539.312,44
990.500,00	427.417,00	23.507,93	450.924,93	45,52	47,48	539.575,07
991.000,00	427.642,00	23.520,31	451.162,31	45,53	47,48	539.837,69
991.500,00	427.867,00	23.532,68	451.399,68	45,53	47,48	540.100,32
992.000,00	428.092,00	23.545,06	451.637,06	45,53	47,48	540.362,94
992.500,00	428.317,00	23.557,43	451.874,43	45,53	47,48	540.625,57
993.000,00	428.542,00	23.569,81	452.111,81	45,53	47,48	540.888,19
993.500,00	428.767,00	23.582,18	452.349,18	45,53	47,48	541.150,82
994.000,00	428.992,00	23.594,56	452.586,56	45,53	47,48	541.413,44
994.500,00	429.217,00	23.606,93	452.823,93	45,53	47,48	541.676,07
995.000,00	429.442,00	23.619,31	453.061,31	45,53	47,48	541.938,69
995.500,00	429.667,00	23.631,68	453.298,68	45,53	47,48	542.201,32
996.000,00	429.892,00	23.644,06	453.536,06	45,54	47,48	542.463,94
996.500,00	430.117,00	23.656,43	453.773,43	45,54	47,48	542.726,57
997.000,00	430.342,00	23.668,81	454.010,81	45,54	47,48	542.989,19
997.500,00	430.567,00	23.681,18	454.248,18	45,54	47,48	543.251,82
998.000,00	430.792,00	23.693,56	454.485,56	45,54	47,48	543.514,44
998.500,00	431.017,00	23.705,93	454.722,93	45,54	47,48	543.777,07
999.000,00	431.242,00	23.718,31	454.960,31	45,54	47,48	544.039,69
999.500,00	431.467,00	23.730,68	455.197,68	45,54	47,48	544.302,32
1.000.000,00	431.692,00	23.743,06	455.435,06	45,54	47,48	544.564,94

22.2 Splittingtabelle Einkommensteuer 2023

Zu verst. Einkommen EUR	ESt EUR	Solz EUR	ESt mit Solz EUR	Steuerbelastung %	Grenzsteuerbelastung %	Netto verbleiben EUR
21.816,00	0	0	0	0,00	0,00	21.816,00
22.000,00	24	0	24	0,11	14,18	21.976,00
24.000,00	328	0	328	1,37	16,14	23.672,00
26.000,00	670	0	670	2,58	18,10	25.330,00
28.000,00	1.052,00	0	1.052,00	3,76	20,06	26.948,00
30.000,00	1.472,00	0	1.472,00	4,91	22,01	28.528,00
32.000,00	1.932,00	0	1.932,00	6,04	23,97	30.068,00
34.000,00	2.416,00	0	2.416,00	7,11	24,36	31.584,00
36.000,00	2.906,00	0	2.906,00	8,07	24,74	33.094,00
38.000,00	3.406,00	0	3.406,00	8,96	25,13	34.594,00
40.000,00	3.912,00	0	3.912,00	9,78	25,51	36.088,00
42.000,00	4.426,00	0	4.426,00	10,54	25,90	37.574,00
44.000,00	4.948,00	0	4.948,00	11,25	26,28	39.052,00
46.000,00	5.478,00	0	5.478,00	11,91	26,67	40.522,00
48.000,00	6.014,00	0	6.014,00	12,53	27,05	41.986,00
50.000,00	6.560,00	0	6.560,00	13,12	27,44	43.440,00
52.000,00	7.112,00	0	7.112,00	13,68	27,82	44.888,00
54.000,00	7.672,00	0	7.672,00	14,21	28,21	46.328,00
56.000,00	8.240,00	0	8.240,00	14,71	28,59	47.760,00
58.000,00	8.816,00	0	8.816,00	15,20	28,98	49.184,00
60.000,00	9.400,00	0	9.400,00	15,67	29,36	50.600,00
62.000,00	9.990,00	0	9.990,00	16,11	29,75	52.010,00
64.000,00	10.590,00	0	10.590,00	16,55	30,13	53.410,00
66.000,00	11.196,00	0	11.196,00	16,96	30,52	54.804,00
68.000,00	11.810,00	0	11.810,00	17,37	30,90	56.190,00
70.000,00	12.432,00	0	12.432,00	17,76	31,29	57.568,00
72.000,00	13.062,00	0	13.062,00	18,14	31,67	58.938,00
74.000,00	13.698,00	0	13.698,00	18,51	32,06	60.302,00
76.000,00	14.344,00	0	14.344,00	18,87	32,44	61.656,00
78.000,00	14.996,00	0	14.996,00	19,23	32,83	63.004,00
80.000,00	15.656,00	0	15.656,00	19,57	33,21	64.344,00
82.000,00	16.326,00	0	16.326,00	19,91	33,60	65.674,00
84.000,00	17.000,00	0	17.000,00	20,24	33,99	67.000,00
86.000,00	17.684,00	0	17.684,00	20,56	34,37	68.316,00
88.000,00	18.376,00	0	18.376,00	20,88	34,76	69.624,00
90.000,00	19.074,00	0	19.074,00	21,19	35,14	70.926,00
92.000,00	19.782,00	0	19.782,00	21,50	35,53	72.218,00
94.000,00	20.496,00	0	20.496,00	21,80	35,91	73.504,00

Zu verst. Einkommen EUR	ESt EUR	Solz EUR	ESt mit Solz EUR	Steuer-belastung %	Grenz-steuer-belastung %	Netto verbleiben EUR
96.000,00	21.218,00	0	21.218,00	22,10	36,30	74.782,00
98.000,00	21.948,00	0	21.948,00	22,40	36,68	76.052,00
100.000,00	22.686,00	0	22.686,00	22,69	37,07	77.314,00
102.000,00	23.430,00	0	23.430,00	22,97	37,45	78.570,00
104.000,00	24.184,00	0	24.184,00	23,25	37,84	79.816,00
106.000,00	24.944,00	0	24.944,00	23,53	38,22	81.056,00
108.000,00	25.712,00	0	25.712,00	23,81	38,61	82.288,00
110.000,00	26.488,00	0	26.488,00	24,08	38,99	83.512,00
112.000,00	27.272,00	0	27.272,00	24,35	39,38	84.728,00
114.000,00	28.064,00	0	28.064,00	24,62	39,76	85.936,00
116.000,00	28.862,00	0	28.862,00	24,88	40,15	87.138,00
118.000,00	29.670,00	0	29.670,00	25,14	40,53	88.330,00
120.000,00	30.484,00	0	30.484,00	25,40	40,92	89.516,00
122.000,00	31.306,00	0	31.306,00	25,66	41,30	90.694,00
124.000,00	32.136,00	0	32.136,00	25,92	41,69	91.864,00
126.000,00	32.974,00	0	32.974,00	26,17	42,00	93.026,00
128.000,00	33.814,00	0	33.814,00	26,42	42,00	94.186,00
130.000,00	34.654,00	0	34.654,00	26,66	42,00	95.346,00
132.000,00	35.494,00	48,54	35.542,54	26,93	44,31	96.457,46
134.000,00	36.334,00	148,50	36.482,50	27,23	44,31	97.517,50
136.000,00	37.174,00	248,46	37.422,46	27,52	44,31	98.577,54
138.000,00	38.014,00	348,42	38.362,42	27,80	44,31	99.637,58
140.000,00	38.854,00	448,38	39.302,38	28,07	44,31	100.697,62
142.000,00	39.694,00	548,34	40.242,34	28,34	44,31	101.757,66
144.000,00	40.534,00	648,30	41.182,30	28,60	44,31	102.817,70
146.000,00	41.374,00	748,26	42.122,26	28,85	44,31	103.877,74
148.000,00	42.214,00	848,22	43.062,22	29,10	44,31	104.937,78
150.000,00	43.054,00	948,18	44.002,18	29,33	44,31	105.997,82
152.000,00	43.894,00	1.048,14	44.942,14	29,57	44,31	107.057,86
154.000,00	44.734,00	1.148,10	45.882,10	29,79	44,31	108.117,90
156.000,00	45.574,00	1.248,06	46.822,06	30,01	44,31	109.177,94
158.000,00	46.414,00	1.348,02	47.762,02	30,23	44,31	110.237,98
160.000,00	47.254,00	1.447,98	48.701,98	30,44	44,31	111.298,02
162.000,00	48.094,00	1.547,94	49.641,94	30,64	44,31	112.358,06
164.000,00	48.934,00	1.647,90	50.581,90	30,84	44,31	113.418,10
166.000,00	49.774,00	1.747,86	51.521,86	31,04	44,31	114.478,14
168.000,00	50.614,00	1.847,82	52.461,82	31,23	44,31	115.538,18
170.000,00	51.454,00	1.947,78	53.401,78	31,41	44,31	116.598,22
172.000,00	52.294,00	2.047,74	54.341,74	31,59	44,31	117.658,26
174.000,00	53.134,00	2.147,70	55.281,70	31,77	44,31	118.718,30

Zu verst. Einkommen EUR	ESt EUR	Solz EUR	ESt mit Solz EUR	Steuer-belastung %	Grenz-steuer-belastung %	Netto verbleiben EUR
176.000,00	53.974,00	2.247,66	56.221,66	31,94	44,31	119.778,34
178.000,00	54.814,00	2.347,62	57.161,62	32,11	44,31	120.838,38
180.000,00	55.654,00	2.447,58	58.101,58	32,28	44,31	121.898,42
182.000,00	56.494,00	2.547,54	59.041,54	32,44	44,31	122.958,46
184.000,00	57.334,00	2.647,50	59.981,50	32,60	44,31	124.018,50
186.000,00	58.174,00	2.747,46	60.921,46	32,75	44,31	125.078,54
188.000,00	59.014,00	2.847,42	61.861,42	32,91	44,31	126.138,58
190.000,00	59.854,00	2.947,38	62.801,38	33,05	44,31	127.198,62
192.000,00	60.694,00	3.047,34	63.741,34	33,20	44,31	128.258,66
194.000,00	61.534,00	3.147,30	64.681,30	33,34	44,31	129.318,70
196.000,00	62.374,00	3.247,26	65.621,26	33,48	44,31	130.378,74
198.000,00	63.214,00	3.347,22	66.561,22	33,62	44,31	131.438,78
200.000,00	64.054,00	3.447,18	67.501,18	33,75	44,31	132.498,82
202.000,00	64.894,00	3.547,14	68.441,14	33,88	44,31	133.558,86
204.000,00	65.734,00	3.615,36	69.349,36	33,99	44,31	134.650,64
206.000,00	66.574,00	3.661,56	70.235,56	34,09	44,31	135.764,44
208.000,00	67.414,00	3.707,76	71.121,76	34,19	44,31	136.878,24
210.000,00	68.254,00	3.753,96	72.007,96	34,29	44,31	137.992,04
212.000,00	69.094,00	3.800,16	72.894,16	34,38	44,31	139.105,84
214.000,00	69.934,00	3.846,36	73.780,36	34,48	44,31	140.219,64
216.000,00	70.774,00	3.892,56	74.666,56	34,57	44,31	141.333,44
218.000,00	71.614,00	3.938,76	75.552,76	34,66	44,31	142.447,24
220.000,00	72.454,00	3.984,96	76.438,96	34,74	44,31	143.561,04
222.000,00	73.294,00	4.031,16	77.325,16	34,83	44,31	144.674,84
224.000,00	74.134,00	4.077,36	78.211,36	34,92	44,31	145.788,64
226.000,00	74.974,00	4.123,56	79.097,56	35,00	44,31	146.902,44
228.000,00	75.814,00	4.169,76	79.983,76	35,08	44,31	148.016,24
230.000,00	76.654,00	4.215,96	80.869,96	35,16	44,31	149.130,04
232.000,00	77.494,00	4.262,16	81.756,16	35,24	44,31	150.243,84
234.000,00	78.334,00	4.308,36	82.642,36	35,32	44,31	151.357,64
236.000,00	79.174,00	4.354,56	83.528,56	35,39	44,31	152.471,44
238.000,00	80.014,00	4.400,76	84.414,76	35,47	44,31	153.585,24
240.000,00	80.854,00	4.446,96	85.300,96	35,54	44,31	154.699,04
242.000,00	81.694,00	4.493,16	86.187,16	35,61	44,31	155.812,84
244.000,00	82.534,00	4.539,36	87.073,36	35,69	44,31	156.926,64
246.000,00	83.374,00	4.585,56	87.959,56	35,76	44,31	158.040,44
248.000,00	84.214,00	4.631,76	88.845,76	35,82	44,31	159.154,24
250.000,00	85.054,00	4.677,96	89.731,96	35,89	44,31	160.268,04
252.000,00	85.894,00	4.724,16	90.618,16	35,96	44,31	161.381,84
254.000,00	86.734,00	4.770,36	91.504,36	36,03	44,31	162.495,64

Zu verst. Einkommen EUR	ESt EUR	Solz EUR	ESt mit Solz EUR	Steuer-belastung %	Grenz-steuer-belastung %	Netto verbleiben EUR
256.000,00	87.574,00	4.816,56	92.390,56	36,09	44,31	163.609,44
258.000,00	88.414,00	4.862,76	93.276,76	36,15	44,31	164.723,24
260.000,00	89.254,00	4.908,96	94.162,96	36,22	44,31	165.837,04
262.000,00	90.094,00	4.955,16	95.049,16	36,28	44,31	166.950,84
264.000,00	90.934,00	5.001,36	95.935,36	36,34	44,31	168.064,64
266.000,00	91.774,00	5.047,56	96.821,56	36,40	44,31	169.178,44
268.000,00	92.614,00	5.093,76	97.707,76	36,46	44,31	170.292,24
270.000,00	93.454,00	5.139,96	98.593,96	36,52	44,31	171.406,04
272.000,00	94.294,00	5.186,16	99.480,16	36,57	44,31	172.519,84
274.000,00	95.134,00	5.232,36	100.366,36	36,63	44,31	173.633,64
276.000,00	95.974,00	5.278,56	101.252,56	36,69	44,31	174.747,44
278.000,00	96.814,00	5.324,76	102.138,76	36,74	44,31	175.861,24
280.000,00	97.654,00	5.370,96	103.024,96	36,79	44,31	176.975,04
282.000,00	98.494,00	5.417,16	103.911,16	36,85	44,31	178.088,84
284.000,00	99.334,00	5.463,36	104.797,36	36,90	44,31	179.202,64
286.000,00	100.174,00	5.509,56	105.683,56	36,95	44,31	180.316,44
288.000,00	101.014,00	5.555,76	106.569,76	37,00	44,31	181.430,24
290.000,00	101.854,00	5.601,96	107.455,96	37,05	44,31	182.544,04
292.000,00	102.694,00	5.648,16	108.342,16	37,10	44,31	183.657,84
294.000,00	103.534,00	5.694,36	109.228,36	37,15	44,31	184.771,64
296.000,00	104.374,00	5.740,56	110.114,56	37,20	44,31	185.885,44
298.000,00	105.214,00	5.786,76	111.000,76	37,25	44,31	186.999,24
300.000,00	106.054,00	5.832,96	111.886,96	37,30	44,31	188.113,04
302.000,00	106.894,00	5.879,16	112.773,16	37,34	44,31	189.226,84
304.000,00	107.734,00	5.925,36	113.659,36	37,39	44,31	190.340,64
306.000,00	108.574,00	5.971,56	114.545,56	37,43	44,31	191.454,44
308.000,00	109.414,00	6.017,76	115.431,76	37,48	44,31	192.568,24
310.000,00	110.254,00	6.063,96	116.317,96	37,52	44,31	193.682,04
312.000,00	111.094,00	6.110,16	117.204,16	37,57	44,31	194.795,84
314.000,00	111.934,00	6.156,36	118.090,36	37,61	44,31	195.909,64
316.000,00	112.774,00	6.202,56	118.976,56	37,65	44,31	197.023,44
318.000,00	113.614,00	6.248,76	119.862,76	37,69	44,31	198.137,24
320.000,00	114.454,00	6.294,96	120.748,96	37,73	44,31	199.251,04
322.000,00	115.294,00	6.341,16	121.635,16	37,77	44,31	200.364,84
324.000,00	116.134,00	6.387,36	122.521,36	37,82	44,31	201.478,64
326.000,00	116.974,00	6.433,56	123.407,56	37,86	44,31	202.592,44
328.000,00	117.814,00	6.479,76	124.293,76	37,89	44,31	203.706,24
330.000,00	118.654,00	6.525,96	125.179,96	37,93	44,31	204.820,04
332.000,00	119.494,00	6.572,16	126.066,16	37,97	44,31	205.933,84
334.000,00	120.334,00	6.618,36	126.952,36	38,01	44,31	207.047,64

Zu verst. Einkommen EUR	ESt EUR	Solz EUR	ESt mit Solz EUR	Steuerbelastung %	Grenzsteuerbelastung %	Netto verbleiben EUR
336.000,00	121.174,00	6.664,56	127.838,56	38,05	44,31	208.161,44
338.000,00	122.014,00	6.710,76	128.724,76	38,08	44,31	209.275,24
340.000,00	122.854,00	6.756,96	129.610,96	38,12	44,31	210.389,04
342.000,00	123.694,00	6.803,16	130.497,16	38,16	44,31	211.502,84
344.000,00	124.534,00	6.849,36	131.383,36	38,19	44,31	212.616,64
346.000,00	125.374,00	6.895,56	132.269,56	38,23	44,31	213.730,44
348.000,00	126.214,00	6.941,76	133.155,76	38,26	44,31	214.844,24
350.000,00	127.054,00	6.987,96	134.041,96	38,30	44,31	215.958,04
352.000,00	127.894,00	7.034,16	134.928,16	38,33	44,31	217.071,84
354.000,00	128.734,00	7.080,36	135.814,36	38,37	44,31	218.185,64
356.000,00	129.574,00	7.126,56	136.700,56	38,40	44,31	219.299,44
358.000,00	130.414,00	7.172,76	137.586,76	38,43	44,31	220.413,24
360.000,00	131.254,00	7.218,96	138.472,96	38,46	44,31	221.527,04
362.000,00	132.094,00	7.265,16	139.359,16	38,50	44,31	222.640,84
364.000,00	132.934,00	7.311,36	140.245,36	38,53	44,31	223.754,64
366.000,00	133.774,00	7.357,56	141.131,56	38,56	44,31	224.868,44
368.000,00	134.614,00	7.403,76	142.017,76	38,59	44,31	225.982,24
370.000,00	135.454,00	7.449,96	142.903,96	38,62	44,31	227.096,04
372.000,00	136.294,00	7.496,16	143.790,16	38,65	44,31	228.209,84
374.000,00	137.134,00	7.542,36	144.676,36	38,68	44,31	229.323,64
376.000,00	137.974,00	7.588,56	145.562,56	38,71	44,31	230.437,44
378.000,00	138.814,00	7.634,76	146.448,76	38,74	44,31	231.551,24
380.000,00	139.654,00	7.680,96	147.334,96	38,77	44,31	232.665,04
382.000,00	140.494,00	7.727,16	148.221,16	38,80	44,31	233.778,84
384.000,00	141.334,00	7.773,36	149.107,36	38,83	44,31	234.892,64
386.000,00	142.174,00	7.819,56	149.993,56	38,86	44,31	236.006,44
388.000,00	143.014,00	7.865,76	150.879,76	38,89	44,31	237.120,24
390.000,00	143.854,00	7.911,96	151.765,96	38,91	44,31	238.234,04
392.000,00	144.694,00	7.958,16	152.652,16	38,94	44,31	239.347,84
394.000,00	145.534,00	8.004,36	153.538,36	38,97	44,31	240.461,64
396.000,00	146.374,00	8.050,56	154.424,56	39,00	44,31	241.575,44
398.000,00	147.214,00	8.096,76	155.310,76	39,02	44,31	242.689,24
400.000,00	148.054,00	8.142,96	156.196,96	39,05	44,31	243.803,04
402.000,00	148.894,00	8.189,16	157.083,16	39,08	44,31	244.916,84
404.000,00	149.734,00	8.235,36	157.969,36	39,10	44,31	246.030,64
406.000,00	150.574,00	8.281,56	158.855,56	39,13	44,31	247.144,44
408.000,00	151.414,00	8.327,76	159.741,76	39,15	44,31	248.258,24
410.000,00	152.254,00	8.373,96	160.627,96	39,18	44,31	249.372,04
412.000,00	153.094,00	8.420,16	161.514,16	39,20	44,31	250.485,84
414.000,00	153.934,00	8.466,36	162.400,36	39,23	44,31	251.599,64

Zu verst. Einkommen EUR	ESt EUR	Solz EUR	ESt mit Solz EUR	Steuer-belastung %	Grenz-steuer-belastung %	Netto verbleiben EUR
416.000,00	154.774,00	8.512,56	163.286,56	39,25	44,31	252.713,44
418.000,00	155.614,00	8.558,76	164.172,76	39,28	44,31	253.827,24
420.000,00	156.454,00	8.604,96	165.058,96	39,30	44,31	254.941,04
422.000,00	157.294,00	8.651,16	165.945,16	39,32	44,31	256.054,84
424.000,00	158.134,00	8.697,36	166.831,36	39,35	44,31	257.168,64
426.000,00	158.974,00	8.743,56	167.717,56	39,37	44,31	258.282,44
428.000,00	159.814,00	8.789,76	168.603,76	39,39	44,31	259.396,24
430.000,00	160.654,00	8.835,96	169.489,96	39,42	44,31	260.510,04
432.000,00	161.494,00	8.882,16	170.376,16	39,44	44,31	261.623,84
434.000,00	162.334,00	8.928,36	171.262,36	39,46	44,31	262.737,64
436.000,00	163.174,00	8.974,56	172.148,56	39,48	44,31	263.851,44
438.000,00	164.014,00	9.020,76	173.034,76	39,51	44,31	264.965,24
440.000,00	164.854,00	9.066,96	173.920,96	39,53	44,31	266.079,04
442.000,00	165.694,00	9.113,16	174.807,16	39,55	44,31	267.192,84
444.000,00	166.534,00	9.159,36	175.693,36	39,57	44,31	268.306,64
446.000,00	167.374,00	9.205,56	176.579,56	39,59	44,31	269.420,44
448.000,00	168.214,00	9.251,76	177.465,76	39,61	44,31	270.534,24
450.000,00	169.054,00	9.297,96	178.351,96	39,63	44,31	271.648,04
452.000,00	169.894,00	9.344,16	179.238,16	39,65	44,31	272.761,84
454.000,00	170.734,00	9.390,36	180.124,36	39,67	44,31	273.875,64
456.000,00	171.574,00	9.436,56	181.010,56	39,70	44,31	274.989,44
458.000,00	172.414,00	9.482,76	181.896,76	39,72	44,31	276.103,24
460.000,00	173.254,00	9.528,96	182.782,96	39,74	44,31	277.217,04
462.000,00	174.094,00	9.575,16	183.669,16	39,76	44,31	278.330,84
464.000,00	174.934,00	9.621,36	184.555,36	39,77	44,31	279.444,64
466.000,00	175.774,00	9.667,56	185.441,56	39,79	44,31	280.558,44
468.000,00	176.614,00	9.713,76	186.327,76	39,81	44,31	281.672,24
470.000,00	177.454,00	9.759,96	187.213,96	39,83	44,31	282.786,04
472.000,00	178.294,00	9.806,16	188.100,16	39,85	44,31	283.899,84
474.000,00	179.134,00	9.852,36	188.986,36	39,87	44,31	285.013,64
476.000,00	179.974,00	9.898,56	189.872,56	39,89	44,31	286.127,44
478.000,00	180.814,00	9.944,76	190.758,76	39,91	44,31	287.241,24
480.000,00	181.654,00	9.990,96	191.644,96	39,93	44,31	288.355,04
482.000,00	182.494,00	10.037,16	192.531,16	39,94	44,31	289.468,84
484.000,00	183.334,00	10.083,36	193.417,36	39,96	44,31	290.582,64
486.000,00	184.174,00	10.129,56	194.303,56	39,98	44,31	291.696,44
488.000,00	185.014,00	10.175,76	195.189,76	40,00	44,31	292.810,24
490.000,00	185.854,00	10.221,96	196.075,96	40,02	44,31	293.924,04
492.000,00	186.694,00	10.268,16	196.962,16	40,03	44,31	295.037,84
494.000,00	187.534,00	10.314,36	197.848,36	40,05	44,31	296.151,64

Zu verst. Einkommen EUR	ESt EUR	Solz EUR	ESt mit Solz EUR	Steuer-belastung %	Grenz-steuer-belastung %	Netto verbleiben EUR
496.000,00	188.374,00	10.360,56	198.734,56	40,07	44,31	297.265,44
498.000,00	189.214,00	10.406,76	199.620,76	40,08	44,31	298.379,24
500.000,00	190.054,00	10.452,96	200.506,96	40,10	44,31	299.493,04
502.000,00	190.894,00	10.499,16	201.393,16	40,12	44,31	300.606,84
504.000,00	191.734,00	10.545,36	202.279,36	40,13	44,31	301.720,64
506.000,00	192.574,00	10.591,56	203.165,56	40,15	44,31	302.834,44
508.000,00	193.414,00	10.637,76	204.051,76	40,17	44,31	303.948,24
510.000,00	194.254,00	10.683,96	204.937,96	40,18	44,31	305.062,04
512.000,00	195.094,00	10.730,16	205.824,16	40,20	44,31	306.175,84
514.000,00	195.934,00	10.776,36	206.710,36	40,22	44,31	307.289,64
516.000,00	196.774,00	10.822,56	207.596,56	40,23	44,31	308.403,44
518.000,00	197.614,00	10.868,76	208.482,76	40,25	44,31	309.517,24
520.000,00	198.454,00	10.914,96	209.368,96	40,26	44,31	310.631,04
522.000,00	199.294,00	10.961,16	210.255,16	40,28	44,31	311.744,84
524.000,00	200.134,00	11.007,36	211.141,36	40,29	44,31	312.858,64
526.000,00	200.974,00	11.053,56	212.027,56	40,31	44,31	313.972,44
528.000,00	201.814,00	11.099,76	212.913,76	40,32	44,31	315.086,24
530.000,00	202.654,00	11.145,96	213.799,96	40,34	44,31	316.200,04
532.000,00	203.494,00	11.192,16	214.686,16	40,35	44,31	317.313,84
534.000,00	204.334,00	11.238,36	215.572,36	40,37	44,31	318.427,64
536.000,00	205.174,00	11.284,56	216.458,56	40,38	44,31	319.541,44
538.000,00	206.014,00	11.330,76	217.344,76	40,40	44,31	320.655,24
540.000,00	206.854,00	11.376,96	218.230,96	40,41	44,31	321.769,04
542.000,00	207.694,00	11.423,16	219.117,16	40,43	44,31	322.882,84
544.000,00	208.534,00	11.469,36	220.003,36	40,44	44,31	323.996,64
546.000,00	209.374,00	11.515,56	220.889,56	40,46	44,31	325.110,44
548.000,00	210.214,00	11.561,76	221.775,76	40,47	44,31	326.224,24
550.000,00	211.054,00	11.607,96	222.661,96	40,48	44,31	327.338,04
552.000,00	211.894,00	11.654,16	223.548,16	40,50	44,31	328.451,84
554.000,00	212.734,00	11.700,36	224.434,36	40,51	44,31	329.565,64
556.000,00	213.584,00	11.747,12	225.331,12	40,53	47,48	330.668,88
558.000,00	214.484,00	11.796,62	226.280,62	40,55	47,48	331.719,38
560.000,00	215.384,00	11.846,12	227.230,12	40,58	47,48	332.769,88
562.000,00	216.284,00	11.895,62	228.179,62	40,60	47,48	333.820,38
564.000,00	217.184,00	11.945,12	229.129,12	40,63	47,48	334.870,88
566.000,00	218.084,00	11.994,62	230.078,62	40,65	47,48	335.921,38
568.000,00	218.984,00	12.044,12	231.028,12	40,67	47,48	336.971,88
570.000,00	219.884,00	12.093,62	231.977,62	40,70	47,48	338.022,38
572.000,00	220.784,00	12.143,12	232.927,12	40,72	47,48	339.072,88
574.000,00	221.684,00	12.192,62	233.876,62	40,75	47,48	340.123,38

Zu verst. Einkommen EUR	ESt EUR	Solz EUR	ESt mit Solz EUR	Steuerbelastung %	Grenzsteuerbelastung %	Netto verbleiben EUR
576.000,00	222.584,00	12.242,12	234.826,12	40,77	47,48	341.173,88
578.000,00	223.484,00	12.291,62	235.775,62	40,79	47,48	342.224,38
580.000,00	224.384,00	12.341,12	236.725,12	40,81	47,48	343.274,88
582.000,00	225.284,00	12.390,62	237.674,62	40,84	47,48	344.325,38
584.000,00	226.184,00	12.440,12	238.624,12	40,86	47,48	345.375,88
586.000,00	227.084,00	12.489,62	239.573,62	40,88	47,48	346.426,38
588.000,00	227.984,00	12.539,12	240.523,12	40,91	47,48	347.476,88
590.000,00	228.884,00	12.588,62	241.472,62	40,93	47,48	348.527,38
592.000,00	229.784,00	12.638,12	242.422,12	40,95	47,48	349.577,88
594.000,00	230.684,00	12.687,62	243.371,62	40,97	47,48	350.628,38
596.000,00	231.584,00	12.737,12	244.321,12	40,99	47,48	351.678,88
598.000,00	232.484,00	12.786,62	245.270,62	41,02	47,48	352.729,38
600.000,00	233.384,00	12.836,12	246.220,12	41,04	47,48	353.779,88
602.000,00	234.284,00	12.885,62	247.169,62	41,06	47,48	354.830,38
604.000,00	235.184,00	12.935,12	248.119,12	41,08	47,48	355.880,88
606.000,00	236.084,00	12.984,62	249.068,62	41,10	47,48	356.931,38
608.000,00	236.984,00	13.034,12	250.018,12	41,12	47,48	357.981,88
610.000,00	237.884,00	13.083,62	250.967,62	41,14	47,48	359.032,38
612.000,00	238.784,00	13.133,12	251.917,12	41,16	47,48	360.082,88
614.000,00	239.684,00	13.182,62	252.866,62	41,18	47,48	361.133,38
616.000,00	240.584,00	13.232,12	253.816,12	41,20	47,48	362.183,88
618.000,00	241.484,00	13.281,62	254.765,62	41,22	47,48	363.234,38
620.000,00	242.384,00	13.331,12	255.715,12	41,24	47,48	364.284,88
622.000,00	243.284,00	13.380,62	256.664,62	41,26	47,48	365.335,38
624.000,00	244.184,00	13.430,12	257.614,12	41,28	47,48	366.385,88
626.000,00	245.084,00	13.479,62	258.563,62	41,30	47,48	367.436,38
628.000,00	245.984,00	13.529,12	259.513,12	41,32	47,48	368.486,88
630.000,00	246.884,00	13.578,62	260.462,62	41,34	47,48	369.537,38
632.000,00	247.784,00	13.628,12	261.412,12	41,36	47,48	370.587,88
634.000,00	248.684,00	13.677,62	262.361,62	41,38	47,48	371.638,38
636.000,00	249.584,00	13.727,12	263.311,12	41,40	47,48	372.688,88
638.000,00	250.484,00	13.776,62	264.260,62	41,42	47,48	373.739,38
640.000,00	251.384,00	13.826,12	265.210,12	41,44	47,48	374.789,88
642.000,00	252.284,00	13.875,62	266.159,62	41,46	47,48	375.840,38
644.000,00	253.184,00	13.925,12	267.109,12	41,48	47,48	376.890,88
646.000,00	254.084,00	13.974,62	268.058,62	41,50	47,48	377.941,38
648.000,00	254.984,00	14.024,12	269.008,12	41,51	47,48	378.991,88
650.000,00	255.884,00	14.073,62	269.957,62	41,53	47,48	380.042,38
652.000,00	256.784,00	14.123,12	270.907,12	41,55	47,48	381.092,88
654.000,00	257.684,00	14.172,62	271.856,62	41,57	47,48	382.143,38

Zu verst. Einkommen EUR	ESt EUR	Solz EUR	ESt mit Solz EUR	Steuer-belastung %	Grenz-steuer-belastung %	Netto verbleiben EUR
656.000,00	258.584,00	14.222,12	272.806,12	41,59	47,48	383.193,88
658.000,00	259.484,00	14.271,62	273.755,62	41,60	47,48	384.244,38
660.000,00	260.384,00	14.321,12	274.705,12	41,62	47,48	385.294,88
662.000,00	261.284,00	14.370,62	275.654,62	41,64	47,48	386.345,38
664.000,00	262.184,00	14.420,12	276.604,12	41,66	47,48	387.395,88
666.000,00	263.084,00	14.469,62	277.553,62	41,67	47,48	388.446,38
668.000,00	263.984,00	14.519,12	278.503,12	41,69	47,48	389.496,88
670.000,00	264.884,00	14.568,62	279.452,62	41,71	47,48	390.547,38
672.000,00	265.784,00	14.618,12	280.402,12	41,73	47,48	391.597,88
674.000,00	266.684,00	14.667,62	281.351,62	41,74	47,48	392.648,38
676.000,00	267.584,00	14.717,12	282.301,12	41,76	47,48	393.698,88
678.000,00	268.484,00	14.766,62	283.250,62	41,78	47,48	394.749,38
680.000,00	269.384,00	14.816,12	284.200,12	41,79	47,48	395.799,88
682.000,00	270.284,00	14.865,62	285.149,62	41,81	47,48	396.850,38
684.000,00	271.184,00	14.915,12	286.099,12	41,83	47,48	397.900,88
686.000,00	272.084,00	14.964,62	287.048,62	41,84	47,48	398.951,38
688.000,00	272.984,00	15.014,12	287.998,12	41,86	47,48	400.001,88
690.000,00	273.884,00	15.063,62	288.947,62	41,88	47,48	401.052,38
692.000,00	274.784,00	15.113,12	289.897,12	41,89	47,48	402.102,88
694.000,00	275.684,00	15.162,62	290.846,62	41,91	47,48	403.153,38
696.000,00	276.584,00	15.212,12	291.796,12	41,92	47,48	404.203,88
698.000,00	277.484,00	15.261,62	292.745,62	41,94	47,48	405.254,38
700.000,00	278.384,00	15.311,12	293.695,12	41,96	47,48	406.304,88
702.000,00	279.284,00	15.360,62	294.644,62	41,97	47,48	407.355,38
704.000,00	280.184,00	15.410,12	295.594,12	41,99	47,48	408.405,88
706.000,00	281.084,00	15.459,62	296.543,62	42,00	47,48	409.456,38
708.000,00	281.984,00	15.509,12	297.493,12	42,02	47,48	410.506,88
710.000,00	282.884,00	15.558,62	298.442,62	42,03	47,48	411.557,38
712.000,00	283.784,00	15.608,12	299.392,12	42,05	47,48	412.607,88
714.000,00	284.684,00	15.657,62	300.341,62	42,06	47,48	413.658,38
716.000,00	285.584,00	15.707,12	301.291,12	42,08	47,48	414.708,88
718.000,00	286.484,00	15.756,62	302.240,62	42,09	47,48	415.759,38
720.000,00	287.384,00	15.806,12	303.190,12	42,11	47,48	416.809,88
722.000,00	288.284,00	15.855,62	304.139,62	42,12	47,48	417.860,38
724.000,00	289.184,00	15.905,12	305.089,12	42,14	47,48	418.910,88
726.000,00	290.084,00	15.954,62	306.038,62	42,15	47,48	419.961,38
728.000,00	290.984,00	16.004,12	306.988,12	42,17	47,48	421.011,88
730.000,00	291.884,00	16.053,62	307.937,62	42,18	47,48	422.062,38
732.000,00	292.784,00	16.103,12	308.887,12	42,20	47,48	423.112,88
734.000,00	293.684,00	16.152,62	309.836,62	42,21	47,48	424.163,38

Zu verst. Einkommen EUR	ESt EUR	Solz EUR	ESt mit Solz EUR	Steuer-belastung %	Grenz-steuer-belastung %	Netto verbleiben EUR
736.000,00	294.584,00	16.202,12	310.786,12	42,23	47,48	425.213,88
738.000,00	295.484,00	16.251,62	311.735,62	42,24	47,48	426.264,38
740.000,00	296.384,00	16.301,12	312.685,12	42,25	47,48	427.314,88
742.000,00	297.284,00	16.350,62	313.634,62	42,27	47,48	428.365,38
744.000,00	298.184,00	16.400,12	314.584,12	42,28	47,48	429.415,88
746.000,00	299.084,00	16.449,62	315.533,62	42,30	47,48	430.466,38
748.000,00	299.984,00	16.499,12	316.483,12	42,31	47,48	431.516,88
750.000,00	300.884,00	16.548,62	317.432,62	42,32	47,48	432.567,38
752.000,00	301.784,00	16.598,12	318.382,12	42,34	47,48	433.617,88
754.000,00	302.684,00	16.647,62	319.331,62	42,35	47,48	434.668,38
756.000,00	303.584,00	16.697,12	320.281,12	42,37	47,48	435.718,88
758.000,00	304.484,00	16.746,62	321.230,62	42,38	47,48	436.769,38
760.000,00	305.384,00	16.796,12	322.180,12	42,39	47,48	437.819,88
762.000,00	306.284,00	16.845,62	323.129,62	42,41	47,48	438.870,38
764.000,00	307.184,00	16.895,12	324.079,12	42,42	47,48	439.920,88
766.000,00	308.084,00	16.944,62	325.028,62	42,43	47,48	440.971,38
768.000,00	308.984,00	16.994,12	325.978,12	42,45	47,48	442.021,88
770.000,00	309.884,00	17.043,62	326.927,62	42,46	47,48	443.072,38
772.000,00	310.784,00	17.093,12	327.877,12	42,47	47,48	444.122,88
774.000,00	311.684,00	17.142,62	328.826,62	42,48	47,48	445.173,38
776.000,00	312.584,00	17.192,12	329.776,12	42,50	47,48	446.223,88
778.000,00	313.484,00	17.241,62	330.725,62	42,51	47,48	447.274,38
780.000,00	314.384,00	17.291,12	331.675,12	42,52	47,48	448.324,88
782.000,00	315.284,00	17.340,62	332.624,62	42,54	47,48	449.375,38
784.000,00	316.184,00	17.390,12	333.574,12	42,55	47,48	450.425,88
786.000,00	317.084,00	17.439,62	334.523,62	42,56	47,48	451.476,38
788.000,00	317.984,00	17.489,12	335.473,12	42,57	47,48	452.526,88
790.000,00	318.884,00	17.538,62	336.422,62	42,59	47,48	453.577,38
792.000,00	319.784,00	17.588,12	337.372,12	42,60	47,48	454.627,88
794.000,00	320.684,00	17.637,62	338.321,62	42,61	47,48	455.678,38
796.000,00	321.584,00	17.687,12	339.271,12	42,62	47,48	456.728,88
798.000,00	322.484,00	17.736,62	340.220,62	42,63	47,48	457.779,38
800.000,00	323.384,00	17.786,12	341.170,12	42,65	47,48	458.829,88
802.000,00	324.284,00	17.835,62	342.119,62	42,66	47,48	459.880,38
804.000,00	325.184,00	17.885,12	343.069,12	42,67	47,48	460.930,88
806.000,00	326.084,00	17.934,62	344.018,62	42,68	47,48	461.981,38
808.000,00	326.984,00	17.984,12	344.968,12	42,69	47,48	463.031,88
810.000,00	327.884,00	18.033,62	345.917,62	42,71	47,48	464.082,38
812.000,00	328.784,00	18.083,12	346.867,12	42,72	47,48	465.132,88
814.000,00	329.684,00	18.132,62	347.816,62	42,73	47,48	466.183,38

Zu verst. Einkommen EUR	ESt EUR	Solz EUR	ESt mit Solz EUR	Steuer-belastung %	Grenz-steuer-belastung %	Netto verbleiben EUR
816.000,00	330.584,00	18.182,12	348.766,12	42,74	47,48	467.233,88
818.000,00	331.484,00	18.231,62	349.715,62	42,75	47,48	468.284,38
820.000,00	332.384,00	18.281,12	350.665,12	42,76	47,48	469.334,88
822.000,00	333.284,00	18.330,62	351.614,62	42,78	47,48	470.385,38
824.000,00	334.184,00	18.380,12	352.564,12	42,79	47,48	471.435,88
826.000,00	335.084,00	18.429,62	353.513,62	42,80	47,48	472.486,38
828.000,00	335.984,00	18.479,12	354.463,12	42,81	47,48	473.536,88
830.000,00	336.884,00	18.528,62	355.412,62	42,82	47,48	474.587,38
832.000,00	337.784,00	18.578,12	356.362,12	42,83	47,48	475.637,88
834.000,00	338.684,00	18.627,62	357.311,62	42,84	47,48	476.688,38
836.000,00	339.584,00	18.677,12	358.261,12	42,85	47,48	477.738,88
838.000,00	340.484,00	18.726,62	359.210,62	42,87	47,48	478.789,38
840.000,00	341.384,00	18.776,12	360.160,12	42,88	47,48	479.839,88
842.000,00	342.284,00	18.825,62	361.109,62	42,89	47,48	480.890,38
844.000,00	343.184,00	18.875,12	362.059,12	42,90	47,48	481.940,88
846.000,00	344.084,00	18.924,62	363.008,62	42,91	47,48	482.991,38
848.000,00	344.984,00	18.974,12	363.958,12	42,92	47,48	484.041,88
850.000,00	345.884,00	19.023,62	364.907,62	42,93	47,48	485.092,38
852.000,00	346.784,00	19.073,12	365.857,12	42,94	47,48	486.142,88
854.000,00	347.684,00	19.122,62	366.806,62	42,95	47,48	487.193,38
856.000,00	348.584,00	19.172,12	367.756,12	42,96	47,48	488.243,88
858.000,00	349.484,00	19.221,62	368.705,62	42,97	47,48	489.294,38
860.000,00	350.384,00	19.271,12	369.655,12	42,98	47,48	490.344,88
862.000,00	351.284,00	19.320,62	370.604,62	42,99	47,48	491.395,38
864.000,00	352.184,00	19.370,12	371.554,12	43,00	47,48	492.445,88
866.000,00	353.084,00	19.419,62	372.503,62	43,01	47,48	493.496,38
868.000,00	353.984,00	19.469,12	373.453,12	43,02	47,48	494.546,88
870.000,00	354.884,00	19.518,62	374.402,62	43,03	47,48	495.597,38
872.000,00	355.784,00	19.568,12	375.352,12	43,04	47,48	496.647,88
874.000,00	356.684,00	19.617,62	376.301,62	43,06	47,48	497.698,38
876.000,00	357.584,00	19.667,12	377.251,12	43,07	47,48	498.748,88
878.000,00	358.484,00	19.716,62	378.200,62	43,08	47,48	499.799,38
880.000,00	359.384,00	19.766,12	379.150,12	43,09	47,48	500.849,88
882.000,00	360.284,00	19.815,62	380.099,62	43,10	47,48	501.900,38
884.000,00	361.184,00	19.865,12	381.049,12	43,11	47,48	502.950,88
886.000,00	362.084,00	19.914,62	381.998,62	43,11	47,48	504.001,38
888.000,00	362.984,00	19.964,12	382.948,12	43,12	47,48	505.051,88
890.000,00	363.884,00	20.013,62	383.897,62	43,13	47,48	506.102,38
892.000,00	364.784,00	20.063,12	384.847,12	43,14	47,48	507.152,88
894.000,00	365.684,00	20.112,62	385.796,62	43,15	47,48	508.203,38

Zu verst. Einkommen EUR	ESt EUR	Solz EUR	ESt mit Solz EUR	Steuer-belastung %	Grenz-steuer-belastung %	Netto verbleiben EUR
896.000,00	366.584,00	20.162,12	386.746,12	43,16	47,48	509.253,88
898.000,00	367.484,00	20.211,62	387.695,62	43,17	47,48	510.304,38
900.000,00	368.384,00	20.261,12	388.645,12	43,18	47,48	511.354,88
902.000,00	369.284,00	20.310,62	389.594,62	43,19	47,48	512.405,38
904.000,00	370.184,00	20.360,12	390.544,12	43,20	47,48	513.455,88
906.000,00	371.084,00	20.409,62	391.493,62	43,21	47,48	514.506,38
908.000,00	371.984,00	20.459,12	392.443,12	43,22	47,48	515.556,88
910.000,00	372.884,00	20.508,62	393.392,62	43,23	47,48	516.607,38
912.000,00	373.784,00	20.558,12	394.342,12	43,24	47,48	517.657,88
914.000,00	374.684,00	20.607,62	395.291,62	43,25	47,48	518.708,38
916.000,00	375.584,00	20.657,12	396.241,12	43,26	47,48	519.758,88
918.000,00	376.484,00	20.706,62	397.190,62	43,27	47,48	520.809,38
920.000,00	377.384,00	20.756,12	398.140,12	43,28	47,48	521.859,88
922.000,00	378.284,00	20.805,62	399.089,62	43,29	47,48	522.910,38
924.000,00	379.184,00	20.855,12	400.039,12	43,29	47,48	523.960,88
926.000,00	380.084,00	20.904,62	400.988,62	43,30	47,48	525.011,38
928.000,00	380.984,00	20.954,12	401.938,12	43,31	47,48	526.061,88
930.000,00	381.884,00	21.003,62	402.887,62	43,32	47,48	527.112,38
932.000,00	382.784,00	21.053,12	403.837,12	43,33	47,48	528.162,88
934.000,00	383.684,00	21.102,62	404.786,62	43,34	47,48	529.213,38
936.000,00	384.584,00	21.152,12	405.736,12	43,35	47,48	530.263,88
938.000,00	385.484,00	21.201,62	406.685,62	43,36	47,48	531.314,38
940.000,00	386.384,00	21.251,12	407.635,12	43,37	47,48	532.364,88
942.000,00	387.284,00	21.300,62	408.584,62	43,37	47,48	533.415,38
944.000,00	388.184,00	21.350,12	409.534,12	43,38	47,48	534.465,88
946.000,00	389.084,00	21.399,62	410.483,62	43,39	47,48	535.516,38
948.000,00	389.984,00	21.449,12	411.433,12	43,40	47,48	536.566,88
950.000,00	390.884,00	21.498,62	412.382,62	43,41	47,48	537.617,38
952.000,00	391.784,00	21.548,12	413.332,12	43,42	47,48	538.667,88
954.000,00	392.684,00	21.597,62	414.281,62	43,43	47,48	539.718,38
956.000,00	393.584,00	21.647,12	415.231,12	43,43	47,48	540.768,88
958.000,00	394.484,00	21.696,62	416.180,62	43,44	47,48	541.819,38
960.000,00	395.384,00	21.746,12	417.130,12	43,45	47,48	542.869,88
962.000,00	396.284,00	21.795,62	418.079,62	43,46	47,48	543.920,38
964.000,00	397.184,00	21.845,12	419.029,12	43,47	47,48	544.970,88
966.000,00	398.084,00	21.894,62	419.978,62	43,48	47,48	546.021,38
968.000,00	398.984,00	21.944,12	420.928,12	43,48	47,48	547.071,88
970.000,00	399.884,00	21.993,62	421.877,62	43,49	47,48	548.122,38
972.000,00	400.784,00	22.043,12	422.827,12	43,50	47,48	549.172,88
974.000,00	401.684,00	22.092,62	423.776,62	43,51	47,48	550.223,38

Zu verst. Einkommen EUR	ESt EUR	Solz EUR	ESt mit Solz EUR	Steuer-belastung %	Grenz-steuer-belastung %	Netto verbleiben EUR
976.000,00	402.584,00	22.142,12	424.726,12	43,52	47,48	551.273,88
978.000,00	403.484,00	22.191,62	425.675,62	43,53	47,48	552.324,38
980.000,00	404.384,00	22.241,12	426.625,12	43,53	47,48	553.374,88
982.000,00	405.284,00	22.290,62	427.574,62	43,54	47,48	554.425,38
984.000,00	406.184,00	22.340,12	428.524,12	43,55	47,48	555.475,88
986.000,00	407.084,00	22.389,62	429.473,62	43,56	47,48	556.526,38
988.000,00	407.984,00	22.439,12	430.423,12	43,57	47,48	557.576,88
990.000,00	408.884,00	22.488,62	431.372,62	43,57	47,48	558.627,38
992.000,00	409.784,00	22.538,12	432.322,12	43,58	47,48	559.677,88
994.000,00	410.684,00	22.587,62	433.271,62	43,59	47,48	560.728,38
996.000,00	411.584,00	22.637,12	434.221,12	43,60	47,48	561.778,88
998.000,00	412.484,00	22.686,62	435.170,62	43,60	47,48	562.829,38
1.000.000,00	413.384,00	22.736,12	436.120,12	43,61	47,48	563.879,88

Abkürzungsverzeichnis

a. F.	alte Fassung
Abb.	Abbildung
Abk.	Abkürzung
ABl	Amtsblatt
Abs.	Absatz
AfA	Absetzung für Abnutzung
AfaA	Absetzung für außergewöhnliche technische oder wirtschaftliche Abnutzung
AFG	Arbeitsförderungsgesetz
AG	Aktiengesellschaft; Arbeitgeber
AN	Arbeitnehmer
AO	Abgabenordnung
ArbN	Arbeitnehmer
AStG	Außensteuergesetz
ATzG	Altersteilzeitgesetz
BAnz.	Bundesanzeiger
BBG	Beitragsbemessungsgrundlage
BetrVG	Betriebsverfassungsgesetz
bewegl.	beweglich
BewG	Bewertungsgesetz
BFH	Bundesfinanzhof
BGBl	Bundesgesetzblatt
Bl.	Blatt
BMF	Bundesministerium der Finanzen
BMG	Bemessungsgrundlage
BSG	Bundessozialgericht
BStBl	Bundessteuerblatt (Mitteilungsblatt)
Buchst.	Buchstabe
BUKG	Bundesumzugskostengesetz
BVerfG	Bundesverfassungsgericht
BVersorgG	Bundesversorgungsgesetz
bzgl.	bezüglich
bzw.	beziehungsweise
CD	Compact Disc

CO_2	Kohlenstoffdioxid
d. h.	das heißt
DBA	Doppelbesteuerungsabkommen
demokr.	demokratische/er
DIHK	Deutscher Industrie- und Handelskammertag
DM	Deutsche Mark
DStR	Deutsches Steuerrecht (Zeitschrift)
DStZ	Deutsche Steuerzeitung (Zeitschrift)
e. K.	eingetragener Kaufmann
e. V.	eingetragener Verein
EC	Eurocheck
EDV	Elektronische Datenverarbeitung
EG	Europäische Gemeinschaft
Eh.	Einheit
ehem.	ehemalig/e/er
EigZulG	Eigenheimzulagengesetz
einschl.	einschließlich
Einz.	Einzahlung
enth.	enthalten
ErbStG	Erbschaftsteuergesetz
ERG	Eigenheimrentengesetz
ESt	Einkommensteuer
EStDV	Einkommensteuer-Durchführungsverordnung
EStG	Einkommensteuergesetz
EStH	Einkommensteuer-Hinweis/Amtliches Einkommensteuer-Handbuch
EStR	Einkommensteuer-Richtlinie
etc.	et cetera
EU	Europäische Union
EUR	Euro
EWG	Europäische Wirtschaftsgemeinschaft
EWR	Europäischer Wirtschaftsraum
f.	folgende
FA	Finanzamt
ff.	fortfolgende
Föd. Staaten	Föderierte Staaten
GbR	Gesellschaft bürgerlichen Rechts
gem.	gemäß

gesetzl.	gesetzlich
GewO	Gewerbeordnung
GewSt	Gewerbesteuer
GewStG	Gewerbesteuergesetz
GG	Grundgesetz
ggf.	gegebenenfalls
GKV	Gesetzliche Krankenversicherung
GmbH	Gesellschaft mit beschränkter Haftung
GMBl	Gemeinsames Ministerialblatt
GOB	Grundsätze ordnungsgemäßer Buchführung
grds.	grundsätzlich
GrESt	Grunderwerbsteuer
GrEStG	Grunderwerbsteuergesetz
GuV	Gewinn- und Verlustrechnung
GWG	Geringwertige Wirtschaftsgüter
H	Hinweis
HGB	Handelsgesetzbuch
hj.	halbjährlich
HR	Handelsregister
i. d. R.	in der Regel
i. H. d.	in Höhe der/des
i. H. v.	in Höhe von
i. J.	in Jahren
i. S. d.	im Sinne der/des
i. S. v.	im Sinne von
i. V. m.	in Verbindung mit
inkl.	inklusive
inl.	inländisch
insb.	insbesondere
Int.	international
JAEG	Jahresarbeitsentgeltgrenze
jährl.	jährlich
jew.	jeweils
jugoslaw.	jugoslawisch/e/er
jur.	juristisch
KapESt	Kapitalertragsteuer
KapGes	Kapitalgesellschaft

KfW	Kreditanstalt für Wiederaufbau
Kfz	Kraftfahrzeug
KG	Kommanditgesellschaft
KGaA	Kommanditgesellschaft auf Aktien
KiSt	Kirchensteuer
Kj	Kalenderjahr
km	Kilometer
KSchG	Kündigungsschutzgesetz
KSt	Körperschaftsteuer
KStG	Körperschaftsteuergesetz
lfd.	laufend
Lkw	Lastkraftwagen
LSt	Lohnsteuer
LStH	Lohnsteuer-Hinweis
LStR	Lohnsteuer-Richtlinien
m.	mit
max.	maximal
MBG	Mittelständische Beteiligungsgesellschaft
MicroBilG	Microbilanzgesetz
min.	mindestens
mtl.	monatlich
MutterSchG	Mutterschutzgesetz
ND	Nutzungsdauer
Nr.	Nummer
o.	ohne
o. a.	oder andere
o. Ä.	oder Ähnlich/e/er/es
OECD-MA	OECD-Musterabkommen
OFD	Oberfinanzdirektion
öffentl.	öffentlich
OHG	Offene Handelsgesellschaft
p.a.	per anno
PartG	Parteiengesetz
PB	Pauschbetrag
PC	Personal Computer
Pers.	Person
PersGes	Personengesellschaft

pfl.	pflichtig
PKV	Private Krankenversicherung
Pkw	Personenkraftwagen
Pos.	Position
PV	Pflegeversicherung
qm	Quadratmeter
R	Richtlinie
rd.	rund
REIT	Real Estate Investment Trust
Rn.	Randnummer
RückAbzinsV	Rückstellungsabzinsungsverordnung
RV	Rentenversicherung
Rz.	Randziffer
S.	Seite
s. o.	siehe oben
s. u.	siehe unten
SE	Europäische Gesellschaft
SGB	Sozialgesetzbuch
sog.	sogenannt/e/er/es
SolZ	Solidaritätszuschlag
Sonst.	Sonstige
StBGebV	Steuerberatergebührenverordnung (ersetzt durch StBVV)
StBVV	Steuerberatervergütungsverordnung
Steuerkl.	Steuerklasse
stfr.	steuerfrei/e/er
Stpfl.	Steuerpflichtiger
StR	Steuerrecht
SV	Sozialversicherung
SvEV	Sozialversicherungsentgeltverordnung
t	Tonne
TÜV	Technischer Überwachungsverein
u.	und
u. a.	unter anderem
u. Ä.	und Ähnlich/e/er/es
u. U.	unter Umständen
U1	Umlageverfahren U1
UmwStG	Umwandlungssteuergesetz

USt	Umsatzsteuer
UStDV	Umsatzsteuer-Durchführungsverordnung
UStG	Umsatzsteuergesetz
UStR	Umsatzsteuer-Richtlinie
usw.	und so weiter
v.	von, vom
v. d.	von dem/der
v. H.	von Hundert
VAZ	Veranlagungszeitraum
Ver. Rep.	Vereinigte Republik
vGA	verdeckte Gewinnausschüttung
vgl.	vergleiche
VJ	Veranlagungsjahr
vj.	vierteljährlich
VR	Volksrepublik
VSt	Vorsteuer
VZ (VAZ)	Veranlagungszeitraum
z. B.	zum Beispiel
ZM	Zusammenfassende Meldung
ZPO	Zivilprozessordnung
zusätzl.	zusätzlich
zvE	zu versteuerndes Einkommen
zzgl.	zuzüglich

Stichwortverzeichnis

E

G

H

V

W